U1017121

社会工作法规与政策

张水华　查明辉◎主编

江西人民出版社
Jiangxi People's Publishing House
全国百佳出版社

图书在版编目（CIP）数据

社会工作法规与政策 / 张水华，查明辉主编.
南昌：江西人民出版社，2024. 12. -- ISBN 978-7-210-15857-8

Ⅰ. D922.11;D601

中国国家版本馆 CIP 数据核字第 2024Z76R62 号

社会工作法规与政策

SHEHUI GONGZUO FAGUI YU ZHENGCE

张水华　查明辉　主编

责任编辑：干　强
封面设计：同异文化传媒

江西人民出版社 Jiangxi People's Publishing House 全国百佳出版社 出版发行

地　　址：江西省南昌市三经路 47 号附 1 号（邮编：330006）
网　　址：www. jxpph. com
编辑部电话：0791-86812172
发行部电话：0791-86898815
承　印　厂：江西新华印刷发展集团有限公司
经　　销：各地新华书店

开　　本：787 毫米×1092 毫米　1/16
印　　张：46. 75
字　　数：865 千字
版　　次：2024 年 12 月第 1 版
印　　次：2024 年 12 月第 1 次印刷
书　　号：ISBN 978-7-210-15857-8
定　　价：168. 00 元
赣版权登字-01-2024-1008

版权所有　侵权必究

赣人版图书凡属印刷、装订错误，请随时与江西人民出版社联系调换。

服务电话：0791-86898820

再版前言

2018年,我们编著出版了《社会政策与法规》(江西人民出版社2018年)。时光荏苒,转眼已过去六年。近六年里,中国特色社会主义又取得了许多重大成就。例如,2020年,我国全面建成了小康社会,实现了中国历史上从未有过的消灭绝对贫困的现象,迈入扎实推动共同富裕的历史阶段;2021年4月,民政部办公厅印发了《关于加快乡镇(街道)社工站建设的通知》,要求到2025年年底前完成社工站建设;2022年10月,党的二十大胜利召开;2023年3月,国家决定组建中央社会工作部;2021—2023年的政府工作报告和十四五规划都强调发展专业社会工作。截至2022年9月,全国社会工作专业人才队伍已突破160万人①,到当年年底,全国持证社会工作者共计93.1万人,其中助理社会工作师72.5万人,社会工作师20.4万人。② 截至2023年初,全国已建成乡镇(街道)社工站2.9万个,7万名社会工作者驻站开展服务,8个省份已经实现了乡镇(街道)社工站全覆盖,16个省份覆盖率超过80%,全国覆盖率达到78%。③ 到2024年5月,全国持证社会工作者已达116万。④ 新时代改革发展的巨大成就及社会工作的新发展充分表明,我国社会政策与法规的一些内容需要进一步更新、提炼,应当及时再版《社会政策与法规》,以适应新时代中国特色社会工作实践发展的迫切需要。

---

① 《民政这十年·慈善社工篇》,中华人民共和国民政部官网,2022年9月23日。

② 数据来源:《2022年民政事业发展统计公报》。

③ 许婗、徐蕴:《全国志愿服务和社会工作电视电话会议在京召开——已建成乡镇(街道)社工站2.9万个》,《中国社会报》2023年1月18日。

④ 吴汉圣:《基层强则国家强 基层安则天下安》,《求是》2024年第10期。

另一方面，社会政策与法规是社会工作的重要内容，而社会工作不仅是社会治理的重要手段，也是实现中国式现代化的重要支撑。我们所在的两个研究平台，即江西省哲学社会科学重点研究基地“社会发展与创新研究中心”、江西师范大学马克思主义学院“中国式现代化理论研究团队”，都要求我们加强社会工作研究，并将研究成果融入教材，服务于实践。加之，一直以来，我校领导及教务处与学院领导高度重视教材建设，早在2020年9月我校已批准我们的本科校级规划教材项目的申请，要求我们再版该教材，以满足社会工作专业教学及人才培养的需要。

此次再版教材的名称未沿用第一版的《社会政策与法规》，而适应学界许多学者的习惯，改称《社会工作法规与政策》。在教材的基本内容方面，仍按三部分来编撰具体内容，即社会工作各个具体领域法规与政策的发展演变、主要内容、运行中存在的主要问题，努力将2018年5月至目前的新内容整合入教材之中，剔除一些过时的内容，它体现在教材字数上的重要变化是增加了三十余万字。在教材的应用价值方面，我们认为，社会工作专业本科生、硕士生都应了解各个领域社会工作法规与政策的发展演变，这既便于理解当前社会工作法规与政策的主要内容，也有利于增加广大学生的文化自信；对于社会工作法规与政策的主要内容，我们认为，本科生了解其中的基本内容即可，毕竟助理社会工作师对此也没有作要求，社会工作专业硕士生则应深入掌握这些内容，它们是社会工作师的必考内容；对社会工作法规与政策运行中存在的问题，每个社会工作专业硕士生有责任按图索骥，深入探索，为社会工作专业发展添砖加瓦，本科生可依自身意愿而定。

此外，希望本教材对社会工作专业教师、相关研究者及其他读者能继续发挥一定参考作用，并欢迎提出宝贵的意见和建议，共同为新时代社会工作发展贡献力量。

江西师范大学马克思主义学院　张水华、查明辉

2024年7月8日

初版前言

2006年,党的十六届六中全会首次提出“建设宏大的社会工作人才队伍”。2012年,《社会工作专业人才队伍建设中长期规划(2011—2020年)》,提出到2020年社会工作专业人才总量增加到145万人。在各级政府部门、社会组织及个人的努力下,截至2017年底,各地已共计开发了312089个社会工作专业岗位,设置了36485个社会工作服务站,成立了7511家民办社会工作服务机构和750家社会工作行业协会。全国取得助理社会工作师和社会工作师证书的人员共326574人。2017年,各地社会工作投入资金达51.1亿元。可以说,我国已迎来了社会工作发展的春天,并正在进入社会工作发展的繁盛时期。

社会政策与法规,主要是指与社会工作相关的法规与政策,其内容非常广泛,包括社会救助、特定人群、婚姻家庭、人民调解、信访、社区矫正、戒毒、优抚安置、社区建设、公益慈善、志愿服务、社会组织、劳动就业、医疗卫生、计划生育、社会保险以及规范社会工作职业活动等领域的法规与政策。

“社会政策与法规”是社会工作专业本科生的主干课程之一。社会工作专业本科生毕业后,要想成为一名合格的社会工作专业人才,使实务工作合法合规,无疑需要了解社会政策与法规。

2011年2月,我们教授社会工作专业本科课程——“社会政策与法规”时,即面临缺乏合适教材的问题。当时,可供本科生选择的教材首先是牛康著的《社会政策与法规》(海风出版社2002年)、花菊香著的《社会政策与法规》(社会科学文献出版社2002年)、叶海平、李冬妮编著的《社会政策与法规》(华东理工大学出版社2002年修订版)、李冬妮主编的《社会工作政策法规》(中央广播电视大学出版社 2009 年)。牛康著的《社会政策与法规》论述了社会政策、法律、国家机构、社会治安政策与法规、社会管理与控制、婚姻家庭政策与法规、社会保障政策与法规等内容。花菊香著的《社会政策与法规》分社会政策与法规基础、社会政策与法规的运行过程和运行机制、社会政策与法规各论三个层面来阐述社会政策与法规。叶海平、李冬妮编著的《社会政策与法规》阐述社会政策与法规的基本原理及其运用过程系统;政策法规的制定、执行、评估及其运行的各种方法,并对具体的社会政策与法规进行了概括性的介绍和分析。李冬妮主编的《社会工作政策法规》,上篇阐述社会政策与法规的原理、运行和方法,下篇对主要的社会政策与法规进行了分类介绍和解析。这四本书是比较早的"社会政策与法规"课程教材,为我们任课教师提供了非常好的资料。然而,这四本书存在两方面需拓展之处:一是理论性过强,对社会工作具体领域的法规与政策缺乏阐述或阐述不全面,因而对社会工作实务指导性有待提升;二是四本书中有三本未较好体现 2006 年之后社会工作法规政策的巨大变化,而 2006 年之后,我国每年的社会工作法规与政策都有较大变化。

当然,也有人认为,可以选择全国社会工作者职业水平考试教材:《社会工作法规与政策(中级)》(如中国社会出版社 2007 年),或者选择马福云主编的《社会工作法规与政策(中级)》(中国社会出版社 2009 年)。《社会工作法规与政策(中级)》,这类教材解决了前述著作对社会工作实务指导不强等诸多问题,具体论述了社会工作各个领域的法规与政策,对一线社会工作者具有很重要的价值,并且是中级社会工作师考试的必备教材。然而,《社会工作法规与政策(中级)》(包括各个出版社相继出版的最新版本),如选作社会工作专业本科生的教材,存在以下方面问题:一是,它更适合于硕士研究生以上学历或者具有较丰富实务的社会工作人员,而社会工作专业本科生的专业知识基础尚浅,它对本科生则要求过高,因为他们毕业才能考助理社会工作师,而《社会工作法规与政策(中级)》是针对中级社会工作师的;二是,对社会工作各领域法规与政策的历史演变没有进行梳理,或者梳理比较简略;三是,对于文本上的社会工作法规与政策在运行中的情况涉及不多。

基于教学的需要,尽管我们的社会工作理论与实务基础尚不深厚,但一直希望能编一本适合普通高校社会工作专业本科生的教材,一方面,能让本科生掌握社会工作各个领域的法规与政策的基础知识,要求不能过高;另一方面,教材具有较强的可读性,并且理论与实务能尽量紧密结合。2014 年 6 月,我们以"《社会政策与法规》教学内容改革与探索研究”为题，申请获批当年的江西省高校教学改革研究课题（编号：JXJG-14-2-7），于是开始着手编写本书。

“沉舟侧畔千帆过，病树前头万木春”。截至 2018 年 5 月，我们一直在准备出版《社会政策与法规》这本教材时，又有一些新的社会政策与法规教材相继问世。主要有：薄锡年、王建峰主编的《社会工作政策法规》（中央广播电视大学出版社 2014 年）、蒋传宓主编的《社会工作政策法规》（中国轻工业出版社 2014 年修订版）、关信平主编的《社会工作政策法规》（中国社会出版社 2015 年）、周长军主编的《社会工作政策法规》（山东人民出版社 2017 年）。这些学者的成果为我们提供了非常好的参考资料。不过，我们的教材仍然有以下特点：一是，对于社会工作各个领域的法规与政策，我们首先梳理了它们的历史演变，使教材具有了更强的可读性，读者也能更好地理解其来龙去脉；二是，在社会工作法规与政策内容的选择上，努力做到适合于本科生，要求适中；三是，通过我们课题组几年的调研，努力探究社会工作法规与政策在实践中运行的情况。最后，梳理了截至 2018 年 5 月社会工作法规与政策的最新内容。

总之，站在前人的肩膀上，不断努力开拓适合于本科生的“社会政策与法规”的教学内容，是社会工作专业教师义不容辞的责任，尽管我们的工作也很快会被后人用新的、更好的内容所取代。

江西师范大学马克思主义学院　查明辉、张水华

2018 年 5 月 28 日

目 录

CONTENTS

第一章

社会工作法规与政策概述

在当代社会,社会工作专业人才在众多领域中从事着各种助人的工作,以各种专业化的方式帮助个人、家庭、社区和组织解决困难和问题。为做好专业性的社会服务工作,社会工作者需要了解各个方面的法规与政策。本章主要介绍我国社会工作法规与政策的一般性原理,包括社会工作法规与政策的基本概念和主要内容、主要类型、层次与类别、社会工作法规与政策制定和实施的一般过程,以及法规与政策在社会工作中的作用。

第一节　社会工作法规与政策体系

一、社会工作法规体系

所谓社会工作的法规,即社会工作者在从事专业社会工作服务的过程中涉及的国家法律和各种法规。

(一)法规的含义

法规,是指国家立法机构和政府行政机关为规范个人和组织的行为、维持社会各方面的运行秩序和对社会各个方面实施有效管理而制定的各种规范性文件的总称。在我国,广义上的法规包含“法”和“规”两层含义。其中,“法”是指国家及立法机构制定的法律,除了正式法律之外的其他规范性文件,就是“规”。从狭义上看,“法规”常指除国家正式的法律体系之外的规范性文件,如中央政府颁布的行政法规、省级人民代表大会依照法定职权和程序制定的地方性法规。本书所指的“法规”是广义上的。法规具有较强的规范性和强制性，规范性体现在它必须按照规范化的程序去制定和实施，且以规范性的方式表述和发布；强制性体现在它一经制定和颁布，在其适用范围内必须得到有效执行。违反法规的行为应得到纠正，严重的应受到惩处。此外，面向社会的各种法规都要以一定的文本形式、通过一定的媒体向公众发布，让公众知晓。

（二）法规的主要种类

我国的法规体系是由多个层级、多种类型的法规构成的法规体系。根据《中华人民共和国立法法》（以下简称《立法法》，2023 年修正）规定，我国的法规体系主要包括国家法律、行政法规、国务院部门规章和地方性法规、地方政府规章等。

1. 国家法律

国家法律，是由全国人大及其常委会制定的各种法律的总称。相比其他法规，国家法律在民主性和权威性方面有突出优势。首先，国家法律的制定过程需要在广泛协商和征求意见的基础上获得全国人大或其常委会的表决通过，因此，通过国家的立法程序制定的法律具有高度的民主性。其次，通过立法程序制定的国家法律具有最高的权威性和强制性，在全国范围内的所有个人和组织都必须遵守。但是，国家法律制定过程往往比较复杂，立法周期较长，而政府要处理的各种事务纷繁复杂，难以对每一项事务都通过国家法律的方式去规范。因此，除了国家法律外，还需要其他许多法规。

2. 行政法规

行政法规，是指国务院根据宪法和法律制定的有关行政管理等方面的规范性文件。制定与发布行政法规，是宪法赋予国务院的一项重要职权。一方面，行政法规是为执行国家法律而需要对有关事项作出更具体的规定，另一方面，是为国务院行政管理职权范围内的事项制定规范。国务院通过各项行政法规规范经济和社会生活，也规范政府的各项政策行动。按照国务院《行政法规制定程序条例》的规定，行政法规的名称一般称“条例”，也可称“规定”“办法”等。国务院根据全国人民代表大会及其常委会授权制定的行政法规称“暂行条例”或“暂行规定”。①

---

① 江必新选编：《依法行政常用法律法规》，人民出版社 2004 年，第 54 页。

3. 国务院部门规章

国务院部门规章，是指国务院有关部门根据法律和国务院的行政法规、决定、命令，在部门的职权范围内依法按照《规章制定程序条例》制定的规章。这里所指的国务院部门规章的制定机关，包括国务院各部、委员会、中国人民银行、审计署和具有行政管理职能的直属机构。规章的名称一般称“规定”“办法”等，不得称“条例”。① 国务院部门规章体现行政机关的权力责任相统一的原则，在赋予有关行政机关必要职权的同时，应当规定其行使职权的条件、程序和应承担的责任。国务院部门规章在其制定的部门权限范围内具有行政约束力。

4. 地方性法规

地方性法规，是指根据《中华人民共和国宪法》（以下简称《宪法》）和《立法法》等有关法律的规定，由省、自治区、直辖市和较大市的人民代表大会及其常委会，根据本行政区域的具体情况和实际需要，在不与宪法、法律、行政法规相抵触的前提下制定的规范性文件。② 制定地方性法规，一方面，是为了执行法律、行政法规的需要，根据本行政区域的实际情况，对法律和行政法规的实施作出一些具体规定；另一方面，是针对地方性事务制定在本行政区内有效的法规。地方性法规可称为“实施办法”或“条例”。

5. 地方政府规章

地方政府规章，是指省、自治区、直辖市和较大的市的人民政府，根据法律、行政法规和本省、自治区、直辖市的地方性法规，依照《规章制定程序条例》制定的规章。地方政府规章一般称“规定”或“办法”。③

除此之外，各级政府还有其他一些规范性的文件。

（三）法规的制定过程

法规的权威性和强制性决定了法规制定的严肃性。因此，《立法法》和《行政法规制定程序条例》对法规制定提出了明确的要求。

1. 法律制定的责任主体及程序

法律制定是一个国家最重要的法律事务。2000 年 3 月，九届全国人大第三次会议通过了《立法法》，该法分别对法律、行政法规、地方性法规、自治条例和单行条例、规章等的制定，以及适用与备案审查等作出了规定。

① 江必新选编：《依法行政常用法律法规》，人民出版社 2004 年，第 61—62 页。
② 江必新选编：《依法行政常用法律法规》，人民出版社 2004 年，第 26 页。
③ 江必新选编：《依法行政常用法律法规》，人民出版社 2004 年，第 48 页。

根据《立法法》的要求，立法应当遵循《宪法》的基本原则，以经济建设为中心，坚持社会主义道路、坚持人民民主专政、坚持中国共产党的领导、坚持马克思列宁主义毛泽东思想邓小平理论，坚持改革开放。立法还应当依照法定的权限和程序，从国家整体利益出发，维护社会主义法制的统一和尊严；并且，应体现人民的意志，发扬社会主义民主，坚持立法公开，保障人民通过多种途径参与立法活动。同时，立法应当从实际出发适应经济社会发展和全面深化改革的要求，科学合理地规定公民、法人和其他组织的权利与义务、国家机关的权力与责任。

关于立法的责任主体，《立法法》明确规定：全国人大和全国人大常委会行使国家立法权。除此之外的其他任何机构都不具备制定全国性法律的权力。此外，全国人大和全国人大常委会在立法权限上也有所不同。根据《立法法》规定，全国人大制定和修改刑事、民事、国家机构的和其他的基本法律，而全国人大常委会制定和修改除应当由全国人大制定的法律以外的其他法律；在全国人大闭会期间，对全国人大制定的法律进行部分补充和修改，但是不得同该法律的基本原则相抵触。

关于法律制定的程序，《立法法》对法律案的提出、审议、表决通过和发布等环节都有如下明确规定。

第一，关于法律案的提议，《立法法》对于有权向全国人大和向全国人大常委会提交法律案的责任主体和程序作出了详细规定。通过这些详细规定，既可保证立法者（人大代表及相关机构）、行政主体（国务院、中央军事委员会等）和司法主体（高法、高检等）、全国人大主席团、全国人大常委会委员长会议以及人大代表和人大常委会成员各方提出法律案的权利，同时也保证提出法律案的权威性、规范性和严肃性。

第二，《立法法》对法律案的审议作了规定。人大代表（或人大常委会委员）对法律案的审议是人大代表行使立法权的重要环节，同时也是最终通过的法律能够更加合理、更加具有代表性的保障。因此，对人大代表（或人大常委会委员）审议法律案环节的民主性和严肃性都提出了很高要求。在民主性方面，《立法法》要求法律案的提议者及其他有关机构和人员要为人大代表审议法律案提供充分的信息、必要的审议时间和其他必要条件，同时还规定对重要的不同意见应在审议结果报告中予以说明，经主席团会议审议通过后，印发会议。这些规定都是为了保证人大代表（或人大常委会委员）能够充分有效行使民主权利，能够更加高效地审议法律案，并使不同观点都能得到发表和重视。同时，《立法法》对法律案的审议方式、审议情况的文件印发、法律案提议者的说明等方面，都作了较为详细的规定，并且，规定“列入常务委员会会议议程的法律案，一般应当经三次常务委员会会议审议后再交付表决”。这些措施都旨在加强法律审议的严肃性和充分性，确保法律案在表决前得到认真审议和充分讨论。同时也体现出我国法律制定过程重视在表决前通过讨论协商而取得一致的“协商民主”精神，而不主张仅靠表决去强行通过争议较大的法律案。

第三，《立法法》还对法律案的表决和发布作出了规定。全国人大审议的法律案由主席团提请大会全体会议表决，由全体代表的过半数通过。全国人大常委会审议的法律草案，由委员长会议提请常委会全体会议表决，由常委会全体组成人员的过半数通过。全国人大或其常委会通过的法律都由国家主席签署主席令予以公布。

2. 行政法规和规章的制定主体及程序

除了法律制定之外，行政法规的制定也需要非常严肃认真。《立法法》对各类法规的制定也作出了规定。此外，为了规范行政法规制定程序，保证行政法规质量，根据《宪法》《立法法》《中华人民共和国国务院组织法》的有关规定，国务院在 2001 年制定了《行政法规制定程序条例》(2017 年进行了修订)。该条例对行政法规制定程序的总则、立项、起草、审查、决定与公布以及行政法规解释等方面都作了较为详细的规定。《立法法》和《行政法规制定程序条例》对各种法规制定的规定有以下三个要点：对各种法规的制定主体作出了规定。其中，行政法规的制定由国务院负责，国务院部门规章由相关的国务院部门负责制定，地方性法规由省、自治区、直辖市的人民代表大会及其常委会负责制定，也就是说，省一级的人民代表大会及其常委会具有地方性法规的立法权。但《立法法》同时也规定，较大市的人民代表大会及其常委会在一定条件下也可以制定地方性法规，但需要报省、自治区的人民代表大会常委会批准后施行。②《立法法》对各类法规之间的关系作出了明确的规定，以便明确区分各类法规之间的效力层级，防止法规制定和实施时各类法规之间发生矛盾冲突。③《立法法》对各类法规的制定程序作出了一般性的规定，而《行政法规制定程序条例》则对国务院制定行政法规的程序作了细致的规定。

二、社会政策体系

社会工作者在从事专业社会工作服务过程中会涉及相关的社会政策。社会工作者要想做好专业社会工作,就必须全面深入了解、理解和掌握与其工作有关的各项社会政策,并在此基础上将社会工作与社会政策相结合。一方面,认真贯彻实施各项社会政策,利用社会政策帮助有困难的个人和群体;另一方面,在社会工作实践中也注意发现社会政策存在的不足和问题,协助政府不断改进和优化各项社会政策。

(一)政策和公共政策

相对于"法规"这一概念,"政策"更为复杂和多样化。"政策"的基本含义是,政府和政党为实现其目标而制定的总体方针、行动准则和具体行动的总和。从内容上看,政策既包括政府和政党有关行动的规则体系,也包括为了促进各项事业发展而制订的各种规划和方案、投入公共资源、设立和实施项目等方面的具体行动。

公共政策,是指政府或政党为了维护经济与社会正常的运行与发展、处理公共事务和解决社会问题而制订的行动方案和行为准则的总和。公共政策是政府对社会中各种公共事务的干预,它以带有明确目的性和规划性的行动体系去调节经济与社会的运行,引导社会的长期健康发展,以实现其经济与社会发展的目标。公共政策具有公共性、权威性、价值性、阶级性与社会性的统一等基本特点。

当代各国和地区的公共政策是一个庞大而复杂的公共行动体系,包括经济政策、社会政策、文化政策、环境政策、国防政策、外交政策等。此外,我国各级政府都是公共政策的主体,除了中央政府制定的全国性公共政策之外,还有各级政府制定的、适用于一定区域内的地方性公共政策。各级政府常以政府文件的方式发布各项政策,这种政策文本被称为"政策文件"。各级政府发布的政策文件根据其对象和用途的不同而采用不同的发布范围及方式。凡是需要公众知晓的都会采用某种方式公开发布。有些政策文件只用于规范和指导政府机构的运作,往往不主动对外发布。有些政策文件含有保密信息,因此被定为保密文件而只在一定范围内发布。

(二)社会政策

社会政策是公共政策体系中非常重要的一部分,是政府为了满足民生需求、维护社会公平、解决各种社会问题而通过各种方式调动公共资源、促进各项社会事业发展、为民众提供福利性社会服务的政策体系。在当代社会,各个国家和地区的政府为了满足人们的各种基本需要,维护社会公平和解决社会问题,都积极制定和实施一些社会政策。

社会政策是一个宏大的行动体系,它包括多个领域和众多项目。在我国,社会政策的主要领域包括社会保障政策(含社会保险、社会救助和社会福利)、医疗卫生政策、劳动就业政策、公共教育政策、住房保障政策,以及针对妇女、儿童、老年人、残疾人、流动人口等专门对象的权利保护和社会服务政策,促进公益慈善事业发展、激发社会组织活力的相关政策。众多的社会政策共同构成一个社会政策的体系。在当代世界,尽管各国的社会政策体系发育程度有所不同,但绝大多数国家都制定和实施了社会政策。在有些国家和地区(尤其是许多发达国家和地区),社会政策已成为较为完整、内容丰富、水平较高、制度整合的社会政策体系。并且,各个国家和地区的政府都有专门的社会政策决策和管理机构,学界也形成了较为完整的社会政策学科。在我国,经过多年的发展已形成社会政策的体系,尤其是党的十八大以来,党和政府对社会政策发展越来越重视,社会政策学科的教学和研究也在日渐发展之中。

(三)社会政策的主体与对象

社会政策是一个行动体系,包括制定相关的规则和规划、调动和分配公共资源、提供各类社会服务等各方面的行动。要使社会政策的行动过程顺利进行并达到其目标,首先需要确定社会政策的主体与对象。

1. 社会政策的主体

社会政策的主体,是指公共政策制定和实施过程中的主动行动者,也就是公共政策的制定者和实施者。

首先,党和国家的政治组织在社会政策的制定和实施中发挥着重要作用。在我国,中国共产党在社会政策的制定和实施中发挥着引领方向的关键作用,是我国社会政策主要的领导力量。全国和地方各级人大在社会政策立法中发挥着重要作用,在需要通过全国性或地方性立法程序制定与社会政策有关的法律时,人大的作用尤为突出。全国和地方各级政协组织在社会政策的制定和实施中也发挥积极作用,它们通过建言献策、民主监督等方式,对人大和政府行政部门的社会政策制定提供帮助。党所领导的工会、共青团、妇联、残联等组织,在各自领域的社会政策制定和实施中发挥着积极作用。

其次,社会政策制定和实施中最重要的主体是政府行政部门,即各级人民政府及其相关部门。各级政府在其管辖的行政领域里负责制定并实施各项社会政策的法规与政策文件,或负责实施上级和本级人大通过的社会政策法律法规,以及上级政府制定的法规与政策。各级政府在主要的社会政策领域都有具体负责的部门,它们在其相关的社会政策行动过程中承担着制定或起草法规和规划、调动和分配公共资源、组织实施社会服务和对社会政策的运行实施评估监督的任务。同时,政府行政部门还通过其下属的事业单位直接向民众提供各项社会服务。

再次,社会中的其他各类组织在社会政策的制定和实施中也具有重要作用。除了政府之外,企事业单位、社会组织等也可为社会服务提供补充性资源,或通过政府购买服务、自助互助等方式直接向群众提供社会服务。

最后,从广义上看,全体民众都应该是社会政策的主体。人们通过参与社会政策的服务和管理、纳税、缴纳各种费用、进行慈善捐赠、提供志愿服务等方式,参与社会政策的实践。从这个意义上说,社会政策是在党的领导下和政府主导下全民共同参与的社会事业。

2. 社会政策的对象

社会政策的对象,是指各项社会政策所针对的民众,即社会政策范围中各类社会福利项目的受益人和各项社会服务的接受者。从总体上看,我国社会政策面向全体民众,即全体民众都可在不同程度上、以不同的方式获得各项社会政策所带来的福利待遇和服务。但是,各类群体在社会政策体系中的受益程度和方式不同,总体上会导致不同的人从社会政策体系中获益不同。

一个国家或地区的社会政策因其所惠及的人群范围和对象差异性的不同,可分为普惠型、特惠型两种基本模式。普惠型社会政策,是指一项社会政策面对所有的民众,或有关群体中的全体成员,提供基本相同的福利待遇或服务。例如,为义务教育阶段的全体学生提供免费教育。特惠型社会政策,是指仅向具有某些特殊困难的个人和家庭提供特殊的福利待遇和社会服务。例如,为城乡困难家庭提供最低生活保障待遇。普惠型和特惠型社会政策各有优缺点。普惠型社会政策的优点是,对象覆盖面广,社会效益大,不需要复杂的对象资格甄别程序,因此,可以避免"贫困烙印"等;缺点在于,需要花费的资金量往往很大,对解决贫困问题的针对性不够强。特惠型社会政策与普惠型的优缺点正好相反。在计划经济时期,我国社会政策的普惠型特点比较突出,而改革开放以后我国社会政策的普惠型特点弱化。近些年来,我国社会政策的普惠型特点再次上升。目前,我国在养老保险、医疗保险等社会保险领域基本实现了制度全覆盖,国家也提出了加强适度普惠型社会福利事业建设。

(四)社会政策的资源调动方式

在当代许多国家中,社会政策已成为一个宏大的公共行动体系,其运行和发展需要大量的公共资源。社会政策资源投入的最主要方式是资金投入。此外,还有人力、物力投入。当今各个国家和地区的社会政策资源一般是多渠道投入,我国也是如此。其中,政府公共财政的投入是主渠道,也有其他各种社会力量的投入。

1. 政府公共财政对各项社会事业的投入

公共财政,是指国家(政府)通过税收等方式集中财政资源,用于为民众提供各种公共服务,以满足社会共同需要以及部分困难群体的特殊需要。在当代社会,公共财政在整个社会的经济、政治等各方面的活动中有举足轻重的影响,对财富的分配也有重要影响,同时也是实施各项公共政策的重要资源支撑体系。改革开放以来,我国的公共财政能力不断提升,党的十八大以来,政府在教育、医疗卫生、社会保障、就业、住房保障、扶贫开发方面的财政支出也有较大幅度的提升。各级政府的财政投入对社会政策的发展发挥了很大作用。不过,与一些发达国家相比,我国政府在社会政策方面的投入水平还有较大提升空间。

2. 各种社会力量对社会服务和公益事业的投入

各种社会力量(政府之外的各种社会组织和个人)对各项社会服务和公益事业的投入,也属于社会政策资源的重要来源,对社会政策的资源供应发挥了重要补充作用。

各类社会力量通常以各种方式向各种社会服务及公益行动投入各种资源,一般来说,主要包括资金投入、人力投入两类。在资金投入方面,包括个人、企业和社会组织等在内的各种社会力量以慈善捐赠等方式,向社会公益行动投入资金。慈善事业是公共财政之外又一类重要的社会福利资源投入方式,它虽然在具体的资金运行中不直接纳入公共财政的渠道,其运行方式也与公共财政有很大不同,但同样有保障和改善民生的作用。并且,慈善事业也有一定的再分配功能,常被称为市场、政府之外的"第三次分配"。因此,从理论上看,可将慈善事业纳入社会政策资源的范畴,且在实践中也应将其纳入社会政策的规划和宏观管理体系之中。许多国家和地区都在这方面制定了相应的法规与政策。

除了慈善事业的资金投入以外,民间个人和组织还常常自愿利用业余时间无偿向社会提供服务,以帮助有需要的人,并服务于社会公益事项。这类服务行动被称为"志愿服务"。志愿服务的重要性一方面体现在它对社会公益事业人力资源的贡献,另一方面,还体现在对利他主义社会精神的塑造和对社会和谐的积极影响。因此,许多国家和地区都比较重视推动志愿服务的发展。志愿服务这类行动与政府的社会政策行动有相同或相近的功能,因此,也可纳入社会政策的规划和宏观的管理体系中,并为此制定相关的法规与政策。

3. 政府与社会力量合作的社会政策资源模式和运行方式

社会政策的运行需要大量的财力和人力。在各项社会政策的运行中,仅靠政府或社会力量常常在财力和人力方面存在不足,而政府与社会力量合作则可相互弥补不足,进一步优化社会政策资源模式。在我国,政府与社会力量合作的资源供应有以下几种基本模式:①动员各种社会力量参与社会福利事业,并在其中分担一定的资源供应责任;②政府通过减免税收和其他各种优惠政策鼓励各类社会力量参与社会福利事业;③通过政府购买服务等方式,向参与社会福利事业和其他各类公益活动的社会力量投入资金,形成公共财政提供的资金与社会力量组织的人力相结合的资源供应模式。①

第二节 社会工作法规与政策的内容概述

社会工作领域相当广泛,与社会工作有关的法规与政策也有相当广泛的内容。在我国,社会工作的法规与政策大致可分为有关社会建设的一般性法规与政策、促进和规范社会工作发展的法规与政策、社会工作主要业务领域中相关的法规与政策三大类。本节先对这三大类法规与政策进行概要性介绍。

一、我国有关社会建设的一般性法规与政策

在我国,社会建设是一个广泛的行动领域,其主要内容包括民生事业、社会治理两个方面。加强社会建设是党和政府改革开放以来,在发展中国特色社会主义的历程中不断进行实践总结和理论探索的结果。改革开放以来,我国取得了长达40多年的快速经济发展成就,但也出现了贫富差距拉大、社会矛盾增多、生态环境破坏等问题。党和政府不断从实践中总结经验教训,不断克服发展中的各种问题。在改革开放不久,1979年10月,邓小平就提出物质文明和精神文明两个文明一起抓的思想。② 1987年10月,中共中央提出了经济、政治、文化建

---

① 全国社会工作者职业水平考试教材编委会编写:《社会工作法规与政策》,中国社会出版社2023年,第1—8页。

② 《邓小平文选》(第二卷)(第2版),人民出版社1994年,第208页。

设“三位一体”的发展方针。[①] 进入21世纪后，党中央通过不断总结经验和理论探索，逐渐形成了加强社会建设的指导思想和政策框架。2006年10月，党的十六届六中全会通过了《中共中央关于构建社会主义和谐社会若干重大问题的决定》，全面提出了构建社会主义和谐社会的背景、指导思想、目标任务、原则和任务等。[②] 2007年10月，党的十七大提出经济建设、政治建设、文化建设、社会建设“四位一体”的中国特色社会主义的总体布局。[③] 2012年11月，党的十八大报告加入了“生态文明建设”，形成了“五位一体”的总体布局，并再次强调社会建设的重要性。2013年11月，党的十八届三中全会又对社会建设的总体目标、要求和具体任务作了较为系统的论述。[④] 党的十九大和十九届四中、五中全会再次强调了加强社会建设的重要性。2022年10月，党的二十大从保障和改善民生、公共安全和社会治理两个方面对社会建设作出了进一步部署。作为社会工作者，首先应从总体上了解我国社会建设的一般性法规与政策。

(一)党的十六届六中全会对和谐社会建设的论述

2006年10月，党的十六届六中全会是改革开放以来专门研究社会建设重大事务的中央全会。此次会议作出了《中共中央关于构建社会主义和谐社会若干重大问题的决定》(以下简称十六届六中全会《决定》)，全面阐述了中共中央关于构建社会主义和谐社会的目标、要求和措施。[⑤] 其要点如下。

1. 构建社会主义和谐社会的重要性和紧迫性

关于构建和谐社会的重要性，十六届六中全会《决定》指出，构建和谐社会是中国特色社会主义的本质属性，是国家富强、民族振兴、人民幸福的重要保证，是全面贯彻落实科学发展观、从中国特色社会主义事业总体布局和全面建设小康社会全局出发提出的重大战略任务。关于构建和谐社会的紧迫性，十六届六中全会《决定》用四个“深刻”表述了我国进入改革发展关键时期后空前的社会变

---

① 中共中央文献研究室编：《十三大以来重要文献选编》(上)，人民出版社1991年，第13页。

② 《中共中央关于构建社会主义和谐社会若干重大问题的决定》，人民出版社2006年，第1—40页。

③ 中共中央文献研究室编：《十七大以来重要文献选编》(上)，中央文献出版社2009年，第15—16页。

④ 中共中央文献研究室编：《十八大以来重要文献选编》(上)，中央文献出版社2014年，第30—32、535—540页。

⑤ 《中共中央关于构建社会主义和谐社会若干重大问题的决定》，人民出版社2006年，第1—40页。

革:“经济体制深刻变革,社会结构深刻变动,利益格局深刻调整,思想观念深刻变化。”这些深刻变化向我国未来的发展提出了重大挑战。为了抓住机遇、应对挑战,把中国特色社会主义伟大事业推向前进,必须坚持以经济建设为中心,把构建社会主义和谐社会摆在更加突出的地位。

2. 构建社会主义和谐社会的总体要求、目标任务和原则

十六届六中全会《决定》提出,构建社会主义和谐社会的总体要求是:要按照民主法治、公平正义、诚信友爱、充满活力、安定有序、人与自然和谐相处的总要求,以解决人民群众最关心、最直接、最现实的利益问题为重点,着力发展社会事业、促进社会公平正义、建设和谐文化、完善社会管理、增强社会创造活力,走共同富裕道路,推动社会建设与经济建设、政治建设、文化建设协调发展。

十六届六中全会《决定》指出,到 2020 年,构建社会主义和谐社会的目标和主要任务是:社会主义民主法治更加完善,依法治国基本方略得到全面落实,人民的权益得到切实尊重和保障;城乡、区域发展差距扩大的趋势逐步扭转,合理有序的收入分配格局基本形成,家庭财产普遍增加,人民过上更加富足的生活;社会就业比较充分,覆盖城乡居民的社会保障体系基本建立;基本公共服务体系更加完备,政府管理和服务水平有较大提高;全民族的思想道德素质、科学文化素质和健康素质明显提高,良好道德风尚、和谐人际关系进一步形成;全社会创造活力显著增强,创新型国家基本建成;社会管理体系更加完善,社会秩序良好;资源利用效率显著提高,生态环境明显好转;实现全面建设惠及十几亿人口的更高水平的小康社会的目标,努力形成全体人民各尽其能、各得其所而又和谐相处的局面。概括起来看,构建社会主义和谐社会的目标有三个基本维度:人民安康,社会安定,国家充满活力。

十六届六中全会《决定》还指出,构建社会主义和谐社会要遵循以下原则:①必须坚持以人为本;②必须坚持科学发展观;③必须坚持改革开放;④必须坚持民主法治;⑤必须坚持正确处理改革发展稳定的关系;⑥必须坚持在党的领导下全社会共同建设。

此外,十六届六中全会《决定》还提出构建和谐社会若干重要方面的重要任务:①坚持协调发展,加强社会事业建设;②加强制度建设,保障社会公平正义;③建设和谐文化,巩固社会和谐的思想道德基础;④完善社会管理,保持社会安定有序;⑤激发社会活力;⑥增进社会团结和睦;⑦加强党对构建社会主义和谐社会的领导。

(二)党的十七大报告和十八大报告对社会建设的论述

1. 党的十七大报告对社会建设的论述

2007 年 10 月,党的十七大报告中首次将社会建设纳入全面协调可持续发展的总体格局中,并较为全面论述了社会建设的主要任务。十七大报告的第八部分专门论述了"加快推进以改善民生为重点的社会建设"。十七大报告提出,社会建设的基本任务是必须在经济发展的基础上,更加注重社会建设,着力保障和改善民生,推进社会体制改革,扩大公共服务,完善社会管理,促进社会公平正义,努力使全体人民学有所教、劳有所得、病有所医、老有所养、住有所居,推动建设和谐社会。加快推进以改善民生为重点的社会建设的六大任务,包括:①优先发展教育,建设人力资源强国;②实施扩大就业的发展战略,促进以创业带动就业;③深化收入分配制度改革,增加城乡居民收入;④加快建立覆盖城乡居民的社会保障体系,保障人民基本生活;⑤建立基本医疗卫生制度,提高全民健康水平;⑥完善社会管理,维护社会安定团结。①

2. 党的十八大报告对社会建设各个方面的原则要求

2012 年 11 月,党的十八大报告中对社会建设又有进一步发展。

首先,十八大报告进一步确认了社会建设在中国特色社会主义建设总体布局中的重要地位,将社会建设、经济建设、政治建设、文化建设和生态文明建设并列,提出了"五位一体"的总体格局。②

其次,十八大报告延续了十七大报告中关于加快推进以改善民生为重点的社会建设的思想,提出"在改善民生和创新社会管理中加强社会建设"的要求。③ 十八大报告将社会建设的任务界定为保障及改善民生和创新社会管理两大方面。

十八大报告指出:"加强社会建设,必须以保障和改善民生为重点。提高人民物质文化生活水平,是改革开放和社会主义现代化建设的根本目的。"十八大报告中还从各个方面具体论述了加强和改善民生的政策主张。在教育政策方面,提出"努力办好人民满意的教育",并重点强调"大力促进教育公平",具体措施包括"合理配置教育资源,重点向农村、边远、贫困、民族地区倾斜,支持特殊教

---

① 中共中央文献研究室编:《十七大以来重要文献选编》(上),中央文献出版社 2009 年,第 29—32 页。

② 中共中央文献研究室编:《十八大以来重要文献选编》(上),中央文献出版社 2014 年,第 540 页。

③ 中共中央文献研究室编:《十八大以来重要文献选编》(上),中央文献出版社 2014 年,第 27—30 页。

育,提高家庭经济困难学生资助水平,积极推动农民工子女平等接受教育,让每个孩子都能成为有用之才”。在就业政策方面,提出“推动实现更高质量的就业”,并重点强调“做好以高校毕业生为重点的青年就业工作和农村转移劳动力、城镇困难人员、退役军人就业工作”。在收入分配政策方面,提出“千方百计增加居民收入”,其中,重点是努力实现居民收入增长和经济发展同步、劳动报酬增长和劳动生产率提高同步,提高居民收入在国民收入分配中的比重,提高劳动报酬在初次分配中的比重。初次分配和再分配都要兼顾效率和公平,再分配更加注重公平的原则,以及要规范收入分配秩序,保护合法收入,增加低收入者收入,调节过高收入,取缔非法收入。在社会保障政策方面,重点提到坚持全覆盖、保基本、多层次、可持续方针,以增强公平性、适应流动性、保证可持续性为重点,全面建成覆盖城乡居民的社会保障体系。在医疗卫生政策方面,强调按照保基本、强基层、建机制要求,重点推进医疗保障、医疗服务、公共卫生、药品供应、监管体制综合改革,完善国民健康政策,为群众提供安全有效、方便价廉的公共卫生和基本医疗服务。在人口政策方面,再次强调坚持计划生育的基本国策,提高出生人口素质,逐步完善政策,促进人口长期均衡发展。

(三)党的十八届三中全会对社会建设的论述

2013 年 11 月,党的十八届三中全会通过了《中共中央关于全面深化改革若干重大问题的决定》(以下简称十八届三中全会《决定》),其中关于社会建设改革的论述又有新的发展。总体上看,十八届三中全会《决定》以全面深化改革为目标,将社会建设纳入国家治理体系和治理能力现代化的行动体系中,对当前我国社会建设中面临的许多深层次问题和民众关切的问题作出了回应,既提出了将来改革与发展的方向,也提出了许多具体的改革措施。①

1. 社会建设的总体思路

总体思路是:要以“确保社会既充满活力又和谐有序”为基本目标,以“公平正义”和“共同富裕”为基本导向,以“保障和改善民生”“改革收入分配制度”“深化社会体制改革和创新”为主要任务。

2. 社会建设的具体要求

第一,在保障和改善民生方面的改革要求。在大力促进教育公平方面,提出要逐步缩小区域、城乡、校际差距;统筹城乡义务教育资源均衡配置,实行公办学

---

① 中共中央文献研究室编:《十八大以来重要文献选编》(上),中央文献出版社 2014 年,第 535—540 页。

校标准化建设和校长教师交流轮岗，不设重点学校、重点班。在就业政策改革方面，强调要消除城乡、行业、身份、性别等一切影响平等就业的制度障碍和就业歧视；要完善城乡均等的公共就业创业服务体系。在社会保障制度改革方面，提出要建立更加公平、可持续的社会保障制度。在基本养老保险制度方面，要完善个人账户制度，健全多缴多得激励机制，整合城乡居民基本养老保险制度、基本医疗保险制度，适时适度降低社会保险费率，研究制定渐进式延迟法定退休年龄政策，加强社会保险基金投资管理和监督，推进基金市场化、多元化投资运营，制定实施免税、延期征税等优惠政策，加快发展企业年金、职业年金、商业保险，构建多层次社会保障体系。

第二，在收入分配政策方面提出的改革要求，进一步强调要形成合理有序的收入分配格局并着重保护劳动所得，同时，要建立公共资源出让收益合理共享机制，以及完善慈善捐助减免税制度；要规范收入分配秩序，完善收入分配调控体制机制和政策体系，建立个人收入和财产信息系统，保护合法收入，调节过高收入，清理规范隐性收入，取缔非法收入，增加低收入者收入，扩大中等收入者比重，努力缩小城乡、区域、行业收入分配差距，逐步形成橄榄形分配格局。此外，十八届三中全会《决定》继续强调推进基本公共服务均等化，重点强调了城乡之间的均等化，提出要统筹城乡基础设施建设和社区建设，推进农业转移人口市民化，并且要稳步推进城镇基本公共服务常住人口全覆盖，把进城落户农民完全纳入城镇住房和社会保障体系，在农村参加的养老保险和医疗保险规范接入城镇社保体系，建立财政转移支付同农业转移人口市民化挂钩机制等具体的要求。

第三，十八届三中全会《决定》采用了新的“社会治理”概念，提出其总体目标是，“确保社会既充满活力又和谐有序”；主要方向是以人民利益为基础，以维护社会和谐、社会发展活力、平安中国、国家安全、社会安定有序为基本方向。十八届三中全会《决定》还提出了要激发社会组织活力，适合由社会组织提供的公共服务和解决的事项，交由社会组织承担；提出了限期实现行业协会、商会与行政机关真正脱钩；行业协会商会类、科技类、公益慈善类、城乡社区服务类社会组织成立时直接依法申请登记的政策原则。

（四）党的十八届四中全会对民生事业和社会治理法制建设的论述

2014 年 10 月，党的十八届四中全会通过的《中共中央关于全面推进依法治国若干重大问题的决定》（以下简称十八届四中全会《决定》）进一步强调了保障和改善民生及推进社会治理创新的法律制度建设。其主要内容有以下几个方面。①

1. 关于保障公民权利的论述

十八届四中全会《决定》中提出,要依法保障公民权利,加快完善体现权利公平、机会公平、规则公平的法律制度,保障公民人身权、财产权、基本政治权利等各项权利不受侵犯,保障公民经济、文化、社会等各方面权利得到落实,实现公民权利保障法治化。增强全社会尊重和保障人权意识,健全公民权利救济渠道和方式。这些基本原则对落实保障和改善民生及社会治理法制建设具有重要的方向性和规范性意义。此外,要建设完备的法律服务体系。推进覆盖城乡居民的公共法律服务体系建设,加强民生领域法律服务。完善法律援助制度,扩大援助范围,健全司法救助体系,保证人民群众在遇到法律问题或者权利受到侵害时获得及时有效的法律帮助。

2. 关于保障和改善民生法制建设的论述

十八届四中全会《决定》中强调,要加快保障和改善民生、推进社会治理体制创新法律制度建设。要依法加强和规范公共服务,完善教育、就业、收入分配、社会保障、医疗卫生、食品安全、扶贫、慈善、社会救助和妇女儿童、老年人、残疾人合法权益保护等方面的法律法规。加强社会组织立法,规范和引导各类社会组织健康发展。

3. 加强社会治理法制建设

十八届四中全会《决定》中提出,要健全依法维权和化解纠纷机制。强化法律在维护群众权益、化解社会矛盾中的权威地位,引导和支持人们理性表达诉求、依法维护权益,解决好群众最关心、最直接、最现实的利益问题。同时,要构建对维护群众利益具有重大作用的制度体系,建立健全社会矛盾预警机制、利益表达机制、协商沟通机制、救济救助机制,畅通群众利益协调、权益保障法律渠道。把信访纳入法治化轨道,保障合理合法诉求依照法律规定和程序就能得到合理合法的结果。此外,要健全社会矛盾纠纷预防化解机制。完善调解、仲裁、行政裁决、行政复议、诉讼等有机衔接、相互协调的多元化纠纷解决机制。加强行业性、专业性人民调解组织建设,完善人民调解、行政调解、司法调解联动工作体系。完善仲裁制度,提高仲裁公信力。健全行政裁决制度,强化行政机关解决

---

① 中共中央文献研究室编:《十八大以来重要文献选编》(中),中央文献出版社 2016 年,第 155—181 页。

同行政管理活动密切相关的民事纠纷功能。

（五）党的十九大报告对社会建设的论述

2017年10月，党的十九大报告中再次强调了加强社会建设的重要性，并全面论述了社会建设的主要内容。社会建设包括提高保障和改善民生水平、加强和创新社会治理两大方面，十九大报告提出，“全党必须牢记，为什么人的问题，是检验一个政党、一个政权性质的试金石。带领人民创造美好生活，是我们党始终不渝的奋斗目标。必须始终把人民利益摆在至高无上的地位，让改革发展成果更多更公平惠及全体人民，朝着实现全体人民共同富裕不断迈进。”①在保障和改善民生方面，十九大报告提出保障和改善民生要抓住人民最关心、最直接、最现实的利益问题，既尽力而为，又量力而行。十九大报告中还专门论述了优先发展教育事业、提高就业质量和人民收入水平、加强社会保障体系建设、坚决打赢脱贫攻坚战、实施健康中国战略几个重要方面的具体要求。②在加强和创新社会治理方面，十九大报告进一步强调了打造共建共治共享的社会治理格局，要求完善党委领导、政府负责、社会协同、公众参与、法治保障的社会治理体制，并且提出了要提高社会治理社会化、法治化、智能化、专业化水平。并且，在化解矛盾、安全与治安、保护人民人身权、财产权、人格权、社会心理服务体系建设、加强社区治理体系建设、发挥社会组织作用、有效维护国家安全等方面提出了具体的要求。

（六）党的十九届四中全会对社会建设的论述

2019年10月，党的十九届四中全会通过了《中共中央关于坚持和完善中国特色社会主义制度推进国家治理体系和治理能力现代化若干重大问题的决定》（以下简称十九届四中全会《决定》），这一重要文件再次强调了民生保障和社会治理，并要求在此方面加强制度建设。

1. 坚持和完善统筹城乡的民生保障制度，满足人民日益增长的美好生活需要

十九届四中全会《决定》再次强调，增进人民福祉、促进人的全面发展是我们党立党为公、执政为民的本质要求。必须健全幼有所育、学有所教、劳有所得、病有所医、老有所养、住有所居、弱有所扶等方面国家基本公共服务制度体系，尽力而为，量力而行。同时提出要注重加强普惠性、基础性、兜底性民生建设，保障群众基本生活。要创新公共服务提供方式，鼓励支持社会力量兴办公益事业，满足人民多层次多样化需求，使改革发展成果更多更公平惠及全体人民。

与此同时，十九届四中全会《决定》还对民生保障制度建设若干重要领域作

出了具体的要求,其中包括健全有利于更充分更高质量就业的促进机制、构建服务全民终身学习的教育体系、完善覆盖全民的社会保障体系和强化提高人民健康水平的制度保障。

2. 坚持和完善共建共治共享的社会治理制度,保持社会稳定、维护国家安全

十九届四中全会《决定》强调,社会治理是国家治理的重要方面,必须加强和创新社会治理,完善党委领导、政府负责、民主协商、社会协同、公众参与、法治保障、科技支撑的社会治理体系,建设人人有责、人人尽责、人人享有的社会治理共同体,确保人民安居乐业、社会安定有序,建设更高水平的平安中国。十九届四中全会《决定》还提出了若干方面的具体要求,包括要完善正确处理新形势下人民内部矛盾有效机制、完善社会治安防控体系、健全公共安全体制机制、构建基层社会治理新格局以及完善国家安全体系。

(七)党的十九届五中全会对社会建设的论述

2020 年 10 月,党的十九届五中全会通过了《中共中央关于制定国民经济和社会发展第十四个五年规划和二〇三五年远景目标的建议》(本节简称《建议》),再次强调要"统筹推进经济建设、政治建设、文化建设、社会建设、生态文明建设的总体布局"。在《建议》的第十二部分专门论述了"改善人民生活品质,提高社会建设水平",提出"坚持把实现好、维护好、发展好最广大人民根本利益作为发展的出发点和落脚点,尽力而为、量力而行,健全基本公共服务体系,完善共建共治共享的社会治理制度,扎实推动共同富裕,不断增强人民群众获得感、幸福感、安全感,促进人的全面发展和社会全面进步",并且在保障和改善民生、加强和创新社会治理两个方面都再次加以强调。

1. 在保障和改善民生方面的要求

《建议》从多个方面强调了保障和改善民生,包括:提高人民收入水平;强化就业优先政策;建设高质量教育体系;健全多层次社会保障体系;全面推进健康中国建设;实施积极应对人口老龄化国家战略。在每个方面都提出了一些具体要求,具有很强的针对性、全局性和前瞻性。

2. 在加强和创新社会治理方面的要求

《建议》进一步提高了对加强和创新社会治理的要求,提出要完善社会治理体系,健全党组织领导的自治、法治、德治相结合的城乡基层治理体系,完善基层民主协商制度,实现政府治理同社会调节、居民自治良性互动,建设人人有责、人人尽责、人人享有的社会治理共同体。发挥群团组织和社会组织在社会治理中

的作用,畅通和规范市场主体、新社会阶层、社会工作者和志愿者等参与社会治理的途径。推动社会治理重心向基层下移,向基层放权赋能,加强城乡社区治理和服务体系建设,减轻基层特别是村级组织负担,加强基层社会治理队伍建设,构建网格化管理、精细化服务、信息化支撑、开放共享的基层管理服务平台。加强和创新市域社会治理,推进市域社会治理现代化。

(八)党的十九届六中全会对社会建设的论述

2021 年 11 月,党的十九届六中全会召开,全会通过的《中共中央关于党的百年奋斗重大成就和历史经验的决议》(本节简称《决议》)指出,党的十八大以来,中国特色社会主义进入新时代。我国社会建设全面加强,人民生活全方位改善,社会治理社会化、法治化、智能化、专业化水平大幅度提升,发展了人民安居乐业、社会安定有序的良好局面,续写了社会长期稳定奇迹。党中央强调,人民对美好生活的向往就是我们的奋斗目标,增进民生福祉是我们坚持立党为公、执政为民的本质要求,让老百姓过上好日子是我们一切工作的出发点和落脚点,补齐民生保障短板、解决好人民群众急难愁盼问题是社会建设的紧迫任务。必须以保障和改善民生为重点加强社会建设,尽力而为、量力而行,一件事情接着一件事情办,一年接着一年干,在幼有所育、学有所教、劳有所得、病有所医、老有所养、住有所居、弱有所扶上持续用力,加强和创新社会治理,使人民获得感、幸福感、安全感更加充实、更有保障、更可持续。

1. 在保障和改善民生方面的要求

《决议》指出,为了保障和改善民生,按照坚守底线、突出重点、完善制度、引导预期的思路,在收入分配、就业、教育、社会保障、医疗卫生、住房保障等方面推出一系列重大举措,注重加强普惠性、基础性、兜底性民生建设,推进基本公共服务均等化。努力建设体现效率、促进公平的收入分配体系,调节过高收入,取缔非法收入,增加低收入者收入,稳步扩大中等收入群体,推动形成橄榄形分配格局,居民收入增长与经济增长基本同步,农村居民收入增速快于城镇居民。实施就业优先政策,推动实现更加充分、更高质量就业。优先发展教育事业,明确教育的根本任务是立德树人,培养德智体美劳全面发展的社会主义建设者和接班人,深化教育教学改革创新,促进公平和提高质量,推进义务教育均衡发展和城乡一体化,全面推行国家通用语言文字教育教学,规范校外培训机构,积极发展职业教育,推动高等教育内涵式发展,推进教育强国建设,办好人民满意的教育。全面推进健康中国建设,坚持预防为主的方针,深化医药卫生体制改革,引导医疗卫生工作重心下移、资源下沉,及时推动完善重大疫情防控体制机制、健全国家公共卫生应急管理体系,促进中医药传承创新发展,健全遍及城乡的公共卫生服务体系。加快体育强国建设,广泛开展全民健身活动,大力弘扬中华体育精神。加强人口发展战略研究,积极应对人口老龄化,加快建设养老服务体系,调整优化生育政策,促进人口长期均衡发展。注重家庭家教家风建设,保障妇女儿童权益。加快发展残疾人事业。坚持房住不炒的定位,加快建立多主体供给、多渠道保障、租购并举的住房制度,加大保障房建设投入力度,城乡居民住房条件明显改善。

2. 在完善社会治理方面的要求

《决议》指出,着眼于国家长治久安、人民安居乐业,建设更高水平的平安中国,完善社会治理体系,健全党组织领导的自治、法治、德治相结合的城乡基层治理体系,推动社会治理重心向基层下移,建设共建共治共享的社会治理制度,建设人人有责、人人尽责、人人享有的社会治理共同体。《决议》强调,要加强防灾减灾救灾和安全生产工作,加强国家应急管理体系和能力建设。坚持和发展新时代"枫桥经验",坚持系统治理、依法治理、综合治理、源头治理,完善信访制度,健全社会矛盾纠纷多元预防调处化解综合机制,加强社会治安综合治理,开展扫黑除恶专项斗争,坚决惩治放纵、包庇黑恶势力甚至充当保护伞的党员干部,防范和打击暴力恐怖、新型网络犯罪、跨国犯罪。①

(九)党的二十大对社会建设的论述

2022年10月,党的二十大报告强调,此后,中国共产党的中心任务就是团结带领全国各族人民全面建成社会主义现代化强国、实现第二个百年奋斗目标,以中国式现代化全面推进中华民族伟大复兴。中国式现代化是人口规模巨大的现代化,是全体人民共同富裕的现代化,是物质文明和精神文明相协调的现代化,是人与自然和谐共生的现代化,是走和平发展道路的现代化。②

1. 在保障和改善民生方面的要求

二十大报告强调,要增进民生福祉,提高人民生活品质。必须坚持在发展中保障和改善民生,鼓励共同奋斗创造美好生活,不断实现人民对美好生活的向往。具体包括如下内容:①完善分配制度。构建初次分配、再分配、第三次分配

---

① 中共中央党史和文献研究院编:《十九大以来重要文献选编》(上),中央文献出版社2019年,第16—17、31—35页。

② 《习近平著作选读》(第一卷),人民出版社2023年,第18—19页。

协调配套的制度体系。加大税收、社会保障、转移支付等的调节力度。引导、支持有意愿有能力的企业、社会组织和个人积极参与公益慈善事业。②实施就业优先战略。完善重点群体就业支持体系,加强困难群体就业兜底帮扶。完善劳动关系协商协调机制,完善劳动者权益保障制度,加强灵活就业和新就业形态劳动者权益保障。③健全社会保障体系。健全覆盖全民、统筹城乡、公平统一、安全规范、可持续的多层次社会保障体系。完善基本养老保险全国统筹制度,发展多层次、多支柱养老保险体系。实施渐进式延迟法定退休年龄。扩大社会保险覆盖面,健全基本养老、基本医疗保险筹资和待遇调整机制,推动基本医疗保险、失业保险、工伤保险省级统筹。促进多层次医疗保障有序衔接,完善大病保险和医疗救助制度,落实异地就医结算,建立长期护理保险制度。健全分层分类的社会救助体系。坚持男女平等基本国策,保障妇女儿童合法权益。完善残疾人社会保障制度和关爱服务体系,促进残疾人事业全面发展。坚持房住不炒的定位,加快建立多主体供给、多渠道保障、租购并举的住房制度。④推进健康中国建设。优化人口发展战略,建立生育支持政策体系,降低生育、养育、教育成本。实施积极应对人口老龄化国家战略,发展养老事业和养老产业,优化孤寡老人服务,推动实现全体老年人享有基本养老服务。促进优质医疗资源扩容和区域均衡布局,坚持预防为主,加强重大慢性病健康管理,提高基层防病治病和健康管理能力。发展壮大医疗卫生队伍,把工作重点放在农村和社区。重视心理健康和精神卫生。创新医防协同、医防融合机制,健全公共卫生体系,提高重大疫情早发现能力,加强重大疫情防控救治体系和应急能力建设,有效遏制重大传染性疾病传播。深入开展健康中国行动和爱国卫生运动,倡导文明健康生活方式。

2. 在公共安全和社会治理方面的要求

二十大报告强调,要提高公共安全治理水平。坚持安全第一、预防为主,建立大安全大应急框架,完善公共安全体系,推动公共安全治理模式向事前预防转型。提高防灾减灾救灾和重大突发公共事件处置保障能力,加强国家区域应急力量建设。加强个人信息保护。要完善社会治理体系。健全共建共治共享的社会治理制度,提升社会治理效能。在社会基层坚持和发展新时代"枫桥经验",完善正确处理新形势下人民内部矛盾机制,加强和改进人民信访工作,畅通和规范群众诉求表达、利益协调、权益保障通道,完善网格化管理、精细化服务、信息化支撑的基层治理平台,健全城乡社区治理体系,及时把矛盾纠纷化解在基层、化解在萌芽状态。加快推进市域社会治理现代化,提高市域社会治理能力。强化社会治安整体防控，推进扫黑除恶常态化，依法严惩群众反映强烈的各类违法犯罪活动。发展壮大群防群治力量，营造见义勇为社会氛围，建设人人有责、人人尽责、人人享有的社会治理共同体。

此外，2023 年 2 月召开的党的二十届二中全会针对民生问题提出，要着力加强保障和改善民生各项工作，落实落细就业优先政策，保障好困难群众的基本生活，扎牢社会保障网，补齐医疗卫生特别是城乡基层医疗卫生公共服务的短板，完善生育支持政策体系。①

二、我国促进和规范社会工作发展的法规与政策

近年来，党和国家还出台了一系列促进和规范社会工作发展及与社会工作机构和社会工作者职业活动有关的政策文件。这些政策文件主要是促进和规范社会工作制度建设、社会工作人才队伍建设和社会工作机构运行等重要的环节，对社会工作的发展、规范化运行以及社会工作专业人才队伍建设具有重要的作用。

2006 年以来，促进和规范社会工作发展的政策文件主要有：2006 年党的十六届六中全会通过的《中共中央关于构建社会主义和谐社会若干重大问题的决定》，这是我国社会工作人才队伍建设的纲领性文件，提出了“建设宏大的社会工作人才队伍”的战略决策；2010 年党中央发布的《国家中长期人才发展规划纲要（2010—2020 年）》，将社会工作专业人才提升为国家六支主体人才队伍之一，确立了社会工作人才在国家发展大局中的重要地位；2011 年中组部等印发的《关于加强社会工作专业人才队伍建设的意见》和 2012 年中组部等印发的《社会工作专业人才队伍建设中长期规划（2011—2020 年）》，明确了当时和此后一个时期我国社会工作发展的指导思想、基本原则、目标任务和主要措施。民政部作为社会工作的行政主管部门，自 2006 年以来单独或联合有关部门出台了一系列社会工作职业水平评价、社会工作岗位开发设置、政府购买社会工作服务促进民办社会工作服务机构发展和推动重点服务领域社会工作发展的法规与政策，主要有：《社会工作者职业水平评价暂行规定》《助理社会工作师、社会工作师职业水平考试实施办法》《高级社会工作师评价办法》《社会工作者职业水平证书登记办法》

① 《中共二十届二中全会在京举行 中央政治局主持全会 中央委员会总书记习近平作重要讲话》，《党建》2023 年第 3 期。

《社会工作者继续教育办法》《民政事业单位岗位设置管理指导意见》《民政部财政部关于政府购买社会工作服务的指导意见》《关于进一步加快推进民办社会工作服务机构发展的意见》《关于加快推进社区社会工作服务的意见》《关于加快推进灾害社会工作服务的指导意见》《关于加强青少年事务社会工作事业人才队伍建设的意见》和《关于组织社会力量参与社区矫正工作的意见》《民政部财政部关于加快推进社会救助领域社会工作发展的意见》等。

三、我国社会工作主要业务领域中相关的法规与政策

(一)社会救助领域的法规与政策

帮助贫困家庭是社会工作的主要任务之一,社会工作者应该熟悉社会救助领域的法规与政策。社会救助的法规与政策包括城乡居民最低生活保障、医疗救助、住房救助、教育救助、就业救助、受灾人员救助、法律援助等各种专项救助,以及临时救助等方面的法规与政策。

(二)针对特定人群权益保护和社会服务的法规与政策

社会工作常常面对社会中的特殊人群,尤其是困难人群,向他们提供专门的服务。在这些领域中,国家和政府也制定了相关的法规与政策,其中主要包括针对妇女、儿童、老年人和残疾人等方面的法规与政策。

(三)婚姻家庭法规与政策

帮助人们协调婚姻家庭关系,解决婚姻家庭中出现的各种问题是社会工作的主要领域之一。社会工作者在此方面要依据的法规与政策主要有:规范婚姻家庭关系的法规与政策、财产继承、收养关系等方面的法规和政策。

(四)人民调解、信访工作和突发事件应对法规与政策

主要是围绕调解邻里纠纷、解决社会问题、化解社会矛盾和应对突发事件等问题开展的工作。针对这些问题,政府也制定了相应的法规与政策,社会工作者应该熟悉这些法规与政策。

(五)社区矫正、禁毒和治安管理法规与政策

社区矫正、禁毒和治安管理是我国控制偏差行为和维护社会秩序的重要行动领域,也是适宜社会工作介入的领域。社会工作者直接在这些领域中工作,或者其工作与这些领域的行动有关,都需要了解这些领域的相关法规与政策。

(六)烈士褒扬和优抚安置法规与政策

烈士褒扬和优抚安置是帮助军人和烈军属,维护军队稳定,巩固国防建设的

重要行动领域。在这方面的法规与政策包括烈士褒扬法规与政策、抚恤优待和退伍军人安置以及军队离退休干部安置的法规与政策。

(七)城乡基层群众自治和社区建设法规与政策

社区是社会工作的主要场所之一,促进居民自治,做好社区建设和社区服务工作是我国社会工作的主要任务。这一领域的法规与政策包括城市居民自治、农村村民自治和城乡社区建设等方面的法规与政策。

(八)公益慈善事业与志愿服务法规与政策

大力发展公益慈善事业对促进我国社会事业发展具有重要的影响。同时,志愿服务对满足民众的各种需要、促进社会和谐也具有重要意义。社会工作在这些领域中应该发挥重要的作用。为了规范和促进公益慈善事业和志愿服务,国家和政府出台了相应的法规和政策。

(九)社会组织法规与政策

社会组织越来越成为我国公共管理和社会服务体系中的重要力量,同时也是社会工作的主要场所。许多社会工作都依托社会组织而开展。我国制定了规范和促进社会组织发展的法规与政策,包括与社会团体、民办非企业单位和基金会有关的法规与政策,以及近年来推动以政府购买服务等方式促进社会组织发展的政策文件。熟悉这些法规与政策对于社会工作者来说具有重要的意义。

(十)劳动就业和劳动关系法规与政策

促进就业和维护劳动者权益是社会工作的主要任务之一,因此需要大力发展企业社会工作。社会工作者(尤其是企业社会工作者)应该熟悉国家和政府制定的促进就业、保护劳动者权益、协调劳资关系和处理劳动争议等方面的法规与政策。

(十一)健康与计划生育法规与政策

在当代社会中,提高健康水平是民众普遍关心的重大问题,也属于社会工作者服务的主要领域。在该领域中,国家和政府制定了公共卫生、医疗服务和医疗保障等方面的法规与政策。同时,我国的计划生育也需要社会工作者的参与,因此社会工作者还应熟悉计划生育方面的法规与政策。

(十二)社会保险领域法规与政策

社会保险方面的法规与政策包括养老保险、医疗保险、失业保险、工伤保险、生育保险等方面的法规与政策。随着社会保险覆盖面的逐步扩大,这些法规和政策对劳动者和普通民众的影响也越来越大。因此我国的社会工作者都应该了解这些法规与政策,尤其是从事这些领域工作的社会工作者更应该非常熟悉这些法规与政策。①

第三节　社会工作法规与政策和社会工作实践的关系

社会工作法规与政策和社会工作实践密切相关。一方面，社会工作法规与政策对社会工作实践具有重要的影响作用；另一方面，社会工作实践也对相关领域的法规与政策发展具有积极的促进作用。

一、社会工作法规与政策对社会工作实践的作用

（一）社会工作法规与政策对社会工作制度建构的作用

社会工作是以制度化的方式向有需要的个人和组织提供有关社会服务的行动体系。在当代社会，促进社会工作服务的发展和社会工作专业人才队伍的建设，首先要建构相应的制度体系，而社会工作制度体系的建构要由大量的法规和政策文件具体实现。在此方面，社会工作法规与政策在环境营造和具体制度建构两个层次上，对社会工作制度建构发挥着重要作用。

一方面，社会工作人才队伍建设和社会工作实践的发展要有良好的社会环境。其中，包括各级政府的重视、民众的理解和支持、良好的制度环境和社会参与。在我国，党和政府常常通过各种法规与政策文件来促进社会工作实践的发展。例如，2006 年，党的十六届六中全会的《中共中央关于构建社会主义和谐社会若干重大问题的决定》强调，建设一支宏大的社会工作人才队伍，号召全社会重视社会工作人才队伍建设。② 这对我国社会工作人才队伍建设起到了极大的促进作用。此后，国务院多个部门单独或联合发布文件，要求各级政府及其相关部门重视社会工作人才队伍建设，在促进各级政府部门重视社会工作人才队伍建设及社会工作实践发展等方面，发挥了很大的推动作用。此外，国务院及地方各级政府相继出台的各项社会政策也直接或间接促进了对社会工作人才的需求，为社会工作专业人才队伍建设注入活力。

---

① 全国社会工作者职业水平考试教材编委会编写：《社会工作法规与政策》，中国社会出版社 2023 年，第 9—20 页。

② 中共中央文献研究室编：《十六大以来重要文献选编》（下），中央文献出版社 2011 年，第 670 页。

另一方面,社会工作的制度体系建设需要设立大量的具体制度规范,以保障社会工作机构在各个环节的有序运行,并引导社会工作人才队伍的规范化建设。例如,为了规范和促进社会工作人才队伍建设和社会工作实践的发展,我国已通过一些政策文件对社会工作的组织建构、人员的培训、考试、社会工作机构和人员的基本规范、政府与社会工作机构的关系及对社会工作发展的基本责任等方面都作出了一些规定,并着手制定相应的法律法规。社会工作的行业组织也在制定一些行业规范。社会工作机构和社会工作者在其组织建设和运行以及具体服务活动中都应遵循这些法律法规、政策和行业规范。

(二)社会工作法规与政策在社会工作专业人才服务中的作用

社会工作是制度化的助人服务体系,必须按国家的法律、法规和政策运行。国家为了保障公民的经济与社会权利、促进社会事业的发展出台了一系列法律,政府为保障和改善民生也在社会政策各领域出台了各种法规和政策文件。社会工作者在提供服务工作中要遵守这些法规和政策,并利用法规和政策提供的条件和资源展开工作。从这个角度上说,社会工作实际上被纳入政府的社会政策行动体系,它在实施社会政策过程中发挥着重要作用。

(三)社会工作法规与政策对社会工作人才队伍建设的作用

社会工作法规与政策对社会工作人才队伍建设具有重要作用。它主要体现在制度规范建设、能力建设两个方面。一方面,各级政府要通过各种法规和政策文件去推动和规范社会工作人才队伍建设,特别是在当前我国社会工作专业人才建设还不够成熟的情况下,制定一定的法规和政策对社会工作人才的各种激励机制、规范要求和保障措施进行规定就尤为重要。另一方面,各级政府通过相关的法规与政策为社会工作人才队伍建设和社会工作实践提供必要的资源支持。近年来,各级政府逐步通过各项法规与政策,支持社会工作人才队伍建设和社会工作实践发展,已取得初步成效。政府的法规与政策主要通过几种方式对社会工作提供支持:①通过规定各种优惠政策(如减免相关税费等)支持社会工作机构的发展;②为社会工作机构提供必要的硬件设施;③通过政府购买服务等方式为社会工作机构提供资金支持;④大力促进慈善事业发展。在这些领域中,相关法规和政策文件的制定和发布将有效调动各级政府的公共财政资源和民间社会资源,为我国社会工作人才队伍建设和社会工作实践发展提供了重要支持。

二、社会工作实践对社会工作法规与政策的作用

社会工作实践对相关领域法规和社会政策发展的积极促进作用,体现在法

规与政策的制定、实施以及评估和改革等各个环节。

（一）社会工作实践在社会政策实施中的作用

社会工作领域大量的法规与政策需要通过具体的行动加以实施，而实施这些法规与政策需要具体的规划，设立具体的项目，建立必要的机构，投入必要的资源，并且，需要大量的工作人员提供各项社会服务。在从事各项社会服务的人员中，要有大量各方面的专业人才，而社会工作者队伍是其中重要的一支。从当代社会工作比较发达的国家和地区的情况看，社会工作者在社会政策及法规的实施过程中都发挥着重要作用，是社会政策向具体的社会服务转化过程中重要的行动者。社会工作者参与社会政策的实施过程有以下特点：①与一般工作人员相比，社会工作者是专业人才，能够提供专业服务，解决复杂的问题；②社会工作者服务领域较为广泛，几乎在社会政策所有领域的政策实施中都需要社会工作者的参与，即使在一些以其他专业人才为主的领域中（如医院、学校等），也需要社会工作者的参与。社会工作者应该不断提升自身的专业素质，全面而深入地了解并能够熟练地运用相关的法规与政策，从而在社会工作领域的法规和政策实施过程中发挥重要作用。

（二）社会工作实践在社会政策制定、评估和改革中的作用

社会工作组织和人员在其职业活动中不仅要遵守法规与政策，还应以积极的行动参与法规与政策的完善和发展过程。社会工作者具有“专家”和“基层实践者”双重角色，他们在相关法规和政策的制定、完善、发展过程中可发挥重要作用。社会工作者不仅熟悉相关法规和政策的原理和意义，而且能运用专业的理论和方法去研究各种法规与政策的运行情况，发现存在的问题，并在此基础上提出改进建议。

与此同时，社会工作者长期工作在法规与政策实践的第一线，既能理解政府的政策目标，也了解普通民众的需要，并且，熟悉相关法规和政策运行的实际情况，可为社会工作法规和政策的评估、改革和发展提供更符合实际的信息和建议。因此，社会工作者不单是各项法规和政策的实施者，还应是各项法规和政策制定、评估和改革过程的积极参与者。①

---

① 全国社会工作者职业水平考试教材编委会编写：《社会工作法规与政策》，中国社会出版社 2023 年，第 20—22 页。

第二章

社会工作专业人才队伍建设法规与政策

不同于普通的助人活动，合格的社会工作服务只有社会工作专业人才才能提供。假如缺乏一定数量的社会工作专业人才，社会工作很难得到较好发展。经过改革开放后恢复发展社会工作，我国社会工作专业人才队伍建设取得了显著成绩。截至 2022 年 9 月，全国社会工作专业人才队伍已突破 160 万人，[①]截至当年年底，全国持证社会工作者共计 93.1 万人。[②] 到 2024 年 5 月，全国持证社会工作者已达 116 万。[③] 本章主要探讨社会工作专业人才队伍建设法规与政策的发展演变、主要内容、运行中存在的主要问题。

第一节　社会工作专业人才队伍建设法规与政策的发展演变

"人才"这一概念在我国的出现，最早可追溯到东汉时期。[④] 东汉唯物主义思想家王充在其所著的《论衡·逢遇篇》指出："人才高下，不能钧同"；"操行有常贤，仕宦无常遇。贤不贤，才也；遇不遇，时也。"[⑤]中华民族重视人才、爱惜人才的传统源远流长。上古传说中就有三皇五帝等一批贤才俊杰。春秋战国，更

① 《民政这十年·慈善社工篇》，中华人民共和国民政部官网，2022 年 9 月 23 日。

② 数据来源：《2022 年民政事业发展统计公报》。

③ 吴汉圣：《基层强则国家强 基层安则天下安》，《求是》2024 年第 10 期。

④ 郭庆松等：《人才发展：突出问题及对策研究》，人民出版社 2018 年，第 40 页。

⑤ 陈蒲清点校：《论衡》，岳麓书社 2006 年，第 4、1 页。

是求贤若渴，才子士人四方游说，著书立说，治国安民。先秦时期，中国已形成了较为完备的人才思想和人才观。①

中国古代的人才队伍建设大致包括人才培养、人才选拔、人才使用等方面。在人才培养方面，中国古代通常有一定的教育制度来落实。例如，在西周时期，贵族子弟必须受礼、乐、射、御、书、数等“六艺”的专门训练，将他们培养成为具有贵族政治道德思想和军事技能的储备统治者。在人才选拔上，在魏晋南北朝时期，以九品中正制选拔人才。在隋代，隋炀帝创立了科举制度，该制度在中国历史上延续了1300多年，影响非常深广。② 在人才使用上，中国古代在许多领域都重视人才使用。例如，在封建王朝实施统治方面，常常会基于“学而优则仕”的原则选人为官。③ 在为统治者出谋划策方面，不少统治者重视选用一些人才担任谋士。自秦汉之际以来，张良、陈平、诸葛亮、魏征等人堪称其中的佼佼者。④ 在夺取天下、维护王朝安全方面，统治者重视任用军事人才。例如，在西周时期，周文王任用钓鱼老翁姜子牙为太师掌兵权，灭了商朝。在秦朝末年，刘邦任用韩信，打败项羽。⑤

综上，尽管终中国古代数千年的时间里尚缺乏社会工作专业人才队伍，也无相关法规与政策，但中国古代人才队伍建设思想与实践为后世提供了启示。

进入20世纪后，在国民党统治期间，一批留学欧美的学生将社会学和社会工作带回中国，在大学中开设社会工作专业，⑥中国产生了专业社会工作，专业社会工作人才队伍建设法规与政策才逐渐产生了一些相关内容。国民党政府主要在社会工作人员培养、考试等方面出台了一些法规与政策。

1940年2月，国民党第五届中常会第141次会议通过了《社会工作人员训练办法》，旨在培养社会工作人员，以健全人民团体及发展社会事业。⑦ 同年7月，

---

① 李金秀：《先秦儒家思想与社会主义人才观——先秦儒家文化与精神文明建设课题研究之三》，《社科纵横》1999年第3期。

② 孙培青主编：《中国教育史》（第3版），华东师范大学出版社2009年，第16—24、176—177页。

③ 王炳照：《论“学而优则仕”》，《北京师范大学学报》1980年第2期。

④ 熊宪光：《“纵横”流为谋士说》，《西南师范大学学报（人文社会科学版）》2003年第2期。

⑤ 李延海：《中国古代军事人才思想考察》，《军事历史研究》1988年第1期。

⑥ 王思斌主编：《社会工作导论》，高等教育出版社2004年，第45页。

⑦ 彭秀良、郝文忠主编：《民国时期社会法规汇编》，河北教育出版社2014年，第276—278页。

国民党中央执行委员会社会部、中央训练委员会会同公布的《社会工作人员训练办法施行细则》规定:(1)训练实施,须遵照总裁"训练目的与训练实施纲要"之训示,及社会工作人员训练办法、中央训练委员会训练纲领之规定,切实办理。(2)训练目的,在受训人员恪遵总理遗教,服从总裁领导,了解抗战建国要义,增进实际工作智能,以养成发展人民团体及社会事业之干部人员。(3)训练要旨,在于养成自觉、自动、自治、负责、尽职、团结协力、刻苦耐劳、积极奋斗之精神。

1941年12月,国民党中央执行委员会社会部咨行《社会工作人员训练纲要》,规定训练方针包括:(1)社会工作人员之训练应以造就社会事业之干部人才,确实得到办理社会事业之智能与领导工作之要领,俾能真正负起国防社会建设之使命。(2)训练之内容应包括精神训练、政治训练、军事训练及业务训练。(3)精神训练应使发挥其礼义廉耻与智仁勇信严之德性,砥砺其操行,增进其毅力。

1942年1月,国民党中央执行委员会社会部公布了《社会部社会工作人员训练委员会组织规程》(同年3月修正)。社会部为训练社会工作人员起见,特设社会工作人员训练委员会。

1944年11月,国民党政府发布了《社会工作人员训练办法修正条款》。

1945年1月,国民党政府考试院公布了《特种考试社会工作人员考试规则》,规定社会工作人员之考试,除法令另有规定外,依该规则施行。社会工作人员之考试,分甲级社会工作人员、乙级社会工作人员二级。①

另一方面,中华民国时期,国民党政府统治区的高校已开展了一些社会工作专业教育活动。1943年,在国立大学中设立社会学系的有西南联大等五所大学。在私立大学中设立社会学系的有燕京大学等九所大学。但仅有燕京大学、沪江大学较重视培养社会工作人才。到1940年社会部成立后,由于需要社会工作行政人才才一面委托各大学培养,一面招收社会工作人员及抽调行政人员进行短期训练。不难发现,当时社会工作专业人才数量很少。②

概括来说,中华民国时期,中国产生了社会工作专业人才队伍建设法规与政策的一些相关内容,但是很不完善,能得到落实的更少。

新中国成立后,国家实行计划经济体制,政府成为全部社会资源的占有者和

① 彭秀良、郝文忠主编:《民国时期社会法规汇编》,河北教育出版社2014年,第278—300页。

② 言心哲:《现代社会事业》,河北教育出版社2012年,第211—215、199页。

解决各种问题的责任人。政府通过各种单位向人们提供生存资源与力所能及的帮助，形成了依靠政府行政框架解决社会问题、满足人们需求的模式。中华民国时期构建起来的专业社会工作则失去了空间。1953—1978 年是专业社会工作的停止阶段，社会工作实践由行政干部实际承担了，这种社会工作可称为行政性社会工作。① 在这一阶段，中国没有制定社会工作专业人才队伍建设的法规与政策。

1978 年底，中国实施改革开放政策。1979 年 3 月，邓小平提出社会学要赶快补课。② 随后，社会学逐步得到恢复，社会工作课程也在一些大学逐渐恢复。③ 1982 年，北京大学社会学系先后开设了"老年人社会问题""社会福利"等课程。中共中央党校等高校也相继开设社会工作课程。1987 年，国家教委确定在高校的专业体系中设置社会工作与管理专业。因而，北京大学社会学系设立了社会工作与管理专业，并从 1989 年开始招本科生和研究生。其他一些大学也相继办起了社会工作与管理专业。这些是改革开放后中国社会工作专业人才队伍建设起步的表现。

然而，从改革开放初开始恢复重建专业社会工作后的相当长时期内，专业社会工作恢复发展仍然非常缓慢，专业社会工作人才队伍建设也是如此，也没有出台关于社会工作专业人才队伍建设的法规与政策。在此时期，有关方面也开展了一些与专业社会工作人才队伍建设相关的工作。主要有：1988 年，国家教委批准北京大学社会学系设立社会工作专业，并于次年招收了第一批社会工作专业本科生。1991 年 7 月，中国社会工作者协会成立，这为社会工作专业在中国的发展创设了制度性基础。1994 年，中国社会工作教育协会被批准成立，后于 1997 年召开了第一届年会。截至 2003 年 9 月，开办社会工作专业的学校有 200 多所。④ 这些为社会工作专业人才队伍建设奠定了一些基础。但由于社会缺乏相应的社会工作岗位等原因，高校培养的社会工作专业人才毕业后真正从事专业社会工作的很少。⑤

---

① 王思斌主编：《社会工作概论》（第 3 版），高等教育出版社 2014 年，第 7 页。

② 《邓小平文选》（第二卷）（第 2 版），人民出版社 1994 年，第 180—181 页。

③ 王思斌主编：《社会工作概论》（第 3 版），高等教育出版社 2014 年，第 7 页。

④ 王思斌主编：《社会工作导论》（第 2 版），高等教育出版社 2013 年，第 57—58、285—286 页。

⑤ 毛明华、陈赞畅：《从社工人才大量流失看社会工作发展——基于当前社工毕业生流向的思考》，《社会工作下半月（理论）》2007 年第 8 期。

进入21世纪之后,我国明显更加重视社会工作专业人才队伍建设,出台了不少相关法规与政策。

2003年初,民政部发布了《关于加强社会工作队伍建设的通知》。① 这是民政部推动社会工作人才队伍建设非常重要的一份文件。

2006年10月,党的十六届六中全会通过了《中共中央关于构建社会主义和谐社会若干重大问题的决定》,明确提出,"建设宏大的社会工作人才队伍","造就一支结构合理、素质优良的社会工作人才队伍,是构建社会主义和谐社会的迫切需要";要"建立健全以培养、评价、使用、激励为主要内容的政策措施和制度保障,确定职业规范和从业标准,加强专业培训,提高社会工作人员职业素质和专业水平"。同时,对社会工作人才培养提出要求:"制定人才培养规划,加快高等院校社会工作人才培养体系建设,抓紧培养大批社会工作急需的各类专门人才",对社会工作人才的使用也提出了要求:"充实公共服务和社会管理部门,配备社会工作专门人员,完善社会工作岗位设置,通过多种渠道吸纳社会工作人才,提高专业化社会服务水平"。② 这些标志着我国对社会工作专业人才队伍建设的重视上升到一个新的高度,堪称我国社会工作专业人才建设法规与政策发展的一个里程碑。

2006年7月,民政部出台了《社会工作者职业水平评价暂行规定》和《助理社会工作师、社会工作师职业水平考试实施办法》。③ 同年11月,民政部、国家发改委还发布了《民政事业发展第十一个五年规划》,提出切实加强社会工作者队伍建设,加快形成党政干部、社会工作者和志愿者相结合的社会管理服务队伍的任务。④

2009年9月,为推进社会工作者的继续教育工作,民政部发布了《民政部关于印发社会工作者继续教育办法的通知》。⑤

2010年6月,中共中央、国务院印发了《国家中长期人才发展规划纲要

---

① 罗洪铁主编:《中国共产党青年人才思想及实践研究》,人民出版社2016年,第200页。

② 中共中央文献研究室编:《十六大以来重要文献选编》(下),中央文献出版社2011年,第670页。

③ 周敬青等:《党的制度创新与执行成效研究》,人民出版社2014年,第287页。

④ 宋志强:《解读:民政事业发展第十一个五年规划》,《中国民政》2007年第1期。

⑤ 《民政部关于印发社会工作者继续教育办法的通知》,《宁夏回族自治区人民政府公报》2009年第29期。

(2010—2020年)》,将社会工作人才列为六大支柱人才之一,提出到2020年社会工作人才总量达到300万人。①

2011年11月,中组部等发布了《关于加强社会工作专业人才队伍建设的意见》,提出大力加强社会工作专业教育培训,积极推动社会工作专业岗位开发和专业人才使用等内容。② 同年12月,民政部、国家发改委发布的《民政事业发展第十二个五年规划》提出,逐步建立健全法律法规、部门规章和政策性文件相配套的社会工作专业人才政策法规体系。制定社会工作专业岗位开发设置政策措施,建立健全社会工作专业人才评价制度、选拔使用政策、流动机制、薪酬保障机制、表彰奖励制度。制定政府购买社会工作服务政策,引导和鼓励公益慈善类社会组织、民办非企业单位吸纳社会工作专业人才等。③ 与此同时,国务院办公厅还印发了《社区服务体系建设规划(2011—2015年)》,提出壮大社区服务队伍,力争到"十二五"期末,新增社区服务从业人员200万人,每个社区至少拥有一名大学生或一名社会工作专业人员;鼓励大中专毕业生、复转军人、社会工作人员等优秀人才到社区工作;鼓励社区服务人员立足岗位、自学成才,支持他们参加社会工作等各种职业资格考试和学历教育考试。④

2012年4月,中组部等制定了《社会工作专业人才队伍建设中长期规划(2011—2020)》,旨在加快推进我国社会工作专业人才队伍建设,切实增强构建社会主义和谐社会的人才支撑能力。⑤ 同年9月,中共中央办公厅印发了《关于进一步加强党管人才工作的意见》。⑥ 同年11月,就政府购买社会工作服务,民政部、财政部下发了《关于政府购买社会工作服务的指导意见》。⑦

党的十八大以来,党和政府更加重视社会工作专业人才队伍建设。

2012年12月,民政部发布了《社会工作者职业道德指引》。⑧ 这有利于保障社会工作专业人才的职业道德水准。

---

① 《国家中长期人才发展规划纲要(2010—2020年)》,《人民日报》2010年6月7日。

② 《关于加强社会工作专业人才队伍建设的意见》,《中国民政》2011年第12期。

③ 《民政事业发展第十二个五年规划》,《中国社会报》2011年12月30日。

④ 《国务院办公厅关于印发社区服务体系建设规划(2011—2015年)的通知》,《中华人民共和国国务院公报》2012年第1期。

⑤ 《社会工作专业人才队伍建设中长期规划(2011—2020)》,《中国社会报》2012年4月27日。

⑥ 《关于进一步加强党管人才工作的意见》,《四川劳动保障》2013年第1期。

⑦ 《民政部 财政部关于政府购买社会工作服务的指导意见》,《大社会》2019年第2期。

⑧ 《社会工作者职业道德指引》,《中国社会报》2013年1月9日。

2013 年 9 月，就政府向社会力量购买服务，国务院办公厅发布了《国务院办公厅关于政府向社会力量购买服务的指导意见》。① 同年 12 月底，民政部制定了《关于加快推进灾害社会工作服务的指导意见》，其中提出对灾害社会工作人才队伍建设的愿景，加快培养和使用灾害社会工作服务人才。②

2014 年 1 月，就加强青少年事务社会工作专业人才队伍建设，共青团中央等印发了《关于加强青少年事务社会工作专业人才队伍建设的意见》。同年 4 月，民政部发布了《民政部关于进一步加快推进民办社会工作服务机构发展的意见》，就进一步加快推进民办社会工作服务机构发展提出了一些意见。③ 同年 8 月，十二届全国人大常委会第 10 次会议修正了 2002 年通过的《中华人民共和国政府采购法》。同年 12 月底，国务院还公布了《中华人民共和国政府采购法实施条例》。这些为政府购买社会工作服务提供了法律依据，有利于创造社会工作岗位。

2016 年 10 月，为加快推进社会工作专业人才队伍建设，不断提高社会工作专业化职业化水平，民政部等出台了《关于加强社会工作专业岗位开发与人才激励保障的意见》。同年 12 月，民政部等印发了《城乡社区服务体系建设规划（2016—2020 年）》，提出到 2020 年每个城乡社区至少配备 1 名社工。

2018 年 3 月，为加强社会工作专业人才队伍建设，完善社会工作专业人才职业水平评价制度，人力资源社会保障部、民政部制定了《高级社会工作师评价办法》，它标志着我国建立了初、中、高级相衔接的社会工作者职业水平评价体系。④

2019 年 10 月，教育部办公厅等出台了《关于教育支持社会服务产业发展 提高紧缺人才培养培训质量的意见》，鼓励引导普通本科高校主动适应社会服务产业发展需要，设置家政学、社会工作等相关专业。⑤

2021 年 1 月，人力资源社会保障部、民政部社会工作者职业水平评价办公室制定了《高级社会工作师评审委员会组织管理暂行办法（试行）》，旨在规范高级

---

① 《国务院办公厅关于政府向社会力量购买服务的指导意见》，《辽宁省人民政府公报》2013 年第 21 期。

② 周亮：《让社会工作在减灾救灾中发挥更大作用——〈民政部关于加快推进灾害社会工作服务的指导意见〉亮点解析》，《中国社会报》2014 年 1 月 22 日。

③ 罗平汉主编：《治国理政这五年——十八大以来中国新巨变》，人民出版社 2017 年，第 116 页。

④ 《高级社会工作师评价办法》，《中国社会工作》2018 年第 12 期。

⑤ 《教育部办公厅等七部门关于教育支持社会服务产业发展 提高紧缺人才培养培训质量的意见》，《教育科学论坛》2019 年第 33 期。

社会工作师评审委员会组织管理工作，确保高级社会工作师评审质量。

2021 年 4 月，民政部办公厅发布了《民政部办公厅关于加快乡镇（街道）社工站建设的通知》，提出围绕增强基层民政服务能力，加快建立健全乡镇（街道）社会工作人才制度体系，力争“十四五”末，实现乡镇（街道）都有社工站，村（社区）都有社会工作者提供服务的建设目标。

2021 年 12 月，国务院办公厅印发了《城乡社区服务体系建设规划（2016—2020 年）》，提出实施社区社会工作服务行动。在乡镇（街道）设置面向村（社区）服务的社会工作站，依托社区综合服务设施建立社会工作室，开展社会工作专业服务。实施社会工作专业人才队伍建设行动。全面推动乡镇（街道）社会工作站建设，引进、培育社会工作专业人才，将社会工作理论与方法纳入城乡社区工作培训应知应会内容，鼓励城乡社区工作者学习掌握社会工作专业技能，参加全国社会工作者职业资格评价。完善村（社区）社会工作专业服务制度。①

此外，2015—2018 年、2021—2023 年的政府工作报告和十三五、十四五规划都强调发展社会工作。2023 年，党中央决定组建中央社会工作部。这些都有助于推动社会工作专业人才队伍建设，使相关法规与政策日益完善。

第二节　社会工作专业人才队伍建设法规与政策的主要内容

一、加强社会工作专业人才队伍建设的法规与政策

当前，我国加强社会工作专业人才队伍建设法规与政策主要来源于 2011 年中组部等发布的《关于加强社会工作专业人才队伍建设的意见》（本节简称《意见》）。② 该文件提出，到 2020 年建立较为完善的社会工作专业人才队伍建设运行机制和工作格局，使社会工作专业人才队伍的数量、结构和素质能力适应构建社会主义和谐社会的需要，满足广大人民群众不断增长的服务需求。其主要内容包括：加强社会工作专业教育培训、推动社会工作专业岗位开发和专业人才使用、推进社会工作专业人才评价和激励工作等。

---

① 《国务院办公厅关于印发“十四五”城乡社区服务体系建设规划的通知》，《中华人民共和国国务院公报》2022 年第 5 期。

② 《关于加强社会工作专业人才队伍建设的意见》，《中国民政》2011 年第 12 期。

(一)加强社会工作专业教育培训的要求

1. 统筹规划社会工作专业教育培训

加强社会工作专业教育培训,要做好统筹规划。《意见》指出,要根据社会工作专业人才队伍现状和经济社会发展趋势,研究制定社会工作专业人才教育培训规划,建立教育培训长效机制。合理配置教育培训资源,明确不同地区、不同领域、不同层次社会工作专业人才教育培训重点任务和保障措施,加快建立不同层次教育协调配套、专业培训和知识普及有机结合的社会工作专业人才培养体系。

2. 切实加强社会工作专业人才职业道德建设

进行社会工作专业教育培训,要把社会工作专业人才职业道德建设放在第一位。《意见》提出,一方面,要以社会主义核心价值体系为基础,按照马克思主义指导思想、中国特色社会主义共同理想、以爱国主义为核心的民族精神、以改革创新为核心的时代精神和社会主义荣辱观的基本要求,研究制定社会工作专业人才职业道德守则和专业行为规范,构建中国特色的社会工作专业人才职业道德体系。另一方面,要积极开展社会工作专业人才队伍职业道德教育,强化社会工作专业人才的社会责任感和职业认同感。加强社会工作专业人才队伍作风建设,促使他们践行以人为本、为民解困、为民服务的工作理念,培养扎根基层、注重实践、务实进取、甘于奉献、诚信友爱的良好作风。

3. 大力开展社会工作专业培训

专业培训是培养社会工作专业人才的重要渠道之一。针对社会工作专业培训,《意见》提出要组织实施三项工程、开展两项培训。三项工程具体包括:第一项工程是社会工作服务人才职业能力建设工程,重点对城乡基层居(村)民自治组织、社区服务组织、公益服务类事业单位、公益慈善类社会组织、基层社会服务部门直接从事社会服务的人员进行大规模、系统化的社会工作专业知识培训,切实提高其职业素质和专业水平。第二项工程是实施高层次社会工作专业人才培养工程,培养一批高层次社会工作专业人才,发挥他们在社会工作专业教育、研究与督导等方面的重要作用。第三项工程是实施社会工作管理人才综合素质提升工程,重点加大社会福利、社会救助、社区服务、残障康复、婚姻家庭、职工帮扶等社会服务机构管理人才培养力度,提高社会工作服务管理的科学化水平。两项培训具体包括:第一项培训是对涉及社会管理和公共服务工作的党政部门、人民团体、相关事业单位、部分执法单位的干部特别是领导干部有计划、有步骤地进行社会工作基础理论、专业知识和方法技能培训,提高其开展社会服务、管理社会事务、协调利益关系、做好群众工作、构建和谐社会的能力。第二项培训是对下派基层锻炼的党政部门、人民团体、相关事业单位、部分执法单位的干部和选聘到村、社区任职的大学毕业生普及社会工作专业知识。

此外,为保证社会工作专业培训落到实处,《意见》还提出了四点要求:①要依托有条件的高校、干部学院、科研院所、培训机构、社会服务机构开展培训工作;②要分领域研究、开发社会工作培训课程和教材;③要加大社会工作培训师资队伍建设,打造一支专兼职结合、理论与实务水平较高的培训师资队伍;④要制定社会工作培训质量评估政策和指标体系,加强对培训机构的评估和监督。

4. 大力发展社会工作专业教育

专业教育是培养社会工作专业人才的又一个重要渠道,与专业培训共同构成我国社会工作专业人才培养的完整体系。《意见》针对社会工作专业教育提出了以下 11 项要求:①加强社会工作学科专业体系建设,制定科学的专业设置标准,完善社会工作专业教学规范;②支持社会工作专业学士、硕士、博士学位授权点基础建设,积极推广社会工作硕士专业学位教育,促进社会工作硕士专业学位教育与社会工作专业人才职业水平考试相衔接;③推动社会工作学科重点研究及人才培养基地建设;④发展社会工作高等职业教育,改善职业教育结构,逐步形成完善的职业教育体系;⑤改革、完善社会工作专业人才培养模式,提高实践教学在学校教育中的比重,健全实习督导制度,加大实践教学和实习基地建设力度;⑥组织实施社会工作教育与研究人才培养引进工程,适应社会工作专业人才培养和专业发展需要,重点培养和引进一批高素质社会工作教育与研究人才;⑦建立教师参与社会工作实践制度,鼓励一线优秀社会工作专业人才到高校授课;⑧系统总结中国社会工作经验和做法,借鉴国外社会工作专业理论和方法,构建中国特色的社会工作专业理论、课程和教材体系;⑨通过国家社科基金项目、国家软科学研究计划等,支持社会工作专业相关研究;⑩促进社会工作学术团体和平台建设;⑪加强对高校相关专业学生的社会工作通识教育。

(二)推动社会工作专业岗位开发和专业人才使用的要求

社会工作专业岗位开发和专业人才使用是社会工作专业人才队伍建设的根本,《意见》从以下七个方面提出了具体要求。

1. 研究制定社会工作专业岗位开发设置的政策措施

社会工作专业岗位是社会工作专业人才发挥作用的舞台,要研究制定社会工作专业岗位开发设置的政策措施。与我国加强社会建设的进程相适应,深入研究城乡社区、相关单位和社会组织使用社会工作专业人才的政策措施。按照精简效能、按需设置、循序渐进的原则,研究社会工作专业岗位设置范围、数量结构、配备比例、职责任务和任职条件,建立健全社会工作专业岗位开发设置的政策措施和标准体系。

2. 以基层为重点配备社会工作专业人才

社会建设的重点在基层,要以基层为重点配备社会工作专业人才。具体包括:①城市社区要注重配备和使用社会工作专业人才,提高社会服务专业水平,促进社会服务业发展。②要适应社会主义新农村建设要求,在乡镇和有条件的农村社区探索吸纳和使用社会工作专业人才。创造条件引导和鼓励社会工作专业人才到农村社区开展服务。③在少数民族聚居和信教群众较多的社区,可根据需要配备政治立场坚定、熟悉民族和宗教事务的社会工作专业人才。

3. 明确相关事业单位社会工作专业岗位

相关事业单位是社会工作专业人才第二个重要的用武之地,要明确相关事业单位社会工作专业岗位。要根据事业单位社会功能、职责任务、工作性质、人员结构等因素,分类设置社会工作专业岗位。具体来讲,对老年人福利机构、残疾人福利和服务机构、儿童福利机构、收养服务机构、妇女儿童援助机构、困难职工帮扶机构、婚姻家庭服务机构、青少年服务机构、社会救助服务和管理机构、优抚安置服务保障机构等以社会工作服务为主的事业单位,可将社会工作专业岗位明确为主体专业技术岗位。对学校、医院、人口计生服务机构等需要开展社会工作服务的单位,要将社会工作专业岗位纳入专业技术岗位管理范围。

4. 引导相关社会组织吸纳社会工作专业人才

相关社会组织是社会工作专业人才第三个重要的用武之地,要引导相关社会组织吸纳社会工作专业人才。要适应政府职能转变、建设服务型政府的要求,按照培育发展和管理监督并重原则,完善培育扶持和依法管理政策,积极发展民办社会工作服务机构。采取财政资助、提供服务场所等方式支持民办社会工作服务机构更好地开展工作。加强对民办社会工作服务机构的管理监督,建立健全专业评估机制,指导民办社会工作服务机构加强自身建设,促进民办社会工作服务机构健康发展。通过政府购买服务等方式,引导和鼓励公益慈善类社会组织和民办非企业单位吸纳社会工作专业人才。

5. 加大相关行政部门和群团组织使用社会工作专业人才力度

相关行政部门和群团组织是社会工作专业人才第四个重要的用武之地,

要加大相关行政部门和群团组织使用社会工作专业人才力度。承担社会服务职能的相关行政部门和群团组织要根据事业发展需要逐步使用社会工作专业人才,提高社会服务管理能力。注重培养选拔熟悉社会工作、社会政策的优秀人才进入地方及有关部门和单位领导班子。县(市、区)、乡(镇、街道)行政机关、人民团体中直接面向人民群众提供社会服务的相关岗位,鼓励充实社会工作专业人才,现有人员要善于运用社会工作专业知识和方法,提高社会管理和服务水平。

6. 建立社会工作专业人才流动机制

在搭建社会工作专业人才发挥作用平台的同时,要建立社会工作专业人才流动机制。按照社会主义市场经济规律,打破行业、地域、身份、所有制界限,放宽视野,拓宽渠道,完善社会工作专业人才选拔、流动机制。各级党政机关招录社会服务相关职位公务员时,在同等条件下可优先录用具有丰富基层实践经验、善于做群众工作的社会工作专业人才。实施社会工作专业人才服务新农村建设、社会工作专业人才服务边远贫困地区、边疆民族地区和革命老区等计划,鼓励社会工作专业人才到基层建功立业。

7. 建立社会工作专业人才和志愿者队伍联动服务机制

志愿者队伍是社会建设的一支重要力量,是社会工作专业人才开展服务的重要补充力量。建立健全面向全社会的志愿服务动员系统,进一步完善志愿服务体系,普及志愿理念,强化志愿意识,弘扬志愿精神,倡导志愿行为,完善激励机制,培育一支参与广、功能强、作用好的宏大志愿者队伍。建立健全社会工作专业人才和志愿者相互协作、共同开展服务的机制,通过社会工作专业人才的引领,规范志愿者招募注册与管理,提升志愿者服务水平,丰富社会工作专业人才资源,拓展社会工作专业服务范围,增强社会工作专业服务效果。

(三)推进社会工作专业人才评价和激励工作的要求

人才评价激励是社会工作专业人才队伍建设的重点,《意见》从以下方面提出了具体要求。

1. 建立健全社会工作专业人才评价制度

主要包括如下内容:①要建立以岗位职责要求为基础,以品德、能力和业绩为导向,科学化、社会化的社会工作专业人才评价机制;②要完善社会工作专业人才职业水平评价制度,将取得职业水平证书的社会工作专业人才纳入专业技术人员管理范围;③要支持城乡基层居(村)民自治组织、社区服务组织、公益服务类事业单位、公益慈善类社会组织、基层社会服务部门相关人员参加社会工作专业人才职业水平考试，不断提高职业素质和专业水平；④要鼓励用人单位根据工作需要聘用持有职业水平证书的社会工作专业人才。

2. 做好社会工作专业人才薪酬保障工作

薪酬待遇是社会工作专业人才队伍建设的重要保障，要建立健全社会工作专业人才薪酬保障机制，切实提高基层社会工作专业人才薪酬待遇水平。一方面，在事业单位工作的社会工作专业人才，工资待遇按照国家有关规定执行；另一方面，在城乡社区、公益慈善类社会组织、民办非企业单位工作的社会工作专业人才，由所在单位合理确定薪酬水平。同时，重视解决社会工作专业人才的社会保障问题，按照国家有关规定办理社会保险事宜。

3. 建立社会工作专业人才表彰奖励制度

对于社会工作专业人才，不但要给予物质保障，而且要给予精神奖励。要以党委、政府表彰奖励为导向，以用人单位和社会力量为主体，按照国家有关规定开展表彰奖励活动。将符合条件的社会工作专业人才纳入享受国务院政府特殊津贴范围。按照国家政策表彰奖励业绩突出、能力卓著、群众认可的优秀社会工作专业人才，大力宣传社会工作专业人才队伍建设方针政策和优秀社会工作专业人才的先进事迹，形成关心支持、理解尊重社会工作专业人才的良好社会氛围，激发广大社会工作专业人才的工作热情和创造潜能。

二、社会工作专业人才队伍建设中长期规划

2012 年 4 月，中组部等制定了《社会工作专业人才队伍建设中长期规划（2011—2020）》（本节简称《规划》），对社会工作专业人才队伍建设的战略目标、主要任务、体制机制、政策目标、重点工程等作出了规划。①

（一）社会工作专业人才队伍建设的战略目标

《规划》提出，我国到 2020 年社会工作专业人才队伍建设的总体目标是：建立健全社会工作专业人才法规、政策和制度体系，造就一支结构合理、素质优良的社会工作专业人才队伍，使之适应构建社会主义和谐社会的要求，满足人民群众日益增长的社会服务需求。这一总体目标包括以下五个具体目标。

---

① 《社会工作专业人才队伍建设中长期规划（2011—2020）》，《中国社会报》2012 年 4 月 27 日。

第一,社会工作专业人才队伍规模不断壮大。到 2015 年,社会工作专业人才总量增加到 50 万人,其中具有社会工作师职业水平证书或达到同等能力素质的中级社会工作专业人才达到 5 万人,具有高级社会工作师职业水平证书或达到同等能力素质的高级社会工作专业人才达到 1 万人。到 2020 年,社会工作专业人才总量增加到 145 万人,其中,中级社会工作专业人才达到 20 万人、高级社会工作专业人才达到 3 万人。

第二,社会工作专业人才队伍结构不断优化。根据统筹城乡发展、区域发展、经济社会发展的要求,逐步优化社会工作专业人才区域结构、城乡结构、领域结构、专业结构、能力结构和年龄结构,形成合理的初、中、高级人才梯次结构和人才布局,逐步实现社会工作服务在城乡、区域和领域的全覆盖。

第三,社会工作专业人才能力素质不断提升。未系统受过社会工作专业教育的社会服务人员普遍接受一定时数的社会工作专业培训。社会工作专业人才思想政治和职业道德水平不断提高,专业价值伦理不断强化,专业理论与知识不断丰富,专业方法与技术不断完善,专业实务能力不断增强,综合素质大幅提升。

第四,社会工作专业人才效能不断增强。社会工作专业人才在提供社会服务、解决社会问题、化解社会矛盾、降低社会风险、维护社会稳定、增进公平正义、促进社会和谐等方面的专业作用得到充分发挥。

第五,社会工作专业人才发展环境不断改善。社会工作专业人才培养开发、评价发现、选拔使用、流动配置、激励保障方面的法规、政策与制度不断完善;社会工作服务与管理网络基本建立;社会工作服务组织数量更加充足,布局更加合理,覆盖更加全面,治理更加科学,作用更加明显,社会工作专业人才市场进一步发展;社会工作专业人才队伍建设体制机制更加健全。

(二)社会工作专业人才队伍建设的主要任务

《规划》在《意见》的基础之上首次明确了社会工作专业人才队伍包括社会工作服务人才、管理人才、教育与研究人才三类人才,并从发展目标、主要举措两个方面对这三类人才队伍建设的主要任务提出了要求。

1. 大规模开发社会工作服务人才

《规划》确立的大规模开发社会工作服务人才的发展目标是:适应公共服务和社会管理转型需要,满足人民群众日益增长的个性化、专业化社会服务需求,以培养开发社区建设、社会救助、老年人服务、残疾人服务、青少年服务、妇女儿童服务、职工服务、流动人口服务、婚姻家庭服务、教育辅导、卫生服务、矫治帮扶、群众文化等领域的基层社会工作服务人才为重点,以整合、提升、转化现有社会工作从业人员为基础,统筹推进各类社会工作服务人才队伍建设,培养造就一支数量足、结构优、能力强、素质高的社会工作服务人才队伍。

《规划》提出的大规模开发社会工作服务人才的主要举措包括如下方面。

第一,制订高层次社会工作服务人才培养计划,将国(境)内外优质社会工作培训资源优先用于培养开发各领域高层次社会工作服务人才。研究制定各主要领域加强社会工作服务人才队伍建设的实施意见。

第二,将社会工作专业技术人才纳入国家专业技术人才知识更新工程和高校毕业生基层培养计划,组织实施社会工作服务人才职业能力建设工程,重点对城乡基层党组织、群团组织、居(村)民自治组织、社区服务组织、从事公益服务的事业单位、公益慈善类社会组织、基层公共服务和社会管理部门中直接从事社会服务的人员进行大规模、系统化的社会工作专业知识培训。

第三,实施社会工作信息系统建设工程,研究开发社会工作远程教育培训网络。实施社会工作专业人才培训基地和教材建设工程,建立一批分工明确、布局合理、功能完善的社会工作培训基地,开发适应各领域、各类型社会工作服务人才发展需要的培训教材体系。加强实训基地建设,依托基础较好的社会工作服务机构建立一批覆盖各领域的社会工作实训基地。

第四,实施社会工作服务标准化建设示范工程,通过加强标准化建设,建立和完善社会工作服务体系。实施民办社会工作服务机构孵化基地建设工程,着力培育发展民办社会工作服务机构,广泛吸纳社会工作服务人才。

第五,研究制定农村社会工作专业人才发展政策。实施社会工作专业人才服务边远贫困地区、边疆民族地区和革命老区计划以及服务新农村建设计划,支持培养边远贫困地区、边疆民族地区、革命老区和广大农村社会工作服务人才。

2. 大力培养社会工作管理人才

《规划》确立的大力培养社会工作管理人才的发展目标是:适应社会工作行政管理、行业组织建设、服务机构发展和专业实务推进的需要,培养造就一批政治立场坚定,具有宏观视野、战略思维与专业眼光,善于推动事业发展的社会工作行政和行业管理人才;培养造就一批具有社会使命感、懂运营、会管理、通晓社会服务专业知识的社会工作机构管理人才;培养造就一批熟练掌握专业督导方法与技术、具备丰富实务经验、善于解决复杂专业问题,能够带动社会工作服务人才成长、推动专业实务发展的社会工作督导人才。

《规划》提出的大力培养社会工作管理人才的主要举措包括如下方面。

第一,依托国内外高水平大学、示范性职业院校、知名公益类服务组织、公共服务机构和其他社会工作培训机构,加大各类社会工作管理人才培养力度。组织实施社会工作管理人才综合素质提升工程,重点加大社会福利、社会救助、社区服务、残障康复、婚姻家庭、扶贫济困、职工帮扶等社会服务机构管理人才培养力度,提高社会工作服务管理的科学化水平。将社会工作行政管理人才纳入党政人才素质能力提升工程,突出培养一批熟悉社会工作、社会政策的领导干部进入地方及有关部门和组织领导班子,同时对现有分管社会工作的领导干部加强社会工作专业培训。

第二,公共服务和社会管理有关部门与组织要培养、引进和选拔一批熟悉社会工作理论知识、掌握社会工作方法技术的行政管理人才。适应各层次、各领域、各类别社会工作行业组织发展需要,遵循社会工作行业管理规律,创新行业管理人才培养、选拔、使用和流动机制。健全民办社会工作服务机构内部治理结构,将民办社会工作服务机构管理人才纳入各级政府人才培养体系,创新从事公益服务的事业单位社会工作管理人才选拔使用机制、任期目标责任制和经营业绩评价指标体系。分类制定社会工作专业督导能力素质标准,完善专业督导方法与技术,建立健全社会工作专业督导制度。

3. 加快培养社会工作教育与研究人才

《规划》确立的加快培养社会工作教育与研究人才的发展目标是:适应社会工作专业教育、理论、政策与实务发展需要,重点培养造就一批理论功底深、实务能力强,系统掌握国内外社会工作法规政策,能够推动本土社会工作理论和政策实务发展、具备开展国际交流合作能力的社会工作教育与研究人才。

《规划》提出的加快培养社会工作教育与研究人才的主要举措包括如下方面。

第一,将社会工作专业人才纳入青年英才开发计划,组织实施社会工作教育与研究人才培养引进工程,通过社会工作博士学位教育、社会工作科研和服务项目带动、国(境)外进修深造等方式,重点培养一批学历高、研究能力强、学术成果丰富、有良好国际沟通能力的社会工作教育教学人才和政策实务研究人才。支持高等学校、科研院所与海外高水平教育、科研机构联合建立社会工作教育与研究人才培养基地。积极吸引国(境)外高层次社会工作专业人才来华从事教育教学与研究工作。鼓励社会工作教育与研究人才领办民办社会工作服务机构,引导社会工作教育与研究人才走出书本、走出课堂、走向基层、深入实践，提高其应用理论解决实践问题的能力。强化对社会工作基础理论和政策实务研究的支持，加强社会工作专业研究机构和学术交流平台建设。

第二，统筹协调各部门、各行业现有社会工作专业人才资源，根据相关社会服务部门、行业和领域的特点，大力培养适合部门需要、体现行业特色、满足领域需求的社会工作服务人才、管理人才及教育与研究人才。大力普及志愿服务理念，强化志愿服务意识，弘扬志愿服务精神，倡导志愿服务行为，健全面向全社会的志愿服务动员系统。充分发挥社会工作专业人才优势，规范相关志愿者招募注册，加强相关志愿者培训管理，建设宏大的社会服务志愿者队伍，建立社会工作专业人才和相关志愿者队伍联动服务机制，为加强社会服务与管理提供坚实的人才资源基础。

(三)社会工作专业人才队伍建设的体制机制与政策目标

《规划》从目标要求、主要举措两个角度，对社会工作专业人才建设的管理体制机制以及培养、评价、使用和激励政策进行了全面部署。

1. 建立健全社会工作专业人才管理体制机制

《规划》对建立健全社会工作专业人才管理体制机制的目标要求是：根据社会工作专业人才队伍建设的当前需要和长远需求，按照党管人才原则，建立健全符合社会工作专业人才发展规律、体现中国特色的管理体制机制。

《规划》提出的建立健全社会工作专业人才管理体制机制的主要举措包括如下方面。

第一，坚持党管人才原则，切实加强党对社会工作专业人才队伍建设的领导，建立组织部门牵头抓总，民政部门具体负责，机构编制、发展改革、教育、公安、司法、财政、人力资源社会保障、文化、卫生、人口计生、信访、扶贫等部门以及工会、共青团、妇联和残联、红十字会等组织密切配合，社会力量广泛参与的工作格局。组织部门要做好社会工作专业人才队伍建设的宏观指导、综合协调；民政部门要加强社会工作专业人才管理机构和队伍建设，切实履行好推进社会工作专业人才队伍建设的有关职能；有关部门要在各自职责范围内积极推进社会工作专业人才队伍建设；工会、共青团、妇联和残联、红十字会等组织要充分发挥自身优势，大力加强本系统、本领域社会工作专业人才队伍建设，提高其联系群众、服务群众、教育群众、维护群众合法权益等工作的水平和效果。建立社会工作专业人才队伍建设联席会议制度。开展社会工作专业人才信息统计，建立社会工作专业人才资源年度统计调查和定期发布制度,加强社会工作专业人才资源信息库建设。

第二,进一步改进人才管理方式,完善相关公共服务,为在社会组织从业的社会工作专业人才提供档案管理、户籍转移、保险交付、争议仲裁等“一站式”服务,解决社会工作专业人才发展后顾之忧。加强社会工作专业人才市场培育发展,形成以市场调节为基础的人才流动配置机制。

第三,进一步加强相关法制建设,推动社会工作立法,制定社会工作专业人才管理条例,建立健全社会工作专业人才信息披露、专业督导、服务评估、行业自律、继续教育、违纪处置、职业道德规范等配套制度,用法律法规明确社会工作专业人才的职责权利,规范职业行为,形成科学化、制度化、规范化的社会工作专业人才发展环境。

第四,建立健全社会工作专业人才投入机制,落实人才优先投入政策,逐步加大社会工作专业人才队伍建设投入力度;制定政府购买社会工作服务政策,将民办社会工作服务机构纳入政府支持范围,建立并逐步完善政府与民办社会工作服务机构的合作机制;鼓励、支持社会组织建立社会工作发展基金,为推动社会工作专业人才发展提供稳定、充足的经费支持。

2. 建立健全社会工作专业人才培养政策

《规划》对建立健全社会工作专业人才培养政策的目标要求是:以国家发展和社会需求为导向,以专业化、职业化为核心,建立健全不同学历层次教育共同发展,专业培训和知识普及有机结合的社会工作专业人才培养政策。

《规划》提出的建立健全社会工作专业人才培养政策的主要举措包括如下方面。

第一,研究制订社会工作专业人才教育培训规划,合理配置教育培训资源,明确不同地区、不同领域、不同层次、不同类型社会工作专业人才教育培训重点任务和保障措施。研究制定支持民族地区社会工作专业人才队伍建设意见,加大西部地区、民族地区社会工作管理人才、服务人才及教育与研究人才培养开发力度。

第二,加强社会工作学科专业体系建设,制定适合我国各层次、各领域社会工作专业人才培养目标的课程设置和教学标准,建立科学、规范的社会工作专业教学管理制度。建立健全专科、本科、硕士、博士相衔接的社会工作专业学历学位体系,完善社会工作硕士专业学位教育制度。改革社会工作教育培养模式,提高实践教学在学校教育中的比重，探索实行社会工作课堂教学与实务教育相结合的机制，配备具有丰富实践经验的实习督导。制定社会工作服务项目实施和社会工作专业人才培养有机结合的政策措施。建立社会工作专科、本科成人教育制度。大力发展社会工作中等和高等职业教育，根据行业、领域发展需要，设置相关专业方向，着力培养应用型社会工作专业人才，逐步形成完善的职业教育体系。加强实习、实训基地建设，制定社会工作专业学生实习督导管理办法，建立科学合理、标准规范的实习督导制度，明确社会工作督导教师配备标准。建立社会工作专业教师参与社会工作实践制度，加强"双师型"队伍和督导教师队伍培养力度。改革社会工作专业教师评价办法，加大实践教学成果考核比重。开发一批社会工作专业精品课程，形成具有本土特色的教材体系。

第三，完善社会工作专业人才继续教育制度，构建分层分类的社会工作专业人才继续教育体系。加大社会工作培训师资队伍建设，打造一支专兼职结合、理论与实务水平较高的培训师资队伍。制定社会工作培训质量评估指标体系，加强对培训机构的培育、评估和监督。

3. 建立健全社会工作专业人才评价政策

《规划》对建立健全社会工作专业人才评价政策的目标要求是：坚持以职业道德、能力和业绩为导向，以社会工作专业人才职业水平评价为基础，逐步完善符合国情、与国际接轨、科学合理的社会工作专业人才评价政策。

《规划》提出的建立健全社会工作专业人才评价政策的主要举措包括如下两个方面：①实施分类管理，研究制定适合不同类型、不同层次社会工作专业人才的能力素质标准以及评价、鉴定办法。制定社会工作员和高级社会工作师职业水平评价办法，完善社会工作专业人才职业水平评价制度，形成初、中、高级相衔接的社会工作专业人才职业水平评价体系。将取得职业水平证书的社会工作专业技术人才纳入专业技术人员管理范围，改进社会工作专业人才人事管理办法。完善社会工作专业人才登记管理办法，探索建立与国际接轨的社会工作专业人才职业资格制度。研究制定社会工作专业人才职业道德守则和专业行为规范，加强职业道德和作风建设。②完善社会工作专业人才考核制度，根据社会工作专业人才从业领域、单位性质和岗位胜任力要求，分类形成由品德、知识、能力、业绩等要素构成的岗位评价指标体系。要在有关事业单位建立健全以聘用合同和岗位职责为依据，以工作绩效为主要内容，以服务对象满意度为基础的考核办法。要积极引导有关社会组织建立符合社会工作专业人才特点的评价机制。

4. 建立健全社会工作专业人才使用政策

《规划》对建立健全社会工作专业人才使用政策的目标要求是：坚持以用为本原则，着眼于发挥社会工作专业人才作用、推动社会工作专业人才合理流动需要，以开发专职岗位和培育服务载体为重点，以畅通人才流动渠道为保障，逐步完善社会工作专业人才使用政策。

《规划》提出的建立健全社会工作专业人才使用政策的主要举措包括如下三方面。

第一，建立健全城乡社区、相关事业单位、公益慈善类社会组织社会工作岗位开发设置和专业人才使用政策措施。在城市社区要逐步加大社会工作专业人才配置力度，探索在农村社区设置社会工作岗位，通过政府购买服务等方式，配备社会工作专业人才，逐步实现每个农村社区至少配备一名社会工作专业人才的目标。制定出台城乡基层社会工作服务体系建设意见，逐步建立城乡基层社会工作服务网络。坚持培育发展和管理监督并重，积极发展民办社会工作服务机构。完善民办社会工作服务机构发展政策，加大政府购买社会工作服务岗位力度，改善民办社会工作服务机构发展环境。建立社会工作服务机构第三方监督机制。加强党对民办社会工作服务机构的领导，在各类民办社会工作服务机构建立健全基层党组织和工青妇等群团组织。

第二，加大相关事业单位社会工作岗位开发和专业人才使用力度。老年人福利机构、残疾人福利和服务机构、儿童福利机构、收养服务机构、妇女儿童援助机构、困难职工帮扶机构、婚姻家庭服务机构、青少年服务机构、社会救助和管理机构、优抚安置服务保障机构等以社会工作服务为主的事业单位，要将社会工作岗位明确为主体专业技术岗位；学校、医院、基层文化服务机构、人口计生服务机构等，要根据需要逐步设置社会工作岗位。支持企业设立社会工作岗位，使用社会工作专业人才，开展职工服务。有社会工作服务需求的公共服务和社会管理部门要根据需要明确社会工作岗位。

第三，研究制定促进社会工作专业人才流动政策。积极推动将社会工作专业人才纳入国家有关对口支援机制，通过双向挂职、短期工作、项目合作等多种形式，引导社会工作专业人才向急需紧缺地区、部门和行业流动。采取政府购买服务、报考公职人员和社会工作硕士专业学位优先录用等措施，鼓励和引导高校社会工作专业毕业生到城乡基层、边远贫困地区、边疆民族地区和革命老区就业。开展城乡人才对口扶持，推动社会工作专业人才服务社会主义新农村建设，创造条件引导和鼓励城市社会工作专业人才到农村社区开展服务。研究制定吸引、留住社会工作专业人才到西部地区工作的优惠政策，建立社会工作专业人才对口支持制度，大力推进东部、中部与西部地区社会工作专业人才的交流与合作。

5. 建立健全社会工作专业人才激励保障政策

《规划》对建立健全社会工作专业人才激励保障政策的目标要求是：以激发社会工作专业人才积极性、稳定人才队伍、充分实现人才价值为目标，综合运用物质激励和精神激励方式，建立健全有利于社会工作专业人才长期、安心扎根基层、服务一线的激励保障政策。

《规划》提出的建立健全社会工作专业人才激励保障政策的主要举措包括如下两个方面：①建立健全社会工作专业人才薪酬保障机制，逐步提高社会工作专业人才整体薪酬。在城乡社区和公益类社会组织工作的社会工作专业人才，由所在单位合理确定薪酬水平；在党政机关、人民团体、事业单位工作的社会工作专业人才，工资待遇按照国家有关规定执行。重视社会工作专业人才的社会保障问题，按照国家有关规定办理社会保险事宜。以党委、政府奖励为导向，按照国家有关规定开展多种形式的表彰奖励活动。以用人单位和社会力量为主体，努力提高社会工作专业人才的地位和待遇。②将吸纳一定比例的社会工作专业人才，作为评估公益类社会组织的重要指标和政府购买服务的重要条件。鼓励各级党政机关、人民团体、事业单位招录、招聘社会服务相关职位工作人员和选拔干部时，在同等条件下要优先录用具有丰富基层实践经验的社会工作专业人才。注重把政治素质好、熟悉社会服务与管理的社会工作专业人才吸纳进基层党员干部队伍，选拔进基层党组织领导班子，支持有突出贡献的社会工作专业人才进入地方基层人大、政协参政议政。

（四）社会工作专业人才队伍建设的重点工程

《规划》提出了社会工作专业人才队伍建设的十大重点工程。

1. 社会工作服务人才职业能力建设工程

为适应构建社会主义和谐社会对高素质社会工作专业人才队伍的迫切需要，切实改变现有社会工作服务人员创新创业能力不强现状，每年培训1万名取得助理社会工作师、社会工作师和高级社会工作师职业水平证书人员。到2015年，通过进修、实习、短训、函授、自学考试等形式，对现有社会工作服务人员进行累计不低于480小时的专业教育和培训，使其基本掌握社会工作专业理念、理论、知识、方法和技巧,熟悉相关法规政策,具备岗位所需的专业能力。到 2020 年,实现所有在岗社会工作服务人员系统接受良好的专业教育和培训。

2. 社会工作管理人才综合素质提升工程

着眼于提高我国社会工作现代化管理水平和社会公共服务产品供给能力,到 2020 年培养一批具备社会工作专业理念、熟悉社会工作发展规律,能够统筹推进社会工作专业人才队伍建设的行政管理和行业管理人才;培养 8 万名具有社会使命感,掌握现代组织管理知识,拥有丰富管理经验,能够有效整合资源、协调关系、凝聚队伍的社会工作机构管理人才;培养 8 万名具有扎实理论知识基础、丰富实务经验且能够指导解决重大复杂专业问题、引导推动社会工作服务人才成长发展的专业督导人才。

3. 社会工作教育与研究人才培养引进工程

为适应我国社会工作蓬勃发展需要,着眼于培养高层次、领军型社会工作教育与研究人才,将高等学校中社会工作教育与研究人才培养纳入国家高素质教育人才培养工程、青年英才开发计划。在统筹考虑现有社会工作学科研究布局和资源的基础上,推动社会工作学科重点研究基地建设。到 2020 年,依托现有资源,建立 500 家社会工作专业重点实训基地。加快推进社会工作硕士专业学位教育发展,到 2020 年培养和引进 3 万名社会工作硕士专业学位研究生,300 名社会工作专业博士,3000 名“双师型”专业教师。

4. 社会工作知识普及工程

将社会工作知识列入党政领导干部以及人民团体和有关事业单位领导干部培训课程,在各级党政领导干部以及人民团体和有关事业单位领导干部专题研讨班中加入社会工作专业人才队伍建设专题。每年定期举办地厅(局)级领导干部社会工作专题研究班和县(处)级领导干部社会工作专题研究班,有计划地对社会服务与管理密切相关的部门和组织干部职工进行社会工作知识普及培训,到 2020 年基本完成对主管社会服务与管理有关部门或相关工作的地厅(局)级和县(处)级领导干部社会工作知识轮训。着重对乡镇(街道)相关工作人员、基层党组织干部、居(村)民委员会成员、下派基层锻炼干部和大学生,以及直接从事社会服务与管理一线人员普及社会工作知识,提升其专业服务与管理能力。将社会工作课程列入高等学校公共基础课程范围,对相关专业学生进行社会工作通识教育。加强对教育工作者、医务工作者、司法工作者等与社会工作专业人才密切相关人员的社会工作知识普及培训。组织编写社会工作知识普及读本,加强社会工作宣传载体建设,通过多种方式提高社会工作的认知度和参与度。

5. 社会工作专业人才服务社会主义新农村建设计划

按照社会工作专业人才服务社会主义新农村建设部署,研究制定社会工作专业人才服务社会主义新农村建设政策措施。采取政府购买服务等方式,从高校社会工作院系、社会工作服务机构抽调专业人员组建服务队,培育农村社会工作专业服务力量。到 2015 年,在国家扶贫开发工作重点县,通过依托社区服务中心或新建等方式,培育发展 200 个农村社会工作服务站;到 2020 年,基本实现每个国家扶贫开发工作重点县有一家社会工作服务站,带动培养 5 万名农村社会工作专业人才。通过国家扶贫开发重点县示范引领其他农村地区社会工作服务发展,推动解决工业化、城市化和市场化带来的农村流动人口、留守人员以及社区发展方面的有关问题,促进社会主义新农村建设。

6. 社会工作专业人才服务边远贫困地区、边疆民族地区和革命老区计划

按照国家边远贫困地区、边疆民族地区和革命老区人才支持计划要求,研究制定社会工作专业人才服务边远贫困地区、边疆民族地区和革命老区的政策措施。采取培训、调训、挂职锻炼等形式每年为边远贫困地区、边疆民族地区和革命老区培养 500 名急需紧缺社会工作专业人才,支持当地培养相关社会工作专业人才。每年组织选派 1000 名社会工作专业人才到边远贫困地区、边疆民族地区和革命老区工作或提供服务,同时为边远贫困地区、边疆民族地区和革命老区社会工作专业人才到发达地区实践锻炼创造条件。

7. 社会工作专业人才培训基地和教材建设工程

适应大规模开展社会工作从业人员教育培训需要,着力加强社会工作培训基地建设。按照分工明确、布局合理、整合资源、优势互补原则,依托各级党校、行政学院、高等院校和各类培训机构等现有培训资源,到 2020 年,重点扶持发展 300 家社会工作专业人才培训基地,其中国家层面发展 50 家,并纳入国家专业技术人才知识更新工程国家级继续教育基地建设范围,逐步形成覆盖全国的社会工作培训与继续教育网络。分类制定社会工作培训课程大纲,形成一批针对性、实务性和科学性强的社会工作培训教材。

8. 民办社会工作服务机构孵化基地建设工程

为创新社会服务与管理方式,扩大社会工作服务供给,满足人民群众日益增长的服务需求,通过政府购买服务支持,整合现有资源或新建等方式逐步建立 50 个国家级民办社会工作服务机构孵化基地,重点扶持和发展为老年人、妇女、儿

童、青少年、残疾人、失业人员、低保对象、扶贫对象、受灾群众、进城务工人员、药物滥用人员、艾滋病患者等特殊群体提供服务的民办社会工作服务机构。到2020年,培育发展8万家民办社会工作服务机构。

9. 社会工作服务标准化建设示范工程

大力加强社会工作服务组织网络建设,逐步推进全国街道(乡镇)社会工作服务组织和城乡社区社会工作服务组织建设,到2020年基本实现街道(乡镇)社会工作服务组织全覆盖。着力推进社会工作标准体系研究,建立与我国社会工作发展相适应的社会工作标准体系。到2020年建立200个社会工作服务标准化示范地区、1000个社会工作服务标准化示范单位和2000个社会工作服务标准化示范社区,引导和推动社会工作服务发展,扩大社会工作服务覆盖面。

10. 社会工作信息系统建设工程

为适应社会工作信息化、现代化发展需要,按照分级、属地原则,建设全国社会工作专业人才队伍管理门户网站,到2015年,建立能够支撑200万用户在线,全面覆盖所有县(区、市)的管理信息系统平台,实现社会工作专业人才需求预测、就业预警、在线登记注册、信息查询、行业自律和社会监管;建设社会工作服务机构信息库,推动整合社会工作服务机构资源,建立社会工作服务网络体系;开发各领域、各层次、各类型社会工作教育培训课件,扩大远程教育培训覆盖面;加强社会工作专业人才服务过程管理,不断提高社会工作服务质量、提升社会工作信息化水平。

三、政府购买社会工作服务的法规与政策

当前,政府购买社会工作服务的法规与政策,主要来源于2012年11月民政部、财政部下发的《关于政府购买社会工作服务的指导意见》(本节简称《指导意见》)。① 它提出政府购买社会工作服务的主要目标分为四个层次:①建立健全政府购买社会工作服务政策制度,建立完善的社会工作服务标准体系,形成协调有力的政府购买社会工作服务管理体制以及规范高效的工作机制。②加大财政投入力度,逐步拓宽政府购买社会工作服务范围、扩大政府购买社会工作服务规模、提升政府购买社会工作服务质量。③加快培养一支高素质的社会工作专业人才队伍,发展一批数量充足、治理科学、服务专业、作用明显的社会工作服务机

① 《民政部 财政部关于政府购买社会工作服务的指导意见》,《大社会》2019年第2期。

构,提高其承接政府购买社会工作服务的能力。④最终使社会工作服务的范围、数量、规模和质量适应经济社会发展要求,有效满足人民群众个性化、多样化、专业化服务需求。此外,《指导意见》还对政府购买社会工作服务的主体、对象、范围、程序与监督管理,以及加强对政府购买社会工作服务的组织领导等提出了具体要求。

(一)政府购买社会工作服务的主体、对象及范围

1. 政府购买社会工作服务的主体

《指导意见》对政府购买社会工作服务的主体作出了明确规定,即各级政府是购买社会工作服务的主体。各级民政部门具体负责本级政府购买社会工作服务的统筹规划、组织实施和绩效评估;各级财政部门具体负责本级政府购买社会工作服务的规划计划审核、经费安排与监督管理;各有关部门和群团组织负责本系统、本行业社会工作服务需求评估,向同级民政部门申报社会工作服务计划并具体实施。值得注意的是,尽管各有关部门和群团组织不属于"各级政府",但《指导意见》从实际出发依然赋予了其政府购买社会工作服务主体的相应职责。

2. 政府购买社会工作服务的对象

《指导意见》规定,政府购买社会工作服务的对象主要为社会团体、民办非企业单位、基金会以及企事业单位。对它们的条件要求为:社会团体、民办非企业单位和基金会须具有独立法人资格,拥有一支能够熟练掌握和灵活运用社会工作知识、方法和技能的专业团队,具备完善的内部治理结构、健全的规章制度、良好的社会公信力以及较强的公益项目运营管理和社会工作专业服务能力;具备相应能力和条件的企事业单位可承接政府购买社会工作服务。

3. 政府购买社会工作服务的范围

《指导意见》根据"受益广泛、群众急需、服务专业"原则,把政府购买社会工作服务的范围重点放在城市流动人口、农村留守人员、困难群体、特殊人群和受灾群众等人群的个性化、多样化社会服务需求上。具体来讲,针对这些人群要求实施以下计划:①实施城市流动人口社会融入计划,为流动人口提供生活扶助、就业援助、生计发展、权益维护等服务,帮助其尽快融入城市生活,实现城市户籍居民与外来经商务工人员的和谐共处。②实施农村留守人员社会保护计划,帮助农村留守儿童、妇女和老人缓解生活困难,构建完善的社会保护与支持网络。③实施老年人、残疾人社会照顾计划,为老年人和残疾人提供生活照料、精神慰藉、社会参与、代际沟通等服务,构建系统化、人性化、专业化的养老助残服务机

制。④实施特殊群体社会关爱计划，帮助药物滥用人员、有不良行为青少年、艾滋病患者、精神病患者、流浪乞讨人员、社区矫正人员、服刑人员、刑释解教人员等特殊人群纠正行为偏差、缓解生活困难、疏导心理情绪、改善家庭和社区关系、恢复和发展社会功能。⑤实施受灾群众生活重建计划，围绕各类受灾群众的经济、社会、心理需要，开展生活救助、心理疏导、社区重建、资源链接、生计项目开发等社会工作专业服务，帮助受灾群众重树生活信心、修复社会关系、恢复生产生活。

（二）政府购买社会工作服务的程序与监督管理

1. 政府购买社会工作服务的程序

（1）编制预算。由民政部门根据本地经济社会发展水平和财力状况，协调有关部门和群团组织切实做好人民群众尤其是困难群体、特殊人群社会服务需求的摸底调查与分析评估，核算服务成本，提出政府购买社会工作服务的数量、规模、质量与效果目标要求，科学编制年度社会工作服务项目预算并报同级财政部门审批。

（2）组织购买。购买社会工作服务，原则上应通过公开招标方式进行。但在以下两种特殊情况下可以酌情处理：一是，对只能从有限范围服务机构购买，或因技术复杂、性质特殊而不能确定具体服务要求、不能事先计算出价格总额的社会工作服务项目，经同级财政部门批准，可采用邀请招标、竞争性谈判方式购买。二是，对只能从唯一服务提供机构购买的，向社会公示并经同级财政部门批准后，可采取单一来源采购方式组织采购。但无论采取何种购买方式，均必须符合《中华人民共和国政府采购法》以及相关法律法规和部门规章要求。

（3）签订合同。民政部门要按照合同管理要求，与服务提供机构订立购买服务合同，明确购买服务的范围、数量、质量要求以及服务期限、资金支付方式、违约责任等内容。

（4）指导实施。财政和民政部门要及时下拨购买经费，指导、督促服务承接机构严格履行合同义务，按时完成服务项目任务，保证服务数量、质量和效果。

2. 政府购买社会工作服务的监督管理

《指导意见》对政府购买社会工作服务的监督管理提出了如下要求：①建立健全政府购买社会工作服务监督管理制度，形成完善的社会工作服务项目购买文件档案，制定具体、翔实、严格的专业服务、资金管理及效果评价等方面的指导标准。②切实加强过程监管，按照政府购买社会工作服务合同要求，对专业服务过程、任务完成和资金使用情况等进行督促检查。③建立由购买方、服务对象及第三方组成的综合性评审机制,及时组织对已完成社会工作服务项目的结项验收。积极推进第三方评估,发挥专业评估机构、行业管理组织、专家等方面作用,对服务机构承担的项目管理、服务成效、经费使用等内容进行综合考评。④坚持过程评估与结果评估、短期效果评估与长远效果评估、社会效益评估与经济效益评估相结合,确保评估工作的全面性、客观性和科学性。⑤将考评结果与后续政府购买服务挂钩,对考评合格者,继续支持开展购买服务合作;对考评不合格者,提出整改意见,并取消一定时期内承接政府购买社会工作服务资格;情节严重者,依法依约追究有关责任。⑥建立社会工作服务提供机构征信管理制度。

四、推进民办社会工作服务机构发展的法规与政策

2014 年 4 月,民政部发布了《民政部关于进一步加快推进民办社会工作服务机构发展的意见》(本节简称《意见》),对加快推进民办社会工作服务机构发展的主要目标、完善民办社会工作服务机构管理制度、加强民办社会工作服务机构能力建设、发挥社会工作行业组织的功能作用、建立健全民办社会工作服务机构支持保障体系等方面提出了具体要求。

(一)加快推进民办社会工作服务机构发展的主要目标

《意见》提出的总体目标是:到 2020 年,在全国发展 8 万家管理规范、服务专业、作用明显、公信力强的民办社会工作服务机构,有效承接政府社会服务职能,满足人民群众专业化、个性化的社会工作服务需求。具体目标分别是:①建立健全加快推进民办社会工作服务机构发展的政策制度,逐步形成协调有力的管理体制和规范高效的工作机制;②进一步完善登记服务和监督管理措施,为民办社会工作服务机构登记成立和健康发展创造有利条件;③加强民办社会工作服务机构能力建设,促进社会工作行业组织发展;④加快推进政府购买社会工作服务,建立健全民办社会工作服务机构支持保障体系。

(二)完善民办社会工作服务机构管理制度

《意见》提出通过改进登记方式、强化监督管理和推动信息公开三项措施来完善民办社会工作服务机构管理制度。

1. 改进登记方式

在改进登记方式方面,成立民办社会工作服务机构,除要求应当符合《民办非企业单位登记管理暂行条例》规定的条件外,还要求专职工作人员中应有 1/3

以上取得社会工作者职业水平证书或社会工作专业本科及以上学历，章程中应明确社会工作服务宗旨、范围和方式。同时，《意见》明确指出，民办社会工作服务机构可直接向民政部门依法申请登记。这是民办社会工作服务机构登记管理方式的一大改进。

2. 强化监督管理

在强化监督管理方面，①要求各级民政部门要坚持积极引导发展、严格依法管理的原则，进一步加强对民办社会工作服务机构履行章程、开展活动、使用资金的监督管理，综合运用年度检查、社会评估、绩效评价、信用建设等监督管理手段。②要求对违反章程开展活动、骗取或违规使用政府购买服务与社会捐赠资金、公布虚假失实信息、侵害服务对象权益等行为要严肃依法惩处，建立健全责任追究和行业退出机制。③要求深入做好民办社会工作服务机构评估工作，将评估结果作为政府购买服务和资源支持的重要依据，充分发挥评估工作的导向、激励和约束作用。

3. 推动信息公开

在推动信息公开方面，①要求建立健全民办社会工作服务机构信息公开制度，督促民办社会工作服务机构真实、准确、完整、及时地向社会公开组织机构、年报公告、财务收支、捐资使用、服务内容、奖惩情况等重要信息，主动接受社会监督，努力树立良好社会公信力；②要求依托各级社会组织管理服务信息平台，实现民办社会工作服务机构信息公开与注册登记、申请项目、吸引捐赠的有机衔接，广泛争取社会各界对民办社会工作服务机构的认可与支持。

（三）加强民办社会工作服务机构能力建设

加强民办社会工作服务机构能力建设，是进一步加快推进民办社会工作服务机构发展的重点。《意见》提出了以下四点要求。

1. 进一步增强民办社会工作服务机构内部治理能力

要紧紧围绕四个方面展开：①督促民办社会工作服务机构建立健全以章程为核心的各项规章制度，健全理事会、监事会制度，完善法人治理结构，恪守民间性、公益性、非营利性原则。②以政府购买社会工作服务为杠杆，发挥市场配置资源的决定性作用，促进民办社会工作服务机构提升战略谋划、项目运作、资源整合、创新发展和组织管理能力。③指导民办社会工作服务机构建立健全财务管理制度，主动拓宽资金来源，积极争取企业、基金会和社会各界资助，增强自身造血功能，增强资金计划、分配与使用的规范性和透明度。④加快培养一批具有社会使命感、掌握现代组织管理知识、拥有丰富管理经验的民办社会工作服务机构管理人才，以及具有扎实理论知识和丰富实务经验、能够指导解决复杂专业问题、引导推动社会工作服务人才成长发展的专业督导人才。

2. 着力提升民办社会工作服务机构服务水平

要着眼于以下五项工作：①加强对民办社会工作服务机构提供服务情况的指导、监督与反馈，逐步优化民办社会工作服务机构的区域布局、业务结构和服务功能；②建立健全民办社会工作服务机构服务成效评估指标体系，为评价民办社会工作服务机构服务情况、提升服务水平提供科学依据；③加强民办社会工作服务机构一线服务人员的教育培训，鼓励其参加社会工作者职业水平考试，不断提升综合素质和专业水平；④指导民办社会工作服务机构结合群众需求和自身优势特点加强服务品牌建设，形成一批社会认可、特色鲜明、具有示范指导作用的优秀社会工作服务项目；⑤支持符合条件的民办社会工作服务机构承接社会工作专业人才实习实训任务，积极引导高校社会工作专业毕业生到民办社会工作服务机构就业创业、建功立业。

3. 建立健全民办社会工作服务机构联系志愿者制度

一方面，以民办社会工作服务机构为平台，深入做好志愿者的招募注册、组织管理、培训指导和服务记录工作，鼓励志愿者长期参加民办社会工作服务机构有关活动，通过自学、考试等方式转化提升为社会工作专业人才；另一方面，通过社会工作专业人才和志愿者的互动，引领提升志愿服务的专业化、组织化水平，丰富社会工作专业人才资源，拓展社会工作专业服务范围，增强社会工作专业服务效果。

4. 加强民办社会工作服务机构党群组织建设

应按照现代社会组织党建工作要求，指导民办社会工作服务机构建立基层党组织，逐步实现民办社会工作服务机构党组织全覆盖，支持有条件的民办社会工作服务机构建立共青团、工会、妇女组织等群团组织，充分发挥党组织的领导核心作用、团组织的先锋模范作用以及工会、妇女组织的服务维权作用，确保民办社会工作服务机构的正确发展方向。

（四）发挥社会工作行业组织的功能与作用

《意见》针对发挥社会工作行业组织的功能与作用提出了以下三点要求。

第一，支持社会工作行业组织发展，具体包括：①加大社会工作行业组织扶持发展力度，将社会工作行业组织纳入政府购买社会工作服务对象范围；②加强对社会工作行业组织的监督管理,促进行业管理与服务人才队伍建设,引导在行业中起骨干作用的民办社会工作服务机构参与组建、发展行业组织;③积极探索在社会工作行业组织中引入竞争机制,不断提升民办社会工作服务机构的服务水平。

第二,推进民办社会工作服务机构行业自律,具体包括:①要指导社会工作行业组织建立健全各项行业自律制度,制定并实施行业职业道德准则,推动行业诚信体系建设,依法依规开展行业评比奖励和质量认证等活动,规范民办社会工作服务机构行为,增强民办社会工作服务机构公信力;②在有条件的地区要逐步将民办社会工作服务机构及其有关人员的资质核查、信息统计、教育培训等日常管理事务委托社会工作行业组织承担,充分发挥行业组织在民办社会工作服务机构管理中的前置和基础作用,推动政府监管与行业自律的有机结合。

第三,积极做好民办社会工作服务机构行业服务,社会工作行业组织要主动加强行业调查研究,积极参与相关法律法规、行业规划、行业标准的研究制定工作,及时向政府部门反映民办社会工作服务机构诉求,提出行业发展意见和建议。另外,要积极为民办社会工作服务机构提供政策咨询、规划指导、项目推介、信息发布、权益维护、能力建设、合作交流等服务,增进民办社会工作服务机构之间以及民办社会工作服务机构与有关方面的沟通联系,为民办社会工作服务机构发展争取有力支持。

(五)建立健全民办社会工作服务机构支持保障体系

第一,加快推进政府购买社会工作服务,这需要从四个方面着手:①积极推动政府职能转变,贯彻落实《国务院办公厅关于政府向社会力量购买服务的指导意见》和《民政部财政部关于政府购买社会工作服务的指导意见》,将社会工作专业人才配备、社会工作岗位设置、机构管理服务能力与成效等情况作为政府购买民办社会工作服务机构服务的重要依据。②规范政府购买社会工作服务程序,除技术复杂、性质特殊的社会工作服务项目和岗位,原则上均应通过公开招标方式竞争性购买,公平对待民办社会工作服务机构承接政府购买社会工作服务。③严格民办社会工作服务机构承接政府购买社会工作服务的资质条件,加强对政府购买社会工作服务的监督管理和绩效评价,建立健全评价结果反馈应用与奖惩机制,确保民办社会工作服务机构依法依约提供服务。④积极发展社会工作专业评估与咨询服务机构,为开展政府购买社会工作服务提供技术支持。

第二,加大对民办社会工作服务机构扶持力度,这需要从五个方面下功夫:

①实施民办社会工作服务机构孵化基地建设工程，通过整合现有资源或新建等方式，到2020年建立50个国家级民办社会工作服务机构孵化基地。各地要积极推动本地区民办社会工作服务机构孵化基地建设，优先孵化以老年人、残疾人、青少年、城市流动人口、农村留守人员、特殊困难人群、受灾群众等为重点服务对象和以婚姻家庭、教育辅导、就业援助、职工帮扶、犯罪预防、矫治帮教、卫生医疗、人口服务、应急处置等为重点服务领域的民办社会工作服务机构。②鼓励有条件的地方设立扶持民办社会工作服务机构发展专项资金，通过公益创投、补贴奖励、提供场所、减免费用等多种方式，支持民办社会工作服务机构的启动成立和初期运作。③采取公办民营、民办公助等方式，面向民办社会工作服务机构开放公共和社会资源，支持其以社区为平台开展社会工作服务。④积极协调有关部门落实促进民办社会工作服务机构发展的各项财税优惠政策，降低其运行管理和提供服务成本。⑤各地民政部门要会同有关部门研究制定民办社会工作服务机构有关人员引进落户、薪酬保障、职业发展、表彰奖励等方面的激励措施，充分调动民办社会工作服务机构开展专业服务的积极性、主动性和创造性。

第三，鼓励社会力量支持和参与民办社会工作服务机构发展，具体包括：①要鼓励社会工作院校与民办社会工作服务机构开展产学研合作，鼓励社会工作专业教师创办民办社会工作服务机构；②要积极引导志愿者机构、公益慈善类社会组织和企事业单位按照注册登记条件成立民办社会工作服务机构；③要鼓励国(境)内外组织和个人依法通过捐资方式创办民办社会工作服务机构，通过设立基金、提供场所、项目合作、专业扶持等多种方式支持民办社会工作服务机构发展。①

第三节　社会工作专业人才队伍建设法规与政策运行中存在的主要问题

目前，我国社会工作专业人才队伍建设法规与政策运行中主要存在如下问题。

第一，社会工作专业人才政策保障力度不足。随着各类社会问题的日益复

① 全国社会工作者职业水平考试教材编委会编写:《社会工作法规与政策》，中国社会出版社2023年，第25—43页。

杂和突出，铸造一支助人信念强、专业能力精、综合素养高的社会工作专业人才队伍迫在眉睫。近年来，从中央到地方陆续出台了一系列强化社会工作专业人才队伍建设的法规与政策，然而，这些法规与政策的出台未从根本上提出和解决社工人才的基本问题，即没有设立社工编制，虽然有文件要求事业单位可根据需求设置社工岗位，但目前仍然处于探索和尝试阶段。在许多地方，绝大多数取得社会工作师资格证的专业人员主要有两部分，一部分是社会组织聘用人员，此类人员基于工作需要考取证书；另一部分是村（社区）的工作人员，大多数人“身兼数职”，并未从事专业社会工作和向人民群众提供专业服务。专业的人没有做专业事的平台，职业稳定性和持续性差，缺少有效的晋升机制和发展空间，导致了社工人才的身份尴尬与职业认同感低。

第二，社会工作专业化水平不高。社会工作的知识体系内容广泛、包罗万象，涵盖了文化、心理、管理、哲学、社会学、技术、政策等多方面的知识体系。这就要求社会工作者拥有较强的专业素养和综合素质。然而，当前社工队伍专业水平良莠不齐，人员素质结构参差不一，专业科班人才和复合型人才严重匮乏，许多从业社工人员为“半路出家”。有抽样数据显示，中国社会工作者中，持助理社会工作师证的占46.22%，持中级社会工作师证的占15.86%，合计62.08%，无证社工达37.92%。[①] 许多社工没有系统涉猎过社会工作专业知识，属于“通用型”而不是“专业型”，提供的许多服务专业性不高，只是一般性陪伴、组织活动等，工作开展过程中全靠“师徒结对、以老带新”，很难独立从容驾驭社工实务工作。许多社会工作服务机构缺乏“品牌意识”或意识不强，许多社工机构服务领域和内容非常广泛，没有独特、专一、擅长的领域。

第三，社会工作专业人才培养机制不健全。社会工作人才的培养需要一个较长时间的积累过程，需要高校、社会工作组织、政府、公众力量之间的紧密配合和相互作用。随着经济社会的快速发展及社会问题的复杂化，对新时代的社会工作专业人才有着极高的要求。一些接受过高校正规教育的社工人才在面对实践中出现的一系列问题时，往往处理实战问题的能力不足，只能“纸上谈兵”。社会组织、街道社区和福利等部门的社工大多是没有专业知识而有“丰富经验”的工作人员，处理问题往往陷入经验主义的泥潭。现实中，一些社会工作者的理论和实务未有机融合，本可通过教育培训来弥补，但专门的社工专业人才培训机构

---

① 刘畅、袁易卿等：《中国社会工作动态调查（CSWLS2019）：设计、实施与样本描述》，《华东理工大学学报（社会科学版）》2020年第1期。

缺乏。现有培训师资的整体水平也不容乐观,具有实务操作经验的培训教师严重匮乏,尤其是掌握本土社会实务培训老师更是少之又少。另外,在社工专业培训工作中,培训资源配置不均衡,地区之间发展不平衡,通常来说,城市社工人才有更多机会和渠道接受正规的专业化培训教育,而城市之外的社会工作从业人员相对来说学习培训机会较少。

第四,社会服务项目资金投入不足。目前,政府购买社会服务是社会组织经费来源的主要形式。由于我国政府购买社会服务工作仍处于萌芽状态,许多地方未将购买社会服务经费纳入财政预算,或是预算经费不足;从《中国统计年鉴》《中国民政统计年鉴》及各地的相关统计年鉴中,没有政府购买社会工作服务支出的相关统计。各地对社会工作服务项目的资金投入仍属非制度性的投入,很多地方的投入数据残缺不全。资金投入不足导致有些社工项目不能规模化、持续化运作。社会工作者在开展社会服务过程中,由于经费紧张,导致项目未实质性解决问题或是可以进一步跟进时被迫中断。这种情况往往会造成社会工作者的失落感、无力感,也不利于社会工作者主观能动性的发挥,对社会工作人才的发展也将带来一定的阻碍。

第五,社会工作者的从业激励机制不完善。工作繁杂、工资待遇低、工作压力大,是当前社会工作人才队伍普遍面临的主要困境。例如,据不完全统计,即使在成都主城区从业的社会工作者,一线社工每月收入也仅有 3000~4000 元,90%的社会组织只为员工购买了基本的社会保险,社工没有住房公积金。社工的收入和消费水平严重不匹配。另据,我们主持的"乡村振兴战略背景下政府主导型农村社会工作发展模式研究"课题组(此后简称"课题组")对广东 50 名农村专业社会工作者的调研,①2018 年,广东农村专业社会工作者的月均工资为 3400 元,中位数是 3200 元,众数是 3000 元(占比为 30.0%),最大值是 6000 元(占比仅 2.0%),最小值是 2000 元;3000 元以上的占 54.0%。而在 2000 元至 2800 元区间的占 16.0%。广东第一产业就业人员平均工资为 5.73 万,②超过了 98%的广东农村专业社会工作者的年收入。如果与当地普通教师相比,专业社

① 2018 年 7 月至 2019 年 1 月,我们主持的"乡村振兴战略背景下政府主导型农村社会工作发展模式研究"课题组,按中国内地的西、中、东三个区域,选择云南省 SZ 县、江西省 WZ 县,广东省 LC 县、HZ 市等地农村进行了调研,农村居民样本共计 1770 个、农村专业社会工作者样本 50 个。

② 数据来源:《广东统计年鉴 2020》。

会工作者的收入差很多的占74.0%，差一些的占20.0%，差不多的占4.0%，只有2.0%高一些。与当地普通公务员相比，专业社会工作者的收入要差很多的占76.0%，差一些的占20.0%，只有2.0%高一些，说不清的占2.0%。收入待遇低，生活压力大是社工从业人员最大的后顾之忧，严重打击了社会工作者的积极性。大多数男性、处适婚年龄或者作为家庭主要经济来源的社工人才，根本不敢或不愿意从事社会服务工作，由此甚至导致有的高校社工专业班级只有一个男生、有的社会组织全是女性的极端情况。另外，当前社工队伍缺乏相应的考核激励和工作绩效评价机制，也对优秀社工人才的流失产生很大影响。有数据显示，社会工作者流失率高达30%。①

第六，社会工作职业认同度较低。当前，社会大众对社会工作的知晓率、认同度比较低。课题组的调查显示，江西省WZ县为11.6%，云南省SZ县为9.9%②。中国许多人认为，社会工作就是志愿服务或义务服务等③，甚至有部分人误以为，社会工作就是社会治理、党建、社区建设工作，对社会工作的内涵、目标、要素、主要领域毫无概念，此类较低的社会认识，已然成为制约社会工作人才队伍建设和发展的重要障碍和瓶颈。④ 由于社会大众对社会工作职业认同度低，甚至影响到社会工作者自身对社会工作的职业认同。课题组对广东农村专业社会工作者的调研显示，对于问卷中“假如有能力重新选择职业，更愿意选择什么职业?”选择公务员的占46.0%，选择教师的占44.0%，选择其他职业的占22.0%，而选择专业社会工作的仅14.0%。⑤

此外，社会工作专业人才队伍建设发展不平衡，农村的尤为欠发展。其具体表现包括：农村社会工作人才总量较少，流动性较强，可持续性较弱，难以覆盖大规模的受众需求；农村社会工作的职能定位不够清晰，社会工作者角色较为泛化，服务有时也缺少一定的系统性和科学性；农村社会工作本土发展空间巨大，

---

① 徐道稳：《社会工作者职业认同和离职倾向研究——基于对深圳市社会工作者的调查》，《人文杂志》2017年第6期。

② 而且，WZ县和SZ县很多居民是因在外省城市打工因而知道专业社会工作。

③ 郝腾飞：《当前社会工作人才队伍建设存在问题及建议》，《中国社会报》2020年7月13日。

④ 黄宇：《社会工作人才队伍建设的几点思考和建议——以成都市社会工作人才队伍建设工作为例》，《中国集体经济》2020年第18期。

⑤ 少数专业社会工作者同时选择了两个答案，如公务员或教师，因而累计百分比超过100.0%。

但本土化程度相对不足,社会工作者还缺乏文化敏感性和本土境遇的应变性;农村社会组织发展较为滞后,农村社会工作缺乏社会认受性,农村社会工作者专业认同度比较低。①

① 卫小将、黄雨晴:《乡村振兴背景下农村社会工作人才队伍建设研究》,《中共中央党校(国家行政学院)学报》2022 年第 1 期。

第三章

规范社会工作职业活动法规与政策

2006年召开的党的十六届六中全会是我国社会工作发展的一个重要里程碑,大大促进了社会工作的发展。截至2022年9月,全国开发设置了近50万个社会工作专业岗位,成立了1.5万余家社会工作服务机构。① 到2023年1月,全国已建成乡镇(街道)社工站2.9万个,7万名社会工作者驻站开展服务,8个省份已经实现了乡镇(街道)社工站全覆盖,16个省份覆盖率超过80%,全国覆盖率达到78%。② 随着社会工作的巨大进步,为促进社会工作的可持续发展,规范社会工作职业活动也日益重要。本章将介绍规范社会工作职业活动的法规与政策的发展演变、主要内容及其运行中存在的问题。

第一节 规范社会工作职业活动法规与政策的发展演变

中国早在先秦时期已产生了社会工作的萌芽,古代社会工作是从先秦一直延续到1911年。《周礼》记载了"荒政十二"和"保息六政"。荒政十二是:"散利""薄征""缓刑""弛力""舍禁""去几""眚礼""杀哀""蕃乐""多昏""索鬼神""除盗贼"。保息六政是:"慈幼""养老""振穷""恤贫""宽疾""安富"。《管子》记载:"入国四旬五行九惠之教,一曰老老、二曰慈幼、三曰恤孤、四曰养疾、五

① 《民政这十年·慈善社工篇》,中华人民共和国民政部官网,2022年9月23日。

② 《全国志愿服务和社会工作电视电话会议在京召开已建成乡镇(街道)社工站2.9万个》,中华人民共和国民政部官网,2023年1月18日。

曰合独、六曰问疾、七曰通穷、八曰振困、九曰接绝。”此外，《管子》中还记载：“养长老，慈幼孤，恤鳏寡，问疾病，吊祸丧，此谓匡其急。衣冻寒，食饥渴，匡贫窭，振罢露，资乏绝，此谓振其穷。”概括《周礼》《管子》两本书，其中的古代社会工作思想覆盖的广度和深度足为后代参考①，囊括了老年人、儿童、妇女、残疾人等各类弱势群体，包括养老、收养、婚姻家庭、医疗、住房、就业、心理、济贫等诸多领域②。

然而，在古代生产力低下的小农经济基础上，人们常常生存困难。在中国历史上，“人相食”多有记载。例如，在《旧唐书》和《新唐书》中，共有 27 处记载了因灾害等导致“人相食”。在《明史》中因灾害等导致“人相食”的记载有 22 处。因此，古代社会工作多属美好的社会理想。

中华民国建立后，一批留学欧美的学生将社会学和社会工作带回中国，在大学中开设社会工作专业，并直接向社会提供社会工作服务。③

1940 年代，随着中国社会工作的发展，规范社会工作职业活动的法规与政策也开始有少量内容产生。国民党政府主要在社会工作人员培养、考试等方面出台了一些法规与政策。④ 此外，1941 年，社会部公布了《社会部社会工作人员调查登记办法》《社会部社会工作人员通讯办法》《社会服务设施纲要》。1943 年 12 月，社会部公布了《社会工作通讯指导办法》。

新中国成立后不久，社会学被取消，社会工作教育也随之停止，⑤此后，中国也没有规范社会工作职业活动的法规与政策。

1979 年，中国决定恢复社会学，社会工作课程在一些大学开始恢复起来。1986 年，国家教委决定在北京大学等学校设立社会工作与管理专业。这些学校随即开始招收社会工作与管理专业的本科生，专业社会工作教育开始起步。⑥ 不过，其恢复发展缓慢。直到 1994 年，中国社会工作者协会才发布了《中国社会工作者守则》。⑦ 此后一段时间，社会工作仍然徘徊不前。

---

① 袁文全：《社会保障体系覆盖城乡居民的理论与实践》，重庆大学出版社 2012 年，第 123 页。

② 李迎生：《为了亿万农民的生存安全——中国农村社会保障体系研究》，安徽人民出版社 2006 年，第 29 页。

③ 王思斌主编：《社会工作导论》，高等教育出版社 2004 年，第 45 页。

④ 请参见第二章第一节相关内容。

⑤ 王思斌主编：《社会工作概论》（第 3 版），高等教育出版社 2014 年，序—第 1 页。

⑥ 王思斌主编：《社会工作概论》（第 3 版），高等教育出版社 2014 年，第 7 页。

⑦ 中国社会工作者协会：《社会工作者守则》，《社会工作研究》1994 年第 5 期。

进入21世纪以来,除了第三章中已梳理的关于社会工作人才队伍建设的法规与政策之外,关于规范社会工作职业活动的法规与政策也相继问世。

2003年初,民政部下发了《关于加强社会工作队伍建设的通知》,倡导有条件的省市大胆开展社会工作职业化制度建设试点工作。2004年6月,劳动和社会保障部办公厅颁布了《社会工作者国家职业标准》,规定了社会工作这一职业的工作要求、理论知识与技能操作。在此基础上,全国170多个地区和260家单位着力打造社会工作人才队伍建设。①

2006年4月,就加强和改进社区服务工作,国务院制定了《国务院关于加强和改进社区服务工作的意见》。② 同年7月,民政部发布了《社会工作者职业水平评价暂行规定》和《助理社会工作师、社会工作师职业水平考试实施办法》。③这有利于规范社会工作者职业行为,提高社会工作者专业能力。同年10月,党的十六届六中全会通过了《中共中央关于构建社会主义和谐社会若干重大问题的决定》。其中很多方面除了利于社会工作专业人才队伍建设外,也有利于社会工作职业发展。同年11月,民政部、国家发改委发布了《民政事业发展第十一个五年规划》。其中提出建立健全社会工作职业制度,制订社会工作者条例,实施社会工作者职业水平评价制度,培育和发展社会服务机构,推动建立政府购买社工服务的机制等。④

2007年11月,财政部、国家发改委发布了《财政部 国家发展改革委关于同意收取助理社会工作师和社会工作师职业水平考试考务费等有关问题的通知》,对向考生收取助理社会工作师和社会工作师职业水平考试费作出规定。⑤

2009年4月,为规范社会工作者职业水平证书登记工作,加强社会工作人才队伍建设,民政部发布了《民政部关于印发社会工作者职业水平证书登记办法的通知》。

2010年11月,中共中央办公厅、国务院办公厅印发了《关于加强和改进城市

---

① 罗洪铁主编:《中国共产党青年人才思想及实践研究》,人民出版社2016年,第200页。

② 《国务院关于加强和改进社区服务工作的意见》,《中华人民共和国国务院公报》2006年第16期。

③ 周敬青等:《党的制度创新与执行成效研究》,人民出版社2014年,第287页。

④ 宋志强:《解读:民政事业发展第十一个五年规划》,《中国民政》2007年第1期。

⑤ 《财政部 国家发展改革委关于同意收取助理社会工作师和社会工作师职业水平考试考务费等有关问题的通知》,《中华人民共和国财政部文告》2008年第3期。

社区居民委员会建设工作的意见》,就加强和改进城市社区居委会建设工作提出一些意见,包括:根据工作需要可建立社区服务站(或称社区工作站、社会工作站)等专业服务机构;要组织社区居委会成员和社区专职工作人员深入学习中国特色社会主义理论体系,学习党的路线方针政策和国家法律法规,学习社会工作知识;支持他们参加社会工作等各种职业资格考试和学历教育考试等。

2011 年 12 月,民政部、国家发改委发布了《民政事业发展第十二个五年规划》,国务院办公厅印发了《社区服务体系建设规划(2011—2015 年)》,这两份文件都是既有利于社会工作人才队伍建设,也有利于社会工作职业化及规范社会工作职业活动。

2012 年 1 月,最高人民法院等发布了《社区矫正实施办法》,旨在进一步规范社区矫正工作,加强和创新特殊人群管理。同年 11 月,就政府购买社会工作服务,民政部、财政部下发了《关于政府购买社会工作服务的指导意见》。

党的十八大以来,规范社会工作职业活动的法规与政策进一步得到完善,推动社会工作取得了长足进展。

2012 年 12 月,民政部发布了《社会工作者职业道德指引》,旨在加强社会工作者职业道德建设,保证社会工作者正确履行专业社会工作服务职责。

2013 年 9 月,就政府向社会力量购买服务,国务院办公厅发布了《国务院办公厅关于政府向社会力量购买服务的指导意见》。同年 11 月,就加快推进社区社会工作服务,民政部、财政部制定了《民政部　财政部关于加快推进社区社会工作服务的意见》。同年 12 月,民政部制定了《关于加快推进灾害社会工作服务的指导意见》,它有助于加快培养和使用灾害社会工作服务人才、加强灾害社会工作服务探索、提升灾害社会工作服务水平。①

2014 年 2 月,国务院公布了《社会救助暂行办法》,其中提出,县级以上地方人民政府应发挥社会工作服务机构和社会工作者作用,为社会救助对象提供社会融入、能力提升、心理疏导等专业服务。② 同年 4 月,就进一步加快推进民办社会工作服务机构发展,民政部发布了《民政部关于进一步加快推进民办社会工作

① 周亮:《让社会工作在减灾救灾中发挥更大作用——〈民政部关于加快推进灾害社会工作服务的指导意见〉亮点解析》,《中国社会报》2014 年 1 月 22 日。

② 《社会救助暂行办法》,《人民日报》2014 年 2 月 28 日。

服务机构发展的意见》。①

2015 年 1 月，民政部发布了社会工作行业的两项推荐性标准，即《社会工作服务项目绩效评估指南》和《儿童社会工作服务指南》。

2016 年 2 月，民政部发布了《老年社会工作服务指南》行业标准，对老年社会工作服务宗旨、内容、方法等行业标准作出了规定。同年 3 月，十二届全国人大第四次会议通过了《中华人民共和国慈善法》（此后简称《慈善法》）。慈善是社会工作产生的重要因素，该法有利于推动社会工作的发展。同年 10 月，就加强社会工作专业岗位开发与人才激励保障，民政部等制定了《关于加强社会工作专业岗位开发与人才激励保障的意见》。

2017 年 1 月，民政部发布了《社区社会工作服务指南》行业标准。这利于规范社区社会工作。同年 6 月，民政部等发布了《民政部 财政部 国务院扶贫办关于支持社会工作专业力量参与脱贫攻坚的指导意见》，明确社会工作专业人才是为贫困群众提供心理疏导、精神关爱、关系调适、能力提升等社会服务的新兴力量，在帮助贫困群众转变思想观念、树立自我脱贫信心、拓宽致富路径、提升自我脱贫能力等方面可以发挥积极作用。② 同年 8 月，国务院公布了《志愿服务条例》。志愿服务与社会工作服务密切相关，该条例的制定有利于社会工作发展。③

2018 年 1 月，民政部发布了《社会工作方法 个案工作》《社会工作方法 小组工作》两项推荐性行业标准。这利于规范个案工作和小组工作。同年 3 月，为了加强社会工作专业人才队伍建设，完善社会工作专业人才职业水平评价制度，人力资源社会保障部、民政部制定了《高级社会工作师评价办法》。④

2020 年 4 月，国家卫健委、民政部制定了《新冠肺炎患者、隔离人员及家属心理疏导和社会工作服务方案》，旨在做好新冠肺炎患者、隔离人员及家属心理疏导和社会工作服务，促进患者身体与心理同步康复等。⑤ 同年 12 月，民政部等出台了《精神障碍社区康复服务工作规范》。由于提供社区康复服务人员主要包括社会工

---

① 罗平汉主编：《治国理政这五年——十八大以来中国新巨变》，人民出版社 2017 年，第 116 页。

② 《三部门关于支持社会工作专业力量参与脱贫攻坚的指导意见》，中华人民共和国民政部官网，2017 年 8 月 19 日。

③ 《志愿服务条例》，《中华人民共和国国务院公报》2017 年第 26 期。

④ 《高级社会工作师评价办法》，《中国社会工作》2018 年第 12 期。

⑤ 《关于印发新冠肺炎患者、隔离人员及家属心理疏导和社会工作服务方案的通知》，《中华人民共和国国家卫生健康委员会公报》2020 年第 4 期。

作者、康复治疗师、心理咨询师等,因而该规范的出台有利于社会工作发展。

2021 年 1 月,人力资源社会保障部、民政部社会工作者职业水平评价办公室制定了《高级社会工作师评审委员会组织管理暂行办法(试行)》,旨在规范高级社会工作师评审委员会组织管理工作,确保高级社会工作师评审质量。同年 3 月,民政部发布了《社会工作督导指南》行业标准,对社会工作督导的目标、伦理、内容、主要过程、督导者配置和保障作出了相应规定。同年 12 月,国务院办公厅印发了《城乡社区服务体系建设规划(2016—2020 年)》,提出实施社区社会工作服务行动。① 与此同时,民政部、国家乡村振兴局印发了《"十四五"时期社会工作服务机构"牵手计划"实施方案》,明确"十四五"时期继续实施"牵手计划",以 160 个国家乡村振兴重点帮扶县为主,从社会工作先发地区遴选一批社会工作服务机构一对一牵手帮扶受援地区。

此外,2015—2018 年、2021—2023 年的政府工作报告和十三五、十四五规划都强调发展社会工作。2023 年,党中央决定组建中央社会工作部。

第二节 规范社会工作职业活动法规与政策的主要内容

一、社会工作者职业标准

2004 年 6 月,劳动和社会保障部办公厅发布了《社会工作者国家职业标准》。其具体内容包括以下方面。

(一)职业名称

社会工作者。

(二)职业定义

遵循助人自助的价值理念,运用个案、小组、社区、行政等专业方法,以帮助机构和他人发挥自身潜能,协调社会关系,解决和预防社会问题,促进社会公正为职业的专业工作者。

(三)职业等级

社会工作者共设四个等级:社会工作者四级(国家职业资格四级)、社会工作

① 《国务院办公厅关于印发"十四五"城乡社区服务体系建设规划的通知》,《中华人民共和国国务院公报》2022 年第 5 期。

者三级(国家职业资格三级)、社会工作者二级(国家职业资格二级)、社会工作者一级(国家职业资格一级)。

(四)职业环境

室内、室外。

(五)职业能力特征

具有观察、理解、判断、沟通和自我控制的能力。

(六)基本文化程度

大专毕业或同等学历(1959 年以前出生者可放宽至中专及同等学历)。

(七)培训要求

第一,培训期限方面,要求全日制职业学校教育,根据其培养目标和教学计划来确定晋级培训期限。社会工作者四级不少于 320 标准学时;社会工作者三级:不少于 160 学时①;社会工作者二级:不少于 160 学时;社会工作者一级:不少于 160 学时。

第二,培训教师方面,要求具有社会工作或相关专业②副高以上专业技术职务任职资格,从事社会工作或社会工作教育满 3 年者,或取得二级以上社会工作者职业资格证书者,可担任社会工作者四级、三级、二级的培训教师;具有社会工作或相关专业正高专业技术职务任职资格,从事社会工作或社会工作教育满 3 年者,或取得一级社会工作者职业资格证书满 3 年者,可担任社会工作者一级的培训教师。

第三,培训场地设备方面,要求教学条件完善的标准教室,社会工作实务培训还须增加个案工作室、小组工作室等场地。

(八)鉴定要求

1. 适用对象

从事或准备从事本职业的人员。

2. 申报条件

第一,社会工作者四级,应具备以下条件之一:①获得国家承认的社会工作专业大专学历者;②获得国家承认的社会工作相关专业③大专学历,经社会工作者四级正规职业资格培训达到规定标准学时数,并获得结业证书者;③1959 年以

① 指除去上一级别的培训期限外,还需增加的培训学时数。以下同。

② 这里是指社会学、心理学等专业。

③ 这里是指社会学、心理学等人文社科专业,以下同。

前出生,获得中专及同等学历,连续从事社会工作不少于3年,经社会工作者四级正规职业资格培训达规定标准学时数,并获得结业证书者。

第二,社会工作者三级,应具备以下条件之一:①获得国家承认的社会工作专业硕士学位;②获得国家承认的社会工作专业本科学历,连续从事社会工作2年以上;③获得国家承认的社会工作相关专业本科以上学历(含本科),连续从事社会工作3年以上,经社会工作者三级正规培训达规定标准学时数,并获得结业证书者;④取得社会工作者四级职业资格证书,连续从事社会工作3年以上,经社会工作者三级正规培训达规定标准学时数,并获得结业证书者。

第三,社会工作者二级,应具备以下条件之一:①获得国家承认的社会工作专业博士学位;②获得国家承认的社会工作专业本科学历,取得社会工作者三级职业资格证书,连续从事社会工作5年以上,经社会工作者二级正规培训达到规定标准学时数,并取得结业证书;③获得国家承认的社会工作专业硕士学位,取得社会工作者三级职业资格证书,连续从事社会工作3年以上,经社会工作者二级正规培训达规定标准学时数,并取得结业证书。

第四,社会工作者一级,应具备以下条件:取得社会工作者二级职业资格证书,连续从事社会工作3年以上,经社会工作者一级正规培训达规定标准学时数,并取得结业证书。

3. 鉴定方式

分为理论知识考试和职业能力考核。理论知识考试采用闭卷笔试方式,职业能力考核采用笔试、情景模拟等测试方式。理论知识考试和职业能力考核均实行百分制,成绩皆达60分及以上为合格。社会工作者一级和二级还须进行综合评审。理论知识考试和职业能力考核的单科考核合格成绩有效期2年。

4. 考评人员和考生配比

理论知识考评人员和考生配比为1∶20,每个标准教室不少于2名考评人员;职业能力考核考评员不少于3人,综合评审委员不少于5人。

5. 鉴定时间

理论知识考试时间为120分钟;职业能力考核时间为60分钟;综合评审时间不少于30分钟。

6. 鉴定场所设备

理论知识考试在标准教室进行;职业能力考核在标准教室、符合条件的模拟场所进行。

(七)社会工作者的基本要求

第一,职业道德。除了职业道德基本知识外,还有以下职业守则:①遵守国家法律法规;②尊重个人价值尊严;③维护服务对象隐私;④提升服务对象发展潜能;⑤提高专业技能水平;⑥及时反映社会需要;⑦协助解决社会问题;⑧促进社会公正进步。

第二,基础知识。主要包括:①社会工作基本理论:社会工作的基本概念;社会工作的价值观与伦理;人类行为与社会环境的知识;社会问题与社会政策方面的知识;社会学、心理学、管理学等学科中与社会工作有密切关联的知识。②社会工作基本方法:个案工作的基础知识、小组工作的基础知识、社区工作的基础知识、其他社会工作基本方法的基础知识。③社会工作实务过程:接案的基础知识、收集资料与预估的基础知识、制定计划的基础知识、执行计划的基础知识、评估与结案的基础知识。⑤社会工作实务领域:青少年社会工作、老年社会工作、残疾人社会工作、家庭社会工作、学校社会工作、医务社会工作、社区社会工作、司法社会工作等实务领域的基础知识。

(八)社会工作者的工作要求

《社会工作者国家职业标准》对社会工作者四级、社会工作者三级、社会工作者二级、社会工作者一级的技能要求依次递进,高级别涵盖低级别的要求。①

① 朱眉华、文军主编:《社会工作实务手册》,社会科学文献出版社2006年,第276—280页。

1. 各种级别社会工作者工作要求的内容

(1)社会工作者四级

职业功能	工作内容	技能要求	相关知识
一、辅助性直接服务	(一)接案	1. 能够选择初次面谈的场所 2. 能够针对服务对象情况进行交谈和倾听 3. 能够与服务对象建立专业关系	1. 建立专业关系的基本知识 2. 相关社会政策
	(二)收集资料与预估	1. 能够收集、记录服务对象的信息 2. 能够对服务对象信息进行初步分析	1. 观察、提问等收集资料的基本知识 2. 保密和告知原则 3. 预估的基本知识
	(三)制定计划	1. 能够制定服务计划初稿 2. 能够制定服务协议初稿	1. 制定服务计划的步骤 2. 服务协议的基本知识
	(四)实施计划	1. 能够布置工作室 2. 能够为服务对象提供信息与建议 3. 能够针对服务对象情况进行鼓励与安慰 4. 能够对实施过程进行记录	介入的基本方法
	(五)评估与结案	1. 能够运用量表、问卷等方式收集评估信息 2. 能够确定结案时间,并进行结案 3. 能够对结案进行记录	1. 评估步骤与基本方法 2. 结案的基本方法
二、辅助性行政工作	(一)文字处理	1. 能够阅读和写作专业报告 2. 能够运用计算机进行文字处理	专业报告的撰写方法及其注意事项
	(二)处理信息与管理文件	1. 能够收集,整理机构所需信息 2. 能够对文件进行分类、归档,并妥善保管	1. 信息收集与整理的知识 2. 文档管理的知识

(2)社会工作者三级

职业功能	工作内容	技能要求	相关知识
一、直接服务	(一)接案	1. 能够拟定初次面谈的纲要 2. 能够运用同理、应变的技巧与服务对象交谈 3. 能够消除服务对象的焦虑 4. 能够接触各类服务对象并与之建立专业关系	1. 人际沟通的基本知识 2. 人类行为与社会环境的基本知识
	(二)收集资料与预估	1. 能够设计调查问卷及访谈提纲 2. 能够对服务对象进行观察、提问 3. 能够为服务对象绘制家庭结构图和生态图 4. 能够针对服务对象的问题做出预估	1. 资料整理、分析的知识 2. 预估的系统知识
	(三)制定计划	1. 能够制定目标明确、实施方案可行的服务计划 2. 能够根据计划制定服务协议	1. 制定服务计划的方法 2. 服务协议的系统知识
	(四)实施计划	1. 能够运用个案、小组、社区等专业方法及介入技巧,协助服务对象解决问题 2. 能够增强服务对象的自助能力	介入的系统知识
	(五)评估与结案	1. 能够运用目标实现程度量表和服务对象满意度调查问卷进行评估 2. 能够找出实际结果与计划的差距,并提出改进措施 3. 能够根据服务对象在结案时的反应处理情况 4. 能够进行跟进服务或成功转介	1. 评估的系统知识 2. 结案的系统知识
二、项目开发与管理	(一)开发项目	1. 能够在与服务对象接触过程中提出新的服务项目 2. 能够撰写项目计划书草案	1. 社会工作项目开发的基本知识 2. 社会调查的基本知识 3. 社会政策与法规、社会保障方面的基本知识
	(二)管理项目	1. 能够促进工作人员之间的合作与分工 2. 能够对影响项目实施的因素做出判断并调整 3. 能够对项目成果进行评估	1. 项目管理基本知识 2. 社会工作行政的基本知识

(3)社会工作者二级

职业功能	工作内容	技能要求	相关知识
一、直接服务	辅导、咨询与倡导	1. 能够综合运用各种社会工作方法和技巧处理各类复杂的问题 2. 能够运用社会工作服务领域的特定技巧处理疑难案例 3. 能够运用社会工作专门知识和技能对相关领域的社会福利政策进行分析和研究,并提出建议	1. 社会工作服务领域的专门知识 2. 社会工作服务领域的社会保障制度与社会政策
二、督导	专业指导	1. 能够协助被督导者增加专业知识、强化专业理念,指导被督导者的专业工作 2. 能够帮助被督导者处理心理压力、情绪波动和思想困惑,促使其坚定专业认同感	1. 专业督导的理论与方法 2. 情绪支持的理论与方法
三、社会工作行政	(一)计划	1. 能够制定长期和短期的发展计划 2. 能够不断完善和修正机构的发展计划 3. 能够不断地开拓服务项目	1. 制定计划的系统知识 2. 社会政策与法规、社会保障等相关知识
	(二)组织	1. 能够设置合理的岗位和工作职责,并对工作人员进行协调和部署 2. 能够与工作人员进行有效沟通和互动 3. 能够招聘、培训机构工作人员 4. 能够建立工作人员的考核和奖惩激励机制	人力资源管理的相关知识
	(三)管理	1. 能够建立、健全机构的规章制度 2. 能够筹募、运作和管理资金	行政和财务管理的知识
	(四)评估	1. 能够对本机构工作人员的工作进行科学评估 2. 能够对机构各项目的完成情况进行科学评估	1. 社会工作人员评估的知识 2. 社会工作项目评估的知识

（续表）

职业功能	工作内容	技能要求	相关知识
四、社会工作研究与培训	（一）研究	1. 能够对社会工作实务经验进行分析、总结与提炼 2. 能够阅读社会工作专业的外文资料	1. 分析、综合的基本方法 2. 归纳、演绎的基本方法 3. 社会工作常用外语知识
	（二）培训	1. 能够讲解社会工作专业基础知识 2. 能够传授社会工作实务技能	1. 社会工作理论、方法与实务 2. 培训教案的设计和编写方法

（4）社会工作者一级

职业功能	工作内容	技能要求	相关知识
一、社会工作行政	（一）计划	1. 能够对现行社会政策进行科学分析 2. 能够提供可行的社会政策方案 3. 能够推进社会政策实施 4. 能够对社会政策实施进行评估与监督	1. 社会发展与社会问题的知识 2. 社会政策与社会控制的知识
	（二）组织	1. 能够招聘、培训、评估督导人员 2. 能够建立机构的督导机制及实施方案 3. 能够建立和健全机构的沟通机制	组织行为学基本知识
	（三）管理	1. 能够管理各种社会工作机构 2. 能够对各种社会工作机构的分工、协调进行宏观调控和指导	社会工作机构管理的知识
	（四）评估	1. 能够对不同机构的运作方式、合作模式进行评估 2. 能够对资源整合与配置进行评估	社会工作机构评估的系统知识

（续表）

职业功能	工作内容	技能要求	相关知识
二、社会工作研究与培训	（一）研究	1. 能够进行社会工作理论和实务的研究 2. 能够撰写专业论文与著作 3. 能够阅读并运用社会工作相关的外文专业文献	1. 社会工作理论与实务的前沿知识 2. 社会工作的研究方法 3. 社会工作相关的外文知识
	（二）培训	1. 能够担任二、三级社会工作者的教学与培训任务 2. 能够针对不同的对象，制定相应的社会工作教学方案	1. 社会工作系统理论、方法与实务 2. 教育学、教育心理学基本知识

2. 各种级别社会工作者工作要求的比重表

项目			社会工作者四级		社会工作者三级		社会工作者二级		社会工作者一级	
			理论	职业能力	理论	职业能力	理论	职业能力	理论	职业能力
基本要求		职业道德	10	–	10	–	10	–	10	–
		基础知识	25	–	20	–	15	–	10	–
相关内容	辅助性直接服务	接案	5	20	–	–	–	–	–	–
		收集资料与预估	5	20	–	–	–	–	–	–
		制定计划	10	15	–	–	–	–	–	–
		实施计划	15	10	–	–	–	–	–	–
		评估与结案	10	10	–	–	–	–	–	–
	辅助性行政工作	文字处理	5	5	–	–	–	–	–	–
		信息收集与整理	10	10	–	–	–	–	–	–
		文件管理	5	10	–	–	–	–	–	–
	直接服务	接案	–	–	5	15	–	–	–	–
		收集资料与预估	–	–	5	10	–	–	–	–
		制定计划	–	–	10	15	–	–	–	–
		实施计划	–	–	15	20	–	–	–	–
		评估与结案	–	–	15	15	–	–	–	–
		辅导、咨询与倡导	–	–	–	–	15	15	–	–

(续表)

项目			社会工作者四级		社会工作者三级		社会工作者二级		社会工作者一级	
			理论	职业能力	理论	职业能力	理论	职业能力	理论	职业能力
相关内容	项目开发与管理	项目开发	-	-	10	10	-	-	-	-
		项目管理	-	-	10	15	-	-	-	-
	督导	专业指导	-	-	-	-	10	15	-	-
	社会工作行政	计划	-	-	-	-	10	10	10	20
		组织	-	-	-	-	10	10	10	20
		管理	-	-	-	-	10	15	10	20
		评估	-	-	-	-	10	15	10	10
	社会工作研究与培训	研究	-	-	-	-	5	10	20	20
		培训	-	-	-	-	5	10	20	10
合计			100	100	100	100	100	100	100	100

二、社会工作者职业道德

2012 年 12 月,民政部发布了《社会工作者职业道德指引》,对社会工作者职业道德作出了初步规定,要求社会工作者应热爱祖国、热爱人民、拥护中国共产党领导,遵守宪法和法律法规,贯彻落实党和国家有关方针政策;社会工作者应践行社会主义核心价值观,遵循以人为本、助人自助专业理念,热爱本职工作,以高度的责任心,正确处理与服务对象、同事、机构、专业及社会的关系。具体来说,社会工作者职业道德包括以下内容。①

(一)尊重服务对象 全心全意服务

第一,社会工作者应以服务对象的正当需求为出发点,全心全意为服务对象提供专业服务,最大程度地维护服务对象的合法权益。

第二,社会工作者应平等对待和接纳服务对象,不因民族、种族、性别、户籍、职业、宗教信仰、社会地位、教育程度、身体状况、财产状况、居住期限等因素而区别对待。

---

① 《社会工作者职业道德指引》,《中国社会报》2013 年 1 月 9 日。

第三,社会工作者应尊重服务对象知情权,确保服务对象在接受服务过程中,了解自身和机构的权利、责任和义务,以及获得服务的情况和可能由此产生的结果。

第四,社会工作者应在不违反法律、不妨碍他人正当权益的前提下,保护服务对象的隐私,对在服务过程中获取的信息资料予以保密。

第五,社会工作者应培养服务对象自我决定的能力,尊重和保障服务对象对与自身利益相关的决定进行表达和选择的权利。

第六,社会工作者不得利用与服务对象的专业关系,谋取私人利益或其他不当利益,损害服务对象的合法权益。

(二)信任支持同事 促进共同成长

第一,社会工作者应与同事建立平等互信的工作关系。

第二,社会工作者应主动与同事分享知识、经验、技能,互相促进,共同成长。有责任在必要时协助同事为服务对象提供服务,接受转介的工作。

第三,社会工作者应尊重其他社会工作者、专业人士和志愿者不同的意见及工作方法。任何建议、批评及冲突都应以负责任、建设性的态度沟通和解决。

第四,社会工作者应相互督促支持,对同事违反专业要求的言行予以提醒,对同事受到与事实不符的投诉予以澄清。

(三)践行专业使命 促进机构发展

第一,社会工作者应认同机构使命和发展目标,遵守机构规章制度,按照机构赋予的职责开展专业服务。

第二,社会工作者应积极维护机构的形象和声誉,在发表公开言论或进行公开活动时,应表明自己代表的是个人还是机构。

第三,社会工作者应致力于推动机构遵循社会工作专业使命和价值观,促进机构成长、参与机构管理,增强服务能力、提高服务质量。

(四)提升专业能力 维护专业形象

第一,社会工作者在提供专业服务时,应诚实、守信、尽责,积极维护专业形象。社会工作者应在自身专业能力和服务范围内提供服务。

第二,社会工作者应不断内化和践行专业理念,持续充实专业知识和技能,提升专业能力,促进专业功能的发挥和专业地位的提升。

第三,社会工作者应继承中华民族优良传统,借鉴国际社会工作发展优秀成果,总结中国社会工作经验,推动中国特色社会工作发展。

(五)勇担社会责任 增进社会福祉

第一,社会工作者应运用专业视角,发挥专业特长,参与相关政策法规的制定和完善,维护社会公平正义,增进社会福祉。

第二,社会工作者应正确鼓励、引导社会大众参与社会公共事务,推动社会建设。

第三,社会工作者应推广专业服务,促进社会资源合理分配,使社会服务惠及社会大众。

三、社会工作者守则

1994年,中国社会工作者协会发布了《中国社会工作者守则》。① 《中国社会工作者守则》指出,中国社会工作者继承中华民族悠久的历史、文化传统,吸收世界各国社会工作发展的文明成果,高举社会主义人道主义旗帜,以促进社会稳定和全面进步为己任。中国社会工作者通过本职工作,提倡社会互助,调节社会矛盾,解决社会问题,改善人际关系,为社会主义的物质文明和精神文明建设服务。具体来说,中国社会工作者应遵守如下守则。

第一,职业道德。具体包括:①热爱社会工作,忠于职守,具有高度的社会责任感和敬业精神。②全心全意为人民服务,为满足社会成员自我发展、自我实现的合理要求而努力工作,并不因其出身、种族、性别、年龄、信仰、社会经济地位或对社会贡献不同而有所区别。③尊重人、关心人、帮助人。为保障包括人的生存权、发展权在内的人权而努力。注意维护工作对象的隐私权和其他应予保密的权利。④同工作对象保持密切联系,主动了解他们的需要,切实为之排忧解难。⑤树立正确的服务目标:以关怀的态度,为工作对象困难问题的预防和解决,以及其福利要求提供有效的服务。⑥清正廉洁,不以权谋私。

第二,专业修养。具体包括:①确立正确的社会工作价值观和为专业献身的精神;②努力学习和钻研业务,不断提高专业技术水平和专业服务质量;③通过参加专业培训和进修,努力实现专业化,提高工作效率和服务效能;④运用专业的理论知识与方法技能,帮助社会成员改进和完善社会生活方式,不断提高生活质量,以利于民族素质的提高;⑤从广大群众的集体力量和创造精神中吸取专业营养,促进专业的发展与创新。

---

① 中国社会工作者协会:《社会工作者守则》,《社会工作研究》1994年第5期。

第三,工作规范。具体包括:①重视调查研究,深入了解社会成员的困难和疾苦,并采取有效措施,切实帮助他们摆脱困境。通过不断调查研究,提高社会工作的服务水平。②对待工作对象,应平易近人,热情谦和,注意沟通,建立互相信赖的关系,努力满足他们各种正当的要求,并帮助他们在心理和精神等方面获得平衡。③对待同行,应互相尊重,平等竞争,取长补短,共同提高。在业务上,诚意合作。遇有问题时,互相探讨,坦率交换意见,或善意地进行批评和自我批评,以促进专业水平、工作效率和服务效能的提高。④向政府有关部门、社会有关方面反映社会成员需要社会工作解决的问题,以及对工作的意见和建议。⑤向社会成员宣传贯彻国家有关社会工作的政策、方针和法规,鼓励和组织社会成员积极参与社会事务。⑥对待组织和领导,应按民主集中制原则,主动献计献策,提供咨询意见,并自觉服从决定,遵守纪律,维护集体荣誉。努力使领导和单位的计划实施获得最佳效果,圆满地完成社会工作的各项任务。

四、社会工作者职业水平评价

(一)助理社会工作师、社会工作师的职业水平评价

2006年7月,人事部、民政部印发的《社会工作者职业水平评价暂行规定》对助理社会工作师、社会工作师的职业水平评价作出了规定。①

1. 考试

第一,人事部、民政部共同成立“社会工作者职业水平评价办公室”,办公室设在民政部,负责研究社会工作者职业水平考试相关政策和考试日常管理工作。具体考试考务工作委托人事部人事考试中心组织实施。各省、自治区、直辖市的考试工作,由当地人事部门会同民政部门共同负责,具体职责分工由各地协商确定。

第二,民政部组织成立社会工作者职业水平评价专家委员会,负责编写考试大纲、命题,研究建立考试试题库。

第三,助理社会工作师、社会工作师职业水平评价实行全国统一大纲、统一命题、统一时间、统一组织的考试制度,原则上每年举行一次。

第四,民政部负责组织专家拟定考试科目、考试大纲,组织命题,研究建立考试试题库,提出考试合格标准建议。人事部负责组织专家审定考试科目、考试大

---

① 焦金波编著:《社会工作理论和方法》,中国矿业大学出版社2008年,第260—266页。

纲和试题,会同民政部确定考试合格标准,并对考试实施等工作进行指导、监督和检查。

第五,助理社会工作师考试科目为《社会工作综合能力(初级)》《社会工作实务(初级)》。社会工作师职业水平考试科目为《社会工作综合能力(中级)》《社会工作实务(中级)》和《社会工作法规与政策》。

第六,参加助理社会工作师考试的人员,应在一个考试年度内通过全部科目的考试。社会工作师考试成绩实行两年为一个周期的滚动管理办法,参加考试的人员应在连续两个考试年度内通过全部科目的考试。

第七,凡中华人民共和国公民,遵守国家法律、法规,恪守职业道德,并符合助理社会工作师或社会工作师报名条件的人员,均可申请参加相应级别的考试。

第八,助理社会工作师考试报名条件:①取得高中或者中专学历,从事社会工作满 4 年;②取得社会工作专业大专学历,从事社会工作满 2 年;③社会工作专业本科应届毕业生;④取得其他专业大专学历,从事社会工作满 4 年;⑤取得其他专业本科及以上学历或学位,从事社会工作满 2 年。

第九,社会工作师考试报名条件:①取得高中或者中专学历,并取得助理社会工作师职业水平证书后,从事社会工作满 6 年;②取得社会工作专业大专学历,从事社会工作满 4 年;③取得社会工作专业大学本科学历,从事社会工作满 3 年;④取得社会工作专业硕士学位,从事社会工作满 1 年;⑤取得社会工作专业博士学位;⑥取得其他专业大专及以上学历或学位,其从事社会工作年限相应增加 2 年。

第十,报名参加助理社会工作师、社会工作师职业水平考试的人员,应符合《社会工作者职业水平评价暂行规定》中的规定的相应报名条件。由本人提出申请,按规定携带有关证明材料,到指定的考试管理机构报名。经考试管理机构审查合格后,向申请人核发准考证。申请人凭准考证及有关身份证明,在指定时间、地点参加考试。

第十一,参加助理社会工作师考试的本科应届毕业生,在报名时应提交能够证明其在考试年度可毕业的有效证件(如学生证等)和所在学校出具的应届毕业生证明。

第十二,助理社会工作师、社会工作师职业水平考试原则上每年举行一次。考点设在省会城市和直辖市的大、中专院校或高考定点学校。如确需在其他城市设置考点,应经人事部、民政部批准。

第十三,坚持考试与培训分开的原则。凡参加考试工作(包括命题和组织管理等)的人员,不得参加考试和参与或举办与考试内容有关的培训工作。应考人员参加相关培训实行自愿原则。

第十四,助理社会工作师、社会工作师考试有关项目的收费标准,应经当地价格主管部门核准,并向社会公布,接受公众监督。

此外,考试考务工作要严格执行考试工作的有关规章制度。助理社会工作师、社会工作师职业水平考试合格,颁发人事部统一印制、人事部和民政部共同用印的《中华人民共和国社会工作者职业水平证书》。该证书在全国范围有效。凡以不正当手段取得社会工作者职业水平证书的,由发证机关收回证书,2 年内不得再次参加社会工作者职业水平考试,等等。

2. 义务与职业能力

第一,社会工作者应严格遵守国家法律法规和社会工作职业守则。

第二,社会工作者在社会服务工作中,应当与服务对象建立良好平等的沟通关系,维护服务对象权益,倾听服务对象诉求,尊重服务对象选择,保守服务对象隐私。

第三,助理社会工作师应具备以下职业能力:①熟悉与社会工作业务相关的法律、法规、政策和行业管理规定,掌握基本的社会工作专业知识;②能够与各类服务对象建立专业服务关系,对服务对象的问题做出预估,制定服务计划和服务协议,独立接案、结案并提供跟进服务;③能够根据服务计划,运用专业方法和技术协助服务对象解决问题。

第四,社会工作师应具备以下职业能力:①能够熟练运用社会工作业务相关的法律、法规、政策和行业管理规定,具备较丰富的社会工作专业经验;②能够综合运用各种社会工作方法,为服务对象提供专业服务,处理各类复杂问题,并对所提供的专业服务质量与效果进行评估;③能够指导助理社会工作师开展专业工作,帮助其提高专业工作水平和能力;④能够制定科学合理的工作方案和发展规划,整合、运用相关社会服务资源,拓展服务领域,保证服务质量。

第五,取得社会工作者职业水平证书的人员,应当接受继续教育,更新知识,不断提高职业素质和本专业工作能力。

3. 登记

社会工作者职业水平证书实行登记服务制度。民政部负责全国社会工作者职业水平证书登记服务的管理工作。省、自治区、直辖市人民政府民政部门负责本行政区域内社会工作者职业水平证书的登记服务工作。

社会工作者职业水平证书登记分为首次登记和再登记。首次登记的受理期限为通过社会工作者职业水平评价后 1 年内，登记有效期为 3 年。首次登记后，每 3 年进行再登记。再登记的受理期限为上次登记有效期满前 3 个月。

(1)首次登记

申请首次登记的社会工作者，应具备下列条件：①具有完全民事行为能力；②通过全国社会工作者职业水平评价取得职业水平证书并且在登记受理期限内；③遵纪守法，恪守职业道德。

申请首次登记的社会工作者，应将下列材料报送户籍或者工作所在地社会工作者职业水平证书登记机构：①身份证明；②《中华人民共和国社会工作者职业水平证书》；③登记申请表。

受理首次登记申请的机构，应自受理申请之日起 30 个工作日内对申请人提交的材料进行审核。审核合格的，予以登记并根据所通过的职业水平评价级别相应发给民政部统一印制的助理社会工作师登记证书、社会工作师登记证书或者高级社会工作师登记证书。审核不合格的，应当通知申请人并说明理由。

(2)再登记

申请再登记的社会工作者，应具备下列条件：①具有完全民事行为能力；②持有登记证书并且在再登记受理期限内；③接受社会工作者继续教育办法规定的继续教育；④遵纪守法，恪守职业道德。

申请再登记的社会工作者，应将下列材料报送户籍或者工作所在地社会工作者职业水平证书登记机构：①身份证明；②登记证书；③再登记申请表；④继续教育证明。

受理再登记申请的机构，应自受理申请之日起 30 个工作日内对申请人提交的材料进行审核。审核合格的，在其登记证书"再登记情况"栏目内加盖登记专用章。审核不合格的，应通知申请人并说明理由。

助理社会工作师登记证书、社会工作师登记证书、高级社会工作师登记证书应当妥善保管，不得涂改、出借、出租或转让。

有下列情形之一的，经有关单位和个人提出，由登记机构调查核实后不予登记：①已经登记的，注销登记；②以不正当手段取得登记证书的；③私自涂改、出借、出租和转让登记证书的；④在社会工作活动中，违反有关法律、法规、规章制度或者职业道德，造成不良影响的。

被注销登记的,自登记注销之日起,其登记证书自动失效。

此外,省、自治区、直辖市人民政府民政部门应及时将登记资料录入登记信息系统,并定期将本省、自治区、直辖市当年社会工作者职业水平证书登记情况报民政部备案。民政部通过网络、公告等形式定期向社会公布已登记的社会工作者有关信息,供有关单位和社会公众查询。鼓励国家机关、企事业单位、公益类社会组织和社区根据工作需要,优先聘任获得登记证书的社会工作者。①

(二)高级社会工作师的职业水平评价

2018年3月,人力资源社会保障部、民政部共同发布的《高级社会工作师评价办法》对高级社会工作师的职业水平评价作出了规定。②

高级社会工作师实行考试和评审相结合的评价制度。参加考试合格并通过评审,方可取得高级社会工作师资格。高级社会工作师评价工作在人力资源社会保障部、民政部的统一领导下进行。人力资源社会保障部、民政部共同成立的"全国社会工作者职业水平评价办公室"(办公室设在民政部),负责研究高级社会工作师评价相关政策、评价标准,以及考试的日常管理和评审的组织实施,指导、监督和检查各地高级社会工作师的评价工作。

1. 职业素质与能力

第一,高级社会工作师应坚定正确政治立场,拥护中国共产党领导,遵守宪法和各项法律法规,贯彻落实党和国家方针政策,践行社会主义核心价值观。

第二,高级社会工作师应具有良好的社会责任感和职业使命感,秉承社会工作专业理念,遵守社会工作职业道德,积极维护职业形象。

第三,高级社会工作师应具备的职业能力:①能够熟练运用社会工作专业理论、方法、技巧和相关政策法规,提供高质量的专业服务,解决复杂疑难专业问题;②能够发挥专业骨干作用,组织设计、实施和评估社会服务方案或项目,提升服务管理水平;③能够对助理社会工作师、社会工作师等社会工作从业人员开展专业督导,帮助其解决专业难题,提高职业能力;④能够开展社会工作政策、理论与实务研究,总结提炼社会工作实务经验,创新社会工作专业方法,针对具体社会问题的解决及有关政策的制定提出建设性意见建议。

第四,取得高级社会工作师资格的人员,应当接受继续教育,定期更新知识,

---

① 《民政部关于印发社会工作者职业水平证书登记办法的通知》,中华人民共和国民政部官网,2009年4月8日。

② 《高级社会工作师评价办法》,《中国社会工作》2018年第12期。

不断提高职业素质与能力。

2. 考试

第一,高级社会工作师考试实行全国统一大纲、统一命题、统一组织,原则上每年举行一次。

第二,民政部负责组织专家编写考试大纲,组织命题、审题、阅卷,提出考试合格标准建议。人力资源社会保障部负责组织专家审定考试大纲,会同民政部确定考试合格标准。高级社会工作师考试具体考务工作委托人力资源社会保障部人事考试中心组织实施。

第三,考试设《社会工作实务(高级)》科目。主要考察应试者运用社会工作专业理念、理论、方法、技巧及相关法规政策开展服务、管理、督导和研究的综合能力。考试时间为 180 分钟,采取闭卷作答的方式进行。

第四,报名参加考试的人员,需同时具备以下条件:①拥护中国共产党领导,遵守国家宪法、法律、法规,热爱社会工作事业,具有良好的职业道德;②具有本科及以上学历(或学士及以上学位);③在通过全国社会工作者职业水平考试取得社会工作师(中级)资格后,从事社会工作满 5 年,截止日期为考试报名年度的当年年底。

第五,符合考试报名条件的人员,可按照有关规定完成报名。各地人力资源社会保障部门会同民政部门负责资格审核,审查合格后,由考试管理机构核发准考证。应试人员凭准考证及有关身份证明,在指定时间、地点参加考试。中央和国家机关各部门及其所属单位的人员参加考试,实行属地管理原则。

第六,高级社会工作师考试考点原则上设在省会城市和直辖市的大、中专院校或高考定点学校。

第七,对达到考试合格标准的人员,颁发高级社会工作师考试成绩合格证明。该证明自颁发之日起,在全国范围 3 年内有效。

3. 评审

第一,全国社会工作者职业水平评价办公室负责高级社会工作师评审的组织管理工作。各省、自治区、直辖市人力资源社会保障部门会同民政部门承担本地区高级社会工作师评审的具体组织管理工作。

第二,高级社会工作师评审工作由高级社会工作师评审委员会承担。全国社会工作者职业水平评价办公室组建全国高级社会工作师评审委员会。具备条件的省、自治区、直辖市由当地民政部门提出申请,经同级人力资源社会保障部门同意后也可组建高级社会工作师评审委员会。鼓励具备条件的行业协会、专业学会经授权后组建高级社会工作师评审委员会。高级社会工作师评审委员会组建办法另行制定。

第三,各省、自治区、直辖市高级社会工作师评审委员会负责本地区人员的评审工作。中央和国家机关各部门及其所属的在京单位人员的评审工作,由全国高级社会工作师评审委员会负责,驻各地的中央和国家机关各部门及其所属单位人员的评审工作,原则上实行属地管理,也可根据情况委托全国高级社会工作师评审委员会代为评审。不具备组建高级社会工作师评审委员会条件的省、自治区、直辖市,可委托全国高级社会工作师评审委员会或其他省、自治区、直辖市高级社会工作师评审委员会代为评审。

第四,高级社会工作师评审委员会成员应坚定正确政治立场,拥护中国共产党领导,具有较高社会工作专业水平、作风正派、办事公道,且满足下列基本条件之一:①具有高级社会工作师资格,且具有 10 年以上社会工作从业经历;②具有正高级职称,且具有 10 年以上社会工作教学、科研或实务经历。

第五,高级社会工作师评审委员会应由 25 人以上组成,应统筹考虑评委的专业背景和工作领域。高级社会工作师评审委员会成员应适时调整,逐步实现以具有高级社会工作师资格的评委为主体。探索组建高级社会工作师评审委员会专家库。

第六,评审工作原则上每年组织一次。

第七,高级社会工作师评审工作按照个人申请、单位推荐、资格审核、专家评审的基本程序进行。

第八,高级社会工作师评审结果应进行公示,公示期不少于 5 个工作日。全国高级社会工作师评审委员会的评审结果,由全国社会工作者职业水平评价办公室组织公示。省、自治区、直辖市高级社会工作师评审委员会的评审结果,由省、自治区、直辖市民政部门会同人力资源社会保障部门组织公示。经公示无异议后,颁发由人力资源社会保障部统一印制、人力资源社会保障部和民政部共同用印的《中华人民共和国社会工作者职业水平证书(高级社会工作师)》。该证书在全国范围内有效。

五、社会工作者继续教育

2009 年 9 月,民政部发布了《民政部关于印发社会工作者继续教育办法的通知》,对社会工作者继续作出了相关规定。①

社会工作者继续教育的目的是使社会工作者保持良好的职业道德,不断更新、补充知识,提高专业水平和能力,提高服务质量。

(一)社会工作者继续教育管理

民政部负责全国社会工作者继续教育管理工作。其主要职责包括:①制定社会工作者继续教育政策和管理办法;②组织社会工作者继续教育示范培训;③指导各省、自治区、直辖市社会工作者继续教育工作。

各省、自治区、直辖市民政厅(局)和新疆生产建设兵团民政局负责本地区社会工作者继续教育的组织管理工作。其主要职责包括:①制定本地区社会工作者继续教育实施方案并组织实施;②对本地区社会工作者继续教育培训机构实施继续教育情况进行指导和监督检查。

(二)社会工作者继续教育的内容

社会工作者继续教育内容要适应其岗位需要,以提高社会工作者的理论水平和分析、解决实际问题的能力为主,注重针对性、实用性和科学性,主要内容包括:①专业价值观和伦理;②相关法律、法规、规章及政策;③社会工作实务;④相关理论知识。

(三)社会工作者继续教育的形式

社会工作者可自愿选择参加以下形式的继续教育:①在社会工作者继续教育主管部门备案并予以公布的社会工作者继续教育机构所组织的社会工作培训;②社会工作者继续教育主管部门组织的社会工作培训;③国家承认的社会工作专业学历教育;④社会工作者继续教育主管部门认可的其他形式。

(四)社会工作者继续教育时间计算

社会工作者接受继续教育的时间计算方法如下:①参加社会工作培训并取得合格证明的,接受继续教育时间按实际培训时间计算;②参加社会工作专业学历教育,取得学历或者学位的,一次性记 90 小时;未取得学历或者学位的,接受继续教育时间按考试合格的专业课程实际授课时间计算。

参加社会工作培训的继续教育时间,由举办单位出具相关证明。参加社会工作专业学历教育,取得学历或者学位的,以学历(学位)证书作为证明;未取得学历或者学位的,以单科成绩单和学校出具的面授课时表作为证明。

---

① 《民政部关于印发社会工作者继续教育办法的通知》,《宁夏回族自治区人民政府公报》2009 年第 29 期。

（五）社会工作者继续教育机构

社会工作者继续教育机构应符合下列条件：①有相应的组织机构和管理制度，开办社会工作专业教育或者开展社会工作职业培训3年以上；②具有承担培训工作所需的专业师资队伍，其中，社会工作实务经验丰富的教师应占1/3以上；③具备承担培训工作所需的教学场所和设施；④符合法律法规和国家政策规定的其他条件。

社会工作者继续教育机构应当根据社会工作者继续教育要求，科学开发继续教育培训课程，合理设置培训内容，有效改进培训方式，提高继续教育培训质量。

社会工作者继续教育机构应保存培训记录至少3年，培训记录包括被培训人员名册、培训内容、培训时间、考试或者考核成绩等材料。

社会工作者继续教育机构应当按照有关规定合理收取培训费用并公开收费项目，不得以营利为目的。

社会工作者继续教育主管部门应当定期对社会工作者继续教育机构开展继续教育情况进行检查、评估，并将检查、评估结果以适当的方式向社会公布。

社会工作者继续教育机构有下列情形之一的，由社会工作者继续教育主管部门责令限期整改；逾期不改正的，由社会工作者继续教育主管部门予以通报批评并取消备案：①采取虚假、欺诈等手段招揽生源的；②出具虚假继续教育学时证明的；③以社会工作者继续教育名义组织境内外公费旅游或者进行其他高消费活动的；④违反本办法的其他行为。

此外，社会工作者所在单位应当鼓励社会工作者参加继续教育，并在时间、经费等方面给予保障。助理社会工作师在每一登记有效期（3年）内接受社会工作专业继续教育的时间累计不得少于72小时。社会工作师、高级社会工作师在每一登记有效期（3年）内接受社会工作专业继续教育的时间累计不得少于90小时。

六、社会工作者行业标准

（一）个案工作行业标准

个案工作，是以有需要的个人或家庭为服务对象，运用个别化的工作方式，增强其解决困难和适应社会的能力，促进其与环境和谐发展的一种专业社会工作方法。个案管理，是以面临多重问题或需要的个人或家庭为服务对象，由社会工作者统筹协调服务过程，促进跨专业合作，满足服务对象复杂需求的整合性服务模式。

1. 个案工作的伦理与原则

（1）个案工作的伦理

应遵守社会主义核心价值观和《社会工作者职业道德指引》。

（2）个案工作的原则

第一，维护服务对象利益优先原则，应以服务对象为中心，从服务对象的特点和利益出发提供服务，最大限度保障服务对象利益。

第二，个别化原则，应尊重服务对象的差异性，重视服务对象的独特性，了解服务对象个性化的需要，差别化、针对性地开展服务。

第三，接纳原则，应了解和理解服务对象的想法、感受与行为，不应因服务对象的年龄、性别、民族、宗教、态度、行为、生理及心理状况等歧视或拒绝服务。

第四，非评判原则，应与服务对象讨论其想法、感受与行为，而不应随意评价、指责和批判服务对象。

第五，服务对象自决原则，应相信服务对象有成长和改变的能力，应鼓励和支持服务对象在具备自决条件并充分知情的情况下作出选择和决定。

第六，保密原则，应对服务对象信息保守秘密，未经允许，不应透露服务对象信息；需要提供信息时，应告知服务对象，并与相关组织共同采取相应措施。

2. 个案工作的理论与模式

（1）个案工作的理论

相关理论主要包括但不限于：精神分析理论、认知行为理论、生态系统理论、人本主义理论、社会建构理论、女性主义理论。社会工作者应掌握上述相关理论并在理论的指导下开展服务。

（2）个案工作的模式

相关模式主要包括但不限于：心理社会治疗模式、认知行为治疗模式、任务中心模式、危机干预模式、家庭治疗模式、叙事治疗模式。社会工作者应掌握上述相关模式，并选择合适的模式开展服务。

（3）运用要求

主要包括：①应熟知相关理论的发展脉络以及相关模式的假设、程序与技巧；②使用理论与模式时应坚持本土的适用性和实践性；③使用理论与模式时应充分考虑服务对象的需求和最大利益。

3. 个案工作的技巧

(1)会谈技巧

第一,支持性技巧,包括:①积极倾听,用心倾听服务对象传达的信息,细致观察服务对象的表情动作,及时思考整合信息,理解服务对象的感受并作出积极的回应;②专注,借助友好的视线接触,开放的姿势以及专心的态度关注服务对象的表达;③鼓励,通过口头语言和身体语言的方式肯定服务对象的积极表现,使服务对象继续表达自身的感受和看法,保持已有的良好行为;④同感,设身处地体验服务对象的内心感受,理解准确并将其传达给服务对象,引导服务对象对自己的感受、想法作进一步思考。

第二,引领性技巧,包括:①提问,运用封闭式或开放式问题,引导服务对象作答,以收集信息、探索问题;②澄清,引导服务对象对模糊不清的陈述和信息做更详细、更清楚、更准确地表达和解说;③对焦,将话题、讨论范围、内容或者问题集中,指出重心和目标所在,再继续讨论;④摘要,把服务对象的长段谈话内容或不同部分的话题进行整理、概括和归纳,并作简要摘述。

第三,影响性技巧,包括:①信息提供,向服务对象提供相关的新知识、新观念等,或纠正服务对象已知的错误信息;②自我披露,有选择地向服务对象披露自己的亲身经历、处事方法和态度等,为服务对象提供参考;③建议,对服务对象的情况、需要或问题了解和评估后,提出建设性意见;④忠告,向服务对象指出其行为的危害性或必须采取的行动;⑤对质,当发现服务对象出现言行不一致的情况时,直接发问或提出质疑。

(2)访视技巧

主要包括:①在访视前应熟记受访者的相关资料,事先约定探访的时间、时长及会面地点;②应采用具体的约定方式,包括电话预约、信件预约、委托受访者较信任的亲友代约定或由受访者确定访视时间;③访视时应着装整洁、得体,主动进行自我介绍,告知姓名、工作单位以及此行的目的;④在访视中应多观察、多倾听,拍照、录音、录像要征得被探访者同意;⑤在访视结束前应总结访视的内容,向受访者反馈其在访视中的良好表现,并倾听受访者对这次访视的感受、意见及对下次访视的期待。

4. 个案工作的过程

(1)接案

在接案阶段应完成的主要工作包括:①了解服务对象的来源和接受服务的

意愿；②邀请服务对象参与并澄清其期望；③介绍机构的职责和服务范围；④介绍社会工作者的职责和服务方式；⑤初步探索服务对象的困境和需要；⑥初步收集与服务对象有关的信息；⑦与服务对象建立专业关系；⑧根据服务对象的需要及社会工作者自身的能力，做出接案与否的决定或转介的安排；⑨填写《个案工作接案记录表》。

在接案阶段应注意的问题包括：①判断服务对象状况的紧急程度；②避免将服务对象标签化；③关注服务对象的资源与优势。

（2）预估

在预估阶段应完成的主要工作包括：①收集服务对象个人的生理、心理及社会等方面的资料；②收集服务对象社会环境的微观、中观、宏观系统等资料，主要是家庭及社区信息；③收集服务对象对自己及处境的感受、观念和期待；④以需求为导向，与服务对象讨论其需要、困境或问题；⑤以资源为导向，识别服务对象及其所处环境中的资源、优势与障碍；⑥以服务为导向，与服务对象讨论选择适当的服务目标与服务内容；⑦填写《个案工作预估表》。

在预估阶段应注意的问题包括：①在界定服务对象的需要和问题的同时，评估服务对象个人及环境中的资源与优势；②动态和持续地评估服务对象的需要、问题及资源；③重视服务对象及其重要关系人的参与。

（3）计划

在计划阶段应完成的主要工作包括：①制定服务的目的与目标；②选择介入的服务模式；③制定具体的介入策略、行动步骤和进度安排；④明确社会工作者和服务对象各自的任务并签订《个案工作服务协议》；⑤确定服务评估方法；⑥填写《个案工作计划表》。

在计划阶段应注意：①服务对象参与，尊重服务对象意愿；②服务对象需要、服务目标、介入模式及行动策略相互契合；③服务计划详细、具体，具有可操作性。

（4）介入

第一，直接介入，包括：①促使服务对象的认知、情绪、行为等发生正向改变；②促使服务对象学会运用现有资源并积极发展可用资源；③激发服务对象的主观能动性，进行能力建设；④促使服务对象与环境相适应；⑤填写《个案工作过程记录表》。

第二，间接介入，包括：①协调和链接服务对象所需要的各种资源；②改变服务对象所处的环境;③服务对象面临多重问题或障碍时,进行个案管理。

第三,在介入阶段应注意:①促进与服务对象的互动;②对开展的服务进行实时评估,并对服务计划进行适当调整;③依据并善用政策资源开展服务。

(5)评估

在评估阶段应完成的主要工作包括:①对服务成效进行评估,包括评估服务对象的改变、目标的实现、服务对象满意度等;②对服务过程进行评估,包括评估过程中运用的理论、模式、方法;进度的把握和调整;工作人员的表现;对专业的反思等;③填写《个案工作评估表》。

在评估阶段应注意的问题包括:①向服务对象说明评估的目的和方法;②兼顾过程评估与成效评估;③兼顾质性方法与定量方法;④评估宜有服务对象参与。

(6)结案

在结案阶段应完成的主要工作包括:①确定合适的结案时机;②回顾服务过程,增强服务对象独立解决问题的能力和信心;③巩固服务对象及其所处环境已有的改善;④结束工作关系,妥善处理离别情绪;⑤填写《个案工作结案表》;⑥对需要转介的服务对象做好转介安排。

如下情况可结束或终止提供服务:①已达成服务目标的;②因服务对象不愿继续接受服务而必须终止专业关系的;③存在不能实现目标的客观和实际原因的;④社会工作者或服务对象身份发生变化的。

在结案阶段应注意的问题包括:①提前告知服务对象结案的时间,让服务对象有心理准备;②必要时提供跟进服务。

5. 个案工作的记录

(1)记录的类型

记录主要包括过程式记录、摘要式记录和问题取向记录。

(2)记录的内容

第一,过程式记录应包括如下内容:①个案工作会谈开始时的情况;②服务对象与社会工作者彼此传递的具体事实及相关回应;③服务对象及社会工作者在会谈过程中的感受以及会谈结束的情况。

第二,摘要式记录应包括如下内容:①服务对象基本资料;②服务对象来源和求助事由;③服务对象家庭结构图;④问题陈述,主要是服务对象或其家属对问题的看法和期待;⑤服务对象的主观问题陈述,其他相关人士对问题事实的客观陈述。

第三，问题取向记录应包括如下内容：①服务对象基本资料；②问题叙述及相关人员对问题的预估情况；③个案工作服务过程与结果的记录。

(3)记录的要求

主要包括：①每个阶段均应有文字记录，可采用录音、录像等作为记录的辅助手段；②应保证记录资料的真实性、完整性和全面性；③应注意个案记录的保密范围、例外状况等原则性规定；④记录应及时进行归档整理，妥善保存。①

(二)小组工作行业标准

小组工作，是以具有共同需求或相近问题的群体为服务对象，通过小组活动过程及组员之间的互动和经验分享，帮助小组组员改善其社会功能的一种专业社会工作方法。其中，小组动力是指，小组内外各种要素及其之间相互作用而形成的一种作用力。场域，是指各种社会关系联结起来的社会场合或社会领域，其中包括社会行动者、团体机构、制度和规则等因素。首属小组(primary group)是指，亲密的、面对面的交往以及直接互动和合作的小组。主要包括家庭、邻里和儿童游戏玩伴等。首属小组对个人成长发展影响最深远，人的很多品质都是在这种小组中获得并得以强化。

1. 小组工作的伦理与原则

(1)小组工作的伦理

应遵守社会主义核心价值观和《社会工作者职业道德指引》。

(2)小组工作的原则

第一，民主原则，应创造有利于小组组员参与和投入的小组氛围，鼓励和引导组员自由充分地参与小组决策和活动，据此培养组员的民主意识和能力。

第二，互助原则，应促使组员彼此关注，加强互动，建立互助、合作的关系，共同实现小组目标。

第三，增能原则，帮助组员建立自信，协助组员运用自己的能力来实现自助，改变自己的生活，并从个人层面的改变，促进群体和社会层面的变化。

第四，个别化原则，在小组中，了解每一位小组组员的独特性和特别的需求，有针对性地设计干预方案，具体的目标要因人而异。

第五，差别化原则，在小组设计中，应差别化地对待每个小组，相信每个小组都是独特的，在服务设计中，要根据每个小组的特定要求来设计需要的服务。

---

① 《社会工作方法 个案工作》，中华人民共和国民政部官网，2017 年 12 月 29 日。

2. 小组工作的理论与模式

(1)小组工作的理论

第一,小组动力理论,使用时应注意:①了解小组工作过程是一个充满动力的过程,以及这个过程中的各种影响因素及其相互作用;②注重创造民主的气氛,为小组带来积极的动力,带来工作效果;③促进小组动力的产生,并通过积极的小组力量影响个体的改变。

第二,场域理论,使用时应注意:①了解组员每一个行动均受到行动所发生的场域的影响;②在小组工作中要重视此时此地,重视当时环境对成员行为的影响;③要创造一个有利于小组成员成长的场域空间。

第三,符号互动理论,使用时应注意:①深入地理解小组工作就是一个符号互动的场域,小组组员在这个场域中经过与他人之间的互动而实现社会化和人性化;②促进小组组员在小组活动中的互动和真实的回馈,帮助小组组员感知他人对自己的反映和评价,形成更全面的自我意识、自我形象和自我评价;③通过探讨个人的首属小组以及首属小组中的人际关系对个人目前的人际关系模式及非适应性行为的影响,帮助组员获得更深入的自我觉察。

第四,社会学习理论,使用时应注意:①推动小组组员在活动中进行观察、模仿和学习,增加个人的适应行为;②促进小组组员彼此分享经历和经验,以提供丰富的替代强化资源;③强调在学习过程中认知的重要性,肯定小组组员的尊严和能动性。

第五,社会支持网络理论,使用时应注意:①理解小组组员面对环境能否适应,最重要的是看其拥有资源的多少;②动员和发展小组中的社会资源,推动小组组员之间彼此支持,从而建立组员和小组的社会支持网络;③通过小组过程提高小组组员发掘社会资源、构建社会支持网络的能力。

(2)小组工作的模式

第一,社会目标模式,使用时应注意:①以培养小组组员的社会责任感,实现社会整合,推动社会变迁为主要目标;②应激发小组组员的社会意识,增强民主参与的行动力;③社会工作者应主要扮演影响者的角色。

第二,互惠模式,使用时应注意:①应关注小组组员、小组和社会环境之间的关系,通过他们的相互开放和相互影响,以增强个人和社会的功能;②应促进小组组员间的互动,形成相互支持;③社会工作者应主要扮演协调者和使能者的角色。

第三,治疗模式,使用时应注意:①应以解决个人问题作为小组工作的主要目标;②应重视小组过程与个人治疗目标的一致;③社会工作者应主要扮演治疗者和专家的角色。

第四,发展模式,使用时应注意:①应以促进小组组员和小组的共同成长为主要目标;②应注重为小组组员提供成长发展的机会;③社会工作者应主要扮演使能者的角色。

3. 小组工作的技巧

第一,开启,它是指通过口头语言及肢体语言等形式,帮助组员进入相互交流的情境中。它主要适用于小组工作开始或小组动力不足时。

第二,设调,它是指为小组设定的一种情绪氛围,设定小组的基调。它主要适用于小组工作前期。

第三,示范,它是指演示某些行为供组员模仿。示范应注意自身观念、行为对组员的影响。

第四,澄清,它是指引导小组组员对模糊不清的陈述和信息做更详细、更清楚、更准确地表达和解说。它主要适应于组员陈述内容不清楚或忽略某些议题时。

第五,聚焦,它是指协助组员将话题、讨论范围、内容或者问题集中,指出重心和目标所在,再继续讨论。它主要适用于话题游离、多元和分散的情况。

第六,总结,它是指提纲挈领、简明扼要地整理、归纳、概括和阐明组员或小组讨论的要点。它适用于段落结束、主题变换、组员发言过长、复杂和宽泛等情况。

第七,催化,它是指推动组员之间进行明确而直接的互动,促使组员为小组发展承担更多的责任。它主要适用于小组动力不足的情况。

第八,联结,它是指协助组员将个人的经验与小组共同经验联结起来,或把组员未觉察到的一些有关联的片段资料加以串联,整合经验,促进小组组员的成长。联结应注意组员内在的相似性。

第九,设限,它是指对小组讨论的时间、范围、形式等方面设定界限。当组员出现垄断小组讨论、脱离主题、不当语言等行为时,应及时予以干预和阻止。

4. 小组工作的过程

(1)小组筹备期

在小组筹备期应完成的主要工作包括:①收集服务对象的相关资料;②准确评估服务对象的需求;③确定小组工作的总目标和具体目标;④确定小组的性质和内容;⑤确定小组类型、规模、时间和场所;⑥撰写《小组工作计划书》和《小组工作单元(小节)计划书》;⑦招募与筛选组员;⑧准备小组工作过程中所需的人、财、物等资源。

在小组筹备期应注意的问题包括:①小组目标明确、可操作、可测量和评估;②选择符合小组性质的活动场所;③设计符合组员特征的小组活动;④小组工作各单元(节)间目标具有内在逻辑性;⑤小组工作各单元(节)内目标、内容、活动具有内在逻辑性。

(2)小组形成期

在小组形成期应完成的主要工作包括:①协助组员彼此认识;②澄清小组目标和组员目标;③建立安全、信任的关系;④形成小组规范,签订小组契约;⑤协助组员初步建立小组凝聚力和归属感;⑥撰写《小组工作过程记录表》。

小组形成期应注意的问题包括:①明确在小组中所处的中心位置;②注重真诚、尊重和接纳;③强调联结者和示范者的角色。

(3)小组转折期

在小组转折期应完成的主要工作包括:①关注特殊组员;②处理防卫、抗拒行为;③协调和处理冲突;④进一步促进小组动力的形成;⑤撰写《小组工作过程记录表》。

小组转折期应注意的问题包括:①鼓励组员真实地表达自己;②注重公平、真诚、开放、非评判;③强调协调者的角色。

(4)小组成熟期

在小组成熟期应完成的主要工作包括:①协助组员维持小组的良好互动;②协助组员从小组经验中认知重建;③协助组员把领悟转化为行动,鼓励组员尝试新的行为;④鼓励组员互助互惠,协助组员解决问题;⑤引导组员促进目标的达成;⑥撰写《小组工作过程记录表》。

小组成熟期应注意的问题包括:①明确在小组中主要处于边缘位置;②注重支持、鼓励、关怀;③强调促进者、支持者、资源链接者的角色。

(5)小组结束期

在小组结束期应完成的主要工作包括:①处理组员的离别情绪;②协助组员巩固小组经验并运用于实际生活中;③小组评估;④处理遗留工作;⑤安排跟进工作;⑥撰写《小组工作过程记录表》;⑦撰写《小组工作评估总结报告》。

小组结束期应注意的问题包括:①明确回归小组中心的位置;②注重肯定、

鼓励、祝愿；③强调评估者的角色。①

（三）社区社会工作服务指南

社区社会工作服务是指，秉持助人自助的价值理念，运用社会工作专业方法，以社区为平台，以统筹社区照顾、扩大社区参与、促进社区融合与社区发展、参与社区矫正和社区戒毒社区康复等为主要任务的专业活动。其中，社区社会工作者是指，专职从事社区社会工作服务的专业人员。社区照顾是指，社区社会工作者采用个案管理、资源链接等方式，为有需要的社区居民提供的生活照料、精神慰藉、康复护理、权益维护、社会支持等服务。社区融合是指，社区社会工作者通过整合社会资源，建立社会网络，促进社区居民平等享有民主权利、公共服务及相关社会福利，促进社区居民参与政治、经济、文化及社会生活，增强社区认同，促进社区团结，形成社区和睦相处、和谐共进的状态。

社区社会工作有如下特点：①需求为本，社区社会工作者应深入调查分析社区问题、居民需求和潜在资源，设计和实施社区社会工作服务项目，最大化满足社区居民多样化、个性化服务需求，以社区居民需求的满足程度为检验社区社会工作服务成效的标准。②多方联动，社区社会工作者应在社区党组织的领导和社区居民自治组织的指导和支持下，组织引导相关社会组织、社区社会组织、驻社区单位、志愿者和社区居民等多方力量参与、支持社区建设和社区治理，推动实现社区共建共享。③专业引领，社区社会工作者应推动将社会工作专业理念、方法、技巧融入社区建设的各领域、各环节，逐步用社会工作专业理念丰富社区服务工作理念，用社会工作专业规范完善社区服务管理制度，用社会工作专业方法提升社区服务管理水平，促进社会工作与社区建设的融合发展。④跨界合作，社区社会工作者应根据社区居民个性化问题和多样化需求，协助组织跨专业合作团队，提供系统性、专业化、适切性社会服务；应重视发掘社区内部资源、支持具有专业技能的社区居民参与，依靠社区自身力量解决社区问题。

1. 社区社会工作的服务内容与要求

（1）统筹社区照顾

主要包括：①为社会救助对象提供社会融入、能力提升、心理疏导等专业服务，解决社会救助对象因心理行为偏差引发的个体和社会问题；②为老年人，特别是留守、空巢、失独、病残、失能、高龄老年人提供生活照顾、精神慰藉、情绪疏

---

① 《社会工作方法 小组工作》，中华人民共和国民政部官网，2017年12月29日。

导、危机干预、关系调适、社会参与等服务；③为儿童青少年，特别是农村留守儿童和其他困境儿童青少年提供生活照料、救助保护、学业辅导、情感关怀、成长支持等服务；④为农村妇女提供安全教育、技能培训、能力提升、关系调适等服务；⑤为残疾人提供生计帮扶、家庭支持、社区康复和社会融入等服务；⑥及时报告家庭暴力或疑似家庭暴力案件，为家庭暴力受害人提供紧急救助、临时庇护、情绪疏导、资源链接和社会支持等服务；⑦协助做好社区居民健康管理以及医院转介患者的社区治疗与康复服务；⑧为因遭突发事件、意外伤害、丧葬事宜等需要帮助的社区居民提供生活照料、情绪疏导、哀伤辅导、危机干预、资源链接等服务。

(2)扩大社区参与

主要包括：①协助社区党组织和社区居民自治组织开展社区需求调查，参与策划、执行、评估社区服务项目与活动；②协助社区党组织和社区居民自治组织，动员和组织社区居民参与社区协商；③培养社区居民参与社区公共事务的意愿、提升参与能力、拓展参与空间、建立参与机制；④协助社区党组织和社区居民自治组织培育社区社会组织和社区骨干，提供咨询、培训、能力建设等服务；⑤组织策划社区志愿服务项目，引导社区居民参与社区志愿服务，协助社区党组织和社区居民自治组织开展社区志愿者动员、招募、培训、使用、登记注册、服务记录与证明等工作。

(3)促进社区融合

主要包括：①协助社区党组织和社区居民自治组织建立本社区与相关政府部门、社会组织、驻区单位、业主委员会和物业公司等单位之间的良好协作关系；②参与建立社区居民的互助团体和支持网络，组织社区居民进行互助和自助，推动形成理性平和、宽容接纳、诚信友爱、平等尊重的居民关系；③帮助外来人口适应社区环境，促进户籍居民接纳外来人口，增进社区团结；④帮助拆迁安置、棚户区改造、政策移民、灾后重建等新建社区内的社区居民适应新环境，建立支持性社区关系网络；⑤参与社区居民矛盾调解，预防、化解社区矛盾。

(4)推动社区发展

主要包括：①协助社区党组织和社区居民自治组织发动社区居民参与制定、实施社区发展规划；②培育社区共同体精神，开展社区居民文化素质与家庭美德、公民道德教育，形成社区居民积极向上的人生观、价值观、世界观及生活态度和行为规范；引导社区居民共同参与社区建设，建立健全社区支持网络，加强社区居民能力建设,增强社区归属感和认同感;③开展社区通用性培训,举办面向社区居民的文化、教育和科普等活动,提高社区居民文化素养;协助举办农技推广培训等农业社会化服务活动,增强农村社区居民致富能力;④协助完善城乡社区基础设施布局、选址和建设方案,广泛吸纳各方意见,合理利用社区公共空间;⑤协助发掘乡土资源和特色资源,支持发展农村社区特色产业,组织农村社区居民生产互助,促进农村社区可持续发展,积极参与农村扶贫开发。

(5)参与社区矫正

主要包括:①疏导社区服刑人员心理情绪、纠正思想行为偏差,促进社区生活融入,恢复和发展社区服刑人员社会功能;②修复社区服刑人员与家庭和社区的关系,重建社会支持网络;③促进社区服刑人员就业,协助符合条件的社区服刑人员申请享受相关就业扶持政策,为社区服刑人员提供就业指导和职业介绍等服务;④协调并督促未成年社区服刑人员的法定监护人,帮助其接受义务教育,鼓励有就学意愿的社区服刑人员接受社区教育;⑤配合司法行政机关对拟适用社区矫正的被告人、罪犯进行社区影响调查、家庭和社会关系评估等工作;⑥协助社区居民自治组织帮助生活困难、符合条件的社区服刑人员及其家庭依法获得相关社会救助政策资源,链接社会资源对其进行帮扶救助。

(6)参与社区戒毒社区康复

主要包括:①协助社区禁毒工作机构组织开展毒品预防教育,特别为处于失学、失业、失管状态的青少年提供就业帮助、心理咨询和毒品预防教育等服务;②为社区戒毒康复人员提供心理辅导、行为矫正、社会支持等服务,巩固戒毒康复效果;③为社区戒毒康复人员链接就业资源,协助其接受职业技能培训和职业指导;④协助社区居民自治组织帮助生活困难、符合条件的社区戒毒康复人员及其家庭纳入最低生活保障范围或依法接受其他社会救助,链接社会资源对其进行帮扶救助。

此外,社区社会工作还提供其他服务,协助在社区居民健康教育、社区群众文化、社区环境改善、社区防灾减灾等方面提供专业服务。

2. 社区社会工作的服务流程与方法

(1)社区社会工作的服务流程

第一,需求评估,主要包括:①在社区党组织和社区居民自治组织的指导和支持下,走访社区各类组织和社区骨干,调查、分析社区的地理环境、经济状况、人口结构、文化特色、资源优势等基本情况;②描述和界定社区问题,对社区社会工作服务的介入层面和类型进行分析；③分析社区内公共设施、教育机构、医疗单位、社区组织、商业场所等单位和组织的数量、位置、运作情况、对居民的影响、使用状况等，全面了解潜在的社区服务资源的状况；④分析社区党组织和社区居民自治组织成员、社区专职工作者、社会组织工作人员以及社区志愿者、社区居民骨干、社区各类专业人员等社区服务的人力资源的状况。

第二，服务策划，主要包括：①明确界定社区社会工作服务项目的目标与任务，包括服务目标群体、主要问题、服务内容、服务方式、预期成效等；②掌握服务对象的特点、能力、兴趣、生活方式、社区关系状况等；③评估服务机构或社区社会工作者能力，设计切实可行的服务计划；④制定工作进度表，明确各阶段工作任务及时间期限，合理安排每个阶段的服务内容；⑤根据服务目标和任务，安排服务场地（环境）、人员、财务等服务资源。

第三，服务执行，主要包括：①确定服务过程的所有环节，进行人员分工，明确各自职责；②把握服务推进策略、方法和节奏，进行经费、资源、进度和服务质量管理；③应对服务过程变动，做好服务中的危机处理；④开展过程评估，及时进行服务调整；⑤对服务过程和结果进行记录，建立工作档案。

第四，服务评估与改进，社区社会工作服务成效评估工作应按民政部发布的MZ/T059-2014（《社会工作服务项目绩效评估指南》）的规定执行。应加强服务评估结果的应用，总结有效方法，分析问题和困难，对社区社会工作服务进行持续改进与完善。

（2）社区社会工作的服务方法

第一，社区分析评估方法，主要包括如下内容：①资料收集，调动社区居民参与，采用走访、观察、问卷、焦点小组等方法收集相关信息，分析社区状况、评估社区需求和风险。②基线评估，通过对社区初始状况的研究及测量，建立基线并据此评估介入前后的社区变化，判断社区社会工作者介入成效。③社区优势和劣势（SWOT）分析，分析社区自身优势、不足以及外部环境对社区带来的机遇和挑战，将社区发展与社区内部资源、外部环境有机结合起来，在此基础上选择介入策略。

第二，社区资源链接方法，主要包括如下内容：①资源整合法，在本社区内，通过协商、合作等方式，共享工作条件、互通服务信息、联合决策和行动，共同满足多样化社区服务需求。②资源共享法，在本社区与其他社区之间，通过协商、合作，发挥各自优势，共享服务资源，协同开展服务，提升彼此社区服务水平。

③资源配置法,根据社区资源的不同特征,通过计划、组织、培训、咨询、协调、合作、控制、评估等手段,管理配置好各类服务资源,开展社区服务。

第三,社区参与方法,主要包括如下内容:①社区动员法,通过告知、倡导、鼓励、示范等方式,邀请服务对象和社区居民参与到社区各项活动和事务中。②共识建导法,通过引导社区居民主动参与,充分表达意愿等,汇集社区居民思想,促进社区居民达成共识。③参与式社区会议法,在社区公共议题的设计与讨论中,引导社区居民参与,由社区居民提出问题,共同探讨解决方案,达成一致意见和行动。

第四,社区支持网络建设方法,主要包括如下内容:①正式支持网络建设,通过组织、协调、培训等方式,建立由政府、工作单位、学校、社区组织以及其他社会服务机构、志愿服务组织等所组成的社会支持网络。②非正式支持网络建设,通过组织、协调、培训等方式,建立由家庭、亲属、朋友、邻里等组成的社会支持网络。

3. 社区社会工作的质量管理

第一,建立质量管理体系,主要包括如下内容:①社区社会工作服务质量方针和目标;②社区社会工作服务质量手册;③社区社会工作服务质量所需的文件,包括制度和记录等;④服务过程中工作人员明晰的职责、权限及其相互关系。

第二,服务质量过程控制,主要包括如下内容:①社区社会工作服务的提供过程应严格遵循社区社会工作服务质量手册和相关流程。②社区社会工作者应识别、分析对服务质量有重要影响的关键过程,并加以控制。③应真实、全面、及时、准确记录社区社会工作服务情况。

第三,建立督导制度,应符合以下要求:①保障督导目标的实现,督导的主要目标是确保服务质量,提升专业服务能力,监察被督导者工作表现,识别被督导者持续教育和培训需求;②保障督导的持续性,督导是一个与服务/项目同步进行的专业过程,应具备持续性和连贯性;③保障督导的覆盖面,服务/项目实施机构应确保为全体员工提供充分、恰当督导;④保障督导程序清晰明确,阐明督导的目的、督导的频次、督导者和被督导者的角色、督导的职责范围、督导功能、督导记录、督导保密要求、督导与员工评估考核的关系;⑤保障督导制度落实,督导制度应公开告知,方便查询,确保督导工作开展。

第四,建立风险管理制度。社区社会工作服务中,应建立与服务内容相适应的风险管理制度,确保服务对象和服务人员处于安全的环境,风险管理制度应符合以下要求:①应掌握与服务内容相关的最新法律法规和政策标准要求,确保服务/项目的各项管理和实施程序符合所有要求;②应与服务内容和环境条件相适应,定期、及时检讨和修订已制定的风险管理制度,并保证所有员工了解和遵守这些制度;③应做好风险事故和处理方法的记录,凡是在服务/项目实施机构的责任服务场所或涉及服务/项目实施机构工作人员的意外或伤害事故及其处理方法,均需完整记录在案。

第五,投诉与争议处理,主要包括如下内容:①应建立畅通的渠道,收集与服务质量相关的投诉和改进建议;②应对收到的投诉和建议予以及时回应和反馈;③应根据意见和建议,采取有效的纠正或预防行动,持续改进服务质量。

4. 社区社会工作的服务保障

(1)社区社会工作者要求

社区社会工作者应具备以下资质之一:①获得国家颁发的社会工作者职业水平证书;②具备国家承认的社会工作专业专科及以上学历。

社区社会工作者在开展具体工作中,应遵守以下要求:①应遵守《社会工作者职业道德指引》;②应掌握涉及社区有关的法律、法规、政策;③应具备开展社区社会工作服务所需的基本知识;④应接受社会工作专业继续教育,不断提高职业素质和专业服务能力;⑤应推动多学科合作,与其他专业人士相互尊重、共享信息并有效沟通。

社区社会工作岗位设置应符合下列要求:①每个社区应根据居民数量、构成情况、服务重点、服务复杂性等因素进行社会工作岗位设置和人员配备;大型社区宜依托社区综合服务设施设立社会工作站(室),或者引入提供社会工作服务的机构;②每个城市社区至少配备一名社区社会工作者,每个农村社区宜配备一名社区社会工作者。

(2)设施设备要求

主要包括如下方面:①社区社会工作服务场所应设置开展社会工作服务所必需的个案工作室、小组工作室、多功能活动室等场所;②社区社会工作服务场所宜配备计算机、录音、录像、音响等硬件设备,保障社会工作者提供服务的需要;③社区社会工作服务场所布置应安全、舒适、温馨,并能满足特殊服务对象的需要。

(3)信息化建设与档案管理要求

主要包括如下方面:①在需求评估、服务推介、服务实施、资源链接、成效反馈、宣传推广等环节应用信息化手段,扩大社区社会工作服务覆盖范围,减少社区社会工作服务成本，提升社区社会工作服务效率。②依托社区公共服务综合信息平台等，建立社区社会工作服务信息系统，对社区居民、社区组织、社区志愿者等服务数据进行采集、管理、分析、运用，建立社区社会工作服务数据库。③依托社区公共服务综合信息平台等，实现社会工作服务站点或机构内部的人力资源、财务、服务、督导、评估等管理流程和程序的信息化。④应根据《城市社区档案管理办法》的相关要求，对服务对象信息、服务过程记录、服务质量监控记录、服务转介和跟踪记录等服务档案进行管理，对档案进行信息化转化、保存和应用。①

第三节　规范社会工作职业活动法规与政策运行中存在的主要问题

目前，我国规范社会工作职业活动的法规与政策运行中存在的问题，大致主要有以下方面。

一、不少社会工作者工作量大，存在一定程度的过度劳动

《中国社会工作者守则》规定，社会工作者应热爱社会工作，忠于职守，具有高度的社会责任感和敬业精神；全心全意为人民服务，为满足社会成员自我发展、自我实现的合理要求而努力工作，并不因其出身、种族、性别、年龄、信仰、社会经济地位或对社会贡献不同而有所区别。《社会工作者职业道德指引》规定，社会工作者要尊重服务对象，全心全意服务。社会工作者应以服务对象的正当需求为出发点，全心全意为服务对象提供专业服务，最大程度地维护服务对象的合法权益。不过，社会工作者的工作量应在适度水平，在相关法规范围之内。《劳动法》规定劳动者享有休息休假的权利；国家实行劳动者每日工作时间不超过八小时、平均每周工作时间不超过四十四小时的工时制度。

然而，在现实中，不少社会工作者的工作量大，存在一定程度的过度劳动。2023 年有调查显示，在山东省基层社会工作者的工作疲劳等级中，9. 92%处重度过劳，73. 55%处中度过度，仅 16. 53%处轻度过劳，超过八成的社会工作者处在中度或者重度过度劳动的疲劳等级水平上。其中，工作年限越长的基层社会工

① 《社区社会工作服务指南》，中华人民共和国民政部官网，2016 年 12 月 6 日。

作者,越容易出现疲劳状况;学历水平越高的社会工作者,工作负担越重。2020年4月至6月,南京有项针对504名社会工作者的调查显示,39.1%的每天工作时间超过8小时①。社会工作者的过度劳动不仅损害他们的身心健康,还会造成社工机构人力资本的不合理使用,恶化社工机构与社会工作者之间的劳动关系,不利于社会工作发展。②

二、社会工作服务的专业性有待提升

我国规范社会工作职业活动的法规与政策已日趋成熟,特别是《社会工作个案工作》《社会工作小组工作》《社区社会工作服务指南》三项行业标准的发布,非常利于保障社会工作服务的质量。然而,有研究表明,落实这些行业标准还要做很多工作,我国社会工作服务的专业性有待提升。

有研究者以南京市Z机构为例,从服务目标、专业价值观、专业服务方法和服务对象成长四个方面,研究了社会工作机构服务提供的专业性,典型反映出其中存在的一些问题,具体包括如下方面。

1. 服务目标的设定与达成的规范性不够

第一,目标的设定无服务对象参与。在Z机构所承接的困境未成年服务项目中,服务目标在项目申报的过程中就已经确定,并且整个项目运行过程中都不会改变项目目标。在招标要求中,政府对服务预期目标予以明确,如中期目标第三条为“开展亲职教育等主题活动,不少于6场”在项目申报和项目执行前期,社会工作机构都会围绕政府要求的目标进行服务设计,6场主题活动就成为社会工作机构在项目中前期关注的重点。运用社会工作专业方法帮助服务对象时,服务目标应该由社会工作者和服务对象共同参与制定,但项目中目标的制定由政府指导社会工作机构制定,缺少服务对象的参与。这就导致项目目标制定的主题活动并不适合部分服务对象,因此服务目标的设定上的规范性不够。

第二,服务“总”“分”目标分离。针对儿童抗逆力相关目标的制定应包括:推动儿童亲密关系的建立、增加父母投入子女生活的机会、扩大儿童成就来源、增加儿童能力发展所需要的资源的数量、质量和使用权力、培养依恋关系、激化

① 岳颂华、张志鹏:《专业社会工作者工作压力与工作满意度分析》,《南京工程学院学报(社会科学版)》2023年第2期。

② 刘甲坤、王恒杰:《如何有效缓解社会工作者过度劳动》,《人力资源》2024年第4期。

儿童动力系统、提升自我管理技能①。在Z机构困境未成年服务项目书中明确提出项目总目标为:“运用专业的社会工作方法开展服务,帮助困境未成年发现自我,提升抗逆力。”然而,项目分目标包括:“(1)建立健全街道关爱之家运行机制;协助街道对关爱之家场地升级改造,并做好场地管理;配备专(兼)职人员不少于1人,联动挖掘居民志愿者,形成不少于10人的志愿团队。(2)针对开展关爱之家团队工作人员开展专业培训,不少于3次。(3)建立留守、困境儿童服务档案,一人一档;并开展家庭教育指导服务,不少于6次。(4)开展文体活动,每周至少开展1次。(5)开展课程学习辅导,每周至少开展1次。(6)开展心理健康监测,每半个月至少开展1次。(7)开展个人安全防护、法律知识学习服务,每月至少开展1次。”通过总目标与分目标的对比可以发现,分目标并未提及针对未成年抗逆力相关的具体服务目标。可见,Z社会工作机构在服务目标的设定上,“总”“分”目标分离,规范性不够。

第三,服务具体目标操作化不强。在Z机构的困境未成年服务项目中,有如下分目标操作化不强:“1. 开展文体活动,每周至少开展1次。2. 开展学习教育帮扶,每周至少开展1次。3. 开展心理健康服务,每半个月至少开展1次。”这三个分目标的共同特征是只制定活动开展次数但无法衡量服务效果,这些分目标是为了对应总目标中“帮助困境未成年发现自我,提升抗逆力;加强与各部门的沟通协调,共同构建儿童“生活服务、健康教育、安全保障、精神慰藉”的服务系统。”但是分目标中文体活动、学习教育帮扶、心理健康服务完成规定次数后无法直观体现服务对象在项目服务中的改变与成长,也未提及制定分目标是为了提升儿童的哪些能力。因此服务目标的制定操作化不强。

2. 专业价值观难以坚守

第一,社会工作机构的专业价值观偏离,以购买方为服务中心。政府作为出资方,Z机构自然要完成政府的指标。不过,在社会工作服务中,社会工作机构的核心价值观理应以服务对象为中心,政府也理应以服务人民为中心。然而,在现实的社会工作服务过程中,社会工作机构都以围绕政府的要求和指标为中心。其具体表现是,社会工作机构在项目设计中,以政府的招标要求为项目重点任务,集中大量资金与人力优先完成儿童关爱之家建设,儿童关爱之家在整个项目

---

① 刘玉兰、彭华民:《儿童抗逆力:一项关于流动儿童社会工作实务的探讨》,《华东理工大学学报(社会科学版)》2012年第3期。

周期内主要承担娱乐活动、社区宣传与主题教育的功能。相比之下,服务对象迫切需要的个案服务、危机介入则不太重视。

第二,工作重点围绕顺利结项。在未成年服务项目中,社会工作者的工作主要围绕顺利结项,在项目进行周期内,社会工作者最关注的是中期评估与末期评估。项目中期评估时,评估专家指出儿童关爱之家的布置不够温馨,现场活动时参与人数太少需要整改。导致评估结束后,儿童关爱之家关门一周进行装修修整,同时,在亲子活动中加入大量手工活动,其手工制品全部用来布置儿童关爱之家,并且,活动人次的增加导致社会工作者不得不让服务对象每次活动签订两张活动签到表,用以完成评估指标。这些工作造成的结果为资金大量使用在非服务对象上,以及服务活动数据掺假,导致服务活动中,社会工作者的价值观偏离,以服务对象为中心转变为以顺利结项为中心。

3. 专业服务方法使用不科学

第一,社会工作服务的通用过程“残缺不全”,理论使用“多此一举”。评估是个案开展过程中非常重要的一个环节,在项目中,社会工作者在他们的个案记录中对评估的运用仅限于服务开始前,对服务对象个人情况进行基本的了解。在服务结束后,社会工作者没有继续评估服务对象在项目进行中的改变情况。在个案工作服务过程中,评估没有贯穿于个案工作的整个过程。另一方面,理论过多也是社会工作者在项目服务中存在的一个问题。他们对社会工作理论都有一定的了解,并且,在个案中也会使用。但是,在个案记录中,社会工作者在单一的个案中会填写超过三个及以上的理论,实际并未使用到多个理论。在社会工作者看来,使用理论越多,个案报告在评审中显得越专业,更容易通过评审。

第二,小组工作以娱乐为目的。小组工作方法在Z机构的项目中,以娱乐活动的方式呈现。针对困境儿童抗逆力提升的小组实际实施中,具体包括沙盘游戏3次,历奇游戏2次,亲子活动3次。小组活动没有完整的过程,没有固定的组员,没有相应的小组契约,服务对象可随时参与,也可随时退出,社会工作者在娱乐活动中承担主持人的身份。并且,服务对象对社会工作机构举办的小组活动没有清晰的认识,大多在社区的宣传中认为社会工作机构在举办家庭游戏,并且可获得礼品才参加。

4. 服务对象成长离预期目标有较大距离

第一,无法跟进服务,导致服务对象出现退行现象。在Z机构的未成年项目结项后,经回访发现,其中两名儿童在结项两个月后又出现厌学、逃学问题,家长反映项目进行中因为有社会工作者督促,服务对象在学校进入学习状态,但结项后社会工作机构没有继续跟进,服务对象在无人监督的情况下,又出现了在学校打架、旷课、逃学等问题。社会工作项目具有时效性,Z 机构在项目结束后就停止相关服务,很多服务场地也会重新归还社区,并由后续新的机构承接运营,所以,很多服务对象出现退行现象时,并不能及时接受社会工作机构的再次介入,导致服务效果达不到预期。

第二,服务对象问题解决单一。在社会工作项目服务中,很多服务对象的个人与家庭情况复杂,存在多重问题,如残疾家庭服务对象存在家庭沟通不畅、服务对象自卑、生活必要技能欠缺、人际交往能力欠缺,在 Z 机构的项目服务中,社会工作机构没有处理好服务对象当前急需解决的问题,只选择部分问题进行介入。在未成年保护项目中,Z 社会工作机构为这些残疾儿童提供了上门服务,通过社会工作者与志愿者上门帮助服务对象敞开心扉交流,拓宽人际交往,一定程度上缓解了服务对象自卑心理,也帮助服务对象在社区里认识了新的朋友,但是服务对象存在的家庭沟通不畅问题,以及生活必要技能欠缺依然没有得到解决。①

综上,可管中窥豹,反映出当前有些社会工作服务需要进一步提升专业性,社会工作机构的举办者及社会工作者应努力执行行业标准,全心全意为服务对象提供高质量的社会工作服务。

三、针对社会工作服务的第三方评估存在问题

社会工作评估是社会工作中的重要工作,有利于提升社会工作的专业性,更好满足服务对象的需要。当前普遍使用的社会工作评估是第三方评估,其中即存在一些问题。

(一)评估体系有待完善

1. 评估指标设计个性化不足。有的机构在社会工作服务项目评价指标的设计上,存在着普遍的共性,而缺少适合当地实际的、有差别的评价标准。社工服务项目分类涉及为老服务、慈善助困、调解治理、心理服务等众多类别,面向服务对象群体各异,服务类型也各式各样,项目的目标及要求有所差异,但在评估指

---

① 陈思:《社会工作机构服务提供的专业性偏离问题研究——以南京市Z机构为例》,杭州师范大学硕士学位论文 2023 年,第 25—31 页。

标设计中并没有进行分类,并且部分项目长期短期成效不同,项目周期内很难看到短期成效,部分项目却能够实时看到成效。这样用同一套指标,容易出现"一刀切",评审结果表面化等问题,进而造成评估失灵。

2. 指标设计科学性不足。不论是评估方案还是评估方法的使用看上去都有一定的科学性,但并不代表指标设定评估过程、评估结果同样也具有较高的科学性。一是在评估指标设定后忽略了信度和效度的检验和试行,也缺乏被评估方的反馈和评估前的商议,导致评估指标体系的使用缺乏严谨性。二是评估指标第三方评估机构权重失灵,第三方评估机构在实地监测评估过程中,能够通过与社工的深度访谈和活动参与感受,观察出组织服务能力和社工服务质量,但在节点评审时,有的机构工作人员的实地监测评分并没有占一定的比例,对评审结果影响力较小。

3. 指标判断有待细化。第三方评估的评估指标设计是根据政府部门发布的评估体系操作手册,里面包含内容、标准、方法等大项。从有的机构设计的中期结项评估指标中发现,结项评审设置包括一级评估指标为项目实施、项目服务、项目绩效和社会效益,和分层细化的二级指标体系,但未设置三级指标,对于项目目标完成度等测量指标的操作化不够细致,设计宽泛,评估指标没有可衡量的具体细则,得分情况主要依靠评估者自由裁量,评估人员主观的判断或评估小组群体的判断很容易导致理解不同,进而造成判断差距较大的结果,一定程度上影响整体评分,会导致评估的客观性不足。

(二)评估过程流于形式

1. 评估采用的工具单一。为了促使评估结果的清晰透明,增加其可信度,评估的结果均选择统一的标准。第三方会花大量的时间制定评估所需的量表,而后采用这个量表评估不同类型的社会工作服务项目。在评估过程中,不论是立项评审、中期检查还是结项评审,评估组成员及专家组为了方便评估和提高效率,往往借用量表作为评估工具,项目成效也仅仅依靠文本和数据材料呈现。虽然量表和调查问卷的使用促进了评估执行的便利性,调查问卷也能够方便高效获取服务对象的评价,但在整个评估过程中依赖单一评估工具,仅将访谈材料作为参考性的材料,对于社会工作服务项目进行评估,缺乏科学性,评估结果也有失公平。有一线社工表示:"做得好不如侧重量化结果"。这种单一工具的使用,不仅导致评估结果来源渠道单一,证据支撑不足,引起公众质疑,而且容易消磨社工积极性,限制其能动性,导致社工在服务开展时更加注重完成数量,轻视社会工作服务的质量。

2. 评估方法模式化,缺乏能动性。在评估过程中,如果评估者机械地按照设定的评估指标和程序对服务机构所提供的服务进行评估,以听取汇报和检查资料为主。第三方评估机构为了符合委托方的要求,根据委托合同及委托书中规定的设计指标,并将在节点评审时按照项目完成的数量计入指标内。例如,全年总计项目执行次数要求等。材料齐全度成了评估方比较在意的部分。以这种标准化的方式将社会工作服务进行量化,将服务的场次、服务时长、覆盖人次作为评估方衡量服务成效或产出的依据,致使评估结果很容易被指标绑架,也导致“干得好不如写得好”的文牍主义现象严重。一方面,这种走过场式的评估只关注项目数据验收,难以及时发现项目中的问题并提供辅导纠正服务,评估监管失去其应有之义;另一方面,这种框架化功能导向的评估方式长此以往,势必错误地将项目承接方的工作重点引到材料的准备方面,社工化身“编辑”,限制了社会工作者的能动性和实务发挥空间。此外也容易导致社工在提供服务的过程中,过于关注指标的完成,满足评估数据要求和过程的规范,无暇顾及项目的实际效果,忽视了服务对象的一些实际需求。

3. 监管评估缺乏弹性。在项目评估中通常采用定性和定量相结合的方式,但有的第三方评估更侧重于定量分析,偏重查看项目的规范性和量化数据成果,而轻视操作复杂的访谈等定性分析的使用。主要借用指标体系进行评分,与承接方进行访谈的材料并没有进行总结归纳,并没有在最终的评估结果中占据一定比例。虽然服务的量化固然是对成效的展现,但对于不同于一般性社会公共服务项目的社会工作服务领域来说,个案具有复杂性,而服务对象的需求也是动态变化的,如果仅考虑服务的次数和数量,可能忽视社工的努力,进而打击其工作兴致,导致一线社工为了完成指标而选择相对容易完成的简单的个案或社区项目,并且在工作过程中只在乎数据,较少注入充分的情感和精力帮助服务对象,容易忽略服务对象真正意义上的改变,忽视社工服务的长效性。

第四,评估的流程中,由社工机构向评估机构报告活动开展的内容和时间,而后由评估机构派实地监测人员进入活动现场跟踪项目的开展,像这种提前告知导致了日常的监督缺少了随机性和严肃性,社工机构也往往会提前准备,组织比较好的一两场活动就可以应付日常检查。

（三）评估程序缺乏完整性

1. 前期需求评估不充分

立项前需求评估是链接服务和需求的重要环节，从项目发展角度看，健全的社会服务项目评估可分为需求评估、方案评估、过程评估及结果评估。需求评估是项目是否可以立项的前提和基础，需求评估可以对服务对象的需求进行精准捕捉，可明确社会工作可介入的服务领域及提供服务的必要性和可行性。而在政府购买社会服务项目第三方评估的实践中，第三方评估过度偏重项目开展的过程和项目结果评估上，忽略了立项之前对服务对象需求进行合理性评估这一重要环节。对当地各个社区及社工机构的需求把握不足，仅依据社工服务项目承接方提供的自评报告进行评估，很容易出现供给需求失衡的问题，影响评估工作开展方向的判断、项目后续的开展和最终的评估结果。

2. 评估结果未得到有效应用

一是，评估结果缺乏反馈机制。自项目立项开始，一直跟进整个项目生命周期，从前期评估指标的准备到对评估过程的安排及中期运作情况的资料收集，评估的周期比较长，现场考察结束后，并不会立即收到评估得分，有的项目总分是由专家评审分数、机构过程评估分数、满意度分数、财务分数构成的末期总分占比和中期总分占比组成。在终期评审结束后，由第三方机构进行换算和总计，最终得出评估报告，报告中包括社工服务项目的分数及财务专家、项目评估专家、第三方给出的整改建议。在评估结束的短时间内许多被评组织反映自己未能收到评估结果报告，或者即使收到却并不清楚造成评估等级低的失分原因，谈及整改更是无从下手。二是，评估的结果未得到有效应用。第三方评估机构投入了大量的时间、人力、物力、财力开展评估，但从评估结果的应用情况来看，投入与产出呈现非对称性。第三方评估机构参与政府购买社会工作服务项目的评估，一方面帮助无暇顾及的政府对服务项目进行监管服务成效，另一方面旨在促进社工机构及其项目的发展。有的实践显示，第三方的评估行为会对项目承接方起到监督作用，但评估结果未能对社工机构产生激励和刚性约束作用。经过调研最终的评估结果，发现所有参评项目是均能达到合格的，无论是合格、良好还是优秀，在下一年项目承接中没有任何优势，说明评估结果并没有成为下一年招标审核的依据，也并没有明确地将评估结果中得到的启示运用到对往后的项目成绩的要求上，使得评估结果的启发作用不明显。评估的本意是激发社会组织活力，加强竞争意识，提升服务质量，但评估结果并没有对参评机构起到相应的影响，存在奖励措施缺乏落实、惩罚办法缺乏细化的问题。这说明评估结果应用的有效性还有待提高。①

针对社会工作服务第三方评估存在的问题，也有其他研究者从其他视角进行研究。例如，有人认为，其中问题包括评估方、被评估方、招标方三方面的问题。评估方存在专业性程度不高、机构管理者在评估中投入成本较低及受其他因素影响等问题；被评估方存在抵触心理、不重视、评估结果应用有限等问题；招标方存在提供的评估指标与实际状况存在一些偏差、偏重评估结果、分类对待不同类型的评估等问题。②

除了上述问题之外，当前规范社会工作职业活动的法规与政策还存在其他问题。例如，在社会工作继续教育方面，存在社工对继续教育不够重视、继续教育的主题和内容不符合社工的期待、机构的继续教育师资不足、培训形式单一以及继续教育经费有限等问题。③

---

① 王艳艳：《政府购买社会工作服务项目第三方评估的问题研究——以S机构为例》，北京建筑大学硕士学位论文2023年，第22—28页。

② 周晶晶：《政府购买社会工作服务项目第三方评估问题研究——以H市H社工机构为例》，安徽大学硕士学位论文2021年，第23—30页。

③ 曾素梅、张翠颖：《破解社会工作继续教育困境的策略》，《中国社会工作》2023年第33期。

第四章

社会救助法规与政策

社会救助是公民因自然、社会或个人原因生活发生严重困难时,由政府和社会对其提供基本物质保障的救助制度,是社会保障体系中兜底性、基础性的制度安排。本章主要介绍社会救助法规与政策的发展演变、主要内容与运行中存在的主要问题。

第一节　社会救助法规与政策的发展演变

中国社会救助法规与政策经历了以下几个发展演变阶段。

一、社会救助法规与政策的萌芽阶段

一般认为,社会救助起源于原始社会末期,是人们出于恻隐之心或宗教信仰而对贫困者施以援助的慈善事业。① 早在上古时期,中国就出现了赈恤。春秋战国时期,各国统治阶段都竞相采取了“徕民”“安民”之法,其中恤孤养疾和灾年救荒是必不可少的政策。《管子 · 入国》在当时各国的做法基础上,提出了“行九惠之教”。

秦汉时期,中国统一的中央集权制国家建立。秦汉至魏晋南北朝,古代救济政策基本形成并得到初步发展。

---

① 唐钧:《社会救助的历史演进》,《时事报告》2004 年第 3 期。

隋唐至两宋时期，中国古代的社会救济政策日趋成熟，主要表现是：一是救济措施基本齐备，如恤孤养疾方面，有居养、葬死、赎子、赈粥等。另外，在仓储方面，发展迅速，各种名目的粮仓纷纷建立，包括常平仓、义仓、社仓、广惠仓等。二是救济措施渐成定制。从唐宋时起，一些救济措施开始有向制度化发展的趋向。如居养之法、借贷之法、劝谕富户出粟济民法等。

从元代起，古代救济政策在继承前代的基础上继续发展，渐至完备。其发展程度是逐步递进的，元不及明，明逊于清。清朝是中国古代社会救济政策发展的鼎盛阶段。其灾年救饥，已形成了一套固定、完整的程序。地方遇灾，经报灾、斟灾、审户、最后才是蠲免和赈济，且每道程序的进行都有详细周密的规定。清朝的社会救济措施十分全面完备，所有古代赈饥济贫的办法，都予以使用，包括：备祲、除孽、救荒、发赈、减粜、出贷、蠲（免除）赋、缓征、通商、劝输、兴工筑、集流亡。①

综上，中国古代的社会救济思想与实践为中国现代社会救助法规与政策提供了思想基础。

二、社会救助法规与政策的初创阶段

1912年，中华民国建立。中央设有内务部，管理地方行政、选举、赈恤、救济、慈善、感化、人户、土地、警察、著作、出版、土木工程、宗教及卫生事务，监督所辖各官署及地方长官。② 由于国民政府当时根本没有能力控制中国，而是进入北洋军阀统治时期，所以，当时的社会救助法规与政策根本没有实施。不过，当时的社会救助法规与政策文本已开始具有一些现代性。

1928年，国民政府将内务部改名为内政部（1937年改称社会部），下设民政司掌赈灾救贫及其他慈善事业。民政司下设四科，第四科掌理社会救济和其他社会福利事项，包括贫民救济、残废老弱救济、勘报灾歉及蠲、缓田赋审核、地方罹灾、调查赈济、防灾备荒、慈善团体考核、慈善事业奖励、地方筹募赈捐审核及游民教养事项。③

1941年，社会部公布的《社会部各司分科规则》规定，社会福利司第五科的职责包括：残疾老弱之救济、贫民之救济、无正当职业者之收容教养、贫病医疗护

---

① 高永建：《中国历代社会救助政策之研究》，《首都经济贸易大学学报》2000年第4期。

② 钱端升：《民国政制史》（上），民国丛书第1编第24辑（政制法律军事类）1989年10月，第22页。

③ 徐百齐：《中华民国法规大全》，商务印书馆1936年，第506页。

产之倡导推行、救济经费之规划及审核稽查、救济设施之设置指导监督、慈善团体之指导、国际救济之联系、社会救济制度及社会救济业务之规划指导改进、社会救济工作人员之甄用考核奖惩、其他有关社会救济事项。①

为规范、引导社会救助工作，国民政府也先后颁布了一些法规与政策，包括《社会部奖助社会福利事业暂行办法》《社会服务设施纲要》《空袭时间工厂停工复工及核给工资暂行办法》《儿童福利指导所规程》《救济院规程》《救济院基金管理委员会组织规程》《管理私立救济设施规则》《社会救济法》及《社会救济法实行细则》《育婴院组织规则》《非常时期救济难民办法大纲》《非常时期难民服役计划纲要》《非常时期运送难民办法》《非常时期难民移垦条例》等，②特别是，国民政府于 1943 年颁布了《社会救济法》。这是中国第一部国家济贫大法。

综上，整个国民党统治时期，中国社会救助法规与政策已初创。但由于当时中国仍处于半封建半殖民地社会，积贫积弱，战争频仍，以及国民党政权的腐朽性，当时的社会救助法规与政策根本未得到有效实施。

三、社会救助法规与政策的边缘化阶段

1949 年，新中国成立，百废待兴。在党的领导下，中国人民仅仅经过几年的努力，社会秩序很快稳定下来，并且经过社会主义改造，1956 年底，中国进入社会主义社会。伴随着新中国的成立与成长，尽管当时颁布的社会救助相关的法规与政策并不多，社会救助实际处于边缘化位置，但这并不意味着当时不重视民生问题。事实上，党和国家的社会福利目标是定位于实现共产主义，不是仅限于社会救助层面。

首先看城市，按今天的标准来看，整个计划经济时代，城市居民的物质生活水平并不高，但是国家在当时的生产力条件下，为城市居民提供了一道社会安全网。在相当长的时期内，城市并不存在贫困这一概念。接受我们课题组访谈的很多城市老人证明这一点。究其原因，解放后，相对于当时农村而言，城市逐步建立的社会保障法规与政策已非常全面、水平较高，囊括了城市人口的医疗、教育、住房、就业、养老等方方面面。

其次看农村，新中国成立后，农村的社会保障法规与政策也逐步全面建立。

---

① 蔡鸿源主编：《民国法规集成》（第 42 册），黄山书社 1998 年，第 150 页。

② 王超：《抗战时期国民政府社会部的社会救济》，华中师范大学硕士学位论文 2011 年，第 53 页。

尽管相比于城市,其发展水平滞后一些。

1956年,一届全国人大第三次会议通过了《高级农业生产合作社示范章程》,其中规定:"农业生产合作社,对于缺乏劳动能力或者完全丧失劳动能力,生活没有依靠的老、弱、孤、寡、残疾的社员,在生产和生活上给予适当的安排和照顾,保证他们的吃、穿和柴火供应,保证年幼的受到教育和年老的死后安葬,使他们生养死葬都有依靠。"初步确立了农村五保政策。①

在农村医疗方面,早在1955年农业合作化运动的高潮时期,合作医疗正式出现。1979年12月,卫生部等下发通知,发布了《农村合作医疗章程(试行草案)》。到1980年,全国农村约有90%的行政村(生产大队)实行了合作医疗。②这就最大限度解决了人民群众的医疗问题。居民健康水平明显提高,不少国民综合健康指标达到了中等收入国家的水平,被一些国家机构评价为发展中国家医疗卫生工作的典范。③

在教育方面,旧中国的广大劳动人民被剥夺了受教育的权利,学龄儿童入学率只有20%左右,女学生占在校生的比重只有1/4,农村文化教育更为落后,绝大多数人是文盲。新中国成立后,国家对旧的教育制度进行了根本性的改造,建立了面向工农的人民教育政策。到1983年,学龄儿童入学率提高到94%,全国人口中的文盲人数下降到23.5%,广大农村初等教育逐步普及,农村在校生占全部在校生的80.1%,少数民族和边远地区文化落后的情况也有了较大改进。此外,为了提高成人的科学文化水平,各地还举办了各级成人教育。④

在农村就业方面,农村劳动力的就业由人民公社解决,没有显性失业问题。1950年代,农村劳动力过剩问题开始暴露出来,除了开展大规模兴修农田水利基础设施之外,五十年代末,毛泽东和党中央积极推进农村工业化,认为它利于农业剩余劳动力的就地转移,避免农村人口盲目流入城市,造成城市病。⑤ 在这种思想指引下,大量产生的社队企业对解决农民就业所发挥的作用日益增长。

总之,在改革开放前的计划经济时代,中国政府几乎包揽了人民生活的方方

---

① 民政部政策研究室编:《中国农村社会保障》,中国社会出版社1997年,第71页。

② 张建平:《中国农村合作医疗制度研究》,中国农业出版社2006年,第32—34页。

③ 柏晶伟:《中国医疗改革违背了卫生事业发展基本规律》,《医院领导决策参考》2005年第12期,第28—33页。

④ 国家统计局编:《光辉的三十五年》,中国统计出版社1984年。

⑤ 中共中央文献研究室编:《毛泽东年谱(1949—1976)》(第4卷),中央文献出版社2013年,第260页。

面面，特别是城市地区。因此，当时的社会救助处于边缘化位置。

四、社会救助法规与政策的重构阶段

1970年代末，中国开始向社会主义市场经济转型，原有的福利体系受到严重挑战，社会救助法规与政策进入重构阶段。

从城市来看，随着经济体制改革的深化，实行政企分开，企业成为自主经营、自负盈亏的实体，原有的国家-单位保障体制逐渐解体，社会救助问题凸显出来。农村实行分田到户，集体经济式微，原有的集体保障也逐步解体，社会救助能力大大降低。因此，中国计划经济体制下的普遍保障模式被彻底颠覆。① 原有的社会保障体制逐渐被打破，但适应新形势的社会保障体制还没有建立，于是产生了一些经济社会问题。如城市下岗失业问题，"看病难、看病贵"等。②

在此背景下，一些城市开始建立城市居民最低生活保障制度。1993年6月，上海市率先实行城市居民最低生活保障制度。1999年10月，国务院颁布了《城市居民最低生活保障条例》，提出在全国范围内建立城市居民最低生活保障制度。③

从2003年起，城市低保制度的重点走向了"配套措施"和"分类救助"。所谓"配套措施"，是指为解决低保对象在医疗、子女教育、住房及冬季取暖（北方）等方面所面临的实际问题而采取的配套政策。所谓"分类救助"，是指对低保家庭中有特殊需要的家庭成员，如老人、未成年人、残疾人、重病人等采取的特殊政策。2003年，民政部发布了《关于建立城市医疗救助制度有关事项的通知》。2004年，民政部等颁布了《城镇最低收入家庭廉租住房管理办法》，民政部、教育部发布了《关于进一步做好城乡特殊困难未成年人教育救助工作的通知》，民政部发布了《关于做好普通高等学校困难毕业生救助工作的通知》。从2004年开始，民政部积极与其他相关部门协商，总结、推广部分省、市的经验，着手探索和建立以城市低保制度为主体，以优惠政策和临时救助制度为补充，以医疗救助、教育救助、住房救助等相配套的综合性社会救助体系，争取为城市贫困居民解决更多的实际困难。④

---

① 胡务编：《社会救助概论》，北京大学出版社2010年，第17页。

② 杨立雄：《社会救助研究》，经济日报出版社2008年，第217页。

③ 《城市居民最低生活保障条例》，《中华人民共和国国务院公报》1999年第33期。

④ 王超、齐飞编著：《中国社会救助概论》，中国矿业大学出版社2007年，第130—131页。

从农村来看，家庭联产承包责任制的潜力很快释放殆尽，农村工业化在1980年代中期发展开始放缓，并在九十年代后期遭遇重大挫折；让一部分地区先富起来的政策，加上城乡二元体制的进一步强化等，所有这些因素，使农村经济在得到较大发展的同时，也使农村医疗、教育、就业、养老等问题日益严重化，社会救助的重要性日益凸显。

在农村五保方面，1994年，国务院颁布了《农村五保供养工作条例》（2006年进行了修订）。该条例对农村五保的供养对象、供养内容、供养形式及五保户的财产处理、监督管理、法律责任等作出了规定。①

在困难群众生活保障方面，1996年，民政部颁布了《农村社会保障体系建设指导方案》，要在农村建立最低生活保障制度，并对保障标准、资金、优惠措施等作出相应规定。2007年7月，国务院发布了《国务院关于在全国建立农村最低生活保障制度的通知》，要求在全国范围内建立起农村最低生活保障制度。②

在农村教育方面，为缓解农村教育致贫、教育返贫问题，2001年，国务院颁布了《国务院关于基础教育改革与发展的决定》，提出从当年起，对贫困地区家庭经济困难的中小学生进行免费提供教科书制度的试点，在农村地区推广经济适用型教材，实现“两免一补”的政策。

在农村医疗方面，2003年非典的暴发，促使《中共中央、国务院关于进一步加强农村卫生工作的决定》出台，民政部等也发布了《关于实施农村医疗救助的意见》，对农村五保户、农村贫困户家庭成员以及地方政府规定的其他符合条件的农村贫困农民进行医疗救助。③

在灾难救济方面，2004年，为了保障受灾群众的基本生活、对灾民实施紧急救助和帮助灾区民房恢复重建，民政部印发了《春荒、冬令灾民生活救助工作规程》《灾害应急救助工作规程》和《灾区民房恢复重建管理工作规程》。另一方面，为了建立健全应对突发重大自然灾害紧急救助体系和运行机制，规范紧急救助行为，提高紧急救助能力，迅速、有序、高效地实施紧急救助，最大程度地减少人民群众的生命和财产损失，维护灾区社会稳定，2006年，国务院发布了《国家自

---

① 2014年发布的《社会救助暂行条例》将农村五保供养制度归入“特困人员供养”制度，特困人员供养制度由农村扩展到城市。

② 《国务院关于在全国建立农村最低生活保障制度的通知》，《中华人民共和国国务院公报》2007年第24期。

③ 廖益光主编：《社会救助概论》，北京大学出版社2009年，第184页。

然灾害救助应急预案》(2011 年进行了修订),明确了救灾工作的四级响应规程。2007 年,全国人大常委会通过了《中华人民共和国突发事件应对法》(此后简称《突发事件应对法》),旨在预防和减少突发事件的发生,控制、减轻和消除突发事件引起的严重社会危害,规范突发事件应对活动等。① 2008 年 12 月,全国人大常委会通过了修订后的《中华人民共和国防震减灾法》,旨在防御与减轻地震灾害,保护人民生命和财产安全。② 2008 年 12 月,为进一步完善救助应急预案体系建设。民政部颁布了《关于加强自然灾害救助应急预案体系建设的指导意见》,要求在 2009 年 3 月底之前,完成所有市、县预案的制定工作,完成省、市、县三级已有预案的修订工作;2009 年之内完成基层乡镇(街道)和行政村(社区居委会)的预案制定工作。2009 年 10 月,民政部出台了《关于加强救灾应急体系建设的指导意见》,旨在全面加强救灾应急体系建设,提高国家救灾应急能力。2010 年 7 月,国务院出台了《自然灾害救助条例》(2019 年进行了修订),旨在规范自然灾害救助工作,保障受灾人员基本生活。

除了上述主要针对城市或农村的专项社会救助法规与政策相继出台之外,其他的也陆续出台。

1994 年初,中国第一个由政府设立的法律援助机构——广州市法律援助中心挂牌成立,标志着中国正式开始探索实施法律援助制度。在各地经过多年的探索之后,2003 年 7 月,国务院第 15 次常务会议通过了中国第一部全国性法律援助专门法规,即《法律援助条例》。③ 法律援助制度的设立,旨在解决部分弱势群体因经济困难请不起律师、打不起官司的问题。

为了对流浪乞讨人员实行救助,保障其基本生活权益,完善社会救助制度,我国在 2003 年 6 月颁布了《城市生活无着的流浪乞讨人员救助管理办法》,④同年 12 月发布了《城市生活无着的流浪乞讨人员救助管理办法实施细则》。⑤ 另一方面,为预防流浪未成年人违法犯罪,保护其合法权益,民政部等 2006 年 1 月发布了《关于加强流浪未成年人工作的意见》。

---

① 《中华人民共和国突发事件应对法》,人民出版社 2008 年,第 4 页。

② 《中华人民共和国防震减灾法》,人民出版社 2009 年,第 2 页。

③ 廖益光主编:《社会救助概论》,北京大学出版社 2009 年,第 295 页。

④ 《城市生活无着的流浪乞讨人员救助管理办法》,《中华人民共和国国务院公报》2003 年第 21 期。

⑤ 《城市生活无着的流浪乞讨人员救助管理办法实施细则》,《中华人民共和国国务院公报》2003 年第 35 期。

五、新时代社会救助法规与政策的整合阶段

改革开放后，我国陆续出台了城乡最低生活保障制度、教育、医疗等方面的专项救助项目，以及针对流浪乞讨人员救助、自然灾害救助和临时救助的法规与政策。不过，这些法规与政策处于碎片化状态，一直到2012年中国特色社会主义进入新时代后才得到显著改变。2014年2月，国务院颁布了《社会救助暂行办法》（2019年进行了修正），对各项社会救助工作作出了统一规定。① 这标志着中国社会救助法规与政策开始进入整合阶段。

另一方面，由于社会救助涉及的内容复杂，整合相关法规与政策并非短期内可完成，因而，国家在这一阶段也陆续出台了不少相关政策。例如，2015年8月，民政部等印发了《关于加强自然灾害救助物资储备体系建设的指导意见》，提出此后一段时间内全国救灾物资储备体系建设的政策。2016年3月，国务院办公厅发布了修订后的《国家自然灾害救助应急预案》（2011年，国务院办公厅印发的《国家自然灾害救助应急预案》同时废止），旨在建立健全应对突发重大自然灾害救助体系和运行机制，规范应急救助行为，提高应急救助能力等。②

2020年，我国已全面建成小康社会，迈入推动共同富裕的历史阶段，但社会救助仍会在较长时期内存在。2020年8月，为全面贯彻党中央、国务院决策部署，统筹发展社会救助体系，巩固振展脱贫攻坚成果，切实兜住兜牢基本民生保障底线，中共中央办公厅、国务院办公厅印发了《关于改革完善社会救助制度的意见》。③

2021年3月，十三届全国人大四次会议通过的十四五规划提出，优化社会救助制度。以城乡低保对象、特殊困难人员、低收入家庭为重点，健全分层分类的社会救助体系，构建综合救助格局。健全基本生活救助制度和医疗、教育、住房、就业、受灾人员等专项救助制度，完善救助标准和救助对象动态调整机制等。同年6月，为规范最低生活保障审核确认工作，民政部发布了《最低生活保障审核

---

① 《社会救助暂行办法》，《人民日报》2014年2月28日。

② 《国务院办公厅关于印发国家自然灾害救助应急预案的通知》，《中华人民共和国国务院公报》2016年第10期。

③ 《关于改革完善社会救助制度的意见》，《中华人民共和国国务院公报》2020年第25期。

确认办法》。[①] 同年12月,国家发改委等发布了《"十四五"公共服务规划》,社会救助是其中的重要内容,并提出提升基层社会救助经办服务能力,推动村级设立社会救助协理员,将走访、发现需要救助的困难群众列为村(社区)重要工作内容;进一步完善和落实社会救助和保障标准与物价上涨挂钩的联动机制;将符合条件的家庭经济困难学生纳入学生资助和社会救助范围,健全应助尽助机制,提升精准资助水平。

2022年10月,党的二十大再次强调,健全分层分类的社会救助体系。[②]

2023年10月,国务院办公厅转发了民政部等发布的《关于加强低收入人口动态监测做好分层分类社会救助工作的意见》,要求加强低收入人口动态监测、做好分层分类社会救助工作。[③]

总之,当前我国社会救助法规与政策已进入了一个新的发展阶段,整合度进一步提升,成绩斐然。

第二节 社会救助法规与政策的主要内容

社会救助法规与政策主要来源于2014年国务院颁布、2019年3月修订的《社会救助暂行办法》。

一、社会救助法规与政策的一般规定

(一)社会救助的主体与原则

1. 社会救助的责任主体

《社会救助暂行办法》规定,中国的社会救助制度具有综合性的主体,包括多个方面、层级、部门,以及鼓励社会力量参与社会救助:①社会救助管理部门。国务院民政部门统筹全国社会救助体系建设。国务院民政、应急管理、卫生健康、教育、住房城乡建设、人力资源社会保障、医疗保障等部门,按照各自职责负责相

① 《民政部关于印发〈最低生活保障审核确认办法〉的通知》,《中华人民共和国国务院公报》2021年第26期。

② 《习近平著作选读》(第一卷),人民出版社2023年,第40页。

③ 《国务院办公厅转发民政部等单位〈关于加强低收入人口动态监测做好分层分类社会救助工作的意见〉的通知》,《中华人民共和国国务院公报》2023年第31期。

应的社会救助管理工作。县级以上地方人民政府民政、应急管理、卫生健康、教育、住房城乡建设、人力资源社会保障、医疗保障等部门，按照各自职责负责本行政区域内相应的社会救助管理工作。②具体承办负责部门。乡镇人民政府、街道办事处负责有关社会救助的申请受理、调查审核，具体工作由社会救助经办机构或者经办人员承担。村委会、居委会协助做好有关社会救助工作。③社会组织参与。《社会救助暂行办法》明确规定，国家鼓励、支持社会力量参与社会救助，并规定对在社会救助工作中做出显著成绩的单位、个人，按照国家有关规定给予表彰、奖励。

（二）社会救助的原则

《社会救助暂行办法》规定，中国社会救助制度坚持托底线、救急难、可持续，与其他社会保障制度相衔接的原则，要求社会救助水平与经济社会发展水平相适应，并且，社会救助工作应当遵循公开、公平、公正、及时的原则。

（三）社会救助的主要类型

《社会救助暂行办法》中规定，我国社会救助类型有最低生活保障、特困人员供养、受灾人员救助、医疗救助、教育救助、住房救助、就业救助、临时救助。此外，还有法律援助和司法救助。

（四）社会救助协调机制

乡镇人民政府、街道办事处负责有关社会救助的申请受理、调查审核，具体工作由社会救助经办机构或者经办人员承担。村委会、居委会协助做好有关社会救助工作。

县级以上人民政府应当将社会救助纳入国民经济和社会发展规划，建立健全政府领导、民政部门牵头、有关部门配合、社会力量参与的社会救助工作协调机制，完善社会救助资金物资保障机制，将政府安排的社会救助资金和社会救助工作经费纳入财政预算。

（五）社会救助资金

社会救助资金实行专项管理，分账核算，专款专用，任何单位或者个人不得挤占挪用。社会救助资金的支付，按照财政国库管理的有关规定执行。

（六）社会救助信息管理

县级以上人民政府应当按照国家统一规划建立社会救助管理信息系统，实现社会救助信息互联互通、资源共享。

（七）社会救助中的法律责任

违反《社会救助暂行办法》规定，有下列情形之一的，由上级行政机关或者监察机关责令改正;对直接负责的主管人员和其他直接责任人员依法给予处分:①对符合申请条件的救助申请不予受理的;②对符合救助条件的救助申请不予批准的;③对不符合救助条件的救助申请予以批准的;④泄露在工作中知悉的公民个人信息,造成后果的;⑤丢失、篡改接受社会救助款物、服务记录等数据的;⑥不按照规定发放社会救助资金、物资或者提供相关服务的;⑦在履行社会救助职责过程中有其他滥用职权、玩忽职守、徇私舞弊行为的。

违反《社会救助暂行办法》规定,截留、挤占、挪用、私分社会救助资金、物资的,由有关部门责令追回;有违法所得的,没收违法所得;对直接负责的主管人员和其他直接责任人员依法给予处分。采取虚报、隐瞒、伪造等手段,骗取社会救助资金、物资或者服务的,由有关部门决定停止社会救助,责令退回非法获取的救助资金、物资,可以处非法获取的救助款额或者物资价值 1 倍以上 3 倍以下的罚款;构成违反治安管理行为的,依法给予治安管理处罚。构成犯罪的,依法追究刑事责任。

二、我国特困人员供养法规与政策

《社会救助暂行办法》对特困人员供养对象、标准、程序和管理等方面作出了规定。

(一)特困人员供养对象

国家对无劳动能力、无生活来源且无法定赡养、抚养、扶养义务人,或者其法定赡养、抚养、扶养义务人无赡养、抚养、扶养能力的老年人、残疾人以及未满 18 周岁的未成年人,给予特困人员供养。

(二)特困人员供养的基本原则

主要包括如下内容:①坚持托底供养。强化政府托底保障职责,为城乡特困人员提供基本生活、照料服务、疾病治疗和殡葬服务等方面保障,做到应救尽救、应养尽养。②坚持属地管理。县级以上地方人民政府统筹做好本行政区域内特困人员救助供养工作,分级管理,落实责任,强化管理服务和资金保障,为特困人员提供规范、适度的救助供养服务。③坚持城乡统筹。健全城乡特困人员救助供养工作管理体制,在政策目标、资金筹集、对象范围、供养标准、经办服务等方面实现城乡统筹,确保城乡特困人员都能获得救助供养服务。④坚持适度保障。立足经济社会发展水平,科学合理制定救助供养标准,加强与其他社会保障制度衔接,实现特困人员救助供养制度保基本、全覆盖、可持续。⑤坚持社会参与。

鼓励、引导、支持社会力量通过承接政府购买服务、慈善捐赠以及提供志愿服务等方式，为特困人员提供服务和帮扶，形成全社会关心、支持、参与特困人员救助供养工作的良好氛围。

(三)特困人员供养内容和标准

特困人员供养的内容包括：①提供基本生活条件；②对生活不能自理的给予照料；③提供疾病治疗；④办理丧葬事宜；⑤对符合规定标准的住房困难的分散供养特困人员，通过配租公共租赁住房、发放住房租赁补贴、农村危房改造等形式给予住房救助；⑥对在义务教育阶段就学的特困人员，给予教育救助；对在高中教育(含中等职业教育)、普通高等教育阶段就学的特困人员，根据实践情况给予适当教育救助。

特困人员供养标准，由省、自治区、直辖市或者设区的市级人民政府确定、公布。

特困人员供养应当与城乡居民基本养老保险、基本医疗保障、最低生活保障、孤儿基本生活保障等制度相衔接。

(四)特困供养的申请与审批

申请特困人员供养，由本人向户籍所在地的乡镇人民政府(街道办事处)提出书面申请；本人申请有困难的，可以委托村委会(居委会)代为提出申请。

乡镇人民政府、街道办事处应当通过入户调查、邻里访问、信函索证、信息核查等方式，对申请人的经济状况、实际生活状况，以及赡养、抚养、扶养状况等进行调查核实，并自受理申请之日起 15 个工作日内提出初审意见，在申请人所在村(社区)公示 7 天。公示期满无异议后报县级人民政府民政部门审批。

县级人民政府民政部门应当全面审查乡镇人民政府(街道办事处)上报的申请材料、调查材料和初审意见，按照不低于 30%的比例随机抽查核实，并在 15 个工作日内提出确认意见。对符合条件的申请予以确认，建立救助供养档案，从确认之日下月起给予救助供养待遇，并通过乡镇人民政府(街道办事处)在申请人所在村(社区)公布；不符合条件、不予同意的，县级人民政府民政部门应当在作出决定 3 个工作日内，通过乡镇人民政府(街道办事处)书面告知申请人或者其他代理人并说明理由。

(五)特困供养的管理与监督

乡镇人民政府、街道办事处应当及时了解掌握居民的生活情况，发现符合特困供养条件的人员，应当主动为其依法办理供养。

特困供养人员不再符合供养条件的,村委会(居委会)或者供养服务机构应当告知乡镇人民政府(街道办事处),由乡镇人民政府(街道办事处)审核并报县级人民政府民政部门核准后,终止供养并公示7天。

特困供养人员可在当地的供养服务机构集中供养,也可在家分散供养。特困供养人员可自行选择供养形式。①

三、我国最低生活保障法规与政策的主要内容

在《社会救助暂行办法》的基础上,为规范最低生活保障审核确认工作,2021年,民政部发布了《最低生活保障审核确认办法》。②

(一)低保对象资格

低保资格条件包括:户籍状况、家庭收入和家庭财产是认定低保对象的3个基本要件。持有当地常住户口的居民,凡共同生活的家庭成员人均收入低于当地低保标准,且家庭财产状况符合当地人民政府规定条件的,可以申请低保。

共同生活的家庭成员包括:配偶;未成年子女;已成年但不能独立生活的子女,包括在校接受本科及以下学历教育的成年子女;其他具有法定赡养、扶养、抚养义务关系并长期共同居住的人员。

下列人员不计入共同生活的家庭成员:连续3年以上(含3年)脱离家庭独立生活的宗教教职人员;在监狱内服刑、在戒毒所强制隔离戒毒或者宣告失踪人员;省级人民政府民政部门根据本条原则和有关程序认定的其他人员。

持有非农业户口的居民可以申请城市低保,持有农业户口的居民可以申请农村低保。取消农业和非农业户口划分的地区,原则上可以将申请人户籍所在地为城镇且居住超过一定期限、无承包土地、不参加农村集体经济收益分配等作为申请城市低保的户籍条件。

(二)低保的申请与审核

申请最低生活保障以家庭为单位,由申请家庭确定一名共同生活的家庭成员作为申请人,向户籍所在地乡镇人民政府(街道办事处)提出书面申请;实施网上申请受理的地方,可以通过互联网提出申请。2022年,民政部等印发了《关于

---

① 全国社会工作者职业水平考试教材编委会编写:《社会工作法规与政策》,中国社会出版社2023年,第53—57页。

② 《民政部关于印发〈最低生活保障审核确认办法〉的通知》,《中华人民共和国国务院公报》2021年第26期。

进一步做好最低生活保障等社会救助兜底保障工作的通知》，进一步优化了非本地户籍人员低保申请程序，即共同生活的家庭成员户籍所在地不在同一省（自治区、直辖市）的，可以由其中一个户籍所在地与经常居住地一致的家庭成员向其户籍所在地提出低保申请；共同生活的家庭成员户籍所在地与经常居住地均不一致的，可由任一家庭成员向其户籍所在地提出申请。

申请人有下列情况之一的，可以单独提出申请：①最低生活保障边缘家庭中持有中华人民共和国残疾人证的一级、二级重度残疾人和三级智力残疾人、三级精神残疾人；②最低生活保障边缘家庭中患有当地有关部门认定的重特大疾病的人员；③脱离家庭、在宗教场所居住 3 年以上（含 3 年）的生活困难的宗教教职人员；④县级以上人民政府民政部门规定的其他特殊困难人员。其中，最低生活保障边缘家庭一般指不符合最低生活保障条件，家庭人均收入低于当地最低生活保障标准 1.5 倍，且财产状况符合相关规定的家庭。2022 年，民政部等印发了《关于进一步做好最低生活保障等社会救助兜底保障工作的通知》，进一步放宽了“单人保”条件，对重度残疾人等困难群体给予更多倾斜。规定成年无业重度残疾人可以参照“单人户”提出低保申请。依靠兄弟姐妹或者 60 周岁及以上老年人供养的成年无业重度残疾人，在评估认定其家庭经济状况时，兄弟姐妹或者 60 周岁及以上老年人给付的供养费用，可以视情况适当豁免，符合条件的，纳入低保范围。

申请最低生活保障，共同生活的家庭成员应当履行以下义务：①按规定提交相关申请材料；②承诺所提供的信息真实、完整；③履行授权核对其家庭经济状况的相关手续；④积极配合开展家庭经济状况调查。

乡镇人民政府（街道办事处）应当对提交的材料进行审查，材料齐备的，予以受理；材料不齐备的，应当一次性告知补齐所有规定材料；可以通过国家或地方政务服务平台查询获取的相关材料，不再要求重复提交。

对于已经受理的最低生活保障家庭申请，共同生活家庭成员与最低生活保障经办人员或者村（居）民委员会成员有近亲属关系的，乡镇人民政府（街道办事处）应当单独登记备案。

（三）低保申请者的家庭经济状况调查

家庭经济状况是指，共同生活家庭成员拥有的全部家庭收入和家庭财产。家庭收入是指，共同生活的家庭成员在规定期限内获得的全部现金及实物收入。主要包括：①工资性收入。它是指，就业人员通过各种途径得到的全部劳动报酬和各种福利并扣除必要的就业成本,包括因任职或者受雇而取得的工资、薪金、奖金、劳动分红、津贴、补贴以及与任职或者受雇有关的其他所得等。②经营净收入。它是指,从事生产经营及有服务活动所获得全部经营收入扣除经营用生产性固定资产折旧和生产税之后得到的收入。③财产净收入。它是指,出让动产和不动产,或将动产和不动产交由其他机构、单位或个人使用并扣除相关费用之后得到的收入,包括储蓄存款利息、有价证券红利、储蓄性保险投资以及其他股息和红利等收入,集体财产收入分红和其他动产收入,以及转租承包土地经营权、出租或者出让房产以及其他不动产收入等。④转移净收入。它是指,转移性收入扣减转移性支出之后的收入。其中,转移性收入指国家、机关企事业单位、社会组织对居民的各种经常性转移支付和居民之间的经常性收入转移,包括赡养(抚养、扶养)费、离退休金、失业保险金、遗属补助金、赔偿收入、接受捐赠(赠送)收入等;转移性支出指居民对国家、企事业单位、社会组织、居民的经常性转移支出,包括缴纳的税款、各项社会保障支出、赡养支出以及其他经常性转移支出等。⑤其他应当计入家庭收入的项目。

下列收入不计入家庭收入:①国家规定的优待抚恤金、计划生育奖励与扶助金、奖学金、见义勇为等奖励性补助;②政府发放的各类社会救助款物;③“十四五”期间,中央确定的城乡居民基本养老保险基础养老金;④设区的市级以上地方人民政府规定的其他收入。

对于共同生活的家庭成员因残疾、患重病等增加的刚性支出、必要的就业成本等,在核算家庭收入时可按规定适当扣减。

家庭财产是指,共同生活的家庭成员拥有的全部动产和不动产。动产主要包括银行存款、证券、基金、商业保险、债权、互联网金融资产以及车辆等。不动产主要包括房屋、林木等定着物。对于维持家庭生产生活的必需财产,可以在认定家庭财产状况时予以豁免。

乡镇人民政府(街道办事处)应当自受理最低生活保障申请之日起 3 个工作日内,启动家庭经济状况调查工作。调查可以通过入户调查、邻里访问、信函索证或者提请县级人民政府民政部门开展家庭经济状况信息核对等方式进行。共同生活家庭成员经常居住地与户籍所在地不一致的,经常居住地县级人民政府民政部门和乡镇人民政府(街道办事处)应当配合开展家庭经济状况调查、动态管理等相关工作。发生重大突发事件时,入户调查、邻里访问程序可以采取电话、视频等非接触方式进行。

县级人民政府民政部门应当在收到乡镇人民政府(街道办事处)对家庭经济状况进行信息核对提请后3个工作日内,启动信息核对程序,根据工作需要,依法依规查询共同生活家庭成员的户籍、纳税记录、社会保险缴纳、不动产登记、市场主体登记、住房公积金缴纳、车船登记,以及银行存款、商业保险、证券、互联网金融资产等信息。

县级人民政府民政部门可以根据当地实际情况,通过家庭用水、用电、燃气、通信等日常生活费用支出,以及是否存在高收费学校就读(含入托、出国留学)、出国旅游等情况,对家庭经济状况进行辅助评估。

经家庭经济状况信息核对,不符合条件的最低生活保障申请,乡镇人民政府(街道办事处)应当及时告知申请人。

申请人有异议的,应提供相关佐证材料;乡镇人民政府(街道办事处)应当组织开展复查。

(四)低保申请的民主评议

乡镇人民政府(街道办事处)应当根据家庭经济状况调查核实情况,提出初审意见,并在申请家庭所在村、社区进行公示。公示期为7天。公示期满无异议的,乡镇人民政府(街道办事处)应当及时将申请材料、家庭经济状况调查核实结果、初审意见等相关材料报送县级人民政府民政部门。

公示有异议的,乡镇人民政府(街道办事处)应当对申请家庭的经济状况重新组织调查或者开展民主评议。调查或者民主评议结束后,乡镇人民政府(街道办事处)应当重新提出初审意见,连同申请材料、家庭经济状况调查核实结果等相关材料报送县级人民政府民政部门。

(五)低保申请的审核审批以及低保金发放

县级人民政府民政部门应当自收到乡镇人民政府(街道办事处)上报的申请材料家庭经济状况调查核实结果和初审意见等材料后10个工作日内,提出审核确认意见。

对单独登记备案或者在审核确认阶段接到投诉、举报的最低生活保障申请,县级人民政府民政部门应当入户调查。

县级人民政府民政部门经审核,对符合条件的申请予以确认同意,同时确定救助金额,发放最低生活保障证或确认通知书,并从作出确认同意决定之日下月起发放最低生活保障金。对不符合条件的申请不予确认同意,并应当在作出决定3个工作日内,通过乡镇人民政府(街道办事处)书面告知申请人并说明理由。

《关于进一步做好最低生活保障等社会救助兜底保障工作的通知》提出，最低生活保障审核确认工作应当自受理之日起30个工作日内完成。对低保审核确认权限下放到乡镇(街道)的地方，一般应当自受理之日起20个工作日之内完成。发生公示有异议、人户分离、异地申办或者家庭经济状况调查难度较大等特殊情况的，可以延长至45个工作日。

最低生活保障金可以按照审核确定的申请家庭人均收入与当地最低生活保障标准的实际差额计算；也可根据申请家庭困难程度和人员情况，采取分档方式计算。

县级人民政府民政部门应当在最低生活保障家庭所在村、社区公布最低生活保障申请人姓名、家庭成员数量、保障金额等信息。信息公布应当依法保护个人隐私，不得公开无关信息。

最低生活保障金原则上实行社会化发放，通过银行、信用社等代理金融机构，按月支付到最低生活保障家庭的账户。乡镇人民政府(街道办事处)或者村(居)民委员会相关工作人员代为保管用于领取最低生活保障金的银行存折或银行卡的，应当与最低生活保障家庭成员签订书面协议并报县级人民政府民政部门备案。

对获得最低生活保障后生活仍有困难的老年人、未成年人、重度残疾人和重病患者，县级以上地方人民政府应当采取必要措施给予生活保障。

未经申请受理、家庭经济状况调查、审核确认等程序，不得将任何家庭或者个人直接纳入最低生活保障范围。

(六)低保动态管理

共同生活的家庭成员无正当理由拒不配合最低生活保障审核确认工作的，县级人民政府民政部门和乡镇人民政府(街道办事处)可终止审核确认程序。

最低生活保障家庭的人口状况、收入状况和财产状况发生变化的，应及时告知乡镇人民政府(街道办事处)。

乡镇人民政府(街道办事处)应对最低生活保障家庭的经济状况定期核查，并根据核查情况及时报县级人民政府民政部门办理最低生活保障金增发、减发、停发手续。

对短期内经济状况变化不大的最低生活保障家庭，乡镇人民政府(街道办事处)每年核查一次；对收入来源不固定、家庭成员有劳动能力的最低生活保障家庭，每半年核查一次。核查期内最低生活保障家庭的经济状况没有明显变化的，不再调整最低生活保障金额度。发生重大突发事件时,核查期限可以适当延长。为鼓励具备就业能力的低保家庭成员积极就业,2022 年,民政部等印发的《关于进一步做好最低生活保障等社会救助兜底保障工作的通知》中,对就业后家庭人均收入超过当地低保标准的低保家庭,明确可给予原则上不超过 6 个月的渐退期。

县级人民政府民政部门作出增发、减发、停发最低生活保障金决定,应当符合法定事由和规定程序;决定减发、停发最低生活保障金的,应当告知最低生活保障家庭成员并说明理由。

鼓励具备就业能力的最低生活保障家庭成员积极就业。对就业后家庭人均收入超过当地最低生活保障标准的最低生活保障家庭,县级人民政府民政部门可以给予一定时间的渐退期。

最低生活保障家庭中有就业能力但未就业的成员,应当接受人力资源社会保障等有关部门介绍的工作;无正当理由,连续 3 次拒绝接受与其健康状况、劳动能力等相适应的工作的,县级人民政府民政部门应当决定减发或者停发其本人的最低生活保障金。

县级以上地方人民政府民政部门和乡镇人民政府(街道办事处)应当公开社会救助服务热线,受理咨询、举报和投诉,接受社会和群众对最低生活保障审核确认工作的监督。申请或者已经获得最低生活保障的家庭成员对于民政部门作出的具体行政行为不服的,可以依法申请行政复议或者提起行政诉讼。从事最低生活保障工作的人员存在滥用职权、玩忽职守、徇私舞弊、失职渎职等行为的,应当依法依规追究相关责任。对秉持公心、履职尽责但因客观原因出现失误偏差且能够及时纠正的,依法依规免予问责。①

四、我国医疗救助法规与政策的主要内容

医疗救助,是政府和社会对困难群众患病而无经济能力进行治疗的人实施专项帮助和支持的行为。城乡医疗救助是我国专项社会救助的重要内容之一。2003 年,我国医疗救助已进入法规层面。2009 年 6 月,民政部等发布了《关于进

---

①　全国社会工作者职业水平考试教材编委会编写:《社会工作法规与政策》,中国社会出版社 2023 年,第 49—53 页。

一步完善城乡医疗救助制度的意见》。[①] 2013 年 12 月，财政部、民政部印发了《城乡医疗救助基金管理办法》，进一步推动了医疗救助工作的开展。2014 年 2 月，《社会救助暂行办法》对医疗救助对象、方式和标准、程序等作出了规定。2015 年 4 月，国务院办公厅转发了民政部等发布的《关于进一步完善医疗救助制度全面开展重特大疾病医疗救助工作的意见》。[②] 2019 年 3 月，国务院对《社会救助暂行办法》中的相关规定作了修改，将负责医疗救助审批的部门由原来的民政部门改为医疗保障部门。

(一) 医疗救助对象

医疗救助对象包括：最低生活保障家庭成员；特困供养人员；县级以上人民政府规定的其他特殊困难人员。

(二) 医疗救助方式与标准

第一，医疗救助方式，包括：①对救助对象参加城镇居民基本医疗保险或者新型农村合作医疗的个人缴费部分[③]，给予补贴；②对救助对象经基本医疗保险、大病保险和其他补充医疗保险支付后，个人及其家庭难以承担的符合规定的基本医疗自负费用，给予补助。

第二，医疗救助标准，由县级以上人民政府按照经济社会发展水平和医疗救助资金情况确定、公布。

(三) 程序

申请医疗救助的，应向乡镇人民政府(街道办事处)提出，经审核、公示后，由县级人民政府民政部门审批。最低生活保障家庭成员和特困供养人员的医疗救助，由县级人民政府医疗保障部门直接办理。

此外，《社会救助暂行办法》规定，县级以上人民政府应当建立健全医疗救助与基本医疗保险、大病保险相衔接的医疗费用结算机制，为医疗救助对象提供便捷服务。国家建立疾病应急救助制度，对需要急救但身份不明或者无力支付急救费用的急重危伤病患者给予救助。符合规定的急救费用由疾病应急救助基金

① 《民政部 财政部 卫生部 人力资源和社会保障部关于进一步完善城乡医疗救助制度的意见》，《中国劳动》2009 年第 8 期。

② 《国务院办公厅转发民政部等部门关于进一步完善医疗救助制度全面开展重特大疾病医疗救助工作意见的通知》，《中华人民共和国国务院公报》2015 年第 14 期。

③ 2016 年 1 月，国务院出台了《关于整合城乡居民基本医疗保险制度的意见》，决定将城镇居民基本医疗保险和新型农村合作医疗两项制度进行整合，建立统一的城乡居民基本医疗保险制度。

支付。疾病应急救助制度应当与其他医疗保障制度相衔接。

五、我国教育救助法规与政策的主要内容

教育救助,是指国家和社会为保障城乡贫困家庭中适龄人口获得接受教育的机会,对贫困家庭子女和后代在学习的不同阶段提供物质、资金方面的援助。为保障城乡特殊困难未成年人就学和完成学业,民政部、教育部于2004年8月发布了《关于进一步做好城乡特殊困难未成年人教育救助工作的通知》,对教育救助对象、救助实施程序等做了规定。① 2007年,国务院发布了《国务院关于建立健全普通本科高校、高等职业学校和中等职业学校家庭经济困难学生资助政策体系的意见》。② 2014年2月颁布的《社会救助暂行办法》(2019年修正)对教育救助政策作了完善和补充。

(一)教育救助的申请、救助方式和标准

第一,教育救助的申请,应按照国家有关规定向就读学校提出,按规定程序审核、确认后,由学校按照国家有关规定实施。

第二,教育救助方式,教育救助根据不同教育阶段需求,采取减免相关费用、发放助学金、给予生活补助、安排勤工助学等方式实施,保障教育救助对象基本学习、生活需求。

第三,教育救助标准,由省、自治区、直辖市人民政府根据经济社会发展水平和教育救助对象的基本学习、生活需求确定、公布。

(二)未成年人教育救助政策

第一,未成年人教育救助的对象,包括:①持有农村五保供养证的未成年人;②属于城市"三无"对象的未成年人,即无劳动能力、无生活来源、无法定扶养义务人或虽有法定扶养义务人但扶养义务人无扶养能力的未成年人;③持有城乡最低生活保障证和农村特困户救助证家庭的未成年子女;④当地政府规定的其他需要教育救助的对象。

第二,未成年人教育救助的目标,各级民政、教育行政部门对城乡特殊困难未成年人教育救助工作的目标是:①对持有农村五保供养证和属于城市"三无"

---

① 《民政部 教育部关于进一步做好城乡特殊困难未成年人教育救助工作的通知》,《中华人民共和国教育部公报》2004年第11期。

② 《国务院关于建立健全普通本科高校、高等职业学校和中等职业学校家庭经济困难学生资助政策体系的意见》,《中华人民共和国教育部公报》2007年第Z2期。

对象的未成年人,基本实现普通中小学免费教育;②对持有城乡最低生活保障证和农村特困户救助证家庭的子女在义务教育阶段基本实现“两免一补”(免杂费、免书本费、补助寄宿生活费),高中教育阶段要提供必要的学习和生活补助。

第三,实施未成年人教育救助的程序,本人或监护人提出申请,经村委会(居委会)调查核实,乡镇政府、城市街道办事处审核,县级民政部门复核、审批。

第四,未成年人教育救助的重点,助学工作应当以救助义务教育阶段特殊困难学生为重点。对已经由农村敬老院和其他社会福利机构收养的孤儿、弃婴和流浪儿童,要确保这些未成年人接受教育。对于城乡最低生活保障户(含农村特困户),要根据其家庭实际困难和子女就学情况,适当提高救助水平。

(三)高校高职中职院校教育救助政策

1. 国家奖学金制度

中央继续设立国家奖学金。中央与地方共同设立国家励志奖学金。中央部门所属高校国家励志奖学金所需资金由中央负担。地方所属高校国家励志奖学金所需资金根据各地财力及生源状况,由中央与地方按比例分担。国家奖学金制度虽然并不只是针对困难学生,但也可发挥资助困难学生的作用。

2. 国家助学金制度

中央与地方共同设立国家助学金,用于资助普通本科高校、高等职业学校全日制本专科在校生中家庭经济困难学生和中等职业学校所有全日制在校农村学生及城市家庭经济困难学生。有条件的地区可试行运用教育券,发放国家助学金的办法。

3. 国家助学贷款政策

对普通本科高校和高等职业学校全日制本专科生,在校期间获得国家助学贷款、毕业后自愿到艰苦地区基层单位从事第一线工作且服务达到一定年限的,国家实行国家助学贷款代偿政策。

4. 免费教育的范围

对教育部直属师范大学新招收的师范生,实行免费教育。

5. 学校的责任

学校要按国家有关规定从事业收入中足额提取一定比例的经费,用于学费减免、国家助学贷款风险补偿、勤工助学、校内无息借款、校内奖助学和特殊困难补助等。①

六、我国住房救助法规与政策的主要内容

住房救助制度,是我国为了解决城镇低收入者住房困难,保障弱势群体的居住权利,向城镇住房困难的低保家庭和无力购买经济适用房的低收入家庭,发放租赁补贴或提供廉租房的一种制度。② 为了规范城乡住房救助,《社会救助暂行办法》对此作出了统一规定。2014 年 11 月,住建部等发布了《关于做好住房救助有关工作的通知》,专门对住房救助作出了规定。从 2014 年起,各地公共租赁住房和廉租住房并轨运行,并轨后统称公共租赁住房。

(一)住房救助对象

住房救助对象,是指符合县级以上地方人民政府规定标准的、住房困难的最低生活保障家庭和分散供养的特困人员。城镇住房救助对象,属于公共租赁住房制度的保障范围。农村住房救助对象,属于优先实施农村危房改造的对象范围。

(二)住房救助方式

住房救助通过配租公共租赁住房、发放低收入住房困难家庭租赁补贴、农村危房改造等方式实施住房救助。对城镇住房救助对象,要优先配租公共租赁住房或发放低收入住房困难家庭租赁补贴,其中对配租公共租赁住房的,应给予租金减免,确保其租房支出可负担。对农村住房救助对象,应优先纳入当地农村危房改造计划,优先实施改造。

(三)住房救助的资金保障

各级人民政府按照国家规定通过财政投入、用地供应等措施为实施住房救助提供保障。

(四)住房困难标准和救助标准

县级以上地方人民政府要统筹考虑本行政区域经济发展水平和住房价格水平等因素,合理确定、及时公布住房救助对象的住房困难条件,以及城镇家庭实施住房救助后住房应当达到的标准和对住房救助对象实施农村危房改造的补助标准。住房困难标准及住房救助标准应按年度实行动态管理,以确保救助对象

① 全国社会工作者职业水平考试教材编委会编写:《社会工作法规与政策》,中国社会出版社 2023 年,第 67—68 页。

② 关信平:《社会工作政策法规》,中国社会出版社 2015 年,第 137 页。

住房条件能随着经济和社会发展水平的进步而相应提高。

(五)住房救助程序

城镇家庭可通过乡镇人民政府、街道办事处或者直接向住房保障部门提出申请,经县级民政部门确认申请家庭的最低生活保障及特困供养人员资格,由住房保障部门负责审核家庭住房状况并公示。经审核符合规定条件的,应当纳入城镇住房保障轮候对象范围,优先给予保障。各地要完善城镇住房救助对象家庭资格复核制度,不再符合住房救助条件但符合公共租赁住房保障对象条件的,可继续承租公共租赁住房,同时相应调整租金。农村居民(家庭)应向户籍所在地的乡镇人民政府提出申请。乡镇人民政府对申请人的最低生活保障或特困供养人员资格、住房状况进行确认、调查核实并公示后,报县级人民政府住房城乡建设部门会同民政部门审批。对经审批决定纳入住房救助范围的,应将其作为农村危房改造对象优先纳入当地农村危房改造计划。

(六)城镇住房保障家庭租赁补贴政策

城镇住房保障家庭租金补贴是向符合条件的城镇住房困难户提供住房租赁补贴,以帮助他们支付住房租金。2016 年 12 月,住房和城乡建设部、财政部出台了《关于做好城镇住房保障家庭租赁补贴工作的指导意见》,城镇住房保障家庭租赁补贴政策包括以下内容:①要研究制定准入条件。各地要研究制定租赁补贴申请家庭的住房、收入、财产等准入条件,原则上租赁补贴申请家庭的人均可支配收入应低于当地城镇人均可支配收入的一定比例,具体条件和比例由各地研究确定,并动态调整,向社会公布。②要分档确定补贴标准。各地要结合当地住房租赁市场的租金水平、补贴申请家庭支付能力以及财力水平等因素,分档确定租赁补贴的标准,具体标准由各地研究确定,并动态调整,向社会公布。③合理确定租赁补贴面积。各地要结合租赁补贴申请家庭的成员数量和本地区人均住房面积等情况,合理确定租赁补贴面积标准,原则上住房保障家庭应租住中小户型住房,户均租赁补贴面积不超过 60 平方米,超出部分由住房保障家庭自行承担。④加大政策支持力度。各地发放租赁补贴的户数列入全国城镇保障性安居工程年度计划。市、县财政要安排专项资金发放租赁补贴,省级财政要继续支持市、县租赁补贴工作,中央财政城镇保障性安居工程专项资金可统筹用于发放租赁补贴。①

---

① 《住房城乡建设部 财政部关于做好城镇住房保障家庭租赁补贴工作的指导意见》,中华人民共和国民政部官网,2016 年 12 月 8 日。

七、我国就业救助法规与政策的主要内容

就业救助，是针对困难家庭成员就业难问题而展开的社会救助工作。《社会救助暂行办法》将就业救助列为社会救助体系中的重要内容，并对救助对象、方式、申请与管理作出了规定和要求。

第一，就业救助对象，最低生活保障家庭有劳动能力的成员均处于失业状态的，县级以上地方人民政府应采取有针对性的措施，确保该家庭至少有一人就业。

第二，就业救助方式，国家对最低生活保障家庭中有劳动能力并处于失业状态的成员，通过贷款贴息、社会保险补贴、岗位补贴、培训补贴、费用减免、公益性岗位安置等办法，给予就业救助。

第三，就业救助的申请，申请就业救助的，应向住所地街道、社区公共就业服务机构提出，公共就业服务机构核实后予以登记，并免费提供就业岗位信息、职业介绍、职业指导等就业服务。

第四，就业救助的管理，最低生活保障家庭中有劳动能力但未就业的成员，应接受人力资源社会保障等有关部门介绍的工作；无正当理由，连续 3 次拒绝接受介绍与其健康状况、劳动能力等相适应的工作的，县级人民政府民政部门应决定减发或者停发其本人的最低生活保障金。吸纳就业救助对象的用人单位，按有关规定享受社会保险补贴、税收优惠、小额担保贷款等就业扶持政策。

八、临时救助法规与政策的主要内容

临时救助，主要是指国家对因火灾、交通事故等意外事件，家庭成员突发重大疾病等原因，导致基本生活暂时出现严重困难的家庭，或者因生活必需支出突然增加超出家庭承受能力，导致基本生活暂时出现严重困难的最低生活保障家庭，以及遭遇其他特殊困难的家庭所给予的临时性救助。

2007 年 6 月，民政部发布了《关于进一步建立健全临时救助制度的通知》，对妥善解决城乡贫困居民的突发性、临时性生活困难，推进社会救助体系建设，作出了具体的工作部署。① 2014 年 10 月，国务院出台了《关于全面建立临时救助

① 郑功成：《中国社会保障 30 年》，人民出版社 2008 年，第 157 页。

制度的通知》。① 2018 年 1 月，民政部、财政部出台了《民政部 财政部关于进一步加强和改进临时救助工作的意见》。②

（一）临时救助的责任主体

临时救助实行地方各级人民政府负责制。县级以上地方人民政府民政部门要统筹做好本行政区域内的临时救助工作，教育、住房城乡建设、人力资源社会保障、财政等部门要主动配合，密切协作。

（二）临时救助的对象范围

1. 家庭对象

因火灾、交通事故等意外事件，家庭成员突发重大疾病等原因，导致基本生活暂时出现严重困难的家庭；因生活必需支出突然增加超出家庭承受能力，导致基本生活暂时出现严重困难的最低生活保障家庭；遭遇其他特殊困难的家庭。

2. 个人对象

因遭遇火灾、交通事故、突发重大疾病或其他特殊困难，暂时无法得到家庭支持，导致基本生活陷入困境的个人。其中，符合生活无着的流浪、乞讨人员救助条件的，由县级人民政府按有关规定提供临时食宿、急病救治、协助返回等救助。

因自然灾害、事故灾难、公共卫生、社会安全等突发公共事件，需要开展紧急转移安置和基本生活救助，以及属于疾病应急救助范围的，按照有关规定执行。2014 年出台的《国务院关于全面建立临时救助制度的通知》还规定，临时救助的对象没有本地户籍的限制，只要符合救助的条件，无论是否有本地户籍均可在居住地申请临时救助。

2018 年 1 月，民政部、财政部出台的《民政部 财政部关于进一步加强和改进临时救助工作的意见》还提出，细化明确对象范围和类别。根据困难情形，临时救助对象可分为急难型救助对象和支出型救助对象。急难型救助对象主要包括因火灾、交通事故等意外事件，家庭成员突发重大疾病及遭遇其他特殊困难等原因，导致基本生活暂时出现严重困难、需要立即采取救助措施的家庭和个人；支出型救助对象主要包括因教育、医疗等生活必需支出突然增加超出家庭承受能

---

① 《国务院关于全面建立临时救助制度的通知》，《宁夏回族自治区人民政府公报》2014 年第 21 期。

② 《民政部 财政部关于进一步加强和改进临时救助工作的意见》，《中国民政》2018 年第 7 期。

力，导致基本生活一定时期内出现严重困难的家庭，原则上其家庭人均可支配收入应低于当地上年度人均可支配收入，且家庭财产状况符合当地有关规定。对急难型救助对象，要进一步明确意外事件、突发重大疾病以及其他特殊困难的类型、范围和程度；对支出型救助对象，要进一步明确生活必需支出的范围和救助对象财产状况认定标准。各地要结合本地实际，制定和完善临时救助对象认定的具体办法。

（三）临时救助的申请受理

1. 依申请受理

凡认为符合救助条件的城乡居民家庭或个人，均可向所在地乡镇人民政府（街道办事处）提出临时救助申请；受申请人委托，村（居）民委员会或其他单位、个人可以代为提出临时救助申请。

2. 主动发现受理

乡镇人民政府（街道办事处）、村（居）民委员会要及时核实辖区居民遭遇突发事件、意外事故、罹患重病等特殊情况，帮助有困难的家庭或个人提出救助申请。

2018 年 1 月，民政部、财政部出台的《民政部 财政部关于进一步加强和改进临时救助工作的意见》还提出，优化审核审批程序。要针对不同的救助类型，优化规范临时救助审核审批程序。对于急难型临时救助，要注重提高救助时效性，进一步简化审核审批程序，积极开展“先行救助”，乡镇人民政府（街道办事处）、县级人民政府民政部门可根据救助对象急难情形，简化申请人家庭经济状况核对、民主评议和公示等环节，直接予以救助，并在急难情况缓解后，登记救助对象、救助事由、救助金额等信息，补齐经办人员签字、盖章手续；对于支出型临时救助，要严格执行申请、受理、审核、审批程序，规范各个环节工作要求。对申请对象中的最低生活保障家庭及其成员、特困人员，重点核实其生活必需支出情况。要全面落实县级人民政府民政部门委托乡镇人民政府（街道办事处）开展临时救助审批的规定，合理设定并逐步提高乡镇（街道）临时救助金审批额度。

（四）临时救助的方式

第一，发放临时救助金。各地要全面推行临时救助金社会化发放，按照财政国库管理制度将临时救助金直接支付到救助对象个人账户，确保救助金足额、及时发放到位。必要时，可直接发放现金。

第二，发放实物。根据临时救助标准和救助对象基本生活需要，可采取发放衣物、食品、饮用水,提供临时住所等方式予以救助。对于采取实物发放形式的,除紧急情况外,要严格按照政府采购制度的有关规定执行。

第三,提供转介服务。对给予临时救助金、实物救助后,仍不能解决临时救助对象困难的,可分情况提供转介服务。对符合最低生活保障或医疗、教育、住房、就业等专项救助条件的,要协助其申请;对需要公益慈善组织、社会工作服务机构等通过慈善项目、发动社会募捐、提供专业服务、志愿服务等形式给予帮扶的,要及时转介。

2018 年 1 月,民政部、财政部制定的《民政部 财政部关于进一步加强和改进临时救助工作的意见》还提出,拓展完善救助方式。要根据救助对象实际情况,综合运用发放临时救助金、发放实物和提供转介服务等多种救助方式,发挥临时救助应急、过渡、衔接、补充的制度作用,不断提升救助效益。要充分运用好“转介服务”,使临时救助与相关制度、政府救助与慈善救助、物质帮扶与救助服务密切衔接,形成救助合力,增强救助效能。对于急难型救助对象,可采取一次审批、分阶段救助的方式,提高救助精准度;可通过直接发放现金或实物的方式,提高救助时效性。

(五)临时救助的标准

临时救助标准要与当地经济社会发展水平相适应。县级以上地方人民政府要根据救助对象困难类型、困难程度,统筹考虑其他社会救助制度保障水平,合理确定临时救助标准,并适时调整。临时救助标准应向社会公布。省级人民政府要加强对本行政区域内临时救助标准制定的统筹,推动形成相对统一的标准。

2018 年 1 月,民政部、财政部出台的《民政部 财政部关于进一步加强和改进临时救助工作的意见》还提出,科学制定救助标准。要立足当地经济社会发展水平,依据分类分档原则,制定临时救助标准。根据救助对象不同的困难情形,确定救助类型;同一类型救助对象根据不同的困难程度,确定救助档次,构建科学合理的临时救助标准体系。临时救助标准可与当地最低生活保障标准挂钩,根据救助对象的家庭人口、困难类型、困难程度和困难持续时间等因素,分类细化救助标准。对于重大生活困难,临时救助标准可采取一事一议方式,根据具体情形分类分档设定,适当提高救助额度。省级民政、财政部门要加强对临时救助标准制定的指导和统筹,推动形成相对统一的区域临时救助标准。

(六)临时救助的工作机制与配套措施

2014 年 10 月,《国务院关于全面建立临时救助制度的通知》提出,要建立健全临时救助工作机制:①建立“一门受理、协同办理”机制;②加快建立社会救助信息共享机制;③建立健全社会力量参与机制,其中重点是要充分发挥群众团体、社会组织尤其是公益慈善组织、社会工作服务机构和企事业单位、志愿者队伍等社会力量资源丰富、方法灵活、形式多样的特点,通过委托、承包、采购等方式向社会力量购买服务,鼓励、支持其参与临时救助;④不断完善临时救助资金筹集机制。①

《国务院关于全面建立临时救助制度的通知》提出,要强化临时救助制度实施的保障措施:①加强组织领导,提出要将临时救助等社会救助工作,列入地方领导班子和领导干部政绩考核评价指标体系,并合理确定权重;考核结果纳入政府领导班子和相关领导干部综合考核评价的重要内容,作为干部选拔任用、管理监督的重要依据。②加强能力建设。地方各级人民政府要结合本地实际,全面落实临时救助制度要求,科学整合县(市、区)、乡镇人民政府(街道办事处)管理机构及人力资源,充实加强基层临时救助工作力量,确保事有人管、责有人负。要积极研究制定政府购买服务的具体办法,充分利用市场机制,加强基层临时救助能力建设。要加强经费保障,将临时救助所需工作经费纳入社会救助工作经费统筹考虑,列入地方各级财政预算。③加强监督管理。对各级政府和各个部门在临时救助制度中的责任作出了明确的规定,并提出临时救助实施情况要定期向社会公开,充分发挥社会监督作用。要完善临时救助责任追究制度,明确细化责任追究对象、方式和程序,加大行政问责力度。④加强政策宣传。要不断加大政策宣传普及力度,使临时救助政策家喻户晓。要加强舆论引导,引导社会公众理解、支持临时救助工作,营造良好社会舆论氛围,弘扬中华民族团结友爱、互助共济的传统美德。

此外,《国务院关于全面建立临时救助制度的通知》还提到,国家选择有特点、有代表性的区域进行“救急难”工作综合试点,在体制机制、服务方式、信息共享、财政税费等方面进行探索创新,先行先试,为不断完善临时救助制度,全面开展“救急难”工作提供经验。2018 年 1 月,民政部、财政部出台的《民政部 财政部关于进一步加强和改进临时救助工作的意见》还提出,加强与慈善救助的衔接。要积极培育发展以扶贫济困等为宗旨的慈善组织,广泛动员慈善组织参与临时救助工作。鼓励、引导慈善组织建立专项基金,科学规划、设立救助项目,承接政

---

① 《国务院关于全面建立临时救助制度的通知》,《宁夏回族自治区人民政府公报》2014 年第 21 期。

府救助之后“转介”的个案,形成与政府救助的有效衔接、接续救助。完善和落实支持社会力量参与社会救助的政策措施,加大政府购买服务力度。积极探索政府引导、社会力量筹资、慈善组织运作的政社联动模式,搭建慈善组织等社会力量参与临时救助的平台,形成救助合力。

(七)针对流浪乞讨人员的救助

为了对流浪乞讨人员实行救助,保障其基本生活权益,完善社会救助制度,2003年6月,国务院发布了《城市生活无着的流浪乞讨人员救助管理办法》(本节简称《救助管理办法》),[①]同年12月发布了《城市生活无着的流浪乞讨人员救助管理办法实施细则》(本节简称《救助管理办法实施细则》)。[②]

1. 流浪乞讨人员救助政策的对象

国家对生活无着的流浪、乞讨人员提供临时食宿、急病救治、协助返回等救助。公安机关和其他有关行政机关的工作人员在执行公务时发现流浪、乞讨人员的,应当告知其向救助管理机构求助。对其中的残疾人、未成年人、老年人和行动不便的其他人员,应当引导、护送到救助管理机构;对突发急病人员,应当立即通知急救机构进行救治。

2. 流浪乞讨人员救助的形式

《救助管理办法》规定,对流浪乞讨人员实行救助的形式主要为救助站救助。县级以上城市人民政府应当根据需要设立流浪乞讨人员救助站。公安机关和其他有关行政机关的工作人员在执行职务时发现流浪乞讨人员的,应当告知其向救助站求助。

救助站对流浪乞讨人员的救助是一种临时性社会救助措施。《救助管理办法实施细则》则进一步规定,救助站应当根据受助人员的情况确定救助期限,一般不超过10天;因特殊情况需要延长的,报上级民政主管部门备案。

3. 流浪乞讨人员救助的内容

《救助管理办法》规定,救助站对流浪乞讨人员实行救助的内容主要包括以下五项:①提供符合食品卫生要求的食物;②提供符合基本条件的住处;③对在站内突发急病的,及时送医院救治;④帮助与其亲属或者所在单位联系;⑤对没

---

① 《城市生活无着的流浪乞讨人员救助管理办法》,《中华人民共和国国务院公报》2003年第21期。

② 《城市生活无着的流浪乞讨人员救助管理办法实施细则》,《中华人民共和国国务院公报》2003年第35期。

有交通费返回其住所地或者所在单位的，提供乘车凭证。

4. 流浪乞讨人员救助的程序

依据《救助管理办法》和《救助管理办法实施细则》的规定，救助站对流浪乞讨人员实行救助一般遵循以下程序。

第一，流浪乞讨人员向救助站提出求助需求。《救助管理办法》的一个重要原则就是自愿原则，当流浪乞讨人员向救助站表达出求助意愿时，救助站才会考虑是否实行救助。向救助站求助的流浪乞讨人员，应当如实提供本人的姓名等基本情况并将随身携带物品在救助站登记，向救助站提出求助需求。

第二，救助站核实流浪乞讨人员的基本情况。《救助管理办法实施细则》规定，当流浪乞讨人员前来寻求救助时，救助站应当向求助的流浪乞讨人员告知救助对象的范围和实施救助的内容，询问与求助需求有关的情况，并对其个人情况予以登记。

第三，救助站决定是否实行救助，并对属于救助对象的及时安排救助。《救助管理办法实施细则》规定，救助站对属于救助对象的，应当及时安排救助；不属于救助对象的，不予救助并告知其理由。对因年老、年幼、残疾等原因无法提供个人情况的，救助站应当先提供救助，再查明情况。对拒不如实提供个人情况的，不予救助。

第四，终止救助。救助站对流浪乞讨人员的救助是一项临时性社会救助措施，一般不超过 10 天。所以，《救助管理办法实施细则》规定，救助站已经实施救助或者救助期满，受助人员应当离开救助站。对无正当理由不愿离站的受助人员，救助站应当终止救助。此外，在下列三种情况下，救助站也应终止救助：①救助站发现受助人员故意提供虚假个人情况的，应当终止救助；②受助人员自愿放弃救助离开救助站的，救助站不得限制；③受助人员擅自离开救助站的，视同放弃救助，救助站应当终止救助。[①]

九、自然灾害救助法规与政策的主要内容

2018 年，国务院进行机构改革，将原属于民政部的救灾管理职能转隶新成立的应急管理部负责。[②] 2019 年，国务院规定，将原由民政部门承担的自然灾害救

---

① 全国社会工作者职业水平考试教材编委会编写：《社会工作法规与政策》，中国社会出版社 2023 年，第 72—75 页。

② 鲁全：《中国社会保障管理体制研究》，人民出版社 2022 年，第 204 页。

助管理职责修改为应急管理部门承担。当前，我国受灾人员救助法规与政策主要来自2010年国务院发布、2019年修订的《自然灾害救助条例》①等。

(一)自然灾害救助总则

《自然灾害救助条例》是为了规范自然灾害救助工作，保障受灾人员基本生活而制定的。自然灾害救助工作遵循以人为本、政府主导、分级管理、社会互助、受灾群众自救的原则。各级人民政府应当加强防灾减灾宣传教育，增强公民的防灾避险意识和自救互救能力。国家鼓励和引导单位和个人参与自然灾害救助捐赠、志愿服务等活动。对在自然灾害救助中作出突出贡献的单位和个人，按照国家有关规定给予表彰和奖励。

自然灾害救助组织工作实行的是各级人民政府行政领导负责制。国家减灾委员会负责组织、领导全国的自然灾害救助工作，协调开展重大自然灾害救助活动。国务院应急管理部负责全国的自然灾害救助工作，承担国家减灾的具体工作。国务院有关部门按照各自职责做好全国的自然灾害救助相关工作。

县级以上地方人民政府或者人民政府的自然灾害救助应急综合协调机构，组织、协调本行政区域的自然灾害救助工作。县级以上地方人民政府应急管理部门负责本行政区域的自然灾害救助工作。县级以上地方人民政府有关部门按照各自职责做好本行政区域的自然灾害救助相关工作。县级以上人民政府应当将自然灾害救助工作纳入国民经济和社会发展规划，建立健全与自然灾害救助需求相适应的资金、物资保障机制，将人民政府安排的自然灾害救助资金和自然灾害救助工作经费纳入财政预算。村委会、居委会以及红十字会、慈善会和公募基金会等社会组织，依法协助人民政府开展自然灾害救助工作。村委会、居委会、企业事业单位应当根据所在地人民政府的要求，结合各自的实际情况，开展防灾减灾应急知识的宣传普及活动。

(二)自然灾害救助准备

《自然灾害救助条例》规定，县级以上地方人民政府及其有关部门应当根据有关法律、法规、规章，上级人民政府及其有关部门的应急预案以及本行政区域的自然灾害风险调查情况，制订相应的自然灾害救助应急预案。自然灾害救助应急预案应当包括：①自然灾害救助应急组织指挥体系及其职责；②自然灾害救助应急队伍；③自然灾害救助应急资金、物资、设备；④自然灾害的预警预报和灾

① 《自然灾害救助条例》，中华人民共和国民政部官网，2019年3月2日。

情信息的报告、处理；⑤自然灾害救助应急响应的等级和相应措施；⑥灾后应急救助和居民住房恢复重建措施。

县级以上人民政府应建立健全自然灾害救助应急指挥技术支撑系统，并为自然灾害救助工作提供必要的交通、通信等装备。

国家建立自然灾害救助物资储备制度，由国务院应急管理部分别会同国务院财政部门、发展改革部门、工业和信息化部门、粮食和物资储备部门制定全国自然灾害救助物资储备规划和储备库规划，并组织实施。其中，由国务院粮食和物资储备部门会同相关部门制订中央救灾物资储备库规划，并组织实施。设区的市级以上人民政府和自然灾害多发、易发地区的县级人民政府应当根据自然灾害特点、居民人口数量和分布等情况，按照布局合理、规模适度的原则，设立自然灾害救助物资储备库。

县级以上地方人民政府应当根据当地居民人口数量和分布等情况，利用公园、广场、体育场馆等公共设施，统筹规划设立应急避难场所，并设置明显标志。启动自然灾害预警响应或者应急响应，需要告知居民前往应急避难场所的，县级以上地方人民政府或者人民政府的自然灾害救助应急综合协调机构应通过广播、电视、手机短信、电子显示屏、互联网等方式，及时公告应急避难场所的具体地址和到达路径。

县级以上地方人民政府应加强自然灾害救助人员的队伍建设和业务培训，村委会、居委会和企业事业单位应当设立专职或者兼职自然灾害信息员。

(三)自然灾害的应急救助

《自然灾害救助条例》规定，县级以上人民政府或者人民政府的自然灾害救助应急综合协调机构应当根据自然灾害预警预报启动预警响应，采取下列一项或者多项措施：①向社会发布规避自然灾害风险的警告，宣传避险常识和技能，提示公众做好自救互救准备；②开放应急避难场所，疏散、转移易受自然灾害危害的人员和财产，情况紧急时实行有组织的避险转移；③加强对易受自然灾害危害的乡村、社区以及公共场所的安全保障；④责成应急管理等部门做好基本生活救助的准备。

自然灾害发生并达到自然灾害救助应急预案启动条件的，县级以上人民政府或者人民政府的自然灾害救助应急综合协调机构应当及时启动自然灾害救助应急响应，采取下列一项或者多项措施：①立即向社会发布政府应对措施和公众防范措施；②紧急转移安置受灾人员；③紧急调拨、运输自然灾害救助应急资金和物资,及时向受灾人员提供食品、饮用水、衣被、取暖、临时住所、医疗防疫等应急救助,保障受灾人员基本生活;④抚慰受灾人员,处理遇难人员善后事宜;⑤组织受灾人员开展自救互救;⑥分析评估灾情趋势和灾区需求,采取相应的自然灾害救助措施;⑦组织自然灾害救助捐赠活动。对应急救助物资,各交通运输主管部门应当组织优先运输。

在自然灾害救助应急期间,县级以上地方人民政府或者人民政府的自然灾害救助应急综合协调机构可在本行政区域内紧急征用物资、设备、交通运输工具和场地,自然灾害救助应急工作结束后应当及时归还,并按照国家有关规定给予补偿。

建立自然灾害人员伤亡和财产损失报告制度:①自然灾害造成人员伤亡或者较大财产损失的,受灾地区县级人民政府应急管理部门应立即向本级人民政府和上一级人民政府应急管理部门报告;②自然灾害造成特别重大或者重大人员伤亡、财产损失的,受灾地区县级人民政府应急管理部门应当按照有关法律、行政法规和国务院应急预案规定的程序及时报告,必要时可以直接报告国务院;③灾情稳定前,受灾地区人民政府应急管理部门应当每日逐级上报自然灾害造成的人员伤亡、财产损失和自然灾害救助工作动态等情况,并及时向社会发布;④灾情稳定后,受灾地区县级以上人民政府或者人民政府的自然灾害救助应急综合协调机构应当评估、核定并发布自然灾害损失情况。

(四)自然灾害的灾后救助

《自然灾害救助条例》规定,受灾地区人民政府应在确保安全的前提下,采取就地安置与异地安置、政府安置与自行安置相结合的方式,对受灾人员进行过渡性安置。

就地安置应当选择在交通便利、便于恢复生产和生活的地点,并避开可能发生次生自然灾害的区域,尽量不占用或者少占用耕地。受灾地区人民政府应当鼓励并组织受灾群众自救互救,恢复重建。

自然灾害危险消除后,受灾地区人民政府应统筹研究制定居民住房恢复重建规划和优惠政策,组织重建或者修缮因灾损毁的居民住房,对恢复重建确有困难的家庭予以重点帮扶。居民住房恢复重建应当因地制宜、经济实用,确保房屋建设质量符合防灾减灾要求。受灾地区人民政府应急管理部等部门应当向经审核确认的居民住房恢复重建补助对象发放补助资金和物资,住房城乡建设等部门应为受灾人员重建或者修缮因灾损毁的居民住房提供必要的技术支持。

居民住房恢复重建补助对象由受灾人员本人申请或者由村民小组、居民小组提名。经村委会、居委会民主评议，符合救助条件的，在自然村、社区范围内公示；无异议或者经村委会、居委会民主评议异议不成立的，由村委会、居委会将评议意见和有关材料提交乡镇人民政府、街道办事处审核，报县级人民政府主管部门审批。

自然灾害发生后的当年冬季、次年春季，受灾地区人民政府应当为生活困难的受灾人员提供基本生活救助。受灾地区县级人民政府应急管理部门应当在每年10月底前统计、评估本行政区域受灾人员当年冬季、次年春季的基本生活困难和需求，核实救助对象，编制工作台账，制订救助工作方案，经本级人民政府批准后组织实施，并报上一级人民政府应急管理部门备案。

（五）自然灾害的救助款物管理

《自然灾害救助条例》规定，县级以上人民政府财政部门、应急管理部门负责自然灾害救助资金的分配、管理并监督使用情况。县级以上人民政府应急管理部门负责调拨、分配、管理自然灾害救助物资。

人民政府采购用于自然灾害救助准备和灾后恢复重建的货物、工程和服务，依照有关政府采购和招标投标的法律规定组织实施。自然灾害应急救助和灾后恢复重建中涉及紧急抢救、紧急转移安置和临时性救助的紧急采购活动，按照国家有关规定执行。

自然灾害救助款物应专款（物）专用，无偿使用。定向捐赠的款物，应当按照捐赠人的意愿使用。政府部门接受的捐赠人无指定意向的款物，由县级以上人民政府应急管理部门统筹安排用于自然灾害救助；社会组织接受的捐赠人无指定意向的款物，由社会组织按照有关规定用于自然灾害救助。

自然灾害救助款物应用于受灾人员的紧急转移安置、基本生活救助、医疗救助、教育和医疗等公共服务设施以及住房的恢复重建、自然灾害救助物资的采购、储存和运输、因灾遇难人员亲属的抚慰等项支出。

受灾地区人民政府应急管理、财政等部门和有关社会组织应当通过报刊、广播、电视、互联网，主动向社会公开所接受的救助款物和捐赠款物的来源、数量及其使用情况。受灾地区村委会、居委会应当公布救助对象及其接受救助款物数额和使用情况。

各级人民政府应建立健全自然灾害救助款物和捐赠款物的监督检查制度，并及时受理投诉和举报。县级以上人民政府监察机关、审计机关应依法对自然灾害救助款物和捐赠款物的管理使用情况进行监督检查，应急管理、财政等部门和有关社会组织应当予以配合。

（六）自然灾害救助中的法律责任

《自然灾害救助条例》规定，行政机关工作人员违反本条例规定，有下列行为之一的，由任免机关或者监察机关依照法律法规给予处分；构成犯罪的，依法追究刑事责任：①迟报、谎报、瞒报自然灾害损失情况，造成后果的；②未及时组织受灾人员转移安置，或者在提供基本生活救助、组织恢复重建过程中工作不力，造成后果的；③截留、挪用、私分自然灾害救助款物或者捐赠款物的；④不及时归还征用的财产，或者不按照规定给予补偿的；⑤有滥用职权、玩忽职守、徇私舞弊的其他行为的。

采取虚报、隐瞒、伪造等手段，骗取自然灾害救助款物或者捐赠款物的，由县级以上人民政府应急管理部门责令限期退回违法所得的款物；构成犯罪的，依法追究刑事责任。抢夺或者聚众哄抢自然灾害救助款物或者捐赠款物的，由县级以上人民政府应急管理部门责令停止违法行为；构成违反治安管理行为的，由公安机关依法给予治安管理处罚；构成犯罪的，依法追究刑事责任。以暴力、威胁方法阻碍自然灾害救助工作人员依法执行职务，构成违反治安管理行为的，由公安机关依法给予治安管理处罚；构成犯罪的，依法追究刑事责任。

十、法律援助与国家司法救助法规与政策的主要内容

法律援助，是指为了保障经济困难公民获得必要的法律服务，政府提供给他们的法律咨询、代理、刑事辩护等无偿法律服务。国家司法救助，是指对受到侵害但无法获得有效赔偿的当事人，由国家给予适当经济资助，帮助他们摆脱生活困境的制度。1994 年 1 月，司法部提出并试点法律援助工作。1996 年，修订后的《中华人民共和国刑事诉讼法》《中华人民共和国律师法》正式确立了中国的法律援助制度。[①] 2003 年 7 月，国务院公布了《法律援助条例》。[②] 2021 年，十三届全国人大常委会第 30 次会议通过了《中华人民共和国法律援助法》（此后简称《法律援助法》）。[③]

---

① 王齐彦主编：《中国城乡社会救助体系建设研究》，人民出版社 2009 年，第 267 页。
② 《法律援助条例》，《中华人民共和国国务院公报》2003 年第 24 期。
③ 《中华人民共和国法律援助法》，人民出版社 2021 年。

（一）法律援助的政策

1. 法律援助的形式与范围

《法律援助法》规定，法律援助机构可以依法提供的法律援助服务形式包括：①法律咨询；②代拟法律文书；③刑事辩护与代理；④民事案件、行政案件、国家赔偿案件的诉讼代理及非诉讼代理；⑤值班律师法律帮助；⑥劳动争议调解与仲裁代理；⑦法律、法规、规章规定的其他形式。

法律援助的范围可分为“申请”“指派”两大部分。《法律援助法》对此作了明确规定。

“申请”法律援助的相关规定主要包括：①刑事案件的犯罪嫌疑人、被告人因经济困难或者其他原因没有委托辩护人的，本人及其近亲属可以向法律援助机构申请法律援助；②刑事公诉案件的被害人及其法定代理人或者近亲属，刑事自诉案件的自诉人及其法定代理人，刑事附带民事诉讼案件的原告人及其法定代理人，因经济困难没有委托诉讼代理人的，可以向法律援助机构申请法律援助；③在规定事项范围内，当事人因经济困难没有委托代理人的，可以向法律援助机构申请法律援助；④当事人不服司法机关生效裁判或者决定提出申诉或者申请再审，人民法院决定裁定再审或者人民检察院提出抗诉，因经济困难没有委托辩护人或者诉讼代理人的，本人及其近亲属可以向法律援助机构申请法律援助。

“指派”法律援助的相关规定主要包括：①刑事案件的犯罪嫌疑人、被告人属于规定人员之一的，没有委托辩护人的，人民法院、人民检察院、公安机关应当通知法律援助机构指派律师担任辩护人。规定人员包括：未成年人；视力、听力、言语残疾人；不能完全辨认自己行为的成年人；可能被判处无期徒刑、死刑的人；申请法律援助的死刑复核案件被告人；缺席审判案件的被告人；法律法规规定的其他人员。其他适用普通程序审理的刑事案件，被告人没有委托辩护人的，人民法院可通知法律援助机构指派律师担任辩护人。其中，对可能被判处无期徒刑、死刑的人，以及死刑复核案件的被告人，法律援助机构收到人民法院、人民检察院、公安机关通知后，应当指派具有3年以上相关执业经历的律师担任辩护人。②强制医疗案件的被申请人或者被告人没有委托诉讼代理人的，人民法院应当通知法律援助机构指派律师为其提供法律援助。

2. 法律援助的程序和实施

第一，人民法院、人民检察院、公安机关和有关部门在办理案件或者相关事务中，应及时告知有关当事人有权依法申请法律援助。

第二,人民法院、人民检察院、公安机关办理刑事案件中,发现有《法律援助法》相关规定情形的,应在3日内通知法律援助机构指派律师。法律援助机构收到通知后,应在3日内指派律师并通知人民法院、人民检察院、公安机关。

第三,对诉讼事项的法律援助,由申请人向办案机关所在地的法律援助机构提出申请;对非诉讼事项的法律援助,由申请人向争议处理机关所在地或者事由发生地的法律援助机构提出申请。

第四,被羁押的犯罪嫌疑人、被告人、服刑人员,以及强制隔离戒毒人员等提出法律援助申请的,办案机关、监管场所应在24小时内将申请转交法律援助机构;犯罪嫌疑人、被告人通过值班律师提出代理、刑事辩护等法律援助申请的,值班律师应当在24小时内将申请转交法律援助机构。

第五,无民事行为能力人或者限制民事行为能力人需要法律援助的,可由其法定代理人代为提出申请。法定代理人侵犯无民事行为能力人、限制民事行为能力人合法权益的,其他法定代理人或者近亲属可以代为提出法律援助申请。被羁押的犯罪嫌疑人、被告人、服刑人员,以及强制隔离戒毒人员,可由其法定代理人或者近亲属代为提出法律援助申请。

第六,出现下列情形时,法律援助机构应作出终止法律援助的决定:①受援人以欺骗或者其他不正当手段获得法律援助;②受援人故意隐瞒与案件有关的重要事实或者提供虚假证据;③受援人利用法律援助从事违法活动;④受援人的经济状况发生变化,不再符合法律援助条件;⑤案件终止审理或者已经被撤销;⑥受援人自行委托律师或者其他代理人;⑦受援人有正当理由要求终止法律援助;⑧法律法规规定的其他终止法律援助的情形。

3. 法律援助的审查程序

因经济困难申请法律援助的,申请人应如实说明经济困难状况。法律援助机构核查申请人的经济困难状况,可通过信息共享查询,或者由申请人进行个人诚信承诺。

法律援助申请人有材料证明属于下列人员之一的,免予核查经济困难状况:①无固定生活来源的未成年人、老年人、残疾人等特定群体;②社会救助、司法救助或者优抚对象;③申请支付劳动报酬或者请求工伤事故人身损害赔偿的进城务工人员;④法律、法规、规章规定的其他人员。

法律援助机构应当自收到法律援助申请之日起7日内进行审查,作出是否给予法律援助的决定。决定给予法律援助的,应当自作出决定之日起3日内指派法律援助人员为受援人提供法律援助;决定不给予法律援助的,应当书面告知申请人,并说明理由。申请人提交的申请材料不齐全的,法律援助机构应当一次性告知申请人需要补充的材料或者要求申请人作出说明。申请人未按要求补充材料或者作出说明的,视为撤回申请。

法律援助机构收到法律援助申请后,发现有下列情形之一的,可决定先行提供法律援助:距法定时效或者期限届满不足 7 日,需要及时提起诉讼或者申请仲裁、行政复议;需要立即申请财产保全、证据保全或者先予执行。法律援助机构先行提供法律援助的,受援人应当及时补办有关手续,补充有关材料。

(二)国家司法救助政策

2015 年 12 月,中央政法委等公布了《关于建立完善国家司法救助制度的意见(试行)》,就建立完善国家司法救助制度提出以下意见。

1. 建立完善国家司法救助制度的基本原则

主要包括四个方面:①坚持辅助性救助;②坚持公正救助;③坚持及时救助;④坚持属地救助。

2. 国家司法救助的对象

第一,刑事案件被害人受到犯罪侵害,致使重伤或严重残疾,因案件无法侦破造成生活困难的;或者因加害人死亡或没有赔偿能力,无法经过诉讼获得赔偿,造成生活困难的。

第二,刑事案件被害人受到犯罪侵害危及生命,急需救治,无力承担医疗救治费用的。

第三,刑事案件被害人受到犯罪侵害而死亡,因案件无法侦破造成依靠其收入为主要生活来源的近亲属生活困难的;或者因加害人死亡或没有赔偿能力,依靠被害人收入为主要生活来源的近亲属无法经过诉讼获得赔偿,造成生活困难的。

第四,刑事案件被害人受到犯罪侵害,致使财产遭受重大损失,因案件无法侦破造成生活困难的;或者因加害人死亡或没有赔偿能力,无法经过诉讼获得赔偿,造成生活困难的。

第五,举报人、证人、鉴定人因举报、作证、鉴定受到打击报复,致使人身受到伤害或财产受到重大损失,无法经过诉讼获得赔偿,造成生活困难的。

第六,追索赡养费、扶养费、抚育费等,因被执行人没有履行能力,造成申请执行人生活困难的。

第七,对于道路交通事故等民事侵权行为造成人身伤害,无法经过诉讼获得赔偿,造成生活困难的。

第八,党委政法委和政法各单位根据实际情况,认为需要救助的其他人员。

此外,涉法涉诉信访人,其诉求具有一定合理性,但通过法律途径难以解决,且生活困难,愿意接受国家司法救助后息诉息访的,可参照执行。

申请国家司法救助人员,具有以下情形之一的,一般不予救助:①对案件发生有重大过错的;②无正当理由,拒绝配合查明犯罪事实的;③故意作虚伪陈述或者伪造证据,妨害刑事诉讼的;④在诉讼中主动放弃民事赔偿请求或拒绝加害责任人及其近亲属赔偿的;⑤生活困难非案件原因所导致的;⑥通过社会救助措施,已经得到合理补偿、救助的。对社会组织、法人,不予救助。

3. 国家司法救助的方式

国家司法救助的主要方式是支付救助金;同时,与思想疏导、宣传教育相结合,与法律援助、诉讼救济相配套,与其他社会救助相衔接。有条件的地方,积极探索建立刑事案件伤员急救"绿色通道"、对遭受严重心理创伤的被害人实施心理治疗、对行动不便的受害人提供社工帮助等多种救助方式,进一步增强救助效果。

4. 国家司法救助的标准

各地应根据当地经济社会发展水平制定具体救助标准,以案件管辖地上一年度职工月平均工资为基准,一般在 36 个月的工资总额之内。损失特别重大、生活特别困难,需适当突破救助限额的,应严格审核控制,救助金额不得超过人民法院依法应当判决的赔偿数额。

5. 国家司法救助的程序

使用国家司法救助资金应当严格遵循以下程序:①告知。人民法院、人民检察院、公安机关、司法行政机关在办理案件、处理涉法涉诉信访问题过程中,对符合救助条件的当事人,应当告知其有权提出救助申请。②申请。救助申请由当事人向办案机关提出;刑事被害人死亡的,由符合条件的近亲属提出。申请一般采取书面形式。确有困难,不能提供书面申请的,可以采用口头方式。申请人应当如实提供本人真实身份、实际损害后果、生活困难、是否获得其他赔偿等相关证明材料。③审批。办案机关应当认真核实申请人提供的申请材料,综合相关情况,在 10 个工作日内作出是否给予救助和具体救助金额的审批意见。决定不予救助的,及时将审批意见告知当事人,并做好解释说明工作。④发放。对批准同意的,财政部门应及时将救助资金拨付办案机关,办案机关在收到拨付款后2个工作日内,通知申请人领取救助资金。对急需医疗救治等特殊情况,办案机关可以依据救助标准,先行垫付救助资金,救助后及时补办审批手续。

第三节 社会救助法规与政策运行中存在的主要问题

当前社会救助法规与政策在运行中还存在一些需要完善之处。这从以下方面可得到体现。

一、社会救助主体建设不足

(一)社会救助多元主体参与不足

具体包括:(1)缺乏动员和激励措施,部分主体对社会救助积极性不高、参与感不强。多元主体参与社会救助的渠道与方式不丰富,难以发挥救助实效。(2)部分救助主体自我发展和建设能力较弱,加上政策、经济、管理等因素的制约,形成了多元主体参与瓶颈,导致社会救助资源整合不力,社会救助能力难以发挥。(3)社会救助多元主体还未形成救助合力,多元主体权责不明晰,导致应助未助与重复救助现象的发生。不理顺社会救助各主体间的关系,就不能实现救助效益最大化。因此,要强化政府对多元主体参与的认识,积极引导社会慈善、志愿者等社会力量有序参与社会救助,形成社会主体多元救助的良好局面。

(二)社会救助监督评价需要加强

对社会救助主体进行监督和评价能够促进其强化责任担当。社会救助要提升治理效能必须加强统筹协调,做好监督评价工作,加强制度衔接和工作配合。目前在社会救助监督评价方面还存在短板:(1)当前社会救助缺乏高位阶的法律支撑。法律的约束是对社会救助主体进行监督的重要保障,能督促其依法救助。《社会救助法》的缺失有待尽快补齐。(2)个别地方仍存在社会救助主体责任落实不到位的问题,在社会救助资金的管理方面存在不规范、不合法行为,如贪污挪用、截留、私分社会救助资金等,严重损害党和政府公信力,必须及时纠正并建立常态化监督机制。(3)社会救助成效需要评估和反馈。社会救助的绩效评价还未形成体系。如何科学地选取评价指标、如何客观公正地进行评估、如何做好评价结果分析与反馈,是社会救助绩效评价的现实问题。我国部分省市已有实践,需要提取成功经验为构建现代化的社会救助成效评估打好基础。

二、社会救助客体保障不足

社会救助的客体是因为各种原因陷入困境、难以维持基本生活的公民。针对社会救助在城乡、区域和个体间的差距,高质量社会救助要更加关注社会救助中的弱势群体。低收入群体和流动人口是社会救助对象中的重要群体,在社会救助政策实施中,要以精准的政策向其倾斜,提升社会救助的均衡性和可及性。

第一,低收入群体救助问题。截至 2023 年 11 月,纳入民政部动态监测系统的低收入人群有 6600 万人,约占全国总人口的 4.7%①,占比偏低,社会救助覆盖面有待进一步拓宽,保障更多的困难人群。低保边缘家庭和支出型困难家庭和突发严重困难户的覆盖面需要扩大。在贫困治理任务转向相对贫困的时期,一方面,低收入人群监测要继续加强,将更多低保边缘家庭和支出型困难家庭纳入社会救助专项保障范围;另一方面,是针对突发灾害和临时遇困的人群,要以急难型社会救助及时响应。特别是在抗击类似于新冠的疫情时期,继续发挥了社会救助的兜底性、应急性保障作用。

第二,流动人口救助问题。目前,部分社会救助项目还未实现与户籍脱钩,导致流动人口中的困难群体难以享受社会救助。由于社会救助按照属地原则进行管理,使各地社会救助政策存在差异,导致流动人口难以享受与属地居民相同的救助服务。因此,高质量的社会救助要打破城乡、区域间的差距,建立公平、包容、均衡的流动人口社会救助制度。要进一步探索在困难发生地实现社会救助登记、申请、保障的具体工作机制,由试点走向全面推广,将更多非户籍人口纳入社会救助范围。

三、社会救助体系有待健全

(一)社会救助体系内各项目标准有待调整

目前,我国社会救助总体水平偏低,与国际标准存在较大差距。(1)低保标准需要提升。低保是我国社会救助体系的核心内容,低保标准与其他社会救助存在挂钩和捆绑的情况,因此低保低标准使社会救助总体水平不高。截至 2022 年第三季度数据显示,我国城市平均低保标准相当于城镇居民人均可支配收入

① 蒲晓磊:《织密扎牢民生兜底保障安全网》,《法治日报》2023 年 11 月 28 日。

的 17.91%，占到城镇居民人均可支配收入中位数 19.86%，农村低保标准按月算为 761 元，农村平均低保标准相当于农村人均可支配收入的 35.18%。到 2023 年第三季度，农村最低生活保障标准降至 614.5 元。因此低保的标准有待进一步提升。（2）需要不同社会救助项目标准动态调整机制。目前，我国社会救助各项目的保障标准都有一定的提升空间，在标准设定的科学性和精准性方面有待加强。现有社会救助项目之间不够独立，在实践中存在福利捆绑现象。特别是要解决低保与其他社会救助项目挂钩造成的福利依赖问题。（3）还未实现城乡救助标准一体化。截至 2023 年第三季度数据显示，农村低保标准占城市低保标准的比例为 78.89%，①两者之间的差距有待进一步缩小。如何做好制度安排和权责分工，是推进社会救助各项目标准逐渐实现城乡统一的首要任务。

（二）社会救助与其他政策的衔接有待强化

社会救助作为重要的民生政策，与社会保险、社会福利、乡村振兴等政策和战略的有效衔接还未完全建立。社会救助体系是社会保障体系中的重要子系统，它与社会保险、社会福利等协同为人民生活提供基本保障。依据多维贫困理论，贫困群体的困境往往具有复杂性，难以通过单一政策来解决，需要各政策有效衔接，相互配合，切实解决其不同困难。社会救助项目种类的多样化使其在衔接其他政策时容易产生政策重叠或是政策空白，因此在推进共同富裕进程中，如何充分发挥社会救助在整个政策体系内的作用，发挥社会救助的兜底保障功能是新发展阶段统筹兼顾、形成政策合力的内在要求。

四、社会救助机制有待完善

社会救助机制的完善是社会救助改革创新的要求，其中，主动发现机制的完善和信息化建设的加强是两大关键问题。

第一，主动发现机制有待完善。主动发现机制，是确保将更多申请能力不足的困难群众纳入救助的、提升社会救助覆盖率和可及性的重要手段，是实现“政策找人”向“人找政策”转变的关键举措。针对由于各种原因未能主动求助的困难群众，要健全主动发现机制。主动发现队伍存在规模不大、专业性不足的问题，社会救助需要建设有担当有能力的人才队伍。主动发现救助流程在实践中存在盲点，必须优化各救助环节，确保“政策找人”有效落实，应保尽保。部分困

---

① 数据来源：民政部网站统计数据。

难群众对社会救助相关政策了解不深、理解不足,说明社会救助政策宣传方面存在盲点,必须加强宣传。

第二,社会救助的信息化建设水平有待进一步提高。社会救助信息化建设不足导致信息共享堵点多。民政、卫生健康、教育、住房城乡建设、人力资源社会保障等多个部门各自负责相应的社会救助管理工作,各部门的协同救助机制存在衔接不力、运行不畅的问题,受"技术壁垒"和"体制壁垒"等因素影响,部门间的数据信息难以实现及时有效共享和互通。社会救助的审核、管理和监督工作需要实现信息化以提升工作效率。加强社会救助信息化建设必须建立社会救助信息共享机制,强力推进信息技术手段的运用。探索将大数据、区块链等信息技术手段应用于社会救助领域,以信息化、数字化赋能社会救助高质量发展是实现"智慧救助"的时代要求,能极大程度提升社会救助的精准性和救助效率。①

综上所述,近些年来,尤其是党的十八大以来,我国社会救助工作已取得很大成绩,但仍然需要在坚持宪法和其他法律的基础上进一步深化改革,使社会救助工作不断跃上新台阶,持续提升人民群众的福利水平,为推动共同富裕作出贡献。

① 刘喜堂:《以党的二十大精神为指引 加快健全分层分类社会救助体系》,《中国社会报》2022 年 12 月 12 日。

第五章

针对特定人群合法权益保障法规与政策

针对特定人群合法权益保障的法规与政策，主要是指针对妇女、儿童、老年人、残疾人合法权益保障的法规与政策。一般来说，这些人是社会的弱势群体，需要国家制定相应的法规与政策予以保护。本章主要介绍针对特定人群合法权益保障法规与政策的发展演变、主要内容及运行中存在的主要问题。

第一节　针对特定人群合法权益保障法规与政策的发展演变

一、针对妇女合法权益保障法规与政策的发展演变

维护和保障妇女的权益是人类社会发展的需要。在原始社会早期，女性与男性同处于一种朴素原始的平等地位。人类进入野蛮时代，妇女不但担负着人类自身的再生产重任，而且直接从事人类必需品的生产，因此妇女的地位普遍高于男子。原始社会末期，男子逐步取代女子而直接从事生产劳动，妇女的地位开始下降。

人类进入奴隶社会后，随着阶级社会的出现，男子的统治地位得到确立，妇女几乎处于无权状态。妇女被奴隶主视为会说话的工具和财物，可任意杀戮、陪葬或买卖。

封建社会中，中外妇女仍普遍处于无权的地位。“男尊女卑”是封建社会立法的一般原则。在旧中国，为了维护以男性统治者为中心的封建宗法制度，封建

礼教和法律都十分强调男女有别,并强调“夫为妻纲”,导致妇女地位很低。具体表现为以下方面。

第一,从宪法方面看,妇女无政治权利。即便是中国第一部具有资产阶级性质的宪法——《中华民国临时约法》规定,中华民国人民一律平等,但没有性别平等这一项。《中华民国宪法》起初颁布时也无男女平等的规定。在旧中国,女子不言政事成为公理,广大妇女基本是被当作服侍男子及生育孩子的工具。

第二,从刑法方面看,男女同罪异罚。封建法律对男子采取从轻、减轻主义,在一定条件下,甚至免于刑罚;对女子则采取从重、加重主义。《唐律》规定:“夫殴伤妻者,减凡人二等,死者从凡人论。”然而,“妻殴伤夫徒一年,若殴伤重者,加凡斗伤三等,死者斩。”

第三,从民法方面看,妻子属于无行为能力或限制行为能力的人。她们无缔结契约的权利,也无遗产继承权。《中华民国国民政府民法》第 9 条规定:“达于成年,兼有识别能力者,有行为能力,但妻不在此限。”第 27 条规定:“不属于日常行为之行为,须经夫允许。”此外,封建社会的法律都规定丈夫死后,其遗产由儿子继承,剥夺了妻子对丈夫遗产的继承权。

第四,从婚姻法方面看,封建社会的法律大都确认一夫多妻制,蓄婢纳妾,包办婚姻、买卖婚姻、指腹为婚以及皇帝修宫占女的特权。封建时代,男子按其财产和权势娶妻纳妾,妻为一,而妾则不定。早在周代,父母包办婚姻就已确立。周秦以来,旧中国封建王朝形成了统一的“六礼”制度,即从订婚到结婚要经过“纳采”“问名”“纳吉”“纳征”“请期”“亲迎”六道礼节,每一道都要送礼,媒人在其间除为男女双方讨价还价外,自己也索要钱财,婚姻成了买卖。男女无媒不交,无币不相见。广大妇女除婚姻不能自由外,已婚妇女还丧失了独立人格,她们无姓名权、财产权和决定住所权,只有同居义务。女子出嫁后,要冠以夫姓,所生子女也必须随父姓。妻子以丈夫的住所为住所。家庭财产统一由丈夫管理。妇女在丧偶或离婚改嫁时,“随嫁妆及财产等须听凭前夫之家作主”。此外,妇女无离婚自由,而丈夫却享有“七出”的特权。只要妻子有“不顺父母”“无子”“口多言”等七种情况,丈夫就可写一纸休书休妻。①

第五,妇女没有受教育的权利。教育作为人类传授知识和经验的主要手段,对妇女是不开放的,相反,“女子无才便是德”“妇人识字多诲淫”的观念在人们

① 万鄂湘主编:《妇女权益论——关于保护妇女权益的理论与实践》,山西人民出版社 1995 年,第 16—20 页。

的头脑中根深蒂固。统治阶段为了强化封建宗法思想和封建的伦理道德,编造和宣扬一套封建女教。除此之外,妇女再无任何接触文化知识的机会和权利。

还有一点非常重要的是,妇女在经济上不独立。在城市,女子存在的价值只是操持家务,生儿育女,社会上的一切职业都不对妇女开放;在农村,自然经济条件下的经济生活基本上是男耕女织,但在一般情况下,纺织手工劳动只是辅助性的,主要生活来源靠农业生产,即使有的家庭纺织经济较多,但在观念上仍将男子看成一家之主,女子被男子养活。经济不独立,是妇女受压迫的根本原因。

中国妇女合法权益得不到尊重的状况一直延续到近代。

1851 年,太平天国运动爆发。在太平天国的革命理论中,已产生了朴素的男女平等思想,“天下多女子,尽是姐妹之群”“兄弟姐妹,皆是同胞”。太平天国推行改变妇女地位的政策包括:(1)设立女营,组建女军,使广大妇女能走出家门,和男子一样,承担起对敌作战的重任和后勤劳务;(2)设立女馆,组织妇女参加生产劳动,学习生产技能;(3)设立文武女官和科举制度,选拔女性人才;(4)革除了一些歧视和奴役妇女的社会风俗,如严禁卖淫,取缔了娼妓制度,改革婚姻陋习,废止婢妾制,严禁买卖妇女,妇女不准缠足。尽管太平天国这些政策未完全落实,但进步意义不可低估。

19 世纪末,中国发生了维新变法运动,为数不多的知识女性在其中发挥了重要作用,提出了妇女解放的要求。

20 世纪初,中国处于大变动之中,中国半殖民地、半封建化程度进一步加深,中国人民的苦难更加深重。不过,中国人民并没有屈服。1900 年,中国爆发了义和团运动。随后,以孙中山为代表的资产阶级革命派发动了辛亥革命,推翻了清王朝的统治。在这一系列斗争中,广大妇女发挥了重要作用。①

然而,辛亥革命并未改变中国的社会性质,妇女的地位自然也未根本改变。广大妇女缺乏基本人权,实际就是一种商品,更别说与男子享有平等的社会权利。它体现在如下方面:(1)女婴死亡率非常高。在旧中国,弃婴、溺婴层出不穷,而被遗弃和溺杀的婴儿绝大多数是女孩。② (2)广大妇女没有人身自由,不能支配自己的意志。妇女自小就要缠足,身心受到极大伤害。很多妇女自幼就被当作童养媳。妇女的婚姻不能由自己做主,而由父母包办或买卖,还存在租

---

① 唐娅辉:《中国妇女百年奋斗史》,湖南师范大学出版社 1999 年,第 10—32 页。

② 张希坡:《革命根据地关于保护儿童、禁止弃婴溺婴的法令》,《西北政法学院学报》1983 年第 1 期。

妻、典妻现象。(3)大量妇女沦为娼妓。新中国成立初,全国妓院近万家,另外还有游妓暗娼遍布城市的各个角落。当时国内一些大中城市妓女数量与当地人口比例在1:200至150之间。① (4)妇女缺乏接受学校教育的权利。在中国几千年的传统社会中,妇女被剥夺了接受学校教育的权利,她们绝大多数是文盲。国民党统治时期,广大妇女仍旧缺少受教育的权利,能够入学的女生也仅占在校生的1/4。②

新中国成立前,广大妇女承受着深重压迫。1927年,毛泽东在《湖南农民运动考察报告》中深刻指出,中国的男子,普遍受三种有系统的权力的支配,即政权、族权、神权。至于女子,除受这三种权力支配外,还受夫权支配。③ 1949年,朱德在中国妇女第一次全国代表大会闭幕典礼上也指出,许多年来,中国妇女,特别是广大劳动妇女,一直处在封建主义、帝国主义、官僚资本主义的统治之下,遭受着重重迫害。她们没有任何独立的社会地位,成为被剥削、被玩弄的对象。

在深重的压迫之下,包括妇女在内的中国人民不断进行不屈的斗争。1919年爆发了五四运动。这是中国历史上第一次伟大的反帝反封建的爱国运动,妇女运动是其中的重要组成部分。五四运动期间,许多民主和文化运动的先驱纷纷撰文倡导妇女解放,改变妇女状况。这对打破重男轻女思想有积极意义。

实际上,在新民主主义革命时期,与国民党统治区妇女地位极其低下形成鲜明对比的是,在1927—1934年的中央苏区及邻近革命根据地和1935—1949年的陕甘宁边区,妇女权益已经发生了根本性的变化,使广大妇女获得了基本权利。

1949年新中国成立,使中国广大妇女普遍获得了历史性的解放,中国妇女事业取得了伟大成就。在整个毛泽东时代,中国颁布的保障妇女合法权益的法规与政策主要包括以下方面:(1)在建立提高妇女地位的全国性机构方面,全国人大内务司法委员会设立了妇女儿童专门组织,全国政协设立了妇女青年委员会,国务院设立了妇女儿童工作委员会。另外,还设立了提高妇女地位的官方大力支持的非政府组织——中华全国妇女联合会。④ (2)颁布了保护妇女合法权益的法律。1950年,新中国颁布的第一部法律就是《婚姻法》,其中规定,男女婚姻

① 何立波:《建国初期的禁娼运动》,《检察风云》2009年第11期。

② 数据来源:国家统计局编:《光辉的三十五年》,中国统计出版社1984年。

③ 《毛泽东选集》(第二卷)(第2版),人民出版社1991年,第31页。

④ 万鄂湘主编:《妇女权益论——关于保护妇女权益的理论与实践》,山西人民出版社1995年,第2—7页。

自由、一夫一妻、男女权利平等,保护妇女合法利益。1954年,新中国的第一部《宪法》规定:“妇女有同男子平等的选举权和被选举权”;“妇女在政治的、经济的、文化的、社会的和家庭的生活各方面享有同男子平等的权利”;“婚姻、家庭、母亲和儿童受国家的保护”①。这些为保障妇女在政治、经济、教育、婚姻家庭等方面的合法权益提供了强有力的法律依据。由于这些保障妇女合法权益的法规与政策的出台与落实,中国妇女状况在解放后发生了根本改观。

1957年,朱德在中国妇女第三次全国代表大会上祝词中指出,我国妇女已经从根本上结束了几千年来被压迫、被剥削、被奴役的历史,摆脱了长期遭受的民族压迫和阶级压迫,在各方面获得了同男子平等的权利,实现了妇女的解放,和全国人民一起成为国家和社会的主人。这是一个有历史意义的伟大胜利。② 妇女享有同男子平等的权利,被载入1954年的宪法中。这些成就大致有如下方面。

第一,消灭娼妓制度。毛泽东同志亲自督战禁娼运动。他曾说:“新中国决不允许娼妓遍地,黑道横行、我们要把房子打扫干净。”仅用七八年,在中国延续了几千年的娼妓问题得到解决。有学者指出,像上海这样解决娼妓问题的,全世界没有先例。③

第二,妇女不仅获得基本人权、与男子同等的社会权利,且享有某些特殊关照。它具体包括:①妇女实现了婚姻自由。包办、买卖婚姻及其他干涉婚姻自由行为被禁止,保护婚姻写入《宪法》中,妇女的婚姻自由、与男子同等的法律地位在《婚姻法》中得到具体体现。②广大妇女获得了受教育权利,许多妇女实现了社会流动。1978年,各级在校女生已达9345.25万人,占在校生的43.7%,是1949年的14.39倍,其中在校女大学生增至20.63万,是1949年的9.91倍,④到1982年,12岁及以上妇女识字率提高到54.73%。⑤ 随着妇女受教育权利日益得到较好保障,女知识分子越来越多,大批妇女进入各级教育机构工作,许多妇女成为各类专业技术人才。③大批妇女纷纷走出家门,参与社会主义经济建设,实

---

① 《中华人民共和国宪法》,人民出版社1954年,第21—22页。

② 中华全国妇女联合会编:《毛泽东、周恩来、刘少奇、朱德论妇女解放》,人民出版社1988年,第121—130页。

③ 何立波:《建国初期的禁娼运动》,《检察风云》2009年第11期。

④ 数据来源:国家统计局编:《光辉的三十五年》,中国统计出版社1984年。

⑤ 国务院人口普查办公室、国家统计局人口统计司编:《中国1982年人口普查10%抽样资料》,中国统计出版社1983年,第317页。

现了经济独立。1949年底,全国女职工为61万人,仅占全部职工人数的7.5%,[①]到1979年分别增至2171.7万人和22.86%。[②] ④男尊女卑、夫为妻纲、三从四德的封建伦理被打碎,男女平等、妇女解放观念深入人心,广大妇女以主人翁姿态积极参与国家管理,从政权最高领导机构一直到基层政权,都有妇女参加。[③] 1954年,参加一届人大的女代表占代表总数的11.9%。[④] 1975年,四届人大的女代表增至653人,占总数的22.6%。[⑤] ⑤妇女在怀孕、生育、哺乳以至经期等特殊问题上,受到国家的特殊关怀与保护。[⑥]

改革开放以来,我国又相继出台了一些保障妇女合法权益的法规与政策,取得了一些成就。

1985年6月,卫生部发布了《全国城乡孕产期保健质量标准和要求》。

1986年3月,为保障婚姻自由、一夫一妻、男女平等的婚姻制度的实行,保护婚姻当事人的合法权益,防止违反婚姻法的行为,民政部发布了《婚姻登记办法》。同年4月,为发展妇幼卫生事业,卫生部发布了《妇幼卫生工作条例》,同年5月,为保护妇女和儿童的健康,加强女职工保健工作,卫生部等下发了《女职工保健工作暂行规定(试行草案)》。

1988年7月,为了减少和解决女职工在劳动中因生理特点造成的特殊困难,保护女职工健康,国务院发布了《女职工劳动保护规定》。同年9月,针对《女职工劳动保护规定》执行中的具体问题,劳动部发布了《劳动部关于女职工生育待遇若干问题的通知》。

1990年9月,为保护女职工身心健康及其子女的正常发育和成长,劳动部发布了《女职工禁忌劳动范围的规定》。

1991年9月,为了严惩拐卖、绑架妇女、儿童的犯罪分子,保护妇女、儿童的人身安全等,七届全国人大常委会第21次会议通过了《关于严惩拐卖、绑架妇

---

① 数据来源:国家统计局编:《光辉的三十五年》,中国统计出版社1984年。

② 数据来源:国家统计局网站统计数据。

③ 蔡畅等:《党的总路线照耀着我国妇女彻底解放的道路》,中国妇女杂志社1960年,第25页。

④ 中华全国妇女联合会妇女运动历史研究室编:《中国妇女运动历史资料汇编》(第2册),中国妇女出版社1986年,第15页。

⑤ 数据来源:《中国统计年鉴1982》。

⑥ 中华全国妇女联合会妇女运动历史研究室编:《中国妇女运动历史资料汇编》(第2册),中国妇女出版社1986年,第15页。

女、儿童的犯罪分子的决定》。

1992 年 4 月,七届全国人大第 5 次会议通过了《中华人民共和国妇女权益保障法》(此后简称《妇女权益保障法》,2005、2018、2022 年先后进行了修改)。该法对妇女在政治、文化、教育、劳动、财产、人身、婚姻、家庭等方面的权益都作出了比原有法律更为全面、具体的规定①。目前,《妇女权益保障法》是我国保护妇女权益最完整最全面的法律。

1993 年 11 月,在 1986 年颁布的《女职工保健工作暂行规定(试行草案)》基础之上,卫生部等颁布了《女职工保健工作规定》。

1994 年 10 月,为了保障母亲和婴儿健康,提高出生人口素质,八届全国人大常委会第 10 次会议通过了《中华人民共和国母婴保健法》(2017 年进行了修改)。②

2001 年 12 月,为了实现人口与经济、社会、资源、环境的协调发展,推行计划生育,维护公民的合法权益等,九届全国人大常委会第 25 次会议通过了《中华人民共和国人口与计划生育法》(此后简称《人口与计划生育法》,2015、2021 年先后进行了修改)。③

2012 年 4 月,为了减少和解决女职工在劳动中因生理特点造成的特殊困难,保护女职工健康,国务院公布了《女职工劳动保护特别规定》。④

2015 年 12 月,为了预防和制止家庭暴力,保护家庭成员的合法权益等,十二届全国人大常委会第 18 次会议通过了《中华人民共和国反家庭暴力法》(此后简称《反家庭暴力法》)。⑤

2020 年 5 月,为了保护民事主体的合法权益,调整民事关系,维护社会和经济秩序等,十三届全国人大第三次会议通过了《中华人民共和国民法典》(此后简称《民法典》),《婚姻法》中保护妇女权益的条款基本纳入《民法典》中,《婚姻法》废止。⑥

---

① 《中华人民共和国妇女权益保障法》,《中华人民共和国最高人民法院公报》2023 年第 7 期。

② 《中华人民共和国母婴保健法》,《中华人民共和国全国人民代表大会常务委员会公报》2017 年第 6 期。

③ 《中华人民共和国人口与计划生育法》,《健康中国观察》2023 年第 2 期。

④ 《女职工劳动保护特别规定》,《中华人民共和国国务院公报》2012 年第 14 期。

⑤ 《中华人民共和国反家庭暴力法》,人民出版社 2016 年。

⑥ 《中华人民共和国民法典》,人民出版社 2020 年。

2023 年 3 月，人力资源社会保障部等制定了《工作场所女职工特殊劳动保护制度（参考文本）》和《消除工作场所性骚扰制度（参考文本）》。

概括来说，改革开放以来，中国在保障妇女合法权益方面做了大量工作，取得显著成绩，不过也出现了一些倒退现象。例如，卖淫现象死灰复燃，一些妇女在求职过程中遭到歧视等。

二、针对儿童合法权益保障法规与政策的发展演变

根据联合国《儿童权利公约》的界定，儿童是 18 周岁以下的人。这与我国《中华人民共和国未成年人保护法》（此后简称《未成年人保护法》）中对未成年人的界定一致。儿童是人类的未来与希望，他们应得到社会的关爱，合法权益应当得到有效保护。古今中外，人类社会对新生命的诞生总是充满了关爱与期待。① 重视儿童是中国古代的一种优良传统，对儿童的关爱至少可追溯到三千多年前。

《易经》中就提到了“蒙以养正，圣功也”，意思是说，启蒙的过程就是要培养孩子的正直品行，这是一项神圣的事业。②

《礼运·礼运》载：“幼有所长”；《孟子·本经》载：“幼吾幼以及人之幼”。

《周礼·司徒》中说，“以保息六养万民，一曰慈幼，二曰养老，三曰赈穷，四曰恤贫，五曰宽疾，六曰安富”。③ 周代把“慈幼”放在“保息六”之首。重视儿童保护同样是秦汉王朝四个世纪一以贯之的国策。④

在中国古代，家庭已非常重视对胎儿的护理，努力为其创造一个可以顺利发育的外在条件。先秦时期的《管子·水地篇》已有对胎儿变化的描述。⑤

在教育方面，中国古代重视儿童教育的历史也非常久远，至少可追溯到西周时期。此后，历代都非常重视儿童教育，就形式而言，可分为官方学校教育和民间家庭教育。家庭教育虽不如学校教育系统规范，但就家庭情感而言有着不可

---

① 杨秀清：《敦煌石窟壁画中的古代儿童生活研究（一）》，《敦煌学辑刊》2013 年第 1 期。

② 周鹏鹏译：《易经》，北京联合出版社公司 2015 年，第 15—16 页。

③ 崔高维校点：《周礼》，辽宁教育出版社 1997 年，第 18—19 页。

④ 王子今：《秦汉“生子不举”现象和弃婴故事》，《史学月刊》2007 年第 8 期。

⑤ 李山译注：《管子》，中华书局 2009 年，第 208 页。

替代的地位。[①] 在中国以“孝”为中心的伦理观念下,儿童教育中更多地强调在“孝”的价值判断下,子女对于父母、家庭的责任和义务。[②]

另一方面,早在汉代,中国儿童已有比较丰富的游戏玩乐生活;[③]“小儿医”也已成为更成熟的医学专业。[④] 到了唐代,在一部集前代大成的法律——《唐律疏义》中,在如何对待儿童犯罪和保护儿童方面,做了比前代律法更加严谨与周全的规定。[⑤] 这些都利于儿童权益的保障。

在中国古代儿童权益保障方面,除了存在一些积极的、值得现代儿童权益保障法规与政策借鉴的萌芽之外,同时也存在一些损害儿童权益的方面:(1)“产子不举”。这是中国古代的一种恶行,早在先秦时就已存在,后代也史不绝书,甚至更加普遍。[⑥] 早在秦汉时期,婴儿死亡率比较高,“生子不举”和弃婴现象频繁发生。尽管当时杀害婴儿是法律禁止的行为。[⑦] 当然,这也并非父母心狠,主要是因贫困导致。[⑧] (2)体罚儿童。这在封建社会的家庭里都很盛行,是一种侮辱儿童人格、压制儿童个性发展、违反自然原则的专制方法。梁启超就特别反对体罚儿童,把它称为亡国灭种的方法。[⑨] (3)不太注重儿童自身的价值与个性。中国封建社会中,实行以男子为中心的家长制。家长不仅占有家庭的一切物质财富,而且妻子、儿女都隶属于他。

封建宗法制家庭生育和抚养子女,目的是为传宗接代,继承家长的私有财产。由于男尊女卑,女子无权继承家庭财产,只有男子才有继承权。一般来说,父母要求子女俯首帖耳,逆来顺受。子女的言行举止、生活习惯都要按封建的“礼法”办事,孩子没有独立的个性。至于儿童的前途,也是由家长安排,一般是

---

① 郑言午:《共生与互生——唐代儿童与父母的关系》,郑州大学硕士学位论文 2014 年,第 29—44 页。

② 杨秀清:《敦煌石窟壁画中的古代儿童生活研究(二)》,《敦煌学辑刊》2013 年第 2 期。

③ 王子今、周苏平:《汉代儿童的游艺生活》,《中国史研究》1999 年第 3 期。

④ 王子今:《秦汉儿童健康问题》,《石家庄学院学报》2007 年第 2 期。

⑤ 李巧玲:《唐代儿童若干问题研究》,安徽大学硕士学位论文 2011 年,第 23—32 页。

⑥ 林兴龙:《论汉代优恤儿童的相关问题》,《云南农业大学学报(社会科学版)》2010 年第 4 期。

⑦ 王子今:《秦汉儿童健康问题》,《石家庄学院学报》2007 年第 2 期。

⑧ 林兴龙:《论汉代优恤儿童的相关问题》,《云南农业大学学报(社会科学版)》2010 年第 4 期。

⑨ 李定开:《略谈中国古代家庭中的儿童教育》,《西南师范学院学报(人文社会科学版)》1983 年第 3 期。

子承父业。在一般家庭中,男孩从小跟父亲学习谋生的本领,女孩从小跟母亲学做家务。在上层社会的家庭中,父母要求孩子"十年寒窗,金榜题名","衣锦还乡,荣宗耀祖"。女孩则被要求成为贤妻良母,听从父母之命、媒妁之言,出嫁了事。①

中国进入近代社会后,包括后来的国民党统治时期,儿童权益保障没有太大改观,甚至由于资本帝国主义的入侵导致儿童权益保障方面有些倒退,主要表现如下:(1)长期的战争使中国儿童遭受深重灾难。凡战火所及,儿童也和成年人一样,不是死亡,就是被炸残废,继而保全小生命却失去了亲人,无所依靠。这种无依无靠、缺衣缺食、惨绝人寰的蒙难儿童数以百万计。② (2)医疗卫生条件极差,霍乱、伤寒、鼠疫、天花等烈性传染病在全国广泛流行。恶劣的生存环境,使得婴儿死亡率为20%,近一半儿童在15岁以前夭亡,③每年仅因天花而死亡的儿童达500多万人。④ (3)大量儿童沦为童工。据不完全统计,1932年,14个部门、98种行业中普遍存在使用童工,约占全国工业工人总数的4%,他们劳累终日,却过着牛马般的生活。⑤

近代中国儿童基本生存状况尚且如此恶劣,他们的发展权利自然得不到保障,学龄儿童入学率只有20%左右,农村则更落后,绝大多数人是文盲。⑥

自中国共产党诞生,中国儿童权益保障才开始有了根本改变。

1939年1月,陕甘宁边区第一届参议会通过的《陕甘宁边区抗战时期施政纲领》指出,实行普及免费的儿童教育,以民族精神生活知识教育儿童造成中华民国的优秀后代。保育儿童,禁止对于儿童的虐待。

1941年11月,陕甘宁边区第二届参议会第一次会议通过的《陕甘宁边区施政纲领》提出,男女平等,保护儿童。

新中国成立之后,国家颁布了许多保障儿童权益的法规与政策,中国儿童生存与发展状况才真正有了翻天覆地的巨变。

1950年颁布的《婚姻法》规定,保护子女的合法权益,包括禁止童养媳,夫妻

---

① 薛素珍、柳林:《儿童社会学》,山东人民出版社1985年,第56—57页。

② 方与严:《两个世界的儿童生活》,《人民教育》1950年第2期。

③ 中国社会科学院人口研究中心、《中国人口年鉴》编辑部编:《中国人口年鉴(1985)》,中国社会科学出版社1986年,第330—332页。

④ 方与严:《两个世界的儿童生活》,《人民教育》1950年第2期。

⑤ 邱远鄭:《旧中国资本家为什么大量使用童工》,《历史教学》1979年第6期。

⑥ 数据来源:国家统计局编:《光辉的三十五年》,中国统计出版社1984年。

有抚育子女的义务,子女有继承父母遗产的权利等。

1954 年 9 月,一届全国人大第一次会议召开,会议通过的《中华人民共和国宪法》规定,儿童受国家的保护。①

由于儿童权益得到较好的保障,使得我国儿童事业成就空前,主要表现在如下方面。

第一,儿童基本生存状况发生了质变。经过解放后二十多年的努力,到 1970 年代末,中国已成为拥有最全面医疗保障体系的国家之一,80%-85%的人口享有基本医疗保健。② 中国长期实行全国性计划免疫接种免费制度,有效控制了烈性和急性传染病的流行。患寄生虫病的大大地减少。医疗条件的改善,加上营养水平的提高,人口平均寿命得到大幅度提高。到 1973 年,出生婴儿 90%以上能活到 15 周岁,到 1980 年,5 岁以下婴儿死亡率降至 62‰③,中国人口平均寿命已超过亚非拉的平均水平。④ 同时,儿童的生长发育状况也大大改观。有人选择更能代表全国的中小城市——丹阳市进行研究,比较了 1936 年与 1956 年的儿童体质发展状况,结果发现:按照男女儿童各年龄平均计算,身长、体重、胸围、坐高、指距五项测量指标在二十年中发生的变化都很显著,儿童生长发育状况显著提升。⑤

第二,儿童免费获得教育的权益得到前所未有的良好保障。教育机构方面,1949 年,全国初中 2448 所,普通小学 34. 7 万所,1950 年全国有幼儿园 1799 所,到 1976 年,分别增至 13. 16 万所、109. 3 万所、44. 26 万所。教职工数方面,1949 年,全国小学教职工 84. 9 万人,1950 年,幼儿园教职工 2200 人,到 1976 年,全国小学教职工 564. 1 万人,幼儿园教职工 76. 3 万人。在校生数方面,1949 年,全国初中 83. 2 万人,小学 2439. 1 万人,1950 年全国幼儿园 14. 0 万人,到 1976 年,分别增至 4352. 9 万人、15005. 5 万人、1395. 5 万人。1975 年,全国学龄儿童入学率

① 胡德华、陈玮主编:《各国妇女儿童权益的宪法保障》,中国民主法制出版社 1991 年,第 3—6 页。

② 贾康、刘尚希:《公共财政与公共危机》,中国财政经济出版社 2004 年,第 77 页。

③ 数据来源:世界银行网站数据库。

④ 中国社会科学院人口研究中心、《中国人口年鉴》编辑部编:《中国人口年鉴(1985)》,中国社会科学出版社 1986 年,第 330—332 页。

⑤ 吴定良:《近二十年来丹阳县城市儿童体质发育的增进》,《复旦学报(自然科学)》1957 年第 1 期。

已增至96.8%。①

第三,为普通儿童成长发展创造了其他条件。1949年,我国建立了中国少年先锋队,以团结教育广大少年儿童,并建立了一支少年先锋队辅导员队伍。少年先锋队配合学校教育,开展了各种适合少年儿童特性的有益活动,帮助学校教育儿童。少年先锋队成为广大少年儿童所热爱的组织,并受到学校、家庭、社会各方面的赞许。同时,党和政府还为少年儿童创办了《中国少年报》和《中学生》等儿童报刊,受到少年儿童的热烈欢迎,成为教育少年儿童的有力工具。建国不久,许多文化机关和娱乐场所已逐渐增设了儿童部门,如儿童图书馆、阅览室等。这些使得儿童教育工作获得了更好的条件。②

改革开放以后,我国为保障儿童权益、提升儿童福利又颁布了一些法规与政策。

1991年9月,我国颁布了《未成年人保护法》。这是专门针对儿童权益保障的法律,在内容上更为全面完整(此后,我国又对《未成年人保护法》进行了四次修改,最近一次是2024年4月)。

1999年6月,为有效预防儿童犯罪,我国颁布实施了《中华人民共和国预防未成年人犯罪法》,对未成年人不良行为和犯罪的预防和矫治作出了规定(2012、2020年先后进行了修改)。③

另外,我国还有《民法典》《劳动法》《母婴保健法》《刑法》等法律都有相关条款涉及儿童权益保障。儿童的教育与发展权在中国受到很大重视,中国于1986年推出《义务教育法》,为全国儿童提供普遍性的九年制义务教育。1992年3月,国家教委又发布了《义务教育法实施细则》。1995年7月,国家教委、财政部制定了《关于健全中小学学生助学金制度的通知》,各省市区相继恢复与建立了中小学学生助学金制度。2001年9月,教育部等又发布了《关于落实和完善中小学贫困学生助学金制度的通知》,规定各地都应设立中小学学生助学金专款,并逐步加大投入力度。中央财政设立"国家义务教育贫困学生助学金"专款,重点支援西部贫困的革命老区、少数民族地区和边境地区,同时适当兼顾其他特别贫困地区。2015年12月,十二届全国人大常委会第18次会议通过了《反家庭暴力法》,

---

① 数据来源:国家统计局国民经济综合统计司编:《新中国五十年统计资料汇编》,中国统计出版社1999年。

② 胡克实:《培养社会主义的新人》,《江苏教育》1954年第5期。

③ 《中华人民共和国预防未成年人犯罪法》,人民出版社2021年。

旨在保护包括儿童在内的家庭成员的权益。

2020年5月，十三届全国人大第三次会议通过了《民法典》，《婚姻法》《继承法》《收养法》中保护儿童权益的条款，基本纳入《民法典》中。

再有，国家针对各种儿童问题先后颁布了很多相关文件。

对于离婚家庭子女，1993年11月，最高人民法院发布了《最高人民法院关于人民法院审理离婚案件处理子女抚养问题的若干具体意见》，到2020年5月，相关内容纳入《民法典》中。

对于儿童收养，1991年12月，全国人大常委会通过了《中华人民共和国收养法》(此后简称《收养法》，1998年进行了修正，2020年5月，相关内容纳入《民法典》中)。

对于寄养儿童，2003年10月，民政部颁布了《家庭寄养管理暂行办法》。在此基础上，2014年9月，民政部公布了《家庭寄养管理办法》，《家庭寄养管理暂行办法》废止。

对于孤儿，2006年3月，民政部等印发了《关于加强孤儿救助工作的意见》。这是新中国成立以来对孤儿生活救助和服务保障的第一个综合性的福利性的制度安排，在中国儿童福利事业发展史上有里程碑意义。2010年11月，国务院办公厅发布了《关于加强孤儿保障工作的意见》。

对于受艾滋病影响的儿童，2009年3月，民政部印发了《关于进一步加强受艾滋病影响儿童福利保障工作的意见》，并于2012年联合财政部印发了《关于发放艾滋病病毒感染儿童基本生活费的通知》。2014年12月，国家卫计委办公厅等发布了《关于进一步落实受艾滋病影响儿童医疗教育和生活保障等政策措施的通知》。

对于流浪儿童，2011年8月，国务院办公厅印发了《关于加强和改进流浪未成年人救助保护工作的意见》。

对于预防儿童性侵，2013年9月，教育部等发布了《关于做好预防少年儿童遭受性侵工作的意见》。

对于监护人侵害儿童权益行为，2014年12月，最高人民法院等出台了《关于依法处理监护人侵害未成年人权益行为若干问题的意见》。

对于留守儿童，2016年2月，国务院印发了《国务院关于加强农村留守儿童关爱保护工作的意见》。2019年4月，民政部等制定了《关于进一步健全农村留守儿童和困境儿童关爱服务体系的意见》。

对于困境儿童,2016 年 6 月,国务院出台了《国务院关于加强困境儿童保障工作的意见》。2019 年 4 月,民政部等制定出台了《关于进一步健全农村留守儿童和困境儿童关爱服务体系的意见》。2023 年 10 月,民政部等印发了《关于加强困境儿童心理健康关爱服务工作的指导意见》。

对于儿童个人信息保护,2019 年 8 月,国家互联网信息办公室发布了《儿童个人信息网络保护规定》。

对于儿童沉迷于网络游戏,2018 年 4 月,教育部办公厅发布了《关于做好预防中小学生沉迷网络教育引导工作的紧急通知》。

综上,改革开放以来,我国为儿童权益保障已做了大量工作,进一步取得一些成绩,但仍存在一些问题。

三、针对老年人合法权益保障法规与政策的发展演变

根据《中华人民共和国老年人权益保障法》(此后简称《老年人权益保障法》)的规定,老年人指的是 60 岁及以上的公民。

在农业社会以前,由于科技落后,生产力水平低下,人类对自然灾害的征服和适应能力很差,因此,人类平均寿命很短。50 万年前,北京猿人平均寿命为 14.2 岁。4000 年前的青铜、铁器时代,人类平均寿命为 18 岁,老年人在人口结构中的比重很低,老年人问题也就不突出。① 老年人的经济生活基本上得不到保障。② 人们对待老年人的方法是有区别的,其标准往往是老人是否在体力上仍然对部落有用,而原始人对待失去劳动价值的老年人的做法在现代人看来是不可思议的。③

随着对偶婚和一夫一妻制的逐渐形成和生产力的发展,产生了按血缘关系建立起来的氏族公社。这种血族团体强调"同氏族人必须相互援助、保护",老年人作为氏族的长辈,理所当然地开始受到尊重。④

中国进入农业社会以后,关于老年人权益保障的法规与政策内涵丰富,主要

---

① 魏太星等主编:《现代老年学》,河南医科大学出版社 2001 年,第 44 页。

② [英]赫·乔·韦尔斯:《世界史纲——生物和人类的简明史》,人民出版社 1982 年,第 84—85 页。

③ 刘苓玲:《老年社会保障制度变迁与路径选择》,首都经济贸易大学出版社 2009 年,第 50 页。

④ 田雪原主编:《中国老年人口社会》,中国经济出版社 1991 年,第 334—335 页。

包括以下方面。

(一)敬老尊贤的礼法和习俗

对于我国敬老尊贤和爱老养老的礼法制度,《礼记》中有大量的记载和论述。

《礼记·曲礼》首先对老年人的地位和作用予以肯定和说明,“人生十年曰幼,学。二十曰弱,冠。三十曰壮,有室。四十曰强,而仕。五十曰艾,服官政。六十曰耆,指使。七十曰老,而传。八十九十曰耄,七年曰悼,悼与耄,虽有罪,不加刑焉。百年曰期,颐”。①《礼记》在此所强调的 40 岁以前重于学,40 岁以后参与政事起承先启后和领导指引的重要作用。

《礼记·曲礼》对于敬老习俗的描绘是“年长以倍,则父事之,十年以长,则兄事之,五年以长,则肩随之,群居五人,则长者必异席”;“谋于长者,必操几杖以从之,长者问,不辞让而对,非礼也”。礼仪要求人们对长者以父兄相待,在与长者商议事情时也需要尊重、虚心而有礼节。

国家对于敬老爱老还有成文的礼法制度。《礼记·王制》载:“五十杖于家,六十杖于乡,七十杖于国,八十杖于朝,九十者天子欲有问焉,则就其室,以珍从。”②这项制度明文规定老年人可以扶杖上朝,皇帝向 90 岁的长者请教得亲自登门。

国家还定有敬老、爱老的典例和仪式,其中最为隆重而且具有代表性的是“乡饮酒礼”。这是一种全国性的敬老大典,从周朝开始,历代相继沿用,一直传到清朝。其目的与意义是“正齿位,序人伦,敬老尊贤,息事端,敦睦乡里”。③

举行乡饮酒礼时以德高望重的耆老为主宾,年长者为众宾,由乡先生与大夫主持,费用大部分由国库支付。

国家对于老人给予免服劳役和减免税收的优待。北齐规定“六十免力役,六十六还田,免租调”,隋朝规定“六十为老,乃免租调”。唐朝规定老男田二十亩,享受免税捐的优待。④ 另据《大清会典》载“年七十以上者,免其丁伕杂差”。⑤

(二)养老制度

中国早在远古时代就有养老制度。据《周礼》记载,西周大司徒的职掌中就

① 陈莉选注:《礼记(精选本)》,高等教育出版社 2008 年,第 5 页。

② 常金仓:《周代礼俗研究》,黑龙江人民出版社 2004 年,第 81 页。

③ 杨树山、戴洪祥:《中国节日风俗欣赏》,河北科学技术出版社 1992 年,第 89 页。

④ 贾岩主编:《怎样做老龄工作》,档案出版社 1990 年,第 323 页。

⑤ 熊必俊、郑亚丽编著:《老年学与老龄问题》,科学技术文献出版社 1989 年,第 246 页。

明确提出了养老的政策和措施。受养的对象:一是三老五更,二是死于国事者的父祖,三是告老还乡的官吏,四是高年的老百姓。《礼记·王制》载:"凡养老:有虞氏以燕礼,夏后氏以飨礼,殷人以食礼,周人脩而兼用之。五十养于乡,六十养于国,七十养于学,达于诸侯";"有虞氏养国老于上庠,养庶老于下庠。夏后氏养国老于东序,养庶老于西序。殷人养国老于右学,养庶老于左学。周人养国老于东胶,养庶老于虞庠。虞庠在国之西郊……凡三王养老皆引年。"这些说明,夏、商、周三代不仅规定了养老的内容,而且对于收养的地点还按年龄的不同作出了不同安排。此外,唐朝还规定皇帝敬养朝廷致仕大臣之老者,刺史敬养仕子之老者,县令敬养庶民之老者。

对于老人的饮食供应,在《礼记·王制》中有如下记载:"五十异粻,六十宿肉,七十贰膳,八十常珍,九十饮食不离寝,膳饮从于游可也。"①这是说,对于50岁的人应供应细粮,60岁的人应常备肉食,70岁的人应另备膳食,80岁的人应常吃时鲜食品,90岁的人应有食物常设于居室,出游时应随时供应于左右。《礼记·王制》还载:"六十岁制,七十时制,八十月制,九十日修,唯绞、衿、衾、冒,死而后制。"②这说明古时除养老外,还规定对老人死后的殡葬要预作安排,年岁越高,越应及早制备丧具。

历代对于告老还乡的官吏还发给类似现代养老金的俸禄。汉平帝元始元年,诏天下吏比二千石以上年老致仕者,参分故禄,以一与之,终其身。北魏孝明帝正光四年秋七月规定,年满70岁者退休,对退休人员"可给本官半禄,以终其身"。唐德宗贞元五年诏曰:"帝念归老之臣,特命赐其半焉。致仕官给半禄。"清顺治十八年"议准八旗年老致仕者,有奉旨支原俸者仍照原品支给,其余年至六十致仕者,给与半俸。"

为了保证子孙对父祖恪尽赡养的义务,历代朝廷还对有老人的家庭给予减免征役的优待。《礼记·王制》载:"八十者一子不从政,九十者其家不从政。"管仲任齐桓公宰相时,推行九惠之政,规定凡国都皆有管理老人福利的官员,对于70岁以上的老人,免除其一子的赋役,80岁以上的老人免除其二子的赋役,90岁以上的老人免除全家的赋役。《荀子·大略》载:"八十者一子不事,九十者举家不事。"北魏文成帝《本纪》载:"民八十以上,一子不从役。"唐朝为了保证老有所

① 郭齐勇主编:《儒家文化研究:礼学研究专号》,生活·读书·新知三联书店2010年,第239页。

② 吴玉贵、华飞主编:《四库全书精品文存》,团结出版社1997年,第508页。

养,规定十丁以上免二丁,五丁以上免一丁,侍丁者免徭役。唐元宗时规定:“男子七十,妇人七十五以上者,皆给一子侍。”后唐庄宗时规定:“自八十至九十者,与一子免役,州县不得差徭。”明朝洪武年间诏:“民年七十以上者,许一子侍奉,免其杂泛差役。”为了使家有高年父母的官吏能就近恪尽养老义务,一些朝代还规定在外地任职的官吏可调到父母身边的法令。元朝成宗时规定“亲年七十别无侍丁者,从近迁除”。顺帝至元四年正月“诏内外贤能官,父母七十无侍丁者,附近铨注,以便就养”。

另外,社会养老方面,在中国古代,设立义田或义庄、义社。义田、义庄或义社都是由一个族姓或一个村落以至一个地区的人采取“集资”的方法,购置一定田产,以其剩余产品、地租或利息等作为老、弱、病、残及贫困者的救济。这种义田性质的救贫办法,在公元前吴越时期就已有设置。此后,北宋时范仲淹设置的义田、义庄最为著名。清末民初,这种民间各族姓或村落设置的义田、义庄等已相当普遍。不过,这种义田或义庄的救济对象并不完全限于对老人的赡养,而且,即使是对老年人也只针对老年孤独无依靠者。《周礼》中记载大司徒的职责时称:“以保息六。养万民。一曰慈幼,二曰养老。”又疏注称,“案《王制》云:‘五十养于乡,六十养于国,七十养于学。’彼谓大夫士也……老人众多,非贤者不可皆养。”可见,这时所谓国家的养老也仅限于少数“贤者”或“大夫士人”。自此至秦汉以降,虽历代都有敬老尊老规定与行事,却没有更具体的养老办法或专职机构出现。直至北宋时期才开始有广惠仓的设立。《宋史·食货志》载:“嘉祐二年(公元1057年)诏天下置广惠仓……以给州县郭内之老幼贫疾不能自存者。”广惠仓的救济对象虽然只限于老年人中的“不能自存者”,但它毕竟是中国最早的官方赡养老年人的正式机构。自宋至清以前,元、明两代官方救济赡养老人的做法继承宋之旧制,只是广惠仓的职能转归常平仓承担,其他方面则没有发展。至清代始有较大发展。一方面,民间的义田、义庄等大为增加,一方面,官方救贫机构和方式也有所改进,到清朝末年,沿海地区的救贫机构已增设了栖流所、习艺所、迁善公所、育婴堂、施医局、埋葬局、施粥厂等。其中,栖流所、施医局、埋葬局和施粥厂等机构的职责中包括对孤寡老人的赡养、医治、救贫以至丧葬的项目。[①]

(三)历代保护老年人的法令

中国历代还以立法形式维护和保障老年人的权益和安全。

---

① 毕可生、李晨主编:《老年学基础》,甘肃人民出版社1991年,第153—154页。

首先,保障老年人的财产所有权。我国历代一贯实行家庭共有财产制度,一家的尊长掌握财产管理权,负责管理、分配与使用家庭的财产,子孙不得擅自动用。春秋战国时代部分礼制汇编而成的《仪礼》载:“父子一体也,夫妇一体也,昆弟一体也,而同财,有余则归之宗,不足则取之宗。”魏朝规定:“使父子无异财。”唐朝的法律规定,“凡同居之内,必有尊长,尊长既在,子孙无所自专,若卑幼不由尊长,私取用当家财物者,处罚”。这些所强调的都是一个家庭的财权应由尊长掌管。法律还规定,一个家庭在分家庭财产时,对公有财产的分配也要保障老年人的权益。唐朝的法律规定:“依令,诸子均分,老人共十孙,为十一分,留一分于老者。”老人去世后,老人的一分财产仍保留为公产,作扫墓祭祀之用。

惩罚子孙的不孝行为,以保障老年人老有所养。我国古有十恶之律,不孝在十恶中列第七位,十恶均属死罪,即使遇大赦之年也不在赦免之列。《孝经》说,“五刑之属三千,而罪莫大于不孝”①。唐朝的法律把祖父母、父母在,别籍异财和供养有缺者列入处死刑的十恶不赦之中。清朝的法律规定:“如子贫不能营生赡养父母而致父母自缢死者,杖一百,流三千里。奉养有缺者,杖一百。”

对于负责赡养父祖的侍丁犯罪行为的处罚给予宽减,以免其父祖无人奉养。后魏律令规定:“诸犯死罪,若祖父母、父母年七十以上,无成人子孙,旁无期亲备者,具状上请。流者鞭笞,留其养亲。”唐朝律令规定:“犯死罪,非十恶,而祖父母、父母老疾应侍者,上请;流刑者,权留养亲。”此外,明朝和清朝的律令也有类似规定,对于犯死罪非十恶而祖父母、父母老疾应侍而家中又无16岁以上的次丁者,可以奏请减刑,若属流刑,只杖一百,留下来养亲。

对于老年人犯罪,采取恤老宽容的原则。《周礼·秋官·司刺》载有三赦:幼弱、老旄与蠢愚,对于未满8岁和80岁以上犯罪者,除亲手杀人外,其余皆不坐。②《汉书·宣帝纪》载:“诸年八十以上,非诬告杀伤人,他皆勿坐。”唐朝的律令规定:“男八十及笃疾,妇年六十及残疾者并免。”晋朝和后魏也都有对80岁以上非杀伤罪他皆勿论的类似规定。此外,唐朝还规定对70岁以上的老人不得拷刑,80以上,虽犯重罪,亦散禁。唐、明、清的律令甚至有对80岁以上因谋反、杀人而应判死罪的人,也可上请赦免。③

---

① [唐]李隆基注:《孝经》,上海古籍出版社2014年,第62页。

② 薛英群:《居延汉简通论》,甘肃教育出版社1991年,第200页。

③ 熊必俊、郑亚丽编著:《老年学与老龄问题》,科学技术文献出版社1989年,第245—250页。

综上，在相当长时期的中国传统社会中，老年人在家庭的生产和分配等经济活动中有举足轻重的决定性作用，同时也巩固了老年人获得子女赡养的权利。① 不过，除了致仕的官吏外，绝大多数老年人的衣、食、住都在家庭中解决，以家庭养老相传袭。② 广大劳动人民生活贫苦，特别是在动乱年代，流离颠沛，疫疾流行，使得很多人过早离世。所以，古代有“六十花甲是大庆，人生七十古来稀”和“年开第七秩，屈指几多人”的说法。③

中国进入近代社会，逐渐沦为半封建半殖民地社会，老年人权益保障并没有什么进步之处。例如，在老年人教育权益方面缺乏保障，绝大多数老年人是文盲半文盲。④ 直到新中国成立后，老年人权益保障才发生了根本改观。

新中国成立后不久，苏联模式的国家保险型的养老制度在中国建立。这种以公有制为基础的老年社会保障制度，具有民主性和普遍性。1955 年 12 月，国务院颁布了《国家机关工作人员退休处理暂行办法》。1958 年 2 月，国务院公布了经全国人大常委会批准的《关于工人、职员退休处理的暂行规定（草案）》。⑤ 至于农村，老年人的权益保障（主要是社会保障）则采用了互助共济与社会救济相结合的模式。⑥

应当说，从新中国成立到改革开放初这一段时期，针对老年人权益保障法规与政策运行效果还是比较好的。这点从中国人均寿命由解放前的 35 岁提高到 1981 年的 67.9 岁即可反映出来。⑦

改革开放以后，中国针对老年人权益保障的法规与政策，一方面有一些建树，取得了一些新成绩，另一方面，也出现了一些曲折。

1980 年 10 月，为了更好地安置老干部，国务院公布了《国务院关于老干部离职休养的暂行规定》。⑧ 1982 年 4 月，国务院颁布了《国务院关于发布老干部离

---

① 刘苓玲：《老年社会保障制度变迁与路径选择》，首都经济贸易大学出版社 2009 年，第 54—55 页。

② 田雪原主编：《中国老年人口社会》，中国经济出版社 1991 年，第 316 页

③ 夏廉博等编著：《老年学与老年病》，知识出版社 1982 年，第 1 页。

④ 张纯元主编：《中国老年人口研究》，北京大学出版社 1991 年，第 9 页。

⑤ 田雪原主编：《中国老年人口社会》，中国经济出版社 1991 年，第 339、374 页。

⑥ 刘苓玲：《老年社会保障制度变迁与路径选择》，首都经济贸易大学出版社 2009 年，第 181 页。

⑦ 国家统计局编：《光辉的三十五年》，中国统计出版社 1984 年。

⑧ 《国务院关于公布〈国务院关于老干部离职休养的暂行规定〉的通知》，《山西政报》1980 年第 9 期。

职休养制度的几项规定的通知》,对离职休养待遇作了规定。①

对于城镇集体职工的养老保险问题,财政部等于1979年9月公布了《关于集体卫生人员退休退职有关问题的通知》,使合作商店的职工、社员和集体卫生人员的退休退职分别参照国营企业和国家机关的规定执行。国家对于尚未实行社会保险的集体职工的养老保险也十分重视,先后发布了《关于城镇集体所有制企业的工资福利标准和列支的通知》《关于城镇集体所有制经济若干政策问题的暂行规定》,规定这些企业要根据本身的经济条件,提取一定数额的社会保险金,逐步建立社会保险制度,解决职工的年老退休和丧失劳动能力的生活保障等问题。

1980年以后,各地相继制定了集体经济组织职工社会保险办法,对退休费采取了统筹的办法,对退休养老有具体规定。1986年,国务院决定在新招工人中普遍实行合同制。为此,在全国普遍建立了国营企业劳动合同制工人退休养老制度。此外,在三资企业中,也开始实行职工养老保险制度。②

随着我国人口老龄化的加快,老龄工作越来越受到党和政府的重视。1999年10月,党中央、国务院批准成立全国老龄工作委员会。该委员会属民政部,是国务院主管全国老龄工作的议事协调机构。全国各地也成立了相应的机构。2005年8月,该委员会成为有正式编制的机构。2018年9月,国务院办公厅作出调整,全国老龄工作委员会办公室改设在国家卫健委,并承担日常工作。同时,我国加快了老年人权益保护的法规政策体系建设。《宪法》中规定了老人享有社会保障的权利及在家庭中不受虐待的权利。此外,《刑法》《劳动法》《民法典》等法律中,都有对老年人尊重、赡养、保护的条款。

1996年8月,我国颁布了《老年人权益保障法》。该法对老年人的赡养与扶养、社会保障与社会服务、参与社会发展及侵害老年人权益的法律责任等,作出了具体明确的规定③(2009、2015、2018年先后进行了修正)。

2015年12月,十二届全国人大常委会第18次会议通过了《反家庭暴力法》,

---

① 《国务院关于发布老干部离职休养制度的几项规定的通知》,《山西政报》第1982年第5期。

② 田雪原主编:《中国老年人口社会》,中国经济出版社1991年,第374—375页。

③ 《中华人民共和国老年人权益保障法》,《中华人民共和国全国人民代表大会常务委员会公报》1996年第7期。

旨在保护包括老年人在内的家庭成员的权益。①

2016 年 12 月，为进一步加强老年法律维权工作，全国老龄办等出台了《关于进一步加强老年法律维权工作的意见》。

2017 年 12 月，为进一步加强农村留守老年人关爱服务工作，民政部等出台了《关于加强农村留守老年人关爱服务工作的意见》。

随着人口老龄化时代的到来，针对老年人的各类服务需求急剧膨胀，应对此类需求的服务处于发展与完善之中。近些年来，国家也出台了一些法规与政策推动与规范老年人服务的发展，主要有如下方面。

2011 年 12 月，为积极应对人口老龄化，建立起与人口老龄化进程相适应、与经济社会发展水平相协调的社会养老服务体系等，国务院办公厅印发了《社会养老服务体系建设规划(2011—2015 年)》。

2012 年 2 月，民政部制定了《关于开展“社会养老服务体系建设推进年”活动暨启动“敬老爱老助老工程”的意见》。同年 6 月，为落实好社会养老服务发展监测工作，民政部发布了《民政部关于印发社会养老服务发展监测指标体系的通知》。同年 7 月，为贯彻落实《国务院关于鼓励和引导民间投资健康发展的若干意见》，民政部制定了《民政部关于鼓励和引导民间资本进入养老服务领域的实施意见》。

党的十八大以来，党和政府更加重视老年人事业发展，出台的相关法规与政策进一步推动了老年人权益的保障。

2013 年 7 月，为深入贯彻《老年人权益保障法》关于建立健全养老服务评估制度的要求等，民政部公布了《民政部关于推进养老服务评估工作的指导意见》。同年 9 月，为加快发展养老服务业，国务院印发了《国务院关于加快发展养老服务业的若干意见》。

2014 年 5 月，为贯彻落实《国务院关于加快发展养老服务业的若干意见》，民政部等印发了《关于推进城镇养老服务设施建设工作的通知》。同年 8 月，为加快推进政府购买养老服务工作等，财政部等下发了《关于做好政府购买养老服务工作的通知》。

2015 年 1 月，为建立科学合理的养老机构服务收费管理体制，充分调动社会资本进入养老服务领域积极性等，发展改革委、民政部发布了《关于规范养老机

① 《中华人民共和国反家庭暴力法》，人民出版社 2016 年。

构服务收费管理促进养老服务业健康发展的指导意见》。同年4月，为了促进社会养老服务健康可持续发展，破解长期以来制约发展的融资难问题，民政部、国家开发银行出台了《民政部 国家开发银行关于开发性金融支持社会养老服务体系建设的实施意见》。同年11月，为贯彻落实《国务院关于加快发展养老服务业的若干意见》等文件的要求，国务院办公厅转发了国家卫计委等发布的《关于推进医疗卫生与养老服务相结合的指导意见》。

2016年12月，为促进养老服务业更好更快发展，国务院办公厅印发了《国务院办公厅关于全面放开养老服务市场提升养老服务质量的若干意见》。

2017年2月，为规范和加强支持居家和社区养老服务改革试点的中央专项彩票公益金管理，充分发挥资金使用效益，财政部、民政部印发了《中央财政支持居家和社区养老服务改革试点补助资金管理办法》。

2019年4月，国务院办公厅印发了《国务院办公厅关于推进养老服务发展的意见》。

2020年7月，为建设更高水平的平安中国提供有力保障，民政部等印发了《关于规范养老机构服务行为做好服务纠纷处理工作的意见》。同年11月，为深入贯彻落实党的十九大和十九届二中、三中、四中、五中全会精神，深化"放管服"改革，加快形成高效规范、公平竞争的养老服务统一市场，建立健全养老服务综合监管制度等，国务院办公厅印发了《国务院办公厅关于建立健全养老服务综合监管制度促进养老服务高质量发展的意见》。同年12月，为促进养老托育服务健康发展，国务院办公厅还印发了《国务院办公厅关于促进养老托育服务健康发展的意见》。

2023年5月，为贯彻落实党中央、国务院有关决策部署，健全基本养老服务体系，更好保障老年人生活，中共中央办公厅、国务院办公厅印发了《关于推进基本养老服务体系建设的意见》。

概括来说，改革开放以来，由于一系列针对老年人权益保障法规与政策的出台及实施，提升了老年人的福利，增加了老年人的预期寿命。

四、针对残疾人合法权益保障法规与政策的发展演变

《中华人民共和国残疾人保障法》（此后简称《残疾人保障法》）规定，残疾人是指在心理、生理、人体结构上，某种组织、功能丧失或者不正常，全部或者部分丧失以正常方式从事某种活动能力的人。残疾人包括视力残疾、听力残疾、言语

残疾、肢体残疾、智力残疾、精神残疾、多重残疾和其他残疾的人。

残疾现象古已有之。残疾人是人类社会中长期存在的一个特殊群体,残疾的特征使其无法像正常人那样生存和发展。因此,如何保障残疾人基本的生存权,成为古今中外各国政府和社会必须面对和解决的重大问题。中华民族有着五千年的悠久文明,许多朝代为保障残疾人权益做出了不同程度的努力。

西周、春秋战国时期,对残疾人的权益保障在《周礼》中有明确记载。《周礼·地官司徒》中提出"保息六政",规定"大司徒"的职责包括:"以保息六,养人民,一曰慈幼,二曰养老,三曰振穷,四曰恤贫,五曰宽疾,六曰安富。"其中,"宽疾"就包括宽免残疾人的徭役。这一时期可谓是残疾人权益保障的萌芽期。其具体表现有:一是设立专门的官职,免除残疾人的徭役负担;二是为残疾者提供基本的生活保障;三是采取措施预防残疾的发生,通过医药的治疗,防止或减缓残疾的发生,包括对残疾人的医治和预防;四是对残疾人持残而不废的态度,主张其从事力所能及的工作。

从先秦史籍的记载可知,许多贤明的诸侯都比较重视对残疾人的抚恤和照顾,并以此作为收拾民心、安定社会、振兴国力的重要手段。例如,齐桓公以管仲为相,力行"九惠之教",其中即有"养疾"一项,设立"掌养疾"之官,对于聋、盲、哑、病腿、半身不遂等身患残疾、生活不能自理者,官府收养在"疾馆"中,供给衣食,直至身故。①

自秦统一六国后,历代王朝制定并实行了一系列发展经济、保障社会安定的政策与措施。政府和社会各界采取各种救助措施使残疾人生活得到了一定程度的保障。

汉代统治者经常派遣官员巡行天下,对鳏寡孤独贫病残疾之人加以慰问并给予物质救济。

南北朝时期出现了专门收容废疾之人的设施——"六疾馆"。到宋代,对残疾人的权益保障尤为突出,社会救济事业发展迅速,各种救助鳏寡孤独、废疾贫困的机构种类渐多,规模渐大。北宋在京师建立名为"福田院"的机构,收养老幼废疾者。除此之外,每逢大灾大祸还对残疾人进行特别救济。

明清时期,我国针对残疾人的政策与措施更加完善。一方面,对残疾人及其家属减免赋役和提供物质帮助;另一方面,明清政府通过设立专门机构收养和救

① 王卫平:《明清时期残疾人社会保障研究》,《江海学刊》2004年第3期。

助残疾人。在各府、州、县设惠民药局,对于包括残疾人在内的“有疾之人,即施对症之药”。设立养济院,收养贫病孤老残疾之人。朱元璋要求“鳏寡孤独废疾不能自养者,官为存恤”,后设立孤老院。清顺治帝下诏要求“各处养济院,收养鳏寡孤独及残疾无告之人,有司留心举行,月粮依时给发,无致失所”。此后,康熙、雍正、乾隆等帝均曾下诏各地恢复、设立养济院收容孤贫废疾,官为存养。

中国古代除了官办残疾人救助事业的发展,民间的社会救助也发挥了一定作用。中国古代出现了大批救孤恤残、扶危帮困的志士仁人、宗族以及民间慈善机构,对残疾人的社会救助和保障发挥了重要作用。除佛教组织建立的慈善机构对残疾人提供救助和保障外,宗族也对鳏寡孤独、废疾贫困族人进行救助。

综上,中国残疾人社会保障制度从萌芽到形成直至成熟,经历了相当长的时间,逐渐形成了由国家、社会、宗族与家庭多元主体构成的为残疾人提供生活救助和照顾的残疾人权益保障体系。

必须指出,古代残疾人的权益保障不论是救灾备荒、收养孤残的制度措施,还是慈善组织都仅停留于对残疾人社会救济的层面,只能保障残疾人的最低生存需要,而有关残疾人的稍高层次的保障措施则是一片空白。另外,由于王朝不断更迭,往往难免前紧后松,有关残疾人的社会救济和保障难以一以贯之,稳定性较差。①

中国进入近代社会后,残疾人权益保障在某些方面有所发展。

1874 年,中国第一所盲童学校——启明瞽目院开办。1887 年,美国传教士梅尔斯在山东蓬莱县创办启喑学馆。这是中国最早的聋哑学校。1916 年,民族资本家张謇在江苏南通创办了私立聋哑学校。这些机构旨在解决一部分残疾人的教育问题。

在中华民国时期,国民党政府颁布了名目繁多的针对伤残军人的抚恤条例。例如,1938 年颁布了《战时雇员公役因公伤亡给恤暂行标准》;1940 年颁布了《战时军事征雇民夫伤亡抚恤暨埋葬费暂行办法》和《陆军抚恤暂行条例》;1942 年颁布了《海军抚恤暂行条例》;1943 年颁布了《空军抚恤条例》等。

与此同时,在共产党领导的抗日根据地中,也颁布了一系列照顾伤残人员的法规,如山东省抗日民主政府颁布的《抚恤抗日阵亡、荣誉军人暂行条例》;晋察

① 李迎生等:《残疾人社会保障理论与实践研究》,华夏出版社 2008 年,第 14—19 页。

冀边区制定的《修正抗日战争伤亡军人暂行抚恤办法》等。①

随着新中国的成立，国民经济得到恢复和发展的同时，残疾人权益保障也得到相应发展，主要表现在以下方面。

一是，制定和实施社会救济政策。救济的对象主要包括城市贫民、失业人员、孤老残幼等，救济方式主要通过接收和改造帝国主义举办的“慈善”团体，对孤老残幼进行救济。

二是，构建残疾人社会保障制度。新中国实行人民当家作主，国家通过颁布各种法规条例确保残疾人基本的生活权利和政治权利。1950 年，国家制定了《革命工作人员伤亡褒恤暂行条例》，为战时伤残人员提供了必要的保障。1951 年，国家颁布了《中华人民共和国劳动保险条例》（此后简称《劳动保险条例》），其中涉及职工在伤残后获得必要物质帮助的办法。为此，政府大力举办一些社会福利机构和福利企业，为残疾人提供各种保障。1960 年，经国务院批准，将中国盲人福利会与中国聋哑人福利会合并成为中国盲聋哑人协会。在农村，1956 年颁布的《高级农业合作社示范章程》第 53 条规定：农业生产合作社对于缺乏劳动力或者完全丧失劳动能力，生活没有依靠的老弱、孤残的社员，在生产和生活上给予适当的安排和照顾。农村形成了以“五保”为内容、以社会救济为特征的社会保障制度。这些为农村残疾人提供了必要的权益保障。②

三是，建立残疾人的组织。1953 年成立了中国盲人福利会，1956 年成立了中国聋哑人福利会。这两个组织于 1960 年合并为中国盲人聋哑人协会。此后，在全国各省、自治区、直辖市建立起 395 个盲人聋哑人协会和 700 多个基层组织。

四是，安排残疾人就业。到 1958 年，我国已有福利工厂 463 家，共安置残疾人 3800 人。1960 年举办了 18 个盲人按摩培训班，办起了 70 个盲人按摩诊所和医院。

五是，发展残疾人教育文化体育事业。到 1959 年，我国盲聋哑学校发展到 297 所。从 1959 年起，每年举行一次青年盲人田径运动会。从 1960 年以后，陆续建起 40 多个盲人聋哑人俱乐部。③

---

① 马洪路主编、中国社会工作教育协会组编：《残障社会工作》，高等教育出版社 2007 年，第 57 页。

② 李迎生等：《残疾人社会保障理论与实践研究》，华夏出版社 2008 年，第 19—20 页。

③ 刘翠霄编著：《各国残疾人权益保障比较研究》，中国社会科学出版社 1994 年，第 191 页。

改革开放后,党和政府不仅制定了各项法规与政策保障残疾人的基本权益,而且,注重残疾人权益保障法规与政策的实施,使中国残疾人权益保障进一步在某些方面得到发展。

1984年,中国残疾人福利基金会成立,它通过各种途径为残疾人服务,保障残疾人的基本权益。1985年开始起草《残疾人保障法》,为残疾人的社会保障提供了法律支持。[①] 1987年,国务院批准实施第一次全国残疾人抽样调查,全面了解残疾人及其工作状况,并采取了相应措施,推进残疾人事业的发展。

1988年,在中国残疾人福利基金会、中国盲人聋哑人协会和“联合国残疾人十年”中国组织委员会秘书处的基础上,中国成立了中国残疾人联合会。中国残联为推动残疾人事业的发展作出了巨大贡献。[②]

1990年12月,七届全国人大常委会第17次会议通过了我国第一部保障残疾人权益的法律——《残疾人保障法》,从法律层面对残疾人权益保障作出规定[③](2008、2018年先后进行了修正)。这是迄今最全面最完整阐述残疾人合法权益的法律。随后,国家有步骤地制定、实施了残疾人事业发展的多个五年计划,涵盖残疾人的康复、医疗、就业、教育、扶贫、文化体育、社会保障、改善残疾人生活的社会环境等方面。另外,在其他几十部法律中均涉及残疾人的权益保障问题,包括残疾人生活、劳动、教育、婚姻、社会保障、社会救助等诸多领域,织就了一张残疾人社会保障的法律法规网络。1993年9月,为了加强对残疾人工作的领导,国务院成立由34个部委组成的国务院残疾人工作协调委员会。该委员会的主要职责是:综合协调有关残疾人事业方针、政策、法规、规划、计划的制定与实施工作,协调解决残疾人工作中的重大问题,组织协调联合国有关残疾人事务在中国的重要活动。具体工作由中国残联承担,委员会秘书处设在中国残联。2006年,更名为“国务院残疾人工作委员会”,组成单位达到38个,各级政府也相应建立了残疾人工作委员会。

1994年8月,国务院发布了《残疾人教育条例》(2017年进行了修订),旨在保障残疾人受教育的权利,发展残疾人教育事业。

---

① 李迎生等:《残疾人社会保障理论与实践研究》,华夏出版社2008年,第21页。

② 马洪路主编、中国社会工作教育协会组编:《残障社会工作》,高等教育出版社2007年,第60—62页。

③ 全国人民代表大会常务委员会法制工作委员会编:《中华人民共和国法律汇编:2008》,人民出版社2009年,第29—44页。

1999 年 9 月，为进一步做好残疾人劳动就业工作，国务院办公厅转发了劳动保障部等制定的《关于进一步做好残疾人劳动就业工作的若干意见》。

2000 年 8 月，为加强社区残疾人工作，民政部等出台了《关于加强社区残疾人工作的意见》。

2002 年 8 月，为进一步做好残疾人康复工作，国务院办公厅转发了卫生部等制定的《关于进一步加强残疾人康复工作的意见》。

2003 年 4 月，为了规范和加强残疾人事业五年计划纲要专项资金的管理，保障中国残疾人事业五年计划纲要的顺利实施，财政部、中国残联印发了《中国残疾人事业五年计划纲要专项资金管理办法》。

2004 年 10 月，为做好扶助贫困残疾人工作，满足他们物质和文化生活的基本需要，国务院转发了民政部等制定的《关于进一步加强扶助贫困残疾人工作的意见》。

2005 年 8 月，为进一步加强基层残疾人组织建设，提高基层为残疾人服务的能力等，国务院残疾人工作协调委员会印发了《关于进一步加强基层残疾人组织建设的意见》。

2006 年 12 月，第 61 届联合国大会通过了《联合国残疾人权利公约》。这是国际上普遍认可的保护残疾人、维护残疾人权益的规范。2007 年中国正式签署加入该公约，承诺履行其中规定的相关责任。

2007 年 2 月，为保障残疾人劳动权利，国务院颁布实施了《残疾人就业条例》。同年 5 月，为进一步加强残疾人体育工作，推进残疾人体育运动健康、稳定发展，国务院办公厅印发了《国务院办公厅关于进一步加强残疾人体育工作的意见》。

2008 年 3 月，中共中央、国务院出台了《中共中央国务院关于促进残疾人事业发展的意见》，旨在进一步促进残疾人事业发展。

2009 年，民政部等出台了《关于进一步加强和规范基层残疾人组织建设的意见》，要求在全国范围内建立三级-市（区）、镇（街道）、村（社区）-残疾人组织。

2010 年 3 月，为加快推进残疾人社会保障体系和服务体系建设，国务院办公厅转发了中国残联等制定的《关于加快推进残疾人社会保障体系和服务体系建设的指导意见》。

2011 年 12 月，为规范“十二五”时期中央专项彩票公益金支持残疾人事业项目资金管理，提高资金使用效益，财政部、中国残联印发了《中央专项彩票公益金支持残疾人事业项目资金管理办法》。

2012年1月,为加大农村残疾人扶贫开发力度,缓解并逐步消除残疾人绝对贫困现象,国务院办公厅印发了《农村残疾人扶贫开发纲要(2011—2020年)》。同年6月,国务院发布了《无障碍环境建设条例》,提出为保障残疾人等社会成员平等参与社会生活而创造无障碍环境。① 同年8月,为加快发展残疾人托养服务,中国残联等出台了《关于加快发展残疾人托养服务的意见》。

党的十八大以来,党和政府高度重视保障残疾人权益,在完善相关法规与政策方面取得了显著成绩。

2014年4月,财政部等发布了《关于做好政府购买残疾人服务试点工作的意见》,要求各地开展试点工作,积极推动政府购买残疾人服务工作的有序发展。

2015年1月,为保障和改善残疾人民生,加快推进残疾人小康进程,国务院出台了《国务院关于加快推进残疾人小康进程的意见》。同年4月,为维护残疾人的合法权益,保障残疾人平等参加普通高等学校招生全国统一考试,教育部、中国残联印发了《残疾人参加普通高等学校招生全国统一考试管理规定(暂行)》(2017年进行了修订)。同年9月,为解决残疾人特殊生活困难和长期照护困难,国务院印发了《国务院关于全面建立困难残疾人生活补贴和重度残疾人护理补贴制度的意见》。

2016年7月,为进一步规范和加强中央财政残疾人事业发展补助资金管理,切实提高资金使用效益,财政部、中国残联制定了《中央财政残疾人事业发展补助资金管理办法》。

2018年3月,为加强对残疾人服务机构的规范管理,民政部等印发了《残疾人服务机构管理办法》。同年4月,为办好特殊教育,加快发展残疾人职业教育等,教育部等发布了《关于加快发展残疾人职业教育的若干意见》。

2019年4月,民政部等印发了《关于在脱贫攻坚中做好贫困重度残疾人照护服务工作的通知》,明确规定了服务保障对象、服务方式内容、社会力量参与机制、组织保障措施和部门具体支持政策。

2022年3月,为促进残疾人实现较为充分较高质量的就业,国务院办公厅印发了《促进残疾人就业三年行动方案(2022—2024年)》。同年10月,为进一步提高困难残疾人生活补贴和重度残疾人护理补贴制度实施的精准性、科学性、规

① 《无障碍环境建设条例》,《中华人民共和国国务院公报》2012年第20期。

范性,民政部等印发了《民政部 财政部 中国残联关于加强残疾人两项补贴精准管理的意见》。

综上所述,改革开放以来,中国颁布实施了许多保障残疾人权益的法规与政策,取得了不小的成绩,但也存在一些问题。例如,2003 年《婚姻登记条例》将"强制婚检"改为"自愿婚检",导致婴儿出生缺陷的发生率明显上升。① 类似问题需要进一步深化改革予以解决。

第二节 针对特定人群合法权益保障法规与政策的主要内容

一、针对妇女合法权益保障法规与政策的主要内容

为了推动男女性别平等和妇女解放,中国政府建立了以《宪法》为基础,以《妇女权益保障法》为支柱的主要法律体系。《宪法》第 48 条规定,妇女在政治、经济、文化、社会和家庭生活等各方面享有同男子平等的权利。② 这为保障男女平等提供了最根本的法律依据。另外,在《刑法》《劳动法》《选举法》《母婴保健法》《人口与计划生育法》等法律中,都有妇女合法权益保障的相关内容。

(一)政治权利

妇女享有与男子平等的政治权利,包括依法参与管理国家事务及经济、文化、社会事务,平等的选举权与被选举权。为此,国家与政府必须保证全国人民代表大会和地方各级人民代表大会的代表中,有适当数量的妇女代表。国家采取措施,逐步提高全国人民代表大会和地方各级人民代表大会的妇女代表的比例;居委会、村委会成员中应当保证有适当数量的妇女成员;国家积极培养和选拔女干部,重视培养和选拔少数民族女干部;国家机关、群团组织、企业事业单位培养、选拔和任用干部应当坚持男女平等的原则,并有适当数量的妇女担任领导成员;对于有关妇女权益保障工作的批评或者合理可行的建议,有关部门应当听取和采纳;对于有关侵害妇女权益的申诉、控告和检举,有关部门应当查清事实,负责处理,任何组织和个人不得压制或者打击报复。

---

① 刘德培:《恢复婚前检查降低残疾儿出生率》,《法制日报》2014 年 8 月 30 日。

② 《中华人民共和国宪法》,人民出版社 2018 年,第 25—26 页。

（二）文化教育权益

国家保障妇女享有与男性平等的文化教育权利，包括在入学、升学、毕业分配、授予学位、派出留学、就业指导和服务等方面享有与男子平等的权利。

针对女性儿童青少年在教育中面临的困境与问题，《妇女权益保障法》规定，政府、学校应当采取有效措施，解决适龄女性未成年人就学存在的实际困难，并创造条件，保证适龄女性未成年人完成义务教育。父母或者其他监护人应履行保障适龄女性未成年人接受并完成义务教育的义务。对无正当理由不送适龄女性未成年人入学的父母或者其他监护人，由当地乡镇人民政府或者县级人民政府教育行政部门给予批评教育，依法责令其限期改正。居委会、村委会应协助政府做好相关工作。

对于一般妇女的受教育权益，《妇女权益保障法》规定，各级人民政府应依照规定把扫除妇女中的文盲、半文盲工作，纳入扫盲和扫盲后继续教育规划，采取符合妇女特点的组织形式和工作方法，组织、监督有关部门具体实施。国家健全全民终身学习体系，为妇女终身学习创造条件。各级人民政府和有关部门应当采取措施，根据城镇和农村妇女的需要，组织妇女接受职业教育和实用技术培训。

此外，《妇女权益保障法》规定，国家机关、社会团体和企业事业单位应当执行国家有关规定，保障妇女从事科学、技术、文学、艺术和其他文化活动，享有与男子平等的权利。

（三）劳动和社会保障权益

国家保障妇女享有与男子平等的劳动权利和社会保障权利，《妇女权益保障法》主要从四个方面进行了规定：①在妇女的职业发展过程中，在招（录）聘、晋职晋级、评聘专业技术职称和职务、培训、执行国家退休制度等方面都要贯彻男女平等的原则；②实行男女同工同酬，妇女在享受福利待遇方面享有与男子平等的权利；③用工单位不得安排女性从事不适合的工作与劳动；④单位在录用时不得限制女职工的结婚与生育，不得因结婚、怀孕、产假、哺乳等原因降低薪酬和福利待遇或终止劳动合同；⑤国家保障妇女享有社会保险、社会救助、社会福利、生育保险等权益。此外，各级人民政府和有关部门应当采取必要措施，加强贫困妇女、老龄妇女、残疾妇女等困难妇女的权益保障，按照有关规定为其提供生活帮扶、就业创业支持等关爱服务。

（四）财产权益

国家保障妇女享有与男子平等的财产权利，具体包括：①婚姻、家庭的共有财产的处置上不得侵犯妇女权益。②妇女与男子享有平等的财产继承权，丧偶妇女有权依法处分继承的财产，任何组织和个人不得干涉。丧偶儿媳对公婆尽了主要赡养义务的，作为第一顺序继承人，其继承权不受子女代位继承的影响。③妇女在农村集体经济组织成员身份确认、农村土地承包经营、集体经济组织收益分配、土地征收补偿安置或者征用补偿费使用以及宅基地使用等方面，享有与男子平等的权利。申请农村土地承包经营权、宅基地使用权等不动产登记，应当在不动产登记簿和权属证书上将享有权利的妇女等家庭成员全部列明。征收补偿安置或者征用补偿协议应当将享有相关权益的妇女列入，并记载权益内容。村民自治章程、村规民约，村民会议、村民代表会议的决定以及其他涉及村民利益事项的决定，不得以妇女未婚、结婚、离婚、丧偶、户无男性等为由，侵害妇女在农村集体经济组织中的各项权益。因结婚男方到女方住所落户的，男方和子女享有与所在地农村集体经济组织成员平等的权益。国家保护妇女在城镇集体所有财产关系中的权益。妇女依照法律、法规的规定享有相关权益。

（五）人身和人格权益

国家保障妇女享有与男子平等的人身和人格权益。主要包括以下内容。

第一，人身自由权，禁止非法拘禁和以其他非法手段剥夺或者限制妇女的人身自由；禁止非法搜查妇女的身体。

第二，生命权、身体权、健康权，妇女的生命权、身体权、健康权不受侵犯。禁止虐待、遗弃、残害、买卖以及其他侵害女性生命健康权益的行为；禁止进行非医学需要的胎儿性别鉴定和选择性别的人工终止妊娠；医疗机构施行生育手术、特殊检查或者特殊治疗时，应当征得妇女本人同意；在妇女与其家属或者关系人意见不一致时，应当尊重妇女本人意愿。禁止拐卖、绑架妇女；禁止收买被拐卖、绑架的妇女；禁止阻碍解救被拐卖、绑架的妇女。各级人民政府和公安、民政、人力资源和社会保障、卫生健康等部门及村委会、居委会按照各自的职责及时发现报告，并采取措施解救被拐卖、绑架的妇女，做好被解救妇女的安置、救助和关爱等工作。妇女联合会协助和配合做好有关工作。任何组织和个人不得歧视被拐卖、绑架的妇女。国家采取必要措施，开展经期、孕期、产期、哺乳期和更年期的健康知识普及、卫生保健和疾病防治，保障妇女特殊生理时期的健康需求，为有需要的妇女提供心理健康服务支持。县级以上地方人民政府应当设立妇幼保健机构，为妇女提供保健以及常见病防治服务。用人单位应当定期为女职工安排妇科疾病、乳腺疾病检查以及妇女特殊需要的其他健康检查。

第三,免受性剥削的权利,禁止卖淫、嫖娼;禁止组织、强迫、引诱、容留、介绍妇女卖淫或者对妇女进行猥亵活动;禁止组织、强迫、引诱、容留、介绍妇女在任何场所或者利用网络进行淫秽表演活动。

第四,人格权,这包括名誉权、荣誉权、隐私权、肖像权等多项内容。妇女的人格尊严不受侵犯。禁止用侮辱、诽谤等方式损害妇女的人格尊严。禁止违背妇女意愿,以言语、文字、图像、肢体行为等方式对其实施性骚扰。对遭受性侵害、性骚扰的女学生,学校、公安机关、教育行政部门等相关单位和人员应当保护其隐私和个人信息,并提供必要的保护措施。妇女的姓名权、肖像权、名誉权、荣誉权、隐私权和个人信息等人格权益受法律保护。媒体报道涉及妇女事件应当客观、适度,不得通过夸大事实、过度渲染等方式侵害妇女的人格权益。禁止通过大众传播媒介或者其他方式贬低损害妇女人格。未经本人同意,不得通过广告、商标、展览橱窗、报纸、期刊、图书、音像制品、电子出版物、网络等形式使用妇女肖像,但法律另有规定的除外。禁止以恋爱、交友为由或者在终止恋爱关系、离婚之后,纠缠、骚扰妇女,泄露、传播妇女隐私和个人信息。

第五,生育权与生育保障,妇女依法享有生育子女的权利,也有不生育子女的自由。国家实行婚前、孕前、孕产期和产后保健制度,逐步建立妇女全生育周期系统保健制度。医疗保健机构应当提供安全、有效的医疗保健服务,保障妇女生育安全和健康。

(六)婚姻家庭权益

国家保障妇女享有与男子平等的婚姻家庭权利。主要包括以下方面。

第一,婚姻自主权,指妇女拥有结婚与离婚的自主权。此外,女性在怀孕期间、分娩后一年内或者终止妊娠后六个月内的婚姻受到法律保护,但是,女方提出离婚或者人民法院认为确有必要受理男方离婚请求的除外。

第二,财产权,妇女对依照法律规定的夫妻共同财产享有与其配偶平等的占有、使用、收益和处分的权利,不受双方收入状况等情形的影响。对夫妻共同所有的不动产以及可以联名登记的动产,女方有权要求在权属证书上记载其姓名;认为记载的权利人、标的物、权利比例等事项有错误的,有权依法申请更正登记或者异议登记,有关机构应当按照其申请依法办理相应登记手续。离婚诉讼期间,夫妻一方申请查询登记在对方名下财产状况且确因客观原因不能自行收集的,人民法院应当进行调查取证,有关部门和单位应当予以协助。离婚诉讼期间,夫妻双方均有向人民法院申报全部夫妻共同财产的义务。一方隐藏、转移、变卖、损毁、挥霍夫妻共同财产,或者伪造夫妻共同债务企图侵占另一方财产的,在离婚分割夫妻共同财产时,对该方可以少分或者不分财产。离婚时,分割夫妻共有的房屋或者处理夫妻共同租住的房屋,由双方协议解决;协议不成的,可向人民法院提起诉讼。女方因抚育子女、照料老人、协助男方工作等负担较多义务的,有权在离婚时要求男方予以补偿。补偿办法由双方协议确定;协议不成的,可以向人民法院提起诉讼。

第三,监护权,妇女对未成年子女享有平等的监护权,父亲死亡、无监护能力或者有其他情形不能担任未成年子女的监护人的,母亲的监护权任何组织和个人不得干涉。女方丧失生育能力的,在离婚处理子女抚养问题时,应当在最有利于未成年子女的条件下,优先考虑女方的抚养要求。

第四,免受家庭暴力的权利,国家禁止对妇女实施家庭暴力。县级以上人民政府有关部门、司法机关、社会团体、企业事业单位、基层群众性自治组织以及其他组织,应当在各自的职责范围内预防和制止家庭暴力,依法为受害妇女提供救助。

(七)权益保障

1. 妇女权益的保护组织

当妇女权益受到侵害时,有权向妇女联合会等妇女组织、人民政府、仲裁机构、人民法院进行投诉或提出要求。相关部门应给予支持及帮助。对符合条件的妇女,当地法律援助机构或者司法机关应当给予帮助,依法为其提供法律援助或者司法救助。

2. 行政保护

根据《妇女权益保障法》规定,对侵害妇女权益的申诉、控告、检举,推诿、拖延、压制不予查处,或者对提出申诉、控告、检举的人进行打击报复的,依法责令改正,并对直接负责的主管人员和其他直接责任人员给予处分。国家机关及其工作人员未依法履行职责,对侵害妇女权益的行为未及时制止或者未给予受害妇女必要帮助,造成严重后果的,依法对直接负责的主管人员和其他直接责任人员给予处分。侵害妇女人身和人格权益、文化教育权益、劳动和社会保障权益、财产权益以及婚姻家庭权益的,依法责令改正,直接负责的主管人员和其他直接责任人员属于国家工作人员的,依法给予处分。

二、针对儿童合法权益保障法规与政策的主要内容

中国针对儿童合法权益保障的法规与政策,在《未成年人保护法》中体现得最为全面。

(一)《未成年人保护法》的主要相关内容

《未成年人保护法》规定,国家保障未成年人的生存权、发展权、受保护权、参与权等权利。未成年人依法平等地享有各项权利,不因本人及其父母或其他监护人的民族、种族、性别、户籍、职业、宗教信仰、教育程度、家庭状况、身心健康状况等受到歧视。保护未成年人,应坚持最有利于未成年人的原则。处理涉及未成年人事项,应符合下列要求:①给予未成年人特殊、优先保护;②尊重未成年人人格尊严;③保护未成年人隐私权和个人信息;④适应未成年人身心健康发展的规律和特点;⑤听取未成年人的意见;⑥保护与教育相结合。国家、社会、学校和家庭应当对未成年人进行理想教育、道德教育、科学教育、文化教育、法治教育、国家安全教育、健康教育、劳动教育,加强爱国主义、集体主义和中国特色社会主义的教育,培养爱祖国、爱人民、爱劳动、爱科学、爱社会主义的公德,抵制资本主义、封建主义和其他腐朽思想的侵蚀,引导未成年人树立和践行社会主义核心价值观。保护未成年人,是国家机关、武装力量、政党、人民团体、企业事业单位、社会组织、城乡基层群众性自治组织、未成年人的监护人以及其他成年人的共同责任。国家、社会、学校和家庭应当教育和帮助未成年人维护自身合法权益,增强自我保护的意识和能力。《未成年人保护法》从六个方面阐述了保障儿童权益的方法。

1. 家庭保护

未成年人的父母或者其他监护人应当学习家庭教育知识,接受家庭教育指导,创造良好、和睦、文明的家庭环境。共同生活的其他成年家庭成员应当协助未成年人的父母或者其他监护人抚养、教育和保护未成年人。

监护人应当履行下列监护职责:①为未成年人提供生活、健康、安全等方面的保障;②关注未成年人的生理、心理状况和情感需求;③教育和引导未成年人遵纪守法、勤俭节约,养成良好的思想品德和行为习惯;④对未成年人进行安全教育,增强未成年人的自我保护意识和能力;⑤尊重未成年人受教育的权利,保障适龄未成年人依法接受并完成义务教育;⑥保障未成年人休息、娱乐和体育锻炼的时间,引导未成年人进行有益身心健康的活动;⑦妥善管理和保护未成年人

的财产;⑧依法代理未成年人实施民事法律行为;⑨预防和制止未成年人的不良行为和违法犯罪行为,并进行合理管教;⑩其他应当履行的监护职责。

未成年人的父母或者其他监护人不得实施下列行为:①虐待、遗弃、非法送养未成年人或者对未成年人实施家庭暴力;②放任、教唆或者利用未成年人实施违法犯罪行为;③放任、唆使未成年人参与邪教、迷信活动或者接受恐怖主义、分裂主义、极端主义等侵害;④放任、唆使未成年人吸烟(含电子烟)、饮酒、赌博、流浪乞讨或者欺凌他人;⑤放任或者迫使应当接受义务教育的未成年人失学、辍学;⑥放任未成年人沉迷网络,接触危害或者可能影响其身心健康的图书、报刊、电影、广播电视节目、音像制品、电子出版物和网络信息等;⑦放任未成年人进入营业性娱乐场所、酒吧、互联网上网服务营业场所等不适宜未成年人活动的场所;⑧允许或者迫使未成年人从事国家规定以外的劳动;⑨允许、迫使未成年人结婚或者为未成年人订立婚约;⑩违法处分、侵吞未成年人的财产或者利用未成年人牟取不正当利益;⑪其他侵犯未成年人身心健康、财产权益或者不依法履行未成年人保护义务的行为。

未成年人的父母或者其他监护人应当为未成年人提供安全的家庭生活环境,及时排除引发触电、烫伤、跌落等伤害的安全隐患;采取配备儿童安全座椅、教育未成年人遵守交通规则等措施,防止未成年人受到交通事故的伤害;增强户外安全保护意识,避免未成年人发生溺水、动物伤害等事故。未成年人的父母或者其他监护人应当根据未成年人的年龄和智力发展状况,在作出与未成年人权益有关的决定前,听取未成年人的意见,充分考虑其真实意愿。未成年人的父母或者其他监护人发现未成年人身心健康受到侵害、疑似受到侵害或者其他合法权益受到侵犯的,应当及时了解情况并采取保护措施;情况严重的,应当立即向公安、民政、教育等部门报告。未成年人的父母或者其他监护人不得使未满 8 周岁或者由于身体、心理原因需要特别照顾的未成年人处于无人看护状态,或者将其交由无民事行为能力、限制民事行为能力、患有严重传染性疾病或者其他不适宜的人员临时照护;不得使未满 16 周岁的未成年人脱离监护单独生活。未成年人的父母或者其他监护人因外出务工等原因在一定期限内不能完全履行监护职责的,应当委托具有照护能力的完全民事行为能力人代为照护;无正当理由的,不得委托他人代为照护。未成年人的父母或者其他监护人在确定被委托人时,应当综合考虑其道德品质、家庭状况、身心健康状况、与未成年人生活情感上的联系等情况,并听取有表达意愿能力未成年人的意见。具有下列情形之一的,不得作为被委托人:①曾实施性侵害、虐待、遗弃、拐卖、暴力伤害等违法犯罪行为;②有吸毒、酗酒、赌博等恶习;③曾拒不履行或者长期怠于履行监护、照护职责;④其他不适宜担任被委托人的情形。未成年人的父母或者其他监护人应当及时将委托照护情况书面告知未成年人所在学校、幼儿园和实际居住地的居委会、村委会,加强和未成年人所在学校、幼儿园的沟通;与未成年人、被委托人至少每周联系和交流一次,了解未成年人的生活、学习、心理等情况,并给予未成年人亲情关爱。未成年人的父母或者其他监护人接到被委托人、居委会、村委会、学校、幼儿园等关于未成年人心理、行为异常的通知后,应当及时采取干预措施。未成年人的父母离婚时,应当妥善处理未成年子女的抚养、教育、探望、财产等事宜,听取有表达意愿能力未成年人的意见。不得以抢夺、藏匿未成年子女等方式争夺抚养权。未成年人的父母离婚后,不直接抚养未成年子女的一方应当依照协议、人民法院判决或者调解确定的时间和方式,在不影响未成年人学习、生活的情况下探望未成年子女,直接抚养的一方应当配合,但被人民法院依法中止探望权的除外。

2. 学校保护

学校应当全面贯彻国家教育方针,坚持立德树人,实施素质教育,提高教育质量,注重培养未成年学生认知能力、合作能力、创新能力和实践能力,促进未成年学生全面发展。学校应当建立未成年学生保护工作制度,健全学生行为规范,培养未成年学生遵纪守法的良好行为习惯。

第一,幼儿园应当做好保育、教育工作,遵循幼儿身心发展规律,实施启蒙教育,促进幼儿在体质、智力、品德等方面和谐发展。

第二,学校、幼儿园的教职员工应当尊重未成年人人格尊严,不得对未成年人实施体罚、变相体罚或者其他侮辱人格尊严的行为。

第三,学校应当保障未成年学生受教育的权利,不得违反国家规定开除、变相开除未成年学生。学校应当对尚未完成义务教育的辍学未成年学生进行登记并劝返复学;劝返无效的,应当及时向教育行政部门书面报告。

第四,学校应当关心、爱护未成年学生,不得因家庭、身体、心理、学习能力等情况歧视学生。对家庭困难、身心有障碍的学生,应当提供关爱;对行为异常、学习有困难的学生,应当耐心帮助。学校应当配合政府有关部门建立留守未成年学生、困境未成年学生的信息档案,开展关爱帮扶工作。

第五,学校应当根据未成年学生身心发展特点,进行社会生活指导、心理健康辅导、青春期教育和生命教育。

第六,学校应当组织未成年学生参加与其年龄相适应的日常生活劳动、生产劳动和服务性劳动,帮助未成年学生掌握必要的劳动知识和技能,养成良好的劳动习惯。

第七,学校、幼儿园应当开展勤俭节约、反对浪费、珍惜粮食、文明饮食等宣传教育活动,帮助未成年人树立浪费可耻、节约为荣的意识,养成文明健康、绿色环保的生活习惯。

第八,学校应当与未成年学生的父母或者其他监护人互相配合,合理安排未成年学生的学习时间,保障其休息、娱乐和体育锻炼的时间。学校不得占用国家法定节假日、休息日及寒暑假期,组织义务教育阶段的未成年学生集体补课,加重其学习负担。幼儿园、校外培训机构不得对学龄前未成年人进行小学课程教育。

第九,学校、幼儿园应提供必要的卫生保健条件,协助卫生健康部门做好在校、在园未成年人的卫生保健工作。

第十,学校、幼儿园应当建立安全管理制度,对未成年人进行安全教育,完善安保设施、配备安保人员,保障未成年人在校、在园期间的人身和财产安全;不得在危及未成年人人身安全、身心健康的校舍和其他设施、场所中进行教育教学活动;安排未成年人参加文化娱乐、社会实践等集体活动,应当保护未成年人的身心健康,防止发生人身伤害事故。

此外,使用校车的学校、幼儿园应当建立健全校车安全管理制度,配备安全管理人员,定期对校车进行安全检查,对校车驾驶人进行安全教育,并向未成年人讲解校车安全乘坐知识,培养未成年人校车安全事故应急处理技能。学校、幼儿园应当根据需要,制定应对自然灾害、事故灾难、公共卫生事件等突发事件和意外伤害的预案,配备相应设施并定期进行必要的演练。未成年人在校内、园内或者本校、本园组织的校外、园外活动中发生人身伤害事故的,学校、幼儿园应当立即救护,妥善处理,及时通知未成年人的父母或者其他监护人,并向有关部门报告。学校、幼儿园不得安排未成年人参加商业性活动,不得向未成年人及其父母或者其他监护人推销或者要求其购买指定的商品和服务;不得与校外培训机构合作为未成年人提供有偿课程辅导。学校应当建立学生欺凌防控工作制度,对教职员工、学生等开展防治学生欺凌的教育和培训。学校对学生欺凌行为应当立即制止,通知实施欺凌和被欺凌未成年学生的父母或者其他监护人参与欺凌行为的认定和处理;对相关未成年学生及时给予心理辅导、教育和引导;对相关未成年学生的父母或者其他监护人给予必要的家庭教育指导。对实施欺凌的未成年学生,学校应当根据欺凌行为的性质和程度,依法加强管教。对严重的欺凌行为,学校不得隐瞒,应当及时向公安机关、教育行政部门报告,并配合相关部门依法处理。学校、幼儿园应建立预防性侵害、性骚扰未成年人工作制度。对性侵害、性骚扰未成年人等违法犯罪行为,学校、幼儿园不得隐瞒,应及时向公安机关、教育行政部门报告,并配合相关部门依法处理。学校、幼儿园应当对未成年人开展适合其年龄的性教育,提高未成年人防范性侵害、性骚扰的自我保护意识和能力。对遭受性侵害、性骚扰的未成年人,学校、幼儿园应当及时采取相关的保护措施。

3. 社会保护

(1)建立良好社会风尚

全社会应树立关心、保护未成年人的良好风尚。国家鼓励、支持和引导人民团体、企业事业单位、社会组织以及其他组织和个人,开展有利于未成年人健康成长的社会活动和服务。居委会、村委会应当设置专人专岗负责未成年人保护工作,协助政府有关部门宣传未成年人保护方面的法律法规,指导、帮助和监督未成年人的父母或者其他监护人依法履行监护职责,建立留守未成年人、困境未成年人的信息档案并给予关爱帮扶。居委会、村委会应当协助政府有关部门监督未成年人委托照护情况,发现被委托人缺乏照护能力、怠于履行照护职责等情况,应当及时向政府有关部门报告,并告知未成年人的父母或者其他监护人,帮助、督促被委托人履行照护职责。

(2)开放儿童活动场所

爱国主义教育基地、图书馆、青少年宫、儿童活动中心、儿童之家应对未成年人免费开放;博物馆、纪念馆、科技馆、展览馆、美术馆、文化馆、社区公益性互联网上网服务场所以及影剧院、体育场馆、动物园、植物园、公园等场所,应按照有关规定对未成年人免费或者优惠开放。国家鼓励爱国主义教育基地、博物馆、科技馆、美术馆等公共场馆开设未成年人专场,为未成年人提供有针对性的服务,鼓励国家机关、企业事业单位、部队等开发自身教育资源,设立未成年人开放日,为未成年人主题教育、社会实践、职业体验等提供支持,鼓励科研机构和科技类社会组织对未成年人开展科学普及活动。

(3)为儿童提供交通、公共空间的便利

城市公共交通以及公路、铁路、水路、航空客运等应按有关规定对未成年人实施免费或者优惠票价。国家鼓励大型公共场所、公共交通工具、旅游景区景点等设置母婴室、婴儿护理台以及方便幼儿使用的坐便器、洗手台等卫生设施,为未成年人提供便利。任何组织或者个人不得违反有关规定,限制未成年人应当享有的照顾或者优惠。

(4)提供知识、信息、传媒服务

国家鼓励创作、出版、制作和传播有利于未成年人健康成长的图书、报刊、电影、广播电视节目、舞台艺术作品、音像制品、电子出版物和网络信息等。

(5)预防或禁止伤害儿童的不当及不法行为

新闻媒体应加强未成年人保护方面的宣传,对侵犯未成年人合法权益的行为进行舆论监督。新闻媒体采访报道涉及未成年人事件应当客观、审慎和适度,不得侵犯未成年人的名誉、隐私和其他合法权益。禁止制作、复制、出版、发布、传播含有宣扬淫秽、色情、暴力、邪教、迷信、赌博、引诱自杀、恐怖主义、分裂主义、极端主义等危害未成年人身心健康内容的图书、报刊、电影、广播电视节目、舞台艺术作品、音像制品、电子出版物和网络信息等。任何组织或者个人出版、发布、传播的图书、报刊、电影、广播电视节目、舞台艺术作品、音像制品、电子出版物或者网络信息,包含可能影响未成年人身心健康内容的,应以显著方式作出提示。禁止制作、复制、发布、传播或者持有有关未成年人的淫秽色情物品和网络信息。任何组织或者个人不得刊登、播放、张贴或者散发含有危害未成年人身心健康内容的广告;不得在学校、幼儿园播放、张贴或者散发商业广告;不得利用校服、教材等发布或者变相发布商业广告。禁止拐卖、绑架、虐待、非法收养未成年人,禁止对未成年人实施性侵害、性骚扰。禁止胁迫、引诱、教唆未成年人参加黑社会性质组织或者从事违法犯罪活动。禁止胁迫、诱骗、利用未成年人乞讨。生产、销售用于未成年人的食品、药品、玩具、用具和游戏游艺设备、游乐设施等,应符合国家或者行业标准,不得危害未成年人的人身安全和身心健康。上述产品的生产者应在显著位置标明注意事项,未标明注意事项的不得销售。

(6)保护儿童活动场所的安全和营造良好环境

未成年人集中活动的公共场所应符合国家或者行业安全标准,并采取相应安全保护措施。对可能存在安全风险的设施,应定期进行维护,在显著位置设置安全警示标志并标明适龄范围和注意事项;必要时应当安排专门人员看管。大型的商场、超市、医院、图书馆、博物馆、科技馆、游乐场、车站、码头、机场、旅游景区景点等场所运营单位应当设置搜寻走失未成年人的安全警报系统。场所运营单位接到求助后,应立即启动安全警报系统,组织人员进行搜寻并向公安机关报告。公共场所发生突发事件时,应优先救护未成年人。旅馆、宾馆、酒店等住宿经营者接待未成年人入住,或者接待未成年人和成年人共同入住时,应询问父母或者其他监护人的联系方式、入住人员的身份关系等有关情况;发现有违法犯罪嫌疑的,应立即向公安机关报告,并及时联系未成年人的父母或者其他监护人。学校、幼儿园周边不得设置营业性娱乐场所、酒吧、互联网上网服务营业场所等不适宜未成年人活动的场所。营业性歌舞娱乐场所、酒吧、互联网上网服务营业场所等不适宜未成年人活动场所的经营者,不得允许未成年人进入;游艺娱乐场所设置的电子游戏设备,除国家法定节假日外,不得向未成年人提供。经营者应当在显著位置设置未成年人禁入、限入标志;对难以判明是否是未成年人的,应要求其出示身份证件。学校、幼儿园周边不得设置烟、酒、彩票销售网点。禁止向未成年人销售烟、酒、彩票或者兑付彩票奖金。烟、酒和彩票经营者应当在显著位置设置不向未成年人销售烟、酒或者彩票的标志;对难以判明是否是未成年人的,应要求其出示身份证件。任何人不得在学校、幼儿园和其他未成年人集中活动的公共场所吸烟、饮酒。禁止向未成年人提供、销售管制刀具或者其他可能致人严重伤害的器具等物品。经营者难以判明购买者是否是未成年人的,应要求其出示身份证件。

(7)针对儿童的劳动保护

任何组织或者个人不得招用未满 16 周岁未成年人(国家另有规定的除外)。营业性娱乐场所、酒吧、互联网上网服务营业场所等不适宜未成年人活动的场所不得招用已满 16 周岁的未成年人。招用已满 16 周岁未成年人的单位和个人应当执行国家在工种、劳动时间、劳动强度和保护措施等方面的规定,不得安排其从事过重、有毒、有害等危害未成年人身心健康的劳动或者危险作业。任何组织或者个人不得组织未成年人进行危害其身心健康的表演等活动。经未成年人的父母或者其他监护人同意,未成年人参与演出、节目制作等活动,活动组织方应当根据国家有关规定,保障未成年人合法权益。密切接触未成年人的单位招聘工作人员时,应当向公安机关、人民检察院查询应聘者是否具有性侵害、虐待、拐卖、暴力伤害等违法犯罪记录;发现其具有前述行为记录的,不得录用。密切接触未成年人的单位应每年定期对工作人员是否具有上述违法犯罪记录进行查询。通过查询或者其他方式发现其工作人员具有上述行为的,应当及时解聘。

（8）保护儿童隐私

任何组织或者个人不得隐匿、毁弃、非法删除未成年人的信件、日记、电子邮件或者其他网络通信内容，除下列情形外：无民事行为能力未成年人的父母或者其他监护人代未成年人开拆、查阅；因国家安全或者追查刑事犯罪依法进行检查；紧急情况下为了保护未成年人本人的人身安全。

4. 网络保护

（1）培养儿童的网络素养

国家、社会、学校和家庭应当加强未成年人网络素养宣传教育，培养和提高未成年人的网络素养，增强未成年人科学、文明、安全、合理使用网络的意识和能力，保障未成年人在网络空间的合法权益。国家鼓励和支持有利于未成年人健康成长的网络内容的创作与传播，鼓励和支持专门以未成年人为服务对象、适合未成年人身心健康特点的网络技术、产品、服务的研发、生产和使用。

（2）明确政府相关部门的职责

网信部门及其他有关部门应加强对未成年人网络保护工作的监督检查，依法惩处利用网络从事危害未成年人身心健康的活动，为未成年人提供安全、健康的网络环境。网信部门会同公安、文化和旅游、新闻出版、电影、广播电视等部门根据保护不同年龄阶段未成年人的需要，确定可能影响未成年人身心健康的网络信息的种类、范围和判断标准。新闻出版、教育、卫生健康、文化和旅游、网信等部门应定期开展预防未成年人沉迷网络的宣传教育，监督网络产品和服务提供者履行预防未成年人沉迷网络的义务，指导家庭、学校、社会组织互相配合，采取科学、合理的方式对未成年人沉迷网络进行预防和干预。任何组织或者个人不得以侵害未成年人身心健康的方式对未成年人沉迷网络进行干预。

（3）明确学校等单位的职责

学校、社区、图书馆、文化馆、青少年宫等场所为未成年人提供的互联网上网服务设施，应安装未成年人网络保护软件或者采取其他安全保护技术措施。智能终端产品的制造者、销售者应当在产品上安装未成年人网络保护软件，或者以显著方式告知用户未成年人网络保护软件的安装渠道和方法。学校应合理使用网络开展教学活动。未经学校允许，未成年学生不得将手机等智能终端产品带入课堂，带入学校的应当统一管理。学校发现未成年学生沉迷网络的，应及时告知其父母或者其他监护人，共同对未成年学生进行教育和引导，帮助其恢复正常的学习生活。

(4)明确监护人的责任

未成年人的父母或者其他监护人应当提高网络素养,规范自身使用网络的行为,加强对未成年人使用网络行为的引导和监督。未成年人的父母或者其他监护人应当通过在智能终端产品上安装未成年人网络保护软件、选择适合未成年人的服务模式和管理功能等方式,避免未成年人接触危害或者可能影响其身心健康的网络信息,合理安排未成年人使用网络的时间,有效预防未成年人沉迷网络。

(5)妥善处理儿童个人信息

信息处理者通过网络处理未成年人个人信息的,应遵循合法、正当和必要的原则。处理不满 14 周岁未成年人个人信息的,应征得未成年人的父母或者其他监护人同意,但法律、行政法规另有规定的除外。未成年人、父母或者其他监护人要求信息处理者更正、删除未成年人个人信息的,信息处理者应当及时采取措施予以更正、删除,但法律、行政法规另有规定的除外。网络服务提供者发现未成年人通过网络发布私密信息的,应当及时提示,并采取必要的保护措施。

(6)规制网络游戏沉迷风险

网络产品和服务提供者不得向未成年人提供诱导其沉迷的产品和服务。网络游戏、网络直播、网络音视频、网络社交等网络服务提供者应针对未成年人使用其服务设置相应的时间管理、权限管理、消费管理等功能。以未成年人为服务对象的在线教育网络产品和服务,不得插入网络游戏链接,不得推送广告等与教学无关的信息。网络游戏经依法审批后方可运营。国家建立统一的未成年人网络游戏电子身份认证系统。网络游戏服务提供者应要求未成年人以真实身份信息注册并登录网络游戏。网络游戏服务提供者应当按照国家有关规定和标准,对游戏产品进行分类,作出适龄提示,并采取技术措施,不得让未成年人接触不适宜的游戏或者游戏功能。网络游戏服务提供者不得在每日 22 时至次日 8 时向未成年人提供网络游戏服务。

(7)保障儿童使用网络时的权益

网络直播服务提供者不得为未满 16 周岁的未成年人提供网络直播发布者账号注册服务;为年满 16 周岁的未成年人提供网络直播发布者账号注册服务时,应当对其身份信息进行认证,并征得其父母或者其他监护人同意。任何组织或者个人不得通过网络以文字、图片、音视频等形式,对未成年人实施侮辱、诽谤、威胁或者恶意损害形象等网络欺凌行为。遭受网络欺凌的未成年人及其父母或者其他监护人有权通知网络服务提供者采取删除、屏蔽、断开链接等措施。网络服务提供者接到通知后,应当及时采取必要的措施制止网络欺凌行为,防止信息扩散。

(8)畅通投诉和举报渠道

网络产品和服务提供者应当建立便捷、合理、有效的投诉和举报渠道,公开投诉、举报方式等信息,及时受理并处理涉及未成年人的投诉、举报。任何组织或者个人发现网络产品、服务含有危害未成年人身心健康的信息,有权向网络产品和服务提供者或者网信、公安等部门投诉、举报。

(9)网络服务提供者切实担负保护儿童的相关责任

网络服务提供者发现用户发布、传播可能影响未成年人身心健康的信息且未作显著提示的,应当作出提示或者通知用户予以提示;未作出提示的,不得传输相关信息;发现用户发布、传播含有危害未成年人身心健康内容的信息的,应当立即停止传输相关信息,采取删除、屏蔽、断开链接等处置措施,保存有关记录,并向网信、公安等部门报告;发现用户利用其网络服务对未成年人实施违法犯罪行为的,应立即停止向该用户提供网络服务,保存有关记录,并向公安机关报告。

5. 政府保护

(1)设立保护机构及人员

县级以上人民政府承担未成年人保护协调机制具体工作的职能部门应明确相关内设机构或者专门人员,负责承担未成年人保护工作。乡镇人民政府和街道办事处应当设立未成年人保护工作站或者指定专门人员,及时办理未成年人相关事务;支持、指导居委会、村委会设立专人专岗,做好未成年人保护工作。

(2)保障儿童的教育权益

各级人民政府应当将家庭教育指导服务纳入城乡公共服务体系,开展家庭教育知识宣传,鼓励和支持有关人民团体、企业事业单位、社会组织开展家庭教育指导服务。各级人民政府应当保障未成年人受教育的权利,并采取措施保障留守未成年人、困境未成年人、残疾未成年人接受义务教育。对尚未完成义务教育的辍学未成年学生,教育行政部门应当责令父母或者其他监护人将其送入学校接受义务教育。各级人民政府应当发展托育、学前教育事业,办好婴幼儿照护服务机构、幼儿园,支持社会力量依法兴办母婴室、婴幼儿照护服务机构、幼儿园。县级以上地方人民政府及其有关部门应当培养和培训婴幼儿照护服务机构、幼儿园的保教人员,提高其职业道德素质和业务能力。各级人民政府应当发展职业教育，保障未成年人接受职业教育或者职业技能培训，鼓励和支持人民团体、企业事业单位、社会组织为未成年人提供职业技能培训服务。各级人民政府应当保障具有接受普通教育能力、能适应校园生活的残疾未成年人就近在普通学校、幼儿园接受教育；保障不具有接受普通教育能力的残疾未成年人在特殊教育学校、幼儿园接受学前教育、义务教育和职业教育。各级人民政府应当保障特殊教育学校、幼儿园的办学、办园条件，鼓励和支持社会力量举办特殊教育学校、幼儿园。

(3)保障校园安全、秩序，为儿童开展活动提供条件

地方人民政府及其有关部门应保障校园安全，监督、指导学校、幼儿园等单位落实校园安全责任，建立突发事件的报告、处置和协调机制。公安机关和其他有关部门应依法维护校园周边的治安和交通秩序，设置监控设备和交通安全设施，预防和制止侵害未成年人的违法犯罪行为。地方人民政府应当建立和改善适合未成年人的活动场所和设施，支持公益性未成年人活动场所和设施的建设和运行，鼓励社会力量兴办适合未成年人的活动场所和设施，并加强管理。地方人民政府应采取措施，鼓励和支持学校在国家法定节假日、休息日及寒暑假期将文化体育设施对未成年人免费或者优惠开放；应当采取措施，防止任何组织或者个人侵占、破坏学校、幼儿园、婴幼儿照护服务机构等未成年人活动场所的场地、房屋和设施。

(4)重视儿童的卫生保健

各级人民政府及其有关部门应对未成年人进行卫生保健和营养指导，提供卫生保健服务。卫生健康部门应当依法对未成年人的疫苗预防接种进行规范，防治未成年人常见病、多发病，加强传染病防治和监督管理，做好伤害预防和干预，指导和监督学校、幼儿园、婴幼儿照护服务机构开展卫生保健工作。教育行政部门应加强未成年人的心理健康教育，建立未成年人心理问题的早期发现和及时干预机制。卫生健康部门应当做好未成年人心理治疗、心理危机干预以及精神障碍早期识别和诊断治疗等工作。

(5)保障困境儿童的基本需要

各级人民政府及其有关部门对困境未成年人实施分类保障，采取措施满足其生活、教育、安全、医疗康复、住房等方面的基本需要。具有下列情形之一的，民政部门应当依法对未成年人进行临时监护：①未成年人流浪乞讨或者身份不明，暂时查找不到父母或者其他监护人；②监护人下落不明且无其他人可以担任

监护人;③监护人因自身客观原因或者因发生自然灾害、事故灾难、公共卫生事件等突发事件不能履行监护职责,导致未成年人监护缺失;④监护人拒绝或者怠于履行监护职责,导致未成年人处于无人照料的状态;⑤监护人教唆、利用未成年人实施违法犯罪行为,未成年人需要被带离安置;⑥未成年人遭受监护人严重伤害或者面临人身安全威胁,需要被紧急安置;⑦法律规定的其他情形。

(6)保护临时监护或长期监护的儿童

对临时监护的未成年人,民政部门可采取委托亲属抚养、家庭寄养等方式进行安置,也可交由未成年人救助保护机构或者儿童福利机构进行收留、抚养。临时监护期间,经民政部门评估,监护人重新具备履行监护职责条件的,民政部门可将未成年人送回监护人抚养。具有下列情形之一的,民政部门应依法对未成年人进行长期监护:①查找不到未成年人的父母或者其他监护人;②监护人死亡或者被宣告死亡且无其他人可以担任监护人;③监护人丧失监护能力且无其他人可以担任监护人;④人民法院判决撤销监护人资格并指定由民政部门担任监护人;⑤法律规定的其他情形。民政部门进行收养评估后,可依法将其长期监护的未成年人交由符合条件的申请人收养。收养关系成立后,民政部门与未成年人的监护关系终止。民政部门承担临时监护或者长期监护职责的,财政、教育、卫生健康、公安等部门应当根据各自职责予以配合。县级以上人民政府及其民政部门应当根据需要设立未成年人救助保护机构、儿童福利机构,负责收留、抚养由民政部门监护的未成年人。

(6)建立健全信息服务渠道

县级以上人民政府应当开通全国统一的未成年人保护热线,及时受理、转介侵犯未成年人合法权益的投诉、举报;鼓励和支持人民团体、企业事业单位、社会组织参与建设未成年人保护服务平台、服务热线、服务站点,提供未成年人保护方面的咨询、帮助。国家建立性侵害、虐待、拐卖、暴力伤害等违法犯罪人员信息查询系统,向密切接触未成年人的单位提供免费查询服务。

此外,地方人民政府应培育、引导和规范有关社会组织、社会工作者参与未成年人保护工作,开展家庭教育指导服务,为未成年人的心理辅导、康复救助、监护及收养评估等提供专业服务。

6. 司法保护

(1)司法保护的主体及要求

公安机关、人民检察院、人民法院和司法行政部门应当依法履行职责,保障未成年人合法权益,并应当确定专门机构或者指定专门人员,负责办理涉及未成年人案件。办理涉及未成年人案件的人员应当经过专门培训,熟悉未成年人身心特点。专门机构或者专门人员中,应有女性工作人员。公安机关、人民检察院、人民法院和司法行政部门应当对上述机构和人员实行与未成年人保护工作相适应的评价考核标准,办理涉及未成年人案件,应考虑未成年人身心特点和健康成长的需要,使用未成年人能够理解的语言和表达方式,听取未成年人的意见。

(2)依法督促监护人监护责任

未成年人的父母或者其他监护人不依法履行监护职责或者严重侵犯被监护的未成年人合法权益的,人民法院可根据有关人员或者单位的申请,依法作出人身安全保护令或者撤销监护人资格。被撤销监护人资格的父母或者其他监护人应当依法继续负担抚养费用。

(3)依法保护儿童的合法权益

公安机关、人民检察院、人民法院、司法行政部门以及其他组织和个人不得披露有关案件中未成年人的姓名、影像、住所、就读学校以及其他可能识别出其身份的信息,但查找失踪、被拐卖未成年人等情形除外。人民法院审理继承案件,应依法保护未成年人的继承权和受遗赠权。人民法院审理离婚案件,涉及未成年子女抚养问题的,应当尊重已满8周岁未成年子女的真实意愿,根据双方具体情况,按照最有利于未成年子女的原则依法处理。人民法院审理离婚、抚养、收养、监护、探望等案件涉及未成年人的,可以自行或者委托社会组织对未成年人的相关情况进行社会调查。公安机关、人民检察院、人民法院讯问未成年犯罪嫌疑人、被告人,询问未成年被害人、证人,应当依法通知其法定代理人或者其成年亲属、所在学校的代表等合适成年人到场,并采取适当方式,在适当场所进行,保障未成年人的名誉权、隐私权和其他合法权益。人民法院开庭审理涉及未成年人案件,未成年被害人、证人一般不出庭作证;必须出庭的,应当采取保护其隐私的技术手段和心理干预等保护措施。

(4)依法为儿童提供法律援助或者司法救助及其他帮助

对需要法律援助或者司法救助的未成年人,法律援助机构或者公安机关、人民检察院、人民法院和司法行政部门应当给予帮助,依法为其提供法律援助或者司法救助。法律援助机构应当指派熟悉未成年人身心特点的律师为未成年人提供法律援助服务。法律援助机构和律师协会应当对办理未成年人法律援助案件的律师进行指导和培训。人民检察院通过行使检察权，对涉及未成年人的诉讼活动等依法进行监督。未成年人合法权益受到侵犯，相关组织和个人未代为提起诉讼的，人民检察院可以督促、支持其提起诉讼；涉及公共利益的，人民检察院有权提起公益诉讼。此外，公安机关、人民检察院、人民法院和司法行政部门应当结合实际，根据涉及未成年人案件的特点，开展未成年人法治宣传教育工作。国家鼓励和支持社会组织、社会工作者参与涉及未成年人案件中未成年人的心理干预、法律援助、社会调查、社会观护、教育矫治、社区矫正等工作。

(5)针对儿童受害者及其家庭的处置措施

公安机关、人民检察院、人民法院应与其他有关政府部门、人民团体、社会组织互相配合，对遭受性侵害或者暴力伤害的未成年被害人及其家庭实施必要的心理干预、经济救助、法律援助、转学安置等保护措施。公安机关、人民检察院、人民法院办理未成年人遭受性侵害或者暴力伤害案件，在询问未成年被害人、证人时，应当采取同步录音录像等措施，尽量一次完成；未成年被害人、证人是女性的，应当由女性工作人员进行。

(6)针对犯罪儿童的处置措施

对违法犯罪的未成年人，实行教育、感化、挽救的方针，坚持教育为主、惩罚为辅的原则。对违法犯罪的未成年人依法处罚后，在升学、就业等方面不得歧视。

(7)重视对司法保护的监督

公安机关、人民检察院、人民法院和司法行政部门发现有关单位未尽到未成年人教育、管理、救助、看护等保护职责的，应向该单位提出建议。被建议单位应当在一个月内作出书面回复。人民检察院通过行使检察权，对涉及未成年人的诉讼活动等依法进行监督。未成年人合法权益受到侵犯，相关组织和个人未代为提起诉讼的，人民检察院可以督促、支持其提起诉讼；涉及公共利益的，人民检察院有权提起公益诉讼。

除了上述内容外，《未成年人保护法》还对相关行为的法律责任作出了规定。

三、针对老年人合法权益保障法规与政策的主要内容

针对老年人合法权益保障法规与政策的内容，在《老年人权益保障法》中得到最为全面的体现，其主要包括以下内容。

(一)婚姻家庭权

婚姻家庭权是老年人的一项基本权益,其中包含了多项更加具体的权益。

1. 家庭赡养与扶养权

老年人在家庭中有得到赡养和扶养的权利。赡养人应当为老年人提供经济上供养、生活上照料、精神上慰藉,照顾老年人的特殊需要,使患病的老年人及时得到治疗和护理;对经济困难的老年人,应提供医疗费用。对生活不能自理的老年人,赡养人应承担照料责任;不能亲自照料的,可按照老年人的意愿委托他人或者养老机构等照料。家庭成员应关心老年人的精神需求,不得忽视、冷落老年人;与老年人分开居住的家庭成员,应经常看望或者问候老年人。同时禁止对老年人实施家庭暴力。

2. 结婚自由权

老年人的婚姻自由受法律保护。子女或者其他亲属不得干涉老年人离婚、再婚及婚后的生活。赡养人的赡养义务不因老年人的婚姻关系变化而消除。

3. 财产收益权

老年人对个人的财产,依法享有占有、使用、收益和处分的权利,子女或者其他亲属不得干涉,不得以窃取、骗取、强行索取等方式侵犯老年人的财产权益。老年人有依法继承父母、配偶、子女或者其他亲属遗产的权利,有接受赠与的权利。子女或者其他亲属不得侵占、抢夺、转移、隐匿或者损毁应当由老年人继承或者接受赠与的财产。老年人以遗嘱处分财产,应依法为老年配偶保留必要的份额。赡养人有义务耕种或者委托他人耕种老年人承包的田地,照管或者委托他人照管老年人的林木和牲畜等,收益归老年人所有。

4. 住房权

赡养人应妥善安排老年人的住房,不得强迫老年人居住或者迁居条件低劣的房屋。老年人自有的或者承租的住房,子女或者其他亲属不得侵占,不得擅自改变产权关系或者租赁关系。老年人自有的住房,赡养人有维修的义务。

(二)社会保障权

第一,基本养老保险。国家通过基本养老保险制度,保障老年人的基本生活。

第二,基本医疗保险。国家通过基本医疗保险制度,保障老年人的基本医疗需要。享受最低生活保障的老年人和符合条件的低收入家庭中的老年人参加城乡居民基本医疗保险所需个人缴费部分,由政府给予补贴。有关部门制定医疗保险办法，应当对老年人给予照顾。

第三，长期护理保障。国家逐步开展长期护理保障工作，保障老年人的护理需求。对生活长期不能自理、经济困难的老年人，地方各级人民政府应当根据其失能程度等情况给予护理补贴。

第四，社会救济。国家对经济困难的老年人给予基本生活、医疗、居住或者其他救助。老年人无劳动能力、无生活来源、无赡养人和扶养人，或者其赡养人和扶养人确无赡养能力或者扶养能力的，由地方各级人民政府依照有关规定给予供养或者救助。对流浪乞讨、遭受遗弃等生活无着的老年人，由地方各级人民政府依照有关规定给予救助。

第五，住房保障。地方各级人民政府在实施廉租住房、公共租赁住房等住房保障制度或者进行危旧房屋改造时，应当优先照顾符合条件的老年人。

第六，其他保障。国家鼓励地方政府建立 80 周岁以上老人的高龄津贴制度。建立和完善计划生育家庭老年人扶助制度。农村可将未承包的集体所有的部分土地、山林、水面、滩涂等作为养老基地。

（三）社会服务权

第一，发展社区养老服务。地方各级人民政府和有关部门应采取措施，发展城乡社区养老服务，鼓励、扶持专业服务机构及其他组织和个人，为居家的老年人提供生活照料、紧急救援、医疗护理、精神慰藉、心理咨询等多种形式的服务。对经济困难的老年人，地方各级人民政府应当逐步给予养老服务补贴。地方各级人民政府和有关部门、基层群众性自治组织，应当将养老服务设施纳入城乡社区配套设施建设规划，建立适应老年人需要的生活服务、文化体育活动、日间照料、疾病护理与康复等服务设施和网点，就近为老年人提供服务。发扬邻里互助的传统，提倡邻里间关心、帮助有困难的老年人。鼓励慈善组织、志愿者为老年人服务。倡导老年人互助服务。各级人民政府应当根据经济发展水平和老年人服务需求，逐步增加对养老服务的投入。各级人民政府和有关部门在财政、税费、土地、融资等方面采取措施，鼓励、扶持企业事业单位、社会组织或者个人兴办、运营养老、老年人日间照料、老年文化体育活动等设施。地方各级人民政府和有关部门应按照老年人口比例及分布情况，将养老服务设施建设纳入城乡规划和土地利用总体规划，统筹安排养老服务设施建设用地及所需物资。公益性养老服务设施用地，可依法使用国有划拨土地或者农民集体所有的土地。养老服务设施用地，非经法定程序不得改变用途。

第二,养老机构的服务。政府投资兴办的养老机构,应优先保障经济困难的孤寡、失能、高龄等老年人的服务需求。养老机构应与接受服务的老年人或者其代理人签订服务协议,明确双方的权利、义务。养老机构及其工作人员不得以任何方式侵害老年人的权益。养老机构变更或者终止的,应妥善安置收住的老年人,并依照规定到有关部门办理手续。有关部门应为养老机构妥善安置老年人提供帮助。

第三,养老机构的监管。国务院有关部门制定养老服务设施建设、养老服务质量和养老服务职业等标准,建立健全养老机构分类管理和养老服务评估制度。各级人民政府应当规范养老服务收费项目和标准,加强监督和管理。设立公益性养老机构,应当依法办理相应的登记。设立经营性养老机构,应当在市场监督管理部门办理登记。养老机构登记后即可开展服务活动,并向县级以上人民政府民政部门备案。地方各级人民政府加强对本行政区域养老机构管理工作的领导,建立养老机构综合监管制度。县级以上人民政府民政部门负责养老机构的指导、监督和管理,其他有关部门依照职责分工对养老机构实施监督。县级以上人民政府民政部门依法履行监督检查职责。

第四,养老服务人才的培养。国家建立健全养老服务人才培养、使用、评价和激励制度,依法规范用工,促进从业人员劳动报酬合理增长,发展专职、兼职和志愿者相结合的养老服务队伍。国家鼓励高等学校、中等职业学校和职业培训机构设置相关专业或者培训项目,培养养老服务专业人才。

第五,发展养老保险。国家鼓励养老机构投保责任保险,鼓励保险公司承保责任保险。

第六,发展老年医疗卫生服务。各级人民政府和有关部门应将老年医疗卫生服务纳入城乡医疗卫生服务规划,将老年人健康管理和常见病预防等纳入国家基本公共卫生服务项目。鼓励为老年人提供保健、护理、临终关怀等服务。国家鼓励医疗机构开设针对老年病的专科或者门诊。医疗卫生机构应当开展老年人的健康服务和疾病防治工作。此外,国家采取措施,加强老年医学的研究和人才培养,提高老年病的预防、治疗、科研水平,促进老年病的早期发现、诊断和治疗。国家和社会采取措施,开展各种形式的健康教育,普及老年保健知识,增强老年人自我保健意识。

第七,鼓励老年老龄产业发展。国家采取措施,发展老龄产业,将老龄产业列入国家扶持行业目录。扶持和引导企业开发、生产、经营适应老年人需要的用品和提供相关的服务。

(四)社会优待权

《老年人权益保障法》规定,县级政府以上人民政府及其有关部门根据经济社会发展情况和老年人的特殊需要,制定应酌情制定优待老年人的办法,逐步提高优待水平。对常住在本行政区域内的外埠老年人给予同等优待。具体涉及的优待项目如下。

第一,社会服务优待。各级人民政府和有关部门应为老年人及时、便利地领取养老金、结算医疗费和享受其他物质帮助提供条件,办理房屋权属关系变更、户口迁移等涉及老年人权益的重大事项时,应就办理事项是否为老年人的真实意思表示进行询问,并依法优先办理。博物馆、美术馆、科技馆、纪念馆、公共图书馆、文化馆、影剧院、体育场馆、公园、旅游景点等场所,应对老年人免费或者优惠开放。提倡与老年人日常生活密切相关的服务行业为老年人提供优先、优惠服务。此外,农村老年人不承担兴办公益事业的筹劳义务。

第二,法律服务优待。老年人因其合法权益受侵害提起诉讼交纳诉讼费确有困难的,可缓交、减交或者免交;需要获得律师帮助,但无力支付律师费用的,可获得法律援助。鼓励律师事务所、公证处、基层法律服务所和其他法律服务机构为经济困难的老年人提供免费或者优惠服务。

第三,医疗优待。医疗机构应为老年人就医提供方便,对老年人就医予以优先。有条件的地方,可为老年人设立家庭病床,开展巡回医疗、护理、康复、免费体检等服务。提倡为老年人义诊。

第四,交通优待。城市公共交通、公路、铁路、水路和航空客运,应为老年人提供优待和照顾。

(五)宜居环境权

《老年人权益保障法》规定,国家采取措施,为老年人提供安全、便利和舒适的环境。具体包括以下方面。

第一,适合老年人的设施规划。各级人民政府在制定城乡规划时,应根据人口老龄化发展趋势、老年人口分布和老年人的特点,统筹考虑适合老年人的公共基础设施、生活服务设施、医疗卫生设施和文化体育设施建设。

第二,制定涉及老年人的工程建设标准。国家制定和完善涉及老年人的工程建设标准体系,在规划、设计、施工、监理、验收、运行、维护、管理等环节加强相关标准的实施与监督。

第三,无障碍设施建设。国家制定无障碍设施工程建设标准。新建、改建和扩建道路、公共交通设施、建筑物、居住区等,应符合国家无障碍设施工程建设标准。各级人民政府和有关部门应当按照国家无障碍设施工程建设标准,优先推进与老年人日常生活密切相关的公共服务设施的改造。无障碍设施的所有人和管理人应保障无障碍设施正常使用。

第四,老年宜居社区建设。国家推动老年宜居社区建设,引导、支持老年宜居住宅的开发,推动和扶持老年人家庭无障碍设施的改造,为老年人创造无障碍居住环境。

(六)社会发展参与权

《老年人权益保障法》规定,国家和社会应当重视、珍惜老年人的知识、技能、经验和优良品德,发挥老年人的专长和作用,保障老年人参与经济、政治、文化和社会生活。具体来说,老年人的社会发展参与权涉及以下方面。

第一,意见与建议权。制定法律、法规、规章和公共政策,涉及老年人权益重大问题的,应听取老年人和老年人组织的意见。老年人和老年人组织有权向国家机关提出老年人权益保障、老龄事业发展等方面的意见和建议。

第二,社会活动参与权。国家为老年人参与社会发展创造条件。根据社会需要和可能,鼓励老年人在自愿和量力的情况下,从事下列活动:①对青少年和儿童进行社会主义、爱国主义、集体主义和艰苦奋斗等优良传统教育;②传授文化和科技知识;③提供咨询服务;④依法参与科技开发和应用;⑤依法从事经营和生产活动;⑥参加志愿服务、兴办社会公益事业;⑦参与维护社会治安、协助调解民间纠纷;⑧参加其他社会活动。老年人参加劳动的合法收入受法律保护。任何单位和个人不得安排老年人从事危害其身心健康的劳动或者危险作业。

第三,继续教育权。国家发展老年教育,把老年教育纳入终身教育体系,鼓励社会办好各类老年学校。各级人民政府对老年教育应当加强领导,统一规划,加大投入。

第四,文化活动权。国家和社会采取措施,开展适合老年人的群众性文化、体育、娱乐活动,丰富老年人的精神文化生活。

(七)老年人权益保障

老年人合法权益受到侵害的,被侵害人或者其代理人有权要求有关部门处理,或者依法向人民法院提起诉讼。人民法院和有关部门,对侵犯老年人合法权益的申诉、控告和检举,应依法及时受理,不得推诿、拖延。不履行保护老年人合法权益职责的部门或者组织,其上级主管部门应当给予批评教育,责令改正。国家工作人员违法失职,致使老年人合法权益受到损害的,由其所在单位或者上级机关责令改正,或者依法给予处分;构成犯罪的,依法追究刑事责任。老年人与家庭成员因赡养、扶养或者住房、财产等发生纠纷,可申请人民调解委员会或者其他有关组织进行调解,也可以直接向人民法院提起诉讼。人民调解委员会或者其他有关组织调解前款纠纷时,应通过说服、疏导等方式化解矛盾和纠纷;对有过错的家庭成员,应给予批评教育。人民法院对老年人追索赡养费或者扶养费的申请,可以依法裁定先予执行。

四、针对残疾人合法权益保障法规与政策的主要内容

《残疾人保障法》对残疾人合法权益作了最全面、最完整的规定。其主要内容包括以下方面。

(一)康复权

《残疾人保障法》规定,国家保障残疾人享有康复服务的权利。各级人民政府和有关部门应采取措施,为残疾人康复创造条件,建立和完善残疾人康复服务体系,并分阶段实施重点康复项目,帮助残疾人恢复或者补偿功能,增强其参与社会生活的能力。

第一,建立符合国情的康复服务体系。康复工作应从实际出发,将现代康复技术与我国传统康复技术相结合;以社区康复为基础,康复机构为骨干,残疾人家庭为依托;以实用、易行、受益广的康复内容为重点,优先开展残疾儿童抢救性治疗和康复;发展符合康复要求的科学技术,鼓励自主创新,加强康复新技术的研究、开发和应用,为残疾人提供有效的康复服务。

第二,兴建康复机构,提供康复服务。各级人民政府鼓励和扶持社会力量兴办残疾人康复机构。地方各级人民政府和有关部门,应组织和指导城乡社区服务组织、医疗预防保健机构、残疾人组织、残疾人家庭和其他社会力量,开展社区康复工作。残疾人教育机构、福利性单位和其他为残疾人服务的机构,应创造条件,开展康复训练活动。残疾人在专业人员的指导和有关工作人员、志愿工作者及亲属的帮助下,应努力进行功能、自理能力和劳动技能的训练。地方各级人民政府和有关部门应根据需要有计划地在医疗机构设立康复医学科室,举办残疾人康复机构,开展康复医疗与训练、人员培训、技术指导、科学研究等工作。

第三,培养康复人才。医学院校和其他有关院校应有计划地开设康复课程,

设置相关专业，培养各类康复专业人才。政府和社会采取多种形式对从事康复工作的人员进行技术培训；向残疾人、残疾人亲属、有关工作人员和志愿工作者普及康复知识，传授康复方法。

第三，研发、供应康复器具。政府有关部门应组织和扶持残疾人康复器械、辅助器具的研制、生产、供应、维修服务。

（二）受教育权

《残疾人保障法》规定，国家保障残疾人享有平等接受教育的权利。各级人民政府应将残疾人教育作为国家教育事业的组成部分，统一规划，加强领导，为残疾人接受教育创造条件。具体内容包括如下。

第一，残疾人教育的方针与要求。残疾人教育，实行普及与提高相结合、以普及为重点的方针，保障义务教育，着重发展职业教育，积极开展学前教育，逐步发展高级中等以上教育。残疾人教育应当根据残疾人的身心特性和需要。

第二，义务教育权。政府、社会、学校应当采取有效措施，解决残疾儿童、少年就学存在的实际困难，帮助其完成义务教育。各级人民政府对接受义务教育的残疾学生、贫困残疾人家庭的学生提供免费教科书，并给予寄宿生活费等费用补助；对接受义务教育以外其他教育的残疾学生、贫困残疾人家庭的学生按照国家有关规定给予资助。

第三，残疾人教育的机构。县级以上人民政府应根据残疾人的数量、分布状况和残疾类别等因素，合理设置残疾人教育机构，并鼓励社会力量办学、捐资助学。普通教育机构对具有接受普通教育能力的残疾人实施教育，并为其学习提供便利和帮助。残疾幼儿教育机构、普通幼儿教育机构附设的残疾儿童班、特殊教育机构的学前班、残疾儿童福利机构、残疾儿童家庭，对残疾儿童实施学前教育。

第四，残疾人社会教育。政府有关部门、残疾人所在单位和有关社会组织应当对残疾人开展扫除文盲、职业培训、创业培训和其他成人教育，鼓励残疾人自学成才。

第五，特殊教育人才培养。国家有计划地举办各级各类特殊教育师范院校、专业，在普通师范院校附设特殊教育班，培养、培训特殊教育师资。普通师范院校开设特殊教育课程或者讲授有关内容，使普通教师掌握必要的特殊教育知识。特殊教育教师和手语翻译，享受特殊教育津贴。

第六，特殊教育的设备。政府有关部门应当组织和扶持盲文、手语的研究和应用，特殊教育教材的编写和出版，特殊教育教学用具及其他辅助用品的研制、生产和供应。

（三）劳动就业权

《残疾人保障法》规定，国家保障残疾人劳动的权利。各级人民政府应当对残疾人劳动就业统筹规划，为残疾人创造劳动就业条件。

第一，残疾人劳动就业的方针。残疾人劳动就业，实行集中与分散相结合的方针，采取优惠政策和扶持保护措施，通过多渠道、多层次、多种形式，使残疾人劳动就业逐步普及、稳定、合理。政府和社会举办残疾人福利企业、盲人按摩机构和其他福利性单位，集中安排残疾人就业。此外，国家实行按比例安排残疾人就业制度。

第二，保障残疾人劳动就业权的策略。国家鼓励和扶持残疾人自主择业、自主创业；地方各级人民政府和农村基层组织，应组织和扶持农村残疾人从事种植业、养殖业、手工业和其他形式的生产劳动；国家对安排残疾人就业达到、超过规定比例或者集中安排残疾人就业的用人单位和从事个体经营的残疾人，依法给予税收优惠，并在生产、经营、技术、资金、物资、场地等方面给予扶持。国家对从事个体经营的残疾人，免除行政事业性收费；政府有关部门设立的公共就业服务机构，应为残疾人免费提供就业服务。

第三，保障残疾人福利性单位的合法权益。国家保护残疾人福利性单位的财产所有权和经营自主权，其合法权益不受侵犯。

第四，保障残疾人劳动就业的合法权益。在职工的招用、转正、晋级、职称评定、劳动报酬、生活福利、休息休假、社会保险等方面，不得歧视残疾人。残疾职工所在单位应当根据残疾职工的特点，提供适当的劳动条件和劳动保护，并根据实际需要对劳动场所、劳动设备和生活设施进行改造。国家采取措施，保障盲人保健和医疗按摩人员从业的合法权益。残疾职工所在单位应当对残疾职工进行岗位技术培训，提高其劳动技能和技术水平。任何单位和个人不得以暴力、威胁或者非法限制人身自由的手段强迫残疾人劳动。

（四）文化生活权利

国家保障残疾人享有平等参与文化生活的权利。各级人民政府和有关部门鼓励、帮助残疾人参加各种文化、体育、娱乐活动，积极创造条件，丰富残疾人精神文化生活。

第一，保障残疾人文化生活的要求。残疾人文化、体育、娱乐活动应当面向基层,融于社会公共文化生活,适应各类残疾人的不同特点和需要,使残疾人广泛参与。

第二,保障残疾人文化生活的措施。政府和社会采取下列措施,丰富残疾人的精神文化生活:①通过广播、电影、电视、报刊、图书、网络等形式,及时宣传报道残疾人的工作、生活等情况,为残疾人服务;②组织和扶持盲文读物、盲人有声读物及其他残疾人读物的编写和出版,根据盲人的实际需要,在公共图书馆设立盲文读物、盲人有声读物图书室;③开办电视手语节目,开办残疾人专题广播栏目,推进电视栏目、影视作品加配字幕、解说;④组织和扶持残疾人开展群众性文化、体育、娱乐活动,举办特殊艺术演出和残疾人体育运动会,参加国际性比赛和交流;⑤文化、体育、娱乐和其他公共活动场所,为残疾人提供方便和照顾。有计划地兴办残疾人活动场所。

第三,鼓励、帮助残疾人开展文化生活。政府和社会鼓励、帮助残疾人从事文学、艺术、教育、科学、技术和其他有益于人民的创造性劳动。

第四,营造保障残疾人文化生活权的良好环境。政府和社会促进残疾人与其他公民之间的相互理解和交流,宣传残疾人事业和扶助残疾人的事迹,弘扬残疾人自强不息的精神,倡导团结、友爱、互助的社会风尚。

(五)社会保障权利

国家保障残疾人享有各项社会保障的权利。政府和社会采取措施,完善对残疾人的社会保障,保障和改善残疾人的生活。其具体内容如下。

第一,社会保险。残疾人及其所在单位应当按照国家有关规定参加社会保险。残疾人所在城乡基层群众性自治组织、残疾人家庭,应鼓励、帮助残疾人参加社会保险。对生活确有困难的残疾人,按照国家有关规定给予社会保险补贴。

第二,社会救助。各级人民政府对生活确有困难的残疾人,通过多种渠道给予生活、教育、住房和其他社会救助。县级以上地方人民政府对享受最低生活保障待遇后生活仍有特别困难的残疾人家庭,应当采取其他措施保障其基本生活。各级人民政府对贫困残疾人的基本医疗、康复服务、必要的辅助器具的配置和更换,应当按照规定给予救助。对生活不能自理的残疾人,地方各级人民政府应当根据情况给予护理补贴。

第三,社会供养。地方各级人民政府对无劳动能力、无抚养人或者抚养人不具有扶养能力、无生活来源的残疾人,按照规定予以供养。国家鼓励和扶持社会力量举办残疾人供养、托养机构。残疾人供养、托养机构及其工作人员不得侮辱、虐待、遗弃残疾人。

第四，残疾人优待。县级以上人民政府对残疾人搭乘公共交通工具，应当根据实际情况给予便利和优惠。残疾人可以免费携带随身必备的辅助器具。盲人持有效证件免费乘坐市内公共汽车、电车、地铁、渡船等公共交通工具。盲人读物邮件免费寄递。国家鼓励和支持提供电信、广播电视服务的单位对盲人、听力残疾人、言语残疾人给予优惠。

（六）无障碍环境权

无障碍环境是残疾人平等参与社会环境的外部必要条件，《残疾人保障法》规定，国家和社会应采取措施，逐步完善无障碍设施，推进信息交流无障碍，为残疾人平等参与社会生活创造无障碍环境。各级人民政府应对无障碍环境建设进行统筹规划，综合协调，加强监督管理。

第一，无障碍设施建设。无障碍设施的建设和改造，应符合残疾人的实际需要。新建、改建和扩建建筑物、道路、交通设施等，应当符合国家有关无障碍设施工程建设标准。各级人民政府和有关部门应当按照国家无障碍设施工程建设规定，逐步推进已建成设施的改造，优先推进与残疾人日常工作、生活密切相关的公共服务设施的改造。对无障碍设施应当及时维修和保护。

第二，创造无障碍信息交流。国家采取措施，为残疾人信息交流无障碍创造条件。各级人民政府和有关部门应当采取措施，为残疾人获取公共信息提供便利。国家和社会研制、开发适合残疾人使用的信息交流技术和产品。国家举办的各类升学考试、职业资格考试和任职考试，有盲人参加的，应为盲人提供盲文试卷、电子试卷或者由专门的工作人员予以协助。

第三，提供无障碍的社会服务。公共服务机构和公共场所应当创造条件，为残疾人提供语音和文字提示、手语、盲文等信息交流服务，并提供优先服务和辅助性服务。公共交通工具应当逐步达到无障碍设施的要求。有条件的公共停车场应当为残疾人设置专用停车位。组织选举的部门应为残疾人参加选举提供便利；有条件的，应为盲人提供盲文选票。

第四，发展无障碍辅助设备。国家鼓励和扶持无障碍辅助设备、无障碍交通工具的研制和开发。①

（七）残疾人权益保障

残疾人的合法权益受到侵害的，可向残疾人组织投诉，残疾人组织应当维护

---

① 关信平主编：《社会工作政策法规》，中国社会出版社 2015 年，第 337—362 页。

残疾人的合法权益,有权要求有关部门或者单位查处。有关部门或者单位应当依法查处,并予以答复。残疾人组织对残疾人通过诉讼维护其合法权益需要帮助的,应给予支持。残疾人组织对侵害特定残疾人群体利益的行为,有权要求有关部门依法查处。残疾人的合法权益受到侵害的,有权要求有关部门依法处理,或者依法向仲裁机构申请仲裁,或者依法向人民法院提起诉讼。对有经济困难或者其他原因确需法律援助或者司法救助的残疾人,当地法律援助机构或者人民法院应当给予帮助,依法为其提供法律援助或者司法救助。

第三节　针对特定人群合法权益保障法规与政策运行中存在的主要问题

针对特定人群合法权益保障的法规与政策运行中存在的主要问题在于,有些法规与政策执行力度有待提升。

一、在妇女合法权益保障方面,有些法规与政策的执行力度有待提升

第一,《妇女权益保障法》规定,妇女享有与男子平等的政治权利。事实不尽其然。从全国人民代表大会代表人数来看,2013 年,女代表仅占 23.40%,①尽管女代表占比扭转了前几届占比下降的局面,但也仅比 1975 年四届全国人大女代表的比例增加了 0.8 个百分点。② 2018 年,十三届全国人大代表中,女代表占 24.90%。③ 2023 年,十四届全国人大代表中,女代表为 26.54%。④ 可见,妇女享有与男子平等的政治权利还要做很多工作。

第二,《妇女权益保障法》规定,女性享有与男性平等的文化教育权利,但理想和现实差距较大。据国家统计局人口抽样调查样本数据显示,2013 年,6 岁及

① 数据来源:国家统计局网站统计数据。

② 数据来源:《中国统计年鉴 1982 年》。

③ 王琦:《2980 名十三届全国人大代表的代表资格确认全部有效》,《人民日报》2018 年 2 月 25 日。

④ 《2977 名十四届全国人大代表具有广泛的代表性》,《人民日报》2023 年 2 月 25 日。

以上未上过学人口数中,女性的占比是男性的2.20倍;6岁及以上初中人口数中,女性的占比只有男性的88.22%;6岁及以上高中人口数中,女性的占比只有男性的79.31%;6岁及以上大专及以上人口数中,女性的占比只有男性的85.45%。到2022年,6岁及以上未上过学的人口中,女性的占比是男性的2.54倍;6岁及以上小学人口数中,女性的占比为28.20%,男性为24.03%;6岁及以上初中人口数中,女性的占比为32.33%,男性为36.26%;6岁及以上高中人口数中,女性的占比为14.89%,男性为17.76%;6岁及以上大专人口数中,女性的占比为19.12%,男性为19.81%。[①] 可见,除大专及以上的占比外,女性文化程度仍明显低于男性,妇女离享有与男子平等的文化教育权利仍有不小的差距。

第三,《妇女权益保障法》规定,女性享有与男子平等的劳动权利和社会保障权利等,实际仍不如人意。在现实中,在录用、晋升晋级时,男子往往被优先考虑;退休的年限,一般男性为60周岁,女性为55周岁,许多妇女认为这是男女不平等的表现。又如,关于"妇女享有与男子平等的劳动权利",据世界银行数据,1990年,中国女性劳动力参与率(占15岁以上女性劳动力的百分比)为73.09%,2022年为61.07%;相比之下,男性分别为85.11%、72.62%。[②] 显然,男女劳动权利不平等,妇女的劳动权利需进一步提升。关于"男女同工同酬"的法律规定,据2006年中国第一部妇女绿皮书——《1995—2005年:中国性别平等与妇女发展报告》显示,中国男女性别工资差距不仅没有缩小,反而在扩大,就平均水平而言,女性职工工资占男性的比重,由1988年的84%下降到1995年的82%。到2010年,城乡女性劳动收入仅占男性劳动收入的67.3%、56.0%。劳动收入性别差距在进一步扩大。[③] 到2020年,劳动力市场中仍然存在工资性别差异,女性工资水平明显低于男性。[④] 再如,关于"单位在录用时不得限制女职工的结婚与生育,不得因怀孕、生产、哺乳等原因降低薪酬或终止劳动合同"的法律规定,一些单位,特别是一些私营单位,往往会以此为由不录用妇女;由于职工的所有收入中基本工资仅占一部分,所以,妇女往往因怀孕、生产、哺乳等原因而出现收入大幅度降低的现象;甚至,妇女因怀孕、生产、哺乳等原因被终止劳动合同

---

① 数据来源:国家统计局网站统计数据。

② 资料来源:世界银行网站数据库。

③ 谭琳主编:《2013—2015年:中国性别平等与妇女发展报告》,社会科学文献出版社2016年,第147页。

④ 王伶鑫:《我国女性就业人口结构变迁与收入性别差异研究》,《中国物价》2023年第11期。

的事件也时有报道。2023 年 4 月 25 日,北京市三中院通报了两起女职工孕期产生的纠纷案件。在这两起案件中,法院均认定用人单位解除与孕期女职工的劳动关系属违法行为。[①]

第四,《妇女权益保障法》规定,男女享有平等的财产权利,但在现实中,特别是在农村地区,男女的财产权利并不平等。例如,在许多农村地区,在继承亲生父母的遗产时,嫁出去的女儿一般没有继承权,她们一般也不会提出要求;又如,在许多农村地区,妇女出嫁到男方并没有土地。

第五,《妇女权益保障法》规定,女性与男性享有平等的人身和人格权益,然而,在这些方面还要做很多工作。例如,关于女性与男性享有同等的生命健康权方面,男女并不平等,这反映在男女出生性别比方面,明显失调。自 1980 年代以来,中国出生人口性别比开始失常,1982 年为 108.47,2004 年达到了 121.18 的高峰,2008 年到 2015 年,逐步有所好转,但 2015 年仍有 115.88。[②] 2022 年,据国家统计局的抽样调查显示,0—4 岁性别比为 109.88。[③] 这反映出,一方面,性别比日趋合理,另一方面,男性占比仍然明显高于女性。

第六,《妇女权益保障法》规定,妇女享有婚姻家庭权益,包括妇女有不生育的自由;妇女有免受家庭暴力的权利等。例如,关于妇女有免受家庭暴力的权利,现实中未很好落实。2010 年,有人在全中国范围内选取 7 个省市 8 个地区,抽样调查 2810 位处在或曾经处在亲密关系(婚姻、同居)中的个体,数据显示,妇女遭受生理暴力(躯体攻击、伤害、性强迫)的年内发生率为 31.6%,精神暴力(心理侵犯、控制、忽视)的年内发生率为 52.4%。[④] 2021 年,第四期中国妇女社会地位调查主要数据显示,在婚姻生活中女性遭受过配偶身体暴力和精神暴力的比例为 8.6%。2016 至 2022 年,妇联组织通过 12338 妇女维权公益服务热线等渠道受理家庭暴力投诉 25.2 万余件次。[⑤] 这些反映出,家庭暴力现象仍在较大程度上存在。

---

① 徐慧瑶:《女职工试用期发现怀孕遭辞退 法院:用人单位违法!》,《北京晚报》2023 年 4 月 26 日。

② 《国家卫计委:中国出生人口性别比实现“六连降”》,人民网,2015 年 2 月 3 日。

③ 数据来源:国家统计局网站统计数据。

④ 崔轶:《七省市家庭暴力现状调查及影响因素报告》,《中国临床心理学杂志》2012 年第 3 期。

⑤ 黄晓薇:《国务院关于反家庭暴力工作情况的报告》,《全国人民代表大会常务委员会公报》2023 年第 6 期。

概括来说，在当前妇女合法权益保障方面，尽管法规与政策文本已经比较齐备，但有些法规与政策得不到较好贯彻执行，更好地保护妇女合法权益还有很多工作要做。

二、在儿童合法权益保障方面，有些法规与政策执行力度有待提升

《未成年人保护法》规定，儿童无论民族、种族、性别、户籍、职业、宗教信仰、教育程度、家庭状况、身心健康状况等，依法平等地享有生存权、发展权、受保护权、参与权等权利。《未成年人保护法》则从家庭保护、学校保护、社会保护、网络保护、政府保护、司法保护等六个方面保障儿童权益。然而，有些法规与政策并未得到很好贯彻执行，从以下方面可得到反映。

第一，改革开放以来，在中国农村地区出现了许多留守儿童，他们成长值得关注。在改革开放以前，中国农村尽管物质生活还不是很富裕，但是儿童尚且能与父母生活在一起，享受天伦之乐。但是，随着改革开放后越来越多的农民工进城务工，而城市又无法为农民工整个家庭融入提供必要条件，导致留守儿童产生。2000 年，中国农村留守儿童已达 2290 万人，占全国儿童的 8.05%，①到 2010 年，进一步增至 6102.55 万，占农村儿童 37.7%，占全国儿童 21.88%。2016 年 11 月，统计指数更改后，民政部公布的农村留守儿童数量为 902 万。② 2020 年末，全国农村留守儿童仍有 643.6 万人。③ 由于与父母长期分离，留守儿童的生活质量、生理和心理健康状况、成长环境均劣于受父母监护的儿童，留守儿童最大的心愿是不再成为留守儿童。④ 2017 年度《中国留守儿童心灵状况白皮书》指出，

---

① 段成荣、周福林：《我国留守儿童状况研究》，《人口研究》2005 年第 1 期。

② 2016 年 11 月，民政部公布全国农村留守儿童数量为 902 万。这是因为统计指标发生变化。此前对于农村留守儿童的定义是“父母一方外出务工、不满十八周岁”。这次，《国务院关于加强农村留守儿童关爱保护工作的意见》将农村留守儿童定义为父母双方外出务工或一方外出务工另一方无监护能力、不满十六周岁的未成年人，主要是依据《预防未成年人犯罪法》第十九条“未成年人的父母或者其他监护人，不得让不满十六周岁的未成年人脱离监护单独居住”等有关规定。

③ 《民政部对“关于加强农村留守儿童关爱保护的提案”的答复》，中华人民共和国民政部官网，2021 年 11 月 23 日。

④ 全国妇联课题组：《全国农村留守儿童城乡流动儿童状况研究报告》，《中国妇运》2013 年第 6 期。

67.8%的留守儿童有“学业成绩明显退步”的经历。[①] 2019年度《中国留守儿童心灵状况白皮书》显示，调查地区儿童遭受暴力对待主要分为躯体遭受暴力对待、精神遭受暴力对待、性遭受暴力对待和忽视四类，发生率分别达到65.1%、91.3%、30.6%和40.6%。并且，其中有13.7%的儿童遭受四重暴力。[②] 实际上，留守儿童非正常死亡的现象屡见报端。留守儿童问题的出现便是儿童合法权益保障法规与政策执行不力的一个表现。

第二，中小学学生课业负担较重。一段时期以来，中国城镇中小学生的课业负担过重。这不仅表现在校内，而且蔓延到校外；不仅在各学校广泛存在。2013年5月，21世纪教育研究院发布《国内中小学“减负”情况调查报告》（形成自全国31个省份中小学生、中小学教师及家长的4701份有效问卷），数据显示：小学生的减负效果比中学生好，“减负”后约有22%的学生课业负担“明显减轻”或“有所减轻”，近半数（47%）的学生课业负担维持原状，31%学生的课业负担“有所加重”和“明显加重”。[③] 中小学生过重的课业负担，较大程度损害了他们的身心健康，使他们视力下降，睡眠时间不足。2014年前后，北京团市委成立北京青年1%抽样调查课题组，针对北京市16个区县初一至高三年级中学生进行了调研，共发放问卷9980份。结果显示，有80.4%的中学生每天睡眠不足8小时，有19.9%的受访学生表示在6小时以下。课业压力成了充足睡眠的一大杀手。[④] 2018年，全国儿童青少年的总体近视率53.6%，到2019年下降为50.2%，而2020年又上升为52.7%，2020年，小学生群体的总体近视率为35.6%，初中生群体已高达71.1%。[⑤] 2020年，青少年的抑郁检出率为24.6%，包括重度抑郁为7.4%；其中初中阶段的抑郁检出率约为三成，重度抑郁的检出率为7.6%—8.6%[⑥]。

---

① 《三成农村留守儿童无人照料，近七成留守儿童“成绩明显退步”，民政部：无监护儿童父母外出务工责令返回》，《南方农村报》，2017年7月23日。

② 胥大伟：《2019年度中国留守儿童心灵状况白皮书发布：超过三成遭受性暴力对待》，中国新闻周刊网站，2020年1月13日。

③ 《中小学“减负调查”公布》，《光明日报》2013年5月31日。

④ 《调查显示：近八成学生睡眠不足8小时》，《中国青年报》2015年4月24日。

⑤ 《“介绍2018年8月以来相关部门综合防控儿童青少年近视工作情况”新闻发布会》，中华人民共和国教育部新闻发布会，2021年10月26日。

⑥ 资料来源：傅小兰、张侃、陈雪峰：《心理健康蓝皮书：中国国民心理健康发展报告（2019—2020）》。

近些年来，中国教育行政部门为解决中小学生课业负担问题多次发布文件。例如，《关于减轻小学生课业负担过重问题的若干规定》《关于减轻义务教育阶段学生过重课业负担、全面提高教育质量的指示》等。2010 年颁布的《国家中长期教育改革和发展规划纲要（2010—2020 年）》明确提出，“减轻中小学生课业负担”的目标，甚至把它与促进教育公平和提高教育质量放到了同等重要位置。① 2021 年 7 月，中共中央办公厅、国务院办公厅发布了《关于进一步减轻义务教育阶段学生作业负担和校外负担培训负担的意见》（即教育“双减”政策）。经过近几年来国家相关部门的强力治理，中小学生课业负担过重问题明显有所改善。

然而，中小学学生课业负担较重问题仍然明显。2023 年，中国儿童中心专门成立课题组，联合首都师范大学中小学生校外教育研究院、北京大学中国社会科学调查中心在全国范围内开展的儿童校外生活状况调查（儿童样本规模为 35809 个，家长样本规模为 37197 个）显示，仍有 40.24% 的学生参加校外培训。其中，父母最高收入水平在 50 万元及以上家庭的儿童参加校外培训的比例高达 60.30%，四年级儿童的总体校外培训参与率最高，接近 70%；“双减”背景下仍然有部分儿童在周末休息日参与学科类校外培训；“隐形变异”违规开展校外培训依然存在。这些表明，彻底治理中小学学生课业负担重问题仍需要进一步从根源上解决。②

第三，存在拐卖儿童现象。一段时期以来，中国拐卖儿童犯罪活动较为猖獗，受害人及受害家庭数以万计。香港著名演员刘德华 2015 年甚至主演了一部相关题材的电影——《失孤》。据民政部估计，2015 年，全国流浪乞讨儿童数量在 100 万—150 万左右，其中一部分便是被拐卖的儿童。拐卖儿童现象在全国 20 多个省市和境外地区均有发生。被拐卖的儿童，有的被卖做童工、流浪乞讨甚至不幸死亡，有的被人收养，有的 14—18 岁左右的女童则被迫从事卖淫等色情服务。在中国失踪儿童找回来的概率只有 0.1%。③ 为打击拐卖儿童犯罪，中国相关部门采取了许多行动，但拐卖儿童现象依然存在。据国家统计局数据，立案的

---

① 凡勇昆、邬志辉：《我国中小学课业负担问题的反思》，《现代教育管理》2012 年第 6 期。

② 薛海平等：《“双减”背景下儿童校外生活状况报告：校外培训》，《中国校外教育》2023 年第 6 期。

③ 李春雷等：《我国被拐卖儿童救助保护现状及完善对策研究》，《中国人民公安大学学报（社会科学版）》2013 年第 6 期。

拐卖妇女儿童案件,2010 年有 10082 起,2021 年有 2860 起。①

第四,儿童的网络(或手机)成瘾问题严重。截至 2023 年 6 月,中国网民达 10.79 亿人(其中,手机网民 10.76 亿人,占 99.8%)。中国网民中,10 岁以下的占 3.8%,10—19 岁的占 13.9%,20—29 岁的占 14.5%。中国网络游戏用户达 54974 万人。国家新闻出版署共公布了 521 个国产游戏版号。2020 年,我国游戏市场实际销售收入 2786.87 亿元,较 2019 年增加了 478.1 亿元,同比增长 20.71%。主要网络游戏厂商中,网易 2020 年第三季度网络游戏服务净收入为人民币 138.6 亿元,同比增加 20.2%;腾讯第三季度网络游戏收入达 414.22 亿元,同比增长 45%。② 由于儿童自控能力低、网络游戏的吸引力大等,导致一些儿童网络(或手机)成瘾问题严重。据周楠等人于 2018 年对中国 31 个省、市、自治区的 11213 名儿童青少年及其家长进行调查,数据显示,儿童青少年手机成瘾检出率为 40.4%。③ 在农村,许多孩子处于"手游化生存"状况,健康成长严重受到影响。④

此外,儿童成长环境面临一些风险,如食品安全、交通安全、被诈骗等。

总之,我国儿童事业发展已取得很大成绩,但在儿童合法权益保障方面,要实现相关法规与政策所确立的理想目标还有相当长的路要走。

三、在老年人合法权益保障方面,有些法规与政策执行力度有待提升

中国 65 岁及以上人口占比,2000 年为 7.0,2010 增长到 8.9%。⑤ 到 2023 年末,全国 60 周岁及以上人口已达 29697 万人,占总人口比例为 21.1%,其中,65 周岁及以上的 21676 万人,占比为 15.4%。⑥ 日益严重的人口老龄化对老年人合法权益保护提出越来越迫切的要求。然而,有些针对老年人合法权益保障的法

① 数据来源:《中国统计年鉴 2011》《中国统计年鉴 2022》。

② 数据来源:《第 47 次中国互联网络发展状况统计报告》《第 52 次中国互联网络发展状况统计报告》。

③ 周楠等:《中国儿童青少年手机使用与手机成瘾行为及相关因素分析》,《中国学校卫生》2022 年第 8 期。

④ 《家庭教育缺失 留守少年陷网游漩涡》,《中国青年报》,2018 年 8 月 6 日。

⑤ 数据来源:《中国统计年鉴 2011》。

⑥ 数据来源:《中华人民共和国 2023 年国民经济和社会发展统计公报》。

规与政策的力度仍有待提升。这从以下方面可以反映出来。

第一,老年人家庭赡养与扶养权需进一步保障。

《老年人权益保障法》规定,老年人有家庭赡养与扶养权,赡养人应当为老年人提供经济上供养、生活上照料、精神上慰藉,照顾老年人的特殊需要等,然而,一些老年人的这些权益一定程度上很难得到保障。在农村地区,许多老年人成为留守老人。在改革开放前,农民不到外面打工,农民向非农产业转移的方式主要是"离土不离乡"的模式,到本地乡镇企业就业,老人与子女大都生活在一起,能得到子女的照料。改革开放后,随着1990年代末乡镇企业的改制,大量农民不得不外出务工,它带来的一个问题是,大量农村老人不得不成为留守老人,很难得到子女的照料。2000年,中国留守老人有1793.9万人,占全国老人的20.74%,而留守老人中农村的占82.94%,①2020年,农村留守老人数量为1600万左右。② 另据中国人民大学中国调查与数据中心2016年发布的《中国老年社会追踪调查》显示,2014年,在老年人的子女中,在调查时已离开家半年以上的子女占30.6%(其中,约六成子女在省内居住,约四成子女在省外居住)。这表明,相当多的老年人日常生活实际处于留守状态。留守老人的生活照料、经济状况和心理状况、精神需求等方面也都出现一些问题。③ 不但如此,很多年迈的老人还必须承担隔代抚育任务,照料他们的孙辈。

实际上,很多老年人难以从子女处获得足够的经济来源,不得不继续劳动。据全国1%人口的抽样调查数据显示,2005年,全国老年人中,53.05%没有家庭其他成员供养,27.47%有劳动收入,21.66%有离退休金养老金。这反映出,相当多的老年人依赖自身劳动维持生活。而在乡村,45.93%没有家庭其他成员供养(城市为70.53%),仅4.64%有离退休金养老金(城市为57.50%),高达37.86%有劳动收入(城市为9.01%)。这反映出,很多无离退休金的乡村老年人更加依赖自身劳动维持生活。2015年,全国老年人中,63.32%没有家庭其他成员供养,23.47%有劳动收入,30.21%有离退休金养老金。在乡村,53.6%没有家庭其他成员供养(城市为82.71%),仅7.48%有离退休金养老金(城市为71.05%),

---

① 周福林:《我国留守家庭研究》,中国农业大学出版社2006年,第73—75页。

② 林小昭:《农村留守老人达1600万 谁来解决他们的养老难题?》,中国新闻网,2021年10月27日。

③ 银平均、黄文琳:《农村留守老人问题研究的现状及其趋势》,《江西社会科学》2011年第2期。

34.36%有劳动收入（城市为6.29%）。可见，2015年与2005年的情况接近，相当多的老年人生活依赖自身的劳动维持。① 另据中国人民大学中国调查与数据中心2016年发布的《中国老年社会追踪调查》提供的数据显示，2014年，首要生活源于自己劳动所得的老人占比为12.86%。

第二，老年人的社会保障权与社会服务权的保障水平还有较大提升空间。

中国的工业化不是通过发动对外战争、掠夺别国的方式来实现原始积累，而主要依靠广大农民及有限的农业剩余来实现。因此，城乡的老年人理应享有社会保障权与社会服务权，并且，改革开放初实施计划生育政策，导致农民养老很难依靠有限的子女来养老。然而，国家提供给农村的养老资源有限：（1）农村老年人的基础养老金水平很低。2009年，农村老年人每人每月仅55元。经过数次调整，到2018年1月起，城乡居保基础养老金的最低标准调到88元。② 许多地方最低标准即实际标准。2022年末，实际领取城乡居民基本养老保险待遇的人数有16464万人，全年城乡居民基本养老保险基金支出4044亿元，这意味着，人均2456元，每人月均仍然只有204.67元。③ （2）政府投入有限。2010年，全国只有314.9万张养老机构的床位，不足全国老年人口的2%，相当于每60个老人争抢一个养老院床位，很多老人想住养老院却住不进去。④ 近几年国家加大养老事业建设，床位不足现象有所改善。2016年，全国各类养老床位合计730.2万张，每千名老年人拥有养老床位31.6张。⑤ 截至2022年末，全国共有各类养老机构和设施38.7万个，养老床位合计8294千张，每千名老年人拥有养老床位33.76张。⑥ （3）养老服务人员严重不足。2014年，中国仅有不足30万养老护理员，其中专业的持证上岗者不到6万。⑦ 2022年，我国失能、半失能老人高达

---

① 资料来源：国务院全国1%人口抽样调查领导小组办公室、国家统计局人口和就业统计司编：《2005年全国1%人口抽样调查资料》，中国统计出版社2007年；国家统计局人口和就业统计司编：《2015年全国1%人口抽样调查资料》，中国统计出版社2016年。

② 丁怡婷：《城乡居民基础养老金最低标准增至每月88元》，《人民日报》，2018年5月13日。

③ 资料来源：根据《2022年度人力资源和社会保障事业发展统计公报》相关资料计算所得。

④ 《中国老年人生存现状调查：住不进去的养老院》，《生命时报》2012年7月20日。

⑤ 数据来源：《2016年社会服务发展统计公报》。

⑥ 民政部、全国老龄办：《2022年度国家老龄事业发展公报》。

⑦ 陈郁：《调查显示：75岁以上老人只有12%愿意进养老院》，《经济日报》2014年10月22日。

4000 万,对养老护理员的需求很大。在人力资源和社会保障部发布的全国招聘大于求职"最缺工"100 个职业排行中,养老护理员时常位列前茅。按照国家标准,养老服务机构中的养老护理员与老人的比例按 1∶4 计算,至少需要养老护理员 200 余万名。但养老护理员仅 32.2 万名,缺口近 170 万名。[①] 可见,较好地保障老年人的社会保障权和社会服务权还要做很多工作。

第三,老年人的社会发展参与权需进一步保障。

《老年人权益保障法》规定,老年人享有社会发展参与权,实际上,老年人在这方面的权益保障力度不够,很多法规与政策未落实到位。例如,体制内的一些国家机关和事业单位的工作人员并不愿意退休,其中,一个重要的原因在于,他们退休之后的工资福利待遇大大下降。至于体制之外的老年人对社会发展参与常常比较消极。一些老年人到了本应退休、颐养天年的时候,仍须参加职业性劳作以满足基本生活,自然无心参与社会发展。中国人民大学中国调查与数据中心 2016 年发布的《中国老年社会追踪调查》显示,2014 年开展调查时,在此前的三个月,有 73.84%的老年人从未参加过公益活动,曾经参加过公益活动的 60—79 岁的老年人占比约为 5%;56.80%的老年人近三年未参加过本地居/村委会的投票选举。

综上,在老年人合法权益保障方面,尽管近些年来取得很大成绩,但有些法规与政策的执行力度需进一步加大。

四、在残疾人合法权益保障方面,有些法规与政策执行力度有待提升

中国的残疾人是一个庞大的社会群体,据第六次全国人口普查及第二次全国残疾人抽样调查我国残疾人占全国总人口的比例和各类残疾人占残疾人总人数的比例推算,2010 年末,我国残疾人总人数 8502 万人,约占全国人口总数的 6.47%。2022 年,全国已办理残疾人证的有 3768.17 万人。[②]

当前中国残疾人合法权益保障方面已取得很大成绩,但由于种种原因,有些法规与政策执行力度有待提升,主要表现在以下方面。

第一,《残疾人保障法》规定残疾人享有康复权,但保障力度需进一步改善。

---

① 朱宁宁:《让 4000 万失能半失能老人有爱有"护"》,《法治日报》2023 年 6 月 20 日。

② 数据来源:中国残疾人联合会网站和国家统计局网站。

据2006年第二次全国残疾人抽样调查显示,曾接受过康复训练与服务的只有8.45%。这离有康复训练与服务需求的27.69%的残疾人还有很大差距;曾接受过辅助器具的配备与服务的有7.31%,这离有辅助器具需求的38.56%的残疾人也有很大差距。到2022年,完成残疾人基本康复服务的共有856.66万人,约占残疾人总数的10%,[①]满足残疾人的康复需求仍有很大空间。

第二,《残疾人保障法》规定,国家保障残疾人享有平等接受教育的权利。实际上,残疾人的教育权并没有得到较好保障,教育水平远低于全国平均水平。据2006年第二次全国残疾人抽样调查显示,全国残疾人口中,具有大专及以上学历者占1.13%,低于全国人口5.8%的平均水平;高中的4.89%,低于全国人口12.1%的平均水平;初中的15.04%,低于全国人口36.6%的平均水平;小学的31.85%,高于全国人口31%的平均水平;15岁及以上残疾人文盲人口为43.29%,远远高于全国人口4.08%的文盲率。2022年,残疾人高中、中等职业学校(班)在校生合计30445人,毕业生合计8807人,占当年全国高中、中等职业学校在校生总数的0.075%,毕业生总数的0.069%。在残疾人高等教育阶段,硕士研究生入学数1520人,本科10703人,专科(高职)生17644人,分别占全国总数的0.14%、0.23%、0.30%,[②]残疾人对教育的需求空间还很大。

第三,《残疾人保障法》规定,保障残疾人享有各项社会保障的权利,实际保障力度需大力加强。据2006年第二次全国残疾人抽样调查显示,享有社会保险的残疾人没有统计数据;关于低保,城镇残疾人口中,13.28%享有低保,9.75%的城镇残疾人领取过定期或不定期的救济,农村残疾人口中,5.12%享有低保,11.68%的农村残疾人领取过定期或不定期的救济,而中国残疾人口,城镇与农村的比例分别为24.96%、75.04%。这意味着享有低保与社会救济的残疾人,农村的比例远远低于城镇。截至2022年,残疾人享有社会保障权益的状况有较大改善。残疾居民参加城乡养老保险的2761.7万人,约占残疾人总数的32.48%;享受养老保险的1209.3万人,约占实际领取城乡居民基本养老保险总数的7.35%。[③] 至于残疾人享有的其他社会保障项目情况,在中国残疾人联合会网站则无统计数据。

---

① 数据来源:中国残疾人联合会网站。

② 数据来源:中国残疾人联合会网站和《2022年全国教育事业发展统计公报》。

③ 数据来源:根据《2022年度人力资源和社会保障事业发展统计公报》和中国残疾人联合会网站数据计算所得。

第四,《残疾人保障法》规定,国家保障残疾人劳动的权利,实际未得到较好保障。据 2006 年第二次全国残疾人抽样调查显示,全国残疾人口中,在业的仅为 3.58%,而中国残疾人中度残疾与轻度残疾的占 70.38%。① 可见,残疾人的劳动权远没有得到较好保障。2022 年,就业残疾人的总数为 905.54 万人,约占残疾人总数的 10.65%。这反映出,更好地保障残疾人的劳动权还要做很多工作。

此外,残疾人合法权益保障法规与政策运行中存在的问题还有,残疾人社会权益保障法规与政策尚存在较大的城乡差别;仍然过于强调家庭与残疾人的自我保障责任,保障资金严重短缺;具有浓厚的社会救济色彩;政府之外的主体参与残疾人权益保障的程度较低。②

① 数据来源:国家统计局网站统计数据。

② 李迎生等:《残疾人社会保障理论与实践研究》,华夏出版社 2008 年,第 26 页。

第六章

婚姻家庭法规与政策

现代社会的婚姻家庭关系是在法律规范下的社会关系。家庭是社会工作者服务的重要领域,社会工作者应当了解婚姻家庭法规与政策的相关知识。本章主要介绍婚姻家庭法规与政策的发展演变、主要内容与运行中存在的主要问题。

第一节　婚姻家庭法规与政策的发展演变

一、中国婚姻法规与政策的发展演变

人类最原始的婚姻形式是杂婚。随着人类征服自然能力的发展和思维水平的提高,血缘婚代替了杂婚。血缘婚是由久远而漫长的杂婚制迈向群婚制的一个过渡。群婚制经历了两个阶段,血缘婚是它的低级阶段,距今约二、三十万年的马坝人、长阳人和丁村人,实行的是这种婚姻俗制。①

随后的婚姻形式是群婚制。这种制度就是一群男的和一群女的结为夫妇。一群中的男子,最普通的是由从兄弟或堂兄弟以及亲属等所组成。这种组织中有时一个男子常有一个正妻,同样,一个女子也有一个正夫,但都可和集团内的别人发生夫妇关系。群婚盛行于新石器时代或母系初期的社会里。中国古籍中的"知母不知父"的传说,一方面是母系制的孑遗,另一方面也存在群婚制的

---

① 张涛:《中国古代婚姻》,山东教育出版社 1990 年,第 3 页。

痕迹。

群婚制之后的婚姻形式为多偶制婚姻。它有两种含义,就是男子娶了一个以上的妻子和女子与一个以上的男子结婚。换句话说,多偶制就是一夫多妻制和一妻多夫制的代名词。一夫多妻制也可说是群婚的蜕化,因为多妻制就是共夫制,即一半的群婚制。①

群婚制出现后,对偶婚逐渐产生。这种婚姻俗制越来越排除兄弟或姊妹对配偶的共有,从而形成了一个男子和一个女子的同居关系。其实,在群婚制度下,已经出现了某种时间或长或短的成对配偶的情况。在对偶婚中,一个男子在许多妻子中有一个主妻;同样,一个女子在许多丈夫中有一个主夫。

随着社会生产力的发展,物质财富的增多,产生了私有制,人类开始迈入文明时代。与此相适应,为了将财富留给自己的后代,男子们就要求一对配偶中女性的一方,杜绝与其他任何人的性交关系,以保证将来生下的儿子确凿无疑属于自己的血统。因此,一夫一妻制逐步确立下来。一夫一妻制,又称专偶婚制,简单地说,就是以一男一女结成夫妻为特征的一种婚姻俗制。大约在公元前21世纪,夏朝建立,我国开始跨入文明时代,对偶婚基本上被一夫一妻制取代。

经过夏商时期的发展,一夫一妻的婚俗制终于确立。然而,私有制时代的一夫一妻制在父权、夫权支配下,只是对女子的单方面要求,它通常并不排除男子以各种名目实行公开和秘密的多妻制。周代在严格确立一夫一妻制的同时,明确规定了实际一夫多妻制的合理性。周代以后,皇帝之下的各阶层也实行妾制。②

人类的氏族外婚制出现后,相继出现了以下各种婚姻形式。这些形式都标志婚姻的正式确立。

第一,掠夺婚。它是以武力强行掠夺而达到婚姻目的的一种形式。这是一种比较早的婚姻形式。

第二,聘娶婚。随着父权制的确立,一方面,女子的地位逐渐下降,沦为可买卖的商品,另一方面,掠夺成婚的方法比较冒险,结为婚姻的两族难以和平相处。于是,买卖婚(聘娶婚)应运而生。买卖婚至周代演变成为聘娶婚,男子以聘的方式娶妻。其中,父母之命、媒妁之言和聘书发挥着重要作用。婚姻过程依“六礼”

---

① 董家遵著、卡思才整理:《中国古代婚姻史研究》,广东人民出版社1995年,第210—213页。

② 张涛:《中国古代婚姻》,山东教育出版社1990年,第9、20—28页。

而行。然而,男女双方财富的多寡,往往又是婚姻关系能否成立的先决条件。并且,在“六礼”中,纳采、纳吉、纳征三大项也正是为议定娶妻的身价而设。古代天子、诸侯及士人、庶民结婚时都要使用聘金彩礼。女子出嫁到男方,是男子聘礼的交换物,妾更是可以公开买卖。所以,买卖婚与聘娶婚本质相同,只是买卖婚偏重于事实上的钱财,聘娶婚重视象征性的财物。当然,在聘娶婚中,女方也要回送礼物或嫁妆给男家。买卖婚(聘娶婚)这种古老的婚姻形式在私有制社会普遍存在。

第三,服役婚。它是男子赴女方家以服役支付妻子身价的婚姻形式。它是买卖婚的变异。

第四,收继婚。这是古代影响最大的婚姻形式。收继婚,表现为兄亡则嫂嫁给弟弟,姊亡妹续嫁给姐夫,嫡子继承父妾,弟亡弟媳转嫁给兄,伯叔母转嫁给侄儿等形式。当时人们认为嫁到本氏族的女子,不仅属于夫家,而且属于夫家所在的氏族。夫死后若其妻改嫁,就会随之失去财产和劳动力,收继婚则可将其约束于本氏族内。所以,收继婚也是一种财产继承转移的变异形式,它继承和维护了原有的亲族系统,使死者子女不致外流到其他氏族而减少劳动力。周代以后,收继婚仍然存在,春秋时期更是司空见惯。隋唐以后,收继婚在中原地区已不普遍。

第五,招养婚。它又称招赘婚,是指女子不出嫁,招男子入女家为婿的婚姻形式。它是服役婚的遗留和发展。招养婚的习俗一直存在。

第六,童养婚。它也是我国古代普遍流行的一种婚姻形式。通常是有子嗣后,抱养别家的女子为养女,至其适龄婚期与本家之子成婚,俗称“圆房”,养女转为儿媳。宋明时期,这种婚姻仍盛行于宫廷。在中国古代,童养婚在民间亦十分盛行。童养婚这种习俗一直延续至二十世纪四十年代。

第七,典妻婚。它是买卖婚派生出来的临时性婚姻形式,是封建婚俗畸形发展的结果。典雇妻妾之风,始于宋元之际,在明清时代仍相沿不衰。

此外,中国古代还有其他婚姻形式,如大量的表亲婚、自愿婚、官配婚、赠与婚等。①

关于离婚,周代称为“绝婚”。“离婚”一词,最早出现于南北朝时期,唐宋时期已普遍使用。后来,离婚称为“出妻”。不过,民间称“出妻”为“休妻”。出妻

---

① 张涛:《中国古代婚姻》,山东教育出版社1990年,第33—43页。

的文书也称为“休书”。

为了使丈夫出妻合法化，周代出现了“七出”，也称“七去”“七弃”，即强行与妻子离婚的七种理由。“七出”的内容包括：不孝父母、无子、淫、妒、恶疾、多言、窃盗。妻子若犯有其中一条，就有可能被丈夫赶出家门，而且不必经官府判决，只要做成文书，由双方父母和见证人签名即可解除婚姻关系。

另一方面，为了防止社会秩序混乱，维护家族稳定，古代社会又需要对男子的离婚决定权加以制约。于是，周代又出现了“三不去”（或称“三不出”）。据《大戴礼记·本命》记载，丈夫在婚前曾靠女方供养或结婚时妻子将财产带给了丈夫，而妻子离去又无家可归的可不去；妻子与丈夫一同服过三年之丧对公婆有大孝行为的可以不去；娶时丈夫贫贱但婚后富贵了的可不去。①

在中国传统社会中，男子并未限于以“七出”来处理与妻子的关系，因后来富贵、妻子衰老等而强行离婚的一直存在。同时，女子也没有因“三不去”的规定而摆脱掉常常被遗弃的命运。

在中国古代，男女双方自愿离异的“和离”，即协议离婚。这在周朝已出现。无论何种原因，只要双方同意即可离婚。后世对此从法律上予以承认。唐、宋、元、明、清的法律也有同样的规定。

古代有一种强制离婚的方式，这就是“义绝”。据《唐律疏议》，“义绝”的内容：一是丈夫殴打妻子的祖父母、父母和杀害妻子的外祖父母、伯叔父母、兄弟、姑母、姊妹；二是夫妻双方的祖父母、父母、外祖父母、伯叔父母、兄弟、姑母、姊妹互相残杀；三是妻子打骂丈夫的祖父母、父母和杀伤丈夫的外祖父母、伯叔父母、兄弟、姑母、姊妹；四是妻子同丈夫五服之内的亲戚或丈夫同岳母有奸情；五是妻子图谋害死丈夫。夫妻原为义合，犯了上述罪行，恩义断绝，双方应该离异，所以称为“义绝”。经官府判断，认为一方犯了“义绝”的，法律即强制离婚，并处罚不肯离异者。②

法律除了对犯有“义绝”者强制离婚外，也对社会的婚姻生活作出了各种限制。周代曾规定，有五种女子不得婚娶。《大戴礼记·本命》载：“女有五不取：逆家子不取，乱家子不取，世有刑人不取，世有恶疾不取，丧妇长子不取。逆家子者，其逆德也；乱家子者，为其乱人伦也；世有刑人者，为其弃于人也；世有恶疾

① 丁国峰：《“七出三不去”制度的历史源流及其影响》，《理论建设》2012 年第 1 期。

② 刘玉堂：《论唐代的“义绝”制度及其法律后果》，《中南民族大学学报（人文社会科学版）》2005 年第 6 期。

者,为其弃于天也;丧妇长子者,为其无所受命也。”可见,这些限制,有的是出于保证身体健康的考虑,更多的则是为保持宗法制度的稳固。随着社会文化的发展,婚姻限制日臻完备,限制的内容包括:同姓不婚、宗妻不婚、尊卑不婚、中表不婚、异父同母兄弟姊妹不婚、官民不婚、良贱不婚、僧道不婚、奸逃不婚、仇雠不婚、居尊亲丧不得嫁娶、居配偶丧不得嫁娶、值帝王丧不得嫁娶、父母囚禁不得嫁娶等。①

中国古代的婚姻法规与政策一直到近代都没有太大改变。19 世纪中叶,太平天国农民起义爆发,起义领袖们曾提出男女平等,凡天下婚姻不论财,废除一夫一妻多妾制,严禁娼妓等。这在中国历史上有一定进步意义,不过并未真正贯彻。②

对中国传统婚姻制度的革命始于 20 世纪初。随着中国资产阶级知识分子群体的出现,“革命当自家庭始”的呼声日益高涨。他们批判男尊女卑、三从四德,反对包办婚姻、买卖婚姻和早婚,提倡男女平等、婚姻自由。但由于辛亥革命的不彻底性,以及胜利果实被袁世凯篡夺,因而并未真正废除封建婚姻家庭制度。③

到国民党统治时期,国民党统治区内的婚姻制度逐渐有些改变,一些具有现代性的婚姻登记法规与政策逐渐形成。

1926 年 1 月,国民党二大通过了《妇女运动决议案》,规定要组织领导妇女参加国民党革命运动,并注意妇女的自身解放;婚姻的基本原则包括结婚离婚绝对自由,制定婚姻法,保护被压迫而逃婚的妇女,对再婚的妇女不得蔑视,反对司法机关对男女不平等的判决,反对多妻制和童养媳。

1930 年,国民政府公布了《民法》的《亲属编》。其中,第 972 条规定:“婚约由男女当事人自己订定。”这从法律上肯定了男女双方在决定自己婚姻方面的地位是平等的,并排除了他人干涉,对自古以来“父母之命、媒妁之言”的封建婚姻是一种抑制。第 980 条规定:“男未满十八岁,女未满十六岁都不得结婚。”这从法律上禁止了娃娃亲、童养媳等婚姻恶俗。第 985 条规定:“有配偶者不得重婚。”这里肯定了一夫一妻制,禁止了纳妾的恶习。《民法》还对男女离婚作出了

① 张涛:《中国古代婚姻》,山东教育出版社 1990 年,第 63—75 页。

② 顾鸣塘、顾鉴塘编著:《中国历代婚姻与家庭》,中共中央党校出版社 1991 年,第 126—127 页。

③ 史凤仪:《中国古代婚姻与家庭》,湖北人民出版社 1987 年,第 278 页。

规定:"一方有下列情况之一:重婚;与人通奸;受他方不堪同居之虐待;妻虐待公婆或公婆虐待妻致不堪共同生活;恶意遗弃他方;有精神病;生死不明已逾三年或被判处徒刑,另一方可向法院请求离婚。"①

在国民党统治时期,婚姻登记的法规与政策比以往有了很大变化,对此后有些借鉴意义。不过,一方面,国民党统治时期有些比较好的婚姻政策没有真正贯彻下去,另一方面,婚姻政策还有很大的缺陷。从前者来看,实际生活中,婚姻法的施行并没有减少纳妾行为②;从后者来看,有维护夫权、歧视妇女的情况。③

与此同时,在新民主主义革命时期,共产党领导的根据地的婚姻法规与政策则发生了巨大变化。

实际上,中国共产党的早期领导人,如李大钊、毛泽东、周恩来等在五四运动期间,在传播马克思主义的同时,就以极大的热情关心妇女解放运动,批判封建婚姻家庭制度。

1921 年,中国共产党成立后,确定了反帝反封建主义的革命纲领,就把废除封建婚姻家庭制度,争取妇女解放作为党的奋斗目标之一。1922 年 7 月,党的二大明确提出:"废除一切束缚女子的法律,女子在政治上、经济上、社会上、教育上一律享受平等权利。"第一次国内革命战争时期,革命影响所到之处,妇女运动蓬勃兴起,封建政权、神权、族权、夫权开始动摇,封建婚姻制度受到沉重打击。④

二十世纪二三十年代,土地革命兴起之后,许多地区的工农民主政权发布了取缔娼妓制度、解放奴婢、实行男女平等,禁止买卖婚姻等政策。1931 年,中华苏维埃共和国成立后,即于同年 12 月制定了《中华苏维埃共和国婚姻条例》。这是中国共产党彻底变革旧中国婚姻家庭制度的第一个法律文献。1934 年 4 月,经过几年实践并加以修订补充,《中华苏维埃共和国婚姻法》正式在苏区公布施行。该法基本内容包括如下方面。

第一,男女婚姻自由。第 1 条规定:"确立男女婚姻,以自由为原则,废除一切包办、强迫和买卖的婚姻制度,禁止童养媳。"第 4 条规定:"男女结婚必须经过双方的同意,不许任何一方或第三者加以强迫";"违反本法的,按照刑法处以应

① 汪玢玲:《中国婚姻史》,上海人民出版社 2001 年,第 422—424 页

② 王新宇:《民国时期婚姻法近代化研究》,中国政法大学博士学位论文 2005 年,第 95 页。

③ 汪玢玲:《中国婚姻史》,上海人民出版社 2001 年,第 424 页。

④ 史凤仪:《中国古代婚姻与家庭》,湖北人民出版社 1987 年,第 279—280 页。

得之罪”。

第二,实行一夫一妻制。强调一切公开或变相的一夫多妻的婚姻均属非法,有妻还有妾者以重婚论罪。

第三,规定了结婚的条件和程序。结婚的实质要件有:双方自愿;达到法定年龄(男满20岁,女满18岁);无禁止结婚的血族关系;无禁止结婚的疾病。结婚的程序是:男女双方须同到乡苏维埃或市区苏维埃办理登记,并领取结婚证书。还规定“废除聘金、聘礼及嫁妆”。此项规定对贯彻结婚自由起到了保障作用。

第四,规定了离婚的原则和程序。第10条规定:“确定离婚自由,凡男女双方同意离婚的,即行离婚。男女一方坚决要求离婚的,亦即行离婚。”在程序上,规定男女离婚须向乡苏维埃或市区苏维埃登记,一经登记,婚姻关系即可废除。

第五,着重保护妇女利益。鉴于旧社会农村妇女在社会和家庭中地位很低,一般缺乏经济来源,因而法令偏重于保护妇女,规定离婚后男女同居时所负的共同债务由男子负责清偿等。

概括来说,1934年的《中华苏维埃共和国婚姻法》的颁布与实施,为新中国成立后在全国范围内彻底变革旧的婚姻家庭制度积累了宝贵经验。①

抗日战争时期,各革命根据地先后颁布了地区性的婚姻家庭法规。

解放战争时期,有的革命根据地对原有的婚姻家庭法令进行了修改,重新公布,有的新解放区也公布了婚姻家庭法令。这些法令的原则精神与《中华苏维埃共和国婚姻法》完全一致,只是根据形势的发展增补了一些具体内容,进一步丰富和发展了我国新的婚姻家庭制度。②

经过在政权、就业和婚姻上要求男女平等的长期奋斗,随着女子参加革命实践,到新中国成立时,中国妇女的社会地位已大大提高。一部基本体现了男女平等的《中华人民共和国婚姻法》(此后简称《婚姻法》)经过长期的酝酿,也终于于1950年5月颁布。它是妇女婚姻权利的法律保障,在法律形式上比较全面地体现了婚姻自主的精神,在中国婚姻史上占有重要地位③(1980、2001年先后进行了修正)。

为更好实施1950年的《婚姻法》,内务部于1955年6月发布了经国务院批

---

① 汪玢玲:《中国婚姻史》,上海人民出版社2001年,第425—426页。

② 史凤仪:《中国古代婚姻与家庭》,湖北人民出版社1987年,第280—281页。

③ 汪玢玲:《中国婚姻史》,上海人民出版社2001年,第428页。

准的《婚姻登记管理办法》,对促进婚姻法的实施起到了积极的作用。随着社会的发展,中国社会的婚姻状况发生了较大的变化,1980 年的《婚姻法》颁布后,经国务院批准,民政部于 1980 年 11 月发布施行《婚姻登记办法》。之后,为适应改革开放以来婚姻登记工作出现的新情况和新问题,经国务院批准,民政部于 1986 年 3 月颁布了新修订的《婚姻登记办法》。1994 年 2 月,经国务院批准,民政部又颁布了《婚姻登记管理条例》。随着 2001 年《婚姻法》的修正,国务院于 2003 年 8 月公布了《婚姻登记条例》。① 为做好贯彻落实,民政部于 2003 年 9 月出台了《婚姻登记工作暂行规范》。2015 年 12月,我国再次修订出台了《婚姻登记工作规范》。②

2020 年 5 月,十三届全国人大第三次会议通过了《民法典》,《婚姻法》的基本内容纳入《民法典》中,2021 年 1 月 1 日,《婚姻法》失效。

此外,2021 年 10 月,十三届全国人大常委会第 31 次会议通过了《中华人民共和国家庭教育促进》(此后简称《家庭教育促进法》),旨在发扬中华民族重视家庭教育的优良传统,引导全社会注重家庭、家教、家风,增进家庭幸福与社会和谐,培养德智体美劳全面发展的社会主义建设者和接班人。③

二、中国收养法规与政策的发展演变

作为中国古代婚姻家庭法规与政策重要内容的一部分,古代收养与财产继承法规与政策,其渊源同样也非常久远。

在原始社会末期,实行原始共产主义,家庭多由妇女担任家长,世系按母系传递,财产由母系继承,子女是姊妹们的共同后代。此时,不存在收养现象。

当父权制代替母权制、一夫一妻制形成时,男子在家庭中独占统治地位,由妻子所生的无可置疑的子女来继承财产,而不传给其他任何人的子女。④ 当父系大家族成为父系氏族的基本经济单位,为了发展、壮大自己的势力,便“接纳外人入族,并由此吸收他们为整个部落的成员”。⑤ 这大概是中国最早的收养。

---

① 《婚姻登记条例》,《中华人民共和国国务院公报》2003 年第 26 期。

② 祝闻:《婚姻法与婚姻登记条例的前世今生——新中国首部婚姻法颁布实施 70 周年专题报道》,《中国社会报》2020 年 4 月 28 日。

③ 《中华人民共和国家庭教育促进法》,《人民日报》2021 年第 10 月 25 日。

④ 史凤仪:《中国古代婚姻与家庭》,湖北人民出版社 1987 年,第 3—4 页。

⑤ 中共中央马克思、恩格斯、列宁、斯大林著作编译局编订:《马克思恩格斯选集》(第四卷)(第 3 版),人民出版社 2012 年,第 99 页。

父系氏族末期,国家产生了,世袭制代替了禅让制。以血缘关系为基础的周代宗法制度把血族关系纳入制度化轨道,并赋以伦理内涵,形成非常严格的"尊尊""亲亲"大义,把血统关系推到了不可替代的地步。以父系家长制为核心、血缘关系为纽带的宗法制成为当时社会的主要特征。宗法制从夏朝开始出现,到西周正式确立。在宗法制度下,以天子为中心,形成家天下的统治局面,与宗法制相适应的礼制也日益完备。宗法组织最终完备于西周时代。周王自称天子,王位由嫡长子继承,成为整个天下的大宗,是同姓贵族的最高家长,也是天下共同的政治统帅。天子的其他儿子分封为诸侯,诸侯对天子来说为小宗,在本国来说又是大宗,其爵位由其嫡长子继承,他们以国名为氏。诸侯的其他儿子分封为卿大夫,卿大夫对诸侯来说又是小宗,在本家是大宗,其爵位也由嫡长子继承。卿大夫的其他儿子分封为士,对卿大夫来说又是小宗,在其本家又是大宗,其爵位仍由嫡长子继承。这样,大宗率小宗,小宗率群弟,自天子、诸侯、卿大夫、士形成严密的家族统治体系。这种家国天下的宗法制度下实行嫡长子继承制。对于没有儿子的宗族,立嗣就成为一项必要的补救措施。立嗣在宗祧继承制度之下是对血统承续的一种拟制性补救措施。在宗祧继承制度下,对于无子大宗必须立他人之子为"嗣子",以传宗祭祀。这决定了收养对象主要以男性为主。在收养关系方面从开始就确立了"异姓不养"的原则,以此来维护家族血统的纯洁性,这项原则也在历代王朝的立法实践中被普遍采用,成为收养制度的一项基本准则。①

综上,先秦时期是中国古代收养制度的形成阶段,当时的收养也就是以"为宗"为目的立嗣。

春秋末期,一家一户成为生产单位,个体家庭经济成为普遍存在的社会形态,取代了以宗族为基本经济单位的形态。因此,封建家族制逐渐代替了奴隶主贵族的宗法大家族制,个体家庭的大量涌现使收养制度有了新的发展。

魏晋之后,随着封建家长制的完善,立嗣收养制度开始有了重大变化。收养的目的和范围开始扩大,并出现了相关的法律规定,收养异姓、收养多子等不合礼教的现象也开始增多。要知道,先秦时代的宗族制度极重血统,并且宗族本身也具有养老抚孤的职能,所以,礼制中不见非亲收养。一直至两晋,"异姓相养"仍为"礼律所不许"。② 在两晋的法令中仍令收养他人之子另立户籍。

---

① 孙运鹏:《唐代家庭收养制度研究》,曲阜师范大学硕士学位论文2007年,第7—8页。

② 程树德:《九朝律考·晋律考·晋令》,《"户令"条》。

魏晋之后，养异姓为后已屡见不鲜。贵族官僚家庭看重香火延续，多重视立同姓为嗣，而一般家庭看重自己年老后是否有人赡养，养异姓为子已非常多。异姓养子与本生家联系少，更易于培养感情。养异姓为后，在汉代，礼虽不许，理律尚能容忍。[①] 但到魏晋以后，这种状况有了根本转变，异姓为后，于理于律皆所难容。当时人们对异姓养子偏见颇深。晋律明文禁止养异姓为子，“异姓相养，礼律所不许”。[②] 北魏法律不承认异姓养子女和养父母之间的法律上的义务关系，南北朝时的律法一致。较早有关收养的法令应该是晋代作出的规定：“无子而养人子，以续亡者，后于事役复除，无回避者听之，不得过一人”；“养人子男，后自有子男，及阉人非亲者，皆别为户。”[③]在此，虽然不限制收养人和被收养人资格，但规定了养子的数量，并且，规定若有自生子当为之另立户籍。可见，礼法与现实的矛盾一直处于调和之中。

在中国古代宗法制度下，实行以男系血统为核心的宗祧制度，收养制度作为亲属制度的组成部分，在长期的演变过程中，逐渐形成了“立嗣”和“乞养”两种基本的收养类型。

立嗣，是我国封建宗法社会里的一种主要的、特殊的收养形式。中国古代社会的收养，主要是出于立嗣的考虑。立嗣，俗称“过继”或“过房”，即无儿无女或有女儿但未招赘婿的家长为了不使自己身后户绝，认领一个他人之子作为嗣子，使之承担与亲生儿子相同的养老送终，继立门户的义务，并享有与亲生儿子相同的继承家产的权利。以现在的观点，好像立嗣就是收养，嗣子就是养子，其实不然。从古代宗法制度的角度来说，立嗣子和养子有区别。古代既有嗣子的名目，也有养子的名目。嗣子，在礼制和法律上被称为“为人后者”，即同宗晚辈给同宗长辈做后继人。它主要是为了宗祧继承，即承续祭祀而立，不一定是无子才立，有时候正妻无子，从庶生子中选一人为嗣子也要经过立嗣手续，并且，只有大宗得立，小宗不得立。养子则主要为养老送终，继立小家庭的门户而立，一般无亲生儿子的家庭都可以立。战国以降，随着宗法制度的衰落和个体小家庭的普遍建立，相对于日常的生产生活而言，祭祀已经退居次要地位。到唐代，立嗣就不再局限于大宗，凡无子者均可立嗣。此时，所谓的立嗣主要是指收养养子了，主

---

① 阎爱民：《凑聚之道：古代的家族与社会群体》，天津古籍出版社 2012 年，第 46—47 页。

② 《晋书》卷 84《殷仲堪传》（第 7 册），中华书局 1974 年，第 2195 页。

③ 杜佑：《通典》卷 69“礼”29，“嘉礼”14，中华书局 1988 年，第 1913 页。

要为继立小家庭门户和继承小家庭的财产。

与同宗对应的是异姓收养,即“乞养”,也称非亲属收养,即收养与本人无亲族血统关系之未成年人为子女。这种做法在古代不受重视,在全部亲属拟制制度中处于次要地位。作为立嗣的补充,乞养是一种非亲属收养。因生活贫困、天灾人祸及婚外性行为等原因,加上传统伦理纲常,古代弃儿很多。乞养的出现则是对无父母或父母下落不明的孤儿、弃儿的收养,使其免受冻馁之苦。乞养对象不限男女,不论异宗异姓,一般也不以无后为条件。乞养的子女称为养子女或义子女,与养父母原则上不发生宗祧继承关系,其地位远低于嗣子,而且,法律规定不得立异姓养子为嗣子。

概括来说,收养和收养制度的存在和发展有充分理由:一是宗教上的需要,即从祭祀祖先方面考虑;二是政治上的需要,统治者要求维持礼制秩序,尤其上层官僚家庭需要养子制度来承继封爵;三是经济上的需要,家庭财产需要后代继承。贯穿整个封建社会、根深蒂固的儒家孝的观念和家族观念,应该是影响收养和收养制度的最根本因素。

到了隋唐时期,法律制度开始趋于严密。关于收养行为的法律也更加细化。

唐代法律同样遵循“异姓不养”的原则,但考虑到特殊情况,对异姓收养又做出了一些折中,唐代社会并不完全拒绝收养异姓。

唐代的养子制度除普遍奉行“养同宗于昭穆相当者”的原则外,还有两项原则:贵贱“各从本色”;既蒙收养则不得随意割舍。作为补充,还有收养异姓男的规定。唐代收养制度的主要内容包括:一是,限于同宗中昭穆相当者;二是,限于同一社会阶层中;三是,收养之后若收养者不愿留养或被收养者本生父母无子,不得终止收养者与被收养者双方的关系;四是,收养 3 岁以下异姓男不算违法,异姓男可改从收养者之姓。同宗而昭穆相当,是血统伦常不变的基本要求和保证。各从本色,则是保持贵贱身份不变的措施。养子要求同宗,而昭穆身份相当,是维持门阀宗族制度的需要。但是,如果同宗无子又无昭穆相当者,收养 3 岁以下异姓男就成了不得已而为之的补救办法。无论是维持门阀制度的措施,还是作为权宜之计的补救办法,都是宗法社会、宗法制度的必然产物。门阀宗族、宗法的观念与制度显然都是相类相通,甚至是相同的。异姓男被收养而改从养父之姓,或者还本生之家,也正反映了宗法的要求。

收养关系的确立或解除关系到家族中亲子关系、继承关系、财产关系的重新改变和整合,涉及立继之家、承继之家,以及与其相关的所有亲戚,又因立嗣与财产继承密切相关,所以是一件重大而又十分复杂的事情。“过嗣”“出嗣”被族中人视为大事,除了前文所述的各项法律规定,还有许多约定俗成的习惯,并且订立继嗣文书。选定被立嗣之人后,必须立继嗣文书,写明原委、被立嗣人的义务和权利,并由族中近亲和长者以见证人的身份一同签字,以示认可。

唐代收养养子的范围、规模及影响远超前代。收养行为在各个阶层都有,这也是前代所不及。更为突出的是,出现一些有悖于礼教原则的收养行为,如昭穆不相当、异姓收养等情况屡有发生,尤其是宦官养子、藩镇军阀假子泛滥。

在实际收养操作过程中,唐代收养现实与唐律及传统礼制所规定的原则有很大出入。这主要反映在养子的来源方面。礼教严谨的家族和家庭在无后的情况下,尚能遵循“养同宗昭穆相当者”的原则,但更多的家庭并未严格遵循。

事实上,我国封建社会收异姓养子现象一直都有,历代文献不乏记载。究其原因,在于以下三点:(1)中国人对子嗣看得很重,那些缺乏子嗣的人,考虑到终老赡养、家族延续、祖先血食以及财产继承等问题,不得不收养异姓男为子;(2)年幼无依者也往往为人所养,我国古代还有将妻前夫之子称为假子的现象;(3)养父子双方出于某种感情的需要,当然也包含为达到某种政治或经济上的目的。①

宋朝的收养法规与政策基本承继了唐朝的原则,立嗣的收养遵循“异姓不养”原则。

进入元朝,鉴于当时民间收养关系所发生的一系列与传统礼教严重不符的情况,元朝政府曾相继出台一些相关的法律规定,对被收养人、收养人、送养人以及收养行为的程序等做了一些限制,但并未能从根本上改变民间流行的收养方式。元代基于立嗣目的的收养,除了遵循传统礼教所规定的同宗昭穆相当的原则外,实际上始终存在其他情况,且为数不少,而成宗之后,收养的法律规定开始放宽,更助长了这种风气。②

明朝时期,收养法规与政策仍沿袭前朝。《大明会典》明确规定:“并不许乞养异姓为嗣,以乱宗族。”

清代的《大清律例》在收养问题上沿袭明朝的令文,但也有所改变。《大清律例》规定,对于收养异姓子的罪责,关键在于是否“以乱宗族”,否则,当不为罪,区

---

① 孙运鹏:《唐代家庭收养制度研究》,曲阜师范大学硕士学位论文2007年,第12—27页。

② 刘晓:《元代收养制度研究》,《中国史研究》2000年第3期。

别在于是否以异姓子为继嗣。

纵观中国古代的收养法规，养子大体分为两种：一种是养同宗之子为继嗣者，国家认可这种情况；另一种是养异姓子为后嗣者，国家不认可，并且会治罪。其目的是维护大小宗族血统上的延续性，巩固宗法世袭制度，避免“氏族失真，宗盟乱叙，争夺衅作，迭兴词讼”之类的事情发生。①

1912 年，南京国民政府成立，制定的收养法规与政策有了重大转变，受旧有的法规影响较少。1930 年，南京国民政府公布了“继承编”。中国从奴隶时代开始出现的宗祧继承制度一直都被国家认可和保护。到了中华民国时期，终于取消了法律对于宗祧继承的规定，确立养子女在法律上与亲生子女基本相同的法律地位。并且，中华民国时期的收养法规比以往更体现出男女平等的立法原则。法律在明确规定养子女有继承权的同时，也规定了养子女的继承份额。在“继承编”中规定了继承人的范围、顺序及应继承份额；养子女的继承顺序与亲子女相同，但应继承份额为亲子女的一半。虽然养子女的继承份额少于亲子女，但比以前“得酌给财产”要明确，在数量、价值上给予了更好的保护。

综上，民国时期的收养制度在制定和实施过程中虽有不少弊端，但毕竟是中国收养制度近代化的开端，也为此后中国收养制度的完善提供了历史经验。②

新中国成立后，中国收养法规与政策进入一个新的发展时期。1950 年颁布的《婚姻法》的第 13 条规定：“养父母对养子女有抚养教育的义务，养子女对养父母有赡养扶助的义务。”1980 年颁布的《婚姻法》的第 20 条规定：“养父母和养子女间的权利和义务，适用本法对父母子女关系的有关规定”；“养子女和生父母间的权利和义务，因收养关系的成立而消除。”此外，从二十世纪五十年代到九十年代，国家还对收养法规与政策的其他方面陆续作出了规定。基于这些探索，1991 年 12 月，七届全国人大常委会第 23 次会议通过了《收养法》(1998 年进行了修订)。1999 年 5 月，民政部公布了《中国公民收养子女登记办法》。2020 年 5 月，《收养法》的相关内容纳入《民法典》中。2023 年 12 月，民政部出台了修订后的《中国公民收养子女登记办法》。

---

① 姜鑫：《中国古代的收养契约及收养关系》，《兰台世界》2015 年第 15 期。

② 刘志慧：《民国时期收养制度的变迁》，中国政法大学硕士学位论文 2006 年，第 15—30 页。

三、中国财产继承法规与政策的发展演变

在氏族社会,一切财产归氏族所有,财产继承是家族式的继承。① 私有制确立后,“牛羊作为家畜饲养,成为生活资料和私有财物。耕作使房宅和土地属于私有,旧有的氏族继承向子女继承过渡”。②

到商周时期,国家采用分封制度,贵族的爵位是权力与财产的综合载体,由于权力不能分割,所以世袭时只能以整体性传继方式,即由诸子中一人继承,余子无份;③女子则不仅没有继承权,且是遗产的一部分,由家族来继承。④ 至于社会中下层的平民庶人得不到爵位,能传给子孙的只是财产。单纯的财产可以任意分割,不一定非要由一人继承。

春秋战国时期,家庭小型化,于是形成了诸子平均析产方式。

在大量的平民庶人从宗法制的束缚中解脱出来,变为独立户头的个体小农时,商鞅在变法中还废除了世卿世禄制度,使贵族阶层开始败落,权力与财产趋于分离,多数贵族失去了原有特权,仅剩财产,在传给子孙时不再是必须实行长子继承制。因此,除天子的王位和少数贵族的爵位继续由一人(长子或其他儿子)继承外,家产的传继也渐与平民一致,由诸子平均析分了。

汉承秦制,家产继承方式仍是诸子平均析产。它不同的地方在于,不一定非要在父母健在时就分财异居,因财产利害而使“天下父子不相聊”了。为了维系家庭的人伦亲情,汉代开始倡导父母死后再分家析产。此后一直到近代,以诸子平均析产为主的家产继承方式通行于民间,并且发展为一套完整的方式和制度体系。

多次析分和一次性析分是诸子平均析产的两种主要方式。从历代法令看,从商鞅变法到秦朝主要实行多次析分方式。汉代以后实行一次性析分方式。事实上,一直是两种方式并存。

在古代的一妻多妾制之下,同父不同母的儿子也因生母的身份有四类:嫡生

---

① [德]恩格斯著,中共中央马克思、恩格斯、列宁、斯大林著作编译局译:《家庭、私有制和国家的起源》,人民出版社 1972 年,第 111 页。

② [美]摩尔根:《古代社会》,商务印书馆 1983 年,第 343 页。

③ 邢铁:《家产继承史论》,云南大学出版社 2000 年,第 1 页。

④ 黄谊:《古代希腊与中国周朝继承制的比较》,《民族史研究》(辑刊)2005 年,第 445—446 页。

子、妾生子、婢生子、私(奸)生子。后三类又通称为“庶生子”。嫡庶之间的等级差别很大,尤其在继承权方面,不仅宗祧继承一直系于嫡长子,身份地位的继承(如恩荫补官等)只限于嫡生子,而且,在家产继承方面,庶生子的继承权也经历了一个从无到有的发展变化过程。秦汉时期沿袭先秦习俗,庶生子的地位极低,根本谈不上财产继承权。到了明清时期,尽管在观念上庶生子仍受歧视,无资格直接继承爵位和身份,但在家产继承权上却明显不同于先秦、秦汉时期,已与嫡生子大体相当。①

在中国封建社会中,在诸子平均析产方式之下,有子嗣之家的女儿一般不能直接继承家产,直接继产的主要是无子嗣的绝户。她们的继承有两种情况:一是在娘家的间接继承,包括奁产陪嫁,外甥外孙立嗣,招婿入赘等;二是在婆家继产,且从数量而言,在婆家获得更多。

中国古代诸子平均析产方式直接适用于有子嗣之家,对于那些没有亲生儿子的家庭则不适用,需要一些辅助方式。其中最常见的便是“立嗣”(俗称“过继”)继产方式。

中国古代用遗嘱方式安排后事的记载出现较早,春秋时期即有遗嘱的萌芽。最迟在汉代已有安排家产继承之事的遗嘱,并且已是书面形式。由于传统礼制的限制,我国古代的遗嘱继承并非绝对自由,原则上只能在没有法定继承人的情况下才可使用,才被习俗和法律承认。所以,总的看来,家产继承中的遗嘱方式不仅属于补充方式,而且是比较特殊的例子。唐代以前,遗嘱继承方式很少,相对增多和完备是唐宋时期,尤其是宋代,元明清时期的相关记载反而不如唐宋时期多。②

中国封建家庭财产继承中,分割的财产主要有房屋、家具、生产工具、土地、山林等生活资料与生产资料。这是每个小农家庭维持生活、进行生产必不可少的。不过,在分割上述家产时,父祖往往还对部分家产作了保留性的处置。它主要包括:(1)遗留家产,如祠堂、墓地、祭具、家谱等,这些是不可分割的财产,且又与整个家族利益密切相关,所以归各继承人共有;同时,为了提供祖先祭祀的费用,为此而留下一部分家产,即所谓祭产。祭产通常以土地形式出现,称祭田、祀田,也作为公有财产,由各继承人共同管理或轮流耕种,收益作为祭祖费用。(2)养赡财产,它是当家产分割之时,由父祖等被继承人特别划出几块田地充作

① 邢铁:《家产继承史论》,云南大学出版社2000年,第1—11、25—33页。
② 邢铁:《家产继承史论》,云南大学出版社2000年,第48—76、104页。

扶养用途的财产，又称“赡产”“膳田”。这些财产归被设定的受扶养人私有，收益归己，作为晚年养老的经济来源。在受扶养人死后，这部分赡养财产往往成为丧葬经费。(3)婚费，即从应分割的家产中再抽出若干财产，作为家庭里尚未婚嫁女子日后办理婚姻大事的费用。这笔财产通常自婚姻缔结至女子出嫁期间被消费掉，若有多余也作为妆奁而成为女子私产。

剔除上述各部分财产后，当家长决定分割时，由他预先将土地、房屋、家畜、农具等动产与不动产按其质量好坏、优劣评定搭配成数份，再进行分割。我国宋代时家产分割采用阄分方式。

古代家产分割往往以文书形式。这类文书即家产分割的具体记载，也是受分人承受分得家产的证据。它一式数份，每人执一纸，往往作为各个家庭的历史性文件被珍藏起来代代相传。各财产受分者之间尽管称兄道弟，但相互间往往戒备森严、互不信任，唯恐分产不均。正是为了避免因分产而引发矛盾，人们历来重视以文书为凭。

在封建社会里，广大劳动人民家庭受到残酷的剥削压迫，收入常常不足以维持最低限度的生活，终年挣扎在饥饿线上，谈不上有多少财产可让儿子继承。通常只有地主、商人、官僚家庭才积累了大量财富，不但过着穷奢极欲的生活，而且总要千方百计通过剥削大量添置家产，再将财富传给后代，让后代也能不劳而食。①

中国封建社会财产继承的法规与政策一直延续到20世纪初。1908年，清政府开始仿照西方资本主义国家，设立修订法律馆，编制《民法》。1911年，清政府编制成《继承法(第一草案)》。

中华民国成立后，到1925年，中华民国政府完成了第二次民律草案，其中包括“继承编”在内。

1926年，国民党二大决议案承认女子有继承财产的权利，但当时最高法院在解释上以未出嫁者为限。1929年，中华民国司法院再次解释，女子不分已嫁和未嫁，与男子有同等继承权，并由司法院草拟了《已嫁女子继承财产施行细则》。

1930年，中华民国编制了《民法》第五编“继承”。此“继承编”是基于旧中国历次《继承法(草案)》，仿效了西方资本主义国家的继承法(主要是日本、德国的

---

① 张敏杰：《中国古代的婚姻与家庭》，浙江人民出版社2004年，第95—98页。

继承法)编制而成。[1] 在继承方面,《民法》有进步之处,但也有维护夫权、歧视妇女的情况。例如,规定财产由直系血亲继承,直系血亲亲属为第一顺序继承人。妻子不能代位继承。夫死,由其子继承翁姑遗产,守节妇可代理应继承人承受财产,进行管理,但不是继承人,对财产没有所有权。改嫁妇女更无继承权。[2]

1949 年,新中国成立后,国家非常重视继承法规与政策的制订工作。1985 年 4 月,六届全国人大第 3 次会议通过了《中华人民共和国继承法》(此后简称《继承法》)。[3] 2020 年 5 月,十三届全国人大第 3 次会议表决通过了《民法典》。从此,《继承法》的内容纳入《民法典》中。如今,中国财产继承的法规与政策主要存在于《民法典》。

第二节　婚姻家庭法规与政策的主要内容

婚姻家庭领域是社会工作介入的主要领域之一。家庭虽小,但问题很复杂,牵扯到复杂的情感,同时又有复杂的利益关系。因此,许多国家在婚姻家庭方面都有较为健全的法规和政策,我国也不例外。

一、婚姻家庭关系法规与政策的主要内容

婚姻家庭关系的法规与政策主要存在于《民法典》、《婚姻登记条例》、《婚姻登记工作规范》等。

(一)婚姻登记的法规与政策

婚姻登记的法规与政策对规范婚姻登记工作,包括结婚登记、撤销婚姻、离婚登记等。

1. 结婚登记的法规与政策

《民法典》规定,要求结婚的男女双方应亲自到婚姻登记机关申请结婚登记。符合规定的,予以登记,发给结婚证。完成结婚登记,即确立婚姻关系。未办理结婚登记的,应补办登记。

---

① 全国人民代表大会常务委员会法制工作委员会编:《中华人民共和国法律(2018 年版)》,人民出版社 2018 年,第 469—472 页。

② 汪玢玲:《中国婚姻史》,上海人民出版社 2001 年,第 424 页。

③ 刘春茂主编:《中国民法学 · 财产继承》,中国人民公安大学出版社 1990 年,第 28 页。

(1)结婚登记申请的条件

《婚姻登记工作规范》规定,受理结婚登记申请的条件是:①婚姻登记处具有管辖权;②要求结婚的男女双方共同到婚姻登记处提出申请;③当事人男年满22周岁,女年满20周岁;④当事人双方均无配偶(未婚、离婚、丧偶);⑤当事人双方没有直系血亲和三代以内旁系血亲关系;⑥双方自愿结婚;⑦当事人提交3张2寸双方近期半身免冠合影照片;⑧当事人持规定的有效证件。

(2)结婚登记的程序

结婚登记的程序是法律规定的结婚必须履行的手续。婚姻的成立,除要求当事人必须符合结婚登记的法定条件外,还必须到结婚登记机关履行法定程序。这通常也是男女双方权益能否得到法律保护的前提。

结婚登记机关。一般来说,结婚时男女双方应共同到一方当事人常住户口所在地的婚姻登记机关办理结婚登记。

婚姻登记机关应对结婚登记当事人出具的证件、证明材料进行审查,并询问相关情况。对当事人符合结婚条件的,应当场予以登记,发给结婚证。颁发结婚证,应在当事人双方均在场时按下列步骤进行:①向当事人双方询问核对姓名、结婚意愿;②告知当事人双方领取结婚证后的法律关系以及夫妻权利、义务;③见证当事人本人亲自在《结婚登记审查处理表》上的"当事人领证签名并按指纹"一栏中签名并按指纹;④将结婚证分别颁发给结婚登记当事人双方,向双方当事人宣布:取得结婚证,确立夫妻关系;⑤祝贺新人。

婚姻登记机关对不符合结婚登记条件的,不予受理。当事人要求出具《不予办理结婚登记告知书》的,应当出具。

2. 撤销婚姻的法规与政策

受胁迫结婚的婚姻当事人,可向原办理该结婚登记的机关请求撤销婚姻。

(1)受理撤销婚姻申请的条件

《婚姻登记工作规范》规定,婚姻登记机关受理撤销婚姻申请的条件是:①婚姻登记处具有管辖权;②受胁迫的一方和对方共同到婚姻登记机关签署双方无子女抚养、财产及债务问题的声明书;③申请时距结婚登记之日或受胁迫的一方恢复人身自由之日不超过1年;④当事人持有:本人的身份证、结婚证;要求撤销婚姻的书面申请;公安机关出具的当事人被拐卖、解救的相关材料,或者人民法院作出的能够证明当事人被胁迫结婚的判决书。

《民法典》规定,一方患有重大疾病的,应当在结婚登记前如实告知另一方;

不如实告知的,另一方可向人民法院请求撤销婚姻。请求撤销婚姻的,应当自知道或者应当知道撤销事由之日起一年内提出。

(2)撤销婚姻的程序

符合撤销婚姻的,婚姻登记处按以下程序进行:①查验规定的证件和证明材料;②当事人在婚姻登记员面前亲自填写《撤销婚姻申请书》,双方当事人在"声明人"一栏签名并按指纹;③当事人宣读本人的申请书,婚姻登记员作为监誓人,并在监誓人一栏签名;④婚姻登记机关批准、公告。

婚姻登记处对不符合撤销婚姻条件的,应当告知当事人不予撤销原因,并告知当事人可向人民法院请求撤销婚姻。

3. 离婚登记的法规与政策

离婚是合法有效婚姻关系存续期间当事人解除婚姻关系的重要形式。

《民法典》规定,夫妻双方自愿离婚的,应当签订书面离婚协议,并亲自到婚姻登记机关申请离婚登记。自婚姻登记机关收到离婚登记申请之日起 30 日内,任何一方不愿意离婚的,可向婚姻登记机关撤回离婚登记申请。规定期限届满后 30 日内,双方应亲自到婚姻登记机关申请发给离婚证;未申请的,视为撤回离婚登记申请。

离婚包括登记离婚与诉讼离婚。

(1)受理登记离婚的条件和程序

登记离婚,是指夫妻双方自愿离婚,并对与离婚有关的子女和财产问题达成协议,经过有关部门认可即可解除婚姻关系的一种离婚制度。《民法典》规定,婚姻登记机关查明双方确实是自愿离婚,并已对子女抚养、财产以及债务处理等事项协商一致的,予以登记,发给离婚证。

《婚姻登记工作规范》规定,受理离婚登记申请的条件包括:①婚姻登记处具有管辖权;②要求离婚的夫妻双方共同到婚姻登记处提出申请;③双方均具有完全民事行为能力;④当事人持有离婚协议书,协议书中载明双方自愿离婚的意思表示,以及对子女抚养、财产、债务处理等事项协商一致的意见;⑤当事人持有内地婚姻登记机关或者中国驻外使(领)馆颁发的结婚证;⑥当事人各提交 2 张 2 寸单人近期半身免冠照片;⑦当事人持有规定的有效身份证件。

《婚姻登记工作规范》规定,婚姻登记员受理离婚登记申请,应按照下列程序进行:①分开询问当事人的离婚意愿,以及对离婚协议内容的意愿,并进行笔录,笔录当事人阅后签名;②查验规定的证件和材料;③双方自愿离婚且对子女抚养、财产及债务处理等事项协商一致的，双方填写《申请离婚登记声明书》;《申请离婚登记声明书》中“声明人”一栏的签名必须由声明人在监誓人面前完成并按指纹，婚姻登记员作监誓人，并在监誓人一栏签名;④夫妻双方应在离婚协议上现场签名;等等。

婚姻登记员颁发离婚证，应在当事人双方均在场时按照下列步骤进行:①向当事人双方询问核对姓名、出生日期、离婚意愿;②见证当事人本人亲自在《离婚登记审查处理表》“当事人领证签名并按指纹”一栏中签名并按指纹;③在当事人的结婚证上加盖条形印章，其中注明“双方离婚，证件失效。××婚姻登记处”;④将离婚证颁发给离婚当事人。

婚姻登记机关对不符合离婚登记条件的，不予受理。在此，《婚姻登记条件》规定有三种情况:①未达成离婚协议的;②属于无民事行为能力人或者限制民事行为能力人的;③其结婚登记不是在中国内地办理的。当事人要求出具《不予办理离婚登记告知书》的，应当出具。

(2)诉讼离婚的条件与程序

诉讼离婚是指夫妻双方对离婚或者离婚后子女抚养或财产分割等问题不能达成协议，由一方向人民法院提起诉讼，经人民法院裁决的一种离婚制度。《民法典》规定，夫妻一方要求离婚的，可由有关组织进行调解或者直接向人民法院提起离婚诉讼。人民法院审理离婚案件，应进行调解;如果感情确已破裂，调解无效的，应当准予离婚。

夫妻感情确已破裂是诉讼离婚的法定条件。其中，感情破裂的具体认定标准有:①重婚或者与他人同居;②实施家庭暴力或虐待、遗弃家庭成员;③有赌博、吸毒等恶习屡教不改的;④因感情不和分居满 2 年;⑤其他导致夫妻感情破裂的情形。此外，一方被宣告失踪，另一方提起离婚诉讼的，应当准予离婚。经人民法院判决不准离婚后，双方又分居满 1 年，一方再次提起离婚诉讼的，应准予离婚。

诉讼离婚的程序主要包括:①诉讼离婚中的调解，它是指在人民法院的审判人员主持下，由双方当事人自愿协商，达成协议，解决纠纷的一种方法及程序。只要当事人愿意，调解应是人民法院审理离婚案件的必经程序。②诉讼离婚的判决。调解无效，人民法院可依法判决，准予离婚。

诉讼离婚中，有两项特别规定。为了维护军婚和妇女儿童的合法权益，《民法典》有两项特别规定:①现役军人的配偶要求离婚，应征得军人同意，但是军人一方有重大过错的除外;②女方在怀孕期间、分娩后1年内或者终止妊娠后6个月内,男方不得提出离婚,但是,女方提出离婚或者人民法院认为确有必要受理男方离婚请求的除外。

4. 关于离婚效力的法律规定

离婚效力,又称离婚的法律后果,是指夫妻双方依法解除婚姻关系的行为在法律上给当事人的人身关系、财产关系及子女抚养教育等所产生的作用及带来的法律效果。

(1)离婚对夫妻身份关系的效力

离婚对夫妻身份关系的效力,是指离婚行为导致夫妻之间身份关系的解除。这主要包括:①夫妻相互扶养义务的解除;②夫妻同居义务的消灭;③夫妻代理、监护权的终止;④夫妻继承权的丧失;⑤夫妻间姻亲关系的消灭;⑥双方再婚自由的恢复。

(2)离婚对夫妻财产关系的效力

随着夫妻离婚对双方人身关系的解除,与之相应的夫妻间的财产关系也终止。在此,包括对共同财产的处理和对共同债务的处理。

《民法典》规定,夫妻在婚姻关系存续期间所得的下列财产,为夫妻的共同财产:①工资、奖金、劳务报酬;②生产、经营、投资的收益;③知识产权的收益;④继承或者受赠的财产,但遗嘱或者赠与合同中确定只归一方的财产除外;⑤其他应归共同所有的财产。夫妻对共同财产有平等的处理权。下列财产为夫妻一方的个人财产:①一方的婚前财产;②一方因受到人身损害获得的赔偿或者补偿;③遗嘱或者赠与合同中确定只归一方的财产;④一方专用的生活用品;⑤其他应归一方的财产。离婚时,夫妻的共同财产由双方协议处理;协议不成的,由人民法院根据财产的具体情况,按照照顾子女、女方和无过错方权益的原则判决。对夫或者妻在家庭土地承包经营中享有的权益等,应依法予以保护。夫妻一方因抚育子女、照料老年人、协助另一方工作等负担较多义务的,离婚时有权向另一方请求补偿,另一方应给予补偿。具体办法由双方协议;协议不成的,由人民法院判决。

《民法典》规定,夫妻双方共同签名或者夫妻一方事后追认等共同意思表示所负的债务,以及夫妻一方在婚姻关系存续期间以个人名义为家庭日常生活需要所负的债务,属于夫妻共同债务。夫妻一方在婚姻关系存续期间以个人名义超出家庭日常生活需要所负的债务,不属于夫妻共同债务;但是,债权人能够证明该债务用于夫妻共同生活、共同生产经营或者基于夫妻双方共同意思表示的除外。离婚时,夫妻共同债务应共同偿还。共同财产不足清偿或者财产归各自所有的,由双方协议清偿;协议不成的,由人民法院判决。离婚时,如果一方生活困难,有负担能力的另一方应给予适当帮助。具体办法由双方协议;协议不成的,由人民法院判决。有下列情形之一,导致离婚的,无过错方有权请求损害赔偿:①重婚;②与他人同居;③实施家庭暴力;④虐待、遗弃家庭成员;⑤有其他重大过错。夫妻一方隐藏、转移、变卖、毁损、挥霍夫妻共同财产,或者伪造夫妻共同债务企图侵占另一方财产的,在离婚分割夫妻共同财产时,对该方可少分或者不分。离婚后,另一方发现有上述行为的,可以向人民法院提起诉讼,请求再次分割夫妻共同财产。

(3)离婚对子女的法律效力

《民法典》规定,父母与子女间的关系,不因父母离婚而消除。离婚对子女关系的法律效力包括如下方面。

第一,离婚后的亲子关系,包括以下内容:①离婚后的父母与亲生子女间的关系。夫妻关系因为离婚而解除,但夫妻双方与子女间的亲子关系并不因为离婚而解除,仍然存在父母子女之间的权利义务。②离婚后的养父母与养子女间的关系。养父母与养子女之间的关系不因养父母离婚而解除。③离婚后的继父母与继子女间的关系,《民法典》规定,继父或者继母和受其抚养教育的继子女间的权利义务关系,适用《民法典》关于父母子女关系的规定。

第二,离婚后对子女的直接抚养,《民法典》规定,不满两周岁的子女,以由母亲直接抚养为原则。已满两周岁的子女,父母双方对抚养问题协议不成的,由人民法院根据双方的具体情况,按照最有利于未成年子女的原则判决。子女已满8周岁的,应尊重其真实意愿。

第三,离婚后对子女抚育费的负担,《民法典》规定,子女由一方直接抚养的,另一方应负担部分或者全部抚养费。负担费用的多少和期限的长短,由双方协议;协议不成的,由人民法院判决。这里规定的协议或者判决,不妨碍子女在必要时向父母任何一方提出超过协议或者判决原定数额的合理要求。

(4)离婚后对子女的探望权

探望权是指,父母离婚后不直接抚养子女的一方依法拥有的对未与之共同生活的子女进行探视、看望的权利。[①]

《民法典》规定，离婚后，不直接抚养子女的父或者母，有探望子女的权利，另一方有协助的义务。行使探望权利的方式、时间由当事人协议；协议不成的，由人民法院判决。父或者母探望子女，不利于子女身心健康的，由人民法院依法中止探望；中止的事由消失后，应当恢复探望。

（二）家庭关系的法规与政策

婚姻家庭法规与政策调整的家庭关系范围，包括夫妻关系、亲子关系和其他近亲属关系。《民法典》规定，亲属包括配偶、血亲和姻亲。配偶、父母、子女、兄弟姐妹、祖父母、外祖父母、孙子女、外孙子女为近亲属。配偶、父母、子女和其他共同生活的近亲属为家庭成员。

1. 夫妻关系

夫妻关系，是指夫妻双方在法律上所具有的权利与义务关系，包括夫妻人身关系和夫妻财产关系。夫妻在婚姻家庭中地位平等。

(1)夫妻人身关系

夫妻人身关系，是指夫妻在人身、身份方面所具有的、没有直接财产内容的权利与义务关系，它包括：①夫妻双方都有各自使用自己姓名的权利；②双方都有参加生产、工作、学习和社会活动的自由，一方不得对另一方加以限制或者干涉；③夫妻一方因家庭日常生活需要而实施的民事法律行为，对夫妻双方发生效力，但夫妻一方与相对人另有约定的除外；④夫妻应当互相忠实，互相尊重，互相关爱。

(2)夫妻财产关系

夫妻财产关系，是指夫妻基于人身关系所产生的、直接体现一定经济内容的权利与义务关系，主要包括以下方面内容。

第一，夫妻财产制。夫妻财产制包括法定财产制和约定财产制两种。法定财产制是指，法律明文规定的财产制形式，是在夫妻对财产没有进行约定、约定不明确或约定无效的情况下，依法应适用的财产制形式。约定财产制是指，夫妻双方以协议的形式确定的财产制形式。男女双方可约定婚姻关系存续期间所得的财产，以及婚前财产归各自所有、共同所有或者部分各自所有、部分共同所有。约定应采用书面形式。夫妻对婚姻关系存续期间所得的财产以及婚前财产的约

① 张文霞、朱冬亮：《家庭社会工作》，社会科学文献出版社 2005 年，第 302 页。

定,对双方具有法律约束力。夫妻对婚姻关系存续期间所得的财产约定归各自所有,夫或者妻一方对外所负的债务,相对人知道该约定的,以夫或者妻一方的个人财产清偿。约定财产制的法律效力优于法定财产制,在夫妻对财产没有约定、约定不明确或约定无效的情况下,才适用法定财产制。

第二,夫妻相互扶养义务。夫妻之间有相互扶养的义务,需要扶养的一方,在另一方不履行扶养义务时,有要求其给付扶养费的权利。这是保障夫妻正常共同生活,维系夫妻感情,保持婚姻稳定的必要条件。

第三,夫妻相互继承权。夫妻有相互继承遗产的权利。它包括:①夫妻互为第一顺序法定继承人;②夫妻互相继承遗产的权利;③夫妻相互继承遗产权利的实现必须合法;④夫妻相互继承遗产,夫妻共同所有的财产,除有约定的外,应先将共同所有的财产的一半分出为配偶所有,其余的再由继承人继承。[①]

2. 父母子女关系

父母子女关系,又称亲子关系,是指父母和子女之间法定的权利和义务关系。《民法典》规定,非婚生子女享有与婚生子女同等的权利,任何组织或者个人不得加以危害和歧视。

(1)父母抚育子女的义务

《民法典》规定,夫妻双方平等享有对未成年子女抚养、教育和保护的权利,共同承担对未成年子女抚养、教育和保护的义务。

父母抚养子女的义务,必须注意以下几点:①抚养,在此是指父母对子女在物质上、生活上的养育和照料。②父母抚养子女,作为父母子女间的一种法律关系,其主体为父母双方和子女本人。父母作为义务人不论离婚与否都应承担抚养义务。③父母抚养子女,父母抚养的对象为未成年和不能独立生活的子女。④父母抚养子女,作为一项法定义务,具有强制性。⑤保证父母履行抚养子女义务,必须禁止溺婴、弃婴和其他残害婴儿的行为。

父母有教育子女的权利和义务。父母教育未成年子女,既是父母对子女的应尽义务,也是其对子女所有的一种权利,它包括:①父母应尊重未成年子女受教育的权利,使其依法接受规定年限的义务教育;②父母应以健康的思想、品德和适当的方法教育未成年子女,使其身心健康发展。未成年子女造成他人损害的,父母应依法承担民事责任。

① 李薇菡主编:《婚姻家庭学》,华南理工大学出版社 2007 年,第 102—114 页。

《家庭教育促进法》还对家庭教育的内容、方式等作出了具体规定。

《家庭教育促进法》第16条规定，未成年人的父母或者其他监护人应针对不同年龄段未成年人的身心发展特点，以下列内容为指引开展家庭教育：①教育未成年人爱党、爱国、爱人民、爱集体、爱社会主义，树立维护国家统一的观念，铸牢中华民族共同体意识，培养家国情怀；②教育未成年人崇德向善、尊老爱幼、热爱家庭、勤俭节约、团结互助、诚信友爱、遵纪守法，培养其良好社会公德、家庭美德、个人品德意识和法治意识；③帮助未成年人树立正确的成才观，引导其培养广泛兴趣爱好、健康审美追求和良好学习习惯，增强科学探索精神、创新意识和能力；④保证未成年人营养均衡、科学运动、睡眠充足、身心愉悦，引导其养成良好生活习惯和行为习惯，促进其身心健康发展；⑤关注未成年人心理健康，教导其珍爱生命，对其进行交通出行、健康上网和防欺凌、防溺水、防诈骗、防拐卖、防性侵等方面的安全知识教育，帮助其掌握安全知识和技能，增强其自我保护的意识和能力；⑥帮助未成年人树立正确的劳动观念，参加力所能及的劳动，提高生活自理能力和独立生活能力，养成吃苦耐劳的优秀品格和热爱劳动的良好习惯。

《家庭教育促进法》第17条规定，未成年人的父母或者其他监护人实施家庭教育，应关注未成年人的生理、心理、智力发展状况，尊重其参与相关家庭事务和发表意见的权利，合理运用以下方式方法：①亲自养育，加强亲子陪伴；②共同参与，发挥父母双方的作用；③相机而教，寓教于日常生活之中；④潜移默化，言传与身教相结合；⑤严慈相济，关心爱护与严格要求并重；⑥尊重差异，根据年龄和个性特点进行科学引导；⑦平等交流，予以尊重、理解和鼓励；⑧相互促进，父母与子女共同成长；⑨其他有益于未成年人全面发展、健康成长的方式方法。

此外，《家庭教育促进法》还规定，未成年人的父母分居或者离异的，应相互配合履行家庭教育责任，任何一方不得拒绝或者怠于履行；除法律另有规定外，不得阻碍另一方实施家庭教育。未成年人的父母或者其他监护人依法委托他人代为照护未成年人的，应与被委托人、未成年人保持联系，定期了解未成年人学习、生活情况和心理状况，与被委托人共同履行家庭教育责任等。①

（2）子女赡养父母的义务

赡养父母，是子女对父母的一项不可推卸的法定义务。它应注意以下问题：①子女有赡养父母的义务，父母有获得子女赡养的权利；②子女赡养的对象为父

① 《中华人民共和国家庭教育促进法》，《人民日报》2021年第10月25日。

母,这里的父母是指需要赡养的父母;③子女赡养父母的义务,是赡养义务与扶养义务的有机结合;④子女赡养父母的义务,实际履行的前提条件为父母需要赡养和子女有赡养能力;⑤子女赡养父母的义务具有强制性。

(3)父母和子女相互继承遗产的权利

父母和子女相互继承遗产的权利,包括:①父母子女继承关系的主体是父母和子女,其权利是对等的;②父母子女之间的继承权基于出生、收养或继父母抚育继子女的事实而产生,不因父母离婚而消失;③父母和子女之间相互拥有继承权,并不否认一定条件下丧失继承权。

3. 祖孙关系

祖孙间的法定权利义务关系,具体包括以下方面。

第一,祖父母、外祖父母抚养孙子女、外孙子女,其必备条件包括:①孙子女或外孙子女必须尚未成年;②孙子女、外孙子女的父母已经死亡或者父母无力抚养;③祖父母、外祖父母本身有负担能力。

第二,孙子女、外孙子女赡养祖父母、外祖父母,其必备条件包括:①祖父母、外祖父母必须是因无劳动能力或生活困难需要赡养;②祖父母、外祖父母的子女已经死亡或者无力赡养;③孙子女、外孙子女有负担能力。有多个孙子女、外孙子女,则由他们共同承担赡养祖父母、外祖父母的义务。祖父母、外祖父母和孙子女、外孙子女间除了特定条件下产生抚养、赡养关系外,还有依法继承对方遗产的权利。

4. 兄弟姐妹关系

一般情况下,兄弟姐妹均由他们的父母抚养,兄弟姐妹之间并不形成法定的权利义务关系,但在特定条件下,兄弟姐妹之间形成法定权利义务关系,具体包括以下方面。

第一,兄、姐扶养弟、妹,其必备条件包括:①被扶养人必须是无完全民事行为能力的未成年人;②被扶养人必须是父母死亡或者父母无力抚养的未成年人;③兄、姐有负担能力。

第二,弟、妹扶养兄、姐,其必备条件包括:①兄、姐必须是缺乏劳动能力且又缺乏生活来源的人;②弟、妹曾经为兄、姐扶养长大;③弟、妹本身有负担能力。

二、收养法规与政策的主要内容

除结婚外,收养也是形成家庭关系的重要方式。收养是指公民依照法律规定的条件和程序,将他人的子女作为自己的子女领养,从而使原无父母子女关系的当事人产生法律拟制的父母子女关系的民事法律行为。我国儿童收养的法规与政策主要来源于《民法典》①及《民事诉讼法》。《民法典》规定,收养应当遵循最有利于被收养人的原则,保障被收养人和收养人的合法权益。禁止借收养名义买卖未成年人。

(一)收养关系成立的法定条件

收养关系成立的法定条件,包括普通收养关系成立的条件、特殊收养关系成立的条件。

1. 普通收养关系成立的条件

普通收养关系成立的条件,是指法律所规定的对一般情形下成立收养关系必须具备的实质性法律要求。普通收养关系的成立必须符合以下四个条件。

第一,被收养人必须是得不到生父母抚养的未成年人。可作为被收养人的必须符合下列要求:①被收养人应为未成年人。这利于在收养人和被收养人之间建立和培养起亲子感情,也利于收养关系的稳定;②被收养人包括丧失父母的孤儿、查找不到生父母的未成年人、生父母有特殊困难无力抚养的子女。

第二,送养人必须是法律所认可的特定公民或社会福利机构。法律所认可的合格送养人包括:①孤儿的监护人;②社会福利机构;③有特殊困难无力抚养子女的生父母。未成年人的父母均不具备完全民事行为能力且可能严重危害该未成年人的,该未成年人的监护人可将其送养。监护人送养孤儿的,应征得有抚养义务的人同意。有抚养义务的人不同意送养、监护人不愿意继续履行监护职责的,应依照相关规定另行确定监护人。生父母送养子女,应双方共同送养。生父母一方不明或者查找不到的,可单方送养。

第三,收养人必须具有抚育被收养人的条件。收养人应同时具备的条件包括:①无子女或者只有一名子女;②有抚养、教育、保护被收养人的能力;③未患有在医学上认为不应当收养子女的疾病;④无不利于被收养人健康成长的违法犯罪记录;⑤收养人年满 30 周岁。此外,其他规定还有:①基于伦理道德的考虑,规定无配偶者收养异性子女的,收养人和被收养人的年龄应相差 40 周岁以上;②为有利于夫妻和睦和对被收养人的抚育及收养关系的稳定,规定有配偶者收养子女应当夫妻共同收养;③为保障收养人有足够的经济来源和精力抚育被

---

① 《中华人民共和国民法典》,人民出版社 2020 年,第 205—209 页。

收养人,无子女的收养人可收养两名子女,有子女的收养人只能收养一名子女。

第四,必须有成立收养关系的合意。收养关系的成立,必须有当事人的一致合意,具体要求包括:①收养人收养与送养人送养应当双方自愿;②收养年满8周岁以上的未成年人,应征得被收养人同意;③成立收养的合意应符合法定的方式。

2. 特殊收养关系成立的条件

《民法典》对某些特殊的收养关系,作了适当放宽收养条件的规定,主要有以下方面:①收养三代以内旁系同辈血亲的子女,收养条件放宽之处有:其生父母无特殊困难、有抚养能力的子女,也可为被收养人;无特殊困难、有抚养能力的生父母,也可为送养人;无配偶者收养异性的子女,不受收养人与被收养人之间应当有40周岁以上年龄差的限制。②收养孤儿、残疾未成年人或者儿童福利机构抚养的查找不到生父母的未成年人,可不受"无子女或者只有一名子女"的限制。这有利于他们在养父母的抚育下健康成长。③继父或者继母收养继子女,收养条件放宽之处有:生父母即便无特殊困难,有抚养能力,也可由其继父或继母收养;继父母即使不符合法律要求收养人同时具备的条件,也不妨碍其收养继子女。

(二)收养关系成立的法定程序

成立收养关系的法定程序是办理收养登记,同时可以收养协议及收养公证为补充。

第一,收养登记,办理收养登记的法定机关是县级以上人民政府的民政部门。收养登记的具体程序可分为申请、审查和登记三个步骤。办理收养登记时,当事人必须亲自到场。

第二,收养协议,它是收养关系当事人出于自愿而订立的。订立收养协议应符合如下要求:①收养协议的当事人即收养人、被收养人与送养人均须符合《民法典》规定的收养成立的条件;②收养协议的主要条款一般应当包括收养人、送养人和被收养人的基本情况,收养的目的,收养人不虐待、不遗弃被收养人和抚育被收养人健康成长的保证,以及双方要求订入的其他内容;③收养协议的形式应为书面。

第三,与收养成立的相关规定,《民法典》还对收养成立的相关方面作出了规定:①收养关系成立后,公安机关应按照国家有关规定为被收养人办理户口登记。②孤儿或者生父母无力抚养的子女,可由生父母的亲属、朋友抚养;抚养人与被抚养人的关系不适用《民法典》第五章“收养”的规定。③配偶一方死亡,另一方送养未成年子女的,死亡一方的父母有优先抚养的权利。④外国人依法可在中华人民共和国收养子女。⑤收养人、送养人要求保守收养秘密的,其他人应尊重其意愿,不得泄露。

(三)收养的法律效力

收养的法律效力是指成立收养关系所引起的法律后果。按照法律后果的不同,可把收养的法律效力分为收养的拟制效力、收养的解消效力。

1. 收养的拟制效力

收养的拟制效力,是指收养关系的成立导致收养人与被收养人之间发生父母子女的权利义务关系,以及被收养人与收养人的近亲属发生相应的亲属关系等法律后果。收养关系一经成立,收养人与被收养人之间便发生了与自然血亲的亲子关系相同的法定权利与义务。

收养关系成立的拟制效力主要包括:①养子女的称姓问题,收养关系成立后,养子女既可随养父的姓,也可随养母的姓,还可保留原来的姓;②养父母对养子女的抚育义务;③养父母对未成年子女保护和教育的权利和义务;④养子女对养父母的赡养扶助义务;⑤养父母与养子女之间的遗产继承权;⑥养子女与养父母的近亲属之间发生法定的权利和义务关系。

2. 收养的解消效力

收养的解消效力,是指收养关系的成立导致养子女与生父母之间消除父母子女之间的权利义务关系,以及养子女与生父母的其他近亲属间的权利义务关系也随之消除等法律后果。在收养成立后,原有的父母子女关系被改变,而新的父母子女关系形成。由此产生的必然后果之一,便是消除了养子女与生父母及其他近亲属之间的权利义务。

收养的解消效力表现在养子女与生父母、生父母的其他近亲属两方面的关系:①收养关系成立之后,养子女与生父母之间彼此已不再是法律意义上的父母与子女,原有的权利义务一律终止;②养子女与生父母的其他近亲属之间的权利和义务因收养关系的成立而不复存在。但是,收养关系的成立不能消除客观存在的自然血亲关系,《民法典》关于直系血亲或者三代以内的旁系血亲禁止结婚的规定,对养子女及其自然血亲仍完全适用。

(四)收养的无效

收养的无效,是指已发生的收养行为因违反法律关于收养关系成立的条件和程序而不具有收养的法律效力。收养行为只有符合法律规定的条件和程序才能有效成立。

（五）收养关系的解除

收养关系的解除有协议解除和诉讼解除两种方式。

1. 协议解除收养关系

协议解除收养关系的条件，它必须包括：①在养子女成年前，协议解除收养须得收养人、送养人同意。年满 8 周岁以上的养子女已有部分民事行为能力，法律规定解除收养应征得本人同意是完全必要的。②在养子女成年后，协议解除收养须得收养人、被收养人同意。成年人具有完全民事行为能力，送养人的同意不是协议解除的必要条件。③当事人还应就与解除收养有关的财产和生活等问题达成协议。

协议解除收养关系的程序是，办理解除收养关系的登记时，当事人应当到被收养人常住户口所在地县级以上人民政府民政部门，提出解除收养关系的申请，并提供相应材料。收养登记机关应当在自申请的次日起 30 日内进行审查，对符合《民法典》规定的解除收养关系条件的，准予其解除，收回收养登记证，发给当事人解除收养关系证明。

2. 诉讼解除收养关系

诉讼解除收养关系的条件包括：①收养人不履行抚养义务，有虐待、遗弃等侵害未成年养子女合法权益行为的，送养人要求解除养父母与养子女的收养关系，但送养人与收养人不能达成解除收养关系协议的，送养人可向人民法院起诉；②养父母与成年养子女关系恶化，无法共同生活，养父母与成年养子女不能达成解除收养关系协议的，双方均可向人民法院起诉。

诉讼解除收养关系的程序是，收养关系当事人应依照《民事诉讼法》的有关规定，向有管辖权的人民法院提起民事诉讼。人民法院审理解除收养关系的案件，应查明事实和理由，保护合法的收养关系，保障收养人和被收养人的合法权益。对收养人不履行抚养义务，有虐待、遗弃等侵害未成年养子女合法权益行为，送养人要求解除收养的，对养父母与成年养子女关系恶化，无法共同生活，一方要求解除收养的，人民法院应先进行调解，调解无效的，依法判决准予解除或不准解除。

3. 解除收养关系的法律后果

收养关系解除后，养子女与养父母之间的身份和权利义务即行消除，未成年的养子女与生父母及其他近亲属的权利义务关系自行恢复，但成年养子女与生父母及其他近亲属间的权利义务关系是否恢复，由成年养子女与生父母协商确定。

三、中国财产继承法规与政策的主要内容

财产继承，是指公民死亡时，其法律规定范围内的近亲属按死者生前所立的有效遗嘱或者依据法律的规定，依法取得死者遗留的个人合法财产的法律制度。我国财产继承的法规与政策主要存在于《民法典》。[①] 根据继承方式，继承可以分为法定继承和遗嘱继承。

（一）法定继承

法定继承，是指根据法律直接规定的继承人的范围、继承顺序、继承的遗产份额以及遗产的分配原则来继承被继承人遗产的一种继承方式。

1. 法定继承的适用范围

法定继承是以无遗嘱继承为前提的，它的适用范围为：①被继承人生前没有用遗赠扶养协议或者未立遗嘱处分其遗产的；②遗嘱继承人放弃继承或者受遗赠人放弃受遗赠的；③遗赠继承人丧失继承权的；④遗嘱继承人、受遗赠人先于遗嘱人死亡的；⑤遗嘱无效部分所涉及的遗产；⑥遗嘱未处分的遗产。

2. 法定继承人的范围和顺序

法定继承人，是指根据法律规定可依法继承被继承人遗产的人。

法定继承人的范围，是指在适用法定继承方式时，那些可作为继承人取得继承权，依法享有相应权利和履行相应义务的人。法定继承人范围包括：配偶、子女、父母、兄弟姐妹、祖父母、外祖父母，以及符合法定条件的丧偶儿媳、女婿尽了主要赡养义务的也作为第一顺序继承人。

法定继承人的继承顺序，是指法律直接规定的法定继承人参加继承、实际享有和行使继承权的先后顺序，它具有法定性、排他性和限定性。

继承开始后，先由第一顺序继承人继承，没有第一顺序继承人或第一顺序继承人放弃继承权或丧失继承权而全部不能参加继承时，便由第二顺序继承人继承。第一顺序继承人包括配偶、子女、父母，以及对公婆或岳父母尽了主要赡养义务的丧偶儿媳、女婿。第二顺序继承人包括兄弟姐妹、祖父母、外祖父母。

---

① 《中华人民共和国民法典》，人民出版社 2020 年，第 210—218 页。

3. 法定继承的遗产分配原则

继承权男女平等。一般情况下,同一顺序继承人继承遗产的份额应均等。特殊情况下,同一顺序继承人的应继份额可以不均等。特殊情况主要是指:①对生活有特殊困难的、缺乏劳动能力的继承人的照顾;②对被继承人尽了主要扶养义务或者与被继承人共同生活的继承人,分配遗产时可多分;③对不尽扶养义务的继承人的继承规定:有扶养能力和有扶养条件的继承人,不尽扶养义务的,分配遗产时应当不分或者少分,继承人有扶养能力和扶养条件,愿意尽扶养义务,但被继承人因有固定收入和劳动能力,明确表示不要求扶养的,分配遗产时一般不应因此影响其继承份额;④继承人协商同意的不均分遗产。此外,《民法典》还规定,对继承人以外的依靠被继承人扶养的人,或者继承人以外的对被继承人扶养较多的人,可分给适当的遗产。

(二)遗嘱继承

遗嘱,是指死者生前依据法律的规定,对其个人财产及其有关的其他事务所作出的安排,并在其死后发生法律效力的一种民事法律行为。遗嘱继承,是指继承人按照被继承人生前所立的合法有效的遗嘱来继承被继承人遗产的一种继承方式。遗嘱继承具有以下特征:①遗嘱继承优于法定继承而适用;②遗嘱继承充分体现了被继承人的生前意志;③引起遗嘱继承生效的前提至少有两个法律事实:一是被继承人死亡;二是被继承人立有合法有效的遗嘱。

1. 遗嘱的设立

设立遗嘱主要应当考虑内容和形式两个方面。

(1)遗嘱继承的内容

遗嘱继承的内容通常包括:①指定继承人、受遗赠人、遗嘱执行人等;②明确遗产的名称、数量,指定遗产的分配方法和份额;③对继承人、受赠人的附加义务;④对“特留份”的要求,即遗嘱应对缺乏劳动能力又没有生活来源的继承人保留必要的遗产份额。

(2)遗嘱的形式

遗嘱的形式,是指遗嘱人表达自己处分其财产的意思的方式,是记录和传递遗嘱内容的载体。遗嘱的形式主要包括:①公证遗嘱,它是指经公证机关公证的遗嘱。公证遗嘱具有最高效力。②自书遗嘱,它由遗嘱人亲笔书写,签名,注明年、月、日。③代书遗嘱,它是指遗嘱人由他人代为制作的书面遗嘱。代书遗嘱应有两个以上见证人在场见证,由其中一人代书,并由遗嘱人、代书人和其他见证人签名,注明年、月、日。④打印遗嘱,它是遗嘱人打印完成的遗嘱。打印遗嘱应有两个以上见证人在场见证。遗嘱人和见证人应当在遗嘱每一页签名,注明年、月、日。⑤录音录像遗嘱。录音录像遗嘱是指由遗嘱人口述,经录音、录像磁带录制而设立的遗嘱。以录音录像形式立的遗嘱,应有两个以上见证人在场见证。遗嘱人和见证人应当在录音录像中记录其姓名或者肖像,以及年、月、日。⑥口头遗嘱,是遗嘱人在危急情况下以口头形式设立的遗嘱。口头遗嘱应有两个以上见证人在场见证。危急情况消除后,遗嘱人能够以书面或者录音录像形式立遗嘱的,所立的口头遗嘱无效。

2. 遗嘱的法律效力

遗嘱的法律效力,是指设立遗嘱所发生的法律后果。遗嘱的有效包括:①立遗嘱人在立遗嘱时有遗嘱能力;②遗嘱是立遗嘱人真实的意思表示;③遗嘱内容合法;④遗嘱符合法定形式。遗嘱的无效包括:①无民事行为能力人或者限制民事行为能力人所立的遗嘱无效;②受欺诈、胁迫所立的遗嘱无效;③伪造的遗嘱无效;④被篡改的遗嘱,篡改的内容无效;⑤遗嘱人处分不属于自己财产的部分内容无效。

(三)遗赠和遗赠扶养协议

1. 遗赠

遗赠,是指公民以遗嘱的方式将其拥有的个人财产赠与国家、集体或者法定继承人以外的公民,并于立遗嘱人死亡后发生法律效力的法律行为。遗赠的生效条件主要包括:①遗赠人须有遗嘱能力;②遗赠人不能侵犯缺乏劳动能力又没有生活来源的继承人的合法权益;③受遗赠人没有丧失受遗赠权;④受遗赠人后于遗赠人死亡;⑤遗赠的标的在遗赠人死亡时客观存在且有执行可能。

2. 遗赠扶养协议

遗赠扶养协议,是指遗赠人与扶养人签订的关于扶养人承担遗赠人生养死葬的义务,遗赠人将自己的财产于死后赠与扶养人的协议。扶养人可以是公民,也可以是集体经济组织。遗赠扶养协议具有以下法律效力:①遗赠扶养协议具有最优先适用的法律效力,优先于遗嘱;②遗赠扶养协议一经成立,即对双方当事人产生法律约束力,双方须根据协议内容履行自己的权利和义务。[①]

---

① 关信平主编:《社会工作政策法规》,中国社会出版社 2015 年,第 94—117 页。

第三节　婚姻家庭法规与政策运行中存在的主要问题

当前,婚姻家庭法规与政策运行中存在的问题,主要存在于如下婚姻家庭关系方面。

一、对结婚中现实问题的回应作用有限

当前,婚姻家庭关系的法规与政策对结婚中现实问题的回应作用有限,突出表现在对解决一些男青年结婚难的作用有限。国家统计局1%人口的抽样调查数据显示,1987年,中国人口中,30岁及以上未婚男性占比为8.63%,到2015年增至15.21%,净增6.58%。相比之下,30岁及以上未婚女性占比则由0.69%增长到6.37%。由于近些年来很多青年结婚年龄推迟,再考察40岁及以上的未婚男性占比。数据显示,已由1987年的4.48%增长到2015年的7.30%,而同期40岁及以上的未婚女性由0.34%增长到1.43%。[①] 显而易见,对于许多男青年而言,结婚难已是一个比较严重的问题。这一问题在农村地方尤为严重。

据作者承担的国家社科基金项目"乡村振兴战略背景下政府主导型农村社会工作发展模式研究"(项目号:18BKS124)课题组调研显示,农村30岁及以上未婚男性占比平均为19.05%,中位数为20.0%,最大值为65.0%。2018年8月30日,广东LC县LM镇有调查对象说,当地大龄未婚男子,"有好多。娶老婆的聘金好高啊。现在女的,好抢手,要有房,要有车"。2018年11月19日,江西省WZ县XY乡有调查对象说:"(大龄未婚男子)有的村百分之六七十未成家。"2019年1月12日,云南省SZ县XB镇有调查对象说:"(大龄男子)未成家的,寨子里有六七十个。"

男青年结婚难,直接导致结婚登记人数大幅减少。1987年,中国内地居民初婚登记人数为1788.09万人,2022年降至1051.76万人,下降了41.18%。[②]

男青年结婚难的直接原因在于男性娶妻成本越来越高,大大超过了许多男方家庭的支付能力。据"乡村振兴战略背景下政府主导型农村社会工作发展模

---

① 资料来源:根据《中国1987年1%抽样调查资料(全国分册)》、《2015年全国1%人口抽样调查资料》相关数据计算所得。

② 数据来源:国家统计局网站统计数据。

式研究”课题组了解到，许多农村女方家庭通常要求男方能在县城买房，除了车子、房子，还要一大笔彩礼等。这对许多男方家庭而言较难达成。

总之，对于一些男青年结婚难问题，当前关于结婚的法规与政策回应的作用很有限。尽管《民法典》规定，禁止借婚姻索取财物，但没有改变部分地区高价彩礼的风俗。

二、对促进婚姻家庭关系的稳定作用有待提高

在结婚登记时，民政部门决定是否给予登记，主要考察的是男女双方的意愿、年龄等法定条件，而不会考虑其他更深刻的因素，而有些青年男女自由恋爱，缺乏对婚姻的较多认识，结果往往因草率结婚而离婚。

近几十年来，离婚数增长很快，1986—2019 年，全国离婚数由 21.4 万对增长到 470.06 万对，增长了 20.97 倍，2020 年回落到 433.90 万对，2022 年进一步降到 287.92 万对①，数量仍然惊人。国家统计局 1%人口的抽样调查数据显示，1987 年，15 岁及以上人口中离婚的占比 0.50%，2022 年增长到 2.41%。②

实际上，结婚并非仅是男女双方的事情，结婚决非任意男女的随意组合，违背社会规律的婚姻往往会以离婚而告终。中国古代概括出来的经验认识——“门当户对”，基本揭示出结婚必须真正符合的条件。如今，结婚登记的法规与政策仍比较表面，仅为一些最基本的条件。一般来说，比较美满的婚姻除了符合一般条件外，至少要符合两个条件：一是男女双方的阶层背景比较一致，差别不能太大。阶层是一系列经济社会因素的总和，阶层背景相差太大的男女一般不会结婚，即便因偶发因素而结婚，很可能最终以离婚而告终。二是男女双方的价值观比较一致。价值观决定人们的认识，很大程度也决定婚姻关系是否稳定。有些时候，男女双方的价值观问题比阶层背景更重要。现实生活中，有些阶层背景相差比较大的男女能够结合，主要是相同的价值观弥合了阶层背景的差异。

当前中国结婚登记的法规与政策比较注重的是婚姻自由，反对干涉婚姻自由，在反对封建传统、倡导个人自由的环境下，不少人不太考虑男女双方家长的意见。实际上，提倡男女婚姻自由，并不反对家长对子女的婚姻提出建议和意见。一般来说，长辈的人生阅历比较丰富，看问题更为深刻、理性、长远。然而，

---

① 资料来源：国家统计局网站统计数据。

② 资料来源：根据国家统计局网站统计数据和《中国 1987 年 1%抽样调查资料（全国分册）》相关数据计算所得。

在登记时,有些男女不顾及父母意见,结果经过一段时间冷静之后才明白犯了错误,以离婚告终。

2021 年初开始实施的《民法典》设立了“离婚冷静期”,试图减少某些夫妻因一时冲动而离婚。数据显示,2020 年,中国离婚登记的有 433.90 万对,2021 年实施《民法典》后,降到 283.93 万对,下降了 34.56%,似乎设立“离婚冷静期”产生了效果,但 2022 年不降反升至 287.92 万对,2023 年 1—3 季度合计已达 393.1 万对,是 2022 年的 1.37 倍。[①] 可见,设立离婚冷静期等婚姻家庭关系的法规与政策,对稳定婚姻关系的作用不大。

三、对促进婚姻家庭关系和谐的作用力度有待提升

促进婚姻家庭关系的和谐,是我国制定婚姻家庭关系法规与政策的出发点和归宿。例如,《民法典》明确规定,禁止家庭暴力;家庭应当树立优良家风,弘扬家庭美德,重视家庭文明建设;夫妻应当互相忠实,互相尊重,互相关爱;家庭成员应当敬老爱幼,互相帮助,维护平等、和睦、文明的婚姻家庭关系;等等。然而,当前的婚姻家庭关系的法规与政策在这些方面的作用力度仍然有待提升。其突出体现是,在有些家庭中,婚姻家庭关系并不和谐。这从以下方面可以体现。

首先,从妇联提供的数据看,2021 年,第四期中国妇女社会地位调查主要数据显示,在婚姻生活中,女性遭受过配偶身体暴力和精神暴力的比例为 8.6%。2016—2022 年,妇联通过 12338 妇女维权公益服务热线等渠道,受理家庭暴力投诉 25.2 万余件次。[②] 另据江西省南昌市妇联权益部提供的数据显示:2021 年,江西省南昌市妇联维护妇女权益接访群众案件总数共 514 起,其中,关于婚姻家庭权益问题的案件最多,有 327 起,占 63.6%。而婚姻家庭权益问题案件中,家庭暴力占比最高,为 55.05%,家庭纠纷占 10.09%,离婚投诉占 11.01%。[③]

其次,从人民法院及政府调解组织提供的数据看,人民法院民事一审收案中的婚姻家庭案件,1987 年有 65.19 万件,2022 年为 168.98 万件,增长了 1.59 倍;

---

① 根据国家统计局网站统计数据和民政部网站民政数据计算所得。

② 黄晓薇:《国务院关于反家庭暴力工作情况的报告》,《全国人民代表大会常务委员会公报》2023 年第 6 期。

③ 周艳怡:《社会工作视角下妇联维护妇女婚姻家庭权益中的问题研究——以 N 市妇联为例》,江西师范大学硕士学位论文 2023 年,第 17—20 页。

人民调解员调解婚姻纠纷,1984 年为 114.37 万件,2022 年为 123.00 万件。[①]

再有,从“乡村振兴战略背景下政府主导型农村社会工作发展模式研究”课题组的调查来看,认为农村夫妻关系不和问题很严重和比较严重的农村居民占 8.4%,认为婆媳不和问题很严重和比较严重的占 10.3%。

概括来说,我国需要进一步完善婚姻家庭关系的法规与政策,以进一步促进婚姻家庭关系的和谐。

四、应对亲子关系问题的作用有待加强

按《民法典》规定,父母有抚育子女的义务;子女也有赡养父母的义务。

关于父母有抚育子女的义务,包括对子女在物质上、生活上的养育和照料,以健康的思想、品德和适当的方法教育未成年子女,使其身心健康发展。然而,当前有些家庭中父母在抚育子女时存在以下问题:(1)有些父母没有做到为人父母的应尽义务。2021 年,全国法院审理的抚养纠纷案件达 13.60 万起。[②] 在这些未较好尽抚养子女义务的父母中,有些是外出务工人员。这些外出务工人员将子女抛在老家,由父母隔代监护,往往存在一些问题。有一段时期,有的留守儿童甚至无人照料,乃至缺乏基本的生活必需品。例如,2012 年 11 月 16 日,5 名男孩被发现死于毕节市七星关区街头垃圾箱内,他们在垃圾箱内生火取暖导致一氧化碳中毒而死亡。这 5 个孩子就是留守儿童。[③] 类似留守儿童非正常死亡的报道有多起。这些留守儿童的父母即未尽到抚育子女的义务。尽管这些父母希望能到外面赚取更多的钱来养家糊口,但是,父母与子女不能生活在一起,很难抚育好子女;隔代抚养的老人因年纪大,文化水平相对较低,有的健康状况不佳,也很难较好行使监护责任,有的老年人的“抚育”方式是“电视哄孩子”“手机哄孩子”。(2)有些父母比较强调从物质上去抚养子女,却不太注重以健康的思想、品德教育子女,甚至以错误的、与主流价值观相悖的思想教育子女。很多父母认为,只要给子女提供良好的物质条件,即可抚育好子女。很多父母不辞辛劳,努力赚钱,尽量在物质上满足子女的物欲即希望达到这一目的。事实上,这种观念相当大程度不成立。未成年人正确的思想观念的形成,并非单用物质满

---

① 数据来源:《中国法律年鉴 1987—1997》、国家统计局网站统计数据。

② 数据来源:《中国法律年鉴 2022》。

③ 《贵州毕节流浪男童垃圾箱取暖致死实属人祸》,人民网,2012 年 11 月 19 日。

足其物欲即可形成,它需要家长在思想上采用正确的方法精心引导,在行为上以自身的榜样率先垂范,才有可能形成。所以,不少父母发现,自己的辛苦努力并没有得到子女的感恩。2019 年 7 月 16 日,江西省 LF 县有调查对象告诉课题组:"我儿子读大学了,平时不打电话(给父母),一打电话,就是要钱。"这个案例典型反映出,有些父母抚育子女的方式需深刻反省,否则很难取得较好成效。

另一方面,当前有些子女在尽赡养父母的义务方面表现欠佳,具体表现在以下方面:(1)有些子女在赡养扶助父母方面,不尽义务或者做得不够。这既与家庭核心化、少子化,子女负担过重有关系,也与对子女的教育有关系。很多时候,父母对子女并没有过高奢望,即便打个电话问候一下,也是对老人的一种精神慰藉。(2)有些子女在赡养父母方面,比较注重的是物质方面的关照,不太注重精神方面的慰藉,这与有些父母对子女的教育相类似。(3)有些子女虐待老人,不尊重老人。(4)从"乡村振兴战略背景下政府主导型农村社会工作发展模式研究"课题组的调查来看,认为农村亲子关系不和问题很严重和比较严重的农村居民占 10.2%。此外,1986 年,人民调解人员调解赡、抚、扶养案件 40.44 万件,①2023 年,全国人民调解委员会调解矛盾纠纷 1720 万件(含人民法院委派委托调解成功 728 万件),②其中有不少纠纷属于赡养纠纷。

概括来说,亲子关系方面存在的一些问题反映出,需要进一步完善相关法规与政策进行调适。

此外,在财产继承的法规与政策运行方面,近些年来,相关法规与政策日臻完善,尽管取得一些成绩,但其治理效果仍然有待进一步提升。其主要表现是,有关继承的案件多发。1987 年,全国人民法院民事一审收案中,继承案件 2.43 万件,2022 年增长到 9.96 万件,增长了 3.10 倍。③ 从人民调解组织调解情况来看,1986 年,人民调解人员调解继承案件 26.24 万件,④2023 年,全国人民调解委员会调解矛盾纠纷 1720 万件(含人民法院委派委托调解成功 728 万件),⑤其中有不少纠纷属于继承纠纷案件,数量比 1986 年应也有显著增长。这两个方面充

① 数据来源:《中国法律年鉴 1987—1997》。

② 赵婕:《聚焦急难愁盼全面提升群众法治获得感 司法行政机关推动公共法律服务高质量发展》,《法治日报》2024 年 1 月 18 日。

③ 数据来源:《法律年鉴 1987—1997》和国家统计局网站统计数据。

④ 数据来源:《中国法律年鉴 1987—1997》

⑤ 赵婕:《聚焦急难愁盼全面提升群众法治获得感 司法行政机关推动公共法律服务高质量发展》,《法治日报》2024 年 1 月 18 日。

分反映出当前继承纠纷案件数量惊人,值得相关部门关注,需要在相关法规与政策方面进行制度创新,以减少和化解矛盾。再有,随着人们拥有的财产形式的多元化,诸如数字财产或虚拟财产等,国家也应出台明确的法规与政策规范这类财产的继承。

在收养的法规与政策运行方面,由于收养在现实生活中较少,因而,儿童收养的法规与政策运行中存在的问题并不突出,但也有问题值得注意。例如,《民法典》对涉外收养规定,外国人依法可在中华人民共和国收养子女;外国人在中华人民共和国收养子女,应当经其所在国主管机关依照该国法律审查同意;收养人应当提供由其所在国有权机构出具的有关其年龄、婚姻、职业、财产、健康、有无受过刑事处罚等状况的证明材料,并与送养人签订书面协议,亲自向省、自治区、直辖市人民政府民政部门登记;等等。不过,《民法典》对外国人在中国收养子女的数量并无规定。2014 年 12 月 5 日,《北京晨报》曾报道,有外籍男子一人收养了 10 名中国儿童。① 再有,近些年来,一些被涉外收养的儿童生活状况到底如何,值得相关部门追踪。

---

① 张静雅:《北京:一外籍男子携 10 名所收养中国儿童失踪》,《北京晨报》2014 年 12 月 5 日。

第七章

人民调解、信访、突发事件应对法规与政策

随着改革开放以来社会利益的分化,人民内部的矛盾也日益复杂化。调解是维护社会和谐稳定的“第一道防线”。为防患于未然,把矛盾控制在基层,需要有效发挥人民调解和信访工作的重要作用,而突发事件应对则是事后的应对。本章主要介绍人民调解、信访、突发事件应对法规与政策的发展演变、主要内容与运行中存在的主要问题。

第一节 人民调解、信访、突发事件应对法规与政策的发展演变

一、人民调解法规与政策的发展演变

人民调解制度在中国有着深厚的民族文化传统和历史渊源。

中国自古就倡导“无讼”,强调人与人之间和睦相处,对于矛盾纠纷要通过各自忍让最终得以解决,而非诉至官府。例如,《易经》的讼卦辞曾经指出:“讼,有孚,窒惕,中吉,终凶。利见大人,不利涉大川。”①

中华民族祖先把原始氏族首领解决内部纷争的调解方式带入文明时代,建立了民间调解制度。中国民间调解自西周创立至今已有几千年历史。在3000多年前的西周官府中,设有“调人”“胥吏”的官职,专司调解纠纷,平息诉讼,维

① 宋洁编著:《易经》,北京出版社2004年,第31页。

护社会秩序。

儒家法律思想深刻影响了历代统治者的治国策略和普通百姓的价值理念、生活态度、处世方式。在这种思想影响和支配下，调解便成为民间、官府解决矛盾纠纷的基本准则。

进入封建社会后，中国民间调解制度得到进一步发展。秦汉时期，官府中的调解制度发展出“乡官治事”的调解机制，把诉讼外的调解规定在乡以下。唐代沿袭并发展了秦汉调解制度，乡里民间纠纷、讼事先由坊正、村正、里正调解。到了明代，民间调解上升为法律规范。清代在乡村基层实行保甲制度，设排头、甲头、保正，负责治安、户籍、课税和调解民间纠纷。

中华民国时期，县以下设立区、乡、镇。政府制定的《区自治施行法》和《乡镇自治施行法》都规定，区、乡、镇设立调解委员会，其成员须由具有法律知识和威望高的公正人士担任，并由所在区、乡、镇公民中选举产生。①

1920 年代的第一次国内革命战争时期，在中国共产党领导下的反对封建土地制度的农会组织和这些地区建立的局部政权组织中，设有调解组织，用于调解人民群众间的纠纷。② 中国共产党建立的中华苏维埃共和国的区、乡两级政府、川陕省的区、乡两级苏维埃政府，都设有“裁判委员会”，负责办理民事案件，解决群众纠纷。在抗日战争时期，人民调解制度得到进一步发展，边区、根据地等乡村都设有调解组织，当时就叫“人民调解委员会”。这一名称沿用至今。③

1949 年新中国成立后，人民调解制度得到党中央的高度重视。1953 年，第二届全国司法工作会议通过决议，决定在全国范围内建立健全人民调解组织。1954 年，政务院发布了《人民调解委员会暂行组织通则》，④统一了人民调解组织的名称、性质、任务、设置、工作要则和活动方式。这标志着新中国人民调解制度的正式确立。在党中央的领导下，各地人民政府和各级人民法院在全国范围内有组织、有领导、有步骤地大规模开展人民调解的组织建设。到 1956 年底，随着社会主义革命和社会主义建设步伐的加快，人民调解制度得到极大发展，组织更

---

① 倪所安主编、上海嘉定区地方志办公室编：《嘉定县简志》，方志出版社 2008 年，第 87 页。

② 李婷婷：《社会治理视域下的人民调解》，人民出版社 2014 年，第 32—33 页。

③ 浦增元主编：《中国基层群众性自治组织》，上海社会科学院出版社 1989 年，第 19—22 页。

④ 《城市街道办事处组织条例　城市居民委员会组织条例　人民调解委员会暂行组织通则　治安保卫委员会暂行组织条例》，人民出版社 1979 年，第 7—8 页。

加完善,调解对象也更为广泛。

改革开放以后,人民调解组织迅速恢复和发展。据统计,1986 年,全国有人民调解委员会 96.76 万个,调解人员 608.73 万人,调解民间纠纷 730.70 万件。①

人民调解组织是适应客观形势的变化而发展变化的。近些年来,各地的经济技术开发区、大型集贸市场、乡镇企业、"三资"企业、新兴行业、流动人口聚居地,出现了较多的民间纠纷,有些是新型纠纷,形势的发展要求人民调解组织与之相适应。

1989 年 5 月,国务院发布了《人民调解委员会组织条例》,1991 年颁行了《中华人民共和国民事诉讼法》,等等。这些法规与政策都有关于人民调解制度的规定,基本精神都是强调人民调解组织的群众性、自治性和进行调解的自愿性。②

进入 21 世纪,党和政府仍很重视人民调解工作,出台了不少相关法规与政策。

2002 年 9 月,为适应社会主义市场经济发展的需要,进一步巩固和发展人民调解制度,充分发挥人民调解工作在解决社会矛盾纠纷、维护社会稳定中的作用,中共中央办公厅、国务院办公厅转发了《最高人民法院、司法部关于进一步加强新时期人民调解工作的意见》。与此同时,为规范人民调解工作,完善人民调解组织,提高人民调解质量,司法部发布了《人民调解工作若干规定》,最高人民法院公布了《关于审理涉及人民调解协议的民事案件的若干规定》。

2004 年 2 月,就进一步加强新时期人民调解工作,切实维护社会稳定,最高人民法院、司法部公布了《最高人民法院　司法部关于进一步加强人民调解工作切实维护社会稳定的意见》。同年 9 月,为保证人民法院正确调解民事案件,及时解决纠纷等,最高人民法院审判委员会公布了《最高人民法院关于人民法院民事调解工作若干问题的规定》。③

2007 年 3 月,就进一步加强人民法院诉讼调解工作,最高人民法院制定了《最高人民法院关于进一步发挥诉讼调解在构建社会主义和谐社会中积极作用

---

① 数据来源:《中国法律年鉴 1987—1997》。

② 赫然、龚鹤:《我国人民调解制度的文化溯源》,《长春理工大学学报(社会科学版)》2005 年第 3 期。

③《最高人民法院关于人民法院民事调解工作若干问题的规定》,《中华人民共和国最高人民法院公报》2004 年第 10 期。

的若干意见》。[①] 同年8月，就进一步加强新形势下人民调解工作，最高人民法院、司法部下发了《最高人民法院 司法部关于进一步加强新形势下人民调解工作的意见》。[②]

2009年10月，就加强劳动人事争议调解工作，人力资源和社会保障部等下发了《关于加强劳动人事争议调解工作的意见》。[③]

2010年4月，就加强医疗纠纷人民调解工作，司法部等制定了《关于加强医疗纠纷人民调解工作的意见》。同年6月，为进一步贯彻"调解优先、调判结合"工作原则，最高人民法院印发了《最高人民法院关于进一步贯彻"调解优先、调判结合"工作原则的若干意见》。[④] 同年8月，为完善人民调解制度，规范人民调解活动，及时解决民间纠纷，维护社会和谐稳定，十一届全国人大常委会第16次会议通过了《中华人民共和国人民调解法》(此后简称《人民调解法》)。[⑤] 这是当前我国人民调解法规与政策的主要来源。

2011年2月，为认真贯彻执行《调解法》等，司法部发出《关于开展"争当人民调解能手"活动的意见》。[⑥] 同年3月，为规范经人民调解委员会调解达成的民事调解协议的司法确认程序，进一步建立健全诉讼与非诉讼相衔接的矛盾纠纷解决机制，最高人民法院审判委员会通过了《最高人民法院关于人民调解协议司法确认程序的若干规定》。同年5月，为进一步加强行业性、专业性人民调解委员会建设，充分发挥人民调解化解矛盾纠纷、维护社会稳定的职能作用，司法部制定了《关于加强行业性 专业性人民调解委员会建设的意见》。

党的十八大以来，党和政府更加重视人民调解工作，在完善相关法规与政策方面做了大量工作。

2013年1月，为推动农村土地承包经营纠纷调解仲裁工作规范化开展，农业

---

① 《最高人民法院印发〈关于进一步发挥诉讼调解在构建社会主义和谐社会中积极作用的若干意见〉的通知》，《中华人民共和国最高人民法院公报》2007年第4期。

② 《最高人民法院 司法部关于进一步加强新形势下人民调解工作的意见》，《人民调解》2007年第10期。

③ 《人力资源和社会保障部 司法部 中华全国总工会 中国企业联合会/中国企业家协会联合下发〈关于加强劳动人事争议调解工作的意见〉》，《人民调解》2010年第1期。

④ 《最高人民法院关于进一步贯彻"调解优先、调判结合"工作原则的若干意见》，《人民法院报》2010年6月28日。

⑤ 《中华人民共和国人民调解法》，人民出版社2010年。

⑥ 《司法部发出〈关于开展"争当人民调解能手"活动的意见〉》，《人民调解》2011年第3期。

部办公厅印发了《农村土地承包经营纠纷调解仲裁工作规范》。与此同时,为进一步促进建立互利共赢、和谐稳定的劳动关系,推动企业健康持续发展,维护社会稳定,人力资源社会保障部、中华全国工商业联合会发布了《关于加强非公有制企业劳动争议预防调解工作的意见》。

2014 年 9 月,就进一步加强行业性、专业性人民调解工作,司法部制定了《关于进一步加强行业性 专业性人民调解工作的意见》。

2015 年 7 月,为贯彻落实中共中央、国务院《关于构建和谐劳动关系的意见》等,人社部、中央综治办下发了《关于加强专业性劳动争议调解工作的意见》。

2016 年 1 月,就推进行业性、专业性人民调解工作,司法部等印发了《司法部 中央综治办 最高人民法院 民政部关于推进行业性 专业性人民调解工作的指导意见》。

2018 年 3 月,就推进商会人民调解工作,全国工商联等公布了《全国工商联 司法部关于推进商会人民调解工作的意见》。同年 4 月,就加强人民调解员队伍建设,中央政法委等制定了《关于加强人民调解员队伍建设的意见》。同年 11 月,就推进个人调解工作室建设,司法部发布了《司法部关于推进个人调解工作室建设的指导意见》。

2019 年 1 月,就发挥商会调解优势,加强诉调对接工作,推进民营经济领域纠纷多元化解机制建设,最高人民法院、全国工商联印发了《关于发挥商会调解优势 推进民营经济领域纠纷多元化解机制建设的意见》。同年 7 月,中共中央办公厅、国务院办公厅印发了《关于加强和改进乡村治理的指导意见》,要求加强人民调解工作,加强乡镇司法所建设。同年 12 月,就深入开展价格争议纠纷调解工作,最高人民法院等印发了《最高人民法院 国家发展和改革委员会 司法部关于深入开展价格争议纠纷调解工作的意见》。

2020 年 1 月,为贯彻落实党的十九届四中全会精神,推进国家治理体系和治理能力现代化,深化司法体制综合配套改革,完善多元化纠纷解决机制等,最高人民法院印发了《关于进一步完善委派调解机制的指导意见》。

2021 年 10 月,就加强知识产权纠纷调解工作,国家知识产权局、司法部制定了《关于加强知识产权纠纷调解工作的意见》。

2022 年 11 月,就加强劳动人事争议协商调解工作,人力资源社会保障部等出台了《关于进一步加强劳动人事争议协商调解工作的意见》。

2023 年 9 月,为深入贯彻落实习近平总书记关于调解工作的重要指示精神和党中央决策部署，坚持把非诉讼纠纷解决机制挺在前面等，最高人民法院、司法部印发了《关于充分发挥人民调解基础性作用 推进诉源治理的意见》。

2024 年 1 月，为加强灵活就业和新就业形态劳动者权益保障，人力资源社会保障部等印发了《关于加强新就业形态劳动纠纷一站式调解工作的通知》。①

截至 2024 年 1 月，全国共有人民调解委员会近 70 万个，人民调解员近 320 万人，其中专职人民调解员 41 万余人，调解员结构进一步优化，调解工作成效不断提升。同时，司法部还积极支持商会等开展人民调解工作，目前已经建立各类企业人民调解委员会 1.1 万多个、商会人民调解组织 3100 多个。2023 年，全国人民调解委员会调解矛盾纠纷 1720 万件（含人民法院委派委托调解成功 728 万件），将大量矛盾纠纷解决在基层。②

二、信访工作法规与政策的发展演变

信访制度在中国历史上源远流长。

早在远古的尧舜时代，“尧置敢谏之鼓，舜立诽谤之木，汤有司直之人，武王立戒慎之鞀”③。舜任命“龙”为纳言官，其职责是“听下言纳于上，受上言宣于下”④。

夏禹时，在衙门口置钟、鼓、磬、铎、鞀，以待四方之士：“教寡人以道者击鼓，谕以义者撞钟，语以优者击磬，告以事者振铎，有狱讼者摇鞀”。西周时期设大司寇，“以肺石达穷民，凡远近茕独老幼之欲有复于上而其长弗达者，立于肺石三日，士听其辞，以告于上而罪其长”⑤。

春秋战国时期，齐威王重金买谏。

在唐朝的武则天时期，“置铜匦于朝堂，有进书言事者，听投之”，并设立匦使院和知匦使，以“申天下之冤滞，达万人之情状”。⑥

宋朝时的直诉制度进一步完善，对于诣阙投诉，还设立了专门的受理机关，

① 龚友：《关于加强新就业形态劳动纠纷一站式调解工作的通知》，《工友》2024 年第 3 期。

② 赵婕：《聚焦急难愁盼全面提升群众法治获得感——司法行政机关推动公共法律服务高质量发展》，《法制日报》2024 年 1 月 18 日。

③ 杨坚点校：《吕氏春秋·淮南子》（第 2 版），岳麓书社 2006 年，第 294 页。

④ 王利器主编：《史记注译》，三秦出版社 1988 年，第 10—11 页。

⑤ 陈戍国点校：《周礼·仪礼·礼记》（第 2 版），岳麓书社 2006 年，第 81 页。

⑥ 安晨光、明连成主编：《当代中国监察制度》，中国民主法制出版社 1997 年，第 292 页。

如登闻鼓院、登闻检院和理检院。①

清朝末年,1895 年著名的"公车上书"以及南京国民政府时期的请愿等,也都是现代信访制度的萌芽。

在新民主主义革命时期,中共中央已设专人或专门机构负责处理群众来信来访。

1949 年新中国成立后不久,1950 年 11 月,毛泽东即批示各地加强对群众来信处理工作的组织领导,"对群众来信认真负责,加以处理,满足群众的要求",②1951 年 5 月又批示,各地"必须重视人民的通信","要把这件事看成共产党和人民政府加强和人民联系的一种方法,不要采取掉以轻心置之不理的官僚主义的态度"。1951 年 2 月,刘少奇也在北京市第三届人民代表会议上的讲话中指出:"各级人民政府和协商委员会要建立专门的有能力的机关来适当处理人民向政府所提出的每个要求,答复人民的来信,并用方便的办法接见人民。这样,使各级人民政府密切地联系人民,切实地为人民服务,而广大的人民也就可以经过各级人民代表会议和人民政府来管理自己的事务和国家的事务。"③这些指示都渗透着中国传统政治文化中所没有的群众路线精神。从此,国家一直把密切同人民群众的联系作为信访工作的根本宗旨和任务。

1951 年 6 月,政务院发布了《中央人民政府政务院关于处理人民来信和接见人民工作的决定》,④标志着信访制度的创立。

1957 年 11 月,国务院发布了《国务院关于加强处理人民来信和接待人民来访工作的指示》,首次规定各级国家机关"必须有一位领导人亲自掌管机关的处理人民来信和接待人民来访的工作",并要求"县以上人民委员会一定要有专职人员或者专职机构",这标志着信访制度作为一项国家制度的政治地位正式

---

① 张修成:《1978 年以来中国信访工作研究——以山东威海为个案》,中共中央党校博士学位论文 2007 年,第 9—10 页。

② 中央档案馆、中共中央文献研究室编:《中共中央文件选集(1949 年 10 月—1965 年 5 月)》(第四册),人民出版社 2013 年,第 310 页。

③ 中共中央文献研究室编:《建国以来重要文献选编》(第 2 册),中央文献出版社 1992 年,第 265、88 页。

④ 《中央人民政府政务院关于处理人民来信和接见人民工作的决定》,《陕西政报》1951 年第 6 期。

确立。①

1963年9月，中共中央、国务院下发了《中共中央、国务院关于加强人民来信来访工作的通知》，将化解矛盾提升到一个新高度，进一步强调社会动员的信访工作。

1980年8月，国务院发布了《国务院关于维护信访工作秩序的几项规定》，着力强调维护信访秩序。

1982年4月，中共中央办公厅、国务院办公厅转发了《党政机关信访工作暂行条例(草案)》，对各级信访机构的设置做了明确规定。与此前相比，该条例对专职信访机构的设立不但要求更为明确，而且分布更为普遍，行政级别也更高，奠定了中国信访体制的基本格局。

1991年1月，为做好司法行政机关的信访工作，司法部发布了《司法行政机关信访工作办法(试行)》。

1995年10月，国务院发布了《信访条例》，旨在保持各级人民政府同人民的密切联系，保护信访人的合法权益，维护信访秩序。

1999年8月，为全面规范和强化教育信访工作，教育部办公厅对原国家教委办公厅制定的有关教育信访工作规定做了修订，发布了《关于进一步加强教育系统信访工作的几点意见》。

2004年10月，为进一步加强和规范教育信访工作，教育部制定了《教育信访工作规定》。

2005年1月，国务院公布了《信访条例》(1995年公布的《信访条例》于2005年5月废止)。这是当前信访工作法规与政策的主要来源。同年2月，教育部办公厅发布了《教育部办公厅关于前一阶段教育系统处理信访突出问题及群体性事件工作情况的通报及做好下一阶段教育信访工作的意见》。同年7月，为了加大对农民群众来信来访反映问题的督查督办工作力度，贯彻落实好《信访条例》，农业部印发了《农业部信访督查督办工作方案》。

2007年3月，为了规范人民检察院信访工作，保护信访人的合法权益，维护信访秩序等，最高人民检察院印发了《人民检察院信访工作规定》。同年6月，为做好新时代的信访工作，中共中央、国务院制定了《关于进一步加强新时期信访

---

① 《国务院关于加强处理人民来信和接待人民来访工作的指示》，《中华人民共和国国务院公报》1957年第52期。

工作的意见》。

2008 年 6 月，为严格执行处理信访突出问题及群体性事件工作责任制，切实落实领导责任，惩处信访工作违纪行为等，监察部等发布了《关于违反信访工作纪律处分暂行规定》。

2009 年 3 月，为切实改进和加强卫生信访工作，防范和化解各类矛盾纠纷，构建和谐医患关系等，卫生部制定了《卫生部关于进一步加强信访工作的意见》。同年 5 月，为保障公民、法人和其他组织的合法权益，规范信访行为和信访秩序，推动安全生产等，国家安全监管总局发布了《关于印发信访事项处理办法》。

2011 年 6 月，民政部公布了《民政信访工作办法》，旨在加强民政信访工作，保护信访人的合法权益等。

党的十八大以来，我国在完善信访法规与政策方面做了大量工作。

2014 年 2 月，就创新群众工作方法，解决信访突出问题，中共中央办公厅、国务院办公厅印发了《关于创新群众工作方法解决信访突出问题的意见》。同年 4 月，中共中央办公厅、国务院办公厅印发了《关于依法处理涉法涉诉信访问题的意见》。同年 6 月，就进一步加强和改进卫生计生信访工作，国家卫计委制定了《国家卫生计生委关于进一步加强和改进卫生计生信访工作的指导意见》。同年 9 月，为进一步加强初信初访办理工作，规范工作程序，压实首办责任，提高办理质量和效率，国家信访局制定了《关于进一步加强初信初访办理工作的办法》。

2015 年 6 月，针对进一步加强和规范联合接访工作，国家信访局印发了《关于进一步加强和规范联合接访工作的意见》。同年 6 月，就建立律师参与化解和代理涉法涉诉信访案件制度，中央政法委制定了《关于建立律师参与化解和代理涉法涉诉信访案件制度的意见（试行）》。

2016 年 6 月，为深化信访制度改革，推动及时就地解决信访问题，国家信访局印发了《信访事项简易办理办法（试行）》。同年 11 月，为进一步加强和规范信访事项实地督查工作，切实提高督查效能，国家信访局公布了《关于进一步加强和规范信访事项实地督查工作的意见》。

2017 年 8 月，为进一步规范依法分类处理信访诉求工作，保障合理合法诉求依照法律规定和程序就能得到合理合法的结果，国家信访局发布了《依法分类处理信访诉求工作规则》。同年 11 月，为加强人民法院、人民检察院、公安机关、司法行政机关处理涉法涉诉信访案件的衔接配合，最高人民法院、最高人民检察院、公安部、司法部印发了《关于依法处理涉法涉诉信访工作衔接配合的规定》。

同年 12 月,司法部公布了修订后的《司法行政机关信访工作办法》。

2020 年 9 月,为了保持同人民群众的密切联系,接受人民群众监督,保护信访人的合法权益,规范教育信访工作和维护信访秩序,教育部印发了《教育信访工作办法》。

2022 年 2 月,为坚持和加强党对信访工作的全面领导,做好新时代信访工作,保持党和政府同人民群众的密切联系,中共中央、国务院印发了《信访工作条例》。这是新时代信访工作的基本遵循。应当注意的是,《信访工作条例》不同于《信访条例》,前者属于党内法规,后者属于行政法规、广义的法律。①《信访工作条例》适用于各级党的机关、人大机关、行政机关、政协机关、监察机关、审判机关、检察机关,以及群团组织、国有企事业单位等开展信访工作。公民、法人或者其他组织通过信访渠道,向上述各级机关、单位反映情况,提出建议、意见或者投诉请求等,应当符合《信访工作条例》规定要求。②

2023 年,全国信访系统部署开展信访问题源头治理三年攻坚行动,推进各级信访工作联席会议机制建设,省、市两级实现全覆盖,县级覆盖率达到九成,27 个省份实现乡镇(街道)一级全覆盖。2023 年,国家信访局还深入推进条例落实年活动,让"数据多跑路,群众少跑腿",全国信访系统充分发挥网上信访重要渠道作用,快速高效解决群众诉求,实现网上信访占比达七成。③

2024 年 1 月,民政部印发了修订后的《民政信访工作办法》。

综上所述,信访是党和政府了解社情民意的重要渠道。2021 年,全国纪检监察机关共接收信访举报 386.2 万件次。④ 2022 年,全国检察机关新收群众信访 77.7 万余件。⑤ 2023 年,全国纪检监察机关共接收信访举报 345.2 万件次。⑥

---

① 龙章平:《〈信访条例〉和〈信访工作条例〉一样吗?——略谈新闻报道中的法律常识》,《城市党报研究》2022 年第 3 期。

② 《为加强和改进新时代信访工作提供有力制度保障——国家信访局负责人就〈信访工作条例〉答记者问》,中华人民共和国民政部官网,2022 年 4 月 9 日。

③ 王金虎:《光明日报:2024 年国家信访局将全面推进信访工作法治化》,中华人民共和国民政部官网,2024 年 1 月 29 日。

④ 《中纪委:2021 年全国共接收信访举报 386.2 万件次,处分 62.7 万人》,央视网,2022 年 1 月 21 日。

⑤ 谷芳卿:《把信访群众当家人 把群众来信当家书——检察机关落实"群众信访件件有回复"实质性化解矛盾纪实》,国家信访局官网,2023 年 2 月 20 日。

⑥ 李本扬:《2023 年全国纪检监察机关接收信访举报 345.2 万件次 立案行贿人员 1.7 万人》,央视网,2024 年 1 月 25 日。

三、突发事件应对法规与政策的发展演变

我国突发事件应对法规与政策的源头，至少可追溯到西周的周幽王时期。据《史记》记载："褒姒不好笑，幽王欲其笑万方，故不笑。幽王为烽燧大鼓，有寇至则举烽火。诸侯悉至，至而无寇，褒姒乃大笑。幽王说之，为数举烽火。其后不信，诸侯益亦不至。"①这里的烽火台即当时为传递突发事件消息而设置的设施。由此反映出，当时为应对涉及王朝安全的突发事件已有一些相关举措。除此之外，中国古代在应对自然灾害、公共卫生事件等方面，有非常丰富的举措。

在应对自然灾害方面，秦汉时代已形成了以禳灾、减灾为主要内容的应对自然灾害的制度。② 在唐代，应对灾害的方式包括实施救灾政策；鼓励个人捐纳；对孤幼儿进行救助；设置义仓等。③ 在宋代，已建立了较为完备的救灾、减灾制度。④ 在清代，朝廷已建立了官赈制度。⑤

在应对瘟疫方面，春秋时期，我国已积极采取隔离防疫措施；并总结出时序失调容易暴发传染病，出现了怪兽现身带来疫情的神话之说，相应兴起了驱逐疫鬼的仪式；认识到社会卫生条件恶化时容易暴发瘟疫，朝廷积极设立、派遣各级医生来救治患者。⑥ 在宋代，每逢疫病蔓延之时，两宋王朝都会委令翰林医官院、太医局等派遣医官赶赴疫区巡诊、赐药，并向朝廷及时汇报疫情流行进展，从而提出对策。宋人采取的主治方剂有：犀角散、小柴胡汤、圣散子方、黑豆汤方；面对疫症，宋人常用隔离之法，以防止交叉传染；为了杜绝传染源，还对患伤寒等传染病的尸骸进行及时处置，从而杜绝疫病的扩散。⑦ 在清代，地方官府采取的措施包括：设局延医诊治；制送丸药；建醮祈祷；刊刻和发送医书（方）；隔离和检

---

① ［西汉］司马迁著，甘宏伟、江俊伟注：《史记（评注译）》，崇文书局2010年，第23页。

② 段伟：《禳灾与减灾：秦汉社会自然灾害应对制度的形成》，复旦大学出版社2008年。

③ 靳强：《唐代的自然灾害若干问题研究》，武汉大学博士学位论文2013年，第88—114页。

④ 李华瑞：《论宋代的自然灾害与荒政》，《首都师范大学学报（社会科学版）》2013年第2期。

⑤ 参见周琼：《清前期重大自然灾害与救灾机制研究》，科学出版社2021年。

⑥ 唐元：《先秦时期文献记载的瘟疫认知与管理应对举措》，《防灾科技学院学报》2021年第2期。

⑦ 君懿：《宋代如何应对瘟疫》，《百科知识》2020年第10期。

疫等。①

在应对社会安全事件方面，中国古代也采取了一些措施。例如，在秦朝建立了什伍连坐制，对人民实行控制。② 再有，以法律、道德、宗教等手段最大程度减少社会安全事件发生的土壤。

中国进入中华民国时期，政府发布了不少社会救济法规文本。主要包括：一是社会救济法律，国民政府于1930年公布了《救济准备金法》，1935年公布了《农仓业法》，1943年公布了《社会救济法》。二是社会救济的部门规章，其中综合性的救济规章有：1937年行政院通过的《非常时期救济难民办法大纲》，1942年社会部颁布的《冬令救济实施办法》，1944年行政院制定的《社会救济法施行细则》；关于私立救济的有：1945年公布的《管理私立救济设施规则》，同年社会部公布的《私立救济设施减免赋税考核办法》；关于救灾程序的有：1936年公布的《勘报灾歉规程》，1945年公布的《勘报灾歉条例》，1946年公布的《灾赈查放办法》；③关于救济院的规章有：1915年北京政府颁布的《游民习艺所章程》，④内政部1928年公布的《各地方救济院规则》，1944年社会部公布的《救济院规程》，1945年公布的《救济院基金管理委员会组织规程》；关于农业救济的规定有：1930年内政部公布的《各地方仓储管理规则》，1937年公布的《农仓业法施行条例》；关于救济的奖惩规定有：1928年公布的《赈务委员会助赈给奖章程》，1930年行政院公布的《办理赈务人员奖恤章程》，1931年国民政府公布的《办赈人员惩罚条例》，1931年行政院发布的《办赈团体及在事人员奖励条例》；⑤关于救灾资金的有：北京政府颁行的《义赈奖劝章程》（1914年）和《赈灾公债条例》（1920年），1929年立法院公布的《公债法原则》，1931年国民政府公布的《振务委员会收存振款暂行办法》《振务委员会提付振款暂行办法》，1934年国民政府出台的《公务员捐俸组振办法》，⑥1935年公布的《实施救灾准备暂行办法》和《救灾准备金保管委员会组织条例》，1943年公布的《各省市县地方救济事业基金管理办

① 余新忠等：《瘟疫下的社会拯救——中国近世重大疫情与社会反应研究》，中国书店2004年，第348—355页。

② 吴益中：《秦什伍连坐制度初探》，《北京师院学报》（社会科学版）1988年第2期。

③ 彭秀良、郝文忠主编：《社会法规汇编》，河北教育出版社2014年，第3—88页。

④ 韩芳主编：《农村社会工作概论》，知识产权出版社2017年，第31页。

⑤ 彭秀良、郝文忠主编：《社会法规汇编》，河北教育出版社2014年，第33—84页。

⑥ 彭秀良：《守望与开新：近代中国的社会工作》，河北教育出版社2010年，第192—193页。

法》;其他救济规章有:1934 年公布的《各省市举办平粜暂行办法大纲》和 1946 年社会部与卫生署会衔公布的《各地方推行义诊办法》。①

然而,中华民国时期并没有完善的突发事件应对法规与政策。即便已有较完善的社会救济法规文本,在自然灾害的防灾救灾方面,由于中央政权更迭频繁、缺乏权威,政治腐败、军阀混战等原因,收效甚微。② 当时,中国医疗卫生条件极差,霍乱、伤寒、鼠疫、天花等烈性传染病在全国广泛流行,血吸虫病患者高达一千多万,城市居民结核病死亡率高达 400/10 万,产妇死亡率为 150/万,婴儿死亡率为 20%,有近一半儿童在 15 岁以前夭亡。当时人均寿命仅 35 岁,是世界上平均寿命最低的国家之一。③ 在其他突发事件方面,中华民国政府的应对成效也很差。

此外,中华民国政府有时不仅不赈灾,还人为制造灾害。1937 年,日寇侵入中原地区,国民党军队实行"以水代兵",炸开河南开封、郑州间的花园口大堤,掩护逃跑,导致豫东、皖北数十万无辜百姓死亡,数千万亩土地被淹,并使黄河改道夺淮入海,从此淮河流域大雨大灾,小雨小灾,无雨旱灾,人民沦入重重灾难之中。④

1949 年,新中国成立。由此,我国突发事件应对法规与政策进入前所未有的良好发展阶段。尽管新中国前三十年尚未制定完善的突发事件应对法规与政策,但在党的领导下,我国形成的一套行政性社会工作的绩效良好。它表现在行政性反贫困、妇女社会工作、儿童社会工作、禁毒、老年、残疾、企业、家庭、乡村、少数民族等领域都取得了卓越的成就。⑤ 这些为新中国应对突发事件奠定了良好基础,最大限度减小了突发事件带来的负面影响及其发生的可能性。

在应对自然灾害方面,新中国常面临严重的自然灾害。这些灾害具有普遍性、区域性、季节性、多变性等特点。例如,1959—1961 年,中国遭受连续三年特大自然灾害。全国受灾面积达 25. 64 亿亩,灾民有 1. 62 亿人。为此,党和政府以最大努力开展了救济工作,国家共发放救灾款 12. 43 亿元,发放救济费 5. 13 亿

---

① 彭秀良、郝文忠主编:《社会法规汇编》,河北教育出版社 2014 年,第 61—144 页。

② 欧阳晴:《民国自然灾害史研究综述》,《防灾科技学院学报》2008 年第 4 期。

③ 中国社会科学院人口研究中心、《中国人口年鉴》编辑部编:《中国人口年鉴(1985)》,中国社会科学出版社 1986 年,第 330—332 页。

④ 崔乃夫主编:《当代中国的民政》(下),当代中国出版社 1994 年,第 6 页。

⑤ 查明辉:《毛泽东时代中国行政性社会工作绩效研究》,《社会工作与管理》2016 年第 1 期。

元,并调集大量木材、食品、棉布、医药等物资,有效支援了灾区人民生产自救,渡过难关。①

在应对公共卫生事件方面,在 1950 年召开的第一届全国卫生会议上,我国确立了“面向工农兵”“预防为主”“团结中西医”三大方针。1952 年,在中央防疫委员会的领导下,我国开展了一场全民参加的群众性爱国卫生运动,普及了全民的卫生观念,客观上防控了鼠疫等传染病的流行。1955 年,卫生部颁布了我国第一部《传染病管理办法》。我国在 1958 年即已全面消灭了在中国流行了 2000 多年的血吸虫病,创造了世界血吸虫病防治史上的奇迹。② 再有,1950 年代,我国积极防治天花。1950 年 10 月,政务院发布了《关于发动秋季种痘运动的指示》,明确提出要消灭天花。同年 10 月,卫生部发出《关于种痘暂行办法的指示》,同时发布了《种痘暂行办法》,在全国推行免费普种牛痘。有效控制了天花流行。1961 年我国最后一例天花病人痊愈,中国大陆境内再无天花病例。二十世纪六七十年代,我国党和政府还积极防治流行性脑脊髓膜炎和疟疾,使其流行得到有效控制。③

在社会安全事件方面,新中国前三十年的应对举措整体很有效。犯罪案件年发案数一般在 20 万—50 万起,犯罪率一般在 0.3‰—0.6‰。④ 这一阶段的犯罪总量以及犯罪发案率都处于新中国成立以来的最低水平。⑤

在事故灾难方面,新中国前三十年的应对举措积极而有效。例如,1960 年初,在山西省平陆县发生了一起震动全国的“六十一个阶级弟兄”食物中毒重大事件,全国“一方有难八方支援”,61 位民工成功获救。⑥

改革开放后,为应对突发事件,我国在自然灾害、公共卫生、社会安全等方面出台了许多法规与政策,取得了一些成绩,但这些法规与政策呈碎片化。

2007 年 8 月,十届全国人大常委会第 29 次会议通过了《突发事件应对法》,标志着我国突发事件应对工作进入法治化轨道,表明我国已诞生较为完善的应对突发事件的法规与政策。

---

① 崔乃夫主编:《当代中国的民政》(下),当代中国出版社 1994 年,第 10—48 页。

② 孙照红:《新中国历史上党领导战“疫”的举措》,《北京日报》2020 年 3 月 2 日。

③ 曾雪兰:《战“疫”:新中国 70 年防疫史回顾、经验与信心》,《思想政治课研究》2020 年第 5 期。

④ 魏平雄等主编:《市场经济条件下犯罪与对策》,群众出版社 1995 年,第 54—57 页。

⑤ 王牧:《新犯罪学》(第 2 版),高等教育出版社 2010 年,第 191 页。

⑥ 石耘:《“为了六十一个阶级弟兄”背后的故事》,《文史精华》2009 年第 11 期。

党的十八大以来,我国应对突发事件的法规与政策更为完善。

2013 年 10 月,为加强突发事件应急预案体系建设,规范应急预案管理,增强应急预案的针对性、实用性和可操作性,国务院印发了《突发事件应急预案管理办法》。

2018 年 3 月,国务院机构改革方案中提出,组建应急管理部。2018 年 4 月,应急管理部正式成立,不再保留国家安全生产监督管理总局。①

2022 年 9 月,为提高突发事件应对管理能力贡献档案力量,中共中央办公厅、国务院办公厅印发了《关于加强重特大事件档案工作的通知》。

2023 年 12 月,为指导和规范各地应急避难场所专项规划编制工作等,应急管理部、自然资源部印发了《应急避难场所专项规划编制指南》。

2024 年 1 月,国务院办公厅印发了新修订的《突发事件应急预案管理办法》(2013 年国务院印发的《突发事件应急预案管理办法》同时废止)。

第二节 人民调解、信访、突发事件应对法规与政策的主要内容

一、人民调解法规与政策的主要内容

当前,人民调解法规与政策主要来源于《人民调解法》。② 根据该法,人民调解,是指人民调解委员会通过说服、疏导等方法,促使当事人在平等协商基础上自愿达成调解协议,解决民间纠纷的活动。

根据调解主体的不同,我国现行调解制度体系可分为法院调解、行政调解、人民调解三大类。法院调解,是诉讼内的调解,是司法权运作的一种形式,属于国家公权力的范畴;行政调解,是国家行政机关进行的调解,也是诉讼外调解纠纷的一种方式;人民调解,是由人民调解委员会进行的调解。

(一)调解委员会

根据《人民调解法》,人民调解委员会是依法设立的调解民间纠纷的群众性组织。由村民会议或者村民代表会议、居民会议推选产生,企事业单位也可根据

---

① 应急管理部编写组:《深入学习贯彻习近平关于应急管理的重要论述》,人民出版社 2023 年,第 96—98 页。

② 《中华人民共和国人民调解法》,人民出版社 2010 年。

需要，由职工大会、职工代表大会或者工会组织推选产生人民调解委员会，村委会、居委会和企业事业单位应当为人民调解委员会开展工作，提供办公条件和必要的工作经费。委员会由委员3至9人组成，每届任期3年，可连选连任。人民调解委员会设主任一人，必要时，可设副主任若干人。人民调解委员会职能主要包含方面：①正常的调解职能；②防止矛盾激化，调解委员会应及时、就地进行调解，防止矛盾激化，调解员在调解纠纷过程中，发现纠纷有可能激化的，应采取有针对性的预防措施；③对有可能引起治安案件、刑事案件的纠纷，应及时向当地公安机关或者其他有关部门报告；④纠纷疏导，对于无法调解的纠纷，调解委员会应告知当事人可依法通过仲裁、行政、司法等途径维护自己的权利；⑤监督协议履行，调解委员会应对调解协议的履行情况进行监督，督促当事人履行约定的义务。

（二）人民调解员

人民调解员应由公道正派、热心人民调解工作，并具有一定文化水平、政策水平和法律知识的成年公民担任。人民调解员在调解工作中不得偏袒一方当事人，不得侮辱当事人，不得索取、收受财物或者牟取其他不正当利益，不得泄露当事人的个人隐私、商业秘密，否则由其所在的人民调解委员会给予批评教育、责令改正，情节严重的，由推选或者聘任单位予以罢免或者解聘。人民调解员由人民调解委员会委员和人民调解委员会聘任，县级人民政府司法行政部门进行定期培训，其从事调解工作，应给予适当的误工补贴；因从事调解工作致伤致残，生活发生困难的，当地人民政府应提供必要的医疗、生活救助；在人民调解工作岗位上牺牲的人民调解员，其配偶、子女按照国家规定享受抚恤和优待。

（三）调解的原则

人民调解委员会调解民间纠纷，应遵循下列原则：①在当事人自愿、平等的基础上进行调解；②不违背法律、法规和国家政策；③尊重当事人的权利，不得因调解而阻止当事人依法通过仲裁、行政、司法等途径维护自己的权利。

（四）调解受理范围

人民调解委员会受理民间纠纷，包括发生在公民与公民之间、公民与法人和其他社会组织之间涉及民事权利义务争议的各种纠纷。司法部出台的《人民调解工作若干规定》规定，人民调解委员会不得受理调解法律、法规规定只能由专门机关管辖处理的或者法律、法规禁止采用民间调解方式解决的纠纷，也不得受理人民法院、公安机关或者其他行政机关已经受理或者解决的纠纷。

(五)调解程序

第一,调解启动。人民调解的启动以自愿为原则,当事人可向人民调解委员会申请调解,人民调解委员会也可主动调解。基层人民法院、公安机关对适宜通过人民调解方式解决的纠纷,可在受理前告知当事人向人民调解委员会申请调解。但当事人一方明确拒绝调解的,不得调解。

第二,调解开展。人民调解委员会根据调解纠纷的需要,可指定一名或者数名人民调解员进行调解,也可由当事人选择一名或者数名人民调解员进行调解。在征得当事人的同意后,可邀请当事人的亲属、邻里、同事等参与调解,也可邀请具有专门知识、特定经验的人员或者有关社会组织的人员参与调解。

第三,提出调解方案。人民调解员根据纠纷的不同情况,可采取多种方式调解民间纠纷,充分听取当事人的陈述,讲解有关法律、法规和国家政策,耐心疏导,在当事人平等协商、互谅互让的基础上提出纠纷解决方案,帮助当事人自愿达成调解协议。

第四,达成调解协议或调解不成、终止调解。经人民调解委员会调解达成调解协议的,可制作调解协议书。当事人认为无需制作调解协议书的,可采取口头协议方式,人民调解员应记录协议内容。人民调解员调解纠纷,调解不成的,应终止调解,并依据有关法律、法规的规定,告知当事人可依法通过仲裁、行政、司法等途径维护自己的权利。

(六)当事人权利和义务

当事人在人民调解活动中享有法律赋予的权利包括:①选择或者接受人民调解员;②接受调解、拒绝调解或者要求终止调解;③要求调解公开进行或者不公开进行;④自主表达意愿、自愿达成调解协议等。

当事人应履行法律规定的义务包括:①如实陈述纠纷事实;②遵守调解现场秩序,尊重人民调解员;③尊重对方当事人行使权利等。

(七)调解协议

第一,调解协议的形式。调解协议可采取书面形式,也可采取口头形式,经人民调解委员会调解达成调解协议的,可以制作调解协议书。当事人认为无需制作调解协议书的,可采取口头协议方式,人民调解员应记录协议内容。

第二,调解协议的内容。调解协议书可载明下列事项:当事人的基本情况;纠纷的主要事实、争议事项以及各方当事人的责任;当事人达成调解协议的内容,履行的方式、期限。书面调解协议书,应当还有各方当事人签名、盖章或者按指印。

第三,调解协议生效。调解协议书自各方当事人签名、盖章或者按指印,人民调解员签名并加盖人民调解委员会印章之日起生效。口头调解协议自各方当事人达成协议之日起生效。

第四,调解协议的约束力。经人民调解委员会调解达成的调解协议,具有法律约束力,当事人应按照约定履行。经人民调解委员会调解达成调解协议后,当事人之间就调解协议的履行或者调解协议的内容发生争议的,一方当事人可向人民法院提起诉讼。

(八)司法确认调解协议

司法确认调解协议,是指由司法机关确认人民调解委员会调解协议效力的法律程序。它包括如下内容。

第一,司法确认程序提出。2012 年修订的《民事诉讼法》规定,申请司法确认调解协议,由双方当事人依照《人民调解法》等法律,自调解协议生效之日起 30 日内,共同向调解组织所在地基层人民法院提出,法院不收取任何费用。2011 年 3 月,最高人民法院发布的《关于人民调解协议司法确认程序的若干规定》规定,不属于人民法院受理民事案件的范围或者不属于接受申请的人民法院管辖的、确认身份关系的、确认收养关系的、确认婚姻关系的确认案件,人民法院不予受理。

第二,司法确认程序。人民法院受理司法确认申请后,应指定一名审判人员对调解协议进行审查,在必要时可通知双方当事人同时到场,当面询问当事人,如认为当事人的陈述或者提供的证明材料不充分、不完备或者有疑义的,可要求当事人补充陈述或者补充证明材料。当事人无正当理由未按时补充或者拒不接受询问的,可按撤回司法确认申请处理。

第三,司法确认结果。司法确认调解协议案件结果有三种:①如果调解协议违反法律、行政法规强制性规定或侵害国家利益、社会公共利益或侵害案外人合法权益或损害社会公序良俗或内容不明确、无法确认的或由其他不能进行司法确认情形的,法院不予确认调解协议效力。②人民法院经审查认为调解协议符合确认条件的,应作出确认决定书,确认调解书效力,一方当事人拒绝履行或者未全部履行的,对方当事人可向作出确认决定的人民法院申请强制执行。③决定不予确认调解协议效力的,应作出不予确认决定书,当事人可通过人民调解方式,变更原调解协议或者达成新的调解协议,也可向人民法院提起诉讼。①

① 关信平主编:《社会工作政策法规》,中国社会出版社 2015 年,第 294—298 页。

二、信访工作法规与政策的主要内容

信访工作法规与政策主要来源于《信访工作条例》①与《信访条例》②。按《信访条例》规定，信访，是指公民、法人或者其他组织采用书信、电子邮件、传真、电话、走访等形式，向各级人民政府、县级以上人民政府工作部门反映情况，提出建议、意见或者投诉请求，依法由有关行政机关处理的活动。

（一）信访工作机构

《信访条例》规定，县级以上人民政府信访工作机构是本级人民政府负责信访工作的行政机构，信访工作机构拥有六项职能：①受理、交办、转送信访人提出的信访事项；②承办上级和本级人民政府交由处理的信访事项；③协调处理重要信访事项；④督促检查信访事项的处理；⑤研究、分析信访情况，开展调查研究，及时向本级人民政府提出完善政策和改进工作的建议；⑥对本级人民政府其他工作部门和下级人民政府信访工作机构的信访工作进行指导。

《信访工作条例》规定，各级党委和政府信访部门是开展信访工作的专门机构，履行下列职责：①受理、转送、交办信访事项；②协调解决重要信访问题；③督促检查重要信访事项的处理和落实；④综合反映信访信息，分析研判信访形势，为党委和政府提供决策参考；⑤指导本级其他机关、单位和下级的信访工作；⑥提出改进工作、完善政策和追究责任的建议；⑦承担本级党委和政府交办的其他事项。各级党委和政府信访部门以外的其他机关、单位应根据信访工作形势任务，明确负责信访工作的机构或者人员，参照党委和政府信访部门职责，明确相应的职责。

考虑到以前信访机构在工作中权限不足的问题，《信访条例》规定了信访工作机构三项建议权：①改进建议权，发现有权处理的行政机关未按规定办理信访事项的，应及时督办，并提出改进建议的权力。②处分建议权，信访工作机构对在信访工作中推诿、敷衍、拖延、弄虚作假造成严重后果的行政机关工作人员，可向有关机关提出给予行政处分的建议权力。③政策建议权，信访工作机构对于信访人反映的有关政策性问题，应及时向本级人民政府报告，并提出完善政策、

---

①　《中共中央 国务院印发〈信访工作条例〉》，《中华人民共和国国务院公报》2022 年第 12 期。

②　《信访条例》，《中华人民共和国国务院公报》2005 年第 8 期。

解决问题的建议权。

(二)信访工作的原则

《信访工作条例》确立了信访工作的原则如下:①坚持党的全面领导。把党的领导贯彻到信访工作各方面和全过程,确保正确政治方向。②坚持以人民为中心。践行党的群众路线,倾听群众呼声,关心群众疾苦,千方百计为群众排忧解难。③坚持落实信访工作责任。党政同责、一岗双责,属地管理、分级负责,谁主管、谁负责。④坚持依法按政策解决问题。将信访纳入法治化轨道,依法维护群众权益、规范信访秩序。⑤坚持源头治理化解矛盾。多措并举、综合施策,着力点放在源头预防和前端化解,把可能引发信访问题的矛盾纠纷化解在基层、化解在萌芽状态。

(四)信访事项的提出和受理

1. 信访事项的提出

(1)信访的形式和信访人

《信访工作条例》规定,公民、法人或者其他组织可采用信息网络、书信、电话、传真、走访等形式,向各级机关、单位反映情况,提出建议、意见或者投诉请求,有关机关、单位应依规依法处理。采用这些规定的形式,反映情况,提出建议、意见或者投诉请求的公民、法人或者其他组织,称信访人。此外,各级机关、单位应向社会公布网络信访渠道、通信地址、咨询投诉电话、信访接待的时间和地点、查询信访事项处理进展以及结果的方式等相关事项,在其信访接待场所或者网站公布与信访工作有关的党内法规和法律、法规、规章,信访事项的处理程序,以及其他为信访人提供便利的相关事项。各级机关、单位领导干部应当阅办群众来信和网上信访、定期接待群众来访、定期下访,包案化解群众反映强烈的突出问题。市、县级党委和政府应当建立和完善联合接访工作机制,根据工作需要组织有关机关、单位联合接待,一站式解决信访问题。任何组织和个人不得打击报复信访人。

(2)提出信访事项应遵循的规定

第一,信访人一般应采用书面形式提出信访事项,并载明其姓名(名称)、住址和请求、事实、理由。对采用口头形式提出的信访事项,有关机关、单位应如实记录。

第二,信访人提出信访事项,应客观真实,对其所提供材料内容的真实性负责,不得捏造、歪曲事实,不得诬告、陷害他人。

第三，信访事项已经受理或者正在办理的，信访人在规定期限内向受理、办理机关、单位的上级机关、单位又提出同一信访事项的，上级机关、单位不予受理。

第四，信访人采用走访形式提出信访事项的，应到有权处理的本级或者上一级机关、单位设立或者指定的接待场所提出。

第五，信访人采用走访形式提出涉及诉讼权利救济的信访事项，应按照法律法规规定的程序向有关政法部门提出。

第六，多人采用走访形式提出共同的信访事项的，应推选代表，代表人数不得超过 5 人。

2. 信访事项的受理

(1)各级党委和政府信访部门对信访事项的受理

各级党委和政府信访部门收到信访事项，应予以登记，并区分情况，在 15 日内分别按照下列方式处理：①对依照职责属于本级机关、单位或者其工作部门处理决定的，应转送有权处理的机关、单位；情况重大、紧急的，应及时提出建议，报请本级党委和政府决定。②涉及下级机关、单位或者其工作人员的，按照“属地管理、分级负责，谁主管、谁负责”的原则，转送有权处理的机关、单位。③对转送信访事项中的重要情况需要反馈办理结果的，可交由有权处理的机关、单位办理，要求其在指定办理期限内反馈结果，提交办结报告。此外，各级党委和政府信访部门对收到的涉法涉诉信件，应转送同级政法部门依法处理；对走访反映涉诉问题的信访人，应释法明理，引导其向有关政法部门反映问题。对属于纪检监察机关受理的检举控告类信访事项，应按照管理权限转送有关纪检监察机关依规依纪依法处理。

(2)其他机关、单位对信访事项的受理

党委和政府信访部门以外的其他机关、单位收到信访人直接提出的信访事项，应予以登记；对属于本机关、单位职权范围的，应告知信访人接收情况以及处理途径和程序；对属于本系统下级机关、单位职权范围的，应转送、交办有权处理的机关、单位，并告知信访人转送、交办去向；对不属于本机关、单位或者本系统职权范围的，应告知信访人向有权处理的机关、单位提出。

对信访人直接提出的信访事项，有关机关、单位能够当场告知的，应当场书面告知；不能当场告知的，应自收到信访事项之日起 15 日内书面告知信访人，但信访人的姓名(名称)、住址不清的除外。

对党委和政府信访部门或者本系统上级机关、单位转送、交办的信访事项，属于本机关、单位职权范围的，有关机关、单位应自收到之日起 15 日内书面告知信访人接收情况以及处理途径和程序；不属于本机关、单位或者本系统职权范围的，有关机关、单位应自收到之日起 5 个工作日内提出异议，并详细说明理由，经转送、交办的信访部门或者上级机关、单位核实同意后，交还相关材料。

政法部门处理涉及诉讼权利救济事项、纪检监察机关处理检举控告事项的告知按照有关规定执行。

(3)涉及两个或以上机关、单位信访事项的受理

涉及两个或者两个以上机关、单位的信访事项，由所涉及的机关、单位协商受理；受理有争议的，由其共同的上一级机关、单位决定受理机关；受理有争议且没有共同的上一级机关、单位的，由共同的信访工作联席会议协调处理。应当对信访事项作出处理的机关、单位分立、合并、撤销的，由继续行使其职权的机关、单位受理；职责不清的，由本级党委和政府或者其指定的机关、单位受理。

(4)重大、紧急信访事项和信访信息报告

各级机关、单位对可能造成社会影响的重大、紧急信访事项和信访信息，应及时报告本级党委和政府，通报相关主管部门和本级信访工作联席会议办公室，在职责范围内依法及时采取措施，防止不良影响的产生、扩大。地方各级党委和政府信访部门接到重大、紧急信访事项和信访信息，应向上一级信访部门报告，同时报告国家信访局。

(5)信访过程的约束性规定

信访人在信访过程中应当遵守法律、法规，不得损害国家、社会、集体的利益和其他公民的合法权利，自觉维护社会公共秩序和信访秩序，不得有下列行为：①在机关、单位办公场所周围、公共场所非法聚集，围堵、冲击机关、单位，拦截公务车辆，或者堵塞、阻断交通；②携带危险物品、管制器具；③侮辱、殴打、威胁机关、单位工作人员，非法限制他人人身自由，或者毁坏财物；④在信访接待场所滞留、滋事，或者将生活不能自理的人弃留在信访接待场所；⑤煽动、串联、胁迫、以财物诱使、幕后操纵他人信访，或者以信访为名借机敛财；⑥其他扰乱公共秩序、妨害国家和公共安全的行为。

(五)信访事项的办理

1. 信访事项办理的整体性要求

第一，各级机关、单位及其工作人员应根据各自职责和有关规定，按照诉求

合理的解决问题到位、诉求无理的思想教育到位、生活困难的帮扶救助到位、行为违法的依法处理的要求，依法按政策及时就地解决群众合法合理诉求，维护正常信访秩序。

第二，各级机关、单位及其工作人员办理信访事项，应恪尽职守、秉公办事，查明事实、分清责任，加强教育疏导，及时妥善处理，不得推诿、敷衍、拖延。

第三，各级机关、单位应按照诉讼与信访分离制度要求，将涉及民事、行政、刑事等诉讼权利救济的信访事项从普通信访体制中分离出来，由有关政法部门依法处理。

第四，各级机关、单位工作人员与信访事项或者信访人有直接利害关系的，应当回避。

2. 不同信访类型的具体要求

第一，建议意见类事项办理的要求，具体包括：①对信访人反映的情况、提出的建议意见类事项，有权处理的机关、单位应认真研究论证。对科学合理、具有现实可行性的，应采纳或者部分采纳，并予以回复。②信访人反映的情况、提出的建议意见，对国民经济和社会发展或者对改进工作以及保护社会公共利益有贡献的，应按照有关规定给予奖励。③各级党委和政府应健全人民建议征集制度，对涉及国计民生的重要工作，主动听取群众的建议意见。

第二，检举控告类事项办理的要求，具体包括：①对信访人提出的检举控告类事项，纪检监察机关或者有权处理的机关、单位应依规依纪依法接收、受理、办理和反馈。②党委和政府信访部门应按照干部管理权限向组织（人事）部门通报反映干部问题的信访情况，重大情况向党委主要负责同志和分管组织（人事）工作的负责同志报送。组织（人事）部门应按照干部选拔任用监督的有关规定进行办理。③不得将信访人的检举、揭发材料以及有关情况透露或者转给被检举、揭发的人员或者单位。

第三，申诉求决类事项办理的要求，对信访人提出的申诉求决类事项，有权处理的机关、单位应区分情况，分别按照下列方式办理：①应通过审判机关诉讼程序或者复议程序、检察机关刑事立案程序或者法律监督程序、公安机关法律程序处理的，涉法涉诉信访事项未依法终结的，按照法律法规规定的程序处理。②应通过仲裁解决的，导入相应程序处理。③可通过党员申诉、申请复审等解决的，导入相应程序处理。④可通过行政复议、行政裁决、行政确认、行政许可、行政处罚等行政程序解决的，导入相应程序处理。⑤属于申请查处违法行为、履行保护人身权或者财产权等合法权益职责的，依法履行或者答复。⑥不属于以上情形的，应听取信访人陈述事实和理由，并调查核实，出具信访处理意见书。对重大、复杂、疑难的信访事项，可以举行听证。

3. 信访处理意见书

信访处理意见书应载明信访人投诉请求、事实和理由、处理意见及其法律法规依据：①请求事实清楚，符合法律、法规、规章或者其他有关规定的，予以支持；②请求事由合理但缺乏法律依据的，应作出解释说明；③请求缺乏事实根据或者不符合法律、法规、规章或者其他有关规定的，不予支持。此外，有权处理的机关、单位作出支持信访请求意见的，应督促有关机关、单位执行；不予支持的，应做好信访人的疏导教育工作。

4. 信访事项的办理期限

符合规定的信访事项应当自受理之日起 60 日内办结；情况复杂的，经本机关、单位负责人批准，可适当延长办理期限，但延长期限不得超过 30 日，并告知信访人延期理由。信访人对信访处理意见不服的，可自收到书面答复之日起 30 日内请求原办理机关、单位的上一级机关、单位复查。收到复查请求的机关、单位应自收到复查请求之日起 30 日内提出复查意见，并予以书面答复。信访人对复查意见不服的，可自收到书面答复之日起 30 日内向复查机关、单位的上一级机关、单位请求复核。收到复核请求的机关、单位应自收到复核请求之日起 30 日内提出复核意见。复核机关、单位可按相关规定举行听证，经过听证的复核意见可依法向社会公示。听证所需时间不计算在前款规定的期限内。信访人对复核意见不服，仍以同一事实和理由提出投诉请求的，各级党委和政府信访部门和其他机关、单位不再受理。

5. 社会矛盾纠纷多元预防调处化解机制

各级机关、单位应坚持社会矛盾纠纷多元预防调处化解，人民调解、行政调解、司法调解联动，综合运用法律、政策、经济、行政等手段和教育、协商、疏导等办法，多措并举化解矛盾纠纷。

（六）信访工作的监督与追责

1. 信访工作的督查

各级党委和政府应对开展信访工作、落实信访工作责任的情况组织专项督查。信访工作联席会议及其办公室、党委和政府信访部门应根据工作需要开展督查，就发现的问题向有关地方和部门进行反馈，重要问题向本级党委和政府报告。各级党委和政府督查部门应将疑难复杂信访问题列入督查范围。

2. 信访工作的考核

各级党委和政府应以依规依法及时就地解决信访问题为导向，每年对信访工作情况进行考核。考核结果应在适当范围内通报，并作为对领导班子和有关领导干部综合考核评价的重要参考。对在信访工作中作出突出成绩和贡献的机关、单位或者个人，可按有关规定给予表彰和奖励。对在信访工作中履职不力、存在严重问题的领导班子和领导干部，视情节轻重，由信访工作联席会议进行约谈、通报、挂牌督办，责令限期整改。

3. 信访工作的督办

党委和政府信访部门发现有关机关、单位存在违反信访工作规定受理、办理信访事项，办理信访事项推诿、敷衍、拖延、弄虚作假或者拒不执行信访处理意见等情形的，应及时督办，并提出改进工作的建议。对工作中发现的有关政策性问题，应及时向本级党委和政府报告，并提出完善政策的建议。对在信访工作中推诿、敷衍、拖延、弄虚作假造成严重后果的机关、单位及其工作人员，应向有管理权限的机关、单位提出追究责任的建议。对信访部门提出的改进工作、完善政策、追究责任的建议，有关机关、单位应当书面反馈采纳情况。

4. 信访工作的追责

第一，导致信访事项发生，造成严重后果，因下列情形之一导致信访事项发生，造成严重后果的，对直接负责的主管人员和其他直接责任人员，依规依纪依法严肃处理；构成犯罪的，依法追究刑事责任：①超越或者滥用职权，侵害公民、法人或者其他组织合法权益；②应当作为而不作为，侵害公民、法人或者其他组织合法权益；③适用法律、法规错误或者违反法定程序，侵害公民、法人或者其他组织合法权益；④拒不执行有权处理机关、单位作出的支持信访请求意见。

第二，未按规定办理信访事项，各级党委和政府信访部门对收到的信访事项应登记、转送、交办而未按照规定登记、转送、交办，或者应履行督办职责而未履行的，由其上级机关责令改正；造成严重后果的，对直接负责的主管人员和其他直接责任人员依规依纪依法严肃处理。

第三，对信访人的追责，信访人违反相关规定的，有关机关、单位工作人员应对其进行劝阻、批评或者教育。信访人滋事扰序、缠访闹访情节严重，构成违反治安管理行为的，或者违反集会游行示威相关法律法规的，由公安机关依法采取必要的现场处置措施、给予治安管理处罚；构成犯罪的，依法追究刑事责任。信访人捏造歪曲事实、诬告陷害他人,构成违反治安管理行为的,依法给予治安管理处罚;构成犯罪的,依法追究刑事责任。①

概括来说,信访工作是党和政府的重要工作,是保障人民群众合法权益的一条重要的救济途径,它在了解民情、密切党群关系、广泛听取意见、推动社会主义民主政治建设、实施人民监督、推进党风廉政建设等方面,都发挥着不可替代的作用。②

三、突发事件应对法规与政策的主要内容

《突发事件应对法》是突发事件应对法规与政策的主要来源。③ 根据该法,突发事件,是指突然发生,造成或者可能造成严重社会危害,需要采取应急处置措施予以应对的自然灾害、事故灾难、公共卫生事件和社会安全事件。按照社会危害程度、影响范围等因素,自然灾害、事故灾难、公共卫生事件分为特别重大、重大、较大和一般四级。

(一)突发事件应急管理体制

国家建立统一领导、综合协调、分类管理、分级负责、属地管理为主的应急管理体制。国务院在总理领导下研究、决定和部署特别重大突发事件的应对工作;根据实际需要,设立国家突发事件应急指挥机构,负责突发事件应对工作;必要时,国务院可派出工作组指导有关工作。县级以上地方各级人民政府设立由本级人民政府主要负责人、相关部门负责人、驻当地中国人民解放军和中国人民武装警察部队有关负责人组成的突发事件应急指挥机构,统一领导、协调本级人民政府各有关部门和下级人民政府开展突发事件应对工作;根据实际需要,设立相关类别突发事件应急指挥机构,组织、协调、指挥突发事件应对工作。上级人民政府主管部门应当在各自职责范围内,指导、协助下级人民政府及其相应部门做好有关突发事件的应对工作。

县级人民政府对本行政区域内突发事件的应对工作负责;涉及两个以上行政区域的,由有关行政区域共同的上一级人民政府负责,或者由各有关行政区域

① 全国社会工作者职业水平考试教材编委会编写:《社会工作法规与政策》,中国社会出版社 2023 年,第 170—177 页。

② 关信平主编:《社会工作政策法规》,中国社会出版社 2015 年,第 289—292 页。

③ 《中华人民共和国突发事件应对法》,《中华人民共和国最高人民法院公报》2007 年第 11 期。

的上一级人民政府共同负责。突发事件发生后,发生地县级人民政府应立即采取措施控制事态发展,组织开展应急救援和处置工作,并立即向上一级人民政府报告,必要时可越级上报。突发事件发生地县级人民政府不能消除或者不能有效控制突发事件引起的严重社会危害的,应及时向上级人民政府报告。上级人民政府应及时采取措施,统一领导应急处置工作。

(二)突发事件应对原则

《突发事件应对法》规定,突发事件应对工作实行预防为主、预防与应急相结合的原则。国家建立重大突发事件风险评估体系,对可能发生的突发事件进行综合性评估,减少重大突发事件的发生,最大限度地减轻重大突发事件的影响。

(三)突发事件的预防与应急准备

第一,国家建立健全突发事件应急预案体系。国务院制定国家突发事件总体应急预案,组织制定国家突发事件专项应急预案;国务院有关部门根据各自职责和国务院相关应急预案,制定国家突发事件部门应急预案。地方各级人民政府和县级以上地方各级人民政府有关部门根据有关法律、法规、规章、上级人民政府及其有关部门的应急预案以及本地区的实际情况,制定相应的突发事件应急预案。应急预案制定机关应根据实际需要和情势变化,适时修订应急预案。应急预案的制定、修订程序由国务院规定。

第二,建立健全安全管理制度。所有单位应当建立健全安全管理制度,定期检查本单位各项安全防范措施的落实情况,及时消除事故隐患;掌握并及时处理本单位存在的可能引发社会安全事件的问题,防止矛盾激化和事态扩大;对本单位可能发生的突发事件和采取安全防范措施的情况,应按照规定及时向所在地人民政府或者人民政府有关部门报告。

第三,建立健全突发事件应急管理培训制度。县级以上人民政府应当建立健全突发事件应急管理培训制度,对人民政府及其有关部门负有处置突发事件职责的工作人员定期进行培训。中国人民解放军、中国人民武装警察部队和民兵组织应有计划地组织开展应急救援的专门训练。县级人民政府及其有关部门、乡级人民政府、街道办事处应当组织开展应急知识的宣传普及活动和必要的应急演练。居委会、村委会、企业事业单位应根据所在地人民政府的要求,结合各自的实际情况,开展有关突发事件应急知识的宣传普及活动和必要的应急演练。新闻媒体应当无偿开展突发事件预防与应急、自救与互救知识的公益宣传。各级各类学校应把应急知识教育纳入教学内容,对学生进行应急知识教育,培养学生的安全意识和自救与互救能力。

第四,国家建立健全应急物资储备保障制度,完善重要应急物资的监管、生产、储备、调拨和紧急配送体系。设区的市级以上人民政府和突发事件易发、多发地区的县级人民政府应建立应急救援物资、生活必需品和应急处置装备的储备制度。县级以上地方各级人民政府应根据本地区的实际情况,与有关企业签订协议,保障应急救援物资、生活必需品和应急处置装备的生产、供给。

第五,建立健全应急通信保障体系。国家建立健全应急通信保障体系,完善公用通信网,建立有线与无线相结合、基础电信网络与机动通信系统相配套的应急通信系统,确保突发事件应对工作的通信畅通。

第六,整合应急资源。县级以上人民政府应整合应急资源,建立或者确定综合性应急救援队伍。人民政府有关部门可根据实际需要设立专业应急救援队伍。县级以上人民政府及其有关部门可建立由成年志愿者组成的应急救援队伍。单位应建立由本单位职工组成的专职或者兼职应急救援队伍。县级以上人民政府应加强专业应急救援队伍与非专业应急救援队伍的合作,联合培训、联合演练,提高合成应急、协同应急的能力。

此外,《突发事件应对法》还规定,城乡规划应符合预防、处置突发事件的需要,统筹安排应对突发事件所必需的设备和基础设施建设,合理确定应急避难场所。县级人民政府应对本行政区域内容易引发自然灾害、事故灾难和公共卫生事件的危险源、危险区域进行调查、登记、风险评估,定期进行检查、监控,并责令有关单位采取安全防范措施。县级人民政府及其有关部门、乡级人民政府、街道办事处、居委会、村委会应当及时调解处理可能引发社会安全事件的矛盾纠纷。矿山、建筑施工单位和易燃易爆物品、危险化学品、放射性物品等危险物品的生产、经营、储运、使用单位,应制定具体应急预案,并对生产经营场所、有危险物品的建筑物、构筑物及周边环境开展隐患排查,及时采取措施消除隐患,防止发生突发事件。公共交通工具、公共场所和其他人员密集场所的经营单位或者管理单位应制定具体应急预案,为交通工具和有关场所配备报警装置和必要的应急救援设备、设施,注明其使用方法,并显著标明安全撤离的通道、路线,保证安全通道、出口的畅通。国务院和县级以上地方各级人民政府应采取财政措施,保障突发事件应对工作所需经费。

(三)突发事件的监测与预警

第一,国务院建立全国统一的突发事件信息系统。县级以上地方各级人民政府应建立或者确定本地区统一的突发事件信息系统，汇集、储存、分析、传输有关突发事件的信息，并与上级人民政府及其有关部门、下级人民政府及其有关部门、专业机构和监测网点的突发事件信息系统实现互联互通，加强跨部门、跨地区的信息交流与情报合作。县级以上人民政府及其有关部门、专业机构应通过多种途径收集突发事件信息。县级人民政府应在居委会、村委会和有关单位建立专职或者兼职信息报告员制度。获悉突发事件信息的公民、法人或者其他组织，应当立即向所在地人民政府、有关主管部门或者指定的专业机构报告。地方各级人民政府应按国家有关规定向上级人民政府报送突发事件信息。县级以上人民政府有关主管部门应向本级人民政府相关部门通报突发事件信息。专业机构、监测网点和信息报告员应及时向所在地人民政府及其有关主管部门报告突发事件信息。

第二，国家建立健全突发事件监测制度。县级以上人民政府及其有关部门应当根据自然灾害、事故灾难和公共卫生事件的种类和特点，建立健全基础信息数据库，完善监测网络，划分监测区域，确定监测点，明确监测项目，提供必要的设备、设施，配备专职或者兼职人员，对可能发生的突发事件进行监测。

第三，国家建立健全突发事件预警制度。可预警的自然灾害、事故灾难和公共卫生事件的预警级别，按照突发事件发生的紧急程度、发展态势和可能造成的危害程度分为一级、二级、三级和四级，分别用红色、橙色、黄色和蓝色标示，一级为最高级别。

（四）突发事件的应急处置与救援

突发事件发生后，履行统一领导职责或者组织处置突发事件的人民政府应针对其性质、特点和危害程度，立即组织有关部门，调动应急救援队伍和社会力量，依照本章的规定和有关法律、法规、规章的规定采取应急处置措施。

自然灾害、事故灾难或者公共卫生事件发生后，履行统一领导职责的人民政府可采取下列一项或者多项应急处置措施：①组织营救和救治受害人员，疏散、撤离并妥善安置受到威胁的人员以及采取其他救助措施；②迅速控制危险源，标明危险区域，封锁危险场所，划定警戒区，实行交通管制以及其他控制措施；③立即抢修被损坏的交通、通信、供水、排水、供电、供气、供热等公共设施，向受到危害的人员提供避难场所和生活必需品，实施医疗救护和卫生防疫以及其他保障措施；④禁止或者限制使用有关设备、设施，关闭或者限制使用有关场所，中止人员密集的活动或者可能导致危害扩大的生产经营活动以及采取其他保护措施；

⑤启用本级人民政府设置的财政预备费和储备的应急救援物资,必要时调用其他急需物资、设备、设施、工具;⑥组织公民参加应急救援和处置工作,要求具有特定专长的人员提供服务;⑦保障食品、饮用水、燃料等基本生活必需品的供应;⑧依法从严惩处囤积居奇、哄抬物价、制假售假等扰乱市场秩序的行为,稳定市场价格,维护市场秩序;⑨依法从严惩处哄抢财物、干扰破坏应急处置工作等扰乱社会秩序的行为,维护社会治安;⑩采取防止发生次生、衍生事件的必要措施。

社会安全事件发生后,组织处置工作的人民政府应立即组织有关部门并由公安机关针对事件的性质和特点,依照有关法律、行政法规和国家其他有关规定,采取下列一项或者多项应急处置措施:①强制隔离使用器械相互对抗或者以暴力行为参与冲突的当事人,妥善解决现场纠纷和争端,控制事态发展;②对特定区域内的建筑物、交通工具、设备、设施以及燃料、燃气、电力、水的供应进行控制;③封锁有关场所、道路,查验现场人员的身份证件,限制有关公共场所内的活动;④加强对易受冲击的核心机关和单位的警卫,在国家机关、军事机关、国家通讯社、广播电台、电视台、外国驻华使领馆等单位附近设置临时警戒线;⑤法律、行政法规和国务院规定的其他必要措施。

严重危害社会治安秩序的事件发生时,公安机关应立即依法出动警力,根据现场情况依法采取相应的强制性措施,尽快使社会秩序恢复正常。

发生突发事件,严重影响国民经济正常运行时,国务院或者国务院授权的有关主管部门可采取保障、控制等必要的应急措施,保障人民群众的基本生活需要,最大限度地减轻突发事件的影响。

履行统一领导职责或者组织处置突发事件的人民政府,必要时可向单位和个人征用应急救援所需设备、设施、场地、交通工具和其他物资,请求其他地方人民政府提供人力、物力、财力或者技术支援,要求生产、供应生活必需品和应急救援物资的企业组织生产、保证供给,要求提供医疗、交通等公共服务的组织提供相应的服务;应组织协调运输经营单位,优先运送处置突发事件所需物资、设备、工具、应急救援人员和受到突发事件危害的人员;应按有关规定统一、准确、及时发布有关突发事件事态发展和应急处置工作的信息。任何单位和个人不得编造、传播有关突发事件事态发展或者应急处置工作的虚假信息。突发事件发生地的居委会、村委会和其他组织应按当地人民政府的决定、命令,进行宣传动员,组织群众开展自救和互救,协助维护社会秩序。

受到自然灾害危害或者发生事故灾难、公共卫生事件的单位,应立即组织本单位应急救援队伍和工作人员营救受害人员，疏散、撤离、安置受到威胁的人员，控制危险源，标明危险区域，封锁危险场所，并采取其他防止危害扩大的必要措施，同时向所在地县级人民政府报告；对因本单位的问题引发的或者主体是本单位人员的社会安全事件，有关单位应按规定上报情况，并迅速派出负责人赶赴现场开展劝解、疏导工作。突发事件发生地的其他单位应服从人民政府发布的决定、命令，配合人民政府采取的应急处置措施，做好本单位的应急救援工作，并积极组织人员参加所在地的应急救援和处置工作。

突发事件发生地的公民应当服从人民政府、居委会、村委会或者所属单位的指挥和安排，配合人民政府采取的应急处置措施，积极参加应急救援工作，协助维护社会秩序。

（五）突发事件的事后恢复与重建

突发事件的威胁和危害得到控制或者消除后，履行统一领导职责或者组织处置突发事件的人民政府应停止执行依照本法规定采取的应急处置措施，同时采取或者继续实施必要措施，防止发生自然灾害、事故灾难、公共卫生事件的次生、衍生事件或者重新引发社会安全事件。

突发事件应急处置工作结束后，履行统一领导职责的人民政府应立即组织对突发事件造成的损失进行评估，组织受影响地区尽快恢复生产、生活、工作和社会秩序，制定恢复重建计划，并向上一级人民政府报告。

受突发事件影响地区的人民政府开展恢复重建工作需要上一级人民政府支持的，可向上一级人民政府提出请求。上一级人民政府应根据受影响地区遭受的损失和实际情况，提供资金、物资支持和技术指导，组织其他地区提供资金、物资和人力支援。国务院根据受突发事件影响地区遭受损失的情况，制定扶持该地区有关行业发展的优惠政策。受突发事件影响地区的人民政府应根据本地区遭受损失的情况，制定救助、补偿、抚慰、抚恤、安置等善后工作计划并组织实施，妥善解决因处置突发事件引发的矛盾和纠纷。公民参加应急救援工作或者协助维护社会秩序期间，其在本单位的工资待遇和福利不变；表现突出、成绩显著的，由县级以上人民政府给予表彰或者奖励。县级以上人民政府对在应急救援工作中伤亡的人员依法给予抚恤。

（六）法律责任

地方各级人民政府和县级以上各级人民政府有关部门违反本法规定，不履行法定职责的，由其上级行政机关或者监察机关责令改正；有下列情形之一的，根据情节对直接负责的主管人员和其他直接责任人员依法给予处分:①未按规定采取预防措施,导致发生突发事件,或者未采取必要的防范措施,导致发生次生、衍生事件的;②迟报、谎报、瞒报、漏报有关突发事件的信息,或者通报、报送、公布虚假信息,造成后果的;③未按规定及时发布突发事件警报、采取预警期的措施,导致损害发生的;④未按规定及时采取措施处置突发事件或者处置不当,造成后果的;⑤不服从上级人民政府对突发事件应急处置工作的统一领导、指挥和协调的;⑥未及时组织开展生产自救、恢复重建等善后工作的;⑦截留、挪用、私分或者变相私分应急救援资金、物资的;⑧不及时归还征用的单位和个人的财产,或者对被征用财产的单位和个人不按规定给予补偿的。

有关单位有下列情形之一的,由所在地履行统一领导职责的人民政府责令停产停业,暂扣或者吊销许可证或者营业执照,并处 5 万元以上 20 万元以下的罚款;构成违反治安管理行为的,由公安机关依法给予处罚:①未按规定采取预防措施,导致发生严重突发事件的;②未及时消除已发现的可能引发突发事件的隐患,导致发生严重突发事件的;③未做好应急设备、设施日常维护、检测工作,导致发生严重突发事件或者突发事件危害扩大的;④突发事件发生后,不及时组织开展应急救援工作,造成严重后果的。前款规定的行为,其他法律、行政法规规定由人民政府有关部门依法决定处罚的,从其规定。

编造并传播有关突发事件事态发展或者应急处置工作的虚假信息,或者明知是有关突发事件事态发展或者应急处置工作的虚假信息而进行传播的,责令改正,给予警告;造成严重后果的,依法暂停其业务活动或者吊销其执业许可证;负有直接责任的人员是国家工作人员的,还应对其依法给予处分;构成违反治安管理行为的,由公安机关依法给予处罚。

单位或者个人违反《突发事件应对法》规定,不服从所在地人民政府及其有关部门发布的决定、命令或者不配合其依法采取的措施,构成违反治安管理行为的,由公安机关依法给予处罚;导致突发事件发生或者危害扩大,给他人人身、财产造成损害的,应依法承担民事责任;构成犯罪的,依法追究刑事责任。

第三节　人民调解、信访、突发事件应对法规与政策运行中存在的主要问题

一、人民调解法规与政策运行中存在的主要问题

(一)有的地方调解力量薄弱

我们课题组在G省FL县、SL市等一些地方调研过程中了解到,1990年代,在简政放权、精简机构、管理主义盛行的背景下,有些基层政府“精减”了一些能够担负重要功能的正常组织,包括人民调解组织,不少村委会和居委会没有调解组织,或者虽有调解组织,但没有专门的调解人员,调解人员由其他人员兼任。这在国家统计数据上有体现。1987年,全国人民调解工作基本情况显示,人民调解委员会98.03万个,调解人员620.58万人,到2012年,人民调解委员会减少到81.71万个,调解员减少到428.14万人,分别减少16.67%、31.01%。近年来,《中国法律年鉴》中的“统计资料”部分不再单独统计人民调解工作基本情况。到2022年,人民调解委员会数量进一步减少到69.3万个,调解人员减少到317.6万人,①比1987年分别减少29.31%、48.82%。

(二)基层调解力量存在结构性矛盾

到2024年1月,全国共有人民调解委员会近70万个,人民调解员近320万人。② 2022年,中国大陆乡级区划数38602个(其中,镇21389个,乡8227个,街道8984个),平均每个乡镇(街道)约18个调解委员会、83个调解员(专职的约10个),应当说,调解组织及调解员已覆盖城乡社区。然而,目前中国人口流动率高。2022年,住本乡、镇、街道而户口在外乡、镇、街道且离开户口登记地半年以上的占28.58%。③ 这些流动人口大都不在户口所在地工作,而在流入地的工厂或企业工作。调解委员会通常由村委会、居委会设立。尽管依行政区划设置的调解委员会已齐备,但许多人户分离的劳动者日常工作所在企业的调解组织并

① 数据来源:《中国法律年鉴1988》《中国法律年鉴2013》、《中国统计年鉴2023》。

② 赵婕:《聚焦急难愁盼全面提升群众法治获得感——司法行政机关推动公共法律服务高质量发展》,《法制日报》2024年1月18日。

③ 数据来源:《中国统计年鉴2023》。

不健全。目前,企业人民调解委员会 1.1 万多个、商会人民调解组织 3100 多个,[1]相比之下,仅在工业领域,2022 年,规模以上工业企业数为 47.20 万,平均用工人数 7764.1 万人。其中明显存在结构性矛盾,一方面,在有调解组织的地方,人们对调解的需求不足,另一方面,在有调解需求的地方却无调解组织或调解力量很薄弱。

(三)调解的效率仍有待提升

1987 年,全国人民调解工作基本情况显示,调解人员 620.58 万人,调解民间纠纷 696.61 万件,平均每人仅 1.12 件。2012 年,平均每名调解员也仅调解 2.16 件。[2] 2023 年,平均每名调解员调解纠纷 5.4 件,调解效率以往显著提高,不过,平均每月不足 0.5 件,调解效率仍有提升空间。

(四)调解的难度加大

随着深化改革的推进与城市化发展,中国民间纠纷发生了一些重大变化,过去的纠纷主体是公民与公民之间,通常说的人民内部、根本利益一致基础上的矛盾。如今,中国民间纠纷更多地转为公民与经济组织、与基层干部、与基层政府等主体之间的矛盾;在纠纷的内容方面,过去主要是在婚姻、家庭等涉及人身、财产权益方面的矛盾纠纷,如今更多地表现为经济合同、劳资关系等比较复杂、多元化的纠纷。在此背景下,面对新形势,传统的民间调解在组织机构、工作机制方面,都出现了一些不适应之处,调解人员出现不能很好地应对的现象。一些人民调解员来自基层,法律知识储备和文化层次不高,特别缺乏现代社会工作的专业知识,制约了调解工作的进一步深入开展。《人民调解法》规定,人民调解员应当由公道正派、热心人民调解工作,并具有一定文化水平、政策水平和法律知识的成年公民担任。事实上,随着社会的发展,民间纠纷越来越呈现出多样化、复杂化、专业化的特点,即便调解人员具有高中文化程度也难以应对。并且,由于人民调解委员会调解民间纠纷,不收取任何费用,很难使调解员的积极性调动起来。

此外,司法确认程序繁杂,调解协议书权威性不足;[3]有些人在思想观念上不

---

① 根据赵婕:《聚焦急难愁盼全面提升群众法治获得感——司法行政机关推动公共法律服务高质量发展》(《法制日报》2024 年 1 月 18 日)相关数据计算所得。

② 数据来源:《中国法律年鉴 1988》《中国法律年鉴 2013》。

③ 贾志冰:《新时代人民调解工作面临的问题及对策研究》,《边缘法学论坛》2019 年第 2 期。

重视人民调解,使人民调解沦为弱势选择,既抑制了人民调解员的工作积极性,也动摇了当事人对调解法规与政策的信任。

二、信访工作法规与政策运行中存在的主要问题

当前,中国信访工作法规与政策运行中存在的主要问题是,应对现实问题的力度和成效仍有待进一步加强,具体表现在如下方面。①

第一,上行问题。它是指问题发生在基层也应该在基层反映和解决,当事人却不在基层反映或在基层反映后未得到妥善处理,便不断升级向上级部门直至中央反映。据抽样统计,国家信访局受理的诉求类信访问题中,应由中央国家各有关部门受理的仅占5%左右,主要涉及政策问题,如反映政策不合理、不完善、相互矛盾及要求修改完善政策等;应由县或县以下受理的占80%左右,其余的应由省和地(市)级相关部门受理。信访问题上行,不仅拖累了群众,加大了信访成本,而且增多了信访事项的周转环节,不利于问题的解决,对社会稳定也产生了负面影响。信访上行问题导致上下级政府的信访结构形成"倒三角"形。近年来,党和政府加大对这一问题的治理,这种状态已有明显改善。不过,2021年,全国检察机关接收群众信访89.54万件,其中,最高检察机关信访量仍占20.6%②,信访上行问题仍突出。

第二,择机问题。它是指问题发生后尤其是一些多年未得到解决的问题,当事人并不急于反映,而是等待观望,选择其认为恰当的时机,特别是党和国家重大政治活动期间或重要敏感时段进行反映。从近几年国家信访局及中央国家机关有关部门受理的信访情况看,每逢中央有重大活动尤其是中央代表大会和全国"两会"期间,必然是群众择机信访的高潮。以国家信访局受理的信访量为例,凡是中央代表大会和全国"两会"期间,无论是来信还是来访,都比平时受理的信访量成倍或成几倍增长。择机信访,导致大量的问题集中在某一时段集中反映,既加大了有关部门的工作量,不利于问题的解决,又影响了正常的信访秩序和社会秩序。

第三,重复问题。它是指同一问题两次以上向有关部门反映。其中有的有道理或有一定道理,有的则要求过高或毫无道理,还有些是内容不清的。从目前

---

① 张彭发:《当前信访工作中亟待破解的五个问题》,《信访与社会矛盾问题研究》2013年第5期。

② 张昊:《信访结构"倒三角"问题持续改善》,《法治日报》2022年2月17日。

掌握的情况看,重复信访问题相当突出,越往上重复率越高。省(区、市)信访部门受理的信访事项中,一般重复率都在30%—40%,高的达50%以上;中央国家机关信访部门受理的信访事项中重复率更高,有不少超过了50%。大量的重复信访,不仅增加了群众的信访成本,也浪费了大量的行政资源,造成大量的重复劳动,不利于社会的稳定。2021年,全国检察机关接收群众信访89.54万件,其中的重复信访占30.38%①。

第四,串联问题。它是指当事人为了相同的问题或不同的问题互相串联联名写信或集体上访。串联者一般都为了相同的利益,在少数或个别人的领头组织下互相串联聚集在一起,或形成信访材料后一起签名向有关部门反映,或共同商定后集体到相关部门上访。近年来,串联行为又有了新变化,一些长期滞留的上访人在信访过程中相互认识后,虽然反映的问题各不相同,但为了形成合力、制造影响,给相关政府和部门施加压力,以期得到问题更好解决或获得更大利益,便串联聚集在一起,或联名写信,或集体上访。串联信访尤其是不同问题的串联信访,不仅给解决问题增添了麻烦,而且增加了社会稳定的压力,还极易被别有用心的人所利用。

第五,无序问题。它是指信访人不按相关规定到指定的接待场所上访,不到有权处理的部门反映问题,而是到非接待场所上访,到非问题所辖部门反映问题,甚至在接待部门、机关门口、公共场所呼口号、举标语、拉横幅聚集哄闹,携带刀具、农药、爆炸物品等以自残、自杀、自焚相要挟。近年来,无序问题一直较为突出,而且呈发展蔓延趋势,必须引起高度重视。无序信访,不仅不利于信访问题的解决,而且增加了信访的成本和解决信访问题的行政成本,还扰乱了正常的信访秩序和社会秩序,而且极易被别有用心的人利用。

此外,个别地方违背信访法规与政策。例如,不着力解决问题,反而热衷于"截访"和打击报复。这种做法完全是本末倒置,回避了问题,埋下了更大的隐患,损害了党和政府在人民群众心目中的形象,破坏了我们党的执政基础。

三、突发事件应对法规与政策运行中存在的主要问题

据《2016年突发事件应对工作总结评估报告》,突发事件应对法规与政策运

① 张昊:《信访结构"倒三角"问题持续改善》,《法治日报》2022年2月17日。

行中存在的问题，目前主要在于以下方面。①

第一，应急管理体系有待进一步健全完善。如安全生产领域法规标准体系还不完备，医疗卫生行业存在基层组织机构不健全、专职人员缺失、专业技术水平不高等问题。应急队伍、装备等存在条块分割现象，政府、企业、社会组织之间协作联动机制尚不能完全适应高效应对重特大突发事件的需要，应急指挥的系统性、协调性有待进一步加强。

第二，监测预警和应急处置能力尚存短板。偏远地区以及部分社区、乡村、学校、企业等基层组织、单位的预警信息接收能力不足，致使防范应对突发事件的准备不够充分，一些社区不重视应急演练②，突发事件信息报送不主动、不及时的问题。公共卫生领域的监测预警和风险评估能力与实际需求存在差距；社会领域矛盾纠纷排查不够全面，源头化解工作有待进一步深入。部分一线生产人员的安全专业技能和现场应急处置能力欠缺。

第三，应急管理基础亟待强化。防灾减灾救灾基础依然薄弱，一些地方城市高风险、农村不设防的状况尚未根本改变，一些重大基础设施的设防水平偏低。部分产业集聚区及危险化学品等高危行业领域安全生产应急救援队伍缺乏先进适用的专用装备，实训演练基础条件尚未得到明显改善。一些地区在应急经费、物资、队伍建设等方面的保障和投入不到位，区域发展不平衡的情况较为突出。社会组织依法有序防范应对突发事件的规范化、科学化程度较低，公众整体的风险防范意识薄弱③，自救互救能力亟待加强。

第四，涉外突发事件形势复杂严峻处置难度日益增大。随着对外开放力度的加大，我国驻外机构和对外投资日趋增多，驻在地政治、经济、社会安全等诸多因素引发涉外劳务和商业权益纠纷、恐怖袭击等突发事件的风险不容低估。与此同时，随着对外相互交往更加频繁密切，输入性疫病、利益纠纷等可能引发突发事件的因素持续增多，处置稍有不当就有可能产生严重的不利影响。

---

① 国务院应急管理办公室：《2016年突发事件应对工作总结评估报告摘要》，《中国应急管理》2017年第7期。

② 米蕾·革命别克：《社区应急演练存在问题与对策研究》，《现代职业安全》2023年第6期。

③ 巩天啸、金永花：《提升我国全民安全应急意识的重要性、问题与建议》，《科技中国》2023年第8期。

此外,在应急状态下,政府运行保障管理存在一定程度的碎片化;①突发事件应急管理的总结评估工作有待进一步加强等。

① 丁煌、赵敏萱:《应急状态下政府运行保障管理碎片化问题研究》,《中国机关后勤》2024 年第 1 期。

第八章

社区矫正、禁毒、治安管理处罚法规与政策

改革开放以来,在我国经济发展取得巨大成就的同时,社会越轨行为也日益增多,影响了社会的和谐稳定,而过去的社会控制方式也越来越难以应对。这就需要进行制度创新。本章主要介绍社区矫正、禁毒、治安管理处罚法规与政策的发展演变、主要内容和运行中存在的主要问题。

第一节　社区矫正、禁毒、治安管理处罚法规与政策的发展演变

一、社区矫正法规与政策的发展演变

在原始社会,主要靠道德、习俗、巫术、禁忌等来调控社会生活。"对犯罪施加惩罚的原则非常含混,执行惩罚的方式也是不确定的,更多的是为偶然性和个人情绪而非明确的制度机制所掌控"。[1] 部落之间纷争采用"以眼还眼,以牙还牙"式的同态复仇现象,最多算是刑罚的前夜或最初萌芽。刑罚思想和刑罚观念无从谈起。[2]

在漫长的奴隶社会和封建社会中,统治者奉行报复主义和威吓主义的刑罚思想。在这种思想主导下,死刑和肉刑在刑罚结构中长期占据主宰地位,而刑罚

---

① [英]马林诺夫斯基著、原江译:《原始社会的犯罪与习俗》,法律出版社2007年,第66页。

② 张传伟:《我国社区矫正制度的趋向》,中国检察出版社2006年,第9页。

的执行方式更是无所不用其极。①

然而,中国古代实施外法内儒、礼法合一的统治理念,以“明德慎刑”“德主刑铺”“明刑弼教”“慎刑悯囚”等为立法治狱思想,可以说是社区矫正制度的雏形。比如,周朝规定,悔改向善的犯人可释放回乡,一定时期内无过失的可恢复为平民。现代社会假释制度的精神与它相吻合。

我国具有浓厚的监禁性和重刑性刑罚传统,在古代占主导地位的刑罚还是死刑、肉刑和自由刑。从西周开始,中国就普遍实行残酷的肉刑——奴隶制五刑,即墨、劓、剕、宫、大辟。隋代之后,才废除酷刑和孥戮相坐之法,确立了笞、杖、徒、流、死的封建五刑制度,开始出现非肉刑的徒刑和流刑。发配、流放、服劳役等刑罚种类,虽然在形式上类似非典型的社会化行刑种类,但作为死刑的替代措施,其实施始终充满了封建的重刑主义和惩罚主义的色彩,带有重刑、羞辱、折磨的典型特征。

19 世纪末、20 世纪初,西学东渐,中国一些知识分子要求政府变法以图强,列强武力侵略与国内革命运动的高涨等也威胁清朝政权。在国内外巨大压力下,清政府被迫实行变法修律,移植西方法律制度。1903 年,山西巡抚赵尔撰奏请各省通设罪犯习艺所,让罪犯掌握生存技能,开启了将刑罚目的向后延伸的行刑改革帷幕。在沈家本等人推动下,清朝废止了在中国实行几千年的野蛮刑罚——肉刑。1911 年,清朝推出《大清新刑律》,实现了刑法典的近代化,标志着中国封建法律体系的瓦解和近代法律体系的诞生。《大清新刑律》沿用日本刑法的“犹豫行刑”一词,后因不符合中国习惯,改名为“缓刑”。这一名词被后来北洋军阀政权《暂行新刑律》和国民党政府的《中华民国刑法》沿用。《大清新刑律》还规定了保安处分、假释等非监禁措施或社会内的行刑方式,并明确了假释条件、假释考验期和撤销假释的条件。《大清新刑律》对中华民国时期的刑事立法产生了深远影响。北洋军阀政府和国民党政府沿袭了清末《大清监狱律草案》的结构和内容,1913 年颁布的《假释管理规则》还仿照日本刑法,对假释适用制定了详尽规定,1928 年颁布的《中华民国刑法》对假释制度做了详细规定,且将假释的决定权赋予司法行政机关。

二十世纪三四十年代,囿于当时的战争环境和条件,革命根据地未建立缓刑制度,但有假释的法律规定,同时在监所工作中大量实行了回村执行、保外服役

① 葛炳瑶主编:《社区矫正导论》,浙江大学出版社 2009 年,第 3 页。

及战时假释的监外执行措施。1932 年，中华苏维埃共和国中央执行委员会颁布了《裁判部暂行组织及裁判条例》，在省、县两级裁判部设立劳动感化院，负责看守、教育、改造罪犯。在抗日战争时期，陕甘宁、晋察冀等边区监所采取了犯人保外服刑的办法。解放战争时期，东北关东解放区监所为了配合全区大生产运动，增加社会生产力量、改造犯人思想，对执行徒刑的罪犯，认为在监外执行改造收效更大的，经法院院长及首席检察官的批准可改为监外执行。革命根据地政府还通过制定法令、规则和条例等将其规范化。实际上，对罪犯予以社会管制和剥夺政治权利，早在抗日战争期间就已存在。

新中国成立之初，虽然没有刑法对缓刑制度作全面规定，但人民政府制定了关于缓刑制度的一些解释、规定。

1952 年 3 月，政务院批准的《中央节约检查委员会关于处理贪污、浪费及官僚主义错误的若干规定》中，对贪污分子的刑事处分包括“机关管制”。同年 4 月，中央人民政府公布的《中华人民共和国惩治贪污条例》将管制列为一种刑罚。①

1954 年 9 月，政务院颁布了《中华人民共和国劳动改造条例》，规定了假释和监外执行制度。② 为更好维护人民政权的社会秩序，新中国探索出不剥夺自由的“管制”措施，充分动员群众力量监督、管理、教育违法犯罪人员。管制最初适用于反革命分子和贪污分子，后来逐渐通用于其他刑事犯罪分子。

1979 年 7 月，《中华人民共和国刑法》③(此后简称《刑法》)和《中华人民共和国刑事诉讼法》④(此后简称《刑事诉讼法》)颁布，规定了作为主刑的管制和作为附加刑的剥夺政治权利两种刑罚方法，同时规定了缓刑和假释两种刑罚适用和执行制度，并对自由刑的监外执行作出了明确规定。

1994 年公布的《中华人民共和国监狱法》以及 1996 年、1997 年分别修订后的《刑法》和《刑事诉讼法》进一步规范和完善了管制、剥夺政治权利、缓刑、假释和执行制度。⑤

2000 年 9 月，上海女子监狱对罪犯试行半监狱刑的探索。

---

① 吴宗宪:《论中国社区矫正的继承与创新》,《法治论丛》2008 年第 1 期。

② 《中华人民共和国劳动改造条例》,《江西政报》1954 年第 16 期。

③ 《中华人民共和国刑法》,《人民司法》1979 年第 7 期。

④ 《中华人民共和国刑事诉讼法》,《人民司法》1979 年第 8 期。

⑤ 山东省社区矫正工作领导小组办公室编:《社区矫正理论与实务》,山东画报出版社 2007 年,第 14—16 页。

2003 年 7 月，最高人民法院等下发《最高人民法院 最高人民检察院 公安部 司法部关于开展社区矫正试点工作的通知》，[1]这标志着社区矫正试点工作正式展开。

2005 年 1 月，《关于扩大社区矫正试点范围的通知》将 12 个省（区、市）列入第二批试点。

2006 年，司法部将社区矫正试点扩大到 18 个地区。同年，党的十六届六中全会通过的《中共中央关于构建社会主义和谐社会若干重大问题的决定》指出，要"更加积极主动地正视矛盾、化解矛盾，最大限度地增加和谐因素，最大限度地减少不和谐因素，不断促进社会和谐"，要"实施宽严相济的刑事司法政策，改革未成年人司法制度，积极推行社区矫正"，[2]首次将社区矫正作为完善社会管理、保持社会安定有序的重大政策措施提出来。

2009 年 10 月，最高人民法院等下发了《关于在全国试行社区矫正工作的意见》，决定从 2009 年起在全国全面试行社区矫正工作。[3]

2012 年 1 月，为依法规范实施社区矫正，将社区矫正人员改造为守法公民，最高人民法院等印发了《社区矫正实施办法》。[4]

党的十八大以来，我国进一步完善社区矫正法规与政策，成绩显著。

2014 年 4 月，习近平总书记作出重要指示，要求把社区矫正作为司法行政一项重点工作，科学谋划、深入推进，明确指出："社区矫正已在试点的基础上全面推开，新情况新问题会不断出现。要持续跟踪完善社区矫正制度，加快推进相关立法，理顺工作体制机制，加强矫正机构和队伍建设，切实提高社区矫正工作水平"，为进一步做好社区矫正工作、完善社区矫正制度指明了方向。[5] 同年 8 月，就全面推进社区矫正工作，最高人民法院等制定了《高法院 高检院 公安部 司法部关于全面推进社区矫正工作的意见》。同年 11 月，为进一步做好社区矫正工

---

① 《最高人民法院 最高人民检察院 公安部司法部关于开展社区矫正试点工作的通知》，《中华人民共和国国务院公报》2003 年第 5 期。

② 《中共中央关于构建社会主义和谐社会若干重大问题的决议》，人民出版社 2006 年，第 4、30 页。

③ 《关于在全国试行社区矫正工作的意见》，《中国司法》2009 年第 11 期。

④ 《最高人民法院 最高人民检察院 公安部 司法部关于印发〈社区矫正实施办法〉的通知》，《中华人民共和国最高人民检察院公报》2012 年第 3 期。

⑤ 周斌：《全面推进社区矫正 健全社区矫正制度 司法部有关负责人就〈关于全面推进社区矫正工作的意见〉答记者问》，《法制日报》2014 年 10 月 15 日。

作,完善社区矫正制度,司法部等发布了《关于组织社会力量参与社区矫正工作的意见》。

2016 年 9 月,为进一步加强社区矫正工作衔接配合,确保社区矫正依法适用、规范运行,最高人民法院等印发了《关于进一步加强社区矫正工作衔接配合管理的意见》。

2019 年 12 月,十三届全国人大常委会第 15 次会议通过了《中华人民共和国社区矫正法》(此后简称《社区矫正法》)。

2020 年 6 月,为做好《社区矫正法》的贯彻实施,进一步推进和规范社区矫正工作,司法部与最高人民法院、最高人民检察院、公安部制定出台了《中华人民共和国社区矫正法实施办法》(此后简称《社区矫正实施办法》)。

社区矫正法规与政策的日益完善,推动了我国社区矫正取得了显著成绩。截至 2018 年 1 月,全国社区矫正机构 2800 多个(县级),社区矫正工作者 10 万余人。① 到 2023 年 7 月,全国已建成 2922 个县(区)社区矫正中心,基本实现了“一县一中心”;全国省、市、县三级人民政府依法设置社区矫正机构分别达到 78%、73%、68%。各地通过内部调剂、地方增编等方式,累计招录选拔社区矫正专门国家工作人员 1.2 万人,充实了社区矫正专门国家工作人员力量;全国共有 5.8 万名社会工作者参与社区矫正工作。②

二、禁毒法规与政策的发展演变

中国的禁毒工作始于清代。当时的禁毒主要体现为戒吸鸦片。1728 年,清廷官员苏明良力倡禁烟并逐渐引起朝廷重视。③ 次年,雍正帝颁布了世界上第一个禁烟法令。1838 年,道光帝任命林则徐为钦差大臣主持查禁鸦片。林则徐所推动的禁烟运动使清代禁烟达到了顶峰。当时的禁烟运动开启了中国禁毒的先河。但第一次鸦片战争后,清廷的禁毒工作结束,毒品问题再次泛滥。

1912 年,中华民国南京临时政府成立。临时大总统孙中山即发布通令,历数烟毒之害,并重申政府禁种禁吸烟毒的政策。④ 同年,临时政府还成立了全国禁

---

① 《司法部一号文件吹响新时代司法行政改革冲锋号》,中国法院网,2018 年 3 月 2 日。

② 《最高人民检察院、司法部联合举行“贯彻落实社区矫正法 推进社区矫正教育管理和法律监督”新闻发布会》,中华人民共和国国务院新闻办公室官网,2023 年 7 月 5 日。

③ 马模贞主编:《中国禁毒史资料》,天津人民出版社 1998 年,第 4 页。

④ 马模贞主编:《中国禁毒史资料》,天津人民出版社 1998 年,第 566—567 页。

烟公所,隶属于内务部。1914 年,在内务部警政司下设督察禁烟处,主管全国禁烟督察事宜。

1928 年,国民党政府颁布了《禁烟法施行条例》,设立专门的禁烟机关。

1931 年,国民党政府颁布了《个人或社团创设戒烟所简则》,支持和鼓励个人或社团创办自愿戒毒机构,扶助吸用烟毒者戒烟戒毒。

1932 年,国民党政府颁布了《戒烟医院章程》,规定在中央和各省(市)设戒烟医院,县设戒烟医院或戒烟所,区镇设戒烟分所,并对各级戒烟院所的人员设置、管理要求和经费等具体事务做了规定。

然而,中华民国时期的上述政策对禁毒工作并未取得预期成效。

1935 年,国民党政府决定裁撤禁烟委员会,设禁烟总监办理全国禁烟事宜,总监之职由军事委员会委员长兼任,禁毒管理体制由民主性质的委员会制,改为以禁烟总监负责的独裁制,对吸用烟毒者的惩罚也由政府采取行政和司法手段管理为主,转变为以军事管理手段为主。

1938 年,国民党政府决定在全国最高权力机关设禁烟委员会,内设两个职能处,具体负责禁烟事务。各省、市、县相应设禁烟委员会开展禁毒工作。同年,行政院通过《内政部禁烟委员会组织条例》,决定免除军事委员会委员长蒋介石的禁烟总监的兼职;禁烟委员会总会改隶属于内政部;禁烟委员会总会仍设常务委员,主管会务。[①] 这些做法表面上是蒋介石和他所领导的军事委员会因抗战无力禁毒,实质上是否定以军事手段开展戒毒。

从国民党政府的统治上看,1935—1946 年,可被视为戒毒政策的高产年,对禁烟禁毒条例基本上是每四年进行一次大的修订。这些条例中都列有专门的戒毒条款,力图使戒毒工作逐渐走向制度化规范化。此外,1941 年,国民党政府颁布了《禁烟禁毒治罪暂行条例》,1946 年,国民党政府颁布了《禁烟禁毒治罪条例》。

尽管国民党政府颁布了许多禁毒法规与政策,实际流于形式,结果不了了之。[②] 1949 年新中国成立前夕,罂粟种植面积高达 2000 万亩,吸毒者有 2000 万人。[③]

新中国成立后,1950 年 2 月,政务院发布了《政务院关于严禁鸦片烟毒的通

① 苏智良:《中国毒品史》,上海人民出版社 1997 年,第 392 页。
② 吴成军:《民国时期戒毒政策研究》,《民国档案》2004 年第 2 期。
③ 苏智良:《中国毒品史》,上海人民出版社 1997 年,前言第 8 页。

令》，在全国范围内开展了大规模的查禁鸦片烟毒的斗争。① 结果，新中国仅用三年左右时间，就将旧社会遗留下来的烟毒流害基本禁绝。

改革开放后，毒品问题在我国又沉渣泛起。对此，党和政府高度重视禁毒工作，出台了不少禁毒法规与政策。

1981 年 8 月，国务院发布了《国务院关于重申严禁鸦片烟毒的通知》，旨在保护人民健康，维护社会治安等。②

1990 年 12 月，七届全国人大常委会第 17 次会议通过了《全国人民代表大会常务委员会关于禁毒的决定》，旨在严惩走私、贩卖、运输制造毒品和非法种植毒品原植物等犯罪活动，严禁吸食、注射毒品，保护公民身心健康等。③

1995 年 1 月，为了教育和帮助吸食、注射毒品成瘾人员戒毒，保护公民身心健康，维护社会治安秩序，国务院发布了《强制戒毒办法》。④

上述禁毒法规与政策的出台与实施取得了一些成绩，但我国毒品问题依然十分严峻。进入 21 世纪后，我国更加重视相关法规与政策的制定与落实。

2002 年 12 月，国家禁毒委等发布了《关于进一步加强中小学生毒品预防教育工作的通知》，决定从 2003 年春季开始，在小学五年级至高中二年级全面开展毒品预防主题教育。⑤

2005 年 1 月，中宣部等印发了《全民禁毒教育实施意见》，旨在推动全社会依法履行禁毒宣传教育职责，进一步提高全民抵御毒品的能力和参与禁毒斗争的意识。

2007 年 12 月，十届全国人大常委会第 31 次会议通过了《中华人民共和国禁毒法》（此后简称《禁毒法》），它是当前我国禁毒法规与政策的主要来源。

2009 年 9 月，为规范公安机关吸毒检测工作，保护当事人的合法权益，公安部发布了《吸毒检测程序规定》（2016 年进行了修订）。

2011 年 1 月，为规范吸毒成瘾认定工作，科学认定吸毒成瘾人员等，公安部

---

① 中共中央文献研究室编：《建国以来重要文献选编》（第 1 册），中央文献出版社 1992 年，第 128—129 页。

② 刘建宏主编：《中国禁毒法律通览》（下册），人民出版社 2014 年，第 580—581 页。

③ 《全国人民代表大会常务委员会关于禁毒的决定》，《中华人民共和国国务院公报》1990 年第 30 期。

④ 《强制戒毒办法》，《中华人民共和国国务院公报》1995 年第 1 期。

⑤ 《关于进一步加强中小学生毒品预防教育工作的通知》，《人民公安报》2002 年 12 月 25 日。

发布了《吸毒成瘾认定办法》(2016 年进行了修订)。2011 年 6 月,国务院还发布了《戒毒条例》。

党的十八大以来,党和政府进一步加强禁毒工作,制定了不少相关法规与政策。

2013 年 4 月,司法部发布了《司法行政机关强制隔离戒毒工作规定》,要求司法行政机关强制隔离戒毒工作应当遵循以人为本、科学戒毒、综合矫治、关怀救助的原则,教育和挽救吸毒成瘾人员,维护社会秩序。

2014 年 7 月,中共中央、国务院出台了《关于加强禁毒工作的意见》,要求逐步建立禁毒社会工作专业人才和志愿者队伍,发挥禁毒基金会等禁毒社会组织的作用。

2015 年 4 月,中宣部等印发了《关于加强互联网禁毒工作的意见》,旨在大力加强互联网禁毒,遏制毒品蔓延。同年 8 月,为保护和促进青少年健康成长,努力从源头上减少新吸毒人员滋生,中宣部等颁布了《全国青少年毒品预防教育规划(2016—2018)》。同年 9 月,为加强对非药用类麻醉药品和精神药品的列管工作,防止非法生产、经营、运输、使用和进出口,遏制有关违法犯罪活动的发展蔓延,公安部等印发了《非药用类麻醉药品和精神药品列管办法》。同年 12 月,国家禁毒委员会办公室等颁布了《全国社区戒毒社区康复工作规划(2016—2020 年)》,提出逐步建立禁毒戒毒社会工作队伍,促进社区戒毒社区康复工作专业化、职业化,力争到 2019 年底禁毒戒毒社工占社区戒毒社区康复专职工作人员比例达到 30%以上。

2016 年 4 月,为进一步规范毒品犯罪案件的法律适用,确保依法从严惩处毒品犯罪,最高人民法院公布了《最高人民法院关于审理毒品犯罪案件适用法律若干问题的解释》。

2017 年 1 月,就加强禁毒社会工作者队伍建设,国家禁毒办等印发了《关于加强禁毒社会工作者队伍建设的意见》。

2018 年 8 月,为动员全社会力量参与禁毒斗争,鼓励举报毒品违法犯罪活动,减少毒品社会危害,国家禁毒委员会办公室等印发了《毒品违法犯罪举报奖励办法》。

综上,近些年,我国在禁毒法规与政策方面做了很多工作,取得了显著的工作成绩。2021 年,共破获毒品犯罪案件 5.4 万起,抓获犯罪嫌疑人 7.7 万名,缴获毒品 27 吨,查处吸毒人员 32.6 万人次。① 2023 年,全国共破获毒品犯罪案件 4.2 万起,抓获犯罪嫌疑人 6.5 万名,缴获各类毒品 25.9 吨,同比分别上升 12.6%、21%、18%,全年共查处吸毒人员 19.5 万人次。②

三、治安管理处罚法规与政策的发展演变

我国治安管理处罚法规与政策的渊源可上溯到先秦时期。在夏商时期,我国已存在社会治安秩序管理,包括公共场所的治安秩序、市场的秩序管理、娱乐场所治安管理等。③

在我国古代,有关法律中虽然也有类似于治安管理处罚方面的规定;或者,在今天看来,应该是属于违反治安管理及处罚方面的内容,却都被规定在刑事、民事法律和综合性行政法典之中。

我国近代警察制度是 19 世纪末在西方资本主义国家的影响下发展起来的,作为警察法重要内容的治安管理处罚法也就应运而生。

1840 年鸦片战争后,清王朝逐渐变成半封建半殖民地政权。为加强专政措施,清廷在全国普设巡警,警察法的制定逐步被重视,陆续颁布了一系列法规。1908 年,清廷公布了《违警律》《违警律施行办法》,1909 年又公布了《违警律应添解释及更正各款》。这些法规的内容包括:违警处罚的基本原则和制度、具体的违警行为等。

1912 年,南京临时政府成立后,由于存在时间很短,没有来得及对旧的警察制度进行全面改革,国家权力就被袁世凯篡夺了。袁世凯为强化警察统治,很重视立法。在他统治的 4 年多时间里,颁行了众多警察法规。1915 年,公布了《违警罚法》。其内容基本上是清末《违警律》的抄袭,但更为具体,旨在为警察机关控制和压迫人民提供法律依据。

1927 年 4 月,蒋介石叛变革命后在南京建立了国民党政府,开始了对中国人民长达 22 年的独裁统治。为了镇压革命运动,控制人民,国民党政府建立了庞大的警察系统,制定了比清朝和北洋军阀政府多得多的治安法规。

1928 年,国民党政府公布了《违警罚法》。该法照抄北洋政府的《违警罚法》,内容、体系几乎未做任何变动。

---

① 《2021 年中国毒情形势报告》,中华人民共和国公安部官网,2022 年 6 月 24 日。

② 《2023 年中国毒情形势报告》,中华人民共和国公安部官网,2024 年 6 月 20 日。

③ 侯伟:《先秦时期社会治安秩序管理探究》,《兰台世界》2014 年第 23 期。

1932年,国民党政府以内务部名义公布了《拘留所规则》,具体规定了对被违警处罚的人如何执行的一整套制度。

1943年,国民党政府为适应独裁统治的需要,颁布了新的《违警罚法》,增加了许多新内容。其体系更加庞大,警察干预更加广泛,对广大人民的控制也更加严密。

1949年新中国成立。从此,开启了我国治安管理处罚的崭新篇章。①

新中国成立初期,为了保卫和巩固新生政权的需要,1951年,公安部公布了《城市户口管理暂行条例》《城市陆上交通管理暂行条例》《枪支管理暂行办法》《进出口船舶、船员、旅客、行李检查暂时通则》等,为我国此后的治安管理法制建设奠定了良好基础。

1957年,一届全国人大常委会第81次会议颁布了《中华人民共和国治安管理处罚条例》。与此同时,公安部先后颁布了《中华人民共和国户口登记条例》《爆炸物品管理条例》《化学易燃物品防火管理规则》《城市交通规则》《消防监督条例》等。这些治安管理法规的制定和实施,标志着治安法制建设的重大发展。②

改革开放以后,党和政府非常重视社会治安管理。1980年代,中共中央提出了社会治安综合治理的方针。

1986年9月,六届全国人大常委会第17次会议通过了《中华人民共和国治安管理处罚条例》。这次与1957年颁布的虽都称“条例”,但由于它们是国家最高权力机关——全国人大常委会制定的,在我国整个法律体系中的地位实际比许多单行行政法规更重要。③《治安管理处罚条例》对处罚各类违反治安管理行为,预防和减少违法犯罪,维护治安秩序和社会稳定起了重要作用。1994年5月,八届全国人大常委会第七次会议对它进行了修订。

然而,各地社会治安综合治理工作发展很不平衡,不能适应形势发展的要求,不少地方人民群众缺乏安全感。为了维护国家长治久安,保障社会主义现代化建设和改革开放顺利进行,1991年3月,七届全国人大常委会第18次会议通

---

① 《治安管理处罚条例讲座》编写组编:《治安管理处罚条例讲座》,安徽人民出版社1988年,第6—11页。

② 魏平雄主编、国务院军队转业干部安置工作小组办公室编写:《治安管理法学》,中国劳动出版社1990年,第23—24页。

③ 《治安管理处罚条例讲座》编写组编:《治安管理处罚条例讲座》,安徽人民出版社1988年,第1—5页。

过了《全国人民代表大会常务委员会关于加强社会治安综合治理的决定》。①

进入21世纪后不久，为加强社会治安综合治理，维护社会治安秩序和市场经济秩序，扫除黄赌毒等社会丑恶现象，2001年9月，中共中央、国务院发布了《中共中央、国务院关于进一步加强社会治安综合治理的意见》。②

2005年8月，十届全国人大常委会第17次会议通过了《中华人民共和国治安管理处罚法》(此后简称《治安管理处罚法》)。③ 这对治安管理具有里程碑意义。随后，公安部于2006年印发的《公安机关执行〈中华人民共和国治安管理处罚法〉有关问题的解释》和2007年印发的《公安机关执行〈中华人民共和国治安管理处罚法〉有关问题的解释(二)》，对《治安管理处罚法》中的相关法律适用问题进行了分类说明，使公安机关在依法适用《治安管理处罚法》时能更加准确，更有利于保护公民、法人和其他组织的合法权益。④

2012年10月，十一届全国人大常委会第29次会议通过了《全国人民代表大会常务委员会关于修改〈中华人民共和国治安管理处罚法〉的决定》，⑤更好地维护了社会治安秩序，保障了公共安全，保护了公民、法人和其他组织的合法权益。⑥

2015年4月，为有效应对影响社会安全稳定的突出问题，创新立体化社会治安防控体系等，中共中央办公厅、国务院办公厅印发了《关于加强社会治安防控体系建设的意见》。⑦

综上，近些年来，尤其是党的十八大以来，我国治安管理处罚法规与政策取得较大成绩，为依法维护新时代中国的公共秩序和公共安全，保障公民的人身权利和财产权利，发挥了重要作用。2022年，公安机关受理治安案件864.88万起，

---

① 《全国人民代表大会常务委员会关于加强社会治安综合治理的决定》，《中华人民共和国国务院公报》1991年第6期。

② 《中共中央、国务院关于进一步加强社会治安综合治理的意见》，《人民日报》2001年11月19日。

③ 《中华人民共和国治安管理处罚法》，《人民日报》2005年9月7日。

④ 《治安管理处罚法基本知识》编写组编：《治安管理处罚法基本知识》，中国民主法制出版社2022年，第1—2页。

⑤ 《全国人民代表大会常务委员会关于修改〈中华人民共和国治安管理处罚法〉的决定》，《中华人民共和国全国人民代表大会常务委员会公报》2012年第6期。

⑥ 关信平主编：《社会工作政策法规》，中国社会出版社2015年，第322页。

⑦ 《中共中央办公厅国务院办公厅印发〈关于加强社会治安防控体系建设的意见〉》，《中华人民共和国国务院公报》2015年第12期。

查处治安案件782.88万起。[1]

第二节 社区矫正、禁毒、治安管理处罚法规与政策的主要内容

一、社区矫正法规与政策的主要内容

社区矫正法规与政策的主要内容存在于《社区矫正法》及《社区矫正实施办法》。

(一)总则

1. 社区矫正的适用

《社区矫正法》规定,对被判处管制、宣告缓刑、假释、暂予监外执行的罪犯,依法实行社区矫正。对社区矫正对象的监督管理、教育帮扶等活动,适用《社区矫正法》。

2. 社区矫正的基本原则

社区矫正工作坚持监督管理与教育帮扶相结合,专门机关与社会力量相结合,采取分类管理、个别化矫正,有针对性地消除社区矫正对象可能重新犯罪的因素,帮助其成为守法公民。

3. 社区矫正对象的权利与义务

社区矫正对象应当依法接受社区矫正,服从监督管理。社区矫正工作应依法进行,尊重和保障人权。社区矫正对象依法享有的人身权利、财产权利和其他权利不受侵犯,在就业、就学和享受社会保障等方面不受歧视。

4. 社区矫正的支持与保障

国家支持社区矫正机构提高信息化水平,运用现代信息技术开展监督管理和教育帮扶。社区矫正工作相关部门之间依法进行信息共享。各级人民政府应将社区矫正经费列入本级政府预算。居委会、村委会和其他社会组织依法协助社区矫正机构开展工作所需的经费应按规定列入社区矫正机构本级政府预算。对在社区矫正工作中做出突出贡献的组织、个人,按照国家有关规定给予表彰、奖励。

---

① 数据来源:《中国统计年鉴2023》。

(二)社区矫正机构、人员和职责

1. 社区矫正委员会及相关部门的职责

国务院司法行政部门主管全国的社区矫正工作。县级以上地方人民政府司法行政部门主管本行政区域内的社区矫正工作。人民法院、人民检察院、公安机关和其他有关部门依照各自职责,依法做好社区矫正工作。人民检察院依法对社区矫正工作实行法律监督。地方人民政府根据需要设立社区矫正委员会,负责统筹协调和指导本行政区域内的社区矫正工作。

2. 社区矫正机构

县级以上地方人民政府根据需要设置社区矫正机构,负责社区矫正工作的具体实施。社区矫正机构的设置和撤销,由县级以上地方人民政府司法行政部门提出意见,按照规定的权限和程序审批。司法所根据社区矫正机构的委托,承担社区矫正相关工作。

3. 人员

社区矫正机构应当配备具有法律等专业知识的专门国家工作人员(以下称"社区矫正机构工作人员"),履行监督管理、教育帮扶等执法职责。社区矫正机构根据需要,组织具有法律、教育、心理、社会工作等专业知识或者实践经验的社会工作者开展社区矫正相关工作。居委会、村委会依法协助社区矫正机构做好社区矫正工作。社区矫正对象的监护人、家庭成员,所在单位或者就读学校应协助社区矫正机构做好社区矫正工作。国家鼓励、支持企业事业单位、社会组织、志愿者等社会力量依法参与社区矫正工作。

4. 社区矫正机构工作人员职责

社区矫正机构工作人员应严格遵守宪法和法律,忠于职守,严守纪律,清正廉洁。社区矫正机构工作人员和其他参与社区矫正工作的人员依法开展社区矫正工作,受法律保护。

(三)社区矫正的决定和接收

1. 社区矫正的决定

(1)矫正执行地

社区矫正决定机关判处管制、宣告缓刑、裁定假释、决定或者批准暂予监外执行时,应当确定社区矫正执行地。社区矫正执行地为社区矫正对象的居住地。社区矫正对象在多个地方居住的,可确定经常居住地为执行地。社区矫正对象的居住地、经常居住地无法确定或者不适宜执行社区矫正的,社区矫正决定机关应根据有利于社区矫正对象接受矫正、更好地融入社会的原则，确定执行地。

(2)社区矫正的决定机关

《社区矫正法》所称的社区矫正决定机关，是指依法判处管制、宣告缓刑、裁定假释、决定暂予监外执行的人民法院和依法批准暂予监外执行的监狱管理机关、公安机关。

(3)调查评估

社区矫正决定机关根据需要，可委托社区矫正机构或者有关社会组织对被告人或者罪犯的社会危险性和对所居住社区的影响，进行调查评估，提出意见，供决定社区矫正时参考。居委会、村委会等组织应提供必要的协助。

(4)程序

社区矫正决定机关判处管制、宣告缓刑、裁定假释、决定或者批准暂予监外执行，应按照《刑法》《刑事诉讼法》等法律规定的条件和程序进行。

社区矫正决定机关应对社区矫正对象进行教育，告知其在社区矫正期间应当遵守的规定以及违反规定的法律后果，责令其按时报到。

(5)时限

社区矫正决定机关应当自判决、裁定或者决定生效之日起 5 日内，通知执行地社区矫正机构，并在 10 日内送达有关法律文书，同时抄送人民检察院和执行地公安机关。社区矫正决定地与执行地不在同一地方的，由执行地社区矫正机构将法律文书转送所在地的人民检察院、公安机关。

2. 社区矫正的接收

第一，时限，人民法院判处管制、宣告缓刑、裁定假释的社区矫正对象，应自判决、裁定生效之日起 10 日内到执行地社区矫正机构报到。人民法院决定暂予监外执行的社区矫正对象，由看守所或者执行取保候审、监视居住的公安机关自收到决定之日起 10 日内将社区矫正对象移送社区矫正机构。监狱管理机关、公安机关批准暂予监外执行的社区矫正对象，由监狱或者看守所自收到批准决定之日起 10 日内将社区矫正对象移送社区矫正机构。

第二，接收与宣告，社区矫正机构应当依法接收社区矫正对象，核对法律文书、核实身份、办理接收登记、建立档案，并宣告社区矫正对象的犯罪事实、执行社区矫正的期限以及应当遵守的规定。

(四)社区矫正的监督与管理

1. 社区矫正对象的基本义务

社区矫正对象在社区矫正期间应遵守法律、行政法规，履行判决、裁定、暂予监外执行决定等法律文书确定的义务，遵守国务院司法行政部门关于报告、会客、外出、迁居、保外就医等监督管理规定，服从社区矫正机构的管理。

2. 矫正方案的制定

社区矫正机构应当根据裁判内容和社区矫正对象的性别、年龄、心理特点、健康状况、犯罪原因、犯罪类型、犯罪情节、悔罪表现等情况，制定有针对性的矫正方案，实现分类管理、个别化矫正。矫正方案应根据社区矫正对象的表现等情况相应调整。

3. 矫正方案的落实

社区矫正机构应当根据社区矫正对象的情况，为其确定矫正小组，负责落实相应的矫正方案。根据需要，矫正小组可以由司法所、居委会、村委会的人员，社区矫正对象的监护人、家庭成员，所在单位或者就读学校的人员以及社会工作者、志愿者等组成。社区矫正对象为女性的，矫正小组中应有女性成员。

4. 矫正情况的掌控

社区矫正机构应了解掌握社区矫正对象的活动情况和行为表现。社区矫正机构可通过通信联络、信息化核查、实地查访等方式核实有关情况，有关单位和个人应当予以配合。社区矫正机构开展实地查访等工作时，应保护社区矫正对象的身份信息和个人隐私。

5. 社区矫正执行地的变更

社区矫正对象离开所居住的市、县或者迁居，应当报经社区矫正机构批准。社区矫正机构对于有正当理由的，应当批准；对于因正常工作和生活需要经常性跨市、县活动的，可根据情况，简化批准程序和方式。

因社区矫正对象迁居等原因需要变更执行地的，社区矫正机构应按有关规定作出变更决定。社区矫正机构作出变更决定后，应通知社区矫正决定机关和变更后的社区矫正机构，并将有关法律文书抄送变更后的社区矫正机构。变更后的社区矫正机构应将法律文书转送所在地的人民检察院、公安机关。

6. 社区矫正的考核与奖惩

社区矫正机构根据社区矫正对象的表现，依照有关规定对其实施考核奖惩。社区矫正对象认罪悔罪、遵守法律法规、服从监督管理、接受教育表现突出的，应给予表扬。社区矫正对象违反法律法规或者监督管理规定的,应视情节依法给予训诫、警告、提请公安机关予以治安管理处罚,或者依法提请撤销缓刑、撤销假释、对暂予监外执行的收监执行。对社区矫正对象的考核结果,可作为认定其是否确有悔改表现或者是否严重违反监督管理规定的依据。

7. 电子定位监管

社区矫正对象有下列情形之一的,经县级司法行政部门负责人批准,可使用电子定位装置,加强监督管理:①违反人民法院禁止令的;②无正当理由,未经批准离开所居住的市、县的;③拒不按照规定报告自己的活动情况,被给予警告的;④违反监督管理规定,被给予治安管理处罚的;⑤拟提请撤销缓刑、假释或者暂予监外执行收监执行的。使用电子定位装置的期限不得超过 3 个月。对于不需要继续使用的,应及时解除;对于期限届满后,经评估仍有必要继续使用的,经过批准,期限可以延长,每次不得超过 3 个月。社区矫正机构对通过电子定位装置获得的信息应严格保密,有关信息只能用于社区矫正工作,不得用于其他用途。

8. 社区矫正对象违反法规的处理

社区矫正对象失去联系的,社区矫正机构应立即组织查找,公安机关等有关单位和人员应予以配合协助。查找到社区矫正对象后,应当区别情形依法作出处理。

社区矫正机构发现社区矫正对象正在实施违反监督管理规定的行为或者违反人民法院禁止令等违法行为的,应立即制止;制止无效的,应立即通知公安机关到场处置。

社区矫正对象有被依法决定拘留、强制隔离戒毒、采取刑事强制措施等限制人身自由情形的,有关机关应及时通知社区矫正机构。

9. 社区矫正对象减刑的规定

社区矫正对象符合《刑法》规定的减刑条件的,社区矫正机构应向社区矫正执行地的中级以上人民法院提出减刑建议,并将减刑建议书抄送同级人民检察院。人民法院应在收到社区矫正机构的减刑建议书后 30 日内作出裁定,并将裁定书送达社区矫正机构,同时抄送人民检察院、公安机关。

10. 社区矫正对象的权益

开展社区矫正工作,应保障社区矫正对象的合法权益。社区矫正的措施和方法应避免对社区矫正对象的正常工作和生活造成不必要的影响;非依法律规定,不得限制或者变相限制社区矫正对象的人身自由。社区矫正对象认为其合法权益受到侵害的，有权向人民检察院或者有关机关申诉、控告和检举。受理机关应及时办理，并将办理结果告知申诉人、控告人和检举人。

（五）社区矫正的教育帮扶

1. 教育帮扶的场所和条件

县级以上地方人民政府及其有关部门应通过多种形式，为教育帮扶社区矫正对象提供必要的场所和条件，组织动员社会力量参与教育帮扶工作。有关人民团体应依法协助社区矫正机构做好教育帮扶工作。

2. 教育帮扶的内容

社区矫正机构根据需要，对社区矫正对象进行法治、道德等教育，增强其法治观念，增强其道德素质和悔罪意识。对社区矫正对象的教育应根据其个体特征、日常表现等实际情况，充分考虑其工作和生活情况，因人施教。社区矫正机构可协调有关部门和单位，依法对就业困难的社区矫正对象开展职业技能培训、就业指导，帮助社区矫正对象中的在校学生完成学业。

3. 教育帮扶的主体

首先，居委会、村委会可引导志愿者和社区群众，利用社区资源，采取多种形式，对有特殊困难的社区矫正对象进行必要的教育帮扶。其次，社区矫正对象的监护人、家庭成员，所在单位或者就读学校应当协助社区矫正机构做好对社区矫正对象的教育。再有，社区矫正机构可通过公开择优购买社区矫正社会工作服务或者其他社会服务，为社区矫正对象在教育、心理辅导、职业技能培训、社会关系改善等方面提供必要的帮扶。

此外，社区矫正机构可根据社区矫正对象的个人特长，组织其参加公益活动，修复社会关系，培养社会责任感。社区矫正对象可按国家有关规定申请社会救助、参加社会保险、获得法律援助，社区矫正机构应给予必要的协助。

（六）社区矫正的解除与终止

1. 社区矫正的解除

社区矫正对象矫正期满或者被赦免的，社区矫正机构应向社区矫正对象发放解除社区矫正证明书，并通知社区矫正决定机关、所在地的人民检察院、公安机关。

2. 社区矫正的终止

社区矫正对象被裁定撤销缓刑、假释，被决定收监执行，或者社区矫正对象死亡的，社区矫正终止。《社区矫正法》对此也作出了详细规定。

(七)未成年人社区矫正特别规定

1. 未成年人的社区矫正方案

社区矫正机构应根据未成年社区矫正对象的年龄、心理特点、发育需要、成长经历、犯罪原因、家庭监护教育条件等情况,采取有针对性的矫正措施。社区矫正机构为未成年社区矫正对象确定矫正小组,应吸收熟悉未成年人身心特点的人员参加。对未成年人的社区矫正,应与成年人分别进行。

2. 未成年人社区矫正对象监护人的责任

未成年社区矫正对象的监护人应履行监护责任,承担抚养、管教等义务。监护人怠于履行监护职责的,社区矫正机构应督促、教育其履行监护责任。监护人拒不履行监护职责的,通知有关部门依法作出处理。

3. 未成年人社区矫正对象的信息管理

社区矫正机构工作人员和其他依法参与社区矫正工作的人员对履行职责过程中获得的未成年人身份信息应予以保密。除司法机关办案需要或者有关单位根据国家规定查询外,未成年社区矫正对象的档案信息不得提供给任何单位或者个人。依法进行查询的单位,应对获得的信息予以保密。

4. 未成年人社区矫正对象的就学就业

对未完成义务教育的未成年社区矫正对象,社区矫正机构应通知并配合教育部门为其完成义务教育提供条件。未成年社区矫正对象的监护人应依法保证其按时入学接受并完成义务教育。年满 16 周岁的社区矫正对象有就业意愿的,社区矫正机构可协调有关部门和单位为其提供职业技能培训,给予就业指导和帮助。

5. 未成年人社区矫正对象的社会参与

共产主义青年团、妇女联合会、未成年人保护组织应当依法协助社区矫正机构做好未成年人社区矫正工作。国家鼓励其他未成年人相关社会组织参与未成年人社区矫正工作,依法给予政策支持。

此外,《社区矫正法》还规定,未成年社区矫正对象在复学、升学、就业等方面依法享有与其他未成年人同等的权利,任何单位和个人不得歧视。有歧视行为的,应当由教育、人力资源和社会保障等部门依法作出处理。未成年社区矫正对象在社区矫正期间年满 18 周岁的,继续按照未成年人社区矫正有关规定执行。

(八)社区矫正的法律责任

1. 社区矫正对象的法律责任

社区矫正对象在社区矫正期间有违反监督管理规定行为的,由公安机关依照《治安管理处罚法》的规定给予处罚;具有撤销缓刑、假释或者暂予监外执行收监情形的,应依法作出处理。

社区矫正对象殴打、威胁、侮辱、骚扰、报复社区矫正机构工作人员和其他依法参与社区矫正工作的人员及其近亲属,构成犯罪的,依法追究刑事责任;尚不构成犯罪的,由公安机关依法给予治安管理处罚。

2. 社区矫正机构工作和其他国家工作人员的法律责任

社区矫正机构工作人员和其他国家工作人员有下列行为之一的,应给予处分;构成犯罪的,依法追究刑事责任:①利用职务或者工作便利索取、收受贿赂的;②不履行法定职责的;③体罚、虐待社区矫正对象,或者违反法律规定限制或者变相限制社区矫正对象的人身自由的;④泄露社区矫正工作秘密或者其他依法应保密的信息的;⑤对依法申诉、控告或者检举的社区矫正对象进行打击报复的;⑥有其他违纪违法行为的。①

二、禁毒法规与政策的主要内容

禁毒法规与政策的主要内容来源于《禁毒法》、《吸毒成瘾认定办法》等。

(一)禁毒总则

1. 毒品的含义

按《禁毒法》,毒品是指鸦片、海洛因、甲基苯丙胺(冰毒)、吗啡、大麻、可卡因,以及国家规定管制的其他能够使人形成瘾癖的麻醉药品和精神药品。

2. 禁毒的目的

为了预防和惩治毒品违法犯罪行为,保护公民身心健康,维护社会秩序。

3. 禁毒的主体

禁毒是全社会的共同责任。国家机关、社会团体、企业事业单位以及其他组织和公民,应按《禁毒法》等有关法律的规定,履行禁毒职责或者义务。

4. 禁毒的方针与工作机制

禁毒工作实行预防为主,综合治理,禁种、禁制、禁贩、禁吸并举的方针。禁毒工作实行政府统一领导,有关部门各负其责,社会广泛参与的工作机制。

---

① 全国社会工作者职业水平考试教材编委会编写:《社会工作法规与政策》,中国社会出版社 2023 年,第 184—192 页。

5. 禁毒组织

国务院设立国家禁毒委员会，负责组织、协调、指导全国的禁毒工作。县级以上地方各级人民政府根据禁毒工作的需要，可设立禁毒委员会，负责组织、协调、指导本行政区域内的禁毒工作，并应将禁毒工作纳入国民经济和社会发展规划，并将禁毒经费列入本级财政预算。

（二）禁毒的宣传教育

禁毒工作需要全社会参与：①国家采取各种形式开展全民禁毒宣传教育，普及毒品预防知识，增强公民的禁毒意识，提高公民自觉抵制毒品的能力；②国家鼓励公民、组织开展公益性的禁毒宣传活动；③各级人民政府应经常组织开展多种形式的禁毒宣传教育；④工会、共产主义青年团、妇女联合会应结合各自工作对象的特点，组织开展禁毒宣传教育；⑤教育行政部门、学校应将禁毒知识纳入教育、教学内容，对学生进行禁毒宣传教育；⑥新闻、出版、文化、广播、电影、电视等有关单位，应有针对性地面向社会进行禁毒宣传教育；⑦飞机场、火车站、长途汽车站、码头以及旅店、娱乐场所等公共场所的经营者、管理者，负责本场所的禁毒宣传教育，落实禁毒防范措施，预防毒品违法犯罪行为在本场所内发生；⑧国家机关、社会团体、企业事业单位以及其他组织，应加强对本单位人员的禁毒宣传教育；⑨居委会、村委会应当协助人民政府以及公安机关等部门，加强禁毒宣传教育，落实禁毒防范措施；⑩未成年人的父母或者其他监护人应对未成年人进行毒品危害的教育，防止其吸食、注射毒品或者进行其他毒品违法犯罪活动。

（三）毒品管制

1. 原植物种植管制

国家对麻醉药品药用原植物种植实行管制。禁止非法种植罂粟、古柯植物、大麻植物以及国家规定管制的可用于提炼加工毒品的其他原植物。禁止走私或者非法买卖、运输、携带、持有未经灭活的毒品原植物种子或者幼苗。地方各级人民政府发现非法种植毒品原植物的，应立即采取措施予以制止、铲除。村委会、居委会发现非法种植毒品原植物的，应及时予以制止、铲除，并向当地公安机关报告。

2. 场所管理

国家确定的麻醉药品药用原植物种植企业，必须按国家有关规定种植麻醉药品药用原植物。国家确定的麻醉药品药用原植物种植企业的提取加工场所，以及国家设立的麻醉药品储存仓库，列为国家重点警戒目标。未经许可，擅自进入国家确定的麻醉药品药用原植物种植企业的提取加工场所或者国家设立的麻醉药品储存仓库等警戒区域的，由警戒人员责令其立即离开；拒不离开的，强行带离现场。

3. 麻醉药品、精神药品及易制毒化学品管制

国家对麻醉药品和精神药品实行管制，对麻醉药品和精神药品的实验研究、生产、经营、使用、储存、运输实行许可和查验制度。

国家对易制毒化学品的生产、经营、购买、运输实行许可制度。禁止非法生产、买卖、运输、储存、提供、持有、使用麻醉药品、精神药品和易制毒化学品。

国家对麻醉药品、精神药品和易制毒化学品的进口、出口实行许可制度。国务院有关部门应按照规定的职责，对进口、出口麻醉药品、精神药品和易制毒化学品依法进行管理。禁止走私麻醉药品、精神药品和易制毒化学品。

发生麻醉药品、精神药品和易制毒化学品被盗、被抢、丢失或者其他流入非法渠道的情形，案发单位应立即采取必要的控制措施，并立即向公安机关报告，同时依照规定向有关主管部门报告。公安机关接到报告后，或者有证据证明麻醉药品、精神药品和易制毒化学品可能流入非法渠道的，应及时开展调查，并可以对相关单位采取必要的控制措施。药品监督管理部门、卫生行政部门以及其他有关部门应配合公安机关开展工作。

禁止非法传授麻醉药品、精神药品和易制毒化学品的制造方法。公安机关接到举报或者发现非法传授麻醉药品、精神药品和易制毒化学品制造方法的，应及时依法查处。

4. 毒品查缉

公安机关根据查缉毒品的需要，可在边境地区、交通要道、口岸以及飞机场、火车站、长途汽车站、码头对来往人员、物品、货物以及交通工具进行毒品和易制毒化学品检查，民航、铁路、交通部门应予以配合。

海关应依法加强对进出口岸的人员、物品、货物和运输工具的检查，防止走私毒品和易制毒化学品。邮政企业应依法加强对邮件的检查，防止邮寄毒品和非法邮寄易制毒化学品。娱乐场所应建立巡查制度，发现娱乐场所内有毒品违法犯罪活动的，应立即向公安机关报告。

对依法查获的毒品，吸食、注射毒品的用具，毒品违法犯罪的非法所得及其收益，以及直接用于实施毒品违法犯罪行为的本人所有的工具、设备、资金，应当收缴，依照规定处理。

反洗钱行政主管部门应依法加强对可疑毒品犯罪资金的监测。反洗钱行政主管部门和其他依法负有反洗钱监督管理职责的部门、机构发现涉嫌毒品犯罪的资金流动情况,应及时向侦查机关报告,并配合侦查机关做好侦查、调查工作。

国家建立健全毒品监测和禁毒信息系统,开展毒品监测和禁毒信息的收集、分析、使用、交流工作。

(四)吸毒成瘾的认定及检测程序

1. 吸毒成瘾的认定

《吸毒成瘾认定办法》规定,吸毒成瘾,是指吸毒人员因反复使用毒品而导致的慢性复发性脑病,表现为不顾不良后果、强迫性寻求及使用毒品的行为,同时伴有不同程度的个人健康及社会功能损害。吸毒成瘾认定,是指公安机关或者其委托的戒毒医疗机构通过对吸毒人员进行人体生物样本检测、收集其吸毒证据,或者根据生理、心理、精神的症状、体征等情况,判断其是否成瘾以及是否成瘾严重的工作。

吸毒人员同时具备以下情形的,公安机关认定其吸毒成瘾:①经人体生物样本检测证明其体内含有毒品成分;②有证据证明其有使用毒品行为;③有戒断症状或者有证据证明吸毒史,包括曾经因使用毒品被公安机关查处或者曾经进行自愿戒毒等情形。

吸毒成瘾人员具有下列情形之一的,公安机关认定其吸毒成瘾严重:①曾经被责令社区戒毒、强制隔离戒毒(含《禁毒法》实施以前被强制戒毒或者劳教戒毒)、社区康复或者参加过戒毒药物维持治疗,再次吸食、注射毒品的;②有证据证明其采取注射方式使用毒品或者多次使用两类以上毒品的;③有证据证明其使用毒品后伴有聚众淫乱、自伤自残或者暴力侵犯他人人身、财产安全等行为的。

2. 吸毒检测的程序

根据《吸毒检测程序规定》,吸毒检测分为现场检测、实验室检测、实验室复检。

(1)样本采集

吸毒检测样本的采集应使用专用器材。检测样本为采集的被检测人员的尿液、血液、唾液或者毛发等生物样本。被检测人员拒绝接受检测的,经县级以上公安机关或者其派出机构负责人批准,可对其进行强制检测。公安机关采集、送检、检测样本,应当由两名以上工作人员进行;采集女性被检测人尿液检测样本,应由女性工作人员进行。采集的检测样本经现场检测结果为阳性的,应分别保存在A、B两个样本专用器材中并编号,由采集人和被采集人共同签字封存,采用检材适宜的条件予以保存,保存期不得少于6个月。

(2)现场检测

现场检测由县级以上公安机关或者其派出机构进行。现场检测应出具检测报告,由检测人签名,并加盖检测的公安机关或者其派出机构的印章。现场检测结果应当场告知被检测人,并由被检测人在检测报告上签名。被检测人拒不签名的,公安民警应在检测报告上注明。被检测人对现场检测结果有异议的,可在被告知检测结果之日起3日内,向现场检测的公安机关提出实验室检测申请。公安机关应当在接到实验室检测申请后的3日内作出是否同意进行实验室检测的决定,并将结果告知被检测人。

(3)实验室检测

实验室检测,由县级以上公安机关指定的取得检验鉴定机构资格的实验室或者有资质的医疗机构进行。公安机关决定进行实验室检测的,应在作出实验室检测决定后的3日内,将保存的A样本送交县级以上公安机关指定的具有检验鉴定资格的实验室或者有资质的医疗机构。接受委托的实验室或者医疗机构应在接到检测样本后的3日内出具实验室检测报告,由检测人签名,并加盖检测机构公章后,送委托实验室检测的公安机关。公安机关收到检测报告后,应当在24小时内将检测结果告知被检测人。被检测人对实验室检测结果有异议的,可在被告知检测结果后的3日内,向现场检测的公安机关提出实验室复检申请。公安机关应在接到实验室复检申请后的3日内作出是否同意进行实验室复检的决定,并将结果告知被检测人。

(4)实验室复检

实验室复检,由县级以上公安机关指定的取得检验鉴定机构资格的实验室进行。公安机关决定进行实验室复检的,应在作出实验室复检决定后的3日内,将保存的B样本送交县级以上公安机关指定的具有检验鉴定资格的实验室。接受委托的实验室应在接到检测样本后的3日内出具检测报告,由检测人签名,并加盖专用鉴定章后,送委托实验室复检的公安机关。公安机关收到检测报告后,应在24小时内将检测结果告知被检测人。接受委托的实验室检测机构或者实验室复检机构认为送检样本不符合检测条件的,应报县级以上公安机关或者其派出机构负责人批准后,由公安机关根据检测机构的意见,重新采集检测样本。

《吸毒检测程序规定》明确规定,实验室检测和实验室复检不得由同一检测机构进行。

(五)戒毒措施

国家采取各种措施帮助吸毒人员戒除毒瘾,教育和挽救吸毒人员。吸毒成瘾人员应进行戒毒治疗。公安机关可对涉嫌吸毒的人员进行必要的检测,被检测人员应予以配合;对拒绝接受检测的,经县级以上人民政府公安机关或者其派出机构负责人批准,可强制检测。公安机关应对吸毒人员进行登记。

1. 自愿戒毒

第一,国家鼓励吸毒成瘾人员自行戒除毒瘾。吸毒人员可自行到戒毒医疗机构接受戒毒治疗。对自愿接受戒毒治疗的吸毒人员,公安机关对其原吸毒行为不予处罚。

第二,戒毒医疗机构应与自愿戒毒人员或者其监护人签订自愿戒毒协议,就戒毒方法、戒毒期限、戒毒的个人信息保密、戒毒人员应遵守的规章制度、终止戒毒治疗的情形等作出约定,并应当载明戒毒疗效、戒毒治疗风险。

第三,戒毒医疗机构应履行下列义务:①对自愿戒毒人员开展艾滋病等传染病的预防、咨询教育;②对自愿戒毒人员采取脱毒治疗、心理康复、行为矫治等多种治疗措施,并应符合国务院卫生行政部门制定的戒毒治疗规范;③采用科学、规范的诊疗技术和方法,使用的药物、医院制剂、医疗器械应符合国家有关规定;④依法加强药品管理,防止麻醉药品、精神药品流失滥用。

2. 社区戒毒

第一,对吸毒成瘾人员,县级、设区的市级人民政府公安机关可责令其接受社区戒毒,并出具责令社区戒毒决定书,送达本人及其家属,通知本人户籍所在地或者现居住地乡(镇)人民政府、城市街道办事处。怀孕或者正在哺乳自己不满1周岁婴儿的妇女吸毒成瘾的,不适用强制隔离戒毒;不满16周岁的未成年人吸毒成瘾的,可不适用强制隔离戒毒。这些妇女与未成年人可采用社区戒毒。

第二,社区戒毒人员应当自收到责令社区戒毒决定书之日起15日内,到社区戒毒执行地乡(镇)人民政府、城市街道办事处报到,无正当理由逾期不报到的,视为拒绝接受社区戒毒。社区戒毒的期限为3年,自报到之日起计算。

第三,乡(镇)人民政府、城市街道办事处,应在社区戒毒人员报到后及时与其签订社区戒毒协议,明确社区戒毒的具体措施、社区戒毒人员应遵守的规定以及违反社区戒毒协议应承担的责任。

第四,社区戒毒专职工作人员、社区民警、社区医务人员、社区戒毒人员的家庭成员以及禁毒志愿者共同组成社区戒毒工作小组具体实施社区戒毒。

第五,乡(镇)人民政府、城市街道办事处和社区戒毒工作小组应采取下列措施管理、帮助社区戒毒人员:①戒毒知识辅导;②教育、劝诫;③职业技能培训,职业指导,就学、就业、就医援助;④帮助戒毒人员戒除毒瘾的其他措施。

第六,社区戒毒人员应遵守下列规定:①履行社区戒毒协议;②根据公安机关的要求,定期接受检测;③离开社区戒毒执行地所在县(市、区)3日以上的,须书面报告。

第七,社区戒毒人员在社区戒毒期间,逃避或者拒绝接受检测3次以上,擅自离开社区戒毒执行地所在县(市、区)3次以上或者累计超过30日的,属于《禁毒法》规定的"严重违反社区戒毒协议"。

第八,社区戒毒人员拒绝接受社区戒毒,在社区戒毒期间又吸食、注射毒品,以及严重违反社区戒毒协议的,社区戒毒专职工作人员应及时向当地公安机关报告。

第九,社区戒毒人员的户籍所在地或者现居住地发生变化,需要变更社区戒毒执行地的,社区戒毒执行地乡(镇)人民政府、城市街道办事处应当将有关材料转送至变更后的乡(镇)人民政府、城市街道办事处。社区戒毒人员应自社区戒毒执行地变更之日起15日内,前往变更后的乡(镇)人民政府、城市街道办事处报到,社区戒毒时间自报到之日起连续计算。变更后的乡(镇)人民政府、城市街道办事处,应与社区戒毒人员签订新的社区戒毒协议,继续执行社区戒毒。

第十,社区戒毒自期满之日起解除。社区戒毒执行地公安机关应出具解除社区戒毒通知书送达社区戒毒人员本人及其家属,并在7日内通知社区戒毒执行地乡(镇)人民政府、城市街道办事处。

第十一,社区戒毒人员被依法收监执行刑罚、采取强制性教育措施的,社区戒毒终止。社区戒毒人员被依法拘留、逮捕的,社区戒毒中止,由羁押场所给予必要的戒毒治疗,释放后继续接受社区戒毒。

3. 强制隔离戒毒

第一,吸毒成瘾人员有下列情形之一的,由县级以上人民政府公安机关作出强制隔离戒毒的决定:①拒绝接受社区戒毒的;②在社区戒毒期间吸食、注射毒品的;③严重违反社区戒毒协议的;④经社区戒毒、强制隔离戒毒后再次吸食、注射毒品的。

第二,对于吸毒成瘾严重,通过社区戒毒难以戒除毒瘾的人员,公安机关可以直接作出强制隔离戒毒的决定。吸毒成瘾人员自愿接受强制隔离戒毒的,经公安机关同意,可进入强制隔离戒毒场所戒毒。

第三,公安机关对吸毒成瘾人员决定予以强制隔离戒毒的,应制作强制隔离戒毒决定书,在执行强制隔离戒毒前送达被决定人,并在送达后 24 小时以内通知被决定人的家属、所在单位和户籍所在地公安派出所;被决定人不讲真实姓名、住址,身份不明的,公安机关应自查清其身份后通知。被决定人对公安机关作出的强制隔离戒毒决定不服的,可依法申请行政复议或者提起行政诉讼。

第四,对被决定予以强制隔离戒毒的人员,由作出决定的公安机关送强制隔离戒毒场所执行。强制隔离戒毒场所的设置、管理体制和经费保障,由国务院规定。

第五,戒毒人员进入强制隔离戒毒场所戒毒时,应当接受对其身体和所携带物品的检查。女性强制隔离戒毒人员的身体检查,应由女性工作人员进行。

第六,强制隔离戒毒场所应当根据戒毒人员吸食、注射毒品的种类及成瘾程度等,对戒毒人员进行有针对性的生理、心理治疗和身体康复训练。根据戒毒的需要,强制隔离戒毒场所可组织戒毒人员参加必要的生产劳动,对戒毒人员进行职业技能培训。组织戒毒人员参加生产劳动的,应支付劳动报酬。

第七,强制隔离戒毒场所应当根据戒毒人员的性别、年龄、患病等情况,对戒毒人员实行分别管理。强制隔离戒毒场所对有严重残疾或者疾病的戒毒人员,应给予必要的看护和治疗;对患有传染病的戒毒人员,应依法采取必要的隔离、治疗措施;对可能发生自伤、自残等情形的戒毒人员,可采取相应的保护性约束措施。强制隔离戒毒场所管理人员不得体罚、虐待或者侮辱戒毒人员。

第八,强制隔离戒毒场所应根据戒毒治疗的需要配备执业医师。强制隔离戒毒场所的执业医师具有麻醉药品和精神药品处方权的,可按有关技术规范对戒毒人员使用麻醉药品、精神药品。卫生行政部门应加强对强制隔离戒毒场所执业医师的业务指导和监督管理。

第九,戒毒人员的亲属和所在单位或者就读学校的工作人员,可按有关规定探访戒毒人员。戒毒人员经强制隔离戒毒场所批准,可外出探视配偶、直系亲属。强制隔离戒毒场所管理人员应对强制隔离戒毒场所以外的人员交给戒毒人员的物品和邮件进行检查,防止夹带毒品。在检查邮件时,应依法保护戒毒人员的通信自由和通信秘密。

第十,强制隔离戒毒的期限为两年。执行强制隔离戒毒一年后,经诊断评估,对于戒毒情况良好的戒毒人员,强制隔离戒毒场所可提出提前解除强制隔离戒毒的意见,报强制隔离戒毒的决定机关批准。强制隔离戒毒期满前,经诊断评估,对于需要延长戒毒期限的戒毒人员,由强制隔离戒毒场所提出延长戒毒期限的意见,报强制隔离戒毒的决定机关批准。强制隔离戒毒的期限最长可以延长一年。

4. 社区康复

第一,对解除强制隔离戒毒的人员,强制隔离戒毒的决定机关可责令其接受不超过 3 年的社区康复。社区康复在当事人户籍所在地或者现居住地乡(镇)人民政府、城市街道办事处执行,经当事人同意,也可在戒毒康复场所中执行。

第二,被责令接受社区康复的人员,应当自收到责令社区康复决定书之日起 15 日内,到户籍所在地或者现居住地乡(镇)人民政府、城市街道办事处报到,签订社区康复协议。被责令接受社区康复的人员拒绝接受社区康复或者严重违反社区康复协议,并再次吸食、注射毒品被决定强制隔离戒毒的,强制隔离戒毒不得提前解除。

第三,负责社区康复工作的人员应为社区康复人员提供必要的心理治疗和辅导、职业技能培训、职业指导以及就学、就业、就医援助。

第四,社区康复自期满之日起解除。社区康复执行地公安机关出具解除社区康复通知书送达社区康复人员本人及其家属,并在 7 日内通知社区康复执行地乡(镇)人民政府、城市街道办事处。

第五,自愿戒毒人员、社区戒毒、社区康复的人员可自愿与戒毒康复场所签订协议,到戒毒康复场所戒毒康复、生活和劳动。戒毒康复场所应配备必要的管理人员和医务人员,为戒毒人员提供戒毒康复、职业技能培训和生产劳动条件。

第六,戒毒康复场所应加强管理,严禁毒品流入,并建立戒毒康复人员自我管理、自我教育、自我服务的机制。戒毒康复场所组织戒毒人员参加生产劳动,应参照国家劳动用工制度的规定支付劳动报酬。

(六)禁毒的法律责任

有下列行为之一,构成犯罪的,依法追究刑事责任;尚不构成犯罪的,依法给予治安管理处罚:①走私、贩卖、运输、制造毒品的;②非法持有毒品的;③非法种植毒品原植物的;④非法买卖、运输、携带、持有未经灭活的毒品原植物种子或者幼苗的;⑤非法传授麻醉药品、精神药品或者易制毒化学品制造方法的;⑥强迫、引诱、教唆、欺骗他人吸食、注射毒品的；⑦向他人提供毒品的。

有下列行为之一，构成犯罪的，依法追究刑事责任；尚不构成犯罪的，依法给予治安管理处罚：①包庇走私、贩卖、运输、制造毒品的犯罪分子，以及为犯罪分子窝藏、转移、隐瞒毒品或者犯罪所得财物的；②在公安机关查处毒品违法犯罪活动时为违法犯罪行为人通风报信的；③阻碍依法进行毒品检查的；④隐藏、转移、变卖或者损毁司法机关、行政执法机关依法扣押、查封、冻结的涉及毒品违法犯罪活动的财物的。

除上述之外，《禁毒法》还对其他违反禁毒法规与政策的行为作了规定。例如，容留他人吸食、注射毒品或者介绍买卖毒品，构成犯罪的，依法追究刑事责任；尚不构成犯罪的，由公安机关处 10 日以上 15 日以下拘留，可以并处 3000 元以下罚款；情节较轻的，处 5 日以下拘留或者 500 元以下罚款。

（七）禁毒国际合作

中国根据缔结或者参加的国际条约或者按照对等原则，开展禁毒国际合作。国家禁毒委员会根据国务院授权，负责组织开展禁毒国际合作，履行国际禁毒公约义务。涉及追究毒品犯罪的司法协助，由司法机关依照有关法律的规定办理。国务院有关部门应按照各自职责，加强与有关国家或者地区执法机关以及国际组织的禁毒情报信息交流，依法开展禁毒执法合作。经国务院公安部门批准，边境地区县级以上人民政府公安机关可与有关国家或者地区的执法机关开展执法合作。通过禁毒国际合作破获毒品犯罪案件的，中国政府可与有关国家分享查获的非法所得、由非法所得获得的收益以及供毒品犯罪使用的财物或者财物变卖所得的款项。国务院有关部门根据国务院授权，可通过对外援助等渠道，支持有关国家实施毒品原植物替代种植、发展替代产业。

我国禁毒法规与政策的内容还包括禁毒社会工作者队伍建设等内容。2017 年 1 月，国家禁毒办等印发了《关于加强禁毒社会工作者队伍建设的意见》，明确规定禁毒社会工作者的职责任务包括提供戒毒康复服务、开展帮扶救助服务、参与禁毒宣传教育、协助开展有关禁毒管理事务等。①

---

① 全国社会工作者职业水平考试教材编委会编写：《社会工作法规与政策》，中国社会出版社 2023 年，第 193—205 页。

三、治安管理处罚法规与政策的主要内容

治安管理处罚法规与政策的主要内容来源于《治安管理处罚法》(2012年进行了修正)。[①] 社会工作者了解其内容,从中既可看出自身职业与警察职业的不同,也可依法辨别社会工作服务对象的行为是否违法。

(一)治安管理处罚的种类和适用

1. 治安管理处罚的种类

治安管理处罚的种类分为:①警告;②罚款;③行政拘留;④吊销公安机关发放的许可证。对违反治安管理的外国人可附加适用限期出境或者驱逐出境。

2. 治安管理处罚的适用

《治安管理处罚法》对治安管理处罚的适用从两个方面进行了规定。

(1)部分特别人员违反治安管理的适用

已满14周岁不满18周岁的人违反治安管理的,从轻或者减轻处罚;不满14周岁的人违反治安管理的,不予处罚,但应责令其监护人严加管教。精神病人在不能辨认或者不能控制自己行为的时候违反治安管理的,不予处罚,但应责令其监护人严加看管和治疗。间歇性的精神病人在精神正常的时候违反治安管理的,应给予处罚。盲人或者又聋又哑的人违反治安管理的,可从轻、减轻或者不予处罚。醉酒的人违反治安管理的,应给予处罚。醉酒的人在醉酒状态中,对本人有危险或者对他人的人身、财产或者公共安全有威胁的,应对其采取保护性措施约束至酒醒。

有两种以上违反治安管理行为的,分别决定,合并执行。行政拘留处罚合并执行的,最长不超过20日。

共同违反治安管理的,根据违反治安管理行为人在违反治安管理行为中所起的作用,分别处罚。教唆、胁迫、诱骗他人违反治安管理的,按照其教唆、胁迫、诱骗的行为处罚。

(2)单位违反治安管理的适用

单位违反治安管理的,对其直接负责的主管人员和其他直接责任人员依照《治安管理处罚法》的规定处罚。其他法律、行政法规对同一行为规定给予单位

---

① 《全国人民代表大会常务委员会关于修改〈中华人民共和国治安管理处罚法〉的决定》,《中华人民共和国全国人民代表大会常务委员会公报》2012年第6期。

处罚的，依照其规定处罚。

3. 减轻处罚或不予处罚、从重处罚的情形

有下列情形之一的，减轻处罚或者不予处罚：①情节特别轻微的；②主动消除或者减轻违法后果，并取得被侵害人谅解的；③出于他人胁迫或者诱骗的；④主动投案，向公安机关如实陈述自己的违法行为的；⑤有立功表现的。

有下列情形之一的，从重处罚：①有较严重后果的；②教唆、胁迫、诱骗他人违反治安管理的；③对报案人、控告人、举报人、证人打击报复的；④6 个月内曾受过治安管理处罚的。

有下列情形之一，依法应当给予行政拘留处罚的，不执行行政拘留处罚：①已满 14 周岁不满 16 周岁的；②已满 16 周岁不满 18 周岁，初次违反治安管理的；③70 周岁以上的；④怀孕或者哺乳自己不满一周岁婴儿的。

4. 违反治安管理行为的追究时效

违反治安管理行为在 6 个月内没有被公安机关发现的，不再处罚。期限从违反治安管理行为发生之日起计算；违反治安管理行为有连续或者继续状态的，从行为终了之日起计算。

(二) 违反治安管理的行为和处罚

1. 扰乱公共秩序的行为和处罚

有下列行为之一的，处警告或者 200 元以下罚款；情节较重的，处 5 日以上 10 日以下拘留，可以并处 500 元以下罚款：①扰乱机关、团体、企业、事业单位秩序，致使工作、生产、营业、医疗、教学、科研不能正常进行，尚未造成严重损失的；②扰乱车站、港口、码头、机场、商场、公园、展览馆或者其他公共场所秩序的；③扰乱公共汽车、电车、火车、船舶、航空器或者其他公共交通工具上的秩序的；④非法拦截或者强登、扒乘机动车、船舶、航空器以及其他交通工具，影响交通工具正常行驶的；⑤破坏依法进行的选举秩序的。聚众实施前款行为的，对首要分子处 10 日以上 15 日以下拘留，可以并处 1000 元以下罚款。

有下列行为之一，扰乱文化、体育等大型群众性活动秩序的，处警告或者 200 元以下罚款；情节严重的，处 5 日以上 10 日以下拘留，可以并处 500 元以下罚款：①强行进入场内的；②违反规定，在场内燃放烟花爆竹或者其他物品的；③展示侮辱性标语、条幅等物品的；④围攻裁判员、运动员或者其他工作人员的；⑤向场内投掷杂物，不听制止的；⑥扰乱大型群众性活动秩序的其他行为。因扰乱体育比赛秩序被处以拘留处罚的，可以同时责令其 12 个月内不得进入体育场馆观看

同类比赛；违反规定进入体育场馆的，强行带离现场。

有下列行为之一的，处5日以上10日以下拘留，可以并处500元以下罚款；情节较轻的，处5日以下拘留或者500元以下罚款：①散布谣言，谎报险情、疫情、警情或者以其他方法故意扰乱公共秩序的；②投放虚假的爆炸性、毒害性、放射性、腐蚀性物质或者传染病病原体等危险物质扰乱公共秩序的；③扬言实施放火、爆炸、投放危险物质扰乱公共秩序的。

有下列行为之一的，处5日以上10日以下拘留，可以并处500元以下罚款；情节较重的，处10日以上15日以下拘留，可以并处1000元以下罚款：①结伙斗殴的；②追逐、拦截他人的；③强拿硬要或者任意损毁、占用公私财物的；④其他寻衅滋事行为。

有下列行为之一的，处10日以上15日以下拘留，可以并处1000元以下罚款；情节较轻的，处5日以上10日以下拘留，可以并处500元以下罚款：①组织、教唆、胁迫、诱骗、煽动他人从事邪教、会道门活动或者利用邪教、会道门、迷信活动，扰乱社会秩序、损害他人身体健康的；②冒用宗教、气功名义进行扰乱社会秩序、损害他人身体健康活动的。

违反国家规定，故意干扰无线电业务正常进行的，或者对正常运行的无线电台（站）产生有害干扰，经有关主管部门指出后，拒不采取有效措施消除的，处5日以上10日以下拘留；情节严重的，处10日以上15日以下拘留。

有下列行为之一的，处5日以下拘留；情节较重的，处5日以上10日以下拘留：①违反国家规定，侵入计算机信息系统，造成危害的；②违反国家规定，对计算机信息系统功能进行删除、修改、增加、干扰，造成计算机信息系统不能正常运行的；③违反国家规定，对计算机信息系统中存储、处理、传输的数据和应用程序进行删除、修改、增加的；④故意制作、传播计算机病毒等破坏性程序，影响计算机信息系统正常运行的。

2. 妨害公共安全的行为和处罚

违反国家规定，制造、买卖、储存、运输、邮寄、携带、使用、提供、处置爆炸性、毒害性、放射性、腐蚀性物质或者传染病病原体等危险物质的，处10日以上15日以下拘留；情节较轻的，处5日以上10日以下拘留。

爆炸性、毒害性、放射性、腐蚀性物质或者传染病病原体等危险物质被盗、被抢或者丢失，未按规定报告的，处5日以下拘留；故意隐瞒不报的，处5日以上10日以下拘留。

非法携带枪支、弹药或者弩、匕首等国家规定的管制器具的，处 5 日以下拘留，可以并处 500 元以下罚款；情节较轻的，处警告或者 200 元以下罚款。非法携带枪支、弹药或者弩、匕首等国家规定的管制器具进入公共场所或者公共交通工具的，处 5 日以上 10 日以下拘留，可以并处 500 元以下罚款。

有下列行为之一的，处 10 日以上 15 日以下拘留：①盗窃、损毁油气管道设施、电力电信设施、广播电视设施、水利防汛工程设施或者水文监测、测量、气象测报、环境监测、地质监测、地震监测等公共设施的；②移动、损毁国家边境的界碑、界桩以及其他边境标志、边境设施或者领土、领海标志设施的；③非法进行影响国(边)界线走向的活动或者修建有碍国(边)境管理的设施的。

盗窃、损坏、擅自移动使用中的航空设施，或者强行进入航空器驾驶舱的，处 10 日以上 15 日以下拘留。在使用中的航空器上使用可能影响导航系统正常功能的器具、工具，不听劝阻的，处 5 日以下拘留或者 500 元以下罚款。

有下列行为之一的，处 5 日以上 10 日以下拘留，可以并处 500 元以下罚款；情节较轻的，处 5 日以下拘留或者 500 元以下罚款：①盗窃、损毁或者擅自移动铁路设施、设备、机车车辆配件或者安全标志的；②在铁路线路上放置障碍物，或者故意向列车投掷物品的；③在铁路线路、桥梁、涵洞处挖掘坑穴、采石取沙的；④在铁路线路上私设道口或者平交过道的。

擅自进入铁路防护网或者火车来临时在铁路线路上行走坐卧、抢越铁路，影响行车安全的，处警告或者 200 元以下罚款。

有下列行为之一的，处 5 日以下拘留或者 500 元以下罚款；情节严重的，处 5 日以上 10 日以下拘留，可以并处 500 元以下罚款：①未经批准，安装、使用电网的，或者安装、使用电网不符合安全规定的；②在车辆、行人通行的地方施工，对沟井坎穴不设覆盖物、防围和警示标志的，或者故意损毁、移动覆盖物、防围和警示标志的；③盗窃、损毁路面井盖、照明等公共设施的。

举办文化、体育等大型群众性活动，违反有关规定，有发生安全事故危险的，责令停止活动，立即疏散。对组织者处 5 日以上 10 日以下拘留，并处 200 元以上 500 元以下罚款；情节较轻的，处 5 日以下拘留或者 500 元以下罚款。

旅馆、饭店、影剧院、娱乐场、运动场、展览馆或者其他供社会公众活动的场所的经营管理人员，违反安全规定，致使该场所有发生安全事故危险，经公安机关责令改正，拒不改正的，处 5 日以下拘留。

3. 侵犯人身权利、财产权利的行为和处罚

有下列行为之一的，处10日以上15日以下拘留，并处500元以上1000元以下罚款；情节较轻的，处5日以上10日以下拘留，并处200元以上500元以下罚款：①组织、胁迫、诱骗不满16周岁的人或者残疾人进行恐怖、残忍表演的；②以暴力、威胁或者其他手段强迫他人劳动的；③非法限制他人人身自由、非法侵入他人住宅或者非法搜查他人身体的。

胁迫、诱骗或者利用他人乞讨的，处10日以上15日以下拘留，可以并处1000元以下罚款。反复纠缠、强行讨要或者以其他滋扰他人的方式乞讨的，处5日以下拘留或者警告。

有下列行为之一的，处5日以下拘留或者500元以下罚款；情节较重的，处5日以上10日以下拘留，可以并处500元以下罚款：①写恐吓信或者以其他方法威胁他人人身安全的；②公然侮辱他人或者捏造事实诽谤他人的；③捏造事实诬告陷害他人，企图使他人受到刑事追究或者受到治安管理处罚的；④对证人及其近亲属进行威胁、侮辱、殴打或者打击报复的；⑤多次发送淫秽、侮辱、恐吓或者其他信息，干扰他人正常生活的；⑥偷窥、偷拍、窃听、散布他人隐私的。

殴打他人的，或者故意伤害他人身体的，处5日以上10日以下拘留，并处200元以上500元以下罚款；情节较轻的，处5日以下拘留或者500元以下罚款。

有下列情形之一的，处10日以上15日以下拘留，并处500元以上1000元以下罚款：①结伙殴打、伤害他人的；②殴打、伤害残疾人、孕妇、不满14周岁的人或者60周岁以上的人的；③多次殴打、伤害他人或者一次殴打、伤害多人的。

猥亵他人的，或者在公共场所故意裸露身体，情节恶劣的，处5日以上10日以下拘留；猥亵智力残疾人、精神病人、不满14周岁的人或者有其他严重情节的，处10日以上15日以下拘留。

有下列行为之一的，处5日以下拘留或者警告：①虐待家庭成员，被虐待人要求处理的；②遗弃没有独立生活能力的被扶养人的。

强买强卖商品，强迫他人提供服务或者强迫他人接受服务的，处5日以上10日以下拘留，并处200元以上500元以下罚款；情节较轻的，处5日以下拘留或者500元以下罚款。

煽动民族仇恨、民族歧视，或者在出版物、计算机信息网络中刊载民族歧视、侮辱内容的，处10日以上15日以下拘留，可以并处1000元以下罚款。

冒领、隐匿、毁弃、私自开拆或者非法检查他人邮件的，处5日以下拘留或者

500元以下罚款。

盗窃、诈骗、哄抢、抢夺、敲诈勒索或者故意损毁公私财物的,处5日以上10日以下拘留,可以并处500元以下罚款;情节较重的,处10日以上15日以下拘留,可以并处1000元以下罚款。

4. 妨害社会管理的行为和处罚

有下列行为之一的,处警告或者200元以下罚款;情节严重的,处5日以上10日以下拘留,可以并处500元以下罚款:①拒不执行人民政府在紧急状态情况下依法发布的决定、命令的;②阻碍国家机关工作人员依法执行职务的;③阻碍执行紧急任务的消防车、救护车、工程抢险车、警车等车辆通行的;④强行冲闯公安机关设置的警戒带、警戒区的。

冒充国家机关工作人员或者以其他虚假身份招摇撞骗的,处5日以上10日以下拘留,可以并处500元以下罚款;情节较轻的,处5日以下拘留或者500元以下罚款。冒充军警人员招摇撞骗的,从重处罚。

有下列行为之一的,处10日以上15日以下拘留,可以并处1000元以下罚款;情节较轻的,处5日以上10日以下拘留,可以并处500元以下罚款:①伪造、变造或者买卖国家机关、人民团体、企业、事业单位或者其他组织的公文、证件、证明文件、印章的;②买卖或者使用伪造、变造的国家机关、人民团体、企业、事业单位或者其他组织的公文、证件、证明文件的;③伪造、变造、倒卖车票、船票、航空客票、文艺演出票、体育比赛入场券或者其他有价票证、凭证的;④伪造、变造船舶户牌,买卖或者使用伪造、变造的船舶户牌,或者涂改船舶发动机号码的。

有下列行为之一的,处10日以上15日以下拘留,并处500元以上1000元以下罚款;情节较轻的,处5日以下拘留或者500元以下罚款:①违反国家规定,未经注册登记,以社会团体名义进行活动,被取缔后,仍进行活动的;②被依法撤销登记的社会团体,仍以社会团体名义进行活动的;③未经许可,擅自经营按照国家规定需要由公安机关许可的行业的。

煽动、策划非法集会、游行、示威,不听劝阻的,处10日以上15日以下拘留。

违反关于社会生活噪声污染防治的法律规定,制造噪声干扰他人正常生活的,处警告;警告后不改正的,处200元以上500元以下罚款。

有下列行为之一的,处500元以上1000元以下罚款;情节严重的,处5日以上10日以下拘留,并处500元以上1000元以下罚款:①典当业工作人员承接典当的物品,不查验有关证明、不履行登记手续,或者明知是违法犯罪嫌疑人、赃物，不向公安机关报告的；②违反国家规定，收购铁路、油田、供电、电信、矿山、水利、测量和城市公用设施等废旧专用器材的；③收购公安机关通报寻查的赃物或者有赃物嫌疑的物品的；④收购国家禁止收购的其他物品的。

有下列行为之一的，处5日以上10日以下拘留，并处200元以上500元以下罚款：①隐藏、转移、变卖或者损毁行政执法机关依法扣押、查封、冻结的财物的；②伪造、隐匿、毁灭证据或者提供虚假证言、谎报案情，影响行政执法机关依法办案的；③明知是赃物而窝藏、转移或者代为销售的；④被依法执行管制、剥夺政治权利或者在缓刑、暂予监外执行中的罪犯或者被依法采取刑事强制措施的人，有违反法律、行政法规或者国务院有关部门的监督管理规定的行为。

协助组织或者运送他人偷越国（边）境的，处10日以上15日以下拘留，并处1000元以上5000元以下罚款。为偷越国（边）境人员提供条件的，处5日以上10日以下拘留，并处500元以上2000元以下罚款。偷越国（边）境的，处5日以下拘留或者500元以下罚款。

有下列行为之一的，处警告或者200元以下罚款；情节较重的，处5日以上10日以下拘留，并处200元以上500元以下罚款：①刻划、涂污或者以其他方式故意损坏国家保护的文物、名胜古迹的；②违反国家规定，在文物保护单位附近进行爆破、挖掘等活动，危及文物安全的。

有下列行为之一的，处500元以上1000元以下罚款；情节严重的，处10日以上15日以下拘留，并处500元以上1000元以下罚款：①偷开他人机动车的；②未取得驾驶证驾驶或者偷开他人航空器、机动船舶的。

有下列行为之一的，处5日以上10日以下拘留；情节严重的，处10日以上15日以下拘留，可以并处1000元以下罚款：①故意破坏、污损他人坟墓或者毁坏、丢弃他人尸骨、骨灰的；②在公共场所停放尸体或者因停放尸体影响他人正常生活、工作秩序，不听劝阻的。

卖淫、嫖娼的，处10日以上15日以下拘留，可以并处5000元以下罚款；情节较轻的，处5日以下拘留或者500元以下罚款。在公共场所拉客招嫖的，处5日以下拘留或者500元以下罚款。引诱、容留、介绍他人卖淫的，处10日以上15日以下拘留，可以并处5000元以下罚款；情节较轻的，处5日以下拘留或者500元以下罚款。

制作、运输、复制、出售、出租淫秽的书刊、图片、影片、音像制品等淫秽物品或者利用计算机信息网络、电话以及其他通信工具传播淫秽信息的，处10日以上15日以下拘留，可以并处3000元以下罚款；情节较轻的，处5日以下拘留或者500元以下罚款。

有下列行为之一的，处10日以上15日以下拘留，并处500元以上1000元以下罚款：①组织播放淫秽音像的；②组织或者进行淫秽表演的；③参与聚众淫乱活动的。

以营利为目的，为赌博提供条件的，或者参与赌博赌资较大的，处5日以下拘留或者500元以下罚款；情节严重的，处10日以上15日以下拘留，并处500元以上3000元以下罚款。

有下列行为之一的，处10日以上15日以下拘留，可以并处3000元以下罚款；情节较轻的，处5日以下拘留或者500元以下罚款：①非法种植罂粟不满500株或者其他少量毒品原植物的；②非法买卖、运输、携带、持有少量未经灭活的罂粟等毒品原植物种子或者幼苗的；③非法运输、买卖、储存、使用少量罂粟壳的。

有下列行为之一的，处10日以上15日以下拘留，可以并处2000元以下罚款；情节较轻的，处5日以下拘留或者500元以下罚款：①非法持有鸦片不满200克、海洛因或者甲基苯丙胺不满十克或者其他少量毒品的；②向他人提供毒品的；③吸食、注射毒品的；④胁迫、欺骗医务人员开具麻醉药品、精神药品的。

教唆、引诱、欺骗他人吸食、注射毒品的，处10日以上15日以下拘留，并处500元以上2000元以下罚款。

旅馆业、饮食服务业、文化娱乐业、出租汽车业等单位的人员，在公安机关查处吸毒、赌博、卖淫、嫖娼活动时，为违法犯罪行为人通风报信的，处10日以上15日以下拘留。

饲养动物，干扰他人正常生活的，处警告；警告后不改正的，或者放任动物恐吓他人的，处200元以上500元以下罚款。

（三）治安管理处罚程序

治安管理处罚程序包括调查、决定、执行三个环节。①在调查环节，《治安管理处罚法》对治安案件的受理及处置、调查的基本原则、保密义务、回避适用和决定权限、传唤及决定权限、询问、检查、扣押、鉴定等方面作出了规定。②在决定环节，《治安管理处罚法》对决定的权限、时间折抵、证据的使用原则、违反治安管理行为人依法享有的权利、治安案件的处理及处罚决定书、听证的适用、治安案件的办理期限、当场处罚的适用等作出了规定。③在执行环节，《治安管理处罚法》对送达拘留所执行的适用、执行罚款的适用、暂缓行政拘留的执行作出了规定。

（四）治安管理处罚的监督

1. 公安机关及其人民警察办理治安案件的要求

主要包括如下内容：①公安机关及其人民警察应当依法、公正、严格、高效办理治安案件，文明执法，不得徇私舞弊。②公安机关及其人民警察办理治安案件，禁止对违反治安管理行为人打骂、虐待或者侮辱。③公安机关及其人民警察办理治安案件，应当自觉接受社会和公民的监督。公安机关及其人民警察办理治安案件，不严格执法或者有违法违纪行为的，任何单位和个人都有权向公安机关或者人民检察院、行政监察机关检举、控告；收到检举、控告的机关，应当依据职责及时处理。④公安机关依法实施罚款处罚，应当依照有关法律、行政法规的规定，实行罚款决定与罚款收缴分离；收缴的罚款应当全部上缴国库。

2. 行政责任和刑事责任

人民警察办理治安案件，有下列行为之一的，依法给予行政处分；构成犯罪的，依法追究刑事责任：①刑讯逼供、体罚、虐待、侮辱他人的；②超过询问查证的时间限制人身自由的；③不执行罚款决定与罚款收缴分离制度或者不按规定将罚没的财物上缴国库或者依法处理的；④私分、侵占、挪用、故意损毁收缴、扣押的财物的；⑤违反规定使用或者不及时返还被侵害人财物的；⑥违反规定不及时退还保证金的；⑦利用职务上的便利收受他人财物或者谋取其他利益的；⑧当场收缴罚款不出具罚款收据或者不如实填写罚款数额的；⑨接到要求制止违反治安管理行为的报警后，不及时出警的；⑩在查处违反治安管理活动时，为违法犯罪行为人通风报信的；⑪有徇私舞弊、滥用职权，不依法履行法定职责的其他情形的。办理治安案件的公安机关有前款所列行为的，对直接负责的主管人员和其他直接责任人员给予相应的行政处分。

3. 民事责任和赔偿责任

公安机关及其人民警察违法行使职权，侵犯公民、法人和其他组织合法权益的，应当赔礼道歉；造成损害的，应当依法承担赔偿责任。①

① 全国社会工作者职业水平考试教材编委会编写：《社会工作法规与政策》，中国社会出版社 2023 年，第 205—211 页。

第三节　社区矫正、禁毒、治安管理处罚法规与政策运行中存在的主要问题

一、社区矫正法规与政策运行中存在的主要问题

当前，社区矫正法规与政策运行中存在的主要问题有以下方面。

第一，立法有待完善和细化。《社区矫正法》对部分事项的规定过于简略。对于社区矫正委员会的职能，规定得较为宽泛和笼统，对于社区矫正委员会如何运行没有明确的规定，缺乏指导性和实操性，社区矫正机构缺乏准确的定义，与司法行政机关的关系不明确。经费保障的规定不够细化，对于经费项目、分担原则等未作出详细规定，容易导致实践中经费保障缺乏操作性。[①] 社区矫正缓刑存在问题，包括社区矫正机构提请权缺乏刚性；脱管社区矫正对象撤销缓刑存在难局；社区矫正对象权利救济存在缺陷。[②] 公安机关、人民法院、人民检察院、司法行政机关之间信息衔接不通畅，社区矫正监督管理尚未形成合力，公检法司对社区矫正的认识和态度不一致。[③]

第二，社区矫正惩处规定不足[④]。《社区矫正法》中对社区矫正人员的处罚制度规定不足，规定的处罚种类有限，且将治安管理处罚作为社区矫正措施存在一定的理论缺陷。《社区矫正法》规定有权作出处罚的机关主要为司法行政机关和公安机关，作为主要负责矫正工作的社区矫正机构，没有独立的处罚权以及采取一定强制措施的权限，这样导致社区矫正机构对于社区矫正犯罪人员出现的违法违规情况及其他突发情况，无法作出及时、有效的应对。

第三，社区矫正机构基础设施薄弱。社区矫正工作主要由基层的司法所完成，基层司法所由于受制于经费、设施、人员匮乏等问题，其矫正工作的开展会大打折扣。《社区矫正法》提出要运用现代信息技术开展相关工作，这一落实需要

---

① 吴宗宪：《社区矫正立法的奠基之作和拾漏补缺思考》，《温州大学学报（社会科学版）》2020 年第 4 期。

② 李浩：《社区矫正撤销缓刑问题研究》，《社区矫正理论与实践》2022 年第 2 期。

③ 董媛：《社区矫正领域执法规范化问题》，《法制博览》2023 年第 25 期。

④ 司绍寒：《试论〈社区矫正法〉的意义与不足》，《犯罪与改造研究》2020 年第 8 期。

资金和技术的支持。由于各地财政实力存在差异,有些地方政府难以将这部分资金纳入财政预算。因此,有些地方并未设置社区矫正机构。截至2023年7月,全国省、市、县三级人民政府未设置社区矫正机构的分别占22%、27%、32%。①

第四,人才培养与队伍建设困难。《社区矫正法》规定,"国家推进高素质的社区矫正工作队伍建设",社区矫正工作人员应"具有法律、教育、心理、社会工作等专业知识或者实践经验",实践中优秀的专业社区矫正工作者很难招录和培养,除了需要具备相关专业知识以外,还要负责与犯罪人员的面谈、评估风险、联系协调相关部门、制定针对性强的矫正方案等工作,对综合素质的要求较高,在社区矫正工作人员的待遇及保障没有提升的情况下,很难吸引和留住优秀的人才,构建和稳定高素质队伍。②

第五,社会力量参与存在问题。《社区矫正法》对社会力量参与对社区矫正犯罪人员的矫正帮扶作了专章规定,由于地区之间发展不平衡,不少地方缺少甚至没有相关的社会机构和社会力量,如何建立和发展社会力量是一个难题,而社会力量丰富的地区,如何实现社会资源的共享与整合,减少资源的低效和浪费,也是需要解决的问题。

第六,社区矫正的效果难以确定,尚得不到普遍认可③。参与社区矫正的犯罪人员经过一定时间的矫正、帮扶和教育,能否从思想和行动上得到改造,难以准确评估。④ 事实上,对社区矫正工作的评估不仅要看矫正工作的效率、罪犯在刑满后的重新犯罪率等,而且要看罪犯在服刑期间是否受到了相应的惩罚,感受到了一定痛苦与损失。社区矫正的本质是将人民法院的刑事裁决加以实现的过程,而刑罚执行的本质属性是惩罚性。如果罪犯在社区服刑期间感受不到一定的惩罚,也就是说,刑罚不能对罪犯和社会产生一定的威慑力,因而也就难以表明社区矫正是成功的。⑤ 不难发现,进行这类效果的评估是比较困难的,需要进一步探索。

---

① 《最高人民检察院、司法部联合举行"贯彻落实社区矫正法 推进社区矫正教育管理和法律监督"新闻发布会》,中华人民共和国国务院新闻办公室官网,2023年7月5日。

② 张荆:《〈社区矫正法〉的立法意义与执法难点》,《犯罪研究》2020年第4期。

③ 刘强:《我国社区矫正顶层设计中存在的主要问题及解决对策》,《辽宁师范大学学报(社会科学版)》2022年第2期。

④ 秦印龙:《我国社区矫正的若干问题与对策》,《法制博览》2021年第32期。

⑤ 刘强:《我国社区矫正顶层设计中存在的主要问题及解决对策》,《辽宁师范大学学报(社会科学版)》2022年第2期。

第七,社区矫正法规与政策在现实中的宣传力度有待加强。社区矫正需要在社区中进行,它的效果相当大程度也受制于社区的参与与认可。因此,很有必要让社区居民了解社区矫正法规与政策。但是,传统行刑观念对人们思想的影响根深蒂固,多数民众有强烈的惩罚犯罪的愿望,视犯罪为不可容忍或异类,心理容纳度较低,往往崇尚重刑,认为监禁刑是最安全、最有效的行刑方式,对社区矫正充满疑虑、漠视甚至排斥,对管制、假释、缓刑等社区矫正刑种和相关刑罚制度的使用,仍停留在过去的认知水平上。在绝大多数人的思想意识中,罪犯就意味着坐牢,担心把罪犯放在社区不安全不保险,容易造成管理失控或者犯罪人得不到良好的教育改造而重新走上犯罪,有的认为犯罪人被判刑后却仍留在社会上就等于没有刑罚处罚,这些观念深入人心且根深蒂固。在实践中,一些人甚至把社区矫正曲解为放纵犯罪、有失公正、危及社会安全。如此一来,民众难以理解社区矫正所体现的人道、民主、文明、公正的行刑理念。所以,很有必要大力宣传社区矫正的相关法规与政策,以获取公众的认同感,鼓励公众参与和支持。①

综上,社区矫正法规与政策在运行中存在的这些问题,需要进一步深入探索。

二、禁毒法规与政策运行中存在的主要问题

中国禁毒法规与政策运行中仍存在一些问题,从如下方面可以体现。

(一)禁毒教育有待进一步改进

禁毒教育存在的问题具体表现在如下方面。

第一,禁毒教育工作没有深化到学校教育活动中,未引起足够的重视。学校作为教育机构,重视的是对学生专业化知识方面的教育,最关心的是学生的学业成绩等,而对于禁毒教育工作还处于初级阶段,过于形式化,没有正确认识到禁毒工作的重要性。甚至有部分学校认为学生涉毒问题属于社会性问题或家庭教育问题,与学校关系不大,禁毒教育不是学校分内必要的事情,应该归公安部门等相关机构管理。对于禁毒活动的展开往往也过于表面化、形式化。

第二,禁毒教育内容脱离实际。缺乏专业的禁毒教育人员,禁毒教育工作大都照本宣科,没有深入地帮助学生了解毒品的危害。禁毒教育工作更多的是依

---

① 王俊华:《我国社区矫正的发展及面临的问题》,《河南司法警官职业学院学报》2011年第3期。

靠德育课简单带过,不少教师本身对毒品方面的认知和了解就比较少,都是来源于媒体或书本,禁毒教育内容过于空乏,基本是常识性的问题,导致学生对禁毒内容存在片面性的认识,对毒品的危害性也缺乏深刻的理解,一味地让学生远离毒品,过分地强调毒品带来可怕后果,反而让学生对毒品产生好奇心,甚至有部分学生认为自己在沾染毒品后,也能戒掉,盲目自信,防毒、抗毒、识毒意识淡薄,面临毒品诱惑或为追求刺激,抵制力和自制力不强。

第三,禁毒宣传内容老套。禁毒宣传内容还停留在以往的毒品,而往往对新型毒品、多样化的涉毒方式等方面宣传少,宣传内容老套,缺乏针对性,与现实脱节,禁毒教育工作难以发挥其应有的作用和价值。①

(二)禁毒民警的职业安全有待进一步保障

禁毒离不开禁毒民警。然而,禁毒民警的职业安全状况令人担忧。

第一,职业风险高。禁毒民警区别于其他警种的职业特点是高风险、高伤亡率。这既是毒品犯罪国际化、集团化、智能化、网络化和武装化特点决定的,也是日益严峻的毒情形势和日益繁重的禁毒工作任务与各种保障相对匮乏的矛盾所带来的。例如,2013 年 1—11 月,全国因公负伤和死亡的禁毒民警有 225 名。

第二,工作负荷大。当前,我国的毒情形势复杂,禁毒斗争激烈,禁毒民警的工作强度大,工作负荷高于公安其他警种。据云南省禁毒部门统计,云南省公安禁毒民警平均每人每月加班工作 55 小时,人均年超时工作超过 600 小时,一线公安禁毒民警平均每月加班时间超过 100 小时。如按国家规定的带薪工作天数 261 天统计,部分公安禁毒民警每年超时工作达到 67.5 个工作日。

第三,职业暴露多。禁毒民警面对的工作环境十分复杂,在吸毒分子中不乏传染性疾病患者,禁毒民警在与此类人员接触并进行管控过程中,时刻面临着被伤害和被传染的危险,职业暴露的风险明显高于其他警种。被感染艾滋病的吸毒人员或毒贩咬伤、扎伤的事例时有发生。同时,在毒品检验、毒品查缉和清理制毒现场的过程中,禁毒民警也面临各种有害物质、有害气体的危害。

第四,心理压力大。禁毒民警长时间处于高度紧张的工作状态,存在被犯罪嫌疑人及其家属打击报复的风险,工作环境较差,职业暴露风险较高,被传染疾病的危险系数也较高,背负着自己可能不幸染上疾病甚至波及家人或朋友的思想负担。再者,禁毒民警长期加班,脱离与同龄人的交往,与父母、家属、孩子聚

① 米靖安:《禁毒教育工作面临的主要问题及对策分析》,《法制博览》2018 年第 14 期。

少离多，对家庭易产生愧疚感。多种压力交织，造成禁毒民警的心理压力普遍较大，部分禁毒民警甚至出现了心理疾病。①

（三）社区戒毒康复工作存在问题

我国目前的社区戒毒康复工作机制，按照国家《禁毒法》《戒毒条例》《吸毒成瘾人员认定办法》以及各地社区戒毒康复工作办法的规定来运行。总体上没有对社区戒毒与社区康复具体要求作规定，将更多的空间留给了下位法律，这种立法上的留白，是鼓励与倡导各地自主开展社区戒毒康复工作。但是，它也会导致一些权利与义务的纠葛。

第一，权责交叉导致权责不清。根据《戒毒条例》，社区戒毒康复的过程是在公安机关出具责令社区戒毒决定书之后，乡镇人民政府和城市街道办事处接收吸毒成瘾人员并与之签订社区戒毒协议，根据工作需要成立社区戒毒工作领导小组，落实社区戒毒工作。同时，由社区戒毒专职工作人员、社区民警、社区医务人员、社区戒毒人员的家庭成员以及禁毒志愿者，共同组成社区戒毒工作小组具体实施社区戒毒。可见，社区戒毒康复工作的实施主体是政府主导的工作小组，社区戒毒康复具有更多行政性。而社区则属于群众自治的单元，最主要的社区治理就是以居民住宅小区为单位进行民主选举产生业主委员会，对社区进行自我管理、自我监督、自我服务。吸毒成瘾人员在社区进行戒毒康复，社区内的群众自治管理与吸毒人员的行政管理交叉，使得两个管理体系对于吸毒人员均负有相应的责任和义务。因此，如何将吸毒人员管控与社区居民自治有效结合，仍是一个值得探索研究的重要问题。《禁毒法》和《戒毒条例》所规定的负责部门是乡镇人民政府、城市街道办，同时要求社区戒毒康复工作要按照需求形成帮扶小组，由政府部门选派专职干部领导工作。而目前我国社区治理工作处于起步阶段，吸毒人员集行政违法人员、病人、毒品受害者三重身份于一身，在社区内参与社区治理的政治权利并未消失，平衡社区居民诉求与国家基层治理的双重要求均落脚在社区。政府机构与社区群众自治管理机构的权责不明晰，吸毒人员与社区其他居民的诉求反映机制冗余等问题，阻碍着社区戒毒康复工作的效能发挥。社区戒毒康复工作如果无法在社区内完整有效地开展，一旦戒毒人员脱离管控机制，游散于社区之中，在社区中传播毒品等，就会对该社区的建设与发展产生负面效应。

① 和煜乾、彭驰：《公安禁毒民警职业安全问题研究》，《广西警察学院学报》2017年第5期。

第二，社区戒毒康复工作人员构成单一。根据《禁毒法》和《戒毒条例》，社区戒毒康复工作人员包括社区戒毒专职工作人员、社区民警、社区医务人员、社区戒毒人员的家庭成员以及禁毒志愿者。他们负责落实社区戒毒康复工作的具体措施，与戒毒康复人员直接接触，其工作关系到社区戒毒康复工作的效果。在实际工作中，社区戒毒专职人员是主力，除医务人员和社区民警的专业工作外，其他工作均落在社区戒毒专职人员肩上。各地对社区戒毒康复专职工作人员的招录要求是持有社会工作者职业水平证书即可（有禁毒工作经验的优先）。这与社区戒毒力量多样性的要求可能不符。帮助吸毒人员在社区内矫治本身就是一个系统工程，涉及医学、心理学、社会学等多方面的知识和技能，需要多元化的专职工作人员构成，以聚合多种社会资源，共同助力社区戒毒康复工作。

第三，区域联合工作机制不健全。我国社区戒毒康复工作大多是"孤立"进行，每个乡镇政府和街道办各自为政。鉴于社区戒毒康复工作处于起步阶段，各负责社区戒毒康复部门对吸毒人员管控能力存在差异，一些管控能力差的社区会出现一些戒毒人员脱离管控机关，在社会上违规流动。对此，《戒毒条例》规定，离开社区戒毒执行地所在县（市、区）三日以上的，须书面报告；戒毒人员如果未按规定擅自离开社区戒毒执行地的后果，即最终需要上报到公安机关进行处理。前述规定对于戒毒人员违规离开戒毒场所的行为仅作了被动式回应，如要对戒毒人员进行更加系统与完整的管控，需要有预防性的规定对其违规流动进行管控，在制度方面就是对吸毒人员的管理实现一定范围内的合作。如以社区之间、相邻县（市、区）之间的联合为基础，对于吸毒人员形成管理网络。目前，对于戒毒人员违规流动行为还没有预防性的法律法规和政策文件。因此，完善社区戒毒康复人员的跨区域违规流动需要从制度方面进一步完善，加强区域合作，完善联合工作机制。①

（四）强制隔离戒毒面临难题

随着禁毒系列专项行动的持续推进、"控增量、减存量"目标的逐步实现，依法接受强制隔离戒毒的人次，从 2017 年始呈现出断崖式下降趋势。据公安部最新公布的数据显示，2022 年第一季度全国范围内被决定强制隔离戒毒的人员有

---

① 孔凡锦、张黎：《社区戒毒康复工作：现状、问题与路径》《广西警察学院学报》2020 年第 2 期。

1.57 万人。[1] 许多戒毒场所的“收戒量”仅为以往的 1/10,有些戒毒场所收治的戒毒人员甚至不足 10 人,“警戒比”严重超标,由于空编较多、职能弱化而面临着被收回编制、撤销机构的风险。有些戒毒场所在暂停收治戒毒人员之后把工作重心转向社区戒毒、社区康复、社区矫正等工作。在此情形下,强制隔离戒毒二元执行制度的弊端就愈加明显,场所管理机制不完善、戒治功能发挥不充分等诸多难点问题愈加突出,在一定程度上阻碍了强制隔离戒毒工作的持续提质增效。[2]

(五)禁毒成效仍有待进一步提升

新中国成立后,我国仅用 3 年时间就消灭了毒品问题,并且,此后的 30 年中毒品在中国几乎灭绝。然而,改革开放以后,毒品问题再次卷土重来,且越来越严重。国家不断加强立法工作,加大执法力度,禁毒法规与政策在运行中确实取得了不小的成效。但是,要达到禁毒社会政策的目标,任务还很艰巨。1990 年,中国登记的毒品成瘾者人数为 7 万人。为此,国家加大禁毒力度,但收效甚微,到 2000 年,毒品成瘾者增加到 86 万人。[3] 21 世纪以来,国家进一步加大禁毒立法工作,进一步强化执法力度,但毒品泛滥问题仍严重。2012 年底,全国累计登记吸毒人员 209.8 万名,是 2000 年的 2.44 倍,2013 年底又增加到 247.5 万名,2014 年底进一步增加到 295.5 万名。党的十八大以来,国家加大禁毒力度,取得显著效果。截至 2021 年底,全国有吸毒人员 148.6 万名,比 2014 年减少了 49.71%,不过现有吸毒人员数量仍然很大,尤其是新发现吸毒人员 12.1 万名。[4] 2023 年,全年共查处吸毒人员 19.5 万人次。截至 2023 年底,中国吸毒人员仍有 89.6 万名。[5] 这些表明,提升禁毒成效的空间仍较大。

此外,中国禁毒法规与政策运行中还存在其他方面问题,需要进一步完善相关法规与政策,各地再结合实际情况予以应对。

---

① 董凡超:《我国禁毒工作何以实现“三降三升”公安机关惩防并举交出禁毒优异答卷》《法制日报》2022 年 6 月 23 日。

② 姜祖桢、宋秋英:《新时期强制隔离戒毒工作成效、难点问题与改革对策》,《犯罪与改造研究》2023 年第 3 期。

③ 蔡志基:《国际和国内禁毒与戒毒工作回顾》,《中国药物滥用防治杂志》2001 年第 4 期。

④ 《2021 年中国毒情形势报告》,中华人民共和国公安部官网,2022 年 6 月 24 日。

⑤ 《2023 年中国毒情形势报告》,中华人民共和国公安部官网,2024 年 6 月 20 日。

三、治安管理处罚法规与政策运行中存在的主要问题

治安管理处罚法规与政策运行中存在的主要问题，大致有如下方面。

（一）违反治安管理行为的边界尚有不清之处

它表现在多方面：(1)违反治安管理行为与犯罪存在混淆的可能。《治安管理处罚法》规定的若干违反治安管理行为与《刑法》规定的若干犯罪行为，构成要件表述相同或相似。例如，《治安管理处罚法》第40条规定了“以暴力、威胁或者其他手段强迫他人劳动”的违反治安管理行为；《刑法》第244条规定了“以暴力、威胁或者限制人身自由的方法强迫他人劳动”的犯罪行为。又如，《治安管理处罚法》第42条规定了“对证人及其近亲属进行威胁、侮辱、殴打或者打击报复”的违反治安管理行为；《刑法》第308条规定了“对证人进行打击报复”的犯罪行为。(2)违反治安管理行为与其他行政违法行为存在竞合的可能。《治安管理处罚法》中若干条文与其他行政法规范存在竞合。例如，《治安管理处罚法》第23条规定“非法拦截或者强登、扒乘机动车、船舶、航空器以及其他交通工具，影响交通工具正常行驶的”作为违反治安管理行为之一；《道路交通安全法》第99条规定“非法拦截、扣留机动车辆，不听劝阻，造成交通严重阻塞或者较大财产损失的”作为道路交通安全违法行为之一。(3)违反治安管理行为与失范行为的区分裁量权过大。其中最可能导致区分困难的条款在于《治安管理处罚法》第26条规定的“其他寻衅滋事”，哪些行为应当纳入“其他寻衅滋事”，哪些不应当纳入其中，并无统一的标准。因此，在适用时仍然存在误用的可能。该条款在实践中囊括了主体、对象、场景等不同情形，涉及越级上访、非正常上访、发动煽动性言论、邻里纠纷或口角、私自扣留等不同行为方式。

（二）对于新型治安问题，尚缺乏合理回应

2018年，全国范围内发生系列“精日行为”，各地公安机关对其定性不一，或将“精日行为”认定为违反治安管理行为，或认为“精日行为”涉嫌犯罪。2020年初新冠肺炎疫情发生期间，各地公安机关对隐瞒行程、逃避隔离的行为定性也不尽相同，既有作为刑事立案侦查的做法，也有作为治安案件进行治安管理处罚的做法。再如，对寄递、物流等领域存在的运输违禁品活动、广受民众关注的酒店

偷拍乱象等均缺少有效的查处手段。①

(三)现有处罚种类制裁效果不佳

争议最多的是行政拘留。有学者认为"短期自由罚使违法犯罪者丧失对人身自由拘禁的恐惧,且极易交叉感染而再犯"②。也有学者认为较短的监禁时间不能给被监禁人接受教育改造或悔过自新的足够时间,造成个别人未得到有效改造已释放,而若监禁时间变长,则会导致被监禁人与社会脱节,被释放后回归社会的困难变大。③ 除此之外,学界对罚款也有不少争议。有学者认为罚款作为一种处罚种类,最大的局限在于"不同的人的身份、地位、经济、经历、家庭环境、心理承受能力、思想意识以及价值观念等千差万别。这就使得其对惩罚的感受不尽相同。一定的罚款对低收入者而言具有惩罚作用,而对高收入者可能无关痛痒"。④ 同样是1000元,对于2006年《治安管理处罚法》制定之初的社会公众来说,数额是较大的,产生的威慑性也比较大;时至今日,随着货币通胀的产生和国民收入的提高,1000元对社会公众的重要程度随之降低,违法成本未予提高,威慑性远远不及立法之时。

(四)治安案件查处的及时性不足

根据国家统计局数据,2000年,公安机关受理的治安案件数为443.74万起,查处的为382.30万起,二者差数(即未查处的)为61.44万起。二者差数到2010年增长到63.56万起,2020年进一步增长到90.42万起,2021年为85.57万起,2022年为82.0万起。可见,不少治安案件查处的及时性不足。究其原因,部分受理的案件不属于治安管理处罚范围,可能是产生差数的原因之一,但也有部分治安案件虽受理却未查处,原因在于公安机关查处能力的欠缺。有研究者在河北省某派出所调研时,主管业务的副所长提及"大量侵财类治安案件无法侦破"。这些在一定程度上说明了当前治安案件查处能力有待进一步提升。⑤

---

① 李晴:《治安管理处罚的现实困境与制度反思》,《中国人民公安大学学报(社会科学版)》2021年第3期。

② 李春华、李文燕:《治安管理处罚与刑罚协调研究》,《中国人民公安大学学报(社会科学版)》2009年第2期。

③ 李培峰:《20世纪的英国刑罚变革》,《外国法制史研究》(辑刊)2005年,第230—231页。

④ 阎锐:《行政处罚罚款设定普遍化研究》,《行政法学研究》2005年第2期。

⑤ 李晴:《治安管理处罚的现实困境与制度反思》,《中国人民公安大学学报(社会科学版)》2021年第3期。

(五)治安管理处罚法规与政策的效力仍有待进一步提升

1986 年,全国治安案件发案数有 111. 59 万起。其中,排第一位的偷窃财物案为 36. 07 万起,排第二位的殴打伤害他人案为 26. 83 万起,排第三位的赌博案为 14. 11 万起。[①] 2012 年,公安机关受理的治安案件增长到 1388. 95 万起,比 1986 年的治安案件发案数增长了 11. 45 倍。其中,盗窃案增长到 205. 29 万起,殴打他人案和故意伤害案增长到 483. 82 万起,赌博案增长到 40. 89 万起,分别比 1986 年增长了 4. 69 倍、17. 03 倍、1. 90 倍,并且,扰乱公共场所秩序案 47. 68 万起,已跃居第二位,毒品违法活动案为 44. 52 万起,已跃居第三位。进入新时代后,党和政府加大了治安管理的力度,治理成效显著。不过,2022 年,公安机关受理治安案件仍有 864. 88 万起,其中,盗窃案 228. 59 万起,殴打他人案 219. 50 万起,诈骗案 54. 26 万起,赌博案 30. 72 万起,毒品违法活动案 16. 20 万起,扰乱公共场所秩序案 13. 55 万起。[②] 可见,相比于这些治安案件高发期,治安管理处罚法规与政策的治理成效显著,不过,相比于 1986 年,其效力仍有待进一步提升。

① 资料来源:《中国法律年鉴 1987—1997》。

② 数据来源:《中国统计年鉴 2013》《中国统计年鉴 2023》。

第九章

优抚安置法规与政策

优抚安置是以对中国革命、建设和改革作出牺牲、贡献的军人军属和退役军人为主要对象进行的优抚、抚恤、褒扬和安置等工作。① 新中国成立后,党和政府制定了一系列优抚安置的法规与政策。改革开放后,国家又对优抚安置法规与政策进行修订、调整。目前,我国优抚安置法规与政策已比较齐备。本章主要介绍优抚安置法规与政策的发展演变、主要内容及其运行中存在的主要问题。

第一节　优抚安置法规与政策的发展演变

优抚安置法规与政策的发展演变,可从优抚法规与政策、安置法规与政策两个方面了解其发展演变状况。

一、优抚法规与政策的发展演变

中国对军人及其家属实行优抚的历史源远流长。优抚作为军队奖赏的有机组成部分,随着古代治军"赏罚之道"的产生而产生。至少早在春秋战国时期,中国不仅有可称为优抚待遇的事项,而且有比较明确的优抚思想。从优抚的范围来看,各诸侯国的军队中已普遍实行优抚;从优抚的内容来看,包括物质奖赏和

---

① 全国社会工作者职业水平考试教材编委会编写:《社会工作法规与政策》,中国社会出版社 2023 年,第 213 页。

精神鼓励；从优抚的对象来看，包括对战死军人的家属的优抚、对服役军人的家属的优待、对残疾军人的优抚；从优抚费用的来源来看，优抚费用一般由官府从国库税收中支出、用“素赏”之法优抚。①

西汉的优抚措施在继承秦制的基础上又有新的发展，出土汉简中的资料大大丰富了如今人们对西汉军人优抚措施的了解。② 汉代不仅军人，而且汉代官吏致仕或逝世后，也都享受一定的优抚政策。③

在唐代，优抚政策进一步得到发展。它主要通过对从军者的优恤、对伤病者的救恤、对阵亡者的安葬和优待退伍将士等方面进行。④

在宋代，封建王朝同样非常重视优抚政策，特别是对军人的优抚。这对明清产生了重要影响。⑤

明朝是我国封建时代优抚政策发展的重要时期。与此前相比，明朝优抚内容更具广泛性，优抚对象更具普遍性，并注意军队的医疗卫生，体现出对士兵生命价值的尊重，特别注意对边远地区和劳苦作业的军士的体恤，优抚政策也实现了制度化和法制化。⑥

清代继续推行优抚政策，特别是晚清时期对新军的优抚是我国优抚发展史上一个至关重要的阶段，是中国优抚事业由传统走向近代化的重大转折。1910年，清政府颁布了《恤荫恩赏章程》。这是对历代军队优抚工作的一次总结、完善，可称我国优抚事业近代化道路上的一个里程碑。⑦

清朝灭亡后，中华民国开始实施优抚政策。其主要内容包括：设立稽勋局，表彰、抚恤革命中牺牲烈士；表彰红十字会，并准予立案；设立专门的抚恤机构，制定抚恤章程；对在革命中牺牲、立有战功的将士给予精神上的优待；令财政部拨给烈士遗孤教养所所需经费。不过，在孙中山任临时大总统的三个月中所发

---

① 王文涛：《春秋战国时期优抚思想管见》，《史学月刊》2002 年第 10 期。

② 王文涛：《汉简所见西汉优抚措施》，《齐鲁学刊》2010 年第 1 期。

③ 张为民：《汉代官吏的优抚制度》，《山东师大学报（人文社会科学版）》2001 年第 4 期。

④ 孙明霞：《论唐代的社会优抚政策》，《山东省农业管理干部学院学报》2007 年第 5 期。

⑤ 郭文佳：《论宋代军人的优抚保障政策及影响》，《河南大学学报（社会科学版）》2006 年第 3 期。

⑥ 陈友力：《论明洪武时期的优抚政策》，《许昌学院学报》2006 年第 6 期。

⑦ 任同芹：《论晚清新军的优抚制度》，《北京科技大学学报（社会科学版）》2003 年第 3 期。

布的有关抚恤的 20 多个命令并未很好落实。①

北洋军阀时期,政府已经相当关注军人伤亡抚恤问题,颁布有《陆军平时恤赏暂行简章》《战时陆军恤赏简章》等法规。

随后,国民党政府成立后,专门在军事委员会下设立抚恤委员会管理军人优抚事务,各省也相应设有优抚处。1937 年全面抗战爆发前,国民政府分别颁布了《空军抚恤暂行条例》(1934 年)、《陆军平战时抚恤暂行条例》(1934 年)、《海军平战时抚恤暂行条例》(1935 年)。这三个条例是全面抗战爆发后军人伤亡抚恤的基本依据。不过,随着抗战进入持久状态,原有条例部分条款不适应实际情况,所以,民国政府便修正了《陆军抚恤暂行条例》(1940 年)、《海军抚恤暂行条例》(1942 年),并颁布了《空军抚恤条例》(1943 年)、《陆军抚恤条例》和《海军抚恤条例》(1944 年)。但是,由于民国政府在政策制定、措施推行之时,并未制定相应完善的执行机制和效果反馈机制,使得政策制定的初衷与实际执行的效果相比甚远,军人优抚政策措施最终受益者有限。②

除了国民党统治区内实施了优抚政策,在新民主主义革命时期,中国共产党十分重视对革命烈士的褒扬抚恤工作。至少在 1928 年 6 月党的六大通过的《十大纲领》就要求"改善兵士生活,发给兵士土地和安排工作"。1931 年 7 月,鄂豫皖根据地制定了《红军战士伤亡抚恤条例》,其中对阵亡的红军战士做出了一些具体规定,如发放一次性抚恤金,其子弟有免费入学权利,其家属享有代耕权等。③ 1931 年 11 月,中华苏维埃工农兵第一次全国代表大会颁布了《中华工农红军优待条例》《红军抚恤条例》《优待红军家属条例》等,为新型优抚制度的确立奠定了基础。④ 1934 年 2 月,中华苏维埃共和国临时中央政府人民委员会又发布了《优待红军家属条例》。这是对红军优抚工作的总结、完善和系统化,标志着红军的优抚工作走上了有章可循的轨道。红军优抚法规与政策对巩固和扩大红军,增进军政、军民关系以及瓦解敌军方面发挥了重要作用,其成功经验为后来人民军队的优抚工作进一步发展奠定了良好基础。⑤

---

① 任同芹:《孙中山的优抚思想与实践》,《南都学坛(人文社会科学学报)》2003 年第 2 期。

② 江红英:《国民政府与抗战时期的军人优抚》,《抗日战争研究》2012 年第 1 期。

③ 陈明光主编:《中国卫生法规史料选编(1912—1949.9)》,上海医科大学出版社 1996 年,第 382 页。

④ 章亮明、钟刚主编:《社会保障法》,中国政法大学出版社 2007 年,第 290 页。

⑤ 徐云鹏:《土地革命战争时期红军的优抚制度》,《军事历史》1995 年第 1 期。

1939 年 4 月，晋察冀边区制定了《修正抗战伤亡军人暂行抚恤办法》，对各项具体抚恤工作做了较为详细的规定。1947 年 4 月，东北行政委员会、东北民主联军总政治部联合颁布了《东北解放区爱国自卫战争阵亡烈士抚恤暂行条例》，明确了对烈士及其家属的优抚措施，如表扬烈士、优待烈属，给烈士家属发放一次性抚恤金等。[①] 1948 年 2 月，东北行政委员会颁布了《东北解放区优待革命军人家属条例》，规定“军人阵亡或为公捐躯者，其遗属除照旧享受优待外，并依阵亡烈士抚恤条例之规定享受各项待遇”。[②] 1949 年 1 月，华北人民政府颁布了《华北区革命军人牺牲褒恤条例》，对烈士范围及标准、烈属待遇、表扬烈士事迹等做了详细规定。[③] 这些为新中国成立后革命烈士褒扬抚恤政策法规积累了丰富经验。[④]

新中国成立以后，党和国家对优抚工作极为重视，逐步将其纳入法制轨道。“革命烈士家属和革命军人家属应受国家和社会的优待”早在新中国成立前即载入《中国人民政治协商会议共同纲领》（此后简称《共同纲领》）之中。根据该法，内务部颁布了五个优抚条例，使建国初期的优抚工作有了全国统一的标准。

1950 年公布的《革命军人牺牲、病故褒恤暂行条例》《革命工作人员伤亡褒恤暂行条例》《革命残废军人优待抚恤暂行条例》《民兵民工伤亡抚恤暂行条例》根据当时的历史情况，对伤残军人、病故军人、革命工作人员、病故革命工作人员、民兵民工批准为烈士（简称批烈）分别作了具体规定。1955 年的《中华人民共和国兵役法》再次从法律上确认了优抚工作的地位。通过这些法规的颁布，初步建立了军人优抚制度体系，对解放初期的优抚工作起到了巨大的推动作用，使得对军人、革命工作人员、民兵民工补办和新办追认烈士工作有法可依，对教育广大人民群众继承革命先烈精神，巩固新生政权发挥了积极作用。

改革开放后，由于批烈的范围、条件已不适应新时期形势发展的需要，1980 年 4 月，国务院常务会议通过了《革命烈士褒扬条例》，[⑤]民政部随后发布了《关

① 孟昭华等：《民政辞典》，群众出版社 1989 年，第 124 页。

② 《东北解放区财政经济史资料选编》（第 4 辑），黑龙江人民出版社 1988 年，第 623 页。

③ 《华北解放区财政经济史资料选编》（第 2 辑），中国财政经济出版社 1996 年，第 1479—1480 页。

④ 熊彤：《新中国成立初期的革命烈士褒扬抚恤工作——以〈人民日报〉为中心的考察》，《当代中国史研究》2020 年第 2 期。

⑤ 《革命烈士褒扬条例》，《中华人民共和国国务院公报》1980 年第 6 期。

于贯彻执行〈革命烈士褒扬条例〉若干具体问题的解释》。根据该条例,作战牺牲或作战负伤后因伤死亡、作战残废后不久因伤口复发死亡、作战前线担任战勤任务牺牲或在战区守卫重点目标牺牲、因执行革命任务被杀害或被俘后遭杀害等、为保卫或抢救人民生命和国家集体财产而牺牲的人员,可批准为革命烈士;各级人民政府应大力宣扬革命烈士的高尚品质;革命烈士家属的抚恤,按作战军人家属的有关抚恤规定办理。该条例是我国革命烈士褒扬工作的重要法规,也是实现烈士褒扬工作法制化、制度化的重大步骤,对为"四化"建设服务有重大的现实意义。①

对于优抚工作,1978 年和 1982 年的两部宪法先后将其用国家根本大法的形式确立下来。

1984 年 5 月,六届全国人大第二次会议通过了《中华人民共和国兵役法》,以专门章节规范了"现役军人的优待和退出现役的安置"问题。②

1988 年 7 月,国务院颁布了《军人抚恤优待条例》。③ 这是我国第一部综合性优抚基本法规。④

1995 年 7 月,民政部发布了《革命烈士纪念建筑物管理保护办法》,旨在缅怀革命先烈的光辉业绩,加强对革命烈士纪念建筑物的管理,向公民进行爱国主义、国际主义和革命传统教育等。

1997 年 3 月,八届全国人大第五次会议通过了《中华人民共和国国防法》,其中规定,国家和社会优待军人;国家建立退役军人保障制度,妥善安置退役军人,维护退役军人的合法权益;国家和社会抚恤优待残疾军人,对残疾军人的生活和医疗依法给予特别保障;国家和社会优待军人家属,抚恤优待烈士家属和因公牺牲、病故军人的家属⑤(2020 年进行了修订)。

2004 年 8 月,国务院、中央军委公布了修订后的《军人抚恤优待条例》,旨在保障国家对军人的抚恤优待,激励军人保卫祖国、建设祖国的献身精神,加强国防和军队建设。该条例颁布后,国家又颁布了《关于贯彻执行〈军人抚恤优待条

---

① 李冬妮主编:《社会工作政策法规》,中央广播电视大学出版社 2008 年,第 243—245 页。

② 《中华人民共和国兵役法》,《中华人民共和国国务院公报》1984 年第 13 期。

③ 《军人抚恤优待条例》,《中华人民共和国国务院公报》1988 年第 16 期。

④ 刘爱民:《建国以来军人优抚制度回顾》,《前沿》2012 年第 4 期。

⑤ 《中华人民共和国国防法》,《中华人民共和国最高人民检察院公报》1997 年第 4 期。

例〉若干具体问题的解释》《革命伤残军人评定病残的条件》等法规文件[①](2011、2019年国家先后对《军人抚恤优待条例》进行了两次修订)。

2007年7月,民政部发布了《伤残抚恤管理办法》,旨在规范和加强退役军人事务部门管理的伤残抚恤工作(2013、2019年进行了修订)。

2010年12月,民政部公布了《光荣院管理办法》,旨在加强光荣院管理,做好抚恤优待对象集中供养等工作,更好地服务国防和军队建设等[②](2020年进行了修订)。

2011年,国务院对1980年颁布的《革命烈士褒扬条例》进行了修改并予以公布(原条例废止),力图进一步改进和加强烈士褒扬工作。同年6月,民政部公布了《优抚医院管理办法》,旨在加强优抚医院管理,服务国防和军队建设,推动让退役军人成为全社会尊重的人,让军人成为全社会尊崇的职业[③](2022年进行了修订)。

党的十八大以来,党和政府更加重视优抚工作,更加重视完善优抚法规与政策。

2013年4月,民政部公布了《烈士安葬办法》,旨在褒扬和尊崇烈士,做好烈士安葬工作[④](2022年进行了修订)。同年6月,民政部公布了《烈士纪念设施保护管理办法》,旨在加强烈士纪念设施保护管理,传承弘扬英烈精神和爱国主义精神,更好发挥烈士纪念设施褒扬英烈、教育后人的红色资源作用[⑤](2022年进行了修订)。

2014年3月,民政部公布了《烈士公祭办法》,旨在缅怀纪念烈士,传承和弘扬烈士精神,做好烈士公祭工作[⑥](2023年进行了修订)。

2018年4月,十三届全国人大常委会第二次会议通过《中华人民共和国英雄烈士保护法》(此后简称《英雄烈士保护法》),旨在加强对英雄烈士的保护,维护社会公共利益,传承和弘扬英雄烈士精神、爱国主义精神等。[⑦] 同年7月,国务院

---

① 刘爱民:《建国以来军人优抚制度回顾》,《前沿》2012年第4期。

② 《光荣院管理办法》,《司法业务文选》2011年第10期。

③ 《优抚医院管理办法》,《中华人民共和国国务院公报》2012年第3期。

④ 《烈士安葬办法》,《中国社会报》2013年4月8日。

⑤ 《烈士纪念设施保护管理办法》,《人民日报》2013年7月5日。

⑥ 《烈士公祭办法》,《中国社会报》2014年4月2日。

⑦ 《中华人民共和国英雄烈士保护法》,《中华人民共和国全国人民代表大会常务委员会公报》2018年第3期。

办公厅印发了《为烈属、军属和退役军人等家庭悬挂光荣牌工作实施办法》，旨在做好悬挂光荣牌工作，弘扬拥军优属优良传统，营造爱国拥军、尊崇军人的浓厚社会氛围等。①

2019 年 8 月，国务院公布了第二次修订的《烈士褒扬条例》。②

2020 年 1 月，退役军人事务部等发布了《退役军人事务部等 20 部门关于加强军人军属、退役军人和其他优抚对象优待工作的意见》，旨在认真贯彻落实习近平总书记关于退役军人工作重要论述精神，扎实做好优待工作等。③

2021 年 6 月，十三届全国人大常委会第 29 次会议通过了《中华人民共和国军人地位和权益保障法》，旨在保障军人地位和合法权益，激励军人履行职责使命，让军人成为全社会尊崇的职业，促进国防和军队现代化建设。④ 同年 8 月，十三届全国人大常委会第 30 次会议审议通过了修订后的《中华人民共和国兵役法》，规定了军人按照国家有关规定享受优待政策。⑤

2022 年 3 月，中共中央办公厅、国务院办公厅、中央军委办公厅印发了《关于加强新时代烈士褒扬工作的意见》，旨在深入贯彻落实习近平总书记关于烈士褒扬工作重要指示批示精神，推动新时代烈士褒扬工作创新发展。⑥ 同年 6 月，退役军人事务部等印发了《关于用好烈士褒扬红色资源加强青少年爱国主义教育的意见》，旨在贯彻习近平总书记关于烈士褒扬工作重要指示精神，引导广大青少年自觉缅怀、纪念、尊崇、学习英雄烈士等，⑦

总之，经过几十年的发展，我国已形成了较为完善的优抚法规与政策，为我国的革命、建设与改革的实践奠定了良好基础。

---

① 《国务院办公厅关于印发〈为烈属、军属和退役军人等家庭悬挂光荣牌工作实施办法〉的通知》，《中华人民共和国国务院公报》2018 年第 23 期。

② 《烈士褒扬条例》，《人民日报》2019 年 8 月 10 日。

③ 《退役军人事务部等 20 部门关于加强军人军属、退役军人和其他优抚对象优待工作的意见》，中华人民共和国退役军人事务部官网，2020 年 1 月 14 日。

④ 《中华人民共和国军人地位和权益保障法》，《中华人民共和国全国人民代表大会常务委员会公报》2021 年第 5 期。

⑤ 《中华人民共和国兵役法》，《人民日报》2021 年 8 月 27 日。

⑥ 《中办国办军办印发〈关于加强新时代烈士褒扬工作的意见〉》，《人民日报》2022 年 3 月 23 日。

⑦ 《教育部等 4 部门联合印发〈关于用好烈士褒扬红色资源 加强青少年爱国主义教育的意见〉》，《平安校园》2022 年第 7 期。

二、安置法规与政策的发展演变

中国安置法规与政策的发展演变大致可从现代以前、现代以后两个方面来把握。

(一)现代以前中国安置法规与政策的发展演变

中国现代以前的军人安置可粗略划为三个阶段:汉武帝元狩四年(公元前119年)以前的还复原籍原业阶段;汉武帝元狩四年至清朝咸丰三年(1853年)曾国藩湘军建立以前的就地安置阶段;1853年至1949年的就地遣散、自谋职业阶段。

1. 还复原籍原业阶段(公元前119年以前)

纵观上古至汉初的这一时段,军人安置工作的基本特点是,除了因军功造成等差外,所有服过兵役的士兵均以无条件地重回原籍原业为唯一途径,所以并不存在严格意义上的军人安置制度。但是,如果从安置角度对当时的将士战后生活进行考察可发现,影响最大的因素实际上还是鼓励军功。

2. 就地安置阶段(公元前119年到1853年)

从公元前119年到1853年近两千年的时段之所以被归为同一个阶段,个中原委同样是兵役制的变革所引发的对军人安置观念的深刻转变,即职业兵制或世袭兵是中国封建社会最基本的兵役制度。对军人安置多数情况下已不存在原籍原业的束缚,军人成了因国家需要而被随意安排的社会群体。在这一阶段,军人安置有两个基本特征:一是,就地屯田是该阶段战后军人谋生的基本方式;二是,伴随着兵制复杂化过程,影响士兵晚年生活的因素增多。当然,回原籍安置的形式在汉武帝之后的近两千年中也存在,通常是在乡兵制度中和大裁军时期。除了回原籍安置以外,近两千年的安置史上还有一个极具特点的安置方法,即在军队内部的简退老弱。在就地安置这一阶段,影响士兵晚年生活的因素同样有安置意义,大致有三种因素:一是军功;二是厚养;三是鼓励劫掠。概括来说,中世纪时期由于受职业兵制的限制,军人安置的主要形式是就地化兵为民。

3. 就地遣散自谋职业阶段(1853年至1949年)

清咸丰三年(1853年),曾国藩在家乡湖南组建团练,以镇压太平天国起义。他所组织的湘军在性质上完全不同于当时清朝的正规军队——八旗兵和绿兵,而属于乡兵性质。但是,湘军及其后崛起的淮军、新军在清末不仅取代了八旗、绿营成为清军主力,也宣告了汉武帝以来中国职业兵制的彻底瓦解。还有,从安置军人的视角看，湘军出现之后，中国军人的安置基本上采取了就地遣散的方式，在内容及其实质上已全然有别于此前持续约两千年的就地安置。正因如此，可选定它作为历史断限的标志。就地遣散并非政府绝对不闻不问。从近代以来士兵遣散的实情考察，遣散之后，对那些一时难以自谋生计的人，政府或军队还是做了大量的辅助、资助和帮助工作。此外，清朝末期，有关八旗子弟的安置问题或许是中国军人安置史上政府耗力最大、牵动社会各方面注意力最多，但最终几乎了无成效的安置事例。它留给后人的教训极其惨痛。[①]

（二）现代以来中国安置法规与政策的发展演变

新中国成立以来，中国的复员退伍军人安置工作大致经历了三个阶段，即1950年至1958年的复员军人安置阶段、1958年至1980年以退伍义务兵为主的安置阶段、1980年以后复员退伍军人安置阶段。

1. 复员军人安置阶段

中国人民革命战争取得伟大胜利后，毛泽东同志在党的七届三中全会上指出，人民解放军应在1950年复员一部分，保存主力，必须谨慎地进行此项工作。根据这一指示，1950年6月、1954年10月和1955年5月，人民革命军事委员会、政务院、国务院先后发布了《关于人民解放军1950年的复员工作的决定》[②]、《复员退役军人安置暂行办法》[③]、《国务院关于安置复员建设军人工作的决议》[④]。在这些政策中，明确复员工作的总原则是服从国家经济建设和国防建设的需要，并使二者结合起来；在军队要做到“走者满意，留者安心”，在地方要做到“妥善安置，各得其所”；不论军队或地方，“只许做好，不许做坏”。

1950年到1958年是新中国成立后的第一次大规模的复员安置工作。当时具体的政策是：(1)安置复员建设军人是中央各部门和各级地方政府机关、人民团体以及各种企业、事业单位不容推卸的责任，各单位在调用干部、调配劳力和招收工人、学徒、职员、技术人员时，都应把复员建设军人作为第一位录用的对象。(2)对原由农村参军的复员建设军人如无专门技术，仍然应当全部回到农村

① 罗平飞主编：《安置管理》，中国社会出版社1996年，第1—23页。

② 退役军人事务部退役军人培训中心编：《退役军人工作简明读本》，人民出版社2023年，第25页。

③ 新华月报编：《新中国70年大事记：1949.10.1—2019.10.1》，人民出版社2020年，第88页。

④ 《国务院关于安置复员建设军人工作的决议》，《中华人民共和国国务院公报》1955年第9期。

参加农业生产。(3)复员建设军人在家庭婚姻上存在不少问题,有些甚至因此造成自杀被杀事件,各地人民委员会应当以严肃的态度进行检查处理。

2. 退伍义务兵安置阶段

1955 年实行义务兵役制时的义务兵从 1958 年起开始退伍。1958 年,国务院发布了《国务院关于处理义务兵退伍的暂行规定》,①使征兵和退伍安置工作开始走上制度化的轨道,对以下几个问题作了明确规定:(1)确定了"从哪里来,回到哪里去"的安置原则;(2)明确了思想教育与解决实际困难相结合的安置方法;(3)提出退伍军人是保卫祖国和社会主义建设的一批可贵力量的思想;(4)对义务兵的退伍、途中运输和安置等项工作作出了原则规定,以保证其协调进行;(5)强调在各级人民政府领导下,各有关部门密切配合,共同做好退伍安置工作。

3. 复员退伍军人安置阶段

1980 年,国务院委托民政部召开全国退伍军人和军队退休干部安置工作会议,标志这项工作已进入一个新阶段,另一个标志是兵役制度变革之后退伍义务兵、转业志愿兵、复员干部安置工作的全面展开。②

1983 年 2 月,国务院、中央军委制定了《中国人民解放军志愿兵退出现役安置暂行办法》,旨在解决志愿兵退役安置问题。

1984 年 5 月,全国人大颁布施行了《中华人民共和国兵役法》(1998、2009、2011、2021 年进行了修订),其中对退役军人的安置作出了规定。

1987 年 12 月,国务院发布了《退伍义务兵安置条例》,旨在做好退伍义务兵安置工作。

1990 年 6 月,民政部发布了《军队离休退休干部休养所暂行规定》,旨在做好军队离休退休干部的服务管理工作。

1993 年 2 月,国务院军安领导小组等发出了《关于做好军队复员干部安置工作的通知》,对 1975 年国务院、中央军委发布的《关于军队干部退出现役暂行办法》中关于干部复员安置政策进行了调整。同年 7 月,就符合安排工作条件的退伍义务兵实行劳动合同制等问题,国务院、中央军委批转了民政部等共同发布的《关于退伍义务兵安置工作随用工单位改革实行劳动合同制意见的通知》。

1994 年 1 月,国务院、中央军委批转了国务院退伍军人和军队离休退休干部

---

① 《国务院关于处理义务兵退伍的暂行规定》,《中华人民共和国国务院公报》1958 年第 16 期。

② 罗平飞主编:《安置管理》,中国社会出版社 1996 年,第 65—67 页。

安置领导小组、民政部、总参谋部发布的《关于志愿兵转业实行集中交接意见》,旨在解决志愿兵转业实行集体交接的问题。

1999 年 12 月,国务院、中央军委发布了《中国人民解放军士官退出现役安置暂行办法》,对士官退役作出了规定。

2003 年 12 月,民政部等发布了《关于扶持城镇退役士兵自谋职业优惠政策的意见》,就扶持城镇退役士兵自谋职业的有关优惠政策提出一些意见。随后,国务院办公厅转发了该文件。

2004 年 1 月,中共中央办公厅、国务院办公厅、中央军委办公厅出台了《关于进一步做好军队离休退休干部移交政府安置管理工作的意见》,旨在进一步做好军队离休退休干部移交政府安置和服务管理工作,完善相关政策,健全工作机制。

2005 年 7 月,就进一步做好城镇退役士兵安置工作问题,国务院发布了《国务院关于进一步做好城镇退役士兵安置工作的通知》。

2009 年 8 月,民政部等印发了《伤病残军人退役安置规定》。这是国家和军队首次以军事行政规章的形式,对伤病残军人的退役方式、安置办法、住房和医疗保障等问题作出了全面系统的规定。

2011 年 11 月,国务院、中央军委发布了《退役士兵安置条例》,旨在规范退役士兵安置工作,保障退役士兵的合法权益,原 1987 年国务院发布的《退伍义务兵安置条例》,以及 1999 年国务院、中央军委下发的《中国人民解放军士官退出现役安置暂行办法》同时废止。

2012 年 10 月,民政部发布了《关于印发〈伤病残士兵退役交接安置工作规程(试行)〉的通知》,要求各地各部队要认真学习贯彻,严格按照规定的标准和程序组织移交接收,确保伤病残退役士兵得到妥善安置,切实维护伤病残士兵的合法权益。

党的十八大以来,党和政府更加重视安置工作,对相关法规与政策进一步予以完善。

2014 年 6 月,民政部等出台了《民政部 财政部 总参谋部关于士兵退役移交安置工作若干具体问题的意见》,旨在解决《退役士兵安置条例》施行过程中的一些具体问题。同年 9 月,民政部公布了《军队离休退休干部服务管理办法》,旨在做好军队离休退休干部服务管理工作(2021 年进行了修订)。

2015 年 9 月,民政部印发了《军队离休退休干部服务管理机构工作指引》,旨在推进《军队离休退休干部服务管理办法》贯彻落实，进一步加强移交政府安置的军队离休退休干部服务管理机构全面建设等。

2019 年 4 月，中共中央办公厅、国务院办公厅印发了《关于解决部分退役士兵社会保险问题的意见》，旨在解决退役士兵的社会保险问题。

2020 年 11 月，十三届全国人大常委会第 23 次会议通过了《中华人民共和国退役军人保障法》（此后简称《退役军人保障法》），旨在加强退役军人保障工作，维护退役军人合法权益，让军人成为全社会尊崇的职业。

总之，当前我国关于安置的法规与政策已经比较齐备。

第二节　优抚安置法规与政策的主要内容

一、烈士褒扬法规与政策

烈士褒扬是对为国家、民族、社会和人民而光荣献身的烈士所进行的褒奖、抚恤和纪念活动的总称，是以教育、鼓舞和激励社会全体成员发扬忘我牺牲精神的一种政治社会行为。抚恤优待烈士遗属，是国家的责任和全社会的义务。烈士褒扬法规与政策来源于 2019 年公布的《烈士褒扬条例》、《军人抚恤优待条例》等。

（一）烈士评定

1. 评定烈士的标准

（1）公民牺牲评定为烈士

根据《烈士褒扬条例》的规定，公民牺牲符合下列情形之一的，评定为烈士：①在依法查处违法犯罪行为、执行国家安全工作任务、执行反恐怖任务和处置突发事件中牺牲的；②抢险救灾或者其他为了抢救、保护国家财产、集体财产、公民生命财产牺牲的；③在执行外交任务或者国家派遣的对外援助、维持国际和平任务中牺牲的；④在执行武器装备科研试验任务中牺牲的；⑤其他牺牲情节特别突出，堪为楷模的。需要指出的是，“牺牲”具有非常崇高的含义。根据有关文件，“牺牲”是指在保卫祖国和社会主义建设事业中，为国家和人民的利益，勇于献出自己的生命的行为。公民牺牲被评定为烈士的，堪为楷模。不符合烈士评定条件、属于有关法规和政策规定的因公牺牲或者病故情形的，应认定为因公牺牲或者病故,并按相应的规定予以抚恤。

(2)军人牺牲批准为烈士

根据《军人抚恤优待条例》的规定,现役军人死亡,符合下列情形之一的,批准为烈士:①对敌作战死亡,或者对敌作战负伤在医疗终结前因伤死亡的;②因执行任务遭敌人或者犯罪分子杀害,或者被俘、被捕后不屈遭敌人杀害或者被折磨致死的;③为抢救和保护国家财产、人民生命财产或者执行反恐怖任务和处置突发事件死亡的;④因执行军事演习、战备航行飞行、空降和导弹发射训练、试航试飞任务以及参加武器装备科研试验死亡的;⑤在执行外交任务或者国家派遣的对外援助、维持国际和平任务中牺牲的;⑥其他死难情节特别突出,堪为楷模的。现役军人在执行对敌作战、边海防执勤或者抢险救灾任务中失踪,经法定程序宣告死亡的,按照烈士对待。因参战伤亡的民兵、民工的抚恤,因参加军事演习、军事训练和执行军事勤务伤亡的预备役人员、民兵、民工以及其他人员的抚恤,参照《军人抚恤优待条例》的有关规定办理。

2. 烈士评定机关

(1)公民牺牲评定为烈士的机关

按照《烈士褒扬条例》公民牺牲情形评定烈士的,由死者生前所在工作单位、死者遗属或者事件发生地的组织、公民向死者生前工作单位所在地、死者遗属户口所在地或者事件发生地的县级人民政府退役军人事务部门提供有关死者牺牲情节的材料,由收到材料的县级人民政府退役军人事务部门调查核实后提出评定烈士的报告,报本级人民政府审核。

属于下列情形牺牲的公民:在依法查处违法犯罪行为、执行国家安全工作任务、执行反恐怖任务和处置突发事件中牺牲的;抢险救灾或者其他为了抢救、保护国家财产、集体财产、公民生命财产牺牲的,由县级人民政府提出评定烈士的报告并逐级上报至省、自治区、直辖市人民政府审查评定。评定为烈士的,由省、自治区、直辖市人民政府送国务院退役军人事务部门备案。

属于下列情形牺牲的公民:在执行外交任务或者国家派遣的对外援助、维持国际和平任务中牺牲的;在执行武器装备科研试验任务中牺牲的,由国务院有关部门提出评定烈士的报告,送国务院退役军人事务部门审查评定。

属于其他牺牲情节特别突出,堪为楷模的公民,由县级人民政府提出评定烈士的报告并逐级上报至省、自治区、直辖市人民政府,由省、自治区、直辖市人民政府审查后送国务院退役军人事务部门审查评定。

（2）军人牺牲批准为烈士的机关

按照《军人抚恤优待条例》军人牺牲情形批准烈士，属于因战死亡的，由军队团级以上单位政治机关批准；属于非因战死亡的，由军队军级以上单位政治机关批准；属于《军人抚恤优待条例》第八条第一款第六项“其他死难情节特别突出，堪为楷模的”情形的，由中央军事委员会政治工作部批准。

根据《烈士褒扬条例》，军队评定的烈士，由中央军事委员会政治工作部送国务院退役军人事务部备案。

（3）烈士名单呈报

评定为烈士的，由国务院退役军人事务部门负责将烈士名单呈报党和国家功勋荣誉表彰工作委员会。

3. 烈士证书的发放

烈士证书以党和国家功勋荣誉表彰工作委员会办公室名义制发。县级以上人民政府每年在烈士纪念日举行颁授仪式，向烈士遗属颁授烈士证书。

烈士遗属中的持证人由烈士遗属协商确定，协商不通的，按下列顺序确定持证人：父母（抚养人）、配偶、子女。有多个子女的，由长子女持证。无前述亲属的，由烈士兄弟姐妹持证，有多个兄弟姐妹的发给年长的兄弟姐妹。以上亲属均没有的，不发烈士证书。

（二）烈士褒扬金和烈士遗属的抚恤优待

1. 国家建立烈士褒扬金制度

烈士褒扬金标准为，烈士牺牲时上一年度全国城镇居民人均可支配收入的30倍。战时，参战牺牲的烈士褒扬金标准可适当提高。烈士褒扬金由领取烈士证书的烈士遗属户口所在地县级人民政府退役军人事务部门发给烈士的父母或者抚养人、配偶、子女；没有父母或者抚养人、配偶、子女的，发给烈士未满18周岁的兄弟姐妹和已满18周岁但无生活来源且由烈士生前供养的兄弟姐妹。

2. 一次性抚恤金

烈士遗属除享受烈士褒扬金外，属于《军人抚恤优待条例》以及相关规定适用范围的，还享受因公牺牲一次性抚恤金；属于《工伤保险条例》以及相关规定适用范围的，还享受一次性工亡补助金以及相当于烈士本人40个月工资的烈士遗属特别补助金；不属于前述规定范围的烈士遗属，由县级人民政府退役军人事务部门发给一次性抚恤金，标准为，烈士牺牲时上一年度全国城镇居民人均可支配收入的20倍加40个月的中国人民解放军排职少尉军官工资。在此，月工资是指烈士牺牲当月的本人月基本工资。属于《工伤保险条例》适用范围的，月工资是指烈士牺牲前12个月平均月缴费工资。本人工资高于统筹地区职工平均工资300%的，按照统筹地区职工平均工资的300%计算；本人工资低于统筹地区职工平均工资60%的，按照统筹地区职工平均工资的60%计算。

3. 定期抚恤金

符合下列条件之一的烈士遗属，享受定期抚恤金：①烈士的父母（抚养人）、配偶无劳动能力、无生活来源，或者收入水平低于当地居民的平均生活水平的。②烈士的子女未满18周岁，或者已满18周岁但因残疾或者正在上学而无生活来源的。③由烈士生前供养的兄弟姐妹未满18周岁，或者已满18周岁但因正在上学而无生活来源的。符合上述规定条件享受定期抚恤金的烈士遗属，由其户口所在地的县级人民政府退役军人事务部门发给定期抚恤金领取证，凭证领取定期抚恤金。烈士生前的配偶再婚后继续赡养烈士父母，继续抚养烈士未满18周岁或者已满18周岁但无劳动能力、无生活来源且由烈士生前供养的兄弟姐妹的，由其户口所在地的县级人民政府退役军人事务部门参照烈士遗属定期抚恤金的标准给予补助。

4. 烈士遗属优待

对烈士遗属的优待主要包括以下内容：①医疗优待。烈士遗属享受相应的医疗优惠待遇，具体办法由省、自治区、直辖市人民政府规定。②入伍优待。烈士的子女、兄弟姐妹本人自愿，且符合征兵条件的，在同等条件下优先批准其服现役。烈士的子女符合公务员考录条件的，在同等条件下优先录用为公务员。③教育优待。烈士子女接受学前教育和义务教育的，应当按照国家有关规定予以优待；在公办幼儿园接受学前教育的，免交保教费。烈士子女报考普通高中、中等职业学校、高等学校研究生的，在同等条件下优先录取；报考高等学校本、专科的，可以按照国家有关规定降低分数要求投档；在公办学校就读的，免交学费、杂费，并享受国家规定的各项助学政策。④就业优待。烈士遗属符合就业条件的，由当地人民政府人力资源社会保障部门优先提供就业服务。烈士遗属已经就业，用人单位经济性裁员时，应当优先留用。烈士遗属从事个体经营的，工商、税务等部门应当优先办理证照，烈士遗属在经营期间享受国家和当地人民政府规定的优惠政策。⑤住房优待。符合住房保障条件的烈士遗属承租廉租住房、购买经济适用住房的，县级以上地方人民政府有关部门应当给予优先、优惠照顾。家住农村的烈士遗属住房有困难的，由当地人民政府帮助解决。⑥供养优待。男年满60周岁、女年满55周岁的孤老烈士遗属本人自愿的，可在光荣院、敬老院集中供养。各类社会福利机构应当优先接收烈士遗属。

根据《退役军人事务部等20部门关于加强军人军属、退役军人和其他优抚对象优待工作的意见》，包括烈士遗属在内的“三属”享受包括：为其家庭悬挂光荣牌；发春节慰问信；邀请优秀“三属”代表参加国家和地方重要庆典和纪念活动等24项优待。

（三）烈士纪念设施的保护和管理

烈士纪念设施，主要指为纪念烈士专门修建的烈士陵园、纪念堂馆、纪念碑亭、纪念塔祠、纪念塑像、烈士骨灰堂、烈士墓等设施。《英雄烈士保护法》规定，国家建立并保护英雄烈士纪念设施，纪念、缅怀英雄烈士。矗立在北京天安门广场的人民英雄纪念碑，是近代以来中国人民和中华民族争取民族独立解放、人民自由幸福和国家繁荣富强精神的象征，是国家和人民纪念、缅怀英雄烈士的永久性纪念设施。人民英雄纪念碑及其名称、碑题、碑文、浮雕、图形、标志等受法律保护。县级以上人民政府应将英雄烈士纪念设施建设和保护纳入国民经济和社会发展规划、城乡规划，加强对英雄烈士纪念设施的保护和管理；对具有重要纪念意义、教育意义的英雄烈士纪念设施依照《中华人民共和国文物保护法》的规定，核定公布为文物保护单位。英雄烈士纪念设施保护单位应当健全服务和管理工作规范，方便瞻仰、悼念英雄烈士，保持英雄烈士纪念设施庄严、肃穆、清静的环境和氛围。任何组织和个人不得在英雄烈士纪念设施保护范围内从事有损纪念英雄烈士环境和氛围的活动，不得侵占英雄烈士纪念设施保护范围内的土地和设施，不得破坏、污损英雄烈士纪念设施。烈士纪念设施实行分级管理。

符合下列基本条件之一的，可申报国家级烈士纪念设施：①为纪念在革命斗争、保卫祖国和建设祖国等各个历史时期的重大事件、重要战役和主要革命根据地斗争中牺牲的烈士而修建的烈士纪念设施；②为纪念在全国有重要影响的著名烈士而修建的烈士纪念设施；③为纪念为中国革命斗争中牺牲的知名国际友人而修建的纪念设施；④位于革命老区、少数民族地区的规模较大的烈士纪念设施。

省级以下各级烈士纪念设施，根据其纪念意义和建设规模，分别确定为省级、设区的市级、县级烈士纪念设施。

烈士纪念设施应纳入城乡建设规划，绿化美化环境，实现园林化。禁止在烈士纪念设施保护范围内进行其他工程建设。任何单位或者个人不得在烈士纪念设施保护范围内为烈士以外的其他人修建纪念设施或者安放骨灰、埋葬遗体。在烈士纪念设施保护范围内不得从事与纪念烈士无关的活动。

烈士纪念设施保护单位根据人民政府安排，开展烈士史料征集研究、事迹编纂和陈列展示工作，组织烈士纪念活动，宣传烈士的英雄事迹、献身精神和高尚品质。具备条件的烈士纪念设施保护单位列入红色旅游发展规划，发挥爱国主义教育基地作用。

未经批准，不得迁移烈士纪念设施。因重大建设工程确需迁移地方各级烈士纪念设施的，须经原批准等级的人民政府同意，并报上一级人民政府的退役军人事务部门备案。迁移国家级烈士纪念设施的，应由所在地省级人民政府报国务院批准。

国家通过与有关国家的合作，查找、收集英雄烈士遗骸、遗物和史料，加强对位于国外的英雄烈士纪念设施的修缮保护工作。

(四)烈士安葬、祭扫和烈士纪念日

安葬英雄烈士时，县级以上人民政府、军队有关部门应举行庄严、肃穆、文明、节俭的送迎、安葬仪式。

国家建立健全英雄烈士祭扫制度和礼仪规范，引导公民庄严有序地开展祭扫活动。

县级以上人民政府有关部门应为英雄烈士遗属祭扫提供便利。

英雄烈士在国外安葬的，中华人民共和国驻该国外交、领事代表机构应结合驻在国实际情况组织开展祭扫活动。

2014 年 8 月，十二届全国人大常委会第 10 次会议通过的《关于设立烈士纪念日的决定》指出，近代以来，为了争取民族独立和人民自由幸福，为了国家繁荣富强，无数的英雄献出了生命，烈士的功勋彪炳史册，烈士的精神永垂不朽。为弘扬烈士精神，缅怀烈士功绩，培养公民的爱国主义、集体主义精神和社会主义道德风尚，培育和践行社会主义核心价值观，增强中华民族的凝聚力，激发实现中华民族伟大复兴中国梦的强大精神力量，十二届全国人大常委会第 10 次会议还决定将 9 月 30 日设立为烈士纪念日。每年 9 月 30 日国家举行纪念烈士活动。

(五)烈士荣誉保护

英雄烈士的姓名、肖像、名誉、荣誉受法律保护，禁止歪曲、丑化、亵渎、否定英雄烈士事迹和精神。任何组织和个人不得在公共场所、互联网或者利用广播电视、电影、出版物等，以侮辱、诽谤或者其他方式侵害英雄烈士的姓名、肖像、名誉、荣誉。任何组织和个人不得将英雄烈士的姓名、肖像用于或者变相用于商标、商业广告,损害英雄烈士的名誉、荣誉。

公安、文化、新闻出版、广播电视、电影、网信、市场监督管理、负责英雄烈士保护工作的部门发现前款规定行为的,应依法及时处理。

网信和电信、公安等有关部门在对网络信息进行依法监督管理工作中,发现发布或者传输以侮辱、诽谤或者其他方式侵害英雄烈士的姓名、肖像、名誉、荣誉的信息的,应要求网络运营者停止传输,采取消除等处置措施和其他必要措施;对来源于中华人民共和国境外的上述信息,应通知有关机构采取技术措施和其他必要措施阻断传播。网络运营者发现其用户发布前款规定的信息的,应立即停止传输该信息,采取消除等处置措施,防止信息扩散,保存有关记录,并向有关主管部门报告。网络运营者未采取停止传输、消除等处置措施的,依照《中华人民共和国网络安全法》的规定处罚。

任何组织和个人有权对侵害英雄烈士合法权益和其他违反《英雄烈士保护法》规定的行为,向负责英雄烈士保护工作的部门、网信、公安等有关部门举报,接到举报的部门应依法及时处理。

对侵害英雄烈士的姓名、肖像、名誉、荣誉的行为,英雄烈士的近亲属可依法向人民法院提起诉讼。英雄烈士没有近亲属或者近亲属不提起诉讼的,检察机关依法对侵害英雄烈士的姓名、肖像、名誉、荣誉,损害社会公共利益的行为向人民法院提起诉讼。负责英雄烈士保护工作的部门和其他有关部门在履行职责过程中发现侵害英雄烈士的姓名、肖像、名誉、荣誉行为,需要检察机关提起诉讼的,应向检察机关报告。英雄烈士近亲属对侵害英雄烈士的姓名、肖像、名誉、荣誉的行为人提起诉讼的,法律援助机构应依法提供法律援助服务。

二、军人抚恤优待法规与政策

军人抚恤优待法规与政策主要来源于《军人抚恤优待条例》等。

(一)抚恤优待对象

抚恤优待对象包括中国人民解放军现役军人、服现役或者退出现役的残疾军人以及复员军人、退伍军人、烈士遗属、因公牺牲军人遗属、病故军人遗属、现役军人家属。对这些抚恤优待对象的认定如下。

第一,中国人民解放军现役军人,是指在中国人民解放军服役的军官、军士、义务兵等人员。2022 年 3 月,《军士暂行条例》《义务兵暂行条例》及相关配套法规颁布。按照新的士兵制度体系,将“士官”统一改称为“军士”,军衔“三等七衔”设置不变,只将中级士官的四级军士长、上士称谓相应调整为中级军士的一级上士、二级上士。军士军衔具体设置为:高级军士设一级军士长、二级军士长、三级军士长3衔,中级军士设一级上士、二级上士2衔,初级军士设中士、下士2衔。

第二,残疾军人,是指现役军人因战、因公、因病(限义务兵和初级士官),医疗终结后符合评残条件,经法定的审批程序,取得《中华人民共和国残疾军人证》的人员。

第三,复员军人,是指在1954年10月31日之前入伍(具体指1954年10月31日开始试行义务兵役制以前参加中国工农红军、东北抗日联军、中国共产党领导的脱产游击队、八路军、新四军、解放军、中国人民志愿军等)、后经批准从部队复员的人员,其中包括在乡退伍红军老战士、在乡西路军红军老战士、红军失散人员、其他复员军人。

第四,退伍军人,是指1954年11月1日开始试行义务兵役制以后参加中国人民解放军、持有退伍或复员军人证件的人员。其中在服现役期间患病,尚未达到评定残疾等级条件并有军队医院证明,从部队退伍的人员称为带病回乡退伍军人。

第五,烈士遗属(军人抚恤优待意义上),是指现役军人死亡、经相应的军队政治机关评定为烈士、由县级人民政府退役军人事务部门发给《中华人民共和国烈士证明书》后,烈士的父母(抚养人)、配偶、子女、兄弟姐妹。

第六,因公牺牲军人遗属,是指现役军人死亡、经相应的军队政治机关确认为因公牺牲军人、由县级人民政府退役军人事务部门发给《中华人民共和国军人因公牺牲证明书》后,因公牺牲军人的父母(抚养人)、配偶、子女、兄弟姐妹。

第七,病故军人遗属,是指现役军人死亡、经相应的军队政治机关确认为病故军人、由县级人民政府退役军人事务部门发给《中华人民共和国军人病故证明书》后,病故军人的父母(扶养人)、配偶、子女、由其承担抚养义务的兄弟姐妹。

第八,现役军人家属,是指中国人民解放军现役军人的父母(扶养人)、配偶、未成年子女、不能独立生活的成年子女。

(二)死亡抚恤

1. 死亡抚恤的对象

现役军人死亡被批准为烈士、被确认为因公牺牲或者病故的,其遗属依规享受抚恤。

2. 现役军人死亡性质的认定

由于死亡抚恤工作是依据死亡性质而进行的，因此对死亡性质的认定是死亡抚恤工作的一项重要内容。我国现役军人的死亡性质分为烈士、因公牺牲和病故三种，它们均需要经过一定的程序加以认定：①烈士，其相关情形已在前面介绍。②因公牺牲，现役军人死亡符合下列情形之一的确认为因公牺牲：在执行任务中或者在上下班途中，由于意外事件死亡的；被认定为因战、因公致残后因旧伤复发死亡的；因患职业病死亡的；在执行任务中或者在工作岗位上因病猝然死亡，或者因医疗事故死亡的；其他因公死亡的。此外，现役军人在执行对敌作战、边海防执勤或者抢险救灾以外的其他任务中失踪，经法定程序宣告死亡的，按照因公牺牲对待。③病故，现役军人除因公牺牲情形中“因患职业病死亡的”和“在执行任务中或者在工作岗位上因病猝然死亡，或者因医疗事故死亡”的以外，因其他疾病死亡的确认为病故。现役军人非执行任务死亡或者失踪，经法定程序宣告死亡的，按照病故对待。

3. 死亡抚恤待遇

依照《军人抚恤优待条例》的规定，现役军人死亡被批准为烈士的，依照《烈士褒扬条例》的规定发给烈士遗属烈士褒扬金。除此之外，对烈士、因公牺牲军人、病故军人遗属的抚恤还有一次性抚恤金和定期抚恤金两种类型。

(1)一次性抚恤金

一次性抚恤金，是指国家按照军人死亡性质，以货币形式给予其遗属的一次性物质抚慰。

第一，一次性抚恤金的发放标准。发放一次性抚恤金需按照一定的标准来进行。现役军人死亡，根据其死亡性质和死亡时的月工资标准，由县级人民政府退役军人事务部门发给其遗属一次性抚恤金，标准是：烈士和因公牺牲的，为上一年度全国城镇居民人均可支配收入的20倍加本人生前40个月的基本工资；病故的，为上一年度全国城镇居民人均可支配收入的2倍加本人生前40个月的基本工资。月工资或者津贴低于排职少尉军官工资标准的，按照排职少尉军官工资标准计算。

获得荣誉称号或者立功的烈士、因公牺牲军人、病故军人，其遗属在应享受的一次性抚恤金的基础上，由县级人民政府退役军人事务部门按照下列比例增发一次性抚恤金：获得中央军事委员会授予荣誉称号的，增发35%；获得军队军区级单位授予荣誉称号的，增发 30%；立一等功的，增发 25%；立二等功的，增发 15%；立三等功的，增发 5%。多次获得荣誉称号或者立功的烈士、因公牺牲军人、病故军人，其遗属由县级人民政府退役军人事务部门按照其中最高等级奖励的增发比例，增发一次性抚恤金。

第二，一次性抚恤金的发放顺序。除按照一定的标准外，发放一次性抚恤金还要遵循一定的顺序。一次性抚恤金发给烈士、因公牺牲军人、病故军人的父母（抚养人）、配偶、子女；没有父母（抚养人）、配偶、子女的，发给未满 18 周岁的兄弟姐妹和已满 18 周岁但无生活费来源且由该军人生前供养的兄弟姐妹。发放一次性抚恤金时，有第一顺序亲属的，第二顺序亲属不享受。没有第一顺序的亲属可以享受抚恤的，由第二顺序的亲属享受。同一顺序中的亲属各自领取一次性抚恤金的数额由遗属协商确定，可以均等；经协商一致，也可不均等。如果军人死亡前有遗嘱的，应按照遗嘱载明的顺序发放一次性抚恤金。

（2）定期抚恤金

定期抚恤金，是国家对符合规定条件的烈士、因公牺牲军人、病故军人的遗属按月给予的抚恤金，用以抚慰遗属，帮助解决生活困难。

第一，遗属享受定期抚恤金的条件。遗属享受定期抚恤金需要具备一定的条件，对符合下列条件之一的烈士遗属、因公牺牲军人遗属、病故军人遗属，发给定期抚恤金：父母（抚养人）、配偶无劳动能力、无生活来源或者收入水平低于当地居民平均生活水平的；子女未满 18 周岁或者已满 18 周岁但因上学或者残疾无生活费来源的；兄弟姐妹未满 18 周岁或者已满 18 周岁但因上学无生活费来源且由该军人生前供养的。

第二，定期抚恤金的标准。定期抚恤金的数量也有一定的标准，现行政策已对《军人抚恤优待条例》规定的定期抚恤金标准作了调整，目前该标准应参照上年度全国居民人均可支配收入水平确定。具体的定期抚恤金的标准及其调整办法，由国务院退役军人事务部门会同国务院财政部门规定。县级以上地方人民政府对依靠定期抚恤金生活仍有困难的烈士遗属、因公牺牲军人遗属、病故军人遗属，可以增发抚恤金或者采取其他方式予以帮助。

第三，定期抚恤金的发放及终止。对符合享受定期抚恤金条件的遗属，由县级人民政府退役军人事务部门发给《定期抚恤金领取证》。定期抚恤金从批准为烈士、确认为因公牺牲军人和病故军人之日起发放。享受定期抚恤金的烈士遗属、因公牺牲军人遗属、病故军人遗属死亡的，增发 6 个月其原享受的定期抚恤金作为丧葬补助费，同时注销其领取定期抚恤金的证件。

（三）残疾抚恤

1. 残疾抚恤的对象

现役军人残疾被认定为因战致残、因公致残或者因病致残的，依照规定享受抚恤。其中，因战、因公致残，残疾等级被评定为一级至十级的，均可享受抚恤。义务兵和初级士官因病致残，残疾等级被评定为一级至六级的，可享受抚恤。退出现役的残疾军人，按照残疾等级享受残疾抚恤金，残疾抚恤金由县级人民政府退役军人事务部门发给。因工作需要继续服现役的残疾军人，经军队军级以上单位批准，由所在部队按照规定发给残疾抚恤金。

2. 残疾性质的认定

我国现役军人的残疾性质分为因战致残、因公致残、因病致残三种。其情形认定分别与因战、因公、因病死亡情形相对应，即认定因战致残、因公致残、因病致残与认定因战死亡、因公死亡、因病死亡的情形是一致的，只是结果不同，前者的结果是导致残疾，后者的结果是导致死亡。

3. 残疾等级的认定

残疾等级被划分为十级，具体情形由《军人残疾等级评定标准》规定。一般原则为：一级，器官缺失或功能完全丧失，其他器官不能代偿，存在特殊医疗依赖和完全护理依赖的；二级，器官严重缺损或畸形，有严重功能障碍或并发症，存在特殊医疗依赖和大部分护理依赖的；三级，器官严重缺损或畸形，有严重功能障碍或并发症，存在特殊医疗依赖和部分护理依赖的；四级，器官严重缺损或畸形，有严重功能障碍或并发症，存在特殊医疗依赖和小部分护理依赖的；五级，器官大部缺损或明显畸形，有较重功能障碍或并发症，存在一般医疗依赖的；六级，器官大部缺损或明显畸形，有中度功能障碍或并发症，存在一般医疗依赖的；七级，器官大部分缺损或畸形，形态明显异常，有轻度功能障碍或并发症，存在一般医疗依赖的；八级，器官部分缺损，形态明显异常有轻度功能障碍，存在一般医疗依赖的；九级，器官部分缺损，形态明显异常，有轻度功能障碍的；十级，器官部分缺损，形态异常，有轻度功能障碍的。

4. 残疾军人抚恤的标准及待遇

（1）残疾军人的抚恤金

《军人抚恤优待条例》规定，残疾军人的抚恤金标准应参照全国职工平均工资水平确定，这是该条例对残疾军人抚恤金标准的原则性规定。现行政策已对残疾抚恤金标准作了调整，目前该标准应当参照上年度全国城镇单位就业人员年平均工资水平确定。残疾抚恤金的标准以及一级至十级残疾军人享受残疾抚恤金的具体办法，由国务院退役军人事务部门会同国务院财政部门规定。

(2)其他抚恤待遇

第一，残疾军人死亡，其遗属享受的抚恤待遇。分为两种情形：①退出现役的因战、因公致残的残疾军人因旧伤复发死亡的，由县级人民政府退役军人事务部门按照因公牺牲军人的抚恤金标准发给其遗属一次性抚恤金，其遗属享受因公牺牲军人遗属抚恤待遇。②退出现役的因战、因公、因病致残的残疾军人因病死亡的，对其遗属增发12个月的残疾抚恤金，作为丧葬补助费；其中，因战、因公致残的一级至四级残疾军人因病死亡的，其遗属享受病故军人遗属抚恤待遇。

第二，一级至四级残疾军人由国家供养终身。退出现役的一级至四级残疾军人，由国家供养终身，即按照有关政策对其生活、住房、医疗等问题予以保障。供养终身有两种方式，即集中供养和分散安置。其中，对分散安置的一级至四级残疾军人发给护理费，标准为：因战、因公一级和二级残疾的，为当地职工月平均工资的50%；因战、因公三级和四级残疾的，为当地职工月平均工资的40%；因病一级至四级残疾的，为当地职工月平均工资的30%。

第三，配制辅助器械。残疾军人需要配制假肢、代步三轮车等辅助器械，正在服现役的，由军队军级以上单位负责解决；退出现役的，由省级人民政府退役军人事务部门负责解决。

(四)优待的具体内容

《军人抚恤优待条例》规定，义务兵家属和抚恤补助对象可享受以下优待。

1. 义务兵和初级士官享受的相关优待

第一，义务兵服现役期间，其家庭由当地人民政府发给优待金或者给予其他优待，优待标准不低于当地平均生活水平。

第二，义务兵和初级士官入伍前是国家机关、社会团体、企业事业单位职工(含合同制人员)的，退出现役后，允许其复工复职，并享受不低于本单位同岗位(工种)、同工龄职工的各项待遇；服现役期间，其家属继续享受该单位职工家属的有关福利待遇。

第三，义务兵和初级士官入伍前的承包地(山、林)等，应当保留；服现役期间，除依照国家有关规定和承包合同的约定缴纳有关税费外，免除其他负担。

第四，义务兵从部队发出的平信，免费邮递。

2. 医疗优待

第一，国家对一级至六级残疾军人的医疗费用按照规定予以保障，由所在医疗保险统筹地区社会保险经办机构单独列账管理。

第二，七级至十级残疾军人旧伤复发的医疗费用，已经参加工伤保险的，由工伤保险基金支付；未参加工伤保险，有工作的由工作单位解决，没有工作的由当地县级以上地方人民政府负责解决；七级至十级残疾军人旧伤复发以外的医疗费用，未参加医疗保险且本人支付有困难的，由当地县级以上地方人民政府酌情给予补助。

第三，残疾军人、复员军人、带病回乡退伍军人以及因公牺牲军人遗属、病故军人遗属享受医疗优惠待遇。具体办法由省、自治区、直辖市人民政府规定。

此外，中央财政对抚恤优待对象人数较多的困难地区给予适当补助，用于帮助解决抚恤优待对象的医疗费用困难问题。

3. 单位待遇

第一，在国家机关、社会团体、企业事业单位工作的残疾军人，享受与所在单位工伤人员同等的生活福利和医疗待遇。

第二，所在单位不得因其残疾将其辞退、解聘或者解除劳动关系。即在与其他职工同等条件下，残疾军人的身体和精神残疾不能成为辞退、解聘或者解除劳动关系的理由。

4. 交通优待

第一，现役军人凭有效证件、残疾军人凭《中华人民共和国残疾军人证》优先购票乘坐境内运行的火车、轮船、长途公共汽车以及民航班机；残疾军人享受减收正常票价 50%的优待。

第二，现役军人凭有效证件、残疾军人凭《中华人民共和国残疾军人证》免费乘坐市内公共汽车、电车和轨道交通工具。

5. 参观游览优待

现役军人、残疾军人凭有效证件参观游览公园、博物馆、名胜古迹享受优待，具体办法由公园、博物馆、名胜古迹管理单位所在地的县级以上地方人民政府规定。

6. 入伍优待

因公牺牲军人、病故军人的子女、兄弟姐妹，本人自愿应征并且符合征兵条件的，优先批准服现役。

7. 教育、考录优待

第一,义务兵和初级士官退出现役后,报考国家公务员、高等学校和中等职业学校,在与其他考生同等条件下优先录取。

第二,残疾军人、因公牺牲军人子女、一级至四级残疾军人的子女,驻边疆国境的县(市)、沙漠区、国家确定的边远地区中的三类地区和军队确定的特、一、二类岛部队现役军人的子女报考普通高中、中等职业学校、高等学校,在与其他考生同等条件下优先录取;接受学历教育的,在同等条件下优先享受国家规定的各项助学政策。现役军人子女入公办中小学校、幼儿园和托儿所,在同等条件下优先接收。

8. 住房优待

残疾军人、复员军人、带病回乡退伍军人、因公牺牲军人遗属、病故军人遗属承租、购买住房依照有关规定享受优先、优惠待遇。居住农村的抚恤优待对象住房有困难的,由地方人民政府帮助解决。

9. 家属安置优待

第一,经军队师(旅)级以上单位政治机关批准随军的现役军官家属、文职干部家属、士官家属,由驻军所在地的公安机关办理落户手续。随军前是国家机关、社会团体、企业事业单位职工的,驻军所在地人民政府人力资源和社会保障部门应当接收和妥善安置;随军前没有工作单位的,驻军所在地人民政府应当根据本人的实际情况作出相应安置;对自谋职业的,按照国家有关规定减免有关费用。

第二,驻边疆国境的县(市)、沙漠区、国家确定的边远地区中的三类地区和军队确定的特、一、二类岛屿部队的现役军官、文职干部、士官,其符合随军条件无法随军的家属,所在地人民政府应当妥善安置,保障其生活不低于当地的平均生活水平。

第三,随军的烈士遗属、因公牺牲军人遗属和病故军人遗属移交地方人民政府安置的,享受《军人抚恤优待条例》和当地人民政府规定的抚恤优待。

10. 复员军人定期定量补助

复员军人生活困难的,按照规定的条件,由当地人民政府退役军人事务部门给予定期定量补助,逐步改善其生活条件。

11. 疗养优待

主要指以下两方面:一是国家兴办优抚医院、光荣院,治疗或者集中供养孤老和生活不能自理的抚恤优待对象；二是各类社会福利机构应优先接收抚恤优待对象。

12. 其他优待

根据《退役军人事务部等20部门关于加强军人军属、退役军人和其他优抚对象优待工作的意见》，现役军人享受包括为其家庭悬挂光荣牌；发春节慰问信；入伍、退役时，地方举行迎送仪式等16项优待；现役军人家属享受包括发春节慰问信；邀请优秀现役军人家属代表参加国家和地方重要庆典和纪念活动；优先聘请优秀现役军人家属担任编外辅导员、讲解员等25项优待；残疾军人享受包括为其家庭悬挂光荣牌；发春节慰问信；邀请优秀残疾军人代表参加国家和地方重要庆典和纪念活动等27项优待。

（五）依照、参照军人抚恤执行的其他情形

第一，军队离休、退休干部和退休士官。针对他们的抚恤优待，依照《军人抚恤优待条例》有关现役军人抚恤优待的规定执行。

第二，参战参训的非现役军人。《军人抚恤优待条例》规定：因参战伤亡的民兵、民工的抚恤，因参加军事演习、军事训练和执行军事勤务伤亡的预备役人员、民兵、民工以及其他人员的抚恤，参照《军人抚恤优待条例》的有关规定办理。

第三，国家机关工作人员。2004年，国务院修订并颁布实施新的《军人抚恤优待条例》，明确规定，国家机关工作人员、人民警察因战因公负伤评残，按照现行规定的审批权限及评残办法予以评残；其伤残性质的认定和伤残等级评定标准、伤残抚恤金标准、补办评残手续和伤残抚恤关系转移等，参照《军人抚恤优待条例》及《伤残抚恤管理暂行办法》的有关规定办理。2007年，民政部废止《伤残抚恤管理暂行办法》，颁布实施《伤残抚恤管理办法》，将国家机关工作人员参照军人评残抚恤的范围明确为：因战因公负伤时为行政编制的人民警察；因战因公负伤时为公务员以及参照《中华人民共和国公务员法》管理的国家机关工作人员。

第四，其他社会人员。《伤残抚恤管理办法》规定：为维护社会治安同违法犯罪分子进行斗争致残的人员；为抢救和保护国家财产、人民生命财产致残的人员；法律、行政法规规定应当由退役军人事务部门负责伤残抚恤的其他人员，均参照军人标准予以抚恤。同时规定，这些人员根据《工伤保险条例》应当认定视同工伤的，不再办理因战、因公伤残抚恤。

（六）烈属、军属和退役军人等家庭悬挂光荣牌

光荣牌的称号统一为“光荣之家”。光荣牌的样式是由退役军人事务部统一

设计和规范,制作由省级人民政府退役军人事务主管部门负责,落款为所在省(自治区、直辖市)人民政府、新疆生产建设兵团。悬挂光荣牌的范围为烈士遗属、因公牺牲军人遗属、病故军人遗属家庭和中国人民解放军现役军人家庭、退役军人家庭。同时具备两个以上(含两个)悬挂光荣牌条件的家庭,只悬挂一个光荣牌。

更换光荣牌涉及以下情形:悬挂光荣牌的对象居住地或户籍所在地改变,或发生光荣牌老化破损等情形,可申请更换光荣牌;现役军人退出现役或去世后,其家庭继续悬挂光荣牌;悬挂光荣牌家庭的"三属"或退役军人去世后,该家庭可继续悬挂光荣牌,但不再更换。

悬挂、更换光荣牌工作原则上于每年建军节或春节前进行。集中悬挂或更换光荣牌时,村(居)民委员会或社区应举行悬挂仪式,安排专人负责安装悬挂。悬挂仪式应简朴、庄重、热烈。

悬挂光荣牌对象及其家庭成员如果依法被判处刑事处罚或被公安机关处以治安管理处罚且产生恶劣影响,现役军人如果被除名、开除军籍,便失去了应有的荣誉和示范作用,应当取消其家庭悬挂光荣牌资格。被公安机关处以治安管理处罚后能够主动改正错误、积极消除负面影响的,经县级人民政府退役军人事务主管部门审核同意,可以恢复悬挂光荣牌。

三、退役士兵安置法规与政策

退役士兵安置法规与政策主要来源于2011年发布的《退役士兵安置条例》、2020年公布的《退役军人保障法》等。

(一)退役士兵安置基本原则

退役士兵,是指依照《中国人民解放军现役士兵服役条例》的规定退出现役的义务兵和士官。根据国防和军队改革情况,《退役军人保障法》使用军士这一名称,实际上就是指士官。

国家建立以扶持就业为主,逐月领取退役金、自主就业、安排工作、退休、供养等多种方式相结合的退役士兵安置制度,妥善安置退役士兵。退役士兵安置所需经费,由中央和地方各级人民政府共同负担。国家机关、社会团体、企业事业单位,都有接收安置退役士兵的义务,在招收录用工作人员或者聘用职工时,同等条件下应优先招收录用退役士兵。退役士兵报考公务员、应聘事业单位职位的,在军队服现役经历视为基层工作经历。接收安置退役士兵的单位,按照国家规定享受优惠政策。

(二)退役士兵移交和接收

1. 报到

自主就业的退役士兵应自被批准退出现役之日起30日内,持退出现役证件、介绍信到安置地县级人民政府退役士兵安置工作主管部门报到。安排工作的退役士兵应在规定的时间内,持接收安置通知书、退出现役证件和介绍信到规定的安置地人民政府退役士兵安置工作主管部门报到。退休、供养的退役士兵应当到规定的安置地人民政府退役士兵安置工作主管部门报到。退役士兵无正当理由不按照规定时间报到超过30天的,视为放弃安置待遇。

2. 档案移交、落户

退役士兵所在部队应按照国家档案管理的有关规定,在士兵退役时将其档案及时移交安置地县级以上人民政府退役士兵安置工作主管部门。之后,自主就业和安排工作的退役士兵的档案,由安置地退役士兵安置工作主管部门按照国家档案管理有关规定办理;退休、供养的退役士兵的档案,由安置地退役士兵安置工作主管部门移交服务管理单位。退役士兵安置工作主管部门应当于退役士兵报到时为其开具落户介绍信。公安机关凭退役士兵安置工作主管部门开具的落户介绍信,为退役士兵办理户口登记。退役士兵发生与服役有关的问题,由其原部队负责处理;发生与安置有关的问题,由安置地人民政府负责处理。

(三)退役士兵安置主要方式

1. 自主就业

扶持自主就业是退役士兵安置的主渠道。自主就业适用于退出现役的义务兵和服现役不满12年的士官,其享受的待遇主要如下。

(1)退役金

对自主就业的退役士兵,由部队发给一次性退役金,一次性退役金由中央财政专项安排;地方人民政府可根据当地实际情况给予经济补助,经济补助标准及发放办法由省、自治区、直辖市人民政府规定。一次性退役金和一次性经济补助按照国家规定免征个人所得税。

(2)职业教育和技能培训

县级以上地方人民政府退役士兵安置工作主管部门,应组织自主就业的退役士兵参加职业教育和技能培训,经考试考核合格的,发给相应的学历证书、职业资格证书并推荐就业。退役士兵退役一年内参加职业教育和技能培训的,费用由县级以上人民政府承担；退役士兵退役一年以上参加职业教育和技能培训的，按照国家相关政策执行。自主就业退役士兵的职业教育和技能培训经费列入县级以上人民政府财政预算。

(3)就业指导和服务

各级人民政府举办的公共就业人才服务机构，应免费为退役士兵提供档案管理、职业介绍和职业指导服务。国家鼓励其他人力资源服务机构为自主就业的退役士兵提供免费服务。

(4)税收优惠

对从事个体经营的退役士兵，按照国家规定给予税收优惠，给予小额担保贷款扶持，从事微利项目的给予财政贴息。除国家限制的行业外，自其在工商行政管理部门首次注册登记之日起三年内，免收管理类、登记类和证照类的行政事业性收费。

国家鼓励用人单位招收录用或者聘用自主就业的退役士兵，用人单位招收录用或者聘用自主就业退役士兵符合规定条件的，依法享受税收等优惠。

(5)土地承包

自主就业的退役士兵入伍前通过家庭承包方式承包的农村土地，承包期内不得违法收回或者强制流转；通过招标、拍卖、公开协商等非家庭承包方式承包的农村土地，承包期内其家庭成员可继续承包；承包的农村土地被依法征收、征用或者占用的，与其他农村集体经济组织成员享有同等权利。

自主就业的退役士兵回入伍时户口所在地落户，属于农村集体经济组织成员但没有承包农村土地的，可申请承包农村土地，村委会或者村民小组应当优先解决。

(6)复工、复学入学、考录

自主就业的退役士兵入伍前是国家机关、社会团体、企业事业单位工作人员或者职工的，退出现役后可选择复职复工，其工资、福利和其他待遇不得低于本单位同等条件人员的平均水平。

入伍前已被普通高等学校录取并保留入学资格或者正在普通高等学校就学的退役士兵，退出现役后两年内允许入学或者复学，并按照国家有关规定享受奖学金、助学金和减免学费等优待；家庭经济困难的，按照国家有关规定给予资助；入学后或者复学期间可以免修公共体育、军事技能和军事理论等课程，直接获得学分；入学或者复学后参加国防生选拔、参加国家组织的农村基层服务项目人选选拔,以及毕业后参加军官人选选拔的,优先录取。

义务兵退出现役,可免试进入中等职业学校学习;报考普通高等学校以及接受成人教育的,享受加分以及其他优惠政策;在国家规定的年限内考入普通高等学校或者进入中等职业学校学习的,享受国家发给的助学金。

义务兵退出现役,报考公务员、应聘事业单位职位的,在军队服现役经历视为基层工作经历,同等条件下应优先录用或者聘用。

自主就业退役士兵被行政机关或财政补助的事业单位录用,属于通过竞争机制实现就业,不需要退回已经领取的一次性退役金和一次性经济补助。

2. 安排工作

退役士兵符合下列条件之一的,由人民政府安排工作:①士官服现役满 12 年的;②服现役期间平时荣获二等功以上奖励或者战时荣获三等功以上奖励的;③因战致残被评定为五级至八级残疾等级的;④是烈士子女的。由人民政府安排工作的退役士兵,服现役年限和符合本条例规定的待安排工作时间计算为工龄,享受所在单位同等条件人员的工资、福利待遇。符合安排工作条件的退役士兵,退役时自愿选择自主就业的,依照自主就业规定办理,享受自主就业相关政策。

承担安排退役士兵工作任务的单位应按时完成所在地人民政府下达的安排退役士兵工作任务,在退役士兵安置工作主管部门开出介绍信 1 个月内安排退役士兵上岗,并与退役士兵依法签订期限不少于 3 年的劳动合同或者聘用合同。合同存续期内单位依法关闭、破产、改制的,退役士兵与所在单位其他人员一同执行国家的有关规定。接收退役士兵的单位裁减人员的,应优先留用退役士兵。

非因退役士兵本人原因,接收单位未按照规定安排退役士兵上岗的,应从所在地人民政府退役士兵安置工作主管部门开出介绍信的当月起,按照不低于本单位同等条件人员平均工资 80%的标准逐月发给退役士兵生活费至其上岗为止。

符合安排工作条件的退役士兵无正当理由拒不服从安置地人民政府安排工作的,视为放弃安排工作待遇;在待安排工作期间被依法追究刑事责任的,取消其安排工作待遇。

3. 退休与供养

(1)退休

中级以上士官符合下列条件之一的,作退休安置:①年满 55 周岁的;②服现役满 30 年的;③因战、因公致残被评定为一级至六级残疾等级的;④经军队医院证明和军级以上单位卫生部门审核确认因病基本丧失工作能力的。退休的退役士官,其生活、住房、医疗等保障,按照国家有关规定执行。中级以上士官因战致残被评定为五级至六级残疾等级,本人自愿放弃退休安置选择由人民政府安排工作的,可以依照安排工作的规定办理。因战、因公致残被评定为一级至四级残疾等级的中级以上士官,本人自愿放弃退休安置的,可选择由国家供养。

(2)供养

被评定为一级至四级残疾等级的义务兵和初级士官退出现役的,由国家供养终身。国家供养分为集中供养和分散安置。分散安置的残疾退役士兵购(建)房所需经费的标准,按照安置地县(市)经济适用住房平均价格和60平方米的建筑面积确定;没有经济适用住房的地区按照普通商品住房价格确定。购(建)房所需经费由中央财政专项安排,不足部分由地方财政解决。购(建)房屋产权归分散供养的残疾退役士兵所有。分散供养的残疾退役士兵自行解决住房的,按照上述标准将购(建)房费用发给本人。

4. 逐月领取退役金

根据中央军委政策制度改革部署,对服役满规定年限的退役军官、退役军士,可以以逐月领取退役金方式安置。退役军人保障法随之将逐月领取退役金安置方式确立下来。2021年12月,退役军人事务部等印发了《退役军人逐月领取退役金安置办法》;2022年6月,《逐月领取退役金退役军人服务管理规定》发布施行,对逐月领取退役金退役军人的待遇保障和服务管理作出明确规定。

大校以下军官退役时符合下列条件之一的,由本人申请,经审核批准后可以以逐月领取退役金方式安置:①担任军官满16年的;②担任军士和军官累计满16年的;③服役满20年的;④直接选拔招录军官、特招入伍军官晋升(授予)少校以上军衔后达龄退役的。

军士退役时符合下列条件之一的,由本人申请,经审核批准后可以以逐月领取退役金方式安置:①担任军士满16年的;②服役满18年的;③晋升(授予)四级军士长以上军衔后,在本衔级服役满6年且服役累计满14年的。

(四)退役士兵保险关系的接续

退役士兵服现役年限计算为工龄,与所在单位工作年限累计计算,享受国家和所在单位规定的与工龄有关的相应待遇。军队的军人保险管理部门与地方的社会保险经办机构,应当按照国家有关规定为退役士兵办理保险关系转移接续手续。对自主就业的退役士兵,凭退役士兵安置工作主管部门出具的介绍信,由社会保险经办机构按照国家有关规定办理保险关系接续手续。对安排工作的退役士兵，由接收单位按照国家有关规定办理保险关系接续手续。

1. 养老保险

退役士兵到城镇企业就业或者在城镇从事个体经营、以灵活方式就业的，按照国家有关规定参加职工基本养老保险，服现役年限视同职工基本养老保险缴费年限，并与实际缴费年限合并计算。退役士兵回农村的，按照国家有关规定参加新型农村社会养老保险。

退役士兵在服现役期间建立的军人退役养老保险与其退役后参加基本养老保险的关系接续，由军队的军人保险管理部门和安置地社会保险经办机构按照国家有关规定办理。

2. 医疗保险

退役士兵到各类用人单位工作的，应随所在单位参加职工基本医疗保险；以灵活方式就业或者暂未实现就业的，可参加职工基本医疗保险、城镇居民基本医疗保险或者新型农村合作医疗。退役士兵参加基本医疗保险的，其军人退役医疗保险金，按照国家有关规定转入退役士兵安置地的社会保险经办机构。实行工龄视同参加基本医疗保险缴费年限规定的地区，退役士兵的服现役年限视同参保缴费年限。

3. 失业保险

退役士兵就业应当随所在单位参加失业保险，其服现役年限视同失业保险缴费年限，并与实际缴费年限合并计算。参加失业保险的退役士兵失业，并符合《失业保险条例》规定条件的，按照规定享受失业保险待遇和相应的促进再就业服务。

2011 年以前，依据国家户籍制度管理规定及其相应的社会保障体系，退役士兵安置区分城乡，采取安排工作和回乡务农等方式，基本保证了大多数人员的就业和生活。但从 1990 年代开始，随着经济体制改革特别是国有企业的集中调整，出现了就业渠道变窄、岗位资源较少和较大规模的下岗情况，部分退役士兵在养老、医疗等方面存在着一些困难。党中央、国务院对此高度重视。2019 年 4 月，中共中央办公厅、国务院办公厅印发了《关于解决部分退役士兵社会保险问题的意见》，以解决他们养老、医疗等方面的后顾之忧。

四、军队离退休干部安置法规与政策

军队离休退休干部，是指移交政府安置的由退役军人事务部门服务管理的中国人民解放军和中国人民武装警察部队离休退休干部（以下简称军休干部）。

军休干部安置和服务管理工作是直接服务于军队和国防建设的一项重要工作。根据国务院和中央军委规定,军队退休干部和部分离休干部(主要是解放战争时期入伍的团职以下和抗日战争时期入伍的营职以下以及相当职级的离休干部)移交地方后,由退役军人事务部门管理。

(一)军队干部离休、退休的条件和待遇

根据1981年国务院、中央军委《关于军队干部退休的暂行规定》,军队的现役干部,男年满55周岁、女年满50周岁,或因战、因公致残,积劳成疾,基本丧失工作能力的,可办理退休。同时,《中华人民共和国现役军官法》对相应职务军官的服役年限和退休安置作了原则性规定。军队离休干部的条件按照国务院、中央军委《关于军队干部离职休养的暂行规定》执行。

军队离退休干部政治待遇主要包括阅读文件,听报告,参加一些重大节日和庆祝纪念活动,参加一些力所能及的社会活动,授予离休干部《离休干部荣誉证》、功勋荣誉章,安排离退休干部担任一定的荣誉职务等。党员军队离休退休干部逝世后骨灰盒可覆盖党旗,军队离休干部逝世后骨灰盒可覆盖军旗。

军队离休干部生活待遇的具体项目包括:离休费、副食品价格补贴、生活补贴、粮油调价补贴、教龄护龄补贴、地区生活补贴、交通费、探亲路费、荣誉金、防暑降温费、保留福利补贴、保留伙食补贴、少数民族补贴、政府特殊津贴、残废金(伤残保健金)、生活补贴、住房补贴、公勤费、护理费、住院伙食补助费、电话补贴、水电补贴、军粮差价补贴、冬季取暖补贴、军人职业补贴、服装费、早期回国定居专家生活津贴。离休干部实际享受的待遇项目根据其实际情况确定。

军队退休干部生活待遇的具体项目包括:退休费、副食品价格补贴、生活补贴、粮油调价补偿、早期回国定居专家生活津贴、保留福利补助、保留伙食补贴、少数民族补贴、防暑降温费、政府特殊津贴、残废金(伤残保健金)、生活补贴、住房补贴、护理费、住院伙食补助费、电话补助费、探亲路费、水电补贴、教龄护龄补贴、冬季取暖补贴、军人职业津贴、军粮差价补贴。退休干部实际享受的待遇项目根据其实际情况确定。

军队退休干部的住房根据各地的具体情况,采取统建、分建、购买、自建(指回农村安置的)等多种办法解决。

(二)军队干部退休安置办法

军队干部经批准退休后,由军级以上政治机关填发退休干部证明书和介绍信,并将干部个人档案材料转至退休安置地区的退役军人事务部门。退休干部证明书所填项目在退休后的变动，由安置地区的退役军人事务部门负责填写。退休干部的交接工作，由军级以上单位派人到安置地区的省、自治区、直辖市人民政府退役军人事务部门办理。

军队退休干部移交地方后，对其服务管理坚持“基本政治待遇不变，生活待遇还要略为从优”的原则，由地方各级主管部门的专门机构负责组织实施服务管理工作。所需工作人员、经费、车辆、附属用房等均按照移交安置退休干部数量的一定比例由政府财政保障。

（三）军休干部服务管理的主要内容

为做好军队离休退休干部的服务管理工作，民政部于2014年颁布施行了《军队离休退休干部服务管理办法》，退役军人事务部对标近年来出台的退役军人工作法规与政策，与相关领域改革政策相衔接，吸收各地军休服务管理工作有益经验，在保持原框架结构基础上，从加强党的领导、丰富服务内容、创新服务方式、加强机构建设等方面（2021年进行了修订，明确了军队离退休干部服务管理各项制度）。

1. 军休干部服务管理基本原则

军休干部服务管理坚持政治关心、生活照顾、服务为先、依法管理的原则，从维护军休干部的合法权益出发，贯彻执行国家关于军休干部的法律法规和政策，完善军休干部服务保障和教育管理机制，落实军休干部政治待遇和生活待遇。军休干部服务管理应当与经济发展相协调，与社会进步相适应，实行国家保障与社会化服务相结合。

2. 军休干部服务管理内容

退役军人事务部门、军休服务管理机构应加强军休干部思想政治工作，引导军休干部继续发扬人民军队优良传统，模范遵守宪法和法律法规，永葆政治本色；按照规定落实军休干部政治待遇，组织军休干部阅读有关文件、听取党和政府重要会议精神传达。各级人民政府和军队各级组织在举行重大庆典和重大政治活动时，退役军人事务部门按照要求组织军休干部参加。在八一建军节、春节等重大节日，退役军人事务部门应协调当地人民政府和军队有关负责人走访慰问军休干部。退役军人事务部门应按规定落实军休干部荣誉疗养制度，对服役期间或移交安置后作出突出贡献的军休干部，分层级、分批次组织疗养。

军休干部服务管理机构是服务和管理军休干部的专设机构，承担军休干部服务管理具体工作。退役军人事务部门根据安置管理工作需要，按照统筹规划、合理布局、精干高效、便于服务的原则设置、调整服务管理机构。服务管理机构实行法定代表人负责制,对重大问题实行民主决策。服务管理机构应加强基础设施建设,设置会议室、活动室、阅览室、荣誉室等场所,建立必要的室外文化体育活动场地,创造良好休养环境。

军休服务管理机构应做好以下工作:①举行新接收军休干部迎接仪式;②按时发放军休干部离退休费和津贴补贴,帮助符合条件的军休干部落实优抚待遇;③协调做好军休干部的医疗保障工作,落实体检制度,建立健康档案,开展医疗保健知识普及活动,引导军休干部科学保健、健康养生;④培育军休干部文化队伍,开展军休文化体育活动,引导和鼓励军休干部参与社会文化活动;⑤开展经常性走访探望,定期了解军休干部情况和需求,提供必要的关心照顾;⑥协助办理军休干部去世后的丧葬事宜,按照政策规定落实遗属待遇。此外,退役军人事务部门、军休服务管理机构还应依法依规加强对军休干部参加社会组织、出国(境)、著作出书、发表言论等事项的管理,督促军休干部遵纪守法和遵守军休服务管理机构各项规章制度;鼓励支持军休干部保持和发扬优良传统,发挥自身优势,继续贡献力量。

3. 军休干部管理委员会

军休干部管理委员会是在军休服务管理机构内军休干部自我教育、自我管理、自我服务的群众性组织。军休服务管理机构内设有军休干部管理委员会的,军休服务管理机构应当加强对军休干部管理委员会的领导,按照有关规定组织开展活动,发挥军休干部管理委员会的作用,定期听取军休干部管理委员会工作情况报告,研究解决其反映的问题。

4. 军休干部服务管理工作人员

军休干部服务管理工作人员应加强政策和业务知识学习,掌握服务管理技能,培养良好作风和职业道德,树牢全心全意为军休干部服务的意识。军休服务管理机构在编制员额内新聘用工作人员,除国家政策性安置、按照人事管理权限由上级任命、涉密岗位等人员外,应面向社会公开招聘,同等条件下优先聘用退役军人、军人家属。

5. 对军休干部管理机构及工作任务的要求

为推进《军队离休退休干部服务管理办法》贯彻落实,进一步加强移交政府安置的军队离休退休干部服务管理机构全面建设,细化职责任务,丰富内容形式,提高能力水平,确保军休干部各项待遇有效落实,根据国家相关政策规定,

2015 年民政部印发了《军队离休退休干部服务管理机构工作指引》,对军休干部服务管理机构的工作提出了具体要求。

2020 年 10 月,为不断提升移交政府安置的军休干部服务管理水平,进一步增强军休干部荣誉感、归属感、获得感,退役军人事务部等发出通知,从七个方面,即加强政治引领、规范教育管理、扩大服务供给、提升医疗服务、建立疗养制度、拓展保障渠道、完善监督考评,共提出了 31 条具体措施,旨在解决军休干部所需所急所盼,推动服务管理工作创新发展。①

第三节　优抚安置法规与政策运行中存在的主要问题

为做好优抚安置工作,近些年来,尤其是党的十八大以来,党和政府做了很多工作,在诸多方面取得了显著成绩。当前,优抚安置法规与政策运行中存在的问题,主要在于其落实的力度仍有待进一步提升。具体而言,大致有以下方面。

第一,烈士褒扬工作需要引起国家及全社会的进一步重视。烈士为国家和人民的事业献出了宝贵的生命,理应得到全社会的褒扬、尊重。然而,近些年来出现了不少诋毁、抹黑、损坏烈士名誉的事件。2013 年,《炎黄春秋》杂志刊发洪某某撰写的《"狼牙山五壮士"的细节分歧》以历史细节考据、学术研究为幌子,以细节否定英雄,企图达到抹黑"狼牙山五壮士"英雄形象和名誉的目的。② 有的人侮辱邱少云名誉。③ 有的人以各种方式诋毁、污蔑雷锋及雷锋精神。④ 有的人故意毁坏黄继光、董存瑞的名誉。⑤ 有的人甚至故意破坏烈士陵园。例如,2023 年 10 月,福建宁德市蕉城区有人夜间破坏烈士陵园。⑥ 浙江金华市勇斗歹徒牺牲的詹忠烈士的墓在 11 年间 2 次遭破坏。⑦ 所有这些事件的影响极其恶

---

① 全国社会工作者职业水平考试教材编委会编写:《社会工作法规与政策》,中国社会出版社 2023 年,第 214—238 页。

② 法志:《"狼牙山五壮士"英雄形象不容抹黑》,《山东农机化》2023 年第 5 期。

③ 《"侮辱邱少云烈士案"宣判》,《中国民政》2016 年第 19 期。

④ 曲洪波、高秀宁:《历史虚无主义诋毁英模人物现象分析——以对雷锋及雷锋精神抹黑为例》,《湖南行政学院学报》2018 年第 4 期。

⑤ 《侵害烈士黄继光、董存瑞名誉权案宣判》,《人民法治》2019 年第 23 期。

⑥ 《夜间破坏烈士陵园设施?官方通报》,光明网,2023 年 10 月 29 日。

⑦ 《当地回应烈士墓 11 年间被 2 次破坏》,中工网,2023 年 12 月 27 日。

劣,其一再发生充分反映出,需要引起国家及全社会更加重视烈士褒扬工作。

第二,对抚恤补助对象的补助水平有待进一步提高。对抚恤补助对象的补助资金主要来源于国家财政投入,然而,受社会经济发展水平等因素影响,国家财政的投入有限;抚恤补助标准在近些年来虽然已多次提高,但标准依然不高。截至2016年底,国家抚恤、补助各类重点优抚对象874.8万人,各级财政共支出抚恤事业费769.8亿元,人均只有8799.73元,仅占当年全国居民人均收入的36.94%。截至2017年底,国家抚恤、补助各类重点优抚对象857.7万人,当年各级财政共支出抚恤事业费827.3亿元,人均9645.6元,仅占当年全国居民人均收入的37.14%。[①] 近几年,国家进一步提高补助标准,但补贴依然有限。虽然从退役军人事务部及民政部网站未找到宏观层面的补助数据,但从个别地区公布的数据可得到反映。例如,从安徽省临泉县退役军人事务局公开的《2022年3月份各类抚恤补助经费发放明细》显示,2022年3月,全县三属遗属、烈士子女、复员军人、退休军等共计445人,补助217724元,人均489.27元,仅占当年安徽省居民月均可支配收入的17.93%。[②] 可见,补助水平仍不高。

第三,退役军人就业安置问题需更好地破解。从1980年代至今,我国经济体制由计划经济转向社会主义市场经济,出现了退役军人就业安置困难;一些军人学历低、技能弱,就业困难;授业内容消化吸收能力不足,培训难等问题。换言之,一些退役军人受限于自身学历、技能水平,难以适应市场化就业要求的问题。即使国家推行了百万扩招、招生计划单列等举措,相关问题依然未能得到有效改善。有学者认为,这是因为退役军人事务部在退役军人就业安置问题上没有“抓手”,解决这一问题需要其他相关部门配合协调。有学者提出,应提升退役军人职业教育、技能培训的针对性,让退役军人自身能力素养与岗位招聘要求相匹配。[③] 事实上,问题并非如此简单。

为解决退役军人安置问题,2018年,国家成立了专门机构——退役军人事务机构。退役军人事务机构的成立是落实党的十九大精神和习近平主席指示的重要举措,承载着整合退役安置与保障的职责,以及“解决历史遗留问题”以“开创退役军人工作新局面”的重要期待,但其能否发挥应有的职能,除受机构设置的

---

① 数据来源:《2016年社会服务发展统计公报》《2017年社会服务发展统计公报》《中国统计年鉴2017》《中国统计年鉴2018》。

② 根据安徽省临泉县政府网站《2022年3月份各类抚恤补助经费发放明细》和《中国统计年鉴2023》计算得出。

③ 刘胜利等:《退役军人就业安置问题研究综述》,《中国人事科学》2023年第11期。

影响外,更多地受其背后的整个退役安置工作及其内在的多重制度性张力的影响。这也反过来要求我们从退役安置工作的宏观背景而非仅仅机构层面来检视退役部门的职能运作。经历半个多世纪的演变,退役安置工作内部蕴含的多重矛盾逐步显现,长期以来的权宜型安置政策改革在干部与士兵身份二元分野的框架下又催生了大量子类型群体,相互之间的政策基础和利益诉求各不相同,给新机构的整合设想带来了很大挑战。

在计划经济条件下,退役安置工作中核心的职位安置并不是问题,军队、地方政府或企业都只是国家手中的一个工作部门或者“单位”,转业也只是将其人事关系按通行的行政级别从一个部门调职到另一个部门。然而,在改革开放以后,随着经济市场化和地方工作专业化的推进,职位稀缺成为退役安置工作的核心焦点,表面上这是退役安置的计划思维与社会经济的日益市场化之间的矛盾,但背后却又受到央地和军地之间负担分配关系的制约。在安置职位和经济成本的负担上,央地之间和军地之间存在要求上的差异,大量具体安置工作转向了地方,尤其是由基层承担,而事实上越是基层,可供使用的安置资源就越有限,这一悖论成为退役安置工作面临的一个基本处境。同时,在具体的安置过程中,军官与士兵之间的干部身份差别又决定了安置工作在人社和民政之间的部门分野,以及基于此形成的安置资源在两个群体之间的不均衡分配。退役军人事务机构的成立旨在整合相互分立的两个安置体系,但二者背后的党的归口管理体系使得这种整合在实践中难以操作,原属人社系统的编制和公务员管理职能在本轮党政机构改革中被移交给了同级组织部门,新近设立的退役部门可供使用的职能并未有明显增加,这一点成为退役部门难以发挥整合作用的直接成因。①

综上所述,优抚安置法规与政策运行中存在的问题,需要进一步深化改革才能予以妥善化解。

---

① 王军洋:《退役安置改革与退役军人事务机构的职能运作研究》,《复旦政治学评论》2023年第1期。

第十章

城乡基层群众自治和社区建设法规与政策

城乡基层群众自治和社区建设,是社会主义民主政治制度和和谐社会建设的重要组成部分,对于推动居民社会参与,增进人民的社会福利具有重要的意义。社区是我国城乡基层社会治理和社会服务的重要平台,也是社会工作专业人才发挥作用的重要平台。本章主要介绍城乡基层群众自治和社区建设法规与政策的发展演变、主要内容与运行中存在的主要问题。

第一节　城乡基层群众自治与社区建设法规与政策的发展演变

一、城乡基层群众自治与社区建设法规与政策的渊源

我国古代的国家官僚体系一般以州县为最低一级,有“皇权不下县”之说。但事实上,仅靠县级官员是不可能亲自管理境内全部百姓的。他们必然会将各种赋役徭役、治安等差事交给更基层的行政组织来完成,因此,皇权并不止于县,而是延伸到州县以下,实现所谓的“普天之下莫非王土,率土之滨莫非王臣”。具体而言,就是中国古代的乡里制度或类似制度。总体而言,都是由一群少拿或不拿官俸的乡里民众来担任各种职务,基本贯彻“以民治民”的管理方针。

从乡里组织的性质而言,尽管不属于王朝的正规官僚系统,但相对于宗族、会社等民间组织而言,它们带有官方色彩。从乡里组织的基本职能而言,主要是负责征派赋税徭役、掌管教化治安等。而从基层社会治理的角度来看,秦汉的乡

亭里制度中,三老掌管教化,实行思想控制,啬夫游徼则负责缉盗安民。隋唐时期的"邻保制"也是使民众互相监督,互相禁约。而从宋代开始的保甲制度,更是建立了严密的治安网。除了将所有的人户按照一定数额进行编排之外,更重要的是实行伍保法连坐制。如此则保内之人相互制约,互相监督。这种地缘性的社会控制体系由于严密和有效,几乎沿用到20世纪上半叶。而从国家权力的实施而言,由于中国的辽阔疆域和低水平的交通状况,尽管有乡里组织作为国家权力下移到乡村社会之中,里甲制与保甲制成为中央控制基层社会最主要的工具,但基本停留在税收和治安两个关键领域,其他地方公共事务则主要依托基层社会力量来完成,从而形成中央集权体制下,对基层社会的"部分管理"。如此既可以减轻国家的资源压力,也在一定程度上赋予基层社会一定的自主性。而在传统社会的基层控制中,则首先依靠宗族与士绅发挥作用。在乡村社会权力网络实际运作中,政权、族权、绅权往往相互联结,互相交融、彼此配合。正是以宗族组织为代表的民间力量与政权力量相互支持,互相补充,使得中国古代社会具有不断自我修复、自我完善的机制。民间组织的自我管理比单纯的王朝政权控制更加细密和有效,而且,因其以血缘和地缘为纽带,使得基层民众更易于接受。也正是在以血缘、伦理、道德为基础的宗族与士绅的协助下,古代国家治理体系更加稳固而难以瓦解。①

二、城乡基层群众自治与社区建设法规与政策的萌芽

相比于中国传统的等级制的基层控制组织,现代的城乡基层群众自治组织产生则很晚。

1922年,彭湃领导广东海丰农民成立了"赤山约农会"。这是中国共产党领导建立政权和基层群众性自治组织的最初尝试。1923年,中国共产党在《农民问题决议案》中指出,各地"应当在农民之中宣传选举代表农民机关(乡村自治会)的主张"。并在1925年的《告农民书》中要求,"乡村自治机关,应以普通选举法直接选举之,不得由绅士包办"。到1927年,广东、广西、江西等地农民运动迅速发展,各级农民协会达2万多个。从农民享受的政治民主以及农会管理的基层社会生活来看,它是基层群众性自治组织的萌芽。

第二次国内革命战争时期,中国共产党开辟了农村革命根据地。随着革命

① 杨国安:《"天高皇帝远"？古代基层社会如何治理》,《人民论坛》2020年第3期。

根据地的创立和各级政权机关的建立，各根据地普遍通过民主选举产生了出席全国工农兵代表大会的代表。1931 年，在江西瑞金召开了第一次全国工农兵代表大会，成立了中华苏维埃共和国。根据中央执行委员会 1933 年颁布的《地方苏维埃暂行组织法（草案）》规定，地方政权分省、县、区（市）、乡四级，各级均建立苏维埃政权机关。在市苏维埃之下，除了 4000 人以下的市及隶属区苏维埃的市外，划分为若干“市区”，设立市区苏维埃。市区苏维埃是市苏维埃的一个组成部分。市区苏维埃下设优待红军、义务劳动和运输、贫民等 28 个委员会，协助市区苏维埃工作。此时的各种委员会管理的范围已包括基层社会生活的许多内容。在乡苏维埃下设村。村实行代表制，与基层政权区别开来。就当时村的非政权性质这一点而言，它已具备基层群众性自治组织的主要方面。

抗日战争时期，我党在敌后建立了抗日民主政权。各抗日根据地设置不一。在陕甘宁边区为边区、县、乡三级。村不是一级政权，就组织性质来说，可称为基层群众性自治组织。在其他地区，基层政权是村公所。村下按村民住区划分为若干闾，还有公民小组，闾是村的辅助机关，具体任务是传达村公所的决议到各户或各公民小组，同时，各户和各公民小组的意见也可由闾代表反映到村公所。因此，村以下的闾带有基层群众性自治组织的性质。

解放战争时期，随着国民党反动政权的覆灭，它在基层的保甲组织也被废除。在解放区的农村，村（乡）、区、县开始实行人民代表会议制，村中有片儿会、公民小组和调解组织等。在华北区，1949 年规定，为了做好调解工作，村政府设立调解委员会。在城市，设立军事管制委员会；在条件成熟时，召开各界人民代表会议。代表会议下有居民小组、闾等。从此，我们党在领导工农运动中出现的基层群众性自治组织，开始由农村扩展到城市，为新中国成立后城乡建立居委会、村委会做好了准备。①

三、城市居民自治法规与政策的产生与转型

1949 年新中国成立后，作为基层群众性自治组织的居委会先后在全国建立起来，并逐步得到发展和完善。从新中国成立到 1980 年代，居委会的发展经历了四个时期。

---

① 浦增元主编：《中国基层群众性自治组织》，上海社会科学院出版社 1989 年，第 17—22 页。

居委会发展的第一个时期是1949—1956年。新中国成立后,在全国城市立即废除了国民党的保甲组织,建立起人民自己的基层政权。居委会在此时应运而生。居委会最早出现于1950年。1954年12月,一届全国人大常委会第四次会议根据《宪法》的精神,结合居委会的实践,制定并通过了《城市居民委员会组织条例》,第一次提出"群众自治性组织"的概念。到1956年,城市居委会在全国绝大多数城市建立起来,并得到了发展。

居委会发展的第二个时期是1956—1966年。这是党领导全国人民开始转入全面的大规模的社会主义建设时期。在这个时期,居委会在举办公共福利事业、调解民间纠纷、搞好治安保卫工作以及加强政府与群众的联系等方面虽然做出了贡献,但居委会的发展也经历了曲折。

居委会发展的第三个时期是1966—1976年。这是党和国家遭受严重挫折的时期。在这个时期,基层群众性自治组织的建设受到严重破坏。城市居委会的组织机构有许多被解散,一些居委会主任被"批斗"。有的地方保留下来的居委会改为"革命居民委员会"。

居委会发展的第四个时期是1976年—20世纪80年代。党的十一届三中全会以后,基层群众性自治组织又得到恢复和发展。根据五届全国人大常委会第12次会议通过的《关于建国以来制定的法律、法令效力问题的决议》,于1980年重新颁布了《城市居民委员会组织条例》《人民调解委员会暂行组织通则》《治安保卫委员会暂行组织条例》,特别是1982年的《宪法》把居(村)民委员会确认为基层群众性自治组织,第一次用根本大法的形式确立下来。此后,居委会全面恢复、整顿和健全起来。

四、农村村民自治法规与政策的形成

从新中国成立到党的十一届三中全会以前,我国农村虽有调解委员会、治安保卫委员会、居民小组、片儿会、经常的或临时的各种工作委员会等,但没有村委会。村委会作为我国农村完整的群众性自治组织,是在1978年之后才发展起来的。

村委会是我国农村政治经济发展的产物。首先,改革开放以后,农村实行家庭联产承包责任制。生产关系的调整引发了上层建筑的变动。政社分设就是当时农村上层建筑的一次大变动。政社分开后,农村的治安保卫、调解民间纠纷、修桥铺路、整顿村容等任务要有组织来承担。其次,党中央在总结了新中国成立以来的经验教训后提出,必须“在基层政权和基层社会生活中逐步实现人民的直接民主”①。党的十二大报告也指出,建设高度的社会主义民主,必须把社会主义民主“扩展到政治生活、经济生活,文化生活和社会生活的各个方面,发展各个企业事业单位的民主管理,发展基层社会生活的群众自治”②。村委会就是适应农村政治经济形势发展的需要而建立的。

1982 年的《宪法》颁布前,可称为村委会的自发建立阶段。自 1982 年的《宪法》颁布开始,中共中央发出文件,要求各地有计划地进行建设村民(或乡民)委员会试点的工作。到 1985 年初,我国已建立起 86 万多个村委会。③

五、城市社区建设法规与政策的产生

在城乡自治组织恢复发展的同时,城市社区建设处于萌发之中。

为了适应城市经济体制改革和社会保障制度建设,1986 年,民政部首倡在城市基层开展以民政对象为服务主体的“社区服务”。1987 年 9 月,民政部在武汉召开全国城市社区服务工作座谈会,集中讨论了社区服务问题。这标志着在中国城市发展社区服务工作全面展开。

1989 年 12 月,七届全国人大常委会第十一次会议审议通过了《中华人民共和国城市居民委员会组织法》④(此后简称《城市居民委员会组织法》,2018 年进行了修订)。其中正式采用了“社区服务”的概念,提出居委会向居民提供不以营利为目的的社区服务是其一项重要职责。20 世纪 80 年代后期开始的社区服务工作,难以满足社区居民不断增长的服务需要,从而促成了社区建设的兴起。《城市居民委员会组织法》还规定,居委会是自我管理、自我教育、自我服务的基层群众性自治组织。

由于社区服务的概念已难以包含各方面的社区工作,因而民政部于 1991 年首次提出社区建设的理念和任务,倡导基层组织建设应着重抓好社区建设,社区工作除了社区服务外,还有社区文化、社区医疗、社区康复、社区教育等内容。社

---

① 《中国共产党中央委员会关于建国以来党的若干历史问题的决议》,人民出版社 1981 年,第 56 页。

② 《中国共产党第十二次全国代表大会文件汇编》,人民出版社 1982 年,第 44—45 页。

③ 浦增元主编:《中国基层群众性自治组织》,上海社会科学院出版社 1989 年,第 22—30 页。

④ 《中华人民共和国城市居民委员会组织法》,《中华人民共和国国务院公报》1989 年第 26 期。

区建设为城市居民自治提供了新平台。1991 年 7 月,民政部向全国发出了《关于听取对"社区建设"思路的意见的通知》,不久确定了天津市河北区、杭州市下城区为全国社区建设试点单位,开展社区建设工作实验。1992 年 10 月,中国基层政权建设研究会在杭州市下城区召开了"全国城市社区建设理论研讨会"。自此以后,"社区服务"的提法拓展为"社区建设"。

1993 年 8 月,为贯彻落实党的十四大精神和《中共中央国务院关于加快发展第三产业的决定》,民政部等下发了《关于加快发展社区服务业的意见》。①

1995 年 12 月,民政部制定了《全国社区服务示范城区标准》,规定社区服务示范城区,是指在城市社区服务工作中成绩优异,社会效益、经济效益显著,对全国社区服务发展具有典型示范作用的城区。

由于传统居民组织缺乏资源,难以承担社会管理和公共服务功能,因而需要加强社区居民组织的建设来拓展其功能。但社区建设在 20 世纪 90 年代中前期未引起足够重视,一直到 20 世纪 90 年代后期,下岗、失业等社会问题增多,社区建设才受到政府的重视。1998 年,在政府机构改革中,国务院明确赋予民政部"指导社区服务管理工作,推进社区建设"的职能。1999 年,民政部制定了《全国社区建设试验区工作方案》,第一次以政府文件的形式提出社区自治的概念,并强调城市基层管理体制要由行政化管理体制向法制保障下的社区自治体制转变。② 为此,民政部正式启动了"全国社区建设实验区"工程,在 26 个城市试点。

1999 年,城市居委会的选举制度改革在全国许多地方陆续开展,沈阳、北京、上海等地出现了较大范围的直接民主选举,从而启动了以社区自治为基础的城市社区民主建设。

六、城市社区建设法规与政策的演进

2000 年 11 月,在各地实验区探索和交流基础上,中共中央办公厅、国务院办公厅转发了《民政部关于在全国推进城市社区建设的意见》③,它标志着我国城市社区建设及相应的社区自治进入全面推进阶段。各级政府在解决社区的社会

① 《转发国家民政部等十四个部委关于加快发展社区服务业的意见的通知》,《广州政报》1994 年第 2 期。

② 徐勇、陈伟:《中国城市社区自治》,武汉出版社 2002 年,第 12 页。

③ 《中共中央办公厅　国务院办公厅关于转发〈民政部关于在全国推进城市社区建设的意见〉的通知》,《福建政报》2000 年第 12 期。

问题方面发挥了主导作用,为社区自治功能的发挥,尤其是居民参与社区建设提供了多方面的空间和机会。

各地在社区建设实验区工作的基础上,积极开展了创建全国社区建设示范市、区活动。全国各城市开始对旧有的居委会进行重新调整或合并,以扩大社区可支配资源和可动员的力量,以便其新的功能得到发挥,不断走向真正的"自我管理、自我教育、自我服务"的群众性自治组织。2001 年 4 月,社区建设试验区会议在济南历下区召开,标志全国城市社区建设正式由试点走向全面铺开。2001 年 7 月,民政部发布了《全国城市社区建设示范活动指导纲要》①及《全国社区建设示范城基本标准》②。2002 年 9 月,全国城市社区建设四平现场会召开,民政部命名河北省保定市等 27 个市为"全国社区建设示范市",北京市西城区等 148 个区为"全国社区建设示范区"。在示范活动的基础上,社区建设全面推进。在社区建设中,社区自治组织的作用不断加强。社区建设的任务由建立、健全社区自治组织机构的阶段转向推进社区民主发展的新阶段。③ 经过各方共同努力,全面推进社区建设取得了明显成效,初步构筑了以社区党组织为核心的社区组织体系。④

七、农村村民自治法规与政策的演进

1987 年 11 月,六届全国人大常委会第二十三次会议审议通过了《中华人民共和国村民委员会组织法(试行)》。⑤ 这是第一部确认和明确规范自治制度的全国性法律。从此,全国各地开始贯彻执行该法,使村民自治进入初步实验阶段。

1990 年 8 月,中组部等在山东省莱西县召开新中国成立以来首次"全国村级组织建设座谈会",重申村委会是在党的领导下,在国家法律规定的范围内,由村民自我管理、自我教育、自我服务的基层群众性自治组织。同年 9 月,民政部发出《关于在全国农村开展村民自治示范活动的通知》,并制定了村民自治示范村、

① 《全国城市社区建设示范活动指导纲要》,《中国社会报》2001 年 8 月 4 日。

② 《全国社区建设示范城基本标准》,《中国社会报》2001 年 8 月 4 日。

③ 彭兰红:《中国基层民主发展概述》,《民主与科学》2005 年第 6 期。

④ 王维国、李娜:《基层群众自治状况研究——以北京为例》,人民日报出版社 2011 年,第 43—54 页。

⑤ 《中华人民共和国村民委员会组织法(试行)》,《中华人民共和国国务院公报》1987 年第 27 期。

示范乡镇、示范县的标准，计划用10年时间在全国逐渐铺开。村民自治的序幕全面拉开。

1992年，民政部确立村民自治的基本内容为民主选举、民主决策、民主监督，在实际的行政工作中，民主选举成为村民自治的基础。①

1994年2月，民政部又下发了《关于印发〈全国农村村民自治示范活动指导纲要(试行)〉》。② 经过达标示范活动后，村民自治开始进入有序的发展轨道。同年10月，中共中央召开了全国农村基层组织建设工作会议，民政部门提出和总结的“完善村民选举，村民议事，村务公开，村规民约等项制度”正式被会议确立为必需的要求。

1997年，在党的十五大会议上，村民自治的“四个民主”首次被载入党代会报告中。

在村民自治不断推进的过程中，各地广大农民群众和基层干部大胆探索，在民主选举、民主决策、民主管理、民主监督等方面创造了不少行之有效的形式。

综上，在1990年代试行《中华人民共和国村民委员会组织法(试行)》的10年中，在各省、自治区和直辖市内，共组建了92.8万个村委会。由政府从“面”上推动，初步建立村民自治制度的农村约为50%。

八、城乡基层群众自治与社区建设法规与政策的深化

2006年4月，国务院下发了《国务院关于加强和改进社区服务工作的意见》，对强化和改进城市社区服务工作作出了部署③，同年7月，民政部发出《民政部关于开展“建设和谐社区示范单位”创建活动的通知》，提出“居民自治、管理有序、服务完善、治安良好、环境优美、文明祥和”的和谐社区示范单位建设基本标准，以及创建活动具体的工作要求和保障措施。

2007年10月，党的十七大提出，“把城乡社区建设成为管理有序、服务完善、文明祥和的社会生活共同体”，特别是把“基层群众自治制度”，作为我国社会主义民主政治建设的基本制度和中国特色政治发展道路的重要方面。④

① 彭兰红：《中国基层民主发展概述》，《民主与科学》2005年第6期。

② 《全国农村村民自治示范活动指导纲要(试行)》，《乡镇论坛》1994年第6期。

③ 《国务院关于加强和改进社区服务工作的意见》，《中国民政》2006年第6期。

④ 中共中央文献研究室编：《十七大以来重要文献选编》(上)，中央文献出版社2009年，第22—23页。

2009 年 2 月，民政部发出《民政部关于切实做好城市社区居民委员会换届选举工作的通知》，要求切实做好城市社区居委会换届选举工作。同年 11 月，民政部下发了《民政部关于进一步推进和谐社区建设工作的意见》，对进一步推进和谐社区建设工作的总体思路和目标要求、主要任务等作了具体论述。

2010 年 8 月，中共中央办公厅、国务院办公厅发布了《关于加强和改进城市社区居民委员会建设工作的意见》，旨在从总体上推进城市社区居委会的建设，增强社区居委会功能和作用，为构建社会主义和谐社会奠定强有力的组织基础。

进入 21 世纪后，我国通过和谐社区建设深化社区自治，取得了明显成效：一是以党组织为领导核心的社区组织体系不断完善；二是社区服务体系不断健全；三是社区工作者队伍不断壮大；四是社区建设保障机制基本建立，截至 2010 年底，全国共有各类社区服务设施 15. 3 万个，为社区居民自治的深入开展提供了平台。

2012 年 11 月，党的十八大作出完善基层民主制度、加强基层社会管理和服务体系建设的战略部署，为深化社区管理体制改革和服务机制创新提供了发展机遇。

党的十八大以来，我国城市基层群众自治与社区建设法规与政策进一步得到完善。

2013 年 1 月，民政部下发了《关于加强全国社区管理和服务创新实验区工作的意见》，对社区管理和服务创新实验区工作的指导思想、基本原则、工作重点和组织保障作出了具体明确的规定，为新时期社区建设指明了方向。同年 10 月，就推进社区公共服务综合信息平台建设工作，民政部等发布了《关于推进社区公共服务综合信息平台建设的指导意见》。同年 11 月，就加快推进社区社会工作服务，民政部等发布了《民政部　财政部关于加快推进社区社会工作服务的意见》。

2018 年 12 月，中共中央颁布实施了《中国共产党农村基层组织工作条例》，旨在认真贯彻落实新时代党的建设总要求和新时代党的组织路线，坚持和加强党对农村工作的全面领导，深入实施乡村振兴战略，推动全面从严治党向基层延伸，提高党的农村基层组织建设质量，为新时代乡村全面振兴提供坚强政治和组织保证。1999 年中共中央印发的《中国共产党农村基层组织工作条例》同时废止。

2019 年 5 月，就加强和改进城市基层党的建设工作，中共中央办公厅印发了《关于加强和改进城市基层党的建设工作的意见》。

在城市基层社区建设法规与政策深化发展的同时，农村基层自治与社区建设法规与政策也在发展之中。

1998年10月,党的十五届三中全会通过了《中共中央关于农业和农村工作若干重大问题的决定》,将"全面推进村民自治"列为建设有中国特色社会主义新农村的目标之一。同年11月,九届全国人大常委会第五次会议通过了修改后的《中华人民共和国村民委员会组织法》(此后简称《村民委员会组织法》),其中规定:"村民委员会是村民自我管理、自我教育、自我服务的基层群众性自治组织,实行民主选举、民主决策、民主管理、民主监督。"从此农村基层民主步入法治化轨道,标志着农村基层民主已经初步形成一套制度化的运作模式。

1998年修订的《村民委员会组织法》实施以后,以"海选"为突破口的村委会选举发展迅猛,亿万农民开始享受村级民主选举权利。

1998年之后,村务公开也取得重大进展,村务公开在全国绝大多数农村实行起来。20个省区市推行面在90%以上。①

2002年7月,《中央中央办公厅　国务院办公厅关于进一步做好村民委员会换届选举工作的通知》明确指出,"由村民直接选举村民委员会,是法律赋予村民的一项基本民主权利,是基层民主的重要体现",除了重申严格按照法定程序进行村委会选举外,还就一些具体问题作了规定。

2004年6月,中共中央办公厅、国务院办公厅发布了《中共中央办公厅　国务院办公厅关于健全和完善村务公开和民主管理制度的意见》,提出要"保障农民的知情权、决策权、参与权和监督权"。

2010年10月,十一届全国人大第十七次会议对《村民委员会组织法》进行了第二次修订。修订后的《村民委员会组织法》规定:村应当建立村务监督委员会或者其他形式的村务监督机构,负责村民民主理财,监督村务公开等制度的落实等(2018年再次进行了修订)。

进入21世纪后,农村社区建设也开始起步。2003年10月,党的十六届三中全会在《中共中央关于完善社会主义市场经济体制若干问题的决定》中提出,加强"农村社区服务""社区保障""城乡社区自我管理、自我服务"的要求。这标志着中国农村社区建设开始纳入政府的议事日程中。

2005年10月,党的十六届五中全会通过了《中共中央关于制定国民经济和社会发展第十一个五年规划的建议》,提出"建设社会主义新农村是我国现代化

---

① 《全国村务公开和民主管理经验交流会议要求,全面推进村务公开民主管理》,《人民日报》1999年6月22日。

进程中的重大历史任务”;“加强和谐社区、和谐村镇建设”。

2006年10月,党的十六届六中全会提出“积极推进农村社区建设”的要求。在全会通过的《中共中央关于构建社会主义和谐社会若干重大问题的决定》中首次出现“农村社区建设”这一概念,并明确提出:“全面开展城市社区建设,积极推进农村社区建设,健全新型社区管理和服务体制,把社区建设成为管理有序、服务完善、文明祥和的社会生活共同体。”①同年11月,国务院召开第十二次全国民政会议,强调指出,要着力建设城市和农村社区“两个平台”,“整合社区资源,推进农村志愿服务活动,逐步建立与社会主义市场经济体制相适应的农村基层管理体制、运行机制和服务体系,全面提升农村社区功能,努力建设富裕、文明、民主、和谐的新型农村社区”。

2007年3月,民政部决定从全国有条件的县(市、区)确定一批“全国农村社区建设实验县(市、区)”,用1—2年时间开展农村社区建设实验活动,为开展“全国和谐社区建设示范县(市、区)”创建活动提供样板。从2009年到2012年,民政部先后命名上海市青浦区等104个区(市)为“全国农村社区建设实验全覆盖示范单位”。

2007年5月,民政部、国家发改委下发了《“十一五”社区服务体系发展规划》。这是我国社区服务发展史上的第一个国家专项规划,标志着我国社区服务从此步入综合体系建设的发展轨道。同年10月,党的十七大再次提出要“把城乡社区建设成为管理有序、服务完善、文明祥和的社会生活共同体”②,并提出把“基层群众自治制度”提升到我国社会主义民主政治建设的基本制度和中国特色政治发展道路的重要高度,使城乡社区建设在社会建设与管理中的重要性更为突出。

2010年8月,就加强和改进城市社区居委会建设工作,中共中央办公厅、国务院办公厅印发了《关于加强和改进城市社区居民委员会建设工作的意见》。③

2012年9月,为了进一步完善农村基层群众自治机制等,中央纪委等印发了《关于进一步加强村级民主监督工作的意见》,要求到2020年,实现村级民主监督制度完善、监督形式丰富、民主评议有效、经济责任审计规范的目标,切实保障

① 中共中央文献研究室编:《十六大以来重要文献选编》(下),中央文献出版社2008年,第663页。

② 中共中央文献研究室编:《十七大以来重要文献选编》(上),中央文献出版社2009年,第23页。

③ 《中办国办印发〈关于加强和改进城市社区居民委员会建设工作的意见〉》,《人民日报》2010年11月10日。

农民群众的知情权、参与权、表达权和监督权。①

党的十八大之后,全国开展了新一轮农村“两委”换届选举工作。2013 年 5 月,民政部下发了《关于印发〈村民委员会选举规程〉的通知》,要求加强对村委会换届选举工作的指导,深入推进以直接选举、公正有序为基本要求的村委会选举工作实践。② 该规程对村委会的民主选举工作的各项规定更加深入、细致和规范。③

2013 年 12 月,中央农村工作会议在北京举行,会议指出,要以保障和改善农村民生为优先方向,树立系统治理、依法治理、综合治理、源头治理理念,确保广大农民安居乐业、农村社会安定有序。④

2014 年 2 月,为深入贯彻落实党的十八大和十八届三中全会精神,建立健全志愿服务制度,进一步壮大志愿者队伍,完善社会志愿服务体系等,中央精神文明建设指导委员会发布了《关于推进志愿服务制度化的意见》。

2015 年 5 月,为贯彻落实党的十八大和十八届三中、四中全会精神,创新农村基层社会治理,提升农村公共服务水平,促进城乡一体化建设,中共中央办公厅、国务院办公厅印发了《关于深入推进农村社区建设试点工作的指导意见》。同年 7 月,就加强城乡社区协商,中共中央办公厅、国务院办公厅还印发了《关于加强城乡社区协商的意见》。

2016 年 4 月,习近平总书记在安徽调研时提出,以保障和改善民生为优先方向加强和创新农村社会管理,再次强调“系统治理、依法治理、综合治理、源头治理”四大理念。⑤ 同年 8 月,为进一步落实各级民政部门的责任,增强做好城乡社区协商的自觉性和主动性,扎实推进城乡社区协商制度化、规范化、程序化,民政部发布了《关于深入推进城乡社区协商工作的通知》。

2017 年 6 月,中共中央、国务院公布了《中共中央　国务院关于加强和完善城乡社区治理的意见》。⑥ 同年 10 月,党的十九大从乡村振兴的战略高度提出:

---

① 《中央纪委、中央组织部、民政部等十二部委印发〈关于进一步加强村级民主监督工作的意见〉》,《中国民政》2012 年第 11 期。

②《村民委员会选举规程》,《中国民政》2013 年第 5 期。

③ 彭海红:《基层群众自治制度建设》,北京时代华文书局 2020 年,第 196 页。

④ 《中央农村工作会议在北京举行》,《人民日报》2013 年 12 月 25 日。

⑤ 《习近平在小岗村主持召开农村改革座谈会》,中国新闻网,2016 年 1 月 28 日。

⑥ 《中共中央　国务院关于加强和完善城乡社区治理的意见》,《人民日报》2017 年 6 月 13 日。

“加强农村基层基础工作,健全自治、法治、德治相结合的乡村治理体系。”①这为进一步加强和完善村民自治制度指明了方向,提供了行动指南。

2019 年 6 月,就加强和改进乡村治理,中共中央办公厅、国务院办公厅印发了《关于加强和改进乡村治理的指导意见》。②

2021 年 4 月,就加强基层治理体系和治理能力现代化建设,中共中央、国务院发布了《中共中央国务院关于加强基层治理体系和治理能力现代化建设的意见》。③

综上,近些年来,在中国城乡基层群众自治与社区建设法规与政策制定方面,相关部门已做了大量的工作,取得了显著成绩。截至 2022 年底,全国基层群众性自治组织共计 60.7 万个,其中,村委会 48.9 万个,村民小组 392.9 万个,村委会成员 215.4 万人;居委会 11.8 万个,居民小组 133.1 万个,居委会成员 66.3 万人。与 2000 年相比,2022 年村委会减少了 242256 个、居民委则增加了 9514 个④。2022 年,共有 4.8 万个村(居)委会完成选举。⑤

第二节　城乡基层群众自治与社区建设法规与政策的主要内容

一、城市居民自治法规与政策的主要内容

城市居民自治法规与政策主要来源于《城市居民委员会组织法》。

1. 居委会的性质和特点

关于我国城市居委会的性质,是居民自我管理、自我教育、自我服务的基层群众性自治组织,它具有如下显著特征。

第一,群众性。居委会既不是一级政权组织,也不是基层政府的派出机构,而是一种群众性组织。居住在某一地区的居民,不分民族、种族、性别、职业、家

---

① 中共中央党史和文献研究院编:《十九大以来重要文献选编》(上),中央文献出版社 2019 年,第 23 页。

② 《中共中央办公厅 国务院办公厅印发〈关于加强和改进乡村治理的指导意见〉》,《中华人民共和国国务院公报》2019 年第 19 期。

③ 《中共中央国务院关于加强基层治理体系和治理能力现代化建设的意见》,《人民日报》2021 年 7 月 12 日。

④ 数据来源:《中国统计年鉴 2023》。

⑤ 数据来源:《2022 年民政事业发展统计公报》。

庭出身、宗教信仰、教育程度、财产状况、居住期限，都有责任和义务参加居委会组织。

第二，自治性。它主要是指在国家法律法规和政策规定的范围内，在基层党组织的领导和基层政府及其派出机关的指导下拥有一定的自主权和自决权，实行居民自我管理、自我教育、自我服务、自我监督。居委会形成的决定，虽具有一定的约束力，但不具有国家强制性，主要依靠广大居民的自觉认同，以及说服、教育、批评、帮助和公众舆论监督得以执行。

第三，地域性。居委会是地域性的群众组织，是根据居民居住状况、人口多少，按照便于群众自治的原则设立的。同一居委会组织的各住户之间一般都具有邻里街坊关系。

2. 居委会的组织设置

居委会的设立、撤销、规模调整，由不设区的市、市辖区的人民政府决定，这是《城市居民委员会组织法》对居委会设置的明确规定。社区居委会的设置要充分考虑公共服务资源配置和人口规模、管理幅度等因素，按照便于管理、便于服务、便于居民自治的原则，确定管辖范围；要加快工矿企业所在地、国有农（林）场、城市新建住宅区、流动人口聚居地的社区居委会组建工作；新建住宅区居民入住率达到50%的，应及时成立社区居委会，在此之前应成立居民小组或由相邻的社区居委会代管，实现对社区居民的全员管理和无缝隙管理。

关于居委会组织体系的内部设置，相关法规都有一些规定或要求。其中包括：居委会可以分设若干居民小组，小组长由居民小组推选；建立健全居务监督委员会；健全社区居委会下属的委员会设置，建立有效承接社区管理和服务的人民调解、治安保卫、公共卫生、计划生育、群众文化等各类下属的委员会，探索在社区居委会下设环境和物业管理委员会，切实增强社区居委会组织居民开展自治活动和协助城市基层人民政府或者它的派出机关加强社会管理、提供公共服务的能力；选齐配全居民小组长、楼院门栋长，积极开展楼院门栋居民自治，推动形成社区居委会及其下属的委员会、居民小组，楼院门栋上下贯通、左右联动的社区居委会组织体系新格局。

尤其需要注意的是，《中共中央办公厅 国务院办公厅关于加强和改进城市社区居民委员会建设工作的意见》还提出，为更好地完成社区管理和服务任务，辖区人口较多、社区管理和服务任务较重的社区居委会，根据工作需要可建立社区服务站（或称社区工作站、社会工作站）等专业服务机构。按照专干不单干、分工不分家的原则,社区专业服务机构在社区党组织和社区居委会统一领导和管理下开展工作,以形成工作合力。社区居委会有足够能力承担应尽职责的社区,可不另设专业服务机构。

3. 居委会的工作人员

关于居委会的工作队伍,《城市居民委员会组织法》以及相关文件要求,居委会由主任、副主任和委员共 5—9 人组成。在多民族居住地区,居委会中应有人数较少的民族的成员。辖区人口较多、社区管理和服务任务较重的社区居委会可适当增加若干社区专职工作人员;社区专职工作人员由基层政府职能部门根据工作需要设岗招聘,街道办事处(乡镇政府)统一管理,社区组织统筹使用。社区居委会下属的委员会和居民小组的负责人可由社区居民推选产生,也可由社区居委会成员或社区专职工作人员经过民主程序兼任。鼓励社区民警、群团组织负责人通过民主选举程序担任社区居委会成员,鼓励党政机关和企事业单位优秀年轻干部到社区居委会帮助工作或建立经常性联系制度,鼓励高校毕业生、复转军人等社会优秀人才到社区担任专职工作人员,鼓励党政机关、企事业单位在职或退休党员干部、社会知名人士以及社区专职工作人员参与社区居委会选举,经过民主选举担任社区居委会成员。

推行社区党组织班子成员、社区居委会成员与业主委员会成员交叉任职,要做好社区居委会工作人员的教育培训和成长进步工作。其主要内容包括:城市基层人民政府或者它的派出机关每年至少对社区居委会主任培训一次,其他成员每两年至少接受培训一次;鼓励社区居委会成员和社区专职工作人员立足岗位,自学成才,支持他们参加社会工作职业资格考试和学历教育等,对获得社会工作职业资格的给予职业津贴。关心社区居委会工作人员的成长进步,积极把优秀社区居委会工作人员培养发展成为党员,积极推荐符合条件的优秀社区居委会工作人员担任各级党代会代表、人大代表、政协委员和劳动模范;加大从优秀社区居委会成员、社区专职工作人员中考录公务员和选任街道(乡镇)机关、事业单位领导干部的力度;对工作成绩突出、居民群众满意的社区居委会工作人员应及时给予宣传、表彰和奖励。

4. 居委会的主要职能

关于居委会的主要职能,《宪法》、《城市居民委员会组织法》及相关文件有一系列规定和要求。概括地说,包括以下三个方面。

第一,依法组织居民开展自治活动。社区居委会是社区居民自治的组织者、推动者和实践者，要宣传宪法、法律、法规和国家的政策，教育居民遵守社会公德和居民公约、依法履行应尽义务，开展多种形式的社会主义精神文明建设活动；召集社区居民会议，办理本社区居民的公共事务和公益事业；开展便民利民的社区服务活动，兴办有关服务事业，推动社区互助服务和志愿服务活动；组织居民积极参与社会治安综合治理、开展群防群治，调解民间纠纷，及时化解社区居民群众间的矛盾，促进家庭和睦、邻里和谐；管理本社区居委会的财产，推行居务公开；及时向人民政府或者它的派出机关反映社区居民群众的意见、要求和提出建议。

第二，依法协助城市基层人民政府或其派出机关开展工作。社区居委会是党和政府连接社区居民群众的桥梁和纽带，要协助城市基层人民政府或其派出机关做好与居民利益有关的社会治安、社区矫正、公共卫生、计划生育、优抚救济、社区教育、劳动就业、社会保障、社会救助、住房保障、文化体育、消费维权以及老年人、残疾人、未成年人、流动人口权益保障等工作，推动政府社会管理和公共服务覆盖到全社区。

为了减轻居委会协助政府工作的负担，市、市辖区的人民政府有关部门，需要居委会或者它的下属委员会协助进行的工作，应当经市、市辖区的人民政府或者它的派出机关同意并统一安排。普遍推行社区公共服务事项准入制度，凡属于基层人民政府及其职能部门、街道办事处职责范围内的事项，不得转嫁给社区居委会；凡依法应由社区居委会协助的事项，应为社区居委会提供必要的经费和工作条件；凡委托给社区居委会办理的有关服务事项，应实行“权随责走、费随事转”。

第三，依法依规组织开展有关监督活动。社区居委会是社区居民利益的重要维护者，要组织居民有序参与涉及切身利益的公共政策听证活动，组织居民群众参与对城市基层人民政府或者它的派出机关及其工作人员的工作、驻社区单位参与社区建设的情况进行民主评议，对供水、供电、供气、环境卫生、园林绿化等市政服务单位在社区的服务情况进行监督，并指导和监督社区内社会组织、业主委员会、业主大会、物业服务企业开展工作，维护社区居民的合法权益。

5. 居民自治的基本内容

居民自治内容极为丰富，而且伴随实践的发展而不断发展。但一般认为可将其基本内容概括为“五个民主”，即民主选举、民主协商、民主决策、民主管理、民主监督。

(1)民主选举

居委会的主任、副主任和委员由居民选举产生,这是《宪法》的规定。据此,《城市居民委员会组织法》作出了民主选举产生居委会主任、副主任和委员的若干规定。其中包括:居委会每届任期5年,其成员可以连选连任;年满18周岁的本居住地区居民,不分民族、种族、性别、职业、家庭出身、宗教信仰、教育程度、财产状况、居住期限,都有选举权和被选举权,但是,依照法律被夺政治权利的人除外;选举产生居委会成员的具体方式,既可由本居住地区全体有选举权的居民选举产生,也就是人们通常所说的"直接选举",也可由每户派代表选举产生,还可根据居民意见由每个居民小组选举代表2—3人选举产生。不管是哪一种选举方式都属于民主选举,但从间接选举逐步向直接选举过渡是居委会选举的发展趋势,应稳步扩大社区居委会直接选举覆盖面。

(2)民主协商

社区协商是基层群众自治的生动实践,是社会主义协商民主建设的重要组成部分和有效实现形式。为了推动新时代的社区协商工作,2015年7月,中共中央办公厅、国务院办公厅印发了《关于加强城乡社区协商的意见》,明确提出了以下要求。

第一,明确协商内容。主要包括:城乡经济社会发展中涉及当地居民切身利益的公共事务、公益事业;当地居民反映强烈、迫切要求解决的实际困难问题和矛盾纠纷;党和政府的方针政策、重点工作部署在城乡社区的落实;法律法规和政策明确要求协商的事项;各类协商主体提出协商需求的事项。

第二,确定协商主体。基层政府及其派出机关、村(社区)党组织、村(居)民委员会、村(居)务监督委员会、村(居)民小组、驻村(社区)单位、社区社会组织、业主委员会、农村集体经济组织、农民合作组织、物业服务企业和当地户籍居民、非户籍居民代表以及其他利益相关方可作为协商主体。涉及行政村、社区公共事务和居民切身利益的事项,由村(社区)党组织、村(居)民委员会牵头,组织利益相关方进行协商。涉及两个以上行政村、社区的重要事项,单靠某一村(社区)无法开展协商时,由乡镇、街道党委(党工委)牵头组织开展协商。人口较多的自然村、村民小组,在村党组织的领导下组织居民进行协商。专业性、技术性较强的事项,可邀请相关专家学者、专业技术人员、第三方机构等进行论证评估。协商中应重视吸纳威望高、办事公道的老党员、老干部、群众代表,党代表、人大代表、政协委员,以及基层群团组织负责人、社会工作者参与。

第三，拓展协商形式。坚持村（居）民会议、村（居）民代表会议制度，规范议事规程。结合参与主体情况和具体协商事项，可采取村（居）民议事会、村（居）民理事会、小区协商、业主协商、村（居）民决策听证、民主评议等形式，以民情恳谈日、社区（驻村）警务室开放日、村（居）民论坛、妇女之家等为平台，开展灵活多样的协商活动。推进城乡社区信息化建设，开辟社情民意网络征集渠道，为城乡居民搭建网络协商平台。

第四，规范协商程序。协商的一般程序是：村（社区）党组织、村（居）民委员会在充分征求意见的基础上研究提出协商议题，确定参与协商的各类主体；通过多种方式，向参与协商的各类主体提前通报协商内容和相关信息；组织开展协商，确保各类主体充分发表意见建议，形成协商意见；组织实施协商成果，向协商主体、利益相关方和居民反馈落实情况等。对于涉及面广、关注度高的事项，要经过专题议事会、民主听证会等程序进行协商。通过协商无法解决或存在较大争议的问题或事项，应提交村（居）民会议或村（居）民代表会议决定。跨村（社区）协商的协商程序，由乡镇、街道党委（党工委）研究确定。

第五，运用协商成果。建立协商成果采纳、落实和反馈机制。需要村（社区）落实的事项，村（社区）党组织、村（居）民委员会应及时组织实施，落实情况要在规定期限内通过村（居）务公开栏、社区刊物、村（社区）网络论坛等渠道公开，接受群众监督。受政府或有关部门委托的协商事项，协商结果要及时向基层政府或有关部门报告，基层政府和有关部门要认真研究吸纳，并以适当方式反馈。对协商过程中持不同意见的群众，协商组织者要及时做好解释说明工作。协商结果违反法律法规的，基层政府应依法纠正，并做好法治宣传教育工作。

（3）民主决策、民主管理、民主监督

在居民自治实践过程中，民主决策、民主管理、民主监督的内容和形式多种多样。其中，居民会议是其重要载体。《城市居民委员会组织法》和《中共中央办公厅　国务院办公厅关于加强和改进城市社区居民委员会建设工作的意见》对召开居民会议主要有以下规定或要求。

第一，居民会议由居委会召集和主持，居委会向居民会议负责并报告工作。

第二，居民会议由18周岁以上的居民组成。既可由全体18周岁以上的居民参加，也可由每户派代表参加，还可由每个居民小组选举代表2—3人参加。但不管是哪种形式，居民会议必须有全体18周岁以上的居民、户的代表或者居民小组选举的代表的过半数出席，才能举行。会议的决定，由出席人的过半数通过。

第三,有 1/5 以上的 18 周岁以上的居民、1/5 以上的户或者 1/3 以上的居民小组提议,应当召集居民会议。

第四,规定了居民会议行使一系列职能。例如,涉及全体居民利益的重要问题,居委会必须提请居民会议讨论决定;居民会议有权撤换和补选居委会成员;居民会议讨论制定居民公约,其内容不得与宪法、法律、法规和国家的政策相抵触,并报不设区的市、市辖区的人民政府或者它的派出机关备案,由居委会监督执行;经居民会议讨论决定,居委会办理本居住地区公益事业所需的费用,可根据自愿原则向居民筹集,也可向本居住地区的受益单位筹集,但必须经受益单位同意,收支账目应及时公布,接受居民监督。

6. 居委会与政府组织以及相关组织的关系

第一,居委会与政府组织的关系。作为我国城市基层群众性自治组织的居委会,它与政府组织的关系,突出表现在以下两个方面:一方面,居委会协助不设区的市、市辖区的人民政府或者它的派出机关开展工作。关于这一点,本节在概述居委会主要职能时已经提及。另一方面,政府组织特别是不设区的市、市辖区的人民政府或者它的派出机关对居委会的工作给予指导、支持和帮助。关于这一点,《城市居民委员会组织法》和《中共中央办公厅　国务院办公厅关于加强和改进城市社区居民委员会建设工作的意见》提出了以下若干要求:①居委会的工作经费和来源,居委会成员的生活补贴费的范围、标准和来源,由不设区的市、市辖区的人民政府或者上级人民政府规定并拨付。《中共中央办公厅　国务院办公厅关于加强和改进城市社区居民委员会建设工作的意见》明确提出,要将社区居委会的工作经费、人员报酬以及服务设施和社区信息化建设等各项经费纳入财政预算。街道办事处要将社区居委会工作经费纳入街道办事处银行账户管理,实行专款专用,分账核算,不得挪用、挤占、截留,并定期向社区居委会及居民公开使用情况,接受居民监督。社区居委会成员、社区专职工作人员报酬问题由县级以上地方人民政府统筹解决,其标准原则上不低于上年度当地社会平均工资水平。社区居委会成员和社区专职工作人员按国家有关规定参加基本养老、失业、基本医疗、生育、工伤保险,有条件的地方逐步落实住房公积金政策。②居委会的办公用房,由当地人民政府统筹解决。③市、市辖区的人民政府的有关部门,可对居委会有关的下属委员会进行业务指导。

第二,居委会与社区党组织的关系。一方面,社区居委会要自觉接受社区党组织的领导。健全社区党组织领导社区居委会开展工作的相关制度。加强社区党组织对社区居委会选举工作的领导和指导,提倡按照民主程序将不参与选举的社区党组织负责人推选为居民选举委员会主任,主持居民选举委员会工作。另一方面,社区党组织要支持和保障社区居委会充分行使职权,及时帮助解决社区居委会工作中存在的困难和问题。为了进一步理顺社区党组织和居委会的工作关系,提倡社区党组织班子成员与社区居委会成员交叉任职。

第三,居委会与社区业主组织和物业服务企业的关系。居委会指导、支持、监督社区业主组织和物业服务企业的工作。业主大会、业主委员会应接受居委会的指导和监督。召开业主大会、业主委员会会议应告知所在社区居委会,并听取其意见。业主大会、业主委员会作出的决定,应告知相关的居委会,并认真听取居委会的建议。业主大会、业主委员会应积极配合相关居委会依法履行自治管理职责,支持居委会开展工作,应当与居委会相互协作共同做好维护物业管理区域内的社会治安等相关工作。社区居委会要积极支持物业服务企业开展多种形式的社区服务,物业服务企业要主动接受社区居委会的指导和监督。要建立健全社区党组织、社区居委会、业主委员会和物业服务企业协调机制,及时协调解决物业服务纠纷,维护各方合法权益。

第四,居委会与社区社会组织的关系。居委会要支持社会组织和社区志愿者参与社区管理和服务。要积极培育社区服务性、公益性、互助性社会组织,对不具备登记条件的社区服务性、公益性、互助性社会组织,要主动帮助办理备案手续,并在组织运作、活动场地等方面为其提供帮助。

第五,居委会与驻社区单位的关系。驻在社区范围内的机关、团体、部队、企业事业组织,虽然不参与所在地的居委会具体工作,但应对其工作予以支持。所在地的居委会讨论同这些单位有关的问题,需要他们参加会议时,他们应派代表参加,并且遵守居委会的有关决定和居民公约。这是《城市居民委员会组织法》对居委会与驻社区单位关系的基本规定。与此相一致,《中共中央办公厅　国务院办公厅关于加强和改进城市社区居民委员会建设工作的意见》要求强化驻社区单位的社区建设责任。建立社区党组织、社区居委会、驻社区单位联席会议制度,建立健全社区居委会与驻社区单位协商议事制度,定期研究资源共享、社区共建事项。积极推动驻社区单位将文化、教育、体育等活动设施向社区居民开放。推动驻社区单位将服务性、公益性、社会性事业逐步向社区开放,为社区居委会提供人力、物力、财力支持。并且要求有关部门在评先表优时主动听取社区居委会对驻社区单位的意见。

二、农村村民自治法规与政策的内容

农村村民自治法规与政策主要来源于《村民委员会组织法》。

(一)村委会的性质

我国农村的村委会是村民自我管理、自我教育、自我服务的基层群众性自治组织。如同居委会一样,村委会同样具有群众性、自治性、地域性等特征。

(二)村委会的组织构成

第一,村委会根据村民居住状况、人口多少,按照便于群众自治,有利于经济发展和社会管理的原则设立。其设立、撤销、范围调整,由乡、民族乡、镇的人民政府提出,经村民会议讨论同意,报县级人民政府批准。这与《城市居民委员会组织法》规定的居委会的设置既有相同之处,也有不同的要求。

第二,村委会可根据村民居住状况、集体土地所有权关系等分设若干村民小组。

第三,关于村委会下属委员会的设置,《村民委员会组织法》规定:村委会根据需要设人民调解、治安保卫、公共卫生与计划生育等委员会。村委会成员可兼任下属委员会的成员。人口少的村的村委会可不设下属委员会,由村委会成员分工负责人民调解、治安保卫、公共卫生与计划生育等工作。

第四,关于村委会成员的构成,《村民委员会组织法》规定:村委会由主任、副主任和委员共3—7人组成。并且要求村委会成员中,应有妇女成员,多民族村民居住的村应有人数较少的民族的成员。

第五,应建立村务监督委员会或者其他形式的村务监督机构,负责民主理财、监督村务公开等制度的落实。其成员由村民会议或者村民代表会议在村民中推选产生,其中应有具备财会、管理知识的人员。村委会成员及其近亲属不得担任村务监督机构成员。村务监督机构成员向村民会议和村民代表会议负责,可列席村委会会议。

(三)村委会的主要职能

第一,支持和组织村民依法发展各种形式的合作经济和其他经济,承担本村生产的服务和协调工作,促进农村生产建设和经济发展。村委会应尊重并支持集体经济组织依法独立进行经济活动的自主权,维护以家庭承包经营为基础、统分结合的双层经营体制,保障集体经济组织和村民、承包经营户、联户或者合伙的合法财产权和其他合法权益。

第二,依照法律规定,管理本村属于村民集体所有的土地和其他财产,引导村民合理利用自然资源,保护和改善生态环境。

第三,宣传宪法、法律、法规和国家的政策,教育和推动村民履行法律规定的义务、爱护公共财产,维护村民的合法权益,发展文化教育,普及科技知识,促进男女平等,做好计划生育工作,促进村与村之间的团结、互助,开展多种形式的社会主义精神文明建设活动。多民族村民居住的村,村委会应当教育和引导各民族村民增进团结、互相尊重、互相帮助。

第四,支持服务性、公益性、互助性社会组织依法开展活动,推动农村社区建设。

第五,办理本村的公共事务和公益事业,调解民间纠纷,协助维护社会治安,向人民政府反映村民的意见、要求和提出建议。

第六,协助乡、民族乡、镇的人民政府开展工作。

(四)村委会选举

村委会实行民主选举,每届任期5年,届满应及时举行换届选举。村委会主任、副主任和委员由村民直接选举产生,可连选连任,任何组织或者个人不得指定、委派或者撤换村委会成员,这是《村民委员会组织法》对村委会选举的明确要求。不仅如此,《村民委员会组织法》和民政部制定的《村民委员会选举规程》等文件还对村委会选举作出了以下规定。

1. 关于村民选举委员会的若干规定

选举村委会由村民选举委员会主持。村民选举委员会由主任和委员组成,由村民会议、村民代表会议或者各村民小组会议推选产生,并实行少数服从多数的议事原则。村民选举委员会的人数应根据村民居住状况、参加选举村民的多少决定,不少于3人,以奇数为宜。村民之间有近亲属关系的,不宜同时担任村民选举委员会成员。村委会应及时公布选举委员会主任和委员名单,并报乡级人民政府或者乡级村委会选举工作指导机构备案。村民选举委员会的任期,自推选组成之日起,至新老村委会工作移交后终止。村民选举委员会成员被提名为村委会成员候选人,应退出村民选举委员会。村民选举委员会成员退出村民选举委员会或者因其他原因出缺的,按照原推选结果依次递补,也可另行推选。村民选举委员会成员不履行职责,致使选举工作无法正常进行的,经村民会议、村民代表会议或者村民小组会议讨论同意,其职务终止。村民选举委员会成员的变动,应及时公布,并报乡级人民政府或者乡级村委会选举工作指导机构备案。

2. 关于选民登记的相关规定

《村民委员会组织法》规定,年满 18 周岁的村民都有选举权和被选举权(依法被剥夺政治权利的人除外)。为保障广大村民依法行使选举权利,村委会选举前,应对下列人员进行登记,列入参加选举的村民名单:①户籍在本村并且在本村居住的村民;②户籍在本村,不在本村居住,本人表示参加选举的村民;③户籍不在本村,在本村居住一年以上,本人申请参加选举,并且经村民会议或者村民代表会议同意参加选举的公民。同时,还要求已在户籍所在村或者居住村登记参加选举的村民,不得再参加其他地方村委会的选举。经村民选举委员会告知,本人书面表示不参加选举的,不列入参加选举的村民名单。

对参加选举的村民进行登记,既可以村民小组为单位设立登记站,村民到站登记,也可由登记员入户登记。村民选举委员会应对登记参加选举的村民名单进行造册。登记参加选举的村民名单应在选举日的 20 日前由村民选举委员会公布。对登记参加选举的村民名单有异议的,应当自名单公布之日起 5 日内向村民选举委员会申诉,村民选举委员会应当自收到申诉之日起 3 日内作出处理决定,并公布处理结果。

选举日前,村民选举委员会应根据登记参加选举的村民名单填写、发放参选证,并由村民签收。投票选举时,村民凭参选证领取选票。

3. 关于提名确定候选人

第一,确定职位和职数。村民会议或者村民代表会议拟定村委会的职位和职数,村民选举委员会应及时公布,并报乡级人民政府或者乡级村委会选举工作指导机构备案。

第二,确定候选人人数。村民选举委员会应根据村委会主任、副主任、委员的职数,分别拟定候选人名额。候选人名额应多于应选名额。

第三,提名确定候选人。村委会成员候选人,应由登记参加选举的村民直接提名,根据拟定的候选人名额,按得票多少确定。每一村民提名人数不得超过拟定的候选人名额。无行为能力或者被判处刑罚的,不得提名为候选人。候选人中应有适当的妇女名额,没有产生妇女候选人的,以得票最多的妇女为候选人。

第四,公布候选人名单。村民选举委员会应以得票多少为序,公布候选人名单,并报乡级村委会选举工作指导机构备案。候选人不愿意接受提名的,应及时向村民选举委员会书面提出，由村民选举委员会确认并公布。候选人名额不足时，按原得票多少依次递补。需要注意的是，民政部制定的《村民委员会选举规程》还提出，村委会选举也可采取无候选人的方式，一次投票产生。

4. 选举竞争和投票选举

第一，选举竞争。选举竞争应在村民选举委员会的主持和监督下，公开、公平、公正地进行。村民选举委员会应对候选人的选举竞争材料进行审核把关，应组织候选人与村民见面，由候选人介绍履职设想，回答村民提问。选举竞争材料和选举竞职陈述主要内容包括：候选人的基本情况、竞争职位及理由、治村设想、对待当选与落选的态度。

第二，投票选举。村委会选举实行无记名投票、公开计票的方法，选举结果应当场公布。选举时，应设立秘密写票处。可采取以下两种方式投票选举村委会成员：①召开选举大会。采取选举大会方式的，可组织全体登记参加选举的村民集中统一投票；也可设立中心选举会场，辅之以分会场分别投票。选举大会可设置流动票箱，但应严格控制流动票箱的使用。②设立投票站。采取投票站方式的，不再召开选举大会，村民在投票站选举日开放时间内自由投票。

第三，委托投票。登记参加选举的村民，选举期间外出不能参加投票的，可委托本村有选举权的近亲属代为投票。每一登记参加选举的村民接受委托投票不得超过 3 人。提名为村委会候选人的，不得接受委托。委托投票应办理书面委托手续。村民选举委员会应及时公布委托人和受委托人的名单。受委托人在选举日凭书面委托凭证和委托人的参选证，领取选票并参加投票。受委托人不得再委托他人。

5. 选举有效性确认和确认当选

第一，选举有效性确认。选举村委会，有登记参加选举的村民过半数投票，选举有效。参加投票的村民人数，以从票箱收回的选票数为准。有下列情形之一的，选举无效：①村民选举委员会未按法定程序产生的；②候选人的产生不符合法律规定的；③参加投票的村民人数未超过登记参加选举的村民半数的；④违反差额选举原则，采取等额选举的；⑤收回的选票多于发出选票的；⑥没有公开唱票、计票的；⑦没有当场公布选举结果的；⑧其他违反法律、法规有关选举程序规定的。

第二，确认当选。候选人获得参加投票的村民过半数的选票，始得当选。获得过半数选票的人数超过应选名额时，以得票多的当选；如遇票数相等不能确定当选人时,应就票数相等的人进行再次投票,以得票多的当选。村委会主任、副主任的当选人中没有妇女,但委员的候选人中有妇女获得过半数选票的,应首先确定得票最多的妇女当选委员,其他当选人按得票多少的顺序确定;如果委员的候选人中没有妇女获得过半数选票的,应从应选名额中确定一个名额另行选举妇女委员,直到选出为止,其他当选人按得票多少的顺序确定。以暴力、威胁、欺骗、贿赂、伪造选票、虚报选举票数等不正当手段当选的,当选无效。

第三,颁发当选证书。县级人民政府主管部门或者乡级人民政府,应自新一届村委会产生之日起 10 日内向新当选的成员颁发统一印制的当选证书。

6. 另行选举和选举后续工作

(1)另行选举

村委会当选人不足应选名额的,不足的名额另行选举。另行选举可在选举日当日举行,也可在选举日后 10 日内进行,具体时间由村民选举委员会确定。另行选举的,第一次投票未当选的人员得票多的为候选人,候选人以得票多的当选,但得票数不得少于已投选票数的 1/3。经另行选举,应选职位仍未选足,但村委会成员已选足 3 人的,不足职位可以空缺。主任未选出的,由副主任主持工作;主任、副主任都未选出的,由村民代表会议在当选的委员中推选 1 人主持工作。

(2)选举后续工作

第一,村委会工作移交。村委会应当自新一届村委会产生之日起 10 日内完成工作移交。原村委会应依法依规将印章、办公场所、办公用具、集体财务账目、固定资产、工作档案、债权债务及其他遗留问题等,及时移交给新一届村委会。移交工作由村民选举委员会主持,乡级人民政府监督。对拒绝移交或者无故拖延移交的,乡级人民政府应给予批评教育,督促其改正。

第二,建立选举工作档案。选举工作档案包括:①村民选举委员会成员名单及推选情况材料;②村民选举委员会选举会议记录;③村民选举委员会发布的选举公告;④选民登记册;⑤候选人名单及得票数;⑥选票和委托投票书、选举结果统计、选举报告单;⑦选举大会议程和工作人员名单;⑧新当选的村委会成员名单;⑨选举工作总结;等等。

7. 村委会成员罢免和补选

第一,罢免。本村 1/5 以上有选举权的村民或者 1/3 以上的村民代表联名,可提出罢免村委会成员的要求,启动罢免程序。罢免程序为:①书面向村委会提出罢免要求，说明罢免理由；②召开村民代表会议，审议罢免要求；③被罢免对象进行申辩或者书面提出申辩意见；④召开村民会议，进行投票表决；⑤公布罢免结果。罢免村委会成员，须有登记参加选举的村民过半数投票，并须经投票的村民过半数通过。

第二，补选。村委会成员出缺，可由村民会议或者村民代表会议进行补选。补选程序参照村委会选举投票程序。补选的村委会成员的任期到本届村委会任期届满时止。

另外需要指出，村务监督委员会成员、村民代表和村民小组长的推选可参照民政部制定的《村民委员会选举规程》办理。

(五)村民(代表)会议和民主管理、民主监督

1. 村民(代表)会议

村民(代表)会议是村民自治的基本载体和重要形式，是村民自治的决策机构，村委会向村民会议、村民代表会议负责并报告工作。因此，建立健全村民(代表)会议制度对于推进村民自治具有重要意义，《村民委员会组织法》作出了以下规定。

(1)召开村民会议

第一，村民会议由本村 18 周岁以上的村民组成。召开村民会议，应当有本村 18 周岁以上村民的过半数，或者本村 2/3 以上的户的代表参加，村民会议所作决定应当经到会人员的过半数通过。

第二，村民会议由村委会召集。有 1/10 以上的村民或者 1/3 以上的村民代表提议，应召集村民会议。召集村民会议，应当提前 10 天通知村民。

第三，召开村民会议，根据需要可邀请驻本村的企业、事业单位和群众组织派代表列席。

(2)村民会议职责

第一，村民会议审议村委会的年度工作报告，评议村委会成员的工作；有权撤销或者变更村委会不适当的决定；有权撤销或者变更村民代表会议不适当的决定。

第二，村民会议可授权村民代表会议审议村委会的年度工作报告，评议村委会成员的工作，撤销或者变更村委会不适当的决定。

第三，凡涉及村民利益的下列事项，必须经村民会议讨论决定方可办理：①本村享受误工补贴的人员及补贴标准；②从村集体经济所得收益的使用；③本

村公益事业的兴办和筹资筹劳方案及建设承包方案；④土地承包经营方案；⑤村集体经济项目的立项、承包方案；⑥宅基地的使用方案；⑦征地补偿费的使用、分配方案；⑧以借贷、租赁或者其他方式处分村集体财产；⑨村民会议认为应由村民会议讨论决定的涉及村民利益的其他事项。不过，《村民委员会组织法》也规定，村民会议可授权村民代表会议讨论决定这些事项。

第四，村民会议可以制定和修改村民自治章程、村规民约，并报乡、民族乡、镇的人民政府备案。

(3)村民代表会议

第一，村民代表会议的组成。人数较多或者居住分散的村，可设立村民代表会议，讨论决定村民会议授权的事项。村民代表会议由村委会成员和村民代表组成，村民代表应当占村民代表会议组成人员的4/5以上，妇女村民代表应占村民代表会议组成人员的1/3以上。村民代表由村民按每5—15户推选1人，或者由各村民小组推选若干人。村民代表应向其推选户或者村民小组负责，接受村民监督，其任期与村委会的任期相同，也可连选连任。

第二，召开村民代表会议的规定。主要包括：①村民代表会议由村委会召集；②村民代表会议每季度召开一次；③有1/5以上的村民代表提议，应当召集村民代表会议；④村民代表会议有2/3以上的组成人员参加方可召开，所作决定应当经到会人员的过半数同意。

2. 村民小组会议

第一，召开村民小组会议应有本村民小组18周岁以上的村民2/3以上，或者本村民小组2/3以上的户的代表参加，所作决定应当经到会人员的过半数同意。

第二，村民小组组长由村民小组会议推选，其任期与村委会的任期相同，并可连选连任。

第三，属于村民小组的集体所有的土地、企业和其他财产的经营管理以及公益事项的办理，由村民小组会议依照有关法律的规定讨论决定，所作决定及实施情况应及时向本村民小组的村民公布。

3. 民主管理和民主监督

民主管理和民主监督是村民自治的重要内容，《村民委员会组织法》明确要求村委会实行民主管理、民主监督和村务公开制度。为此，作出了如下规定。

(1)村务公开和民主评议

第一,村委会应及时公布下列事项,接受村民的监督:①由村民会议、村民代表会议讨论决定的事项及其实施情况;②国家计划生育政策的落实方案;③政府拨付和接受社会捐赠的救灾救助、补贴补助等资金、物资的管理使用情况;④村委会协助人民政府开展工作的情况;⑤涉及本村村民利益,村民普遍关心的其他事项。而且要求一般事项至少每季度公布一次;集体财务往来较多的,财务收支情况应每月公布一次;涉及村民利益的重大事项应随时公布。

第二,村委会应保证所公布事项的真实性,并接受村民的查询。凡村委会不及时公布应当公布的事项或者公布的事项不真实的,村民有权向乡、民族乡、镇的人民政府或者县级人民政府及其有关主管部门反映,有关人民政府或者主管部门应负责调查核实,责令依法公布;经查证确有违法行为的,有关人员应依法承担责任。

第三,村委会成员以及由村民或者村集体承担误工补贴的聘用人员,应接受村民会议或者村民代表会议对其履行职责情况的民主评议。民主评议每年至少进行一次,由村务监督机构主持。并且,规定村委会成员连续两次被评议不称职的,其职务终止。

(2)经济责任审计

第一,村委会成员实行任期和离任经济责任审计。审计事项包括:①本村财务收支情况;②本村债权债务情况;③政府拨付和接受社会捐赠的资金、物资管理使用情况;④本村生产经营和建设项目的发包管理以及公益事业建设项目招标投标情况;⑤本村资金管理使用以及本村集体资产、资源的承包、租赁、担保、出让情况,征地补偿费的使用、分配情况;⑥本村1/5以上的村民要求审计的其他事项。

第二,村委会成员的任期和离任经济责任审计,由县级人民政府农业部门、财政部门或者乡、民族乡、镇的人民政府负责组织,审计结果应公布,其中离任经济责任审计结果应在下一届村委会选举之前公布。

(3)关于建立村务档案的规定

为了有效地实施民主管理、民主监督,《村民委员会组织法》要求村委会和村务监督机构应建立村务档案。村务档案包括:①选举文件和选票;②会议记录;③土地发包方案和承包合同;④经济合同;⑤集体财务账目;⑥集体资产登记文件;⑦公益设施基本资料;⑧基本建设资料;⑨宅基地使用方案;⑩征地补偿费使用及分配方案等。村务档案应真实、准确、完整、规范。在本章居民自治部分中的民主协商要求，同样适用于村民自治领域。

(六)村委会与党政组织以及驻村单位的关系

1. 村委会与村级党组织的关系

《村民委员会组织法》规定：中国共产党在农村的基层组织，按《中国共产党章程》进行工作，发挥领导核心作用，领导和支持村委会行使职权；依照宪法和法律，支持和保障村民开展自治活动、直接行使民主权利。为了在实践中切实处理好村级党组织与村委会的工作关系，中共中央先后提出了一系列要求。其中，2018 年中共中央颁布实施的《中国共产党农村基层组织工作条例》和 2019 年中共中央办公厅、国务院办公厅印发的《关于加强和改进乡村治理的指导意见》强调了以下几点。

(1)村级党组织的主要职责

主要包括：①宣传和贯彻执行党的路线方针政策和党中央、上级党组织及本村党员大会(党员代表大会)的决议。②讨论和决定本村经济建设、政治建设、文化建设、社会建设、生态文明建设和党的建设以及乡村振兴中的重要问题并及时向乡镇党委报告。需由村委会提请村民会议、村民代表会议决定的事情或者集体经济组织决定的重要事项，经村党组织研究讨论后，由村民会议、村民代表会议或者集体经济组织依照法律和有关规定作出决定。③领导和推进村级民主选举、民主决策、民主管理、民主监督，推进农村基层协商，支持和保障村民依法开展自治活动。领导村委会以及村务监督委员会、村集体经济组织、群团组织和其他经济组织、社会组织，加强指导和规范，支持和保证这些组织依照国家法律法规以及各自章程履行职责。④加强村党组织自身建设，严格组织生活，对党员进行教育、管理、监督和服务。负责对要求入党的积极分子进行教育和培养，做好发展党员工作。维护和执行党的纪律。加强对村、组干部和经济组织、社会组织负责人的教育、管理和监督，培养村级后备力量。做好本村招才引智等工作。⑤组织群众、宣传群众、凝聚群众、服务群众，经常了解群众的批评和意见，维护群众正当权利和利益，加强对群众的教育引导，做好群众思想政治工作。⑥领导本村的社会治理，做好本村的社会主义精神文明建设、法治宣传教育、社会治安综合治理、生态环保、美丽村庄建设、民生保障、脱贫致富、民族宗教等工作。

(2)村“两委”成员交叉任职，书记主任“一肩挑”

村党组织书记应通过法定程序担任村委会主任和村级集体经济组织、合作经济组织负责人,村“两委”班子成员应当交叉任职。村务监督委员会主任一般由党员担任,可由非村委会成员的村党组织班子成员兼任。村委会成员、村民代表中党员应占一定比例。

(3)村级重大事项决策实行“四议两公开”

村党组织提议、村“两委”会议商议、党员大会审议、村民会议或者村民代表会议决议,决议公开、实施结果公开。

(4)抓好村“两委”换届选举工作

坚决防止和查处以贿选等不正当手段影响、控制村“两委”换届选举的行为,严厉打击干扰破坏村“两委”换届选举的黑恶势力、宗族势力。坚决把受过刑事处罚、存在“村霸”和涉黑涉恶、涉邪教等问题的人清理出村干部队伍。

(5)发挥党员在乡村治理中的先锋模范作用

组织党员在议事决策中宣传党的主张,执行党组织决定。组织开展党员联系农户、党员户挂牌、承诺践诺、设岗定责、志愿服务等活动,推动党员在乡村治理中带头示范,带动群众全面参与。密切党员与群众的联系,了解群众思想状况,帮助解决实际困难,加强对贫困人口、低保对象、留守儿童和妇女、老年人、残疾人、特困人员等人群的关爱服务,引导农民群众自觉听党话、感党恩、跟党走。

2. 村委会与政府组织的关系

村委会与政府组织的关系,突出表现在以下两个方面:一方面,村委会协助乡、民族乡、镇的人民政府开展工作;另一方面,乡、民族乡、镇的人民政府对村委会的工作给予指导、支持和帮助。为了推动基层政权组织切实履行好指导、支持和帮助村委会的职责,《村民委员会组织法》提出以下主要要求:①人民政府对村委会协助政府开展工作应提供必要的条件;对村委会成员,根据工作情况,给予适当补贴;人民政府有关部门委托村委会开展工作需要经费的,由委托部门承担。②村委会办理本村公益事业所需经费确有困难的,由地方人民政府给予适当支持。③村委会不依照法律、法规的规定履行法定义务的,由乡、民族乡、镇的人民政府责令改正。④凡村民自治章程、村规民约以及村民会议或者村民代表会议的决定与宪法、法律、法规和国家的政策相抵触的,或者具有侵犯村民人身权利、民主权利和合法财产权利之内容的,由乡、民族乡、镇的人民政府责令改正。⑤基层政权组织不得干预依法属于村民自治范围内的事项。

3. 村委会与驻村各单位的关系

驻在农村的机关、团体、部队、国有及国有控股企业、事业单位及其人员不参加村委会组织,但应当通过多种形式参与农村社区建设,并遵守有关村规民约。村委会、村民会议或者村民代表会议讨论决定与这些单位有关的事项,应与其协商。

三、城乡社区建设法规与政策的内容

(一)城市社区建设法规与政策的内容

1. 城市社区建设的含义

关于社区的含义,中共中央办公厅、国务院办公厅转发的《民政部关于在全国推进城市社区建设的意见》①指出:"社区是指聚居在一定地域范围内的人们所组成的社会生活共同体。"不仅如此,为了适应现阶段我国城市社区建设的工作需要,该文件还对城市社区建设工作中的"社区"作出了界定,即目前城市社区的范围,一般是指"居民委员会辖区"。正确理解这一界定需要认识到以下两点:①居委会辖区是一种法定社区,仅仅属于社区的一种表现形式,而不是社区的唯一表现形式。事实上,社区的表现形式是多种多样的,比如我们也可把一个村庄、一个集镇乃至一个街道办事处辖区等看作是一个现实生活中的社区。②当我们把"居民委员会辖区"看作一个现实社区时,不应把其等同于"居民委员会"。在居委会辖区这一社区范围内,居委会仅仅是一种社区组织,而社区的内涵和内容既包括社区的各种组织,又包括社区内的人口、企事业单位、地域空间、生产生活设施等,是由一定地域内的各种社会要素所构成的社会生活共同体。因此,社区建设的内容既包括居委会建设,又比居委会建设的内容丰富得多。

《民政部关于在全国推进城市社区建设的意见》将城市社区建设定义为:在党和政府的领导下,依靠社区力量,利用社区资源,强化社区功能,解决社区问题,促进社区政治、经济、文化、环境协调和健康发展,不断提高社区成员生活水平和生活质量的过程。这是迄今为止对"城市社区建设"这一概念的最有影响、最具权威性的界定。正确理解这一界定应该认识到城市社区建设具有以下基本特征。

第一,整合性。社区建设特别强调通过整合社区资源和社区力量来共同解决社区问题,合力推进社区发展。从这个意义上说,整合性是社区建设的本质属性。

---

① 《中共中央办公厅 国务院办公厅关于转发〈民政部关于在全国推进城市社区建设的意见〉的通知》,《福建政报》2000年第12期。

第二,综合性。社区建设是指整个社区的全方位建设,而不是特指社区某一方面的工作。不管是从内容来看,还是从方法手段来看,都具有明显的综合性特征,是综合性极强的系统工程。这在很大程度上是由社区内涵的综合性所决定的。

第三,中国特色社区建设的运行机制突出表现为党的领导和政府推动,以及社会广泛参与。既不是单纯的政府行为,也不是单纯的民间行动,而是在党的领导和政府的推动下各类社区力量共同参与、共同建设社区的过程。

2. 城市社区建设的主要任务

社区建设包括城市社区和农村社区的全方位建设,包含着极为丰富的工作内容和工作任务。主要包括以下三方面的法规与政策。

(1)城市社区党的建设

社区党建是社区建设的重要内容。2019 年 5 月,中共中央办公厅印发了《关于加强和改进城市基层党的建设工作的意见》,对进一步开展城市社区党建工作提出了如下一系列要求。①

第一,确保社区党组织有资源有能力为群众服务。加强对社区的工作支持和资源保障,统筹上级部门支持社区的政策,整合资金、资源、项目等,以社区党组织为主渠道落实到位。对社区内有关重要事项决定、资金使用等,要发挥社区党组织的主导作用。

第二,增强街道社区党组织政治功能和战斗力。街道社区党组织应教育引导党员干部旗帜鲜明讲政治,增强"四个意识",坚定"四个自信",做到"两个维护"。推进"两学一做"学习教育常态化制度化,推动习近平新时代中国特色社会主义思想进社区、进头脑。落实全面从严治党要求,加强基层党风廉政建设,营造干事创业良好环境。加强对基层各类组织的政治引领和对居民群众的教育引导,坚决抵御国内外敌对势力、邪教组织和非法宗教活动的影响渗透,坚决同削弱和反对党的领导、干扰和破坏城市社会稳定的行为作斗争。整体优化提升社区党组织带头人队伍,规模较大的社区应配备专职党务工作者协助书记抓党建。严肃党的组织生活,落实"三会一课"和党支部主题党日制度,持续整顿后进党支部,推进党支部标准化规范化建设。做好社区党组织按期换届工作。推行社区党员分类管理,定期排查流动党员,实行组织关系一方隶属、参加多重组织生活,

① 《关于加强和改进城市基层党的建设工作的意见》,《人民日报》2019 年 5 月 9 日。

注重发挥离退休党员作用。在抓重大任务落实中检验街道社区党组织战斗力,使街道社区党组织在推动城市改革发展、基层治理、民生改善、社会和谐中锻造提升。

第三,推进街道社区党建、单位党建、行业党建互联互动。以街道社区党组织为主导,建立开放性的互联互动纽带,通过签订共建协议、干部交叉任职、人才结对培养等加强组织共建,通过共同开展活动、加强党员教育等推进活动共联,通过整合盘活信息、阵地、文化、服务等实现资源共享。健全街道社区党组织兼职委员制,更好发挥兼职委员及其所在单位共建作用。推动市、区两级机关和企事业单位党组织、在职党员到社区报到全覆盖,采取承诺践诺、志愿服务等做法参与社区治理、有效服务群众。探索以块为主、条块融合、双向用力的具体抓手,健全双向压实责任、双向沟通协商、双向考核激励、双向评价干部的工作机制。行业系统部门要主动融入驻地中心任务和党建工作,定期与街道社区党组织沟通会商,共同解决问题。

第四,扩大新兴领域党建有效覆盖。创新党组织设置和活动方式,依托物业服务企业、产权单位、骨干企业等建立楼宇党组织;依托街道、市场监管部门、协会商会或产权单位建立商圈市场党组织;依托各类园区建立党建工作机构,推动入驻企业单独或联合建立党组织;依托行业监管部门建立行业党组织或行业协会党组织,统一管理律师、会计师等行业党建和重点互联网企业党建工作。社区党组织兜底管理辖区内小微企业和社会组织党建工作,不断提升新兴领域党的组织和工作覆盖质量。

第五,健全党组织领导下的社区居民自治机制。在社区党组织领导下,以社区居委会和居务监督委员会为基础,完善协同联动的社区治理架构。强化党组织领导把关作用,规范社区"两委"换届选举,防止不符合标准条件的人选进入班子。全面推行社区党组织书记通过法定程序担任社区居委会主任、"两委"班子成员交叉任职。依法依规稳妥开展非户籍常住居民和党员参加社区"两委"换届试点,拓展外来人口参与社区治理途径。推进在业主委员会中建立党组织,符合条件的社区"两委"成员通过法定程序兼任业主委员会成员。通过发展党员、引导物业服务企业积极招聘党员员工、选派党建指导员等方式,加强社区物业党建联建,延伸党的工作手臂。建立党建引领下的社区居委会、业主委员会、物业服务企业协调运行机制,充分调动居民参与积极性,形成社区治理合力。

第六,领导群团组织和社会组织参与基层治理。坚持党建带群建,党组织通过给群团组织派任务、提要求，促进党组织和群团组织资源共用、功能衔接。健全社会组织参与治理机制，培育公益性、服务性、互助性社会组织和群众活动团队，引领各类社会组织专业规范运作、依法依规办事。推动党的建设有关要求写入社会组织章程，善于使党组织推荐的人选通过法定程序成为社会组织负责人，善于使党组织意图成为社会组织参与治理的行动，支持党组织健全的社会组织有序承接政府转移职能和有关服务项目。

第七，做实网格党建，促进精细化治理。根据地域、居民、驻区单位、党组织和党员等情况，调整优化网格设置，整合党建、综治、城管等各类网格。将党支部或党小组建在网格上，选优配强党支部书记或党小组组长，建强专兼职网格员队伍，随时随地了解群众需求和困难。加强网格资源配置，把公共服务、社会服务、市场服务、志愿服务下沉到网格，精准投送到千家万户。建立街道社区党员干部包联网格、走访群众制度，打通联系服务群众“最后一公里”。

(2)城市社区综合服务设施建设

第一，要将城市社区综合性服务设施，包括社区居委会工作用房和居民公益性服务设施建设，纳入城市规划、土地利用规划和社区发展相关专项规划，并与社区卫生、警务、文化、体育、养老等服务设施统筹规划建设，使每百户居民拥有的社区综合性服务设施面积不低于 30 平方米。其室内活动用房要有必要的活动设施和用品，并有一处面积较大的单体空间，便于居民开展集体活动。室外活动设施要有供居民开展健身、休闲等活动的场地和必要的设备。地方政府应对建设资金来源、产权归属和使用管理方式等作出明确规定。

第二，新建住宅小区和旧城区连片改造居民区的建设单位必须按国家有关标准要求，将公共服务设施配套建设纳入建设工程规划设计方案。城市规划行政主管部门要按规定的配套建设指标，对建设工程规划设计方案进行审查，对不符合规定配置标准和要求的不予批准。工程的设计、施工及验收使用，应广泛征求社区居民及所在地街道办事处的意见。未按规划要求建设社区居委会工作用房和居民公益性服务设施的，不能通过验收。验收合格后，建设单位要根据规定将社区居委会工作用房和居民公益性服务设施交给所在地街道办事处使用管理。

第三，老城区和已建成居住区没有社区居委会工作用房和居民公益性服务设施的或者不能满足需要的，由区(县、市)人民政府负责建设，也可从其他社区设施中调剂置换，或者以购买、租借等方式解决，所需资金由地方各级人民政府统筹解决。

第四,提倡“一室多用”,提高使用效益。创新社区综合服务设施运营机制,通过居民群众协商管理、委托社会组织运营等方式,提高社区综合服务设施利用率。落实社区综合服务设施供暖、水电、燃气价格优惠政策。社区居委会办公服务设施的供暖、水电、燃气、电信等费用应按照当地居民使用价格标准收取。

(3)城市社区信息化建设

对目前和今后一段时间推进社区信息化建设提出了明确要求,应着重把握以下两点:①增强社区信息化应用能力。提高社区信息基础设施和技术装备水平,加强一体化社区信息服务站、社区信息亭、社区信息服务自助终端等公益性信息服务设施建设。依托“互联网+政务服务”相关重点工程,加快社区公共服务综合信息平台建设,实现一号申请、一窗受理、一网通办,强化“一门式”服务模式的社区应用。实施“互联网+社区”行动计划,加快互联网与社区治理和服务体系的深度融合,运用社区论坛、微博、微信、移动客户端等新媒体,引导社区居民密切日常交往、参与公共事务、开展协商活动、组织邻里互助,探索网络化社区治理和服务新模式。发展社区电子商务。按照分级分类推进新型智慧城市建设要求,务实推进智慧社区信息系统建设,积极开发智慧社区移动客户端,实现服务项目、资源和信息的多平台交互和多终端同步。②整合社区公共服务信息资源。原则上凡涉及社区居民的公共服务事项,均要逐步纳入社区公共服务综合信息平台集中办理。推动部署在不同层级、不同部门、分散孤立、用途单一的各类社区信息系统向社区公共服务综合信息平台迁移或集成,最大限度精简基层业务应用系统、服务终端和管理台账。在保证数据交换共享安全性的前提下,促进社区公共服务综合信息平台与现有部门业务应用系统实现互联互通。实现“数据一次采集,资源多方共享”。

(二)农村社区建设试点工作

多年来,中国开展的社区建设工作集中在城市。但是,农村城镇化和乡村振兴战略的实施对逐步开展农村社区建设提出了客观要求。因而,党的十六届六中全会和十七大作出了“积极推进农村社区建设”的战略部署,引领越来越多的地区开始推进农村社区建设试点工作。基于试点经验,2015 年 5 月,中共中央办公厅、国务院办公厅印发了《关于深入推进农村社区建设试点工作的指导意见》,

为深入推进农村社区建设提出了一系列明确要求。①

第一,完善在村党组织领导下、以村民自治为基础的农村社区治理机制。农村社区建设坚持村党组织领导、村委会牵头,以村民自治为根本途径和有效手段,发动农村居民参与,同时不改变村民自治机制,不增加农村基层管理层级。推进农村基层服务型党组织建设,增强乡镇、村党组织服务功能。以农村基层党组织建设带动农村自治组织、群众组织、经济社会服务组织建设,健全完善农村基层党组织引领农村社区建设的领导机制和工作机制。依法确定乡镇政府与村委会的权责边界,促进基层政府与基层群众自治组织有效衔接、良性互动。

第二,促进流动人口有效参与农村社区服务管理。依法保障符合条件的非本村户籍居民参加村委会选举和享有农村社区基本公共服务的权利。吸纳非户籍居民参与农村社区公共事务和公益事业的协商,建立户籍居民和非户籍居民共同参与的农村社区协调议事机制。在保障农村集体经济组织成员合法权益的前提下,探索通过分担筹资筹劳、投资集体经济等方式,引导非户籍居民更广泛地参与民主决策。健全利益相关方参与决策机制,采取会议表决、代表议事、远程咨询等决策方式,维护外出务工居民在户籍所在地农村社区的权利。健全农村"三留守"人员关爱服务体系,切实提高对农村留守儿童、留守妇女、留守老人的服务能力和服务水平。

第三,畅通多元主体参与农村社区建设渠道。建立县级以上机关党员、干部到农村社区挂职任职、驻点包户制度。建立和完善党代表、人大代表、政协委员联系农村居民、支持农村社区发展机制。鼓励驻村机关、团体、部队、企事业单位支持、参与农村社区建设。拓宽外出发展人员和退休回乡人员参与农村社区建设渠道。增强村集体经济组织支持农村社区建设的能力。

第四,推进农村社区法治建设。加强农村社区司法行政工作室等法治机构建设,指导农村社区开展各项法治工作,探索整合农村社区层面法治力量,加强农村社区法律援助工作,推动法治工作网络、机制和人员向农村社区延伸,推进覆盖农村居民的公共法律服务体系建设。完善人民调解、行政调解、司法调解联动工作体系,建立调处化解农村矛盾纠纷综合机制,及时了解掌握和回应不同利益主体的关切和诉求,有效预防和就地化解矛盾纠纷。建立健全农村社区公共安全体系,创新农村立体化社会治安防控体系,加强和创新农村社区平安建设,

① 《中办国办印发〈关于深入推进农村社区建设试点工作的指导意见〉》,《人民日报》2015年6月1日。

建立覆盖农村全部实有人口的动态管理机制，做好社区禁毒和特殊人群帮教工作。加强农村社区警务、警务辅助力量和群防群治队伍建设。加强农村社区普法宣传教育，提高基层党员、干部法治思维和依法办事能力，引导农村居民依法反映诉求、解决矛盾纠纷。指导完善村民自治章程和村规民约，支持农村居民自我约束和自我管理，提高农村社区治理法治化水平。

第五，改善农村社区人居环境。强化农村居民节约意识、环保意识和生态意识，形成爱护环境、节约资源的生活习惯、生产方式和良好风气。发动农村居民和社会力量开展形式多样的农村社区公共空间、公共设施、公共绿化管护行动。完善农村社区基础设施，建立健全农村供电、供排水、道路交通安全、消防安全、地名标志、通信网络等公用设施的建设、运行、管护和综合利用机制，提高对自然灾害、事故灾难、公共卫生事件、社会安全事件的预防和处置能力。分级建立污水、垃圾收集处理网络，健全日常管理维护，促进农村废弃物循环利用，重点解决污水乱排、垃圾乱扔、秸秆随意抛弃和焚烧等脏乱差问题。加快改水、改厨、改厕、改圈，改善农村社区卫生条件。积极推进“美丽乡村”和村镇生态文明建设，保持农村社区乡土特色和田园风光。

第六，加强组织领导。各地要结合本地实际，确定一定数量具备条件的试点县，选择不同类型的行政村开展试点，土地集体所有权在村民小组的，可根据群众意愿和实际需要，将试点工作延伸到自然村层面，农村社区建设要在维护农民土地承包经营权和宅基地用益物权前提下开展，与当地国民经济和社会发展总体规划、土地利用规划、村庄规划和社会主义新农村建设规划等相衔接，与统筹城乡基层党的建设同步考虑。严禁强制推行大拆大建、撤村并居，严禁违反土地利用规划擅自改变农地用途，严禁以“管委会”等机构取代村党组织和村委会。

第七，加强分类指导。根据不同地区经济社会发展水平和农村社区实际情况，突出重点、分类施策，稳步推进试点工作。城中村、城边村和农村居民集中移居点，要探索借鉴城市社区服务管理的有效经验，逐步实现与城镇基础设施、基本公共服务和社会事业发展相衔接；地形复杂、交通不便、居住分散的农村地区和林区、牧区、渔区可根据自身条件，探索推进农村社区建设的有效途径。外来人口集中的农村社区要重点推进社区基本公共服务向非户籍居民覆盖，促进外来人口的社区融入；人口流出较多的农村社区要加强对留守人员的生产扶持、社会救助和人文关怀，切实解决他们生产生活中的实际困难。村民自治基础和集体经济较好的村，要积极发展社区公益事业，完善社区公共设施和人居环境，着力提升居民生活品质；偏远、经济欠发达地区的农村社区，要切实增强村庄自治功能和发展能力。

四、城乡社区治理和服务法规与政策的内容

(一)城乡社区治理

2017年6月，中共中央、国务院印发了《中共中央 国务院关于加强和完善城乡社区治理的意见》，对有效推进城乡社区治理工作作出了整体部署。[①] 2021年4月，为进一步加强基层治理体系和治理能力现代化，中共中央、国务院发布了《中共中央 国务院关于加强基层治理体系和治理能力现代化建设的意见》，提出以习近平新时代中国特色社会主义思想为指导，坚持和加强党的全面领导，坚持以人民为中心，以增进人民福祉为出发点和落脚点，以加强基层党组织建设、增强基层党组织政治功能和组织力为关键，以加强基层政权建设和健全基层群众自治制度为重点，以改革创新和制度建设、能力建设为抓手，建立健全基层治理体制机制，推动政府治理同社会调节、居民自治良性互动，提高基层治理社会化、法治化、智能化、专业化水平。[②]

1. 完善党全面领导基层治理制度

第一，加强党的基层组织建设，健全基层治理党的领导体制。加强乡镇(街道)、村(社区)党组织对基层各类组织和各项工作的统一领导，以提升组织力为重点，健全在基层治理中坚持和加强党的领导的有关制度，涉及基层治理重要事项、重大问题都要由党组织研究讨论后按程序决定。积极推行村(社区)党组织书记通过法定程序担任村(居)民委员会主任、村(社区)"两委"班子成员交叉任职。注重把党组织推荐的优秀人选通过一定程序明确为各类组织负责人，确保依法把党的领导和党的建设有关要求写入各类组织章程。

第二，构建党委领导、党政统筹、简约高效的乡镇(街道)管理体制。深化基层机构改革，统筹党政机构设置、职能配置和编制资源，设置综合性内设机构。除党中央明确要求实行派驻体制的机构外，县直部门设在乡镇(街道)的机构原则上实行属地管理。继续实行派驻体制的，要纳入乡镇(街道)统一指挥协调。

---

① 《中共中央 国务院关于加强和完善城乡社区治理的意见》，《人民日报》2017年6月13日。

② 《中共中央国务院关于加强基层治理体系和治理能力现代化建设的意见》，《人民日报》2021年4月28日。

第三,完善党建引领的社会参与制度。坚持党建带群建,更好履行组织、宣传、凝聚、服务群众职责。统筹基层党组织和群团组织资源配置,支持群团组织承担公共服务职能。培育扶持基层公益性、服务性、互助性社会组织。支持党组织健全、管理规范的社会组织优先承接政府转移职能和服务项目。搭建区域化党建平台,推行机关企事业单位与乡镇(街道)、村(社区)党组织联建共建,组织党员、干部下沉参与基层治理、有效服务群众。

2. 健全基层群众自治制度

第一,加强村(居)民委员会规范化建设。坚持党组织领导基层群众性自治组织的制度,建立基层群众性自治组织法人备案制度,加强集体资产管理。规范撤销村委会改设社区居委会的条件和程序,合理确定村(社区)规模,不盲目求大。发挥村(居)民委员会下设的人民调解、治安保卫、公共卫生等委员会作用,村委会应设妇女和儿童工作等委员会,社区居委会可增设环境和物业管理等委员会,并做好相关工作。完善村(居)民委员会成员履职承诺和述职制度。

第二,健全村(居)民自治机制。强化党组织领导把关作用,规范村(居)民委员会换届选举,全面落实村(社区)"两委"班子成员资格联审机制,坚决防止政治上的两面人,受过刑事处罚、存在"村霸"和涉黑涉恶及涉及宗族恶势力等问题人员,非法宗教与邪教的组织者、实施者、参与者等进入村(社区)"两委"班子。在基层公共事务和公益事业中广泛实行群众自我管理、自我服务、自我教育、自我监督,拓宽群众反映意见和建议的渠道。聚焦群众关心的民生实事和重要事项,定期开展民主协商。完善党务、村(居)务、财务公开制度,及时公开权力事项,接受群众监督。强化基层纪检监察组织与村(居)务监督委员会的沟通协作、有效衔接,形成监督合力。

第三,增强村(社区)组织动员能力。健全村(社区)"两委"班子成员联系群众机制,经常性开展入户走访。加强群防群治、联防联治机制建设,完善应急预案。在应急状态下,由村(社区)"两委"统筹调配本区域各类资源和力量,组织开展应急工作。改进网格化管理服务,依托村(社区)统一划分综合网格,明确网格管理服务事项。

第四,优化村(社区)服务格局。市、县级政府要规范村(社区)公共服务和代办政务服务事项,由基层党组织主导整合资源为群众提供服务。推进城乡社区综合服务设施建设,依托其开展就业、养老、医疗、托幼等服务,加强对困难群体和特殊人群关爱照护,做好传染病、慢性病防控等工作。加强综合服务、兜底服务能力建设。完善支持社区服务业发展政策，采取项目示范等方式，实施政府购买社区服务，鼓励社区服务机构与市场主体、社会力量合作。开展“新时代新社区新生活”服务质量提升活动，推进社区服务标准化。

3. 推进基层法治和德治建设

第一，推进基层治理法治建设。提升基层党员、干部法治素养，引导群众积极参与、依法支持和配合基层治理。完善基层公共法律服务体系，加强和规范村（居）法律顾问工作。乡镇（街道）指导村（社区）依法制定村规民约、居民公约，健全备案和履行机制，确保符合法律法规和公序良俗。

第二，加强思想道德建设。培育践行社会主义核心价值观，推动习近平新时代中国特色社会主义思想进社区、进农村、进家庭。健全村（社区）道德评议机制，开展道德模范评选表彰活动，注重发挥家庭家教家风在基层治理中的重要作用。组织开展科学常识、卫生防疫知识、应急知识普及和诚信宣传教育，深入开展爱国卫生运动，遏制各类陈规陋习，抵制封建迷信活动。

第三，发展公益慈善事业。完善社会力量参与基层治理激励政策，创新社区与社会组织、社会工作者、社区志愿者、社会慈善资源的联动机制，支持建立乡镇（街道）购买社会工作服务机制和设立社区基金会等协作载体，吸纳社会力量参加基层应急救援。完善基层志愿服务制度，大力开展邻里互助服务和互动交流活动，更好满足群众需求。

4. 加强基层智慧治理能力建设

第一，做好规划建设。市、县级政府要将乡镇（街道）、村（社区）纳入信息化建设规划，统筹推进智慧城市、智慧社区基础设施、系统平台和应用终端建设，强化系统集成、数据融合和网络安全保障。健全基层智慧治理标准体系，推广智能感知等技术。

第二，整合数据资源。实施“互联网+基层治理”行动，完善乡镇（街道）、村（社区）地理信息等基础数据，共建全国基层治理数据库，推动基层治理数据资源共享，根据需要向基层开放使用。完善乡镇（街道）与部门政务信息系统数据资源共享交换机制。推进村（社区）数据资源建设，实行村（社区）数据综合采集，实现一次采集、多方利用。

第三，拓展应用场景。加快全国一体化政务服务平台建设，推动各地政务服务平台向乡镇（街道）延伸，建设开发智慧社区信息系统和简便应用软件，提高基层治理数字化智能化水平，提升政策宣传、民情沟通、便民服务效能，让数据多跑路、群众少跑腿。充分考虑老年人习惯,推行适老化和无障碍信息服务,保留必要的线下办事服务渠道。

(二)城乡社区服务

1. 城乡社区服务的含义

城乡社区服务是社区建设和社区治理的基础性工作,但现有法律法规和政策文件并无严格界定。国务院办公厅印发的《"十四五"城乡社区服务体系建设规划》对城乡社区服务体系作出了如下界定:城乡社区服务体系,是指党委统一领导、政府依法履责、社会多方参与,以村(社区)为基本单元,以村(社区)居民、驻区单位为对象,以各类社区服务设施为依托,以满足村(社区)居民生活需求、提高生活品质为目标,以公共服务、便民利民服务、志愿服务为主要内容的服务网络和运行机制。①

2. 社区公共服务

发展社区公共服务是社区服务体系建设的重要内容。在这方面,《国务院关于加强和改进社区服务工作的意见》②、中共中央办公厅、国务院办公厅印发的《关于深入推进农村社区建设试点工作的指导意见》③等政策性文件提出了以下要求。

第一,推进社区就业服务。具体包括:①加强街道、社区劳动保障工作平台建设,通过提供就业再就业咨询、再就业培训、就业岗位信息服务和社区公益性岗位开发等,对就业困难人员提供针对性的服务和援助;②结合居民物质文化生活需要开发就业岗位,挖掘社区就业潜力,创建充分就业社区,提高就业稳定性;③建立健全信用社区、创业培训与小额担保贷款联动机制,为下岗失业人员自谋职业和自主创业创造条件;④建立健全就业与失业保险、城市居民最低生活保障工作联动机制,促进和帮助享受失业保险和低保待遇的相关人员尽快实现就业。

第二,推进社区社会保障和社区救助服务。加强企业离退休人员社会化管理服务工作;促进和帮助城镇居民按规定参加各项社会保险;加强对失业人员和城乡居民最低生活保障对象的动态管理,及时掌握他们的就业及收入状况,切实

---

① 《国务院办公厅关于印发"十四五"城乡社区服务体系建设规划的通知》,《中华人民共和国国务院公报》2022 年第 5 期。

② 《国务院关于加强和改进社区服务工作的意见》,《中国民政》2006 年第 6 期。

③ 《中共中央办公厅、国务院办公厅印发〈关于深入推进农村社区建设试点工作的指导意见〉》,《农村工作通讯》2015 年第 12 期。

做到“应保尽保”;积极开展基层社会救助服务,帮助群众解决生产生活中的实际困难;加快发展社区居家养老服务;大力发展社区慈善事业,加强对社区捐助接收站点、“慈善超市”的建设和管理。

第三,推进社区卫生服务。建立健全以社区卫生服务中心(站)为主体的社区卫生健康服务网络,以妇女、儿童、老年人、慢性病人、残疾人、贫困居民等为重点,为社区居民提供预防保健、健康教育、康复和一般常见病、多发病、慢性病的诊疗服务。大力培养社区卫生服务技术和管理人员,加强对社区卫生服务的监督管理,保证服务质量。

第四,推进社区文化、教育、体育服务。具体包括:①推进社区文化服务。发展面向基层的公益性文化事业,建设方便社区居民读书、阅报、健身、开展文艺活动的场所,加强对社区休闲广场、演艺厅、棋苑、网吧等文化场所的监督管理,促进社会主义精神文明建设。②推进社区教育服务。调动社区资源及力量支持和保障社区内中小学校开展素质教育和社会实践活动,为青少年健康成长创造良好的社区环境。统筹各类教育资源,充分发挥社区学院、市民学校的作用,积极创建各种类型的学习型组织,面向社区居民开展多种形式的教育培训和科普活动,建立覆盖各类人群的多渠道、全方位的社区学习服务体系。③开展社区体育服务。培育群众性体育组织,配置相应的健身器材,不断增强居民体质。

第五,着力提升农村社区公共服务供给水平。健全农村社区服务设施和服务体系,整合利用村级组织活动场所、文化室、卫生室、计划生育服务室、农民体育健身工程等现有场地、设施和资源,推进农村基层综合性公共服务设施建设,提升农村基层公共服务信息化水平,逐步构建县(市、区)、乡(镇)、村三级联动互补的基本公共服务网络。积极推动基本公共服务项目向农村社区延伸,探索建立公共服务事项全程委托代理机制,促进城乡基本公共服务均等化。改善农村社区医疗卫生条件,加大对乡(镇)、村卫生和计划生育服务机构设施改造、设备更新、人员培训等方面的支持力度。做好农村社区扶贫、社会救助、社会福利和优抚安置服务,推进农村社区养老、助残服务,组织引导农村居民积极参加城乡居民养老保险。落实和完善优惠政策,村委会服务设施用电以及社会福利场所生活用电按居民生活类价格执行。

3. 社区社会工作服务和志愿服务

(1)社区社会工作服务

社区是社会工作专业人才开展服务的主要平台。为此,2013 年 11 月,民政部、财政部制定了《关于加快推进社区社会工作服务的意见》,要求广泛深入开展社区社会工作服务,逐步用专业社会工作理念丰富社区工作理念,用专业社会工作制度创新社区管理服务制度,用专业社会工作方法提升社区管理服务水平。该文件提出加快推进社区社会工作服务的主要任务如下。

第一,大规模培养和使用社区社会工作专业人才队伍。

第二,不断拓宽社区社会工作服务平台。逐步在街道社区服务中心、社区服务站、社区矫正机构等社区公共服务平台设置社会工作专业岗位,配备社会工作专业人才,鼓励社会工作专业人才通过选举进入城市社区党组织、社区居民自治组织、业主委员会。适应新农村建设需要,积极推动乡镇社会事务办或民政所设置社会工作专业岗位。

第三,分类推进社区社会工作服务。在城市社区,重点开展针对老年人、未成年人、外来务工人员、残疾人和低收入家庭的社区照顾、社区融入、社区矫正、社区康复、就业辅导、精神减压与心理疏导服务。在农村社区,以空心村落、空巢家庭、留守人群为重点,为留守儿童提供生活、学习、心理和安全等方面服务,为留守老人提供生活照料、代际沟通、精神慰藉、文化娱乐等方面服务,为留守妇女提供安全教育、技能培训、能力提升、关系调适等方面服务。在少数民族聚居和信教群众较多的社区,根据需要配备政治立场坚定、熟悉民族和宗教事务的社会工作专业人才开展少数民族社会工作。

第四,建立健全社区、社会组织和社会工作专业人才联动服务机制。

第五,建立健全社区社会工作专业人才引领志愿者服务机制。建立社区社会工作专业人才定期、定向联系志愿者制度,对社区志愿者开展社会工作专业知识与技能培训,提升志愿服务水平。对有从事社会工作职业意愿且符合条件的优秀志愿者,在其通过社会工作者职业水平考试并经登记后,优先录用到社区社会工作专业岗位。

《关于加快推进社区社会工作服务的意见》还要求加强对社区社会工作服务的组织领导。其中包括:各地要将发展社区社会工作服务及其人才队伍建设纳入经济和社会发展规划,纳入城乡社区建设总体规划和人才队伍发展规划;鼓励各级党政机关、人民团体、事业单位招录、招聘社会服务相关职位工作人员和选拔干部时,在同等条件下优先录用具有丰富基层实践经验的社区社会工作专业人才;将社区社会工作服务纳入政府购买服务范围,鼓励社会资金支持购买社区社会工作服务;每年从民政部门留用的福利彩票公益金中安排一定资金,用于支持开展社区社会工作服务等。

(2)社区志愿服务

社区志愿服务是社区服务的重要组成部分和重要表现形式。应着重把握以下几点。

第一,发展社区志愿服务组织和志愿者队伍。要根据社区居民构成,培育不同类型、不同层次的社区志愿服务组织。积极动员共产党员、共青团员、公务员、专业技术人员、教师、青少年学生以及身体健康的离退休人员等加入志愿服务队伍,优化志愿人员结构,壮大志愿人员力量。要规范志愿者招募注册,根据群众的实际需要,由城乡社区、志愿服务组织、公益慈善类组织、社会服务机构等,及时发布志愿者招募信息,根据标准和条件吸纳社区居民参加志愿服务活动。依托全国志愿者队伍建设信息系统志愿服务信息平台,为有意愿、能胜任的社区居民进行登记注册。登记注册时,由居民提供个人基本信息,包括姓名、性别、年龄、身份证号、服务技能、服务时间和联系方式。由社区审核后予以登记注册,并发放《志愿者证》。

第二,开展社区志愿服务活动。依托社区综合服务设施,建立志愿服务站点,搭建志愿者、服务对象和服务项目对接平台。把空巢老人、留守儿童、残疾人作为服务重点,围绕社会救助、优抚、助残、老年服务、再就业服务、维护社区安全、科普和精神文明建设、家政服务、文体活动、心理疏导、医疗保健、法律服务等内容,广泛开展形式多样的志愿服务活动,力争覆盖困难群众所需的各种服务。采取社会工作者带志愿者的活动方式,组织志愿者在社会工作者的带领和安排下,有针对性地开展服务。通过政府购买服务等方式,鼓励和支持社会力量广泛参与社区志愿服务活动;鼓励和支持驻区单位和社区居民开展邻里互助等群众性自我互助服务活动;倡导并组织社区居民和驻区单位开展社会捐赠、互帮互助、承诺服务,为社区困难群体提供帮扶服务。

第三,建立社区志愿服务记录制度。志愿服务活动结束后,由城乡社区、志愿服务组织、公益慈善类组织、社会服务机构等按照民政部《志愿服务记录办法》确定的内容、格式和记录方式,对志愿者的服务进行及时、完整、准确记录,为表彰激励提供依据。服务记录要记录在《志愿者证》上,注明服务时间、服务内容和服务质量等。社区要建立志愿服务台账,把志愿者的服务记录汇总在统一的信息平台上,并做到互联互通,使服务记录能够异地转移和接续,使志愿者的服务记录不因工作岗位和居住地的变动而失效,把志愿者的积极性保护好、发挥好。

第四,建立社区志愿服务激励保障机制。建立志愿者星级认定制度,根据民政部确定的认定标准,志愿服务累计达到100小时、300小时、600小时、1000小时和1500小时的志愿者,可依次认定为一至五星级志愿者。建立志愿者嘉许制度,对优秀志愿者进行褒扬和嘉奖,授予荣誉称号。建立志愿服务回馈制度,志愿者可利用参加志愿服务的工时,适度换取一定的社区服务,同时在就学、就业、就医等方面享受优惠或优待。但回馈要适度,充分体现志愿服务自愿、无偿、利他的特点,不能搞成等价交换。

第五,培训社区志愿者。坚持培训与服务并重的原则,由社区根据志愿服务项目的要求,通过集中辅导、座谈交流、案例分析等方式,对志愿者进行相关知识和技能培训。培训工作要定期进行,特别要重视志愿者骨干的培养。依托社区综合服务设施建立志愿服务站点,跟踪掌握志愿者接受培训、参加服务的情况,合理安排服务时间和服务任务,实现志愿者、服务对象和活动项目的有效衔接。①

第三节 城乡基层群众自治与社区建设法规与政策运行中存在的主要问题

当前城乡基层群众自治与社区建设法规与政策运行中主要存在以下方面问题。

(一)如何更好地处理党的领导与基层群众自治之间关系仍需进一步探索

中国人民是在中国共产党的领导下建立新中国。中国共产党的领导是中国特色社会主义最本质的特征,已载入《宪法》。并且,历史和现实已证明,中国各项事业的发展离不开中国共产党的领导。尽管《城市居民委员会组织法》规定,居委会的任务包括宣传宪法、法律、法规和国家的政策;居委会成员应当遵守宪法、法律、法规和国家的政策等,这就要求居委会必须处于党的领导之下,而《城市居民委员会组织法》又规定,居委会是居民自我管理、自我教育、自我服务的基层群众性自治组织,因此,党的领导如何在居委会日常运行中得到具体贯彻,这是必须明确的重要问题,但《城市居民委员会组织法》对此语焉不详。《村民委员会组织法》也存在类似问题。事实上,只有党的领导在居委会、村委会日常工作

① 全国社会工作者职业水平考试教材编委会编写:《社会工作法规与政策》,中国社会出版社2023年,第240—266页。

得到贯彻落实，才能使居委会、村委会更好地为基层群众服务。

（二）有关村（居）民自治相关配套制度的建设有待进一步加强

中国基层群众自治进程的推进从一开始就是在严格的法律规制下进行的。《村民委员会组织法》颁布以来，围绕该法的实施，不仅有关组织相继颁布了一系列法规、执法规定、行政指导性文件，而且许多村还制定了村民自治章程。但在一些地方，乡镇政府对农村的“指导”，仍然沿用以往的管理手段和方式，对农村的公共事务进行干预和控制，有时便给村民自治组织本身的活动带来困难。各种腐蚀民主自治的因素也给村民自治带来一定的困难。腐蚀民主的因素在当代中国农村最明显、最突出的就是带有封建色彩的宗族、宗教势力。随着国家权力对农村的放松，一些农村的宗族活动有所抬头。一些宗族组织与村委会分庭抗礼、公开抵制，要求村委会保护其宗族利益。例如，在村委会选举中，推荐本宗族人员为村委会干部，帮助拉选票，并利用家族威胁小宗小姓，影响村民民主选举权利的实现，破坏民主选举。又如，在民主决策过程中，利用大家族对村民会议决策权行使中的绝对优势，干扰民主决策进程和结果。因此，必须将基层群众自治制度提到一个新的高度来认识和运作，进一步健全和完善有关民主选举、民主决策、民主管理、民主监督的具体实施制度。①

（三）城乡基层群众自治与社区建设发展不均衡

《村民委员会组织法》规定，由村民依法办理自己的事情；村委会办理本村的公共事务和公益事业等。《城市居民委员会组织法》也规定，由城市居民群众依法办理群众自己的事情；居委会办理本居住地区居民的公共事务和公益事业等。这些都涉及经费问题，没有经费或经费不足，村委会、居委会很难正常行使其职能。但是，城乡很多村委会和居委会既缺乏集体经济收入来源，也没有收税或收费的权利，因此，有些城乡地区的基层群众自治与社区建设发展非常滞后。只有那些有稳定的集体经济收入来源或得到当地政府较多经费支持的居委会和村委会才发展得较好。

（四）社区单位和社区居民对社区建设的参与程度有待进一步提升

从当前各地城乡情况分析，社区参与的现状不容乐观，具体表现为：一是，社区居民参与社区事务主要是在社区工作人员的动员、说服下进行。这种参与既不能对社区事务开展的具体项目进行决策，也不能对社区公共权利的运作进行

---

① 王维国、李娜：《基层群众自治状况研究——以北京为例》，人民日报出版社 2011 年，第 71 页。

监督,因而仍属于被动式参与。二是,从参与内容上讲,首先居民参与的社区事务多与政治关系不大。原因主要在于,社区重大事务基本是由社区的直接行政领导决定;目前积极参与社区活动的多是老年人,他们有充分的闲暇时间、与外界交流的渴望,因此,与老年人有关的保健健身、文化娱乐性活动成为目前社区居民参与的主要内容也就在情理之中。三是,目前积极参与社区工作的居民主要是一些年老居民和离退休人员,社区中的中青年参与社区活动的频率很有限。四是,动员社区中的企事业单位参与社区建设是《关于在全国推进城市社区建设的意见的通知》文件的精神,但是,长期以来,中国实行的是对单位的纵向垂直管理,单位和社区的横向联系一直很薄弱,单位参与社区建设的积极性不高。① 社区单位与居民对社区建设参与程度不高,在城市是如此;在农村,由于大量青壮年精英外出务工经商,农村社区建设中这一问题更加突出,农村社区建设的参与主体不足、参与素质低下、主体意识不强。②

(五)社区服务功能有待进一步健全

社区服务作为社区建设最基本的内容,涉及环境、卫生、安全、人际关系等方方面面,是连接社区和居民的重要纽带。新时期的社区服务还包括社区公共服务、自助互助服务、志愿服务,以及与居民生活相关的商业服务在内的各项工作。然而,当前,中国城乡社区(特别是农村社区)的服务水平还普遍偏低,更多停留在救助和帮扶的目标上。因此,社区工作偏重于家政、便民性服务,偏向于老年人、特殊困难群众。社区服务内容单一,随意性较大,缺少统一的规划。另外,社区服务体系的建设同样缺乏稳定的投入机制,尚未形成完善的、多层次的社区服务体系等,使得诸如社区居民健康保健,下岗失业人员的就业与再就业、公共设施、农村留守人口问题等广大群众最关心的切身利益需求,很难在社区层面得到满足。③

(六)社区工作者队伍严重不足

2006 年,党的十六届六中全会提出,“建设一支宏大的社会工作人才队伍”。其中,包括社区工作者人才队伍,国家已经把建设社会工作人才队伍纳入国家人

---

① 孙桂华主编:《社区建设》,中国劳动社会保障出版社 2006 年,第 54—57 页。

② 夏燕燕、王伟业、王伟:《农村社区建设中的公众参与研究》,《山西农业大学学报(社会科学版)》2015 年第 8 期。

③ 王红梅:《社区建设与管理中存在的问题及对策》,《大连海事大学学报(社会科学版)》2015 年第 3 期。

才发展规划。这是国家层面对社会工作者的一种肯定。另一方面,我国的社会工作专业化教育已迈上一个新的台阶,许多高校开设了社会工作专业,形成了大专、本科、研究生三个办学层次,为社会培养了大批的社会工作人才。但是,我们也应看到,在我国推进社会治理变革的重要时期,当前的社会工作者队伍建设依旧存在着很多问题。首要的问题是,社会工作者人才流失严重。社会工作者大多是从事社会基层建设工作,他们服务于基层、立足于群众需要,是社会基层治理不可或缺的重要力量。然而,现阶段社会工作的需求仍然没有被有效地开发出来,加之有些社工自身专业能力不足,利他主义的价值观缺乏或不足,作用发挥不够显著,人们对社会工作者的认可度不高。这就造成了很多社会工作专业人才因为前景渺茫而纷纷转行。其次,社会工作者专业化程度低。在基层社区,有较多社会工作人员并没有接受过系统的社会工作专业教育,工作的理论与方法有待改进,拥有较强能力的综合社工人才和能快速高效解决复杂问题的一线社工人数严重不足,这就限制了社会工作功能的发挥。再有,社会工作者的角色定位不明确。由于当前没有将社会工作与党的工作、政府的工作、群众的工作科学地区分开来,不少社会工作人才依旧在行政体制内的岗位上工作,离直接提供专业的社会工作服务尚有距离。①

① 冯石岗、王正阳:《浅析我国社区建设的困境与路径选择》,《邢台学院学报》2014 年第 4 期。

第十一章

公益慈善事业与志愿服务法规与政策

公益慈善和志愿服务是社会主义精神文明建设的重要组成部分,也是构建社会主义和谐社会的内在要求,在我国民生事业、社会服务体系中发挥着越来越重要的作用。本章主要介绍公益慈善事业与志愿服务的法规与政策的发展演变、主要内容与运行中存在的主要问题。

第一节 公益慈善事业与志愿服务法规与政策的发展演变

一、公益慈善事业法规与政策的发展演变

中国有着悠久的慈善历史。公益慈善事业大致经历了以下发展阶段。

(一)传统慈善事业自发运行、朴素发展阶段

先秦以来,在儒家的"大同""仁爱"、道家的"积德行善"、佛家的"慈悲为怀"、墨家的"兼爱交利"等思想影响下,中国慈善事业一直处于自发运行、朴素发展状态。同时,封建统治阶级为维护其权威,大力推行儒家"君子群而不党,小人党而不群"的理念,对朋党结社行为高度警惕乃至严厉禁止,使民间结社普遍不兴盛。每逢灾害之年,虽有民间救济行为,但几乎没有常设的慈善机构。因此,在我国古代的历史长河中,虽然民间慈善与官方救助并行不悖,但民间慈善的主体并不是普通民众,而是商人、寺庙等。

宋代以后,民间慈善开始大规模出现。江南一带义庄兴起,已经具备民间慈

善组织色彩,某些活动项目甚至接近现代基金会。最典型的是苏州范氏义庄。该义庄是范仲淹及其后人以自身力量体恤族人,以家族或宗族为纽带,解决族内困难家庭的基本生活、经济开支为目的。自此,中国慈善事业呈现转型迹象。

（二）近代慈善事业向现代慈善事业的初步转型阶段

明末清初,具有现代意义的中国公益慈善事业的雏形开始形成。当时,在经济相对发达的江南地区出现了一大批以募集款物、救济灾民为主的民间组织。鸦片战争后,随着社会形势的变化以及西方思潮的冲击,中国传统的慈善事业出现了向现代慈善事业转型的迹象。其主要标志是以公司形式出现的“慈善基金会”,以及施善与教化并重的民间组织慈善活动的开展。到了民国时期,民间慈善发展更为迅速,慈善家群体开始形成。不过,在救助困难群体的措施方面仍然偏重于解决一时之需。对此,当时的慈善家冯桂芬、郑观应等曾经主张变革慈善,认为传统慈善仅注重对受助人员的养护,而忽视教育,训练其生存技能。这种方式落后于西方的“养教并重”模式。清朝政府批准了这一建议。此后,“教养并重”便成为慈善组织的一项常规性制度,并对民国年间的慈善救助事业和社会保障制度产生了重大影响。①

（三）新中国成立后至改革开放初期政府绝对主导的公益慈善阶段

新中国成立后至改革开放初期的30多年间,在一穷二白的基础上进行现代化建设,国家为快速实现工业化,实施赶超战略,推行计划经济,大部分的人力、物力、财力资源被用于工业化建设。不过,全体国民的基本民生都在政府的考虑范围之内,慈善事业的空间大大缩小,因而慈善组织及其活动发展比较缓慢,具体表现在以下方面。

首先,表现在对民间社团组织的严格管控方面。1950年,政务院颁布了《社会团体登记暂行办法》,对符合社会发展需要的社团进行严格登记,同时取缔反动社团。设定门槛较高,活动管理严格。结果导致新中国成立以前所存留的民间组织几乎消失殆尽,全国性的社团组织仅44个,甚至到1965年也不到100个。② 这些社团具有较强的政府色彩,更多地承担了政府职能。

其次,国家承担了几乎全部的国民福利责任,民间慈善空间狭窄。一方面,国家负责保障城乡居民的基本生活,尤其是城镇失业工人和农村大量需要接济

---

① 刘振杰:《中国慈善事业发展研究:一种社会运行视角》,《中国机构改革与管理》2015年第1期。

② 吴忠泽、陈金罗主编:《社团管理工作》,中国社会出版社1996年,第5页。

的饥民。但是,由于经年战乱,民间参与慈善救助的资源和功能几乎丧失殆尽。另一方面,新中国借鉴苏联的国家福利模式,慈善事业几乎收纳为政府福利的一部分。尽管当时保障水平不高,但面面俱到,使公益慈善失去了发展的经济基础。

(四)1990年代以来政府主导、民间参与的慈善事业加速增长阶段

1978年底,中国开始改革开放,开始了从计划经济向社会主义市场经济的转型,相继进行的改革促使计划经济时代的全能政府向有限政府转变,促使国家与市场、社会、个人的关系发生了巨大改变。政府让渡出来巨大的慈善空间,为公益慈善事业的发展提供了巨大可能。1994年,中华慈善总会成立,开启了中国慈善事业快速增长的序幕。各级地方政府也陆续成立慈善机构。

1998年特大洪灾暴发后,中华慈善总会与中国红十字会联合举办了中国第一个电视募捐专场晚会,公益慈善得到社会大众的广泛认同,并进入快速发展期。

1998年9月,国务院发布了《民办非企业单位登记管理暂行条例》,旨在规范民办非企业单位的登记管理,保障民办非企业单位的合法权益,促进社会主义物质文明、精神文明建设。同年10月,国务院还发布了《社会团体登记管理条例》,旨在保障公民的结社自由,维护社会团体的合法权益,加强对社会团体的登记管理,促进社会主义物质文明、精神文明建设(2016年进行了修订)。

1999年6月,九届全国人大常委会第10次会议通过了《中华人民共和国公益事业捐赠法》(此后简称《公益事业捐赠法》),旨在鼓励捐赠,规范捐赠和受赠行为,保护捐赠人、受赠人和受益人的合法权益,促进公益事业的发展。

2001年,中国加入WTO,受经济全球化的影响进一步加深,收入差距拉大,政府日益重视慈善事业发展,相关法规与政策趋向健全。

2001年1月,为促进公益事业的健康发展,规范对扶贫慈善事业捐赠物资的进口管理,财政部、国家税务总局、海关总署发布了《扶贫慈善性捐赠物资免征进口税收暂行办法》。同年4月,九届全国人大常委会第21次会议通过了《中华人民共和国信托法》(此后简称《信托法》),旨在调整信托关系,规范信托行为,保护信托当事人的合法权益,促进信托事业健康发展。

2003年3月,就企业的对外捐赠财务管理若干问题,财政部发布了《财政部关于加强企业对外捐赠财务管理的通知》。

2004年2月,国务院公布了《基金会管理条例》(1988年发布的《基金会管理

办法》于2004年6月1日废止),旨在规范基金会的组织和活动,维护基金会、捐赠人和受益人的合法权益,促进社会力量参与公益事业。同年9月,党的十六届四中全会明确提出,“健全社会保险、社会救助、社会福利和慈善事业相衔接的社会保障体系”。① 这是党的文件第一次提出,要把发展慈善事业作为社会保障体系的重要组成部分。

2005年3月,“支持发展慈善事业”首次写进《政府工作报告》。同年11月,首届中华慈善大会在京召开,颁发了政府最高奖“中华慈善奖”。同年12月,为进一步培育发展慈善类民间组织等,民政部还发布了《关于促进慈善类民间组织发展的通知》。

2007年3月,十届全国人大第五次会议通过了《中华人民共和国企业所得税法》(2017、2018年先后进行了两次修正),规定企业发生的公益性捐赠支出,在年度利润总额12%以内的部分,准予在计算应纳税所得额时扣除,以鼓励企业捐赠。

2008年4月,民政部制定了《救灾捐赠管理办法》,旨在规范救灾捐赠活动,加强救灾捐赠款物的管理,保护捐赠人、救灾捐赠受赠人和灾区受益人的合法权益。同年9月,民政部社会福利和慈善事业促进司正式成立。这体现了国家对公益慈善事业发展的高度重视。

2009年5月,国务院第58次常务会议通过了《彩票管理条例》,旨在加强彩票管理,规范彩票市场发展,维护彩票市场秩序,保护彩票参与者的合法权益,促进社会公益事业发展。同年12月,就进一步做好社会捐助信息公示工作,民政部还发布了《民政部关于进一步加强社会捐助信息公示工作的指导意见》。

2010年9月,为促进彩票市场健康发展,规范电话销售彩票行为等,财政部发布了《电话销售彩票管理暂行办法》。与此同时,为了促进彩票市场健康发展,规范互联网销售彩票行为等,财政部印发了《互联网销售彩票管理暂行办法》。

2012年1月,财政部公布了《彩票管理条例实施细则》(2018年进行了修订)。同年3月,为进一步加强彩票公益金管理,提高资金使用效益,财政部制定了《彩票公益金管理办法》(2021年进行了修订)。

2012年11月,党的十八大报告进一步明确提出“支持发展慈善事业”的战略要求。这对进一步推动公益慈善事业发展和促进社会建设和社会管理创新具有

---

① 中共中央文献研究室编:《十六大以来重要文献选编》(中),中央文献出版社2006年,第287页。

重要意义。此后,党和政府对公益慈善明显更加重视,相关法规与政策日趋完善。

2013 年 8 月,就加强医疗救助与慈善事业衔接,民政部发布了《关于加强医疗救助与慈善事业衔接的指导意见》。同年 12 月,国家开始在公益慈善类等社会组织中实行直接向民政部门依法申请登记,不再需要业务主管单位审查同意的政策。① 与此同时,民政部发布了《关于加强和创新慈善超市建设的意见》,旨在深入贯彻落实党的十八大和十八届三中全会精神,支持发展慈善事业,发挥其扶贫济困的积极作用。

2014 年 1 月,就鼓励支持民营企业积极投身公益慈善事业,民政部等制定了《民政部 全国工商联关于鼓励支持民营企业积极投身公益慈善事业的意见》。同年 2 月,民政部发布了《民政部关于建立儿童福利领域慈善行为导向机制的意见》,旨在推动慈善事业更好地服务于困境儿童,充分发挥慈善资源在建设适度普惠型儿童福利制度方面的作用。同年 3 月,为规范电话销售彩票行为,维护彩票市场秩序,促进彩票市场持续健康发展,财政部修订并发布了《电话销售彩票管理暂行办法》(财政部 2010 年 9 月的《电话销售彩票管理暂行办法》同时废止)。同年 11 月,国务院制定了《国务院关于促进慈善事业健康发展的指导意见》,旨在进一步加强和改进慈善工作,统筹慈善和社会救助两方面资源,更好地保障和改善困难群众民生。

2016 年 3 月,十二届全国人大第四次会议通过了《慈善法》(2023 年进行了修改),旨在发展慈善事业,弘扬慈善文化,规范慈善活动,保护慈善组织、捐赠人、志愿者、受益人等慈善活动参与者的合法权益等。同年 8 月,为了规范慈善组织认定工作和规范慈善组织开展公开募捐,民政部制定了《慈善组织认定办法》和《慈善组织公开募捐管理办法》;与此同时,就做好慈善信托备案有关工作,民政部等还发布了《民政部 中国银行业监督管理委员会关于做好慈善信托备案有关工作的通知》。与此同时,民政部等还印发了《公开募捐平台服务管理办法》,旨在进一步规范公开募捐平台服务,维护捐赠人、受益人和慈善组织等慈善活动参与者的合法权益,促进我国慈善事业健康发展。同年 10 月,为进一步明确慈善组织开展慈善活动的年度支出和管理费用,民政部等印发了《关于慈善组织开展慈善活动年度支出和管理费用的规定》。

---

① 魏铭言:《今起四类社会组织可直接申请登记》,《新京报》2013 年 4 月 1 日。

2017年7月，银监会、民政部制定了《慈善信托管理办法》，旨在规范慈善信托，保护慈善信托当事人的合法权益，促进慈善事业发展。与此同时，民政部还发布了《慈善组织互联网公开募捐信息平台基本技术规范》《慈善组织互联网公开募捐信息平台基本管理规范》两项推荐性行业标准。同年11月，财政部、民政部印发了《中央集中彩票公益金支持社会福利事业资金使用管理办法》，旨在加强中央集中彩票公益金支持社会福利事业资金管理，提高资金使用效益。

2018年2月，就公益性捐赠支出企业所得税税前结转扣除有关政策，财政部、税务总局发布了《财政部 税务总局关于公益性捐赠支出企业所得税税前结转扣除有关政策的通知》。同年8月，民政部发布了《慈善组织信息公开办法》，旨在规范慈善组织的信息公开行为，保护捐赠人、志愿者、受益人等慈善活动参与者的合法权益，维护社会公众的知情权，促进慈善事业发展；十三届全国人大常委会第五次会议对《中华人民共和国个人所得税法》进行了第七次修正。其中规定，“个人将其所得对教育、扶贫、济困等公益慈善事业进行捐赠，捐赠额未超过纳税人申报的应纳税所得额百分之三十的部分，可以从其应纳税所得额中扣除”，以鼓励人们从事慈善事业。① 同年9月，为进一步规范对公益性捐赠税前扣除资格的管理，就公益性捐赠税前扣除资格相关的行政处罚问题，财政部等发布了《财政部 税务总局 民政部关于公益性捐赠税前扣除资格有关问题的补充通知》。同年10月，民政部公布了《慈善组织保值增值投资活动管理暂行办法》，旨在规范慈善组织的投资活动，防范慈善财产运用风险，促进慈善组织持续健康发展。

2020年8月，民政部办公厅公布了新修订的《民政部彩票公益金使用管理办法》《民政部彩票公益金民政部项目立项和评审办法》《民政部彩票公益金使用管理信息公开办法》《民政部彩票公益金服务和其他类项目管理办法》《民政部彩票公益金培训项目管理办法》《民政部彩票公益金预算操作规程》(《民政部办公厅关于印发〈民政部彩票公益金使用管理办法〉等六个办法的通知》和《民政部办公厅关于印发〈民政部彩票公益金预算操作规程〉的通知》同时废止)。

2021年6月，财政部、民政部印发了《中央集中彩票公益金支持社会福利事业资金使用管理办法》，旨在进一步规范和加强中央集中彩票公益金支持社会福利事业资金管理，提高资金使用效益。

---

① 《中华人民共和国个人所得税法》，《人民日报》2019年2月2日。

2023 年 9 月,民政部发布了《民政部关于加强政府救助与慈善帮扶有效衔接的指导意见》,围绕形成政府救助和慈善帮扶协调配合、资源统筹、优势互补、融合高效新格局的目标,对加强政府救助和慈善帮扶有效衔接工作作出部署。

总之,在全社会的共同努力下,我国慈善事业发展取得很大成绩。截至 2022 年底,全国共有经常性社会捐赠工作站、点和慈善超市 1. 5 万个,全国社会组织捐赠收入 1085. 3 亿元,全国备案慈善信托 948 单,慈善信托合同规模 44. 0 亿元。①

二、志愿服务法规与政策的发展演变

我国志愿服务的历史悠久,古代广泛关注与志愿服务密切关联的公益事业。早在西周时期,乐善好施、扶贫济困、守望相助等公益活动,从官府到民间均有显著表现。② 不过,我国真正具有现代意义的志愿服务活动则是新中国成立之后才开始产生的。

1963 年 3 月 2 日,毛泽东同志号召"向雷锋同志学习"。全国立即开展了具有广泛群众基础的时代性运动——学雷锋运动。这是我国志愿服务的开始。此后的一些志愿服务就是建立在这场运动的基础上,或是借鉴它的经验而逐步发展起来的。但当时也没有制定相应的法规与政策。

改革开放以后,我国的志愿服务迅速发展起来,出现了组织合理、内容广泛、形式新颖的志愿服务活动,志愿者队伍也不断壮大。它在思想观念、服务质量上有了较大提高和改变,产生了一定社会效益。

1980 年代,我国最早的志愿服务在民政系统组织的社区服务基础上发展起来了。1987 年 9 月,民政部在武汉召开全国城市社区服务工作座谈会,研究在城市开展社区服务工作,探索具有中国特色的社会服务体系。1990 年 6 月,深圳义务工作者联合会成立,开始最早的热线咨询和信箱服务,并向社会招募义工。1994 年 12 月,中国青年志愿者协会成立。该协会是由志愿从事社会公益事业与社会保障事业的各界青年组成的全国性团体,是在团中央指导下依法成立的,是青年志愿者组织和个人自愿结成的全国性非营利性社会组织。从此,我国的青

---

① 数据来源:《2022 年民政事业发展统计公报》。

② 闫平:《志愿者精神的文化渊源与道德意义》,济南日报,2022 年 3 月 10 日。

年志愿者有了自己的组织机构,走上了适应社会主义市场经济发展的规范化道路。[①] 随后,各级青年志愿者协会纷纷组建,并从 1995 年开始进行了社区青年志愿者服务站建设工作。1998 年 8 月,团中央青年志愿者行动指导中心(团中央青年志愿者工作部)正式成立,负责统一规划、协调和指导全国青年志愿者行动。1999 年 8 月,广东省颁布了我国首部关于青年志愿服务的地方性法规——《广东省青年志愿服务条例》,标志着大陆志愿服务法制化进程的开启。

进入 21 世纪后,我国志愿服务活动的发展步伐加快。2000 年,共青团中央、中国青年志愿者协会决定把每年的 3 月 5 日作为"中国青年志愿者服务日",组织青年集中开展内容丰富、形式多样的志愿服务活动。2001 年,共青团中央、外经贸部共同发起成立了"中国 2001 国际志愿者年委员会",组织开展了系列宣传推广活动,使志愿服务得到更多民众的认可。2002 年 5 月,共青团中央、中国青年志愿者协会启动中国青年志愿者海外服务计划。2003 年 6 月,共青团中央等实施了"大学生志愿服务西部计划"。2005 年 3 月,民政部成立了"中国社会工作协会社区志愿者工作委员会",负责全国社区志愿服务的组织协调工作。2007 年 6 月,我国首个志愿者事业发展基金会——广东省志愿者事业发展基金会在广州成立,旨在为志愿服务活动提供经费保障。2008 年,南方雪灾、汶川地震和北京奥运会对我国志愿服务事业发展起了很大推动作用。[②] 2011 年 4 月,中华志愿者协会的成立。这对凝聚我国志愿服务力量产生了重要作用,一个全民参与志愿服务的时代已经来临。

概括来说,新中国成立以后,我国志愿服务从无到有、从小到大,从青年率先行动到全民参与,已经成为社会主义和谐社会建设不可或缺的道德力量。

为推动志愿服务的发展,我国志愿服务法规与政策相继问世。

2002 年 12 月,司法部和共青团中央发布了《司法部、共青团中央关于实施法律援助志愿者服务计划的通知》,决定共同实施法律援助志愿者服务计划。

2005 年 9 月,中国社会工作协会社区志愿者工作委员会制定了《中国社区志愿者注册管理办法》,旨在促进社区志愿者队伍的组织建设更加规范、有序、健康地发展,全面推动社区志愿服务事业。同年 10 月,就进一步做好新形势下社区志愿服务工作,民政部等发布了《关于进一步做好新形势下社区志愿服务工作的

---

① 郑黎群:《中国志愿服务的现状与发展对策》,华中师范大学硕士学位论文 2008 年,第 1—3 页。

② 数据来源:《"志愿者广场主题雕塑揭幕"》,《人民日报》2008 年 9 月 19 日。

意见》。

2006年2月,就在全国农村基层广泛开展志愿服务活动,中组部等公布了《关于在农村基层广泛开展志愿服务活动的意见》。[①] 同年11月,为规范志愿者注册工作,加强注册志愿者管理,共青团中央发布了《中国注册志愿者管理办法》(2013年进行了修订)。

2007年12月,为促进和规范红十字志愿服务工作等,中国红十字会总会印发了《中国红十字志愿服务管理办法》(2022年修订发布后,2007年发布的《中国红十字志愿服务管理办法》废止)。

2008年10月,就在全社会深入开展志愿服务活动,中央精神文明建设指导委员会发布了《中央精神文明建设指导委员会关于深入开展志愿服务活动的意见》。

2009年2月,就税务系统开展以税收志愿服务活动为主的各类志愿服务活动,国家税务总局制定了《国家税务总局关于开展税收志愿服务活动的意见》。同年7月,教育部发布了《教育部关于深入推进学生志愿服务活动的意见》,要求切实加强对学生志愿服务活动的领导,建立健全学生志愿服务活动长效机制,深入推进学生志愿服务活动。同年12月,全国妇联印发了《关于深入推进家庭志愿服务工作的意见》,提出充分发挥妇联的组织优势和工作优势,大力推进家庭志愿服务工作,以家庭志愿服务促进社会志愿服务体系建设,推动形成“奉献、友爱、互助、进步”的社会风尚。

2010年6月,民政部发布了《民政部关于进一步推进志愿者注册工作的通知》,决定在全国城乡社区和民政类社会服务机构推行志愿者注册工作。

2012年3月,中共中央办公厅制定了《关于深入开展学雷锋活动的意见》,旨在贯彻落实党的十七届六中全会精神,深入开展学雷锋活动,推动学雷锋活动常态化,大力弘扬雷锋精神等。[②] 同年9月,就广泛开展基层文化志愿服务活动,文化部和中央文明办发布了《关于广泛开展基层文化志愿服务活动的意见》。同年10月,民政部发布了《关于印发〈志愿服务记录办法〉的通知》和《关于加强减灾

---

① 《中组部 中宣部 民政部 司法部 教育部 农业部 文化部 卫生部 人口计生委 国务院扶贫办 共青团中央 全国妇联 中国科协关于在农村基层广泛开展志愿服务活动的意见》,《中华人民共和国教育部公报》2006年第6期。

② 《中共中央办公厅印发〈关于深入开展学雷锋活动的意见〉》,《思想政治工作研究》2012年第3期。

救灾志愿服务的指导意见》。

党的十八大以来，党和政府更加重视志愿服务工作，相关法规与政策也更加完善。

2013 年 6 月，中国残联公布了《中国助残志愿者注册管理办法（试行）》，旨在切实加强志愿助残工作，进一步弘扬人道主义思想，传播志愿助残服务理念，提升志愿助残专业化水平，推进志愿助残活动的规范化、制度化发展。同年 11 月，民政部、共青团中央发布了《关于在全国推广“菜单式”志愿服务的通知》，决定在全国推广泰安市“菜单式”志愿服务经验。

2014 年 2 月，为推动志愿服务活动经常化制度化，促进社会文明进步等，中央精神文明建设指导委员会公布了《关于推进志愿服务制度化的意见》。同年 9 月，教育部发布了《教育部关于教师参与志愿服务活动的指导意见》，旨在更好地鼓励和支持广大教师积极参与志愿服务活动。

2015 年 3 月，教育部发布了《学生志愿服务管理暂行办法》，旨在规范学生志愿服务工作，加强学生志愿服务管理等。同年 7 月，民政部发布了《志愿服务信息系统基本规范》的行业标准。这是我国志愿服务信息化建设领域第一个全国性行业标准。同年 8 月，中央文明办等制定了《中央文明办 民政部 教育部 共青团中央关于规范志愿服务记录证明工作的指导意见》，旨在为规范志愿服务记录证明工作，不断提升志愿服务规范化水平。

2016 年 7 月，中宣部等发布了《关于支持和发展志愿服务组织的意见》，提出到 2020 年基本建成布局合理、管理规范、服务完善、充满活力的志愿服务组织体系。同年 12 月，中宣部等印发了《关于公共文化设施开展学雷锋志愿服务的实施意见》，旨在深入推进公共图书馆、博物馆、文化馆、美术馆、科技馆和革命纪念馆学雷锋志愿服务。

2017 年 6 月，国务院常务会议通过并公布了《志愿服务条例》，对志愿服务组织的法律地位、规范管理和活动开展等做了系统规定。

2020 年 3 月，工业和信息化部办公厅、民政部办公厅印发了《关于开展志愿服务促进中小企业发展的指导意见》，提出为中小企业无偿提供政策、法律、金融、管理、技术、创新创业等方面的咨询和个性化解决方案，推动中小企业加快复工复产和转型升级，实现高质量发展。同年 4 月，民政部发布了《志愿服务基本术语》的行业标准，界定了志愿服务、志愿者、志愿服务组织的基本术语及定义。同年 12 月，民政部制定了《志愿服务记录与证明出具办法（试行）》，旨在规范志愿服务记录和志愿服务记录证明出具工作,保障志愿者和志愿服务组织等志愿服务活动参与者的合法权益,促进志愿服务事业发展。

2021 年 2 月,就进一步动员社会力量深入开展税收志愿服务,国家税务总局发布了《国家税务总局关于进一步动员社会力量深入开展税收志愿服务的指导意见》。

2024 年 4 月,中共中央办公厅、国务院办公厅公布了《中共中央办公厅国务院办公厅关于健全新时代志愿服务体系的意见》,就健全新时代志愿服务体系提出了一些意见。

总之,我国志愿服务法规与政策的内容已基本完备,并取得了显著成绩。截至 2021 年 10 月底,平均每万人中有 1544 人注册成为志愿者,约占总人口的 15.4%;志愿团体 113 万个,志愿项目 621 万个;累计志愿服务时长达 16.14 亿小时,人均志愿服务时长为 7.44 小时。全国注册志愿者人数从 2012 年的 292 万人增长到 2021 年的 2.17 亿人,翻了 74 倍多。同期,全国志愿服务团体数从 2 万个增长到 93 万个,志愿服务项目数从 1 万个增长至 541 万个,分别比 2012 年增长了 46.5 倍和 541 倍。①

第二节　公益慈善事业与志愿服务法规与政策的主要内容

一、公益慈善事业法规与政策的主要内容

(一)公益慈善事业的界定及公益慈善组织的分类

公益事业与慈善事业同是为社会公众谋福利的事业。二者通常在同一内涵和外延上使用。

1. 公益事业的界定

根据《公益事业捐赠法》②,公益事业,是指下列非营利事项:①救助灾害、救济贫困、扶助残疾人等困难的社会群体和个人的活动;②教育、科学、文化、卫生、体育事业;③环境保护、社会公共设施建设;④促进社会发展和进步的其他社会

---

① 高文兴整理:《我国志愿者总人数达 2.17 亿》,《公益时报》2022 年 7 月 5 日。

② 《中华人民共和国公益事业捐赠法》,《中华人民共和国国务院公报》1999 年第 24 期。

公共和福利事业。公益事业作为一种非营利性事业，旨在造福他人、社会乃至整个人类，它的社会性、共享性以及福利性等特点，使其能在缩小贫富差距、整合社会资源、缓和社会矛盾、弘扬社会道德风尚、构建和谐社会等方面发挥重要作用，为社会可持续发展提供重要保障。

2. 慈善事业的界定

《慈善法》①对慈善活动有明确界定：慈善活动，是指自然人、法人和非法人组织以捐赠财产或者提供服务等方式，自愿开展的下列公益活动：①扶贫、济困；②扶老、救孤、恤病、助残、优抚；③救助自然灾害、事故灾难和公共卫生事件等突发事件造成的损害；④促进教育、科学、文化、卫生、体育等事业的发展；⑤防治污染和其他公害，保护和改善生态环境；⑥符合《慈善法》规定的其他公益活动。慈善事业是指通过志愿精神的发挥和互助手段的使用，促进社会公平和谐，其客观效果是让具备物质基础和机会公平的人获得道德价值感上的幸福快乐，让缺乏物质满足和机会公平的人获得满足感及幸福快乐，具有明显的道德维度。慈善事业是我国社会保障体系的重要组成部分。

3. 公益慈善组织的分类

公益慈善组织是公益慈善事业的主要载体。

(1)公益组织分类

《公益事业捐赠法》规定，公益组织主要包括依法成立的两类组织：①公益性社会团体。公益性社会团体，是指依法成立的，以发展公益事业为宗旨的基金会、慈善组织等社会团体。②公益性非营利事业单位。公益性非营利事业单位，是指依法成立的，从事公益事业的不以营利为目的的教育机构、科学研究机构、医疗卫生机构、社会公共文化机构、社会公共体育机构和社会福利机构等。

(2)慈善组织分类

《慈善法》规定，慈善组织，是指依法成立、符合本法规定，以面向社会开展慈善活动为宗旨的非营利性组织。慈善组织可采取基金会、社会团体、社会服务机构等组织形式。同时，慈善组织应符合下列条件：①以开展慈善活动为宗旨；②不以营利为目的；③有自己的名称和住所；④有组织章程；⑤有必要的财产；⑥有符合条件的组织机构和负责人；⑦法律、行政法规规定的其他条件。

---

① 《全国人民代表大会常务委员会关于修改〈中华人民共和国慈善法〉的决定》，《中华人民共和国全国人民代表大会常务委员会公报》2024 年第 1 期。

(3)慈善组织登记与认定

《慈善法》规定,设立慈善组织,应当向县级以上人民政府民政部门申请登记,民政部门应当自受理申请之日起30日内作出决定。符合《慈善法》规定条件的,准予登记并向社会公告;不符合《慈善法》规定条件的,不予登记并书面说明理由。

《慈善法》公布前已经设立的基金会、社会团体、社会服务机构等非营利性组织,可向办理其登记的民政部门申请认定为慈善组织,民政部门应当自受理申请之日起20日内作出决定。符合慈善组织条件的,予以认定并向社会公告;不符合慈善组织条件的,不予认定并书面说明理由。有特殊情况需要延长登记或者认定期限的,报经国务院民政部门批准,可适当延长,但延长的期限不得超过60日。此外,申请认定为慈善组织,按照《慈善组织认定办法》相关规定办理。① 其中第六条明确规定:"申请认定为慈善组织,社会团体应当经会员(代表)大会表决通过,基金会、社会服务机构应当经理事会表决通过;有业务主管单位的,还应当经业务主管单位同意。"

(二)公益慈善事业募捐与捐赠的规定

公益事业捐赠是一种特殊的赠与行为,其行为主体不仅享有《中华人民共和国合同法》所规定的赠与合同中的权利和义务,还享有一些其他权利,并承担更为严格的义务。

1. 慈善募捐

《慈善法》对慈善募捐的各个方面作了规定,进一步规范了慈善募捐行为,有力保障了公益慈善事业与时俱进发展。

慈善募捐,是指慈善组织基于慈善宗旨募集财产的活动。慈善募捐,包括面向社会公众的公开募捐、面向特定对象的定向募捐。

《慈善法》规定,慈善组织开展公开募捐,应取得公开募捐资格。依法登记满一年的慈善组织,可向办理其登记的民政部门申请公开募捐资格。民政部门应当自受理申请之日起20日内作出决定。慈善组织符合内部治理结构健全、运作规范的条件的,发给公开募捐资格证书;不符合条件的,不发给公开募捐资格证书并书面说明理由。其他法律、行政法规规定可公开募捐的非营利性组织,由县级以上人民政府民政部门直接发给公开募捐资格证书。

---

① 《慈善组织认定办法》,《中华人民共和国国务院公报》2017年第9期。

开展公开募捐,可采取下列方式:①在公共场所设置募捐箱;②举办面向社会公众的义演、义赛、义卖、义展、义拍、慈善晚会等;③通过广播、电视、报刊、互联网等媒体发布募捐信息;④其他公开募捐方式。慈善组织采取在公共场所设置募捐箱;举办面向社会公众的义演、义赛、义卖、义展、义拍、慈善晚会等规定方式开展公开募捐的,应在办理其登记的民政部门管辖区域内进行,确有必要在办理其登记的民政部门管辖区域外进行的,应当报其开展募捐活动所在地的县级以上人民政府民政部门备案。捐赠人的捐赠行为不受地域限制。

开展公开募捐,应制定募捐方案。募捐方案包括:募捐目的、起止时间和地域、活动负责人姓名和办公地址、接受捐赠方式、银行账户、受益人、募得款物用途、募捐成本、剩余财产的处理等。募捐方案应在开展募捐活动前报慈善组织登记的民政部门备案。开展公开募捐,应在募捐活动现场或者募捐活动载体的显著位置,公布募捐组织名称、公开募捐资格证书、募捐方案、联系方式、募捐信息查询方法等。

不具有公开募捐资格的组织或者个人基于慈善目的,可与具有公开募捐资格的慈善组织合作,由该慈善组织开展公开募捐,合作方不得以任何形式自行开展公开募捐。具有公开募捐资格的慈善组织应当对合作方进行评估,依法签订书面协议,在募捐方案中载明合作方的相关信息,并对合作方的相关行为进行指导和监督。

具有公开募捐资格的慈善组织负责对合作募得的款物进行管理和会计核算,将全部收支纳入其账户。

需要特别注意的是,由于互联网募捐的特殊性,《慈善法》规定:"慈善组织通过互联网开展公开募捐的,应当在国务院民政部门指定的互联网公开募捐服务平台进行,并可以同时在其网站进行";"国务院民政部门指定的互联网公开募捐服务平台,提供公开募捐信息展示、捐赠支付、捐赠财产使用情况查询等服务;无正当理由不得拒绝为具有公开募捐资格的慈善组织提供服务,不得向其收费,不得在公开募捐信息页面插入商业广告和商业活动链接。"为此,2016 年 8 月,民政部等部门印发了《公开募捐平台服务管理办法》,对各类募捐平台的服务管理事项作出了规定。2017 年 7 月,民政部发布了民政行业标准《慈善组织互联网公开募捐信息平台基本管理规范》,对慈善组织互联网公开募捐信息平台建设、运行和管理等方面作出了较为详细的规范。

《慈善法》还规定,广播、电视、报刊以及网络服务提供者、电信运营商,应对利用其平台开展公开募捐的慈善组织的登记证书、公开募捐资格证书进行验证。慈善组织自登记之日起可开展定向募捐。慈善组织开展定向募捐,应在发起人、理事会成员和会员等特定对象的范围内进行,并向募捐对象说明募捐目的、募得款物用途等事项。并且,定向募捐不得采取或变相采取《慈善法》规定的公开募捐方式。开展募捐活动,应当尊重和维护募捐对象的合法权益,保障募捐对象的知情权,不得通过虚构事实等方式欺骗、诱导募捐对象实施捐赠。开展募捐活动,不得摊派或者变相摊派,不得妨碍公共秩序、企业生产经营和居民生活。禁止任何组织或者个人假借慈善名义或者假冒慈善组织开展募捐活动,骗取财产。

2. 公益慈善捐赠中的权利义务关系

一方面,根据《公益事业捐赠法》的规定,捐赠人包括境内外具备民事行为能力的自然人、法人或其他组织。《慈善法》明确:"本法所称慈善捐赠,是指自然人、法人和非法人组织基于慈善目的,自愿、无偿赠与财产的活动。"从另一角度对捐赠人进行了规定,更加强调捐赠行为的慈善性质。

(1)捐赠人的权利。

第一,自愿,具体包括:①捐赠行为的自愿性;②信息公开的自愿性。

第二,自主,具体包括:①针对受赠人的选择,《公益事业捐赠法》规定:"自然人、法人或者其他组织可以选择符合其捐赠意愿的公益性社会团体和公益性非营利的事业单位进行捐赠。"《慈善法》规定:"捐赠人可以通过慈善组织捐赠,也可以直接向受益人捐赠。"②针对捐赠财产的使用,《公益事业捐赠法》规定:"捐赠财产的使用应当尊重捐赠人的意愿,符合公益目的,不得将捐赠财产挪作他用。"③针对公益事业工程项目的留名纪念,《公益事业捐赠法》规定:"捐赠人对于捐赠的公益事业工程项目可以留名纪念;捐赠人单独捐赠的工程项目或者主要由捐赠人出资兴建的工程项目,可以由捐赠人提出工程项目的名称,报县级以上人民政府批准。"

第三,知情,具体包括:①对于捐赠财产的使用管理,《公益事业捐赠法》规定:"捐赠人有权向受赠人查询捐赠财产的使用、管理情况,并提出意见和建议。对于捐赠人的查询,受赠人应当如实答复。"《慈善法》规定:"捐赠人有权查询、复制其捐赠财产管理使用的有关资料,慈善组织应当及时主动向捐赠人反馈有关情况。"②对于公益事业工程项目,《公益事业捐赠法》规定:"捐赠的公益事业工程项目竣工后,受赠单位应当将工程建设、建设资金的使用和工程质量验收情况向捐赠人通报。"

第四,监督,具体包括:①签订捐赠协议时,《公益事业捐赠法》规定:“捐赠人可以与受赠人就捐赠财产的种类、质量、数量和用途等内容订立捐赠协议。捐赠人有权决定捐赠的数量、用途和方式”;“捐赠人捐赠财产兴建公益事业工程项目,应当与受赠人订立捐赠协议,对工程项目的资金、建设、管理和使用作出约定。”同时,《慈善法》规定:“慈善组织接受捐赠,捐赠人要求签订书面捐赠协议的,慈善组织应当与捐赠人签订书面捐赠协议。书面捐赠协议包括捐赠人和慈善组织名称,捐赠财产的种类、数量、质量、用途、交付时间等内容。”②签订捐赠协议后,《公益事业捐赠法》规定:“受赠人与捐赠人订立了捐赠协议的,应当按照协议约定的用途使用捐赠财产,不得擅自改变捐赠财产的用途。如果确需改变用途的,应当征得捐赠人的同意。”

(2)捐赠人的义务。

关于捐赠行为,应合法并符合公序良俗。《公益事业捐赠法》规定:“捐赠应当遵守法律、法规,不得违背社会公德,不得损害公共利益和其他公民的合法权益。”《慈善法》对捐赠行为的自主权进行强调:“捐赠人与慈善组织约定捐赠财产的用途和受益人时,不得指定或者变相指定捐赠人的利害关系人作为受益人。”《慈善法》还把“按照捐赠协议履行捐赠义务”作为法律行为写进条款,并对未履行行为的处理作出了规定,即捐赠人应按照捐赠协议履行捐赠义务。捐赠人违反捐赠协议逾期未交付捐赠财产,有下列情形之一的,慈善组织或者其他接受捐赠的人可要求交付;捐赠人拒不交付的,慈善组织和其他接受捐赠的人可以依法向人民法院申请支付令或者提起诉讼:①捐赠人通过广播、电视、报刊、互联网等媒体公开承诺捐赠的;②捐赠财产用于扶贫、济困;扶老、救孤、恤病、助残、优抚;救助自然灾害、事故灾难和公共卫生事件等突发事件造成损害的慈善活动,并签订书面捐赠协议的。捐赠人公开承诺捐赠或者签订书面捐赠协议后经济状况显著恶化,严重影响其生产经营或者家庭生活的,经向公开承诺捐赠地或者书面捐赠协议签订地的县级以上人民政府民政部门报告并向社会公开说明情况后,可以不再履行捐赠义务。

关于捐赠财产,应合法并享有处分权。《公益事业捐赠法》规定:“捐赠的财产应当是其有权处分的合法财产。”《慈善法》对捐赠财产还进行进一步规定、说明:“捐赠人捐赠的财产应当是其有权处分的合法财产。捐赠财产包括货币、实物、房屋、有价证券、股权、知识产权等有形和无形财产。捐赠人捐赠的实物应当具有使用价值,符合安全、卫生、环保等标准。捐赠人捐赠本企业产品的,应当依法承担产品质量责任和义务。”

关于捐赠协议，具有救灾、扶贫等社会公益、道德义务性质的赠与合同或者经过公证的赠与合同不得随意撤销。《慈善法》规定，自然人、法人和非法人组织开展演出、比赛、销售、拍卖等经营性活动，承诺将全部或者部分所得用于慈善目的的，应当在举办活动前与慈善组织或者其他接受捐赠的人签订捐赠协议，活动结束后按照捐赠协议履行捐赠义务，并将捐赠情况向社会公开。

另一方面，根据《公益事业捐赠法》，受赠人主要包括依法成立的公益性社会团体、公益性非营利的事业单位；另外，在发生自然灾害时或者境外捐赠人要求县级以上人民政府及其部门作为受赠人时，县级以上人民政府及其部门也可以接受捐赠。

(1)受赠人的权利

一是，受赠财产的给付请求权。《民法典》规定：“经过公证的赠与合同或者依法不得撤销的具有救灾、扶贫、助残等公益、道德义务性质的赠与合同，赠与人不交付赠与财产的，受赠人可以请求交付。”

二是，受赠财产的保护权。《公益事业捐赠法》规定：“公益性社会团体受赠的财产及其增值为社会公共财产，受国家法律保护，任何单位和个人不得侵占、挪用和损毁。”

三是，受赠财产的处置权。《公益事业捐赠法》规定：“对于不易储存、运输和超过实际需要的受赠财产，受赠人可以变卖，所取得的全部收入，应当用于捐赠目的”；“县级以上人民政府及其部门可以将受赠财产转交公益性社会团体或者公益性非营利的事业单位；也可以按照捐赠人的意愿分发或者兴办公益事业，但是不得以本机关为受益对象。”

(2)受赠人的义务

一是，妥善管理受赠财物。《公益事业捐赠法》规定，受赠人应当“将受赠财产登记造册，妥善保管”；“公益性社会团体应当严格遵守国家的有关规定，按照合法、安全、有效的原则，积极实现捐赠财产的保值增值”；同时，该法还规定：“受赠人应当依照国家有关规定，建立健全财务会计制度和受赠财产的使用制度，加强对受赠财产的管理。”

二是，定向使用受赠财产。《公益事业捐赠法》对受赠财产的用途作了明确规定：“公益性社会团体应当将受赠财产用于资助符合其宗旨的活动和事业。对于接受的救助灾害的捐赠财产，应当及时用于救助活动……公益性非营利的事业单位应当将受赠财产用于发展本单位的公益事业,不得挪作他用";"受赠人与捐赠人订立了捐赠协议的,应当按照协议约定的用途使用捐赠财产,不得擅自改变捐赠财产的用途。如果确需改变用途的,应当征得捐赠人的同意";"受赠人未征得捐赠人的许可,擅自改变捐赠财产的性质、用途的,由县级以上人民政府有关部门责令改正,给予警告。拒不改正的,经征求捐赠人的意见,由县级以上人民政府将捐赠财产交由与其宗旨相同或者相似的公益性社会团体或者公益性非营利的事业单位管理。"

三是,告知公开并接受监督。具体包括:①对于捐赠人,负有出具收据和接受查询的义务。《公益事业捐赠法》规定:"受赠人接受捐赠后,应当向捐赠人出具合法、有效的收据。"《财政部 国家税务总局 民政部关于公益性捐赠税前扣除有关问题的通知》规定:"公益性社会团体和县级以上人民政府及其组成部门和直属机构在接受捐赠时,应按照行政管理级次分别使用由财政部或省、自治区、直辖市财政部门印制的公益性捐赠票据,并加盖本单位的印章;对个人索取捐赠票据的,应予以开具。"《公益事业捐赠法》规定:"捐赠人有权向受赠人查询捐赠财产的使用、管理情况,并提出意见和建议。对于捐赠人的查询,受赠人应当如实答复。"②对于政府相关部门,要按时报告,并接受监督。《公益事业捐赠法》规定:"受赠人每年度应当向政府有关部门报告受赠财产的使用、管理情况,接受监督。必要时,政府有关部门可以对其财务进行审计。"该法在该条目中还明确指出了海关、县以上侨务部门的监督管理权力:"海关对减免关税的捐赠物品依法实施监督和管理。县级以上人民政府侨务部门可以参与对华侨向境内捐赠财产使用与管理的监督。"③对于社会,要公开并接受监督。《公益事业捐赠法》规定:"受赠人应当公开接受捐赠的情况和受赠财产的使用、管理情况,接受社会监督。"

四是,协助捐赠人办理捐赠相关手续。具体包括:①对境外捐赠财物。《公益事业捐赠法》规定:"境外捐赠人捐赠的财产,由受赠人按照国家有关规定办理入境手续;捐赠实行许可证管理的物品,由受赠人按照国家有关规定办理许可证申领手续,海关凭许可证验放、监管。"②对捐赠的公益事业项目。《公益事业捐赠法》规定:"捐赠的公益事业工程项目由受赠单位按照国家有关规定办理项目审批手续。"

3. 关于公益事业工程项目的捐赠

对于捐赠人捐赠财产兴建公益事业工程项目,《公益事业捐赠法》有特别规定,主要在如下方面:①订立协议。捐赠人与受赠人应当订立捐赠协议,对工程项目的资金、建设、管理和使用作出约定。②按章办理。工程项目的审批手续由受赠单位按照国家有关规定办理;施工过程可由受赠人单方组织或由受赠人与捐赠人共同组织。③竣工通报。工程项目竣工后,受赠单位应当向捐赠人通报工程建设、建设资金的使用和工程质量验收情况。④留名纪念。捐赠人对于捐赠的公益事业工程项目可以留名纪念;捐赠人单独捐赠的工程项目或者主要由捐赠人出资兴建的工程项目,可以由捐赠人提出工程项目的名称,报县级以上人民政府批准。⑤优惠支持。当地人民政府对于捐赠的工程项目,应当给予支持和优惠。

4. 捐赠财产的管理使用

《公益事业捐赠法》中关于捐赠财产的管理使用有以下规定:①在票据方面,受赠人接受捐赠后,应当向捐赠人出具合法、有效的收据,将受赠财产登记造册,妥善保管。②在使用方面,除了前文"受赠人义务"中"定向使用受赠财产"的规定外,《公益事业捐赠法》还要求"基金会每年用于资助公益事业的资金数额,不得低于国家规定的比例";《基金会管理条例》则明确"公募基金会每年用于从事章程规定的公益事业支出,不得低于上一年总收入的70%;非公募基金会每年用于从事章程规定的公益事业支出,不得低于上一年基金余额的8%"。③在管理方面,受赠人应当按照国家有关规定,建章立制,加强管理,实现捐赠财产的保值增值,及时反馈受赠财产的使用管理情况并接受各方监督。④在成本方面,公益性社会团体应当厉行节约,降低管理成本,工作人员的工资和办公费用从利息等收入中按照国家规定的标准开支。

《慈善法》对慈善组织的慈善财产相关问题进行了规定,其中也涉及慈善组织发起人捐赠、资助的创始财产和慈善组织募集到的财产。该法规定:"慈善组织的财产应当根据章程和捐赠协议的规定全部用于慈善目的,不得在发起人、捐赠人以及慈善组织成员中分配。任何组织和个人不得私分、挪用、截留或者侵占慈善财产。""慈善组织对募集的财产,应当登记造册,严格管理,专款专用。捐赠人捐赠的实物不易储存、运输或者难以直接用于慈善目的的,慈善组织可以依法拍卖或者变卖,所得收入扣除必要费用后,应当全部用于慈善目的。"

《慈善法》也指出:"慈善组织为实现财产保值、增值进行投资的,应当遵循合法、安全、有效的原则,投资取得的收益应当全部用于慈善目的。慈善组织的重大投资方案应当经决策机构组成人员2/3以上同意。政府资助的财产和捐赠协议约定不得投资的财产，不得用于投资。慈善组织的负责人和工作人员不得在慈善组织投资的企业兼职或者领取报酬。”为配套该事项的具体实施，民政部还出台了《慈善组织保值增值投资活动管理暂行办法》，以规范慈善组织的投资活动，防范慈善财产运用风险，促进慈善组织持续健康发展。

5. 公益性捐赠税前扣除规定

（1）税收优惠政策规定

国家鼓励自然人、法人或者其他组织对公益事业进行捐赠，对于捐赠人在税收方面给予优惠政策。这些优惠政策体现在《慈善法》《公益事业捐赠法》《企业所得税法》《个人所得税法》和《财政部 国家税务总局 民政部关于公益性捐赠税前扣除有关问题的通知》，以及财政部等发布的《财政部 国家税务总局 民政部关于公益性捐赠税前扣除有关问题的补充通知》等法规政策的相关条款中。

第一，企业所得税。《公益事业捐赠法》规定：“公司和其他企业依照本法的规定捐赠财产用于公益事业，依照法律、行政法规的规定享受企业所得税方面的优惠”；《企业所得税法》第九条规定：“企业发生的公益性捐赠支出，在年度利润总额12%以内的部分，准予在计算应纳税所得额时扣除”；在计算应纳税所得额时，“本法第九条规定以外的捐赠支出”不得扣除。《慈善法》进一步规定“企业慈善捐赠支出超过法律规定的准予在计算企业所得税应纳税所得额时当年扣除的部分，允许结转以后三年内在计算应纳税所得额时扣除”，进一步增大了企业公益性捐赠享受所得税优惠的力度。

第二，个人所得税。《公益事业捐赠法》规定：“自然人和个体工商户依照本法的规定捐赠财产用于公益事业，依照法律、行政法规的规定享受个人所得税方面的优惠。”《个人所得税法》规定：“个人将其所得对教育、扶贫、济困等公益慈善事业进行捐赠，捐赠额未超过纳税义务人申报的应纳税所得额30%的部分，可以从其应纳税所得额中扣除；国务院规定对公益慈善事业捐赠实行全额税前扣除的，从其规定。”

第三，进口关税和进口环节的增值税。《慈善法》规定：“境外捐赠用于慈善活动的物资，依法减征或者免征进口关税和进口环节增值税。”《公益事业捐赠法》规定：“境外向公益性社会团体和公益性非营利的事业单位捐赠的用于公益事业的物资，依照法律、行政法规的规定减征或者免征进口关税和进口环节的增值税。”

(2)资格认定与取消

第一,资格认定。具体包括:①符合《企业所得税法实施条例》规定的九个条件:依法登记,具有法人资格;以发展公益事业为宗旨,且不以营利为目的;全部资产及其增值为该法人所有;收益和营运结余主要用于符合该法人设立目的的事业;终止后的剩余财产不归属任何个人或者营利组织;不经营与其设立目的无关的业务;有健全的财务会计制度;捐赠者不以任何形式参与社会团体财产的分配;国务院财政、税务主管部门会同国务院民政部门等登记管理部门规定的其他条件。②申请前3年内未受到税务机关和登记管理机关给予的行政处罚(警告或单次1万元以下罚款除外)。③基金会在民政部门依法登记3年以上(含3年)的,应当在申请前连续两年年度检查合格,或最近1年年度检查合格且社会组织评估等级在3A以上(含3A),登记3年以下、1年以上(含1年)的,应当在申请前一年年度检查合格或社会组织评估等级在3A以上(含3A),登记一年以下的基金会具备上述第①项、第②项规定的条件。④公益性社会团体(不含基金会)在民政部门依法登记3年以上,净资产不低于登记的活动资金数额,申请前连续两年年度检查合格,或最近一年年度检查合格且社会组织评估等级在3A以上(含3A),申请前连续3年每年用于公益活动的支出不低于上年总收入的70%(含70%),同时需达到当年总支出的50%以上(含50%)。这里所称"年度检查合格"是指民政部门对基金会、公益性社会团体(不含基金会)进行年度检查,作出年度检查合格的结论;"社会组织评估等级在3A以上(含3A)"是指社会组织在民政部门主导的社会组织评估中被评为3A、4A、5A级别,且评估结果在有效期内。

第二,资格取消。存在以下情形之一的公益性社会团体,应取消公益性捐赠税前扣除资格:①年度检查不合格或最近一次社会组织评估等级低于3A的;②在申请公益性捐赠税前扣除资格时有弄虚作假行为的;③存在偷税行为或为他人偷税提供便利的;④存在违反该组织章程的活动,或者接受的捐赠款项用于组织章程规定用途之外的支出等情况的;⑤受到税务机关和登记管理机关给予的行政处罚(警告或单次1万元以下罚款除外)。与此同时,相关法规也规定,被取消公益性捐赠税前扣除资格的公益性社会团体,存在前文第①项情形的,1年内不得重新申请公益性捐赠税前扣除资格;存在第②③④⑤项情形的,3年内不得重新申请公益性捐赠税前扣除资格。

(3)申请审核程序

①经民政部批准成立的公益性社会团体,可分别向财政部、国家税务总局、民政部提出申请;②经省级民政部门批准成立的基金会,可分别向省级财政、税务(国、地税)、民政部门提出申请。经地方县级以上人民政府民政部门批准成立的公益性社会团体(不含基金会),可分别向省、自治区、直辖市和计划单列市财政、税务、民政部门提出申请;③民政部门负责对公益性社会团体的资格进行初步审核,财政、税务部门会同民政部门对公益性社会团体的捐赠税前扣除资格联合进行审核确认;④对符合条件的公益性社会团体,按照上述管理权限,由财政部、国家税务总局和民政部及省、自治区、直辖市和计划单列市财政、税务和民政部门分别定期予以公布。

(4)申请审核要求

第一,关于报送材料的要求。具体包括:①申请报告;②民政部或地方县级以上人民政府民政部门颁发的登记证书复印件;③组织章程;④申请前相应年度的资金来源、使用情况,财务报告,公益活动的明细,注册会计师的审计报告;⑤民政部门出具的申请前相应年度的年度检查结论、社会组织评估结论。

第二,关于捐赠资产价值确认原则的要求。具体包括:①接受捐赠的货币性资产,应当按照实际收到的金额计算。②接受捐赠的非货币性资产,应当以其公允价值计算。捐赠方在向公益性社会团体和县级以上人民政府及其组成部门和直属机构捐赠时,应当提供注明捐赠非货币性资产公允价值的证明,如果不能提供上述证明,公益性社会团体和县级以上人民政府及其组成部门和直属机构不得向其开具公益性捐赠票据。

(三)公益慈善信托的规定

1. 公益信托的界定

国家鼓励发展公益慈善信托。按《信托法》①,公益信托是指为了下列公共利益目的之一而设立的信托:①救济贫困;②救助灾民;③扶助残疾人;④发展教育、科技、文化、艺术、体育事业;⑤发展医疗卫生事业;⑥发展环境保护事业,维护生态环境;⑦发展其他社会公益事业。《慈善法》对"慈善信托"设立专章,其中规定:"本法所称慈善信托属于公益信托,是指委托人基于慈善目的,依法将其财产委托给受托人,由受托人按照委托人意愿以受托人名义进行管理和处分,开

① 《中华人民共和国信托法》,《人民日报》2001年5月8日。

展慈善活动的行为。”

2. 公益慈善信托的设立与终止

(1)设立

第一,对信托设立的一般性规定。《信托法》对“信托”的设立进行了原则性规定,主要包括:必须有合法的信托目的;必须有确定的信托财产,并且该信托财产必须是委托人合法所有的财产;应当采取书面形式(包括信托合同、遗嘱或者法律、行政法规规定的其他书面文件等)。设立信托,其书面文件应当载明下列事项:信托目的;委托人、受托人的姓名或者名称、住所;受益人或者受益人范围;信托财产的范围、种类及状况;受益人取得信托利益的形式、方法。此外,书面文件还可载明信托期限、信托财产的管理方法、受托人的报酬、新受托人的选任方式、信托终止事由等事项。

第二,对公益慈善信托设立的特别规定。《信托法》规定,“公益信托”的设立,“应当经有关公益事业的管理机构批准”。《慈善法》规定:“设立慈善信托、确定受托人和监察人,应当采取书面形式。受托人应当在慈善信托文件签订之日起七日内,将相关文件向受托人所在地县级以上人民政府民政部门备案。未按照前款规定将相关文件报民政部门备案的,不享受税收优惠。”

(2)终止

第一,对信托终止的一般性规定。《信托法》规定,有下列情形之一的,信托终止:①信托文件规定的终止事由发生;②信托的存续违反信托目的;③信托目的已经实现或者不能实现;④信托当事人协商同意;⑤信托被撤销;⑥信托被解除。

第二,对公益信托终止的特别规定。《信托法》规定:①受托人应当于终止事由发生之日起15日内,将终止事由和终止日期报告公益事业管理机构。②受托人作出的处理信托事务的清算报告,应当经信托监察人认可后,报公益事业管理机构核准,并由受托人予以公告。

3. 受托人的权利与义务

《信托法》规定,“受托人应当是具有完全民事行为能力的自然人、法人”。同时,该法还规定,确立公益信托受托人“应当经有关公益事业的管理机构批准”。对于公益信托的受托人,除了享有一般受托人的权利和应尽的义务外,还有一些特别的规定。

第一,受托人的权利,主要包括:①取得报酬的权利。《信托法》规定:“受托人有权依照信托文件的约定得报酬。信托文件未作事先约定的,经信托当事人协商同意,可以作出补充约定;未作事先约定和补充约定的,不得收取报酬。约定的报酬经信托当事人协商同意,可以增减其数额。”②优先受偿的权利。《信托法》规定:“受托人因处理信托事务所支出的费用、对第三人所负债务,以信托财产承担。受托人以其固有财产先行支付的,对信托财产享有优先受偿的权利。”③起诉权利。《信托法》规定:“公益事业管理机构违反本法规定的,委托人、受托人或者受益人有权向人民法院起诉。”

第二,受托人的义务,主要包括:①履职义务。《信托法》规定:“公益信托的受托人未经公益事业管理机构批准,不得辞任。”②接受检查义务。《信托法》规定:“公益事业管理机构应当检查受托人处理公益信托事务的情况及财产状况。”③报告公告义务。《信托法》规定:“受托人应当至少每年一次作出信托事务处理情况及财产状况报告,经信托监察人认可后,报公益事业管理机构核准,并由受托人予以公告。”“公益信托终止的,受托人应当于终止事由发生之日起 15 日内,将终止事由和终止日期报告公益事业管理机构。”“公益信托终止的,受托人作出的处理信托事务的清算报告,应当经信托监察人认可后,报公益事业管理机构核准,并由受托人予以公告。”④定向处理信托财产义务。《信托法》规定:“公益信托终止,没有信托财产权利归属人或者信托财产权利归属人是不特定的社会公众的,经公益事业管理机构批准,受托人应当将信托财产用于与原公益目的相近似的目的,或者将信托财产转移给具有近似目的的公益组织或者其他公益信托。”

4. 信托监察人的权利与义务

《信托法》规定,“公益信托应当设置信托监察人”;并规定了信托监察人的产生办法,“信托监察人由信托文件规定。信托文件未规定的,由公益事业管理机构指定”。该法也相应规定了信托监察人的权利和义务。《慈善法》则规定:“慈善信托的委托人根据需要,可以确定信托监察人。信托监察人对受托人的行为进行监督,依法维护委托人和受益人的权益。信托监察人发现受托人违反信托义务或者难以履行职责的,应当向委托人报告,并有权以自己的名义向人民法院提起诉讼。”信托监察人的权利与义务主要在于两个方面:①实施法律行为的权利和义务,《信托法》规定:“信托监察人有权以自己的名义,为维护受益人的利益,提起诉讼或者实施其他法律行为。”②认可报告的权利和义务,《信托法》赋予了信托监察人认可受托人所作的“信托事务处理情况及财产状况报告”和“处理信托事务的清算报告”的权利和义务。

(四)彩票管理的规定

彩票,是指国家为筹集社会公益资金,促进社会公益事业发展而特许发行、依法销售,自然人自愿购买,并按照特定规则获得中奖机会的凭证。国务院特许发行福利彩票、体育彩票。彩票不返还本金、不计付利息;彩票的发行、销售和开奖,应当遵循公开、公平、公正和诚实信用的原则。当前,我国彩票管理的法规与政策主要有:《彩票管理条例》①《彩票管理条例实施细则》②《民政部彩票公益金使用管理办法》《民政部彩票公益金民政部项目立项和评审办法》《民政部彩票公益金使用管理信息公开办法》《民政部彩票公益金服务和其他类项目管理办法》《民政部彩票公益金培训项目管理办法》《电话销售彩票管理暂行办法》《互联网销售彩票管理暂行办法》《中央集中彩票公益金支持社会福利事业资金使用管理办法》等。

1. 彩票管理部门的职责

我国彩票管理涉及财政、民政、税务等多个部门。根据《彩票管理条例》和《彩票管理条例实施细则》,各级各部门职责可归纳如下。

(1)财政监管

第一,国务院财政部门负责全国的彩票监督管理工作,主要职责是:①制定彩票监督管理制度和政策;②监督管理全国彩票市场以及彩票的发行和销售活动,监督彩票资金的解缴和使用;③会同民政部、国家体育总局等有关部门提出彩票公益金分配政策建议;④审批彩票品种的开设、停止和有关审批事项的变更;⑤会同民政部、国家体育总局制定彩票设备和技术服务标准;⑥审批彩票发行机构财务收支计划,监督彩票发行机构财务管理活动;⑦审批彩票发行机构的彩票销毁方案。

第二,省、自治区、直辖市人民政府财政部门负责本行政区域的彩票监督管理工作,主要职责是:①制定本行政区域的彩票监督管理具体实施办法;②监督管理本行政区域彩票市场以及彩票的销售活动,监督本行政区域彩票资金的解缴和使用;③会同省级民政部门、体育行政部门制定本行政区域的彩票公益金管理办法;④审批彩票销售机构财务收支计划,监督彩票销售机构财务管理活动。

---

① 《彩票管理条例》,《青海政报》2009 年第 13 期。

② 《关于修改〈彩票管理条例实施细则〉的通知》,《中华人民共和国国务院公报》2019 年第 10 期。

(2)“民”“体”分管

这里的“民”指民政部门,“体”指体育行政部门。

第一,国务院民政部门、体育行政部门按照各自的职责分别负责全国的福利彩票、体育彩票管理工作,主要职责是:①制定全国福利彩票、体育彩票事业的发展规划和管理制度;②设立福利彩票、体育彩票发行机构;③制定民政部门、体育行政部门彩票公益金使用管理办法,指导地方民政部门、体育行政部门彩票公益金的使用和管理;④审核福利彩票、体育彩票品种的开设、停止和有关审批事项的变更;⑤监督福利彩票、体育彩票发行机构的彩票销毁工作;⑥制定福利彩票、体育彩票的代销合同示范文本。

第二,省、自治区、直辖市人民政府民政部门、体育行政部门按照各自的职责分别负责本行政区域的福利彩票、体育彩票管理工作,主要职责是:①设立本行政区域的福利彩票、体育彩票销售机构;②批准建立本行政区域福利彩票、体育彩票的销售网络;③制定本行政区域民政部门、体育行政部门彩票公益金使用管理办法,指导省以下民政部门、体育行政部门彩票公益金的使用和管理;④监督本行政区域彩票代销者的代销行为。

(3)“公”“监”维护

这里的“公”指公安机关,“监”指市场监督管理部门。县级以上各级人民政府公安机关和县级以上市场监督管理部门,在各自的职责范围内,依法查处非法彩票,维护彩票市场秩序。这里的“非法彩票”是指违反条例规定以任何方式发行、销售的下列形式的彩票:①未经国务院特许,擅自发行、销售福利彩票、体育彩票之外的其他彩票;②在中华人民共和国境内,擅自发行、销售的境外彩票;③未经财政部批准,擅自发行、销售的福利彩票、体育彩票品种和彩票游戏;④未经彩票发行机构、彩票销售机构委托,擅自销售的福利彩票、体育彩票;⑤擅自利用互联网销售的福利彩票、体育彩票。

(4)“发”“销”分责

这里的“发”是指彩票发行机构;“销”是指彩票销售机构。

第一,福利彩票发行机构、体育彩票发行机构,按照“统一发行、统一管理、统一标准”的原则,分别负责全国的福利彩票、体育彩票的发行和组织销售工作,主要职责是:①制定全国福利彩票、体育彩票发行销售的发展规划、管理制度、工作规范和技术标准等;②建立全国福利彩票、体育彩票的发行销售系统、市场调控机制、激励约束机制和监督管理机制;③组织彩票品种的研发,申请开设、停止彩票品种或者变更彩票品种审批事项,经批准后组织实施;④负责组织管理全国福利彩票、体育彩票的销售系统数据、资金归集结算、设备和技术服务、销售渠道和场所规划、印制和物流、开奖兑奖、彩票销毁;⑤负责组织管理全国福利彩票、体育彩票的形象建设、彩票代销、营销宣传、业务培训、人才队伍建设等工作。

第二,福利彩票销售机构、体育彩票销售机构,在福利彩票发行机构、体育彩票发行机构的统一组织下,分别负责本行政区域的福利彩票、体育彩票销售工作。主要职责是:①制定本行政区域福利彩票、体育彩票销售管理办法和工作规范;②向彩票发行机构提出停止彩票品种或者变更彩票品种审批事项的建议;③制订本行政区域彩票销售实施方案,并组织实施;④负责本行政区域福利彩票、体育彩票销售系统的建设、运营和维护;⑤负责实施本行政区域福利彩票、体育彩票的销售系统数据管理、资金归集结算、销售渠道和场所规划、物流管理、开奖兑奖;⑥负责组织实施本行政区域福利彩票、体育彩票的形象建设、彩票代销、营销宣传、业务培训、人才队伍建设等工作。

2. 彩票发行与销售管理

(1)彩票发行

《彩票管理条例》规定:"国务院特许发行福利彩票、体育彩票。未经国务院特许,禁止发行其他彩票。禁止在中华人民共和国境内发行、销售境外彩票。"

第一,严格程序。彩票发行机构申请开设、变更、停止彩票品种,应当经国务院民政部门或者国务院体育行政部门审核同意,向国务院财政部门提交申请;国务院财政部门对申请进行审查并作出书面决定。其中,申请开设彩票品种,须向国务院财政部门提交下列申请材料:①申请书;②彩票品种的规则;③发行方式、发行范围;④市场分析报告及技术可行性分析报告;⑤开奖、兑奖操作规程;⑥风险控制方案。《彩票管理实施细则》同时明确,彩票发行机构拟开设彩票品种或者拟变更彩票品种涉及对技术方案进行重大调整的,可以根据需要委托专业检测机构进行技术检测。

第二,明确时限。对彩票品种的开设、变更、停止申请,国务院财政部门应当自受理申请之日起,分别在 90、45、10 个工作日内,对申请进行审查并作出书面决定。其中,对开设彩票品种,还需在审查的过程中,通过专家评审、听证会等方式对开设彩票品种听取社会意见。但是,因维护社会公共利益的需要,在紧急情况下,"国务院财政部门可以采取必要措施,决定变更彩票品种审批事项或者停止彩票品种"。

第三,信息公开。经批准开设、停止或者变更彩票品种审批事项的,彩票发行机构应当在开设、变更、停止的10个自然日前,将有关信息向社会公告。

(2)彩票销售

根据《彩票管理条例实施细则》规定:"各省、自治区、直辖市福利彩票、体育彩票的销售网络,由福利彩票销售机构、体育彩票销售机构提出方案,分别报省级民政部门、体育行政部门批准后建立。"近年来,彩票销售还出现了电话销售、互联网销售等形式。

值得注意的是,彩票的互联网销售涉及人群广泛,安全风险较高。为规范彩票发行销售行为,维护彩民合法权益,财政部、民政部等出台公告指出:"彩票发行机构申请开展互联网销售彩票,属于变更彩票发行方式,应当按规定经民政部或者国家体育总局审核同意,由彩票发行机构向财政部提出申请,财政部作出书面决定。未经财政部批准,任何单位不得开展互联网销售彩票业务。"

第一,彩票代销者。彩票发行机构、彩票销售机构可以委托单位、个人代理销售彩票,且应当与接受委托的彩票代销者签订彩票代销合同。彩票代销者不得委托他人代销彩票。彩票代销者应具备如下条件:年满18周岁且具有完全民事行为能力的个人,或者具有独立法人资格的单位;有与从事彩票代销业务相适应的资金;有满足彩票销售需要的场所;近5年内无刑事处罚记录和不良商业信用记录;彩票发行机构、彩票销售机构规定的其他条件。彩票互联网代销者应具备以下条件:具有独立法人资格;注册资本不低于5000万元人民币;有符合要求的场所和安全保障措施;有健全的组织机构、内部控制制度和风险管理措施;单位及其高级管理人员近5年内无犯罪记录和不良商业信用记录;取得相关互联网信息服务经营许可证。彩票电话代销者应具备以下条件:具有独立法人资格;注册资本不低于1000万元人民币;有符合要求的场所和安全保障措施;有健全的组织机构、内部控制制度和风险管理措施;单位及其高级管理人员近5年内无犯罪记录和不良商业信用记录;取得相关增值电信业务经营许可证。

第二,彩票投注专用设备。彩票销售机构应为彩票代销者配置彩票投注专用设备。彩票投注专用设备属于彩票销售机构所有,彩票代销者不得转借、出租、出售。对于"委托他人代销彩票或者转借、出租、出售彩票投注专用设备的"彩票代销者,由民政部门、体育行政部门责令改正,处2000元以上、1万元以下罚款;有违法所得的,没收违法所得。彩票代销者若因此受到处罚的,彩票发行机构、彩票销售机构有权解除彩票代销合同。

第三,销售行为。彩票发行机构、彩票销售机构、彩票代销者不得有下列行为:①进行虚假性、误导性宣传;②以诋毁同业者等手段进行不正当竞争;③向未成年人销售彩票;④以赊销或者信用方式销售彩票。违反这些规定的,由民政部门、体育行政部门责令改正,处2000元以上、1万元以下罚款;有违法所得的,没收违法所得。彩票代销者有前款行为受到处罚的,彩票发行机构、彩票销售机构有权解除彩票代销合同。彩票互联网代销者,要向互联网彩票购买者发送彩票购买成功或未成功信息。信息内容应当包括:投注账号、投注彩票游戏名称和金额、投注时间、合作单位或者互联网代销者名称以及相关的验证码等,或购买未成功的原因。彩票电话代销者,要与彩票购买者签订服务协议;在彩票购买者的投注信息经电话销售彩票管理系统受理、彩票销售系统确认后,由电话销售彩票管理系统向彩票购买者发送购买成功或者未成功信息。同时,禁止利用电话跨省销售彩票。需要销毁彩票的,由彩票发行机构报国务院财政部门批准后,在国务院民政部门或者国务院体育行政部门的监督下销毁。彩票销售原始数据保存期限,自封存之日起不得少于60个月。

第四,彩票购买者。包括如下内容:①前提必须是成年人。②通过互联网购买彩票时,彩票购买者应当提供本人使用的银行借记卡账户,并与投注账户绑定。③利用电话购买彩票,彩票购买者应当注册开设投注账户。投注账户信息包括彩票购买者姓名、有效身份证件号码、银行借记卡账号、注册电话号码、归属行政区域等;并且每个有效身份证件仅限注册一个电话销售彩票投注账户。

3. 彩票开奖与兑奖管理

(1)开奖

第一,公开公正。《彩票管理条例》规定:"彩票发行机构、彩票销售机构应当按照批准的彩票品种的规则和开奖操作规程开奖。国务院民政部门、体育行政部门和省、自治区、直辖市人民政府民政部门、体育行政部门应当加强对彩票开奖活动的监督,确保彩票开奖的公开、公正。"为确保彩票销售数据的完整、准确和安全,《彩票管理条例》规定:"当期彩票销售数据封存后至开奖活动结束前,不得查阅、变更或者删除销售数据。"

第二,及时公告。《彩票管理条例》规定:"彩票发行机构、彩票销售机构应当在每期彩票销售结束后,及时向社会公布当期彩票的销售情况和开奖结果。"《彩票管理条例实施细则》对此进一步明确:"彩票发行机构、彩票销售机构应当向社会公告彩票游戏的开奖方式、开奖时间、开奖地点。"对于当期彩票的公告内容,

“彩票发行机构、彩票销售机构应当及时、准确、完整地向社会公告当期彩票销售和开奖情况，公告内容包括：①彩票游戏名称、开奖日期或者期号；②当期彩票销售金额；③当期彩票开奖结果；④奖池资金余额；⑤兑奖期限。”对于因自然灾害等不可抗力事件导致不能按期开奖的，《彩票管理条例实施细则》第38条要求：“因自然灾害等不可抗力事件导致不能按期开奖的，应当及时向社会公告后延期开奖；导致开奖中断的，已开出的号码有效，应当及时向社会公告后延期开出剩余号码。”

(2)兑奖

第一，针对彩票中奖者的规定。根据《彩票管理条例》和《彩票管理条例实施细则》规定，彩票中奖者应当自开奖之日起60个自然日内，持中奖彩票到指定的地点兑奖；最后一天为《全国年节及纪念日放假办法》规定的全体公民放假的节日或者彩票市场休市的，顺延至全体公民放假的节日后或者彩票市场休市结束后的第一个工作日；彩票品种的规则规定需要出示身份证件的，还应当出示本人身份证件；逾期不兑奖的视为弃奖。同时，明令严禁使用伪造、变造的彩票兑奖。

第二，针对彩票发行机构、彩票销售机构、彩票代销者的规定。具体包括：①按规则规程兑奖。《彩票管理条例》规定：“彩票发行机构、彩票销售机构、彩票代销者应当按照彩票品种的规则和兑奖操作规程兑奖。”②奖金以人民币一次性兑付。《彩票管理条例》强调：“彩票中奖奖金应当以人民现金或者现金支票形式一次性兑付。”《彩票管理条例实施细则》又对此细化：“彩票中奖奖金不得以人民币以外的其他货币兑付，不得以实物形式兑付，不得分期多次兑付。”③不得向未成年人兑奖。④保密义务。《彩票管理条例》规定：“彩票发行机构、彩票销售机构、彩票代销者以及其他因职务或者业务便利知悉彩票中奖者个人信息的人员，应当对彩票中奖者个人信息予以保密。”⑤尊重中奖者意愿。《彩票管理条例实施细则》特别规定：“彩票发行机构、彩票销售机构、彩票代销者及其工作人员不得违背彩票中奖者本人意愿，以任何理由和方式要求彩票中奖者捐赠中奖奖金。”

4. 彩票公益金的管理使用

彩票公益金，是按照规定比例从彩票发行销售收入中提取的，专项用于社会福利、体育等社会公益事业的资金；彩票公益金纳入政府性基金预算管理，专款专用，结余结转下年继续使用。《彩票管理条例》《彩票管理条例实施细则》《彩票公益金管理办法》，都对彩票公益金相关问题进行了规定。财政部、民政部印发的《中央集中彩票公益金支持社会福利事业资金使用管理办法》对彩票公益金支持社会福利事业资金管理,提高资金使用效益作出了更加明确的规定。民政部也下发了《民政部彩票公益金使用管理办法》等六份文件,以加强民政部彩票公益金使用管理,明确管理责任,规范管理程序,提高资金使用效益。

第一,上缴,具体包括如下内容:①彩票销售机构按月上缴。彩票公益金由各省、自治区、直辖市彩票销售机构根据国务院批准的彩票公益金分配政策和财政部批准的提取比例,按照每月彩票销售额据实结算后分别上缴中央财政和省级财政;逾期未兑奖的奖金由彩票销售机构上缴省级财政,全部留归地方使用。②上缴中央财政的彩票公益金,由财政部驻各省、自治区、直辖市财政监察专员办事处负责执收;西藏自治区应上缴中央财政的彩票公益金,由西藏自治区财政厅负责执收。③上缴省级财政的彩票公益金,由各省、自治区、直辖市人民政府财政部门负责执收。

第二,分配和使用,具体包括如下内容:①上缴中央财政的彩票公益金,用于社会福利事业、体育事业、补充全国社会保障基金和国务院批准的其他专项公益事业,具体使用管理办法由财政部会同民政部、国家体育总局等有关部门制定。②上缴省级财政的彩票公益金,按照国务院批准的彩票公益金分配政策,坚持依照彩票发行宗旨使用,由省级财政部门商民政、体育行政等有关部门研究确定分配原则。③省级以上民政、体育行政等彩票公益金使用部门、单位,应当于每年3月底前向同级财政部门报送上一年度彩票公益金使用情况。④逐步加大福利彩票公益金对社会服务志愿者队伍建设支持力度。

第三,宣传和公告,具体包括如下内容:①彩票公益金资助的基本建设设施、设备或者社会公益活动等,应以显著方式标明"彩票公益金资助——中国福利彩票和中国体育彩票"标识。②财政部应于每年8月底前,向社会公告上一年度全国彩票公益金的筹集、分配和使用情况;省级财政部门应于每年6月底前,向社会公告上一年度本行政区域内彩票公益金的筹集、分配和使用情况。③省级以上民政、体育行政等彩票公益金使用部门、单位,应于每年6月底前,向社会公告上一年度本部门、单位彩票公益金的使用规模、资助项目、执行情况和实际效果等。

二、志愿服务法规与政策的主要内容

在志愿服务领域,目前最基本的法规是《志愿服务条例》。[①] 这是我国第一部

---

① 《志愿服务条例》,《中华人民共和国国务院公报》2017 年第 26 期。

关于志愿服务的专门性法规。为了促进志愿服务事业发展，保障志愿者和志愿服务组织等志愿服务活动参与者的合法权益，民政部于2020年12月公布了《志愿服务记录与证明出具办法（试行）》，以规范志愿服务记录和志愿服务记录证明出具工作，也促使志愿服务继续向深入持久迈进。[①] 作为行业标准，民政部2015年7月发布的《志愿服务信息系统基本规范》为有效管理和服务志愿者、合理配置志愿服务资源、实现志愿服务信息化提供了重要的支撑和保证。[②] 此外，2024年4月，中共中央办公厅、国务院办公厅发布了《中共中央办公厅 国务院办公厅关于健全新时代志愿服务体系的意见》，提出健全新时代志愿服务体系的相关意见。[③]

（一）志愿服务及相关概念的界定

1. 志愿服务、志愿者

根据《志愿服务条例》，志愿服务，是指志愿者、志愿服务组织和其他组织自愿、无偿向社会或者他人提供的公益服务。开展志愿服务应当遵循“自愿、无偿、平等、诚信、合法”的原则。《志愿服务条例》规定，志愿者，是以自己的时间、知识、技能、体力等从事志愿服务的自然人。志愿服务是社会文明进步的重要标志。国家鼓励青少年参加力所能及的志愿服务活动，但考虑到其身心发展，对青少年从事志愿服务有一些特殊规定，如《中国注册志愿者管理办法》在注册志愿者的基本条件中规定：“年满十八周岁或十六至十八周岁以自己劳动收入为主要生活来源者；十四至十八周岁者，须经其法定代理人同意；未满十八周岁的在校学生申请注册的，按所在学校有关规定办理。”

2. 志愿服务组织

按《志愿服务条例》，志愿服务组织，是指依法成立，以开展志愿服务为宗旨的非营利性组织。《志愿服务条例》还规定，“志愿服务组织可以采取社会团体、社会服务机构、基金会等组织形式。志愿服务组织的登记管理按照有关法律、行政法规的规定执行”。

（二）志愿服务的基本特征

第一，自愿性。这是志愿服务的首要特征。所谓自愿性，是指基于自己的自

---

① 《志愿服务记录与证明出具办法（试行）》，《中华人民共和国国务院公报》2021年第8期。

② 《我国志愿服务信息化建设领域第一个全国性行业标准——〈志愿服务信息系统基本规范〉解读》，《中国民政》2015年第18期。

③ 《中共中央办公厅国务院办公厅关于健全新时代志愿服务体系的意见》，《人民日报》2024年4月23日。

由意志,自主服务于他人和社会的利益。与自愿相对应的是强制,即不得不从事某种行为,或者说负有一定的个人义务或者法律责任。依照自愿性的要求,志愿服务提供者可自主决定是否从事志愿服务,自愿受到志愿服务法律关系的调整。

第二,无偿性。这是志愿服务的重要特征,甚至被视为志愿服务区别于市场服务与国家服务的本质特征。其主要体现为志愿服务组织和志愿者从事志愿服务不以获取报酬为目的。不以获取报酬为目的是志愿服务的主观要件。志愿服务的无偿性并不意味着志愿服务提供者得不到任何形式的回报,只是不能表现为金钱、物品等方面的对价偿付,无偿性不排除志愿者可得到相应的从事志愿服务活动限度内的基本补贴以及相应的保险,也不排除来自政府和社会的精神性或象征性的表彰和奖励。

第三,公益性。这是志愿服务的价值特征,同时决定了志愿服务行为的目的属性。志愿服务行为可根据志愿服务对象的不同而分为两类:一类主要针对的是特殊群体的帮扶,如对残疾人、困难群体的帮助等,这类志愿服务可纳入社会保障体系的范畴;另一类主要是为大型赛会或者其他大型活动提供服务。基于志愿服务的公益性特征,可排除单纯基于家庭、友谊等私人情感和利益提供服务的行为。

(二)志愿服务中的权利与义务

志愿服务活动中涉及各方权利义务关系,需要有较为清晰的规范。《慈善法》专门对慈善服务进行了规定,对开展慈善服务的慈善、参加慈善服务的志愿者之权利和义务,从法律层面予以明确,使得慈善志愿服务工作有法可依。在此基础上,《志愿服务条例》也对志愿服务组织和志愿者的权利与义务作了细致规定。

1. 志愿服务组织的权利

志愿服务组织的权利主要包括:①根据志愿服务活动的目的、要求以及申请参与志愿服务活动的个人的实际情况,招募志愿者;②可与志愿者、志愿服务对象,根据需要签订协议,明确当事人的权利和义务,约定志愿服务的内容、方式、时间、地点、工作条件和安全保障措施等;③应当对志愿者参加志愿服务活动的情况进行记录;④可以给予适当的补贴,用于志愿者在从事志愿服务活动中由本人所支出的交通、误餐等费用;⑤可以通过接受社会捐赠、资助等形式,筹集开展志愿服务活动的经费;⑥其他依法享有的权利。

2. 志愿服务组织的义务

志愿服务组织的义务主要包括:①制定完善志愿服务工作制度、志愿服务评价制度,建立志愿服务档案。②对需要志愿服务的组织或个人提供的信息进行核实,并及时予以答复。③招募、登记、培训、管理、考核、表彰志愿者。招募时,应当说明与志愿服务有关的真实、准确、完整的信息以及在志愿服务过程中可能发生的风险。组织安排志愿者参与的志愿服务活动需要专门知识、技能的,应当对志愿者开展相关培训。④组织实施志愿服务活动。组织安排志愿者参与志愿服务活动,应当与志愿者的年龄、知识、技能和身体状况相适应,不得要求志愿者提供超出其能力的志愿服务。开展专业志愿服务活动,应当执行国家或者行业组织制定的标准和规程。⑤筹集、使用和管理志愿服务活动资金、物资。⑥为志愿者参与志愿服务活动提供必要条件,解决志愿者在志愿服务过程中遇到的困难,维护志愿者的合法权益。安排志愿者参与可能发生人身危险的志愿服务活动前,应当为志愿者购买相应的人身意外伤害保险。⑦安排志愿者参与志愿服务活动,应当如实记录志愿者个人基本信息、志愿服务情况、培训情况、表彰奖励情况、评价情况等信息,按照统一的信息数据标准录入国务院民政部门指定的志愿服务信息系统,实现数据互联互通。志愿者需要志愿服务记录证明的,志愿服务组织应当依据志愿服务记录无偿、如实出具。⑧应当尊重志愿者、志愿服务对象的人格尊严,未经志愿者本人同意,不得公开或者泄露其有关信息;不得侵害志愿服务对象个人隐私,不得向志愿服务对象收取或者变相收取报酬。⑨开展应对重大自然灾害、事故灾难和公共卫生事件等突发事件的志愿服务活动,应当接受有关人民政府设立的应急指挥机构的统一指挥、协调。⑩组织开展志愿服务的宣传、交流与合作。⑪应当向政府有关部门报告接受政府扶持和社会捐赠的财物的使用、管理情况,并向社会公开。⑫志愿服务组织章程规定的其他职责。⑬其他法定义务。

3. 志愿者的权利

志愿者的权利主要包括:①获得与志愿服务有关的真实、准确、完整的信息以及在志愿服务过程中可能发生的风险;②根据自己的意愿和时间、能力等条件,可以参与志愿服务组织开展的志愿服务活动,也可以自行依法开展志愿服务活动;③获得志愿服务必需的条件和必要的保障;④获得志愿服务活动所需专门知识、技能的相关培训;法律、行政法规对开展志愿服务活动有职业资格要求的,志愿者应当依法取得相应的资格;⑤拒绝超出约定范围的志愿服务;⑥请求志愿服务组织帮助解决在志愿服务活动中遇到的问题;⑦有困难时优先获得志愿服务组织和其他志愿者提供的服务;⑧未经志愿者本人同意不得公开或者泄露其有关信息;⑨对志愿服务组织进行监督,提出批评和建议;⑩退出志愿服务组织;⑪其他依法享有的权利。

4. 志愿者的义务

志愿者的义务主要包括:①遵守志愿服务活动的管理规定;②参加志愿服务所需的教育和培训;③按照约定提供志愿服务,因故不能按照约定提供志愿服务的,应当及时告知志愿服务组织或者志愿服务对象;④按照规定佩戴和使用志愿服务标识;⑤维护志愿者、志愿服务组织的形象和声誉,传播志愿服务理念;⑥不得向志愿服务对象收取报酬;⑦尊重志愿服务对象,保守在参与志愿服务活动过程中获悉的隐私、秘密或者其他依法受保护的信息;⑧不得损害志愿服务对象的合法权益;⑨不得利用志愿者身份从事与志愿服务活动宗旨、目的不符的行为;⑩法律、法规及志愿服务组织章程规定的其他义务。

(三)志愿服务组织的管理

1. 志愿者招募注册

(1)招募注册的规定

第一,招募。基层群众性自治组织、公益活动举办单位和公共服务机构开展公益活动的,需要志愿者提供服务的,可招募志愿者,也可委托志愿服务组织招募志愿者。志愿者的招募应注意以下方面:①志愿者的民事行为能力;②志愿者的基本技能和身体素质;③公布与志愿服务项目有关的真实、准确、完整的信息;④明确告知在志愿服务过程中可能出现的风险;⑤明确招募地域范围;⑥对志愿者的个人信息保密,未经志愿者本人同意,不得公开或者向第三方提供;⑦招募境外志愿者依照国家有关规定执行;⑧遵守相关法律法规的其他规定。

第二,注册。志愿者注册是加强志愿者队伍建设,规范志愿服务的重要基础和关键环节。志愿者注册工作的推进直接关系到志愿者服务水平的提高、志愿服务资源的优化、志愿服务事业的可持续发展。《志愿服务条例》规定:"志愿者可以将其身份信息、服务技能、服务时间、联系方式等个人基本信息,通过国务院民政部门指定的志愿服务信息系统自行注册,也可以通过志愿服务组织进行注册。"志愿者的注册工作基本流程应包括:①申请人自愿提出申请;②志愿服务组织进行审核;③审核合格,注册机构向申请人颁发注册志愿者证章。注册机构可根据实际需要,为注册志愿者编制管理服务号码。

(2)志愿服务协议的规定

第一,志愿者、志愿服务组织和志愿服务对象之间应当根据平等、自愿的原则开展志愿服务活动。若有下列情况发生，应签订书面志愿服务协议：①可能危及人身安全、身心健康的；②连续3个月以上专职服务的；③为大型社会活动提供志愿服务的；④组织志愿者在志愿服务组织所隶属行政区域以外开展志愿服务活动的；⑤志愿服务活动涉及外籍人员的；⑥任何一方要求签订书面协议的。

第二，志愿组织与志愿者、志愿组织与接受志愿服务的单位或者个人之间签订的书面志愿服务协议，应包括下列条款：①志愿服务内容、时间和地点；②参加志愿服务的条件；③志愿者的培训；④志愿服务成本的分担；⑤风险保障措施；⑥志愿者责任的免除；⑦协议的变更和解除；⑧争议解决方式；⑨需要明确的其他事项。

2. 志愿者培训管理

第一，教育培训。志愿服务组织应对新招募的志愿者进行志愿服务基础知识的培训；在开展志愿服务活动前，对志愿者进行必备知识和安全须知等内容的培训。志愿者应参加志愿服务组织安排的培训。对于需要专门知识、技能的志愿服务，《志愿服务条例》特别规定："志愿服务组织安排志愿者参与的志愿服务活动需要专门知识、技能的，应当对志愿者开展相关培训。"一般来讲，志愿者的教育培训内容主要包括：①志愿服务理念和内涵；②志愿服务知识技能；③志愿者权利义务；④志愿服务的风险和安全知识；⑤其他必要的教育培训内容。

第二，日常管理。志愿者的日常管理主要包括：①建立健全注册志愿者档案或信息管理系统；②尊重志愿者本人的意愿，根据其时间、能力等条件，安排从事相应的志愿服务活动；③提供相关的信息和安全、卫生等必要的条件或者保障；④签订志愿服务协议；⑤为志愿者办理必要的保险；⑥提供志愿服务相关技能等方面的培训和督导；⑦志愿服务记录；⑧对拒不履行义务的，注册机构可取消其注册志愿者身份；⑨其他必要的管理工作。

3. 志愿服务记录与证明出具制度

志愿服务活动的组织者应对志愿者从事志愿服务活动的情况进行记录，并出具必要的证明。《志愿服务条例》规定了志愿服务组织记录、录入志愿者服务信息和出具志愿服务证明的义务。《志愿服务记录与证明出具办法（试行）》对志愿服务记录和志愿服务记录证明出具工作提出了规范要求："志愿服务记录是指志愿服务组织和依法开展志愿服务活动的其他组织通过志愿服务信息系统或者纸质载体等形式，记录志愿者参与志愿服务活动的有关信息"；"志愿服务记录证明，是指志愿服务组织和依法开展志愿服务活动的其他组织依据志愿服务记录信息形成的、能够证明志愿者参加志愿服务有关情况的材料。"

(1)志愿服务记录与证明出具基本原则

《志愿服务记录与证明出具办法(试行)》规定:“记录志愿服务信息、出具志愿服务记录证明,应当遵循真实、准确、完整、无偿、及时的原则。”

对于志愿服务记录工作方式,要把握“最终归口,数据互通”的原则。《志愿服务记录与证明出具办法(试行)》规定:“志愿服务组织可以通过国务院民政部门指定的志愿服务信息系统记录志愿服务信息,也可以通过其他志愿服务信息系统或者纸质载体等形式记录。其他志愿服务信息系统或者纸质载体等形式记录的志愿者个人基本信息、志愿服务情况等信息,志愿服务组织应当按照统一的信息数据标准录入国务院民政部门指定的志愿服务信息系统,实现数据互联互通。”

对于志愿服务记录证明出具的基本原则,《志愿服务记录与证明出具办法(试行)》规定:“志愿服务组织应当根据志愿者的需要,以志愿服务记录信息为依据,为志愿者无偿、如实出具志愿服务记录证明。志愿者可以在志愿服务信息系统中打印本人的志愿服务记录证明。”

(2)志愿服务记录主要内容

《志愿服务记录与证明出具办法(试行)》规定:“志愿服务组织记录的志愿服务信息,包括志愿者的个人基本信息、志愿服务情况、培训情况、表彰奖励情况和评价情况。”在此基础上,该办法也指出:“根据工作需要,志愿服务组织还可以记录与志愿服务有关的其他信息。”这为全面记录、证明志愿者的志愿服务情况提供了更多的维度。志愿服务信息具体内容主要包括:①个人基本信息,包括姓名、性别、出生日期、身份证件号码、居住区域、联系方式、专业技能和服务类别等;②志愿服务情况,包括志愿者参加志愿服务活动的名称、日期、地点、服务内容、服务时间、活动组织单位和活动负责人;③培训情况,包括志愿者参加志愿服务有关培训的名称、主要内容、学习时长、培训举办单位和日期等信息;④表彰奖励情况,包括志愿者获得志愿服务表彰奖励的名称、日期和授予单位;⑤评价情况,包括对志愿者的服务质量评价以及评价日期。

(3)志愿服务记录与证明出具的基本程序

第一,个人信息录入。《志愿服务记录与证明出具办法(试行)》规定:“志愿者的个人基本信息,可以由志愿者本人在志愿服务信息系统录入;经志愿者同意后,也可以由志愿服务组织录入”;“志愿者提供的个人基本信息应当真实、准确、完整。志愿服务组织发现志愿者的个人基本信息有明显错误、缺漏,或者与实际情况不一致的,应当要求志愿者修改、补充”。

第二,其他情况录入。《志愿服务记录与证明出具办法(试行)》规定,除志愿者个人信息外,志愿服务信息的其他内容均由志愿服务组织记录,并按照统一要求录入国务院民政部门指定的志愿服务信息系统。对于记录的时限,规定:“志愿服务组织应当及时记录志愿服务信息。其中志愿服务情况和评价情况,应当在志愿服务活动结束后10个工作日内完成记录。”

第三,记录证明出具。《志愿服务记录与证明出具办法(试行)》规定:“志愿服务组织应当根据志愿者的需要,以志愿服务记录信息为依据,为志愿者无偿、如实出具志愿服务记录证明。志愿者可以在志愿服务信息系统中打印本人的志愿服务记录证明。”

第四,公示。《志愿服务记录与证明出具办法(试行)》规定;“志愿服务组织应当在年度工作报告中如实反映开展志愿服务记录和证明出具工作情况,并依法向社会公开。”

(4)志愿服务记录使用权限

《志愿服务记录与证明出具办法(试行)》对志愿服务记录使用权限作出规定:①志愿者知情权,“志愿者可以在志愿服务信息系统中查询本人的志愿服务记录信息”;②志愿服务组织的处置限定,“志愿服务组织应当妥善管理志愿服务记录信息,不得将志愿服务记录信息用于商业目的。未经志愿者本人同意,不得公开或者泄露其有关信息”。

4. 志愿服务激励保障制度

第一,质量评价为主的导向。《志愿服务记录与证明出具办法(试行)》规定:“志愿服务组织可以根据志愿服务完成情况、志愿服务对象反馈情况,对志愿者的服务质量进行评价。”基于志愿服务累计效果的呈现,《志愿服务记录与证明出具办法(试行)》也对“星级评价”规定:“志愿服务组织可以基于服务时间和服务质量等,对志愿者进行星级评价。”

第二,权益保障制度。志愿服务组织在日常管理中要充分保障志愿者的基本权益,其中要特别注意志愿者保险的办理。国家倡导推动建立志愿者保险制度,明确志愿者保险的责任主体、涉险范围和风险承担机制,为志愿者参与社会服务解除后顾之忧。志愿者正当权益的保障不容忽视。一般来讲,志愿组织、志愿者、志愿服务对象之间的法律责任关系可作如下处理:①在志愿服务中,因志愿服务组织的过错给志愿者造成损害的,志愿服务组织者应当依法承担损害赔偿责任。②志愿服务对象或其他相关人员对志愿者造成损害的,志愿服务组织应当协助受损害的志愿者依法获得赔偿或补偿。③志愿者在志愿服务中对志愿服务对象或其他相关人员造成损害的,由志愿服务组织依法承担民事责任;志愿者对损害有故意或者重大过失的,志愿服务组织可依法追偿。④志愿者在志愿服务过程中,有下列情形之一,导致其生活困难的,志愿服务基金会应当给予资助:因不可抗力等不能归责于第三方的原因遭受人身损害、财产损失的;因他人侵权遭受人身损害、财产损失而侵权人无法查明、逃逸或者无赔偿能力的。⑤志愿服务组织应为志愿者购买人身意外伤害保险而没有购买,志愿者在志愿服务活动过程中受到侵害且有下列情形之一的,志愿服务组织应当依法承担相应的民事责任:因不可抗力等不能归责于第三方的原因导致的;依法应当承担民事责任的单位或者个人无法查明、逃逸或者无赔偿能力的。⑥志愿服务组织、志愿者、志愿服务对象在志愿服务活动中发生争议的,可以协商解决,也可以依法申请仲裁或向人民法院提起诉讼。

(3)促进措施

为促进志愿服务发展,《志愿服务条例》规定,县级以上人民政府应当将志愿服务事业纳入国民经济和社会发展规划,合理安排志愿服务所需资金,促进广覆盖、多层次、宽领域开展志愿服务,同时规定了九条促进措施。

第一,县级以上人民政府应当根据经济社会发展情况,制定促进志愿服务事业发展的政策和措施。县级以上人民政府及其有关部门应当在各自职责范围内,为志愿服务提供指导和帮助。

第二,国家鼓励企业事业单位、基层群众性自治组织和其他组织为开展志愿服务提供场所和其他便利条件。

第三,学校、家庭和社会应培养青少年的志愿服务意识和能力。高等学校、中等职业学校可将学生参与志愿服务活动纳入实践学分管理。

第四,各级人民政府及其有关部门可依法通过购买服务等方式,支持志愿服务运营管理,并依照国家有关规定向社会公开购买服务的项目目录、服务标准、资金预算等相关情况。

第五,自然人、法人和其他组织捐赠财产用于志愿服务的,依法享受税收优惠。

第六,对在志愿服务事业发展中作出突出贡献的志愿者、志愿服务组织,由县级以上人民政府或者有关部门按照法律、法规和国家有关规定予以表彰、奖励。国家鼓励企业和其他组织在同等条件下优先招用有良好志愿服务记录的志愿者。公务员考录、事业单位招聘可将志愿服务情况纳入考察内容。

第七,县级以上地方人民政府可根据实际情况采取措施,鼓励公共服务机构等对有良好志愿服务记录的志愿者给予优待。

第八,县级以上人民政府应建立健全志愿服务统计和发布制度。

第九,广播、电视、报刊、网络等媒体应积极开展志愿服务宣传活动,传播志愿服务文化,弘扬志愿服务精神。

(四)志愿服务基金的规定

目前,全国性的志愿服务基金会有中国志愿服务基金会;地方性的有北京志愿服务基金会、四川省志愿服务基金会、河北省志愿服务基金会等。一些地方规范性文件也鼓励所辖区域建立志愿服务基金会。志愿服务基金会的建立,主要依照《基金会管理条例》①及相关法律法规。

第一,志愿服务基金的来源。一般来讲,志愿服务基金的资金来源主要包括:社会捐赠;政府支持;基金增值收益;其他合法收入。

第二,志愿服务基金的管理使用。它应严格按照《基金会管理条例》《公益事业捐赠法》《社团登记管理条例》等法律法规执行。其主要应用于下列事项:①资助志愿服务项目;②宣传志愿服务理念;③培训志愿者;④救助因从事志愿服务活动受到侵害造成生活困难的志愿者;⑤奖励作出突出贡献的志愿服务组织和志愿者;⑥用于与志愿服务事业发展有关的其他事项。②

(五)志愿服务体系的规定

针对健全新时代志愿服务体系,2024 年 4 月,中共中央办公厅、国务院办公厅发布的《中共中央办公厅 国务院办公厅关于健全新时代志愿服务体系的意见》作出如下规定。

1. 总体要求

健全新时代志愿服务体系,要坚持以习近平新时代中国特色社会主义思想为指导,深入贯彻党的二十大和二十届二中全会精神,坚持党的领导,坚持人民至上,坚持价值引领,坚持系统观念,坚持实践育人,坚持务实创新,培育和践行社会主义核心价值观,弘扬奉献、友爱、互助、进步的志愿精神,健全适应新时代要求、具有中国特色的志愿服务体系,推动建设人人有责、人人尽责、人人享有的社会治理共同体,凝聚广大人民群众为以中国式现代化全面推进强国建设、民族

---

① 《基金会管理条例》,《中华人民共和国国务院公报》2004 年第 14 期。

② 全国社会工作者职业水平考试教材编委会编写:《社会工作法规与政策》,中国社会出版社 2023 年,第 268—292 页。

复兴伟业而团结奋斗。主要目标是：到2035年，基本形成系统完备、科学规范、协同高效的志愿服务制度和工作体系，志愿队伍素质过硬、管理规范，服务领域不断扩展，服务能力显著提升，助力经济社会发展作用更加突显；阵地网络覆盖广泛、布局合理，制度保障更加有力；志愿服务国际合作交流深入发展；志愿服务社会参与率、活跃度大幅提高，全社会责任意识、奉献意识普遍增强，志愿服务成为社会主义文化强国的重要标志。

2. 健全新时代志愿服务体系的内容

健全新时代志愿服务体系有如下内容：①健全全面参与的志愿服务动员体系，具体包括：发挥组织动员优势；拓宽社会动员渠道；提升应急动员能力。②健全精准高效的志愿服务供给体系，具体包括：丰富供给内容；推进供需对接；提升服务质效。③健全充满活力的志愿服务队伍组织体系，具体包括：壮大队伍力量；加强组织建设；提高能力素质。④健全覆盖广泛的志愿服务阵地体系，具体包括：完善站点布局；提升服务功能；推进数字化建设。⑤健全特色鲜明的志愿文化体系，具体包括：厚植志愿文化基础；营造志愿文化氛围；增强志愿文化自觉。⑥健全坚实有力的志愿服务支持保障体系，具体包括：完善发展政策；注重权益保障；强化激励褒奖；提供法治支撑。⑦构建志愿服务国际合作交流新格局，具体包括：积极稳妥推进；扩大国际影响。

此外，健全新时代志愿服务体系要加强组织领导，要提高政治站位、强化党建引领、统筹协同推进。

第三节　公益慈善事业与志愿服务法规与政策运行中存在的主要问题

我国公益慈善事业与志愿服务的法规与政策在运行中已取得了较好成效，但仍存在一些问题。

一、公益慈善事业法规与政策运行中存在的主要问题

当前我国公益慈善事业法规与政策运行中主要存在以下问题。

第一，公益慈善法规与政策推动慈善资源动员能力仍有待进一步提升。2019年我国人均GDP超过1万美元，居民人均可支配收入30733元、人均消费

支出 21559 元,城乡居民的恩格尔系数已降到 28.2%;居民储蓄存款超过 80 万亿元,居民家庭投资理财产品达 20 万亿元。① 到 2022 年,我国人均 GDP 增至 12720 美元②,人均可支配收入 36883 元,人均消费支出 24538 元,全国居民的恩格尔系数为 30.5%;境内住户存款 121.21 万亿元。③ 经过近 40 年来的发展,我国人民生活水平产生了质的飞跃,民间财富日益丰厚。这为我国慈善事业的发展奠定了雄厚的物质基础。然而,慈善资源募集增幅却很小。2015 年我国内地接受的慈善捐赠款物总额为 1108.57 亿元,2020 年大幅增至 2086.13 亿元,总体上,我国慈善事业所筹集的款物占 GDP 的 0.14%—0.21%;人均捐赠额虽然从 2015 年的 81.69 元增长到 2020 年的 147.77 元,但 2020 年占居民人均可支配收入额之比为 0.40%、占居民人均消费支出额之比仅 0.6%,并且,这是按捐赠总额计算的结果,如果扣除占比近 60%的企业捐赠,个人捐赠更低。④ 这些数据说明,我国慈善组织动员的慈善资源规模有限,个人捐献的款物更加有限,以慈善事业为主要表现形态的第三次分配在我国国民收入分配体系和个人财富共享方面几乎可忽略不计,⑤我国公益慈善法规与政策的效力仍有待大幅提升。

第二,公益慈善法规与政策对慈善行为的规范作用有待进一步增强。它突出表现在慈善领域的失范现象时有发生。有的慈善组织信息公开不足,信息披露不统一、不及时、质量无保障⑥,透明度不高;多头募捐、欺诈募捐及募捐财物"跑、冒、滴、漏"等现象并不鲜见,强行摊派募捐现象仍有发生。在新冠肺炎疫情期间,有的地区被指定接收社会捐赠的机构或慈善组织出现接收分配慈善捐赠口罩失范、抗疫物资积压现象,导致慈善款物不能得到及时利用,接受的社会捐款被划入财政专户等不良现象,引发公众质疑。此外,一些地方的监管部门及相关部门在履行自己职责时也存在着不足,并未真正体现促进慈善事业发展的根本宗旨。这些现象表

---

① 资料来源:《中华人民共和国 2019 年国民经济和社会发展统计公报》。

② 资料来源:世界银行网站数据库,https://data.worldbank.org.cn/。

③ 资料来源:《中国统计年鉴 2023》《中华人民共和国 2022 年国民经济和社会发展统计公报》。

④ 根据《2020 年度中国慈善捐助报告》和国家统计局相关数据计算而得。

⑤ 郑功成:《中国慈善事业发展:成效、问题与制度完善》,《中共中央党校(国家行政学院)学报》2020 年第 6 期。

⑥ 汪惠玉、刘琴琴:《我国慈善组织会计信息披露问题与对策研究》,《审计与理财》2020 年第 6 期。

明,慈善事业管理离真正意义上的法治化要求还有一定距离。[①]

第三,公民慈善的实施面临困境。公民既无权直接开展慈善募捐等活动,也难以间接通过成立慈善组织进而开展慈善募捐等活动。具体包括三个方面问题:(1)公民慈善募捐存在困境。公民虽然可以成为捐赠者,但却不能成为受赠者,更不能成为募捐者。(2)公民慈善结社存在困境。虽然《公益事业捐赠法》及其相关立法允许公益性社会团体(公募基金会)开展募捐,但公民要想成立上述法人却非常困难。(3)公民捐赠意愿实现存在困境。《慈善法》规定自然人可向慈善组织捐赠,也可直接向受益人捐赠,但捐赠人无法掌握受益人的信息,无法详细了解哪些人是受益人,哪些领域是受益领域,哪些组织是受益群体。捐赠人如果直接捐赠慈善组织,慈善组织的财产使用方向、成效,是否满足捐赠者的意愿,同样无法及时得到反馈。[②]

第四,彩票行业的发展初衷与现实存在背离现象。彩票行业是在政府支持下发展起来的。彩票的发行宗旨是"扶老、助残、救孤、济困、赈灾"。彩票的发行旨在为社会福利事业募集资金。[③] 然而,彩票行业兴起后,出现了一些低收入者热衷于购买彩票,以图暴富,其中有些甚至成为"问题彩民",以中奖作为买彩票的唯一目标。据 15373 名网友参与的网络调查显示,自认属于问题彩民的占 34.1%,说不清楚的占 17.0%。[④] 另有研究者估计,"问题彩民"不下百万。[⑤] 我国通过发行彩票募集资金,从事公益慈善事业,而带来数量众多的"问题彩民",这有悖彩票发行的初衷。

二、志愿服务法规与政策运行中存在的主要问题

当前我国志愿服务的法规与政策运行中存在的主要问题,在高校青年志愿服务方面有典型体现,大致有如下方面。

第一,青年志愿服务缺乏完善的管理机制和激励机制。我国高校青年志愿

① 郑功成:《中国慈善事业发展:成效、问题与制度完善》,《中共中央党校(国家行政学院)学报》2020 年第 6 期。

② 朱志峰:《慈善法制的当下问题与完善路径》,《社会科学战线》2022 年第 9 期。

③ 宋杰、宋晓冬编著:《彩票入门》,山东人民出版社 2012 年,第 4 页。

④ 《问题彩民发布会调查》,新浪新闻中心,2012 年 3 月 26 日。

⑤ 王晓林等编著:《体育产业与区域经济发展研究》,哈尔滨地图出版社 2008 年,第 250 页。

服务近年来发展迅速，但是存在一定问题。这主要表现在部分高校的很多志愿服务都没有得到长期的发展。究其原因，一方面是由于部分高校青年志愿服务缺乏完善的管理机制，符合社会和学生发展需求的相关管理制度未能建立健全；另一方面，部分高校的青年志愿服务缺乏完善的激励机制，“干好干坏一个样”，容易导致一些青年志愿服务流于形式。

第二，青年志愿服务存在形式化、表面化。部分青年志愿服务存在着不和谐的因素，存在形式化、表面化的情况。具体表现为在志愿服务中只注重宣传效应，不注重过程和实质意义，没有任务时不抓志愿服务，一旦有任务才临时行动。与此同时，部分青年志愿服务没有深入挖掘青年志愿服务本身的深刻内涵，导致青年志愿服务未发挥应有的育人功效。

第三，青年志愿者参与志愿服务的积极性不高。在青年中，几乎人人都曾参与过志愿服务，但是经常参与志愿服务的人却很少。此外，部分青年志愿者被动参与志愿服务，在很多情况下，他们参与志愿服务是听从上级的指令，不能充分理解志愿服务的理念。

第四，青年志愿者参与志愿服务的能力不足。其主要表现在两个方面：一方面，部分青年志愿者自身素质不够，实践能力存在欠缺；另一方面，当前青年志愿者参与志愿服务的专业性不够。随着人们生活水平的不断提高，青年志愿服务的内容需要不断深入和拓展，应掌握更多专业性、针对性强的理论与方法，不少青年志愿者难以适应现实的需要。

第五，青年志愿者参与志愿服务的形式和途径单一。这主要表现在青年志愿服务的范围较小、形式单一。部分高校考虑到学生的专业能力问题和安全问题，大部分时间不会组织学生参与志愿服务，如护理工作，很多青年大学生是无法胜任的。另外，部分高校认为志愿服务并不是其培养学生的主要任务，不愿花资源去推动志愿服务。因此，部分高校组织青年大学生参与的志愿服务一般是义务支教、公益服务及类似活动。

此外，还存在青年志愿服务信息不对称问题。志愿服务的供需信息不对称，导致一些志愿资源浪费。①

---

① 黎龙：《新时代我国青年志愿服务存在的问题及对策》，《公关世界》2021 年第 17 期。

第十二章

社会组织法规与政策

在国际上，社会组织有“非营利组织”“非政府组织”“民间组织”“第三部门”“中介组织”等称谓。2006年，党的十六届六中全会第一次提出了“社会组织”这一概念，近年来逐渐用“社会组织”取代“民间组织”“自治组织”“中介组织”等概念[①]。按照现行法规，我国的社会组织主要是指，经各级人民政府民政部门登记注册的社会团体、基金会和民办非企业单位。本章主要介绍社会组织法规与政策的发展演变、主要内容及运行中存在的主要问题。

第一节　社会组织法规与政策的发展演变

社会组织在中国发展历史悠久，源远流长，它产生于先秦时期。[②] 例如，《论语》里说：“君子以文会友，以友辅仁。”又说：“百工居肆以成其事，君子居学以致其道。”而以讲学传道为宗旨的文人学士的聚会、开馆授学更是不鲜见。例如，齐国的“稷下书院”。

尽管我国社会组织产生的历史很早，但长期以来的封建王朝对此并不支持。中国古代真正具有现代意义上的社团始于明代。[③] 明朝穆宗隆庆二年（1568年），我国第一个具有现代意义的学术性社团成立。它是由著名太医徐春甫在北

① 张海军：《“社会组织”概念的提出及其重要意义》，《社团管理研究》2012年第12期。

② 孟令君：《中国民间组织管理概论》，中国言实出版社2001年，第27页。

③ 夏庭松：《民间组织管理概论》，中国社会出版社2001年，第25—26页。

京发起和组织的"一体堂宅仁医会"。现代社团与该学会的宗旨、组织条例、活动内容等相近。

到19世纪中叶，随着资本-帝国主义的入侵，我国国内阶级矛盾的激化，封建统治力的削弱，控制社会组织发展也日益心有余而力不足。所以，很多民间社团纷纷成立。例如，1834年，"益智书会"在广州成立，1844年，"促进女性教育会"在宁波成立。

1895年甲午战争的失败，使中华民族的民族主义高涨，随着知识分子和国民觉醒，第一个强学会成立，并很快风靡全国，使民间社团发展进入一个空前高涨时期。戊戌变法失败后，社团发展也遭到挫折。但随着革命形势的发展，清王朝大厦将倾，不得不于1908年在《钦定宪法大纲》中规定，臣民在法律范围内有结社自由。这是中国历史上第一次将结社载入成文法。

1911年辛亥革命爆发。不久，中华民国临时政府在南京宣告成立，临时参议院制订的《中华民国临时约法》规定人民应享有各项"自由权"，结社权也在其中。由此也形成各种社团林立的局面，民国初年成为近代社会组织发展的鼎盛时期。① 例如，1912年，著名铁路工程师詹天佑发起成立了"中华工程师学会"。1914年，由中国留学生在美国康奈尔大学成立了"中国科学社"。②

国民革命时期，革命对中国社会组织的演化产生了重大影响，各种组织随着国民革命的高涨而产生。特别值得一提的是，一批进步组织开始活跃。一些工农群众的团体、一些妇女团体、一些社会公益团体，都积极投身国民革命，并发挥了骨干作用。

国民革命失败后，一些进步组织遭到迫害。国民党政府对一些进步组织采取高压政策，当时的政治团体几乎都遭到迫害和镇压，社会组织的活动一度陷入沉寂。③

不过，中国共产党领导的革命根据地在极其艰苦的条件下，社团事业仍然有了发展。例如，1938年成立了"卫生人员俱乐部"，1939年成立了"医学讨论会"，1940年成立了"陕甘宁边区自然科学研究会"，1941年成立了"陕甘宁边区医药学会"等。④

---

① 孟令君：《中国民间组织管理概论》，中国言实出版社2001年，第42页。
② 夏庭松：《民间组织管理概论》，中国社会出版社2001年，第26页
③ 孟令君：《中国民间组织管理概论》，中国言实出版社2001年，第47页。
④ 夏庭松：《民间组织管理概论》，中国社会出版社2001年，第27页。

1949 年 9 月,中国人民政治协商会议第一届全体会议通过了《共同纲领》,从原则上确立了公民的结社权,规定中华人民共和国公民有思想、言论、出版、集会、结社、通讯、人身、居住、迁徙、宗教信仰及示威游行的自主权。

1950 年 9 月,政务院根据《共同纲领》的规定,制定了《社会团体登记暂行办法》。这是新中国第一部关于公民结社的行政法规。1951 年 3 月,内务部又制定了《社会团体登记暂行办法施行细则》。这两部法规是我们党取得执政地位后及时总结陕甘宁边区人民结社活动和管理经验的结果。此外,针对宗教团体的特殊情况,党和国家制定了相应的具体政策,推行民族的、科学的、大众的文化教育政策,提倡用科学的历史观研究和解释经济、政治、文化及国际事务的同时,依法保障公民有宗教信仰的自由。这些法规与政策的颁布与实施,成为调整社会组织、实现其结构变革的重要依据。①

到 1965 年,我国从建国初期的 44 个全国性社团发展到近 100 个,地方性社会团体发展到 6000 多个。不过,1966 年至 1976 年期间,民间社团的发展差不多处于停顿状态。

改革开放后,我国社会组织开始进入恢复发展阶段。从民办非企业单位来说,它从 1980 年代开始大量涌现。当时国家开始推行经济体制改革,鼓励个人投资实业、投资社会公益事业,因而出现了大批以非国有资产兴办的、从事社会服务的民办事业单位。1996 年 8 月,中共中央办公厅、国务院办公厅发布了《关于加强社会团体和民办非企业单位管理工作的通知》,第一次确认了“民办非企业单位”这一概念及其地位。1998 年 10 月,国务院颁布了《民办非企业单位登记管理暂行条例》。② 在社会团体方面,改革开放初,社会团体重复设置和擅自成立的情况相当严重。为保障社会稳定,1984 年,国务院下发了《关于严格控制全国性组织的通知》。为理顺社会团体登记管理机关、业务主管部门和社会团体三者之间关系,1987 年,民政部受国务院委托起草了《社会团体登记管理条例》。该条例确立了社会团体双重分级管理体制,在很大程度上避免了“多头审批”的状况。社会团体的活动开始纳入法制化管理的轨道。1998 年,国务院法制局基于听取多方意见和反复修改,颁布实施了《社会团体登记管理条例》(2016 年进行了修正)。

1998 年,中国社会组织的法规与政策基本形成。从此,对社会组织的管理走

---

① 孟令君:《中国民间组织管理概论》,中国言实出版社 2001 年,第 53—54 页。

② 夏庭松:《民间组织管理概论》,中国社会出版社 2001 年,第 28—29 页。

上了依法行政、科学规范的轨道。[①] 此后，国家逐步完善社会组织的法规与政策。2004年8月，财政部印发了《民间非营利组织会计制度》。2007年8月，民政部制定了《关于推进民间组织评估工作的指导意见》，旨在建立政府指导、社会参与、独立运作的民间组织综合评估机制，推进民间组织评估工作。

近些年来，尤其是党的十八大以来，我国又先后颁布了一些更为具体的关于社会组织的法规与政策。

2009年11月，对非营利组织免税资格认定管理有关问题，财政部等发布了《财政部 国家税务总局关于非营利组织免税资格认定管理有关问题的通知》。[②]

2010年12月，环境保护部发布了《关于培育引导环保社会组织有序发展的指导意见》，旨在促进环保社会组织的健康、有序发展，充分发挥环保社会组织在建设资源节约型和环境友好型社会中的作用。[③] 与此同时，民政部还公布了《社会组织评估管理办法》，对社会组织评估的相关法规作出了规定。[④]

2013年9月，就政府向社会力量购买服务，国务院办公厅印发了《国务院办公厅关于政府向社会力量购买服务的指导意见》。[⑤] 同年年底，民政部确立四类社会组织可依法直接向民政部门申请登记。这对社会组织的发展起了较大促进作用。

2014年11月，就加强社会组织反腐倡廉工作，民政部等制定了《民政部 财政部关于加强社会组织反腐倡廉工作的意见》。[⑥]

2015年5月，就探索建立社会组织第三方评估机制，民政部印发了《民政部关于探索建立社会组织第三方评估机制的指导意见》。同年9月，为切实加强党对社会组织的领导，促进社会组织健康发展，中共中央办公厅印发了《关于加强社会组织党的建设工作的意见（试行）》。同年11月，民政部印发了《民政部关于加强和改进社会组织教育培训工作的指导意见》，旨在进一步加强和改进社会组

---

① 孟令君：《中国民间组织管理概论》，中国言实出版社2001年，第57—58页。

② 《财政部 国家税务总局关于非营利组织免税资格认定管理有关问题的通知》，《中华人民共和国财政部文告》2009年第12期。

③ 《关于培育引导环保社会组织有序发展的指导意见》，《环境保护》2011年第1期。

④ 《社会组织评估管理办法》，《司法业务文选》2011年第10期。

⑤ 《国务院办公厅关于政府向社会力量购买服务的指导意见》，《中国社会组织》2013年第10期。

⑥ 《民政部 财政部关于加强社会组织反腐倡廉工作的意见》，《中国社会组织》2014年第23期。

织教育培训工作，提高教育培训工作的覆盖面和影响力等。

2016年6月，为指导社会组织做好薪酬管理和服务工作，民政部印发了《民政部关于加强和改进社会组织薪酬管理的指导意见》。同年8月，为进一步加强社会组织建设，激发社会组织活力，中共中央办公厅、国务院办公厅印发了《关于改革社会组织管理制度促进社会组织健康有序发展的意见》。与此同时，民政部还印发了《社会组织登记管理机关受理投诉举报办法（试行）》，旨在规范社会组织登记管理机关受理投诉举报工作，推进执法规范化建设。同年10月，司法部等发布了《关于社会组织参与帮教刑满释放人员工作的意见》，旨在鼓励、引导和支持社会组织参与帮教工作，促进刑满释放人员顺利融入社会，预防和减少重新违法犯罪等。同年12月，就通过政府购买服务支持社会组织培育发展，财政部等发布了《财政部 民政部关于通过政府购买服务支持社会组织培育发展的指导意见》。

2017年3月，民政部印发了《社会组织抽查暂行办法》，旨在为规范社会组织管理，改进行政管理方式，提高行政管理效能，促进社会组织健康有序发展。同年5月，为深入贯彻落实中央关于深化文化体制改革和创新社会治理体制的有关部署要求，推动文化领域行业组织健康有序发展，中共中央办公厅、国务院办公厅印发了《关于加强文化领域行业组织建设的指导意见》。同年11月，经国务院同意，国家发改委等印发了《关于进一步规范行业协会商会收费管理的意见》，旨在切实规范行业协会商会收费行为，减轻企业负担。同年12月，就大力培育发展社区社会组织，民政部制定了《民政部关于大力培育发展社区社会组织的意见》。与此同时，民政部办公厅还公布了《民政部办公厅关于全国性社会组织办理法定代表人离任审计、注销清算审计有关问题的通知》。

2018年1月，为加强社会组织信用信息管理，推进社会组织信用体系建设等，民政部公布了《社会组织信用信息管理办法》。同年2月，财政部等发布了《财政部 国家税务总局关于非营利组织免税资格认定管理有关问题的通知》，规定由财政、税务部门按照相关管理权限，对非营利组织享受免税的资格联合进行审核确认，并定期予以公布。同年6月，民政部发布了《民政部关于在社会组织章程增加党的建设和社会主义核心价值观有关内容通知》，要求社会组织应当在章程中增加党的建设和社会主义核心价值观有关内容，并结合社会组织实际情况，对章程修订的程序进行了适当简化。

2022年7月，民政部等印发了《民政部 教育部 人力资源社会保障部关于推动社会组织进一步助力高校毕业生等群体就业工作的通知》,力图切实发挥社会组织在促进高校毕业生等群体就业中的积极作用。

除了上述综合针对社会组织的法规与政策之外,近些年来,国家还出台了不少更具体的针对社会团体、基金会、民办非企业单位的法规与政策。

关于民办非企业单位的主要包括:1999 年 4 月,国家税务总局印发了《事业单位、社会团体、民办非企业单位企业所得税征收管理办法》;1999 年 12 月,民政部公布了《民办非企业单位名称管理暂行规定》;2000 年 5 月,科技部、民政部印发了《科技类民办非企业单位登记审查与管理暂行办法》;2001 年 10 月,民政部、教育部印发了《教育类民办非企业单位登记办法(试行)》;2005 年 3 月,民政部制定了《民办非企业单位年度检查办法》。

关于社会团体的主要包括:1999 年 4 月,国家税务总局印发了《事业单位、社会团体、民办非企业单位企业所得税征收管理办法》;1999 年 9 月,民政部印发了《社会团体设立专项基金管理机构暂行规定》;1999 年 6 月,国防科学技术工业委员会印发了《国防科学技术工业委员会主管的社会团体管理暂行办法》;2000 年 10 月,国务院制定了《关于国家行政机关和企业事业单位社会团体印章管理的规定》;2000 年 12 月,财政部、国家计委发布了《关于事业单位和社会团体有关收费管理问题的通知》;2001 年 2 月,民政部、人事部发布了《关于全国性社会团体专职工作人员人事管理问题的通知》;2001 年 11 月,教育部办公厅印发了《教育部主管的社会团体管理暂行办法》;2003 年 7 月,民政部、财政部发布了《关于调整社会团体会费政策等有关问题的通知》;2007 年 9 月,民政部发布了《关于社会团体登记管理有关问题的通知》;2010 年 12 月,国家发改委等发布了《关于公布取消和停止社会团体部分收费及有关问题的通知》;2014 年 7 月,民政部、财政部发布了《关于取消社会团体会费标准备案规范会费管理的通知》;2014 年 12 月,民政部等发布了《关于加强社会团体分支(代表)机构财务管理的通知》。

关于基金会的主要包括:2004 年 3 月,国务院常务会议通过了《基金会管理条例》;2004 年 6 月,民政部制定了《基金会名称管理规定》;2006 年 1 月,民政部公布了《基金会年度检查办法》和《基金会信息公布办法》;2008 年 3 月,卫生部办公厅印发了《卫生部业务主管境外基金会代表机构管理规定》;2012 年 7 月,民政部印发了《关于规范基金会行为的若干规定(试行)》;2011 年 12 月,财政部、民政部发布了《关于加强和完善基金会注册会计师审计制度的通知》;2015 年 4 月,财政部、自然科学基金会开始施行《国家自然科学基金资助项目资金管理办法》。

总之,近些年来,我国在完善社会组织的法规与政策方面,已做了很多的工作,对促进社会组织发展起了较大作用。截至 2022 年,社会组织数量已达 89.13 万个,其中社会团体 37.01 万个,民办非企业单位 51.19 万个,基金会 9319 个,①分别比 2000 年增长了 4.81 倍、1.83 倍、21.59 倍、8.56 倍。

第二节 社会组织法规与政策的主要内容

一、社会团体的法规与政策

社会团体,是指中国公民自愿组成,为实现会员共同意愿,按照其章程开展活动的非营利性社会组织。社会团体的法规与政策主要来源于 2016 年 2 月修正后的《社会团体登记管理条例》。

(一)社会团体成立登记

社会团体要进行活动,必须具备法人资格。根据《社会团体登记管理条例》的规定,除免予登记的社会团体外,成立社会团体应当经其业务主管单位审查同意,并依照规定进行登记。

1. 免予登记的社会团体

按照民政部的有关规定,以下四类社会团体可以免予登记:①机关、团体、企业事业单位内部经本单位批准成立、在本单位内部活动的团体;②参加中国人民政治协商会议的人民团体,包括中华全国总工会、中国共产主义青年团、中华全国妇女联合会、中国科学技术协会、中华全国归国华侨联合会、中华全国台湾同胞联谊会、中华全国青年联合会、中华全国工商业联合会;③由国务院机构编制管理机关核定,并经国务院批准免予登记的团体,可免予社团登记。包括中国文学艺术界联合会、中国作家协会、中华全国新闻工作者协会、中国人民对外友好协会、中国人民外交学会、中国国际贸易促进委员会、中国残疾人联合会、宋庆龄基金会、中国法学会、中国红十字会总会、中国职工思想政治工作研究会、欧美同学会、黄埔军校同学会、中华职业教育社;④其他免于登记的社会团体,包括中国文联所属的 11 个文艺家协会(中国戏曲家协会、中国电影家协会、中国音乐家协

① 数据来源:《中国统计年鉴 2023》。

会、中国美术家协会、中国曲艺家协会、中国舞蹈家协会、中国民间文艺家协会、中国摄影家协会、中国书法家协会、中国杂技家协会、中国电视家协会)，以及省、自治区、直辖市作协、文联(不含文联所属文艺家协会)。除上述四类外，其他社会团体均需要依法登记。

2. 成立社会团体的条件

成立社会团体必须具备一定的条件。这些条件中，有些较为宽泛，比如，有固定的住所、有独立承担民事责任的能力等。另外，有些相对而言要求更具体，主要有：①会员数量，如果会员全部为单位会员，则会员数应在 30 个以上；如果会员全部由个人会员组成，则会员数应在 50 个以上；如果会员由个人会员和单位会员混合组成，则会员总数不得少于 50 个。根据《社会团体登记管理条例》的规定，国家机关以外的组织可作为单位会员加入社会团体。②名称规范，对社会团体的名称有两项基本要求：一是，名称须符合法律、法规的规定，不得违背社会道德风尚；二是，名称须与社会团体的业务范围、成员分布、活动地域相一致，准确反映社会团体的特征。地方性的社会团体的名称不得冠以“中国”“全国”“中华”等字样，全国性的社会团体的名称如果要冠以“中国”“全国”“中华”等字样，必须按国家有关规定经过批准。③有专职工作人员，成立社会团体，必须有与其业务活动相适应的专职工作人员，其工资和保险福利待遇参照国家对事业单位的有关规定执行。④活动资金，全国性的社会团体应有 10 万元以上活动资金，地方性的社会团体和跨行政区域的社会团体应有 3 万元以上活动资金。

3. 登记管辖

《社会团体登记管理条例》规定，全国性的社会团体由国务院的登记管理机关负责登记管理，地方性的社会团体由所在地人民政府的登记管理机关负责登记管理，跨行政区域的社会团体由所跨行政区域共同的上一级人民政府的登记管理机关负责登记管理。

4. 登记程序

成立社会团体，应当经其业务主管单位审查同意，由发起人向登记管理机关申请登记。申请登记时，须向登记管理机关提交登记申请书、业务主管单位的批准文件、验资报告、场所使用权证明、章程草案、发起人和拟任负责人的基本情况和身份证明等文件。

5. 社会团体的章程

社会团体的章程须明确的事项包括：名称、住所，宗旨、业务范围和活动地域，会员资格及其权利、义务，民主的组织管理制度及执行机构的产生程序，负责人的条件和产生、罢免负责人的程序，资产管理和使用的原则，章程的修改程序，终止程序和终止后资产的处理。此外，其他应当由章程规定的事项也应在章程中明确。

登记管理机关应当自收到上述有效文件之日起60日内，作出准予登记或者不予登记的决定。准予登记的，发给《社会团体法人登记证书》；不予登记的，应向发起人说明理由。根据《社会团体登记管理条例》的规定，如果有根据证明申请成立的社会团体在申请筹备时弄虚作假，或者其宗旨、业务范围有悖于社会道德风尚，有损于国家利益、社会公共利益或其他组织和公民的合法权益，或者在同一行政区域内已有业务范围相同或者相似的社会团体，或者发起人、拟任负责人正在或者曾经受到剥夺政治权利的刑事处罚或者不具有完全民事行为能力等法律规定的禁止情形，登记管理机关不予登记。

(二)社会团体的管理

社会团体自批准成立之日起即具有法人资格，有权依照法律、法规及其章程开展活动，任何组织和个人不得非法干涉。另外，社会团体必须遵守法律、法规和国家政策，严格自律并加强对其成员的行为引导、规则约束，确保其活动不违反宪法确定的基本原则，不危害国家的统一、安全和民族的团结，不损害国家利益、公共利益以及其他组织和公民的合法权益，不违背社会道德风尚。因此，加强对社会团体的外部监督与管理，推进社会团体规范化建设，引导社会团体建立健全组织内部治理，是确保社会团体健康有序发展的重要条件。

1. 登记事项的管理

社会团体登记成立后，当涉及需要登记或变更登记的事项时，应到登记管理机关办理相关手续。①分支机构、代表机构的设立，按《社会团体登记管理条例》规定，社会团体的分支机构、代表机构是社会团体的组成部分，不具有法人资格，应当按照其所属的社会团体的章程所规定的宗旨和业务范围，在该社会团体授权的范围内开展活动、发展会员。关于分支机构的管理，《社会团体登记管理条例》规定，社会团体不得设立地域性的分支机构，社会团体的分支机构也不得再设立分支机构。②变更登记，社会团体的登记事项需要变更时，应当自业务主管单位审查同意之日起30日内，向登记管理机关申请变更登记。社会团体修改章程，应当自业务主管单位审查同意之日起30日内，报登记管理机关核准。需要注意的是，根据《民政部关于社会团体登记管理有关问题的通知》的规定，社会团体换届产生新一届理事长(会长)、副理事长(副会长)、秘书长后,无论是否发生人员、职务变动,均应按照相关规定,及时到登记管理机关办理负责人变更备案手续。社会团体修改章程时,应在报会员大会(会员代表大会)审议前,书面征求业务主管单位和登记管理机关意见。章程修改经会员大会(会员代表大会)审议通过后,应及时报登记管理机关核准。如果未履行规定程序,登记管理机关不予受理章程核准。

2. 财务制度

社会团体必须执行国家规定的财务制度,接受财政部门的监督。社会团体的财务管理必须做到以下几点。

(1)依法建账

社会团体凭《社会团体法人登记证书》申请刻制印章,开立银行账户,并将印章式样和银行账号报登记管理机关备案。

(2)规范会计行为

按照《民间非营利组织会计制度》的规定进行会计核算,编制财务会计报告,保证会计信息的真实、完整,及时反映民间非营利组织控制的资源状况、负债水平、资金使用情况及其效果、现金流量等信息。

(3)接受审计监督

主要有两种情形:①社会团体的资产如果来源于国家拨款或者社会捐赠、资助,应当接受审计机关的监督;②社会团体在换届或者更换法定代表人之前,登记管理机关、业务主管单位应当组织对其进行财务审计。

(4)依法管理资产

第一,社会团体的资产来源必须合法。社会团体的资金来源主要来自捐赠人的捐赠、会员缴纳的会费、向服务对象收取的服务费等。根据民政部、财政部《关于取消社会团体会费标准备案规范会费管理的通知》的规定:①经社会团体登记管理机关批准成立的社会团体,可向个人会员和单位会员收取会费。②会费标准须依据章程规定的业务范围、工作成本等因素合理制定,会费标准的额度应明确,不得具有浮动性。③社会团体制定或者修改会费标准,应召开会员大会或者会员代表大会,应有2/3以上会员或者会员代表出席,并经出席会员或者会员代表1/2以上表决通过,表决采取无记名投票方式进行。除会员大会或者会员代表大会以外,不得采取任何其他形式制定或者修改会费标准。④社会团体应当自通过会费标准决议之日起30日内,将决议向全体会员公开。⑤社会团体收取会费,应按规定使用财政部和省(自治区、直辖市)财政部门印(监)制的社会团体会费收据。除会费以外,其他收入不得使用社会团体会费收据。

第二,社会团体的资产必须用于合法用途,任何单位和个人不得侵占、私分或者挪用社会团体的资产。这意味着:①社会团体的经费以及按照国家有关规定所取得的合法收入,必须用于章程规定的业务活动,不得在会员间分配。②社会团体接受的捐赠、资助,必须符合章程规定的宗旨和业务范围,必须根据与捐赠人、资助人约定的期限、方式和合法用途使用。③社会团体应向业务主管单位报告接受、使用捐赠、资助的有关情况,并应将有关情况以适当方式向社会公布。④社会团体专职工作人员的工资和保险福利待遇需参照国家对事业单位的有关规定执行。

3. 税收政策

与其他非营利组织一样,社会团体必须按照《中华人民共和国税收征收管理法》及《中华人民共和国税收征收管理法实施细则》等有关规定,办理税务登记,按期进行纳税申报。符合免税条件的社会团体,可申请非营利组织免税资格认定,从而具有免税资格。

根据财政部、国家税务总局发布的《关于非营利组织免税资格认定管理有关问题的通知》的规定,社会团体、基金会、社会服务机构等,申请免税资格认定,须同时满足以下条件:①依法登记成立;②从事公益性或者非营利性活动;③取得的收入除用于与该组织有关的、合理的支出外,全部用于登记核定章程规定的公益性或者非营利性事业;④财产及其孳息不用于分配,但不包括合理的工资薪金支出;⑤按照登记核定或章程规定,该组织注销后的剩余财产用于公益性或者非营利性目的,或者由登记管理机关转赠给与该组织性质、宗旨相同的组织,并向社会公告;⑥投入人对投入该组织的财产不保留或者不享有任何财产权利;⑦工作人员工资福利开支控制在规定的比例内,不变相分配该组织的财产,其中,工作人员福利须按国家有关规定执行,工作人员平均工资薪金水平不得超过税务登记所在地的地市级(含地市级)以上地区的同行业同类组织平均工资水平的两倍;⑧对取得的应纳税收入及其有关的成本、费用、损失应与免税收入及其有关的成本、费用、损失分别核算。

据有关规定,经省级及以上登记管理机关批准设立或登记的非营利组织,应向其所在地省级税务主管机关提出免税资格申请;经地市级或县级登记管理机关批准设立或登记的非营利组织,分别向其所在地的地市级或县级税务主管机关提出免税资格申请。申请免税资格时,需报送以下材料:①申请报告;②组织章程;③非营利组织注册登记证件的复印件;④上一年度的资金来源及使用情况、公益活动和非营利活动的明细情况;⑤上一年度的工资薪金情况专项报告,包括薪酬制度、工作人员整体平均工资薪金水平、工资福利占总支出比例、重要人员工资薪金信息(至少包括工资薪金水平排名前十的人员);⑥具有资质的中介机构鉴证的上一年度的财务报表和审计报告;⑦登记管理机关出具的上一年度符合相关法律法规和国家政策的事业发展情况或非营利活动的材料;⑧财政、税务部门要求提供的其他材料。如果是当年新设立或登记的非营利组织只需要提供第①项至第③项规定的材料,以及第④项、第⑤项规定的申请当年的材料。财政、税务部门按照上述管理权限,对非营利组织享受免税的资格联合进行审核确认,并定期予以公布。

非营利组织免税优惠资格的有效期为5年。非营利组织应在免税优惠资格期满后6个月内提出复审申请,不提出复审申请或复审不合格的,其享受免税优惠的资格到期自动失效。需注意的是,取得免税资格的非营利组织,应按规定向主管税务机关办理免税手续。免税条件发生变化的,应当自发生变化之日起15日内向主管税务机关报告;不再符合免税条件的,应依法履行纳税义务。已认定的享受免税优惠政策的社会团体,其免税资格将因为以下情形而被取消:①登记管理机关在后续管理中发现非营利组织不符合相关法律法规和国家政策;②在申请认定过程中提供虚假信息;③纳税信用等级为税务部门评定的C级或D级的;④通过关联交易或非关联交易和服务活动,变相转移、隐匿、分配该组织财产;⑤被登记管理机关列入严重违法失信名单的;⑥从事非法政治活动。因上述第①项至第⑤项规定的情形被取消免税优惠资格的非营利组织,财政、税务部门自其被取消资格的次年起一年内不再受理该组织的认定申请;因从事非法政治活动被取消免税优惠资格的非营利组织,财政、税务部门将不再受理该组织的认定申请。被取消免税优惠资格的非营利组织,应依法履行纳税义务;未依法纳税的,主管税务机关应自其存在取消免税优惠资格情形的当年起予以追缴。

4. 年检

根据《社会团体登记管理条例》的规定,社会团体应于每年3月31日前向业务主管单位报送上一年度的工作报告,经业务主管单位初审同意后,于5月31日前报送登记管理机关,接受年度检查。工作报告的内容包括:本社会团体遵守法律法规和国家政策的情况、依照《社会团体登记管理条例》履行登记手续的情况、按照章程开展活动的情况、人员和机构变动的情况以及财务管理的情况等。

（三）社会团体的终止

当出现法定终止情形时，社会团体将失去法人资格，终止存在。社会团体的终止有两种情形：一是社会团体申请注销，二是被登记管理机关依法撤销。

1. 注销登记

按照《社会团体登记管理条例》的规定，当社会团体章程规定的宗旨已完成，或者社会团体自行解散，或是社会团体出现分立、合并等情形致其终止时，应在业务主管单位审查同意后，向登记管理机关申请注销登记、注销备案。

社会团体在办理注销登记前，应在业务主管单位及其他有关机关的指导下，成立清算组织，完成清算工作。清算期间，社会团体不得开展清算以外的活动。自清算结束之日起15日内，社会团体应向登记管理机关提交法定代表人签署的注销登记申请书、业务主管单位的审查文件和清算报告书，办理注销登记。根据民政部办公厅发布的《关于全国性社会组织办理法定代表人离任审计、注销清算审计有关问题的通知》，自2018年1月1日起，全国性的社会团体、基金会、社会服务机构办理注销登记，应一次性提交注销登记申请书、注销申请表、债权债务公告、清算报告书，社会组织履行内部程序有关文件；有业务主管单位的，还应提交业务主管单位同意注销登记的文件。民政部委托注册会计师事务所开展注销清算审计后，作出同意或不同意注销的决定。

如果登记管理机关准予注销登记，将发给注销证明文件，收缴该社会团体的登记证书、印章和财务凭证。社会团体处分注销后的剩余财产，按国家有关规定办理。

2. 撤销登记

撤销登记，指的是登记管理机关依据法律规定撤销社会团体登记的行政行为。根据《社会团体登记管理条例》的规定，可能导致撤销登记的情形包括：①在申请登记时弄虚作假，骗取社会团体登记。②自取得《社会团体法人登记证书》之日起一年未开展活动。③社会团体严重违规。比如，涂改、出租、出借《社会团体法人登记证书》，出租、出借社会团体印章，超出章程规定的宗旨和业务范围进行活动，拒不接受或者不按规定接受监督检查，不按规定办理变更登记，从事营利性的经营活动，侵占、私分、挪用社会团体资产或者所接受的捐赠、资助，违反国家有关规定收取费用、筹集资金或者接受、使用捐赠、资助；违反规定设立分支机构、代表机构，或者对分支机构、代表机构疏于管理，造成严重后果。④社会团体的活动违反其他法律、法规，有关国家机关认为应当撤销登记的，由登记管理机关撤销登记。社会团体被撤销登记后，由登记管理机关收缴《社会团体法人登记证书》和印章。

（四）行业协会商会与行政机关脱钩的政策

鉴于过去一些行业协会商会存在政会不分、管办一体等问题，按党和政府的有关精神和工作部署，2015 年 7 月，中共中央办公厅、国务院办公厅印发了《行业协会商会与行政机关脱钩总体方案》（本节简称《总体方案》），部署开展脱钩试点工作，以加快转变政府职能，实现行业协会商会与行政机关脱钩，并促进行业协会商会规范发展。①

1. 行业协会商会与行政机关脱钩的要求、原则与任务

行业协会商会与行政机关脱钩的总体要求是：贯彻落实党的十八大和十八届二中、三中、四中全会精神，加快形成政社分开、权责明确、依法自治的现代社会组织体制，厘清政府、市场、社会关系，积极稳妥推进行业协会商会与行政机关脱钩，厘清行政机关与行业协会商会的职能边界，加强综合监管和党建工作，促进行业协会商会成为依法设立、自主办会、服务为本、治理规范、行为自律的社会组织。创新行业协会商会管理体制和运行机制，激发内在活力和发展动力，提升行业服务功能，充分发挥行业协会商会在经济发展新常态中的独特优势和应有作用。

行业协会商会与行政机关脱钩的基本原则可概括为“四个坚持”：坚持社会化、市场化改革方向；坚持法治化、非营利原则；坚持服务发展、释放市场活力；坚持试点先行、分步稳妥推进。

行业协会商会与行政机关脱钩主体是各级行政机关与其主办、主管、联系、挂靠的行业协会商会。其他依照和参照公务员法管理的单位与其主办、主管、联系、挂靠的行业协会商会，参照《总体方案》执行。《总体方案》还规定，同时具有以下特征的行业协会商会纳入脱钩范围：会员主体为从事相同性质经济活动的单位、同业人员，或同地域的经济组织；名称以“行业协会”“协会”“商会”“同业公会”“联合会”“促进会”等字样为后缀；在民政部门登记为社会团体法人。个别承担特殊职能的全国性行业协会商会，经中共中央办公厅、国务院办公厅批准，另行制定改革办法。

---

① 《中办国办印发〈行业协会商会与行政机关脱钩总体方案〉》，《人民日报》2015 年 7 月 9 日。

脱钩任务和措施主要有：①机构分离，规范综合监管关系；②职能分离，规范行政委托和职责分工关系；③资产财务分离，规范财产关系；④人员管理分离，规范用人关系；⑤党建、外事等事项分离，规范管理关系。《总体方案》对其中各个方面都作了较为详细的规定。此外，《总体方案》还规定了脱钩的配套政策，包括完善支持政策和完善综合监管体制两大方面及若干具体要求。

2. 行业协会商会与行政机关脱钩的实施行动

根据《总体方案》要求，2019 年 6 月，国家发改委等发布了《关于全面推开行业协会商会与行政机关脱钩改革的实施意见》（本节简称《实施意见》），全面推进此项工作。①

《实施意见》要求，按去行政化的原则，落实“五分离、五规范”的改革要求，全面实现行业协会商会与行政机关脱钩。加快转变政府职能，创新管理方式，促进行业协会商会提升服务水平、依法规范运行、健康有序发展、充分发挥作用。并且，要求坚持“应脱尽脱”的改革原则；坚持落实主管单位的主体责任；坚持协同推进的工作机制。《实施意见》还要求，列入脱钩名单的全国性行业协会商会，必须按规定要求和时限完成脱钩。暂未列入脱钩名单的全国性行业协会商会，暂时实行业务主管单位和登记管理机关双重管理，同时按去行政化的要求，加快推进相关改革。

《实施意见》进一步明确了改革的具体任务：①机构分离；②职能分离；③资产财务分离；④人员管理分离，⑤党建外事等事项分离。

《实施意见》还对脱钩过程中全面加强行业协会商会党建工作提出了要求：①完善党建工作管理体制和工作机制；②扩大党的组织覆盖和工作覆盖；③充分发挥行业协会商会党组织作用；④加强行业协会商会党风廉政建设。

此外，《实施意见》还提出了完善综合监管体制：①完善登记管理；②加强资产监管；③规范收费管理；④强化行业指导与管理；⑤加强信用监管。

二、民办非企业单位的法规与政策

民办非企业单位，是指企业事业单位、社会团体和其他社会力量，以及公民个人利用非国有资产举办的，从事非营利性社会服务活动的社会组织。改革开

---

① 《关于全面推开行业协会商会与行政机关脱钩改革的实施意见》，《中国社会组织》2019 年第 13 期。

放以来,随着政府职能的转变和社会公益事业的不断发展,我国民办非企业单位已成为社会服务中一个重要组成部分,它们在提供社会服务、满足社会需要、协助政府解决民生问题、促进社会和谐发展等方面发挥着越来越大的作用。民办非企业单位的法规与政策,主要来源于《民办非企业单位登记管理暂行条例》①、《民办非企业单位登记暂行办法》②和《民办非企业单位年度检查办法》③等。

(一)民办非企业单位成立登记

民办非企业单位作为非营利性社会组织,需要合法登记后方能开展业务活动。

1. 民办非企业单位的分类

申请成立民办非企业单位,首先要分清楚拟举办的民办非企业单位所属的类别。民办非企业单位的分类有两种:一是行业分类,二是民事责任分类。

(1)行业分类

根据《民办非企业单位登记暂行办法》的规定,举办民办非企业单位,应按下列所属行(事)业申请登记:①教育事业,如民办幼儿园,民办小学、中学、学校、学院、大学,民办专修(进修)学院或学校,民办培训(补习)学校或中心等;②卫生事业,如民办门诊部(所)、医院,民办康复、保健、卫生、疗养院(所)等;③文化事业,如民办艺术表演团体、文化馆(活动中心)、图书馆(室)、博物馆(院)、美术馆、画院、名人纪念馆、收藏馆、艺术研究院(所)等;④科技事业,如民办科学研究院(所、中心),民办科技传播或普及中心、科技服务中心、技术评估所(中心)等;⑤体育事业,如民办体育俱乐部,民办体育场、馆、院、社、学校等;⑥劳动事业,如民办职业培训学校或中心,民办职业介绍所等;⑦民政事业,如民办福利院、敬老院、托老所、老年公寓,民办婚姻介绍所,民办社区服务中心(站)等;⑧社会中介服务业,如民办评估咨询服务中心(所),民办信息咨询调查中心(所),民办人才交流中心等;⑨法律服务业;⑩其他。

(2)民事责任分类

民办非企业单位根据其依法承担民事责任的不同方式,可分为民办非企业单位(法人)、民办非企业单位(合伙)、民办非企业单位(个体)。《民办非企业单

---

① 《民办非企业单位登记管理暂行条例》,《中华人民共和国国务院公报》1998 年第 27 期。

② 《民办非企业单位登记暂行办法》,《中华人民共和国国务院公报》2000 年第 8 期。

③ 《民办非企业单位年度检查办法》,《中国民政》2005 年第 9 期。

位登记暂行办法》规定：个人出资且担任民办非企业单位负责人的，可申请办理民办非企业单位（个体）登记；两人或两人以上合伙举办的，可申请办理民办非企业单位（合伙）登记；两人或两人以上举办且具备法人条件的，可申请办理民办非企业单位（法人）登记。需要注意的是，由企业事业单位、社会团体和其他社会力量举办的或由上述组织与个人共同举办的，应当申请民办非企业单位（法人）登记。

2. 成立民办非企业单位的条件

申请登记民办非企业单位，除了应有与其业务活动相适应的从业人员和有必要的场所外，对其名称和财产还有特别的要求：①名称规范。民办非企业单位的名称，必须符合民政部发布的《民办非企业单位名称管理暂行规定》。②有与其业务活动相适应的合法财产。民办非企业单位必须拥有与其业务活动相适应的合法财产，且其合法财产中的非国有资产份额不得低于总财产的2/3。开办资金必须达到本行（事）业所规定的最低限额。

3. 登记程序

除政策法规明文规定的可以直接申请登记的情形外，成立民办非企业单位应当经业务主管单位同意后，依照下列程序进行登记。

（1）登记申请

经业务主管单位审查同意后，举办者应向登记管理机关提交下列文件。

第一，登记申请书。申请书的内容包括举办者单位名称或申请人姓名，拟任法定代表人或单位负责人的基本情况，住所情况，开办资金情况，申请登记理由等。

第二，业务主管单位的批准文件。包括对举办者章程草案、资金情况（特别是资产的非国有性）、拟任法定代表人或单位负责人基本情况、从业人员资格、场所设备、组织机构等内容的审查结论。

第三，场所使用权证明。民办非企业单位的活动场所须有产权证明或一年期以上的使用权证明。

第四，验资报告。验资报告应由会计师事务所或其他有验资资格的机构出具。

第五，拟任法定代表人或单位负责人的基本情况、身份证明。包括姓名、性别、民族、年龄、目前人事关系所在单位、有无受到剥夺政治权利的刑事处罚等。

如果是合伙制的民办非企业单位，其合伙协议可视为其章程。章程草案或合伙协议中须载明该单位的盈利不得分配,解体时财产不得私分。与社会团体章程类似,民办非企业单位的章程也应包括下列事项:①名称、住所;②宗旨和业务范围;③组织管理制度;④法定代表人或者负责人的产生、罢免的程序;⑤资产管理和使用的原则;⑥章程的修改程序;⑦终止程序和终止后资产的处理等。

(2)审查登记

登记管理机关应当自收到成立登记申请的全部有效文件后,在法定期限内作出准予登记或者不予登记的决定。有下列情形之一时,登记管理机关不予登记,并向申请人说明理由:①根据证明申请成立的民办非企业单位的宗旨、业务范围有悖于社会道德风尚,有损于国家利益、社会公共利益或其他组织和公民的合法权益;②在申请成立时弄虚作假;③在同一行政区域内已有业务范围相同或者相似的民办非企业单位,没有必要成立;④拟任负责人正在或者曾经受到剥夺政治权利的刑事处罚,或者不具有完全民事行为能力;⑤有法律、行政法规禁止的其他情形。

对不予登记的,登记管理机关应书面通知申请单位或个人。经审核准予登记的,登记管理机关应书面通知民办非企业单位,由登记管理机关登记民办非企业单位的名称、住所、宗旨和业务范围、法定代表人或者负责人、开办资金、业务主管单位,并根据其依法承担民事责任的不同方式,分别发给《民办非企业单位(法人)登记证书》《民办非企业单位(合伙)登记证书》或《民办非企业单位(个体)登记证书》。

民办非企业单位登记证书分为正本和副本,正本和副本具有同等法律效力。正本应悬挂于民办非企业单位住所的醒目位置,副本的有效期为 4 年。登记证书遗失时,应及时在公开发行的报刊上声明作废,并到登记管理机关申请办理补发证书手续。

(二)民办非企业单位的管理

民办非企业单位登记成立后即具有法人资格,可开展其章程规定的各项活动。对于民办非企业单位的管理,涉及如下方面。

1. 变更登记

民办非企业单位的住所、业务范围、法定代表人或单位负责人、开办资金、业务主管单位等登记事项如果需要变更,应当自业务主管单位审查同意之日起 30 日内,向登记管理机关申请变更登记。如果是变更业务主管单位,须在原业务主管单位出具不再担任业务主管的文件之日起 90 日内找到新的业务主管单位,并到登记管理机关申请变更登记。在登记管理机关作出准予变更登记决定之前，原业务主管单位应继续履行《民办非企业单位登记管理暂行条例》规定的监督管理职责。

《民办非企业单位登记暂行办法》规定，登记管理机关应在收到民办非企业单位申请变更登记的全部有效文件之日起60日内，作出准予变更或不准予变更的决定，并书面通知民办非企业单位。如果登记管理机关核准变更登记，民办非企业单位应交回民办非企业单位登记证书正副本，由登记管理机关换发新的登记证书。

2. 财务制度

《民办非企业单位登记管理暂行条例》规定，民办非企业单位必须执行国家规定的财务管理制度，接受财政部门的监督。具体而言，民办非企业单位的财务管理必须做到如下几点。

第一，依法建账。经核准登记的民办非企业单位，应按有关规定开立银行账户，并将银行账号报登记管理机关备案。

第二，规范会计行为。民办非企业单位属非营利组织，应按《民间非营利组织会计制度》的规定，进行会计核算，编制财务会计报告，及时反映民办非企业单位的资源状况、负债水平、资金使用情况及其效果、现金流量等信息。

第三，接受审计监督。这有两种情形：一是，民办非企业资产来源属于国家资助或者社会捐赠、资助时，应接受审计机关的监督；二是，民办非企业单位变更法定代表人或者负责人时，登记管理机关、业务主管单位应组织对其进行财务审计。

第四，依法管理资产。包括如下内容：①民办非企业单位的资产来源必须合法。根据财政部公布的《关于对明确民办非企业单位财务管理制度等问题的函》的规定，民办非企业单位在开展业务需要收取有关费用时，应按现行行政事业性收费审批管理的有关规定，履行收费审批程序，即申请设立收费项目须经中央和省级财政主管部门会同价格主管部门审批，收费标准须由中央和省级价格主管部门会同财政主管部门核定。收费经批准后，应按行政事业性收费票据管理的规定，到财政主管部门申领使用省级以上财政部门统一印制或监制的行政事业性收费票据。②民办非企业单位的资产必须用于合法用途，任何单位和个人均不得侵占、私分或者挪用民办非企业单位的资产。这就要求民办非企业单位开展章程规定的活动，按国家有关规定取得的合法收入必须用于章程规定的业务活动，并且，接受捐赠、资助必须符合章程规定的宗旨和业务范围,必须根据与捐赠人、资助人约定的期限、方式和合法用途使用。民办非企业单位应向业务主管单位报告接受和使用捐赠、资助的有关情况,并应将有关情况以适当方式向社会公布。

3. 税收政策

民办非企业单位须按《中华人民共和国税收征收管理法》及《中华人民共和国税收征收管理法实施细则》的有关规定,办理税务登记,按期进行纳税申报。有关民办非企业单位的税收规定主要有以下方面:①民办非企业单位取得的生产、经营所得和其他所得,应缴纳企业所得税。纳税人在纳税年度内无论是否有应纳税所得额,都应按规定期限和要求向主管税务机关报送纳税申报表和会计报表。对涉及征税的收入项目,应统一使用税务发票,但按规定可使用财政收据的除外。②民办非企业单位的下列收入项目可免征企业所得税,主要有:一是经国务院、省级人民政府批准,并纳入财政预算管理或财政预算外资金专户管理的行政事业性收费;二是民办非企业单位取得的各级政府资助;三是社会各界的捐赠收入。与社会团体一样,民办非企业单位也可按相关规定申请免税资格认定。

4. 年检和评估

与社会团体一样,民办非企业单位须按规定参加社会组织评估。根据《社会组织评估管理办法》的规定,对民办非企业单位实行规范化建设评估,评估内容包括:基础条件、内部治理、业务活动和诚信建设、社会评价。此外,具体评估流程与对社会团体的评估流程是一样的。

民办非企业单位的年度检查(以下简称年检),是指登记管理机关对民办非企业单位,依法按年度进行检查和监督管理的制度。

(1)年检的范围

经登记管理机关核准登记的民办非企业单位,应按规定接受登记管理机关的年检。但截至上年度12月31日,成立登记时间未超过6个月(上一年7月1日以后登记成立的)的民办非企业单位,不参加当年的年检。

(2)年检的内容

年检的主要内容包括:①民办非企业单位遵守法律法规和国家政策情况;②登记事项变动及履行登记手续情况;③按照章程开展活动情况;④财务状况,资金来源和使用情况;⑤机构变动和人员聘用情况;⑥其他需要检查的情况。

(3)年检的程序

民办非企业单位年检的程序如下:①民办非企业单位领取或从互联网下载

《民办非企业单位年检报告书》及其他有关材料;②民办非企业单位于每年 3 月 31 日前向业务主管单位报送年检材料,经业务主管单位出具初审意见后,于 5 月 31 日前报送登记管理机关;③登记管理机关审查年检材料;④登记管理机关作出年检结论,发布年检结论公告。

(4)年检的效力

民办非企业单位年检结论,分为"年检合格""年检基本合格""年检不合格"三种。"年检基本合格"和"年检不合格"的民办非企业单位,应进行整改,整改期限为三个月。整改期结束,民办非企业单位应向登记管理机关报送整改报告,登记管理机关对整改结果进行评定并出具意见。对"年检不合格"的民办非企业单位,登记管理机关根据情况,可责令其在整改期间停止活动。民办非企业单位被限期停止活动的,登记管理机关可封存其登记证书、印章和财务凭证。

(三)民办非企业单位的终止

当出现法定终止情形时,民办非企业单位将失去法人资格。民办非企业单位的终止有两种情形,一是,民办非企业单位申请注销,二是,被登记管理机关依法撤销。

1. 注销登记

根据《民办非企业单位登记暂行办法》的规定,民办非企业单位必须申请注销登记的情形有:①章程规定的解散事由出现;②不再具备成立民办非企业单位规定的条件(业务主管单位同意、有规范的名称和必要的组织机构、有与其业务活动相适应的从业人员、有与其业务活动相适应的合法资产以及有必要的住所等);③民办非企业单位的宗旨发生根本变化;④由于其他变更原因,导致其不属于原登记管理机关的管辖范围;⑤民办非企业单位因分立而解散;⑥民办非企业单位因合并而解散;⑦民办非企业单位原业务主管单位不再担当其业务主管单位,且在 90 日内找不到新的业务主管单位,此种情况下,民办非企业单位的原业务主管单位须继续履行职责,直至民办非企业单位完成注销登记;⑧有关行政管理机关根据法律、行政法规规定认为需要注销;⑨其他原因需要解散。

民办非企业单位在办理注销登记前,应在业务主管单位和其他有关机关的指导下,成立清算组织,完成清算工作。民办非企业单位法定代表人或者负责人应当自完成清算之日起 15 日内,向登记管理机关提交注销登记申请书、业务主管单位的审查文件、清算报告、民办非企业单位登记证书(正、副本)及民办非企业单位的印章和财务凭证等文件,办理注销登记。登记管理机关应在收到民办非企业单位申请注销登记的全部有效文件后，在法定期限内作出准予注销或不准予注销的决定，并书面通知民办非企业单位。登记管理机关准予注销登记的，应发给民办非企业单位注销证明文件，收缴登记证书、印章和财务凭证。

2. 撤销登记

撤销登记，是指登记管理机关依据国家有关规定撤销民办非企业单位登记的行政行为。根据《民办非企业单位登记管理暂行条例》的规定，撤销登记适用于下列情形：①在申请登记时弄虚作假，骗取登记。②业务主管单位撤销批准。③严重违规的。比如，设立分支机构，从事营利性的经营活动，涂改、出租、出借《民办非企业单位登记证书》，出租、出借民办非企业单位印章，超出其章程规定的宗旨和业务范围进行活动，不按照规定办理变更登记，侵占、私分、挪用民办非企业单位的资产或者所接受的捐赠、资助，违反国家有关规定收取费用、筹集资金或者接受使用捐赠、资助，拒不接受或者不按照规定接受监督检查。根据《民办非企业单位年度检查办法》的规定，对连续两年不参加年检或连续两年"年检不合格"的民办非企业单位，予以撤销登记。④民办非企业单位的活动违反其他法律、法规，有关国家机关认为应当撤销登记的，由登记管理机关撤销登记。比如，根据 2004 年发布的《财政部 民政部关于认真贯彻实施〈民间非营利组织会计制度〉的通知》的规定，民办非企业单位在执行民间非营利组织会计制度时如果有情节严重的违法违规行为，可撤销登记。

民办非企业单位被撤销登记的，由登记管理机关收缴登记证书和印章。

三、基金会的法规与政策

基金会，是指利用自然人、法人或者其他组织捐赠的财产，以从事公益事业为目的的非营利性社会组织。基金会的法规与政策主要来源于国务院于 2004 年 3 月颁布的《基金会管理条例》。

（一）基金会的设立

设立基金会须满足规定的条件，并按规定的程序进行登记。

1. 基金会的分类及其设立条件

基金会分为面向公众募捐的基金会和不得面向公众募捐的基金会，简称公募基金会和非公募基金会。公募基金会按照募捐的地域范围，分为全国性公募基金会和地方性公募基金会。

根据《基金会管理条例》的规定，设立基金会，应是出于特定的公益目的，应有规范的名称、章程、组织机构以及与其开展活动相适应的专职工作人员，有固定的住所，能够独立承担民事责任。除此之外，原始基金必须为到账货币资金，且应达到规定的额度。全国性公募基金会的原始基金不低于 800 万元人民币，地方性公募基金会的原始基金不低于 400 万元人民币，非公募基金会的原始基金不低于 200 万元人民币。

《慈善法》中没有划分公募基金会和非公募基金会，而是规定慈善组织开展公开募捐应取得公开募捐资格。首先，要经一定的登记程序才能成立慈善组织；已有的基金会或其他社会组织也需要经过申请认定程序，经民政部门认定后才能成为慈善组织。其次，依法登记满两年的慈善组织，可向其登记的民政部门申请公开募捐资格。法律、行政法规规定自登记之日起可公开募捐的基金会和社会团体，由民政部门直接发给公开募捐资格证书。

2. 设立基金会的申请与登记

申请设立基金会，申请人应向登记管理机关提交申请书、章程草案、验资证明和住所证明，理事名单、身份证明以及拟任理事长、副理事长、秘书长简历，以及业务主管单位同意设立的文件等材料。

关于基金会章程，《基金会管理条例》特别要求，基金会章程必须明确基金会的公益性质，不得规定使特定自然人、法人或者其他组织受益的内容。与社会团体的章程类似，基金会章程应当载明的事项包括：名称及住所，设立宗旨和公益活动的业务范围，原始基金数额，理事会的组成、职权和议事规则，理事的资格、产生程序和任期，法定代表人的职责，监事的职责、资格、产生程序和任期，财务会计报告的编制、审定制度，财产的管理、使用制度，基金会的终止条件、程序和终止后财产的处理等。

登记管理机关应当自收到全部有效申请文件之日起 60 日内，作出准予或者不予登记的决定。准予登记的，发给基金会法人登记证书；不予登记的，应书面说明理由。

3. 境外基金会代表机构的设立

境外基金会在中国内地设立代表机构，应当经有关业务主管单位同意后，向登记管理机关提交申请书、基金会在境外依法登记成立的证明和基金会章程、拟设代表机构负责人身份证明及简历、住所证明以及业务主管单位同意在中国内地设立代表机构的文件等材料。

登记管理机关应当自收到上述全部有效文件之日起 60 日内，作出准予或者不予登记的决定。准予登记的,发给境外基金会代表机构登记证书;不予登记的,应书面说明理由。

准予登记的境外基金会代表机构,可从事符合中国公益事业性质的公益活动,但不得在中国境内组织募捐、接受捐赠。境外基金会对其在中国内地代表机构的民事行为,依照中国法律承担民事责任。

(二)基金会的治理结构

理事会和监事会是基金会进行法人治理的重要组织保证。

1. 理事会的组成及职责

根据《基金会管理条例》的规定,基金会设理事会。理事会是基金会的决策机构,依法行使章程规定的职权。

(1)理事会的组成

主要有如下规定:①理事会的规模为 5—25 人。②理事任期由章程规定,但每届任期不得超过 5 年。理事任届期满,连选可以连任。③理事选任限制。用私人财产设立的非公募基金会,相互间有近亲属关系的基金会理事,总数不得超过理事总人数的 1/3;其他基金会,具有近亲属关系的不得同时在理事会任职。未在基金会担任专职工作的理事不得从基金会获取报酬,在基金会领取报酬的理事不得超过理事总人数的 1/3。④理事会设理事长、副理事长和秘书长,从理事中选举产生。需要注意的是,为了保证基金会的公益性和民间性,基金会理事长、副理事长和秘书长不得由现职国家工作人员兼任。《民政部关于现职国家工作人员不得兼任基金会负责人有关问题的通知》规定,现职国家工作人员范围包括党的机关、人大机关、政府机关、政协机关、审判机关和检察机关中的现职工作人员,以及法律、法规授权行使行政管理职能的其他机构的工作人员,但不包括上述机关和机构中已从领导岗位上退下来尚未办理离退休手续的工作人员,也不包括上述机关和机构中离开行政工作岗位专门从事基金会工作的工作人员。⑤理事长是基金会的法定代表人。作为基金会的法定代表人,理事长不得同时担任其他组织的法定代表人。公募基金会和原始基金来自中国内地的非公募基金会,应由内地居民担任法定代表人(理事长)。

(2)理事会的职责

《基金会管理条例》规定,理事会每年至少召开两次会议。理事会会议须有 2/3 以上理事出席方能召开;理事会决议须经出席理事过半数通过方为有效。但下列重要事项的决议,须经出席理事表决,2/3 以上通过方为有效:①章程的修改;②选举或者罢免理事长、副理事长、秘书长;③章程规定的重大募捐、投资活动;④基金会的分立、合并。

关于理事会决策,《基金会管理条例》明确规定:①基金会理事遇有个人利益与基金会利益关联时,不得参与相关事宜的决策;②理事会违反法律法规的规定和章程规定决策不当,致使基金会遭受财产损失的,参与决策的理事应承担相应的赔偿责任。

2. 监事及其职责

关于监事,有如下规定:①监事任期与理事任期相同;②理事、理事的近亲属和基金会财会人员不得兼任监事;③监事不得从基金会获取报酬;④监事及其近亲属不得与其所在的基金会有任何交易行为。

监事的职责有:①依照章程规定的程序检查基金会财务和会计资料,监督理事会遵守法律和章程的情况;②列席理事会会议,有权向理事会提出质询和建议;③向登记管理机关、业务主管单位以及税务、会计主管部门反映情况。

(三)基金会的管理

加强对基金会的外部监督与管理,引导基金会建立健全法人治理结构和民主管理制度,确保基金会的公益性,促进基金会的健康、规范发展,是基金会管理的重要内容。

1. 登记事项的管理

基金会登记成立后,当涉及需要登记或变更登记的事项时,应到登记管理机关办理相关手续。

基金会修改章程,应征得其业务主管单位的同意,并报登记管理机关核准。基金会、基金会分支机构或代表机构和境外基金会代表机构的登记事项需要变更的,应向登记管理机关申请变更登记。

2. 基金会财产的管理

关于基金会财产的管理和使用有如下规定。

第一,基金会、境外基金会代表机构依法登记后,应依法办理税务登记,执行国家统一的会计制度,依法进行会计核算、建立健全内部会计监督制度,接受税务、会计主管部门依法实施的税务监督和会计监督。

第二,基金会组织募捐、接受捐赠,应符合章程规定的宗旨和公益活动的业务范围。公募基金会组织募捐,应向社会公布募得资金后拟开展的公益活动和资金的详细使用计划。在募捐活动持续期间内,应及时公布募捐活动所取得的收入和用于开展公益活动的成本支出情况。募捐活动结束后，应公布募捐活动取得的总收入及其使用情况。捐赠人有权向基金会查询捐赠财产的使用、管理情况，并提出意见和建议。对于捐赠人的查询，基金会应及时如实答复。基金会违反捐赠协议使用捐赠财产的，捐赠人有权要求基金会遵守捐赠协议或者向人民法院申请撤销捐赠行为、解除捐赠协议。

第三，基金会的财产及其他收入受法律保护，任何单位和个人不得私分、侵占、挪用。基金会应根据章程规定的宗旨和公益活动的业务范围使用其财产；捐赠协议明确了具体使用方式的捐赠，根据捐赠协议的约定使用。接受捐赠的物资无法用于符合其宗旨的用途时，基金会可依法拍卖或者变卖，所得收入用于捐赠目的。

第四，公募基金会每年用于从事章程规定的公益事业支出，不得低于上一年总收入的 70%；非公募基金会每年用于从事章程规定的公益事业支出，不得低于上一年基金余额的 8%。基金会工作人员工资福利和行政办公支出不得超过当年总支出的 10%。《慈善法》中进一步规定，慈善组织中具有公开募捐资格的基金会开展慈善活动的年度支出，不得低于上一年总收入的 70%或者前三年收入平均数额的 70%；年度管理费用不得超过当年总支出的 10%，特殊情况下，年度管理费用难以符合前述规定的，应当报告其登记的民政部门并向社会公开说明情况。

第五，基金会开展公益资助项目，应向社会公布所开展的公益资助项目种类以及申请、评审程序。评审结束后，应公布评审结果并通知申请人。公益资助项目完成后，应公布有关的资金使用情况。事后对项目进行评估的，应同时公布评估结果。基金会可与受助人签订协议，约定资助方式、资助数额以及资金用途和使用方式。基金会有权对资助的使用情况进行监督。受助人未按协议约定使用资助或者有其他违反协议情形的，基金会有权解除资助协议。

3. 基金会的审计制度

为了规范基金会的行为，扩大基金会的公开、透明程度，加强政府部门对基金会的监管，维护基金会、捐赠人和受益人的合法权益，国家规范了对基金会的审计制度。审计分为年度审计、离任和换届审计以及专项审计 3 种类型。

(1)年度审计

基金会应于每年 3 月 31 日前向登记管理机关报送上一年度经注册会计师审计的年度财务会计报告和会计师事务所出具的审计报告，接受年度检查；同时将年度财务会计报告在登记管理机关指定的统一信息公开平台上公布,接受社会公众的查询和监督。

(2)离任审计

基金会在法定代表人变更时,应向登记管理机关提交变更登记申请表和法定代表人登记表。根据2017年民政部办公厅发布的《关于全国性社会组织办理法定代表人离任审计、注销清算审计有关问题的通知》的规定,全国性的基金会办理法定代表人变更登记,应当向民政部一次性提交变更登记申请表和法定代表人登记表。民政部委托注册会计师事务所开展法定代表人离任审计后,根据审计情况作出同意或不同意变更的决定。

(3)专项审计

基金会开展以下活动的,应当实施专项审计,在活动结束后向登记管理机关报送经注册会计师审计的专项审计报告,并按照登记管理机关的要求向社会公布。

第一,重大公益项目,分为三种情形:①当年该项目的捐赠收入占基金会当年捐赠总收入的1/5以上且金额超过人民币50万元的;②当年该项目的支出占基金会当年总支出的1/5以上,且金额超过人民币50万元的;③持续时间超过3年的。

第二,因参与处理自然灾害等突发事件需要开展的募捐活动。

第三,登记管理机关要求进行专项审计的其他活动。

4. 基金会的年检和评估

基金会年度检查,是指基金会登记管理机关依法按年度对基金会、境外基金会代表机构遵守法律、法规、规章和章程开展活动的情况实施监督管理的制度。根据《基金会年度检查办法》的规定,基金会、境外基金会代表机构应于每年3月31日前向登记管理机关报送上一年度工作报告,接受年度检查。年度工作报告在报送登记管理机关前应当经业务主管单位审查同意。年度工作报告应包括:财务会计报告、注册会计师审计报告,开展募捐、接受捐赠、提供资助等活动的情况以及人员和机构的变动情况等。

对基金会的评估办法,与对社会团体的评估办法相同。

(四)基金会的终止

当出现法定终止情形时,基金会将失去法人资格,终止存在。基金会的终止有两种情形:一是基金会申请注销;二是被登记管理机关依法撤销。

1. 注销登记

《基金会管理条例》规定，基金会、境外基金会代表机构按照章程规定终止，或者无法按照章程规定的宗旨继续从事公益活动等情形下，应向登记管理机关申请注销登记。此外，基金会撤销其分支机构、代表机构的，也应向登记管理机关办理分支机构、代表机构的注销登记。

基金会在办理注销登记前，应在登记管理机关、业务主管单位的指导下成立清算组织，完成清算工作。在清算结束之日起 15 日内，基金会应向登记管理机关办理注销登记。基金会注销的，其分支机构、代表机构同时注销。

2. 撤销登记

撤销登记，是指登记管理机关依法撤销基金会登记的行政行为。根据《基金会管理条例》和《基金会年度检查办法》的有关规定，构成基金会撤销登记的情形有：①在申请登记时弄虚作假骗取登记的；②自取得登记证书之日起 12 个月内未按章程规定开展活动的；③符合注销条件，不按《基金会管理条例》的规定办理注销登记仍继续开展活动的；④基金会、境外基金会代表机构连续两年不接受年检的；⑤基金会、基金会分支机构或代表机构、境外基金会代表机构严重违规的，比如未按章程规定的宗旨和公益活动的业务范围进行活动，在填制会计凭证、登记会计簿、编制财务会计报告中弄虚作假，不按规定办理变更登记，未按规定完成公益事业支出额度，未按规定接受年度检查或者年度检查不合格，不履行信息公布义务或者公布虚假信息。

基金会注销后的剩余财产应按章程的规定用于公益目的。无法按章程规定处理的，由登记管理机关组织捐赠给与该基金会性质、宗旨相同的社会公益组织，并向社会公告。

四、社区社会组织的法规与政策

社区社会组织，是由社区居民发起成立，在城乡社区开展为民服务、公益慈善、邻里互助、文体娱乐和农村生产技术服务等活动的社会组织。作为城乡社区治理体系的重要组成部分，社区社会组织是居民群众参与社区治理、服务居民的重要载体。培育发展社区社会组织，对加强社区治理体系建设、推动社会治理重心向基层下移、打造共建共治共享的社会治理格局具有重要作用。

（一）社区社会组织的发展重点

2016 年 8 月，中共中央办公厅、国务院办公厅发布的《关于改革社会组织管理制度促进社会组织健康有序发展的意见》①中提出,“大力培育发展社区社会组织”。2017 年 6 月,《中共中央 国务院关于加强和完善城乡社区治理的意见》②明确要求,大力发展在城乡社区开展纠纷调解、健康养老、教育培训、公益慈善、防灾减灾、文体娱乐、邻里互助、居民融入及农村生产技术服务等活动的社区社会组织。2017 年 12 月,民政部制定的《民政部关于大力培育发展社区社会组织的意见》③提出,加快发展生活服务类、公益慈善类和居民互助类社区社会组织,重点培育为老年人、妇女、儿童、残疾人、失业人员、农民工、服刑人员或强制戒毒等限制自由人员的未成年子女、困难家庭、严重精神障碍患者、有不良行为青少年、社区矫正人员等特定群体服务的社区社会组织。同时,加快农村社区社会组织发展,引导它们有序参与乡村治理体系建设,在脱贫攻坚、就业创业、生产互助、卫生健康、文化体育、社会治安、纠纷调解、生活救助、减灾救灾、留守人员关爱等方面发挥作用。

《民政部关于大力培育发展社区社会组织的意见》还提出,培育发展社区社会组织的总体要求是:以满足群众需求为导向,以鼓励扶持为重点,以能力提升为基础,引导社区社会组织健康有序发展,充分发挥社区社会组织提供服务、反映诉求、规范行为的积极作用。力争到 2020 年,社区社会组织培育发展初见成效,实现城市社区平均拥有不少于 10 个社区社会组织,农村社区平均拥有不少于 5 个社区社会组织,有力支撑基层社会治理创新。

(二)社区社会组织的培育措施

1. 大力培育发展社区社会组织的要求

根据《关于改革社会组织管理制度促进社会组织健康有序发展的意见》,要通过下列三个方面大力培育发展社区社会组织。

第一,降低准入门槛。对在城乡社区开展为民服务、养老照护、公益慈善、促进和谐、文体娱乐和农村生产技术服务等活动的社区社会组织,采取降低准入门槛的办法,支持鼓励发展。

第二,积极扶持发展。鼓励依托街道(乡镇)综合服务中心和城乡社区服务

① 《中共中央办公厅 国务院办公厅〈关于改革社会组织管理制度促进社会组织健康有序发展的意见〉》,《中国社会组织》2016 年第 17 期。

② 《中共中央国务院关于加强和完善城乡社区治理的意见》,《中华人民共和国国务院公报》2017 年第 18 期。

③ 《民政部关于大力培育发展社区社会组织的意见》,《中国社会组织》2018 年第 2 期。

站等设施，建立社区社会组织综合服务平台，为社区社会组织提供组织运作、活动场地、活动经费、人才队伍等方面支持。采取政府购买服务、设立项目资金、补贴活动经费等措施，加大对社区社会组织扶持力度，重点培育为老年人、妇女、儿童、残疾人、失业人员、农民工、服刑人员未成年子女、困难家庭、严重精神障碍患者、有不良行为青少年、社区矫正人员等特定群体服务的社区社会组织。有条件的地方可探索建立社区社会组织孵化机制，设立孵化培育资金，建设孵化基地。鼓励社会力量支持社区社会组织发展。

第三，增强服务功能。发挥社区社会组织在创新基层社会治理中的积极作用，推动建立多元主体参与的社区治理格局。鼓励社区社会组织开展邻里互助、居民融入、纠纷调解、平安创建等社区活动，组织社区居民参与社区公共事务和公益事业，促进社区和谐稳定。支持社区社会组织承接社区公共服务和基层政府委托事项，开展社区志愿服务。建立社区社会组织与社区建设、社会工作联动机制，促进资源共享、优势互补，把社区社会组织建设成为增强社区自治和服务功能、吸纳社会工作人才的重要载体。

2. 加大对社区社会组织培育扶持力度的措施

《民政部关于大力培育发展社区社会组织的意见》进一步强调了要加大对社区社会组织的培育扶持力度，并细化了各项措施。

第一，实施分类管理。符合法定登记条件的社区社会组织，可到所在地县级民政部门申请登记。其中符合直接登记条件的，还可直接提出登记申请，由民政部门加快审核办理程序，并简化登记程序。对未达到登记条件的社区社会组织，按照不同规模、业务范围、成员构成和服务对象，由街道办事处（乡镇政府）实施管理，加强分类指导和业务指导；对规模较小、组织较为松散的社区社会组织，由社区党组织领导，基层群众性自治组织对其活动进行指导和管理。

第二，明确发展重点。加快发展生活服务类、公益慈善类和居民互助类社区社会组织。重点培育为老年人、妇女、儿童、残疾人、失业人员、农民工、服刑人员或强制戒毒等限制自由人员的未成年子女、困难家庭、严重精神障碍患者、有不良行为青少年、社区矫正人员等特定群体服务的社区社会组织。鼓励支持有条件的社区社会组织吸纳社会工作专业人才，发挥“三社联动”优势。加快农村社区社会组织发展，引导它们有序参与乡村治理体系建设，在脱贫攻坚、就业创业、生产互助、卫生健康、文化体育、社会治安、纠纷调解、生活救助、减灾救灾、留守人员关爱等方面发挥作用。支持高校毕业生、复转军人和返乡创业农民工创建农村社区社会组织或到农村社区社会组织中就业。

第三,加大扶持力度。要协调有关部门加大对社区社会组织发展的资金支持,鼓励引导社会资金支持社区社会组织发展,推动建立多元化、制度化的资金保障机制。推动基层政府将城乡社区服务纳入政府购买服务指导目录,逐步扩大购买范围和规模,支持社区社会组织承接相关服务项目。中央财政支持社会组织参与社会服务项目将加大对社区服务类社会组织的支持力度。民政部门彩票公益金支持资助社区社会组织开展扶老、助残、救孤、济困等服务项目。鼓励有条件的地方设立社区发展基金会,为城乡社区治理募集资金,为其他社区社会组织提供资助。鼓励有条件的基层群众性自治组织对社区社会组织开展的公益慈善类服务活动给予一定经费和服务场地支持。推动政府资金、社会资金等资金资源向农村社区社会组织和服务项目倾斜。依托街道(乡镇)社区服务中心、城乡社区服务站等设施,建立社区社会组织综合服务平台,鼓励将闲置的宾馆、办公用房、福利设施等国有或集体所有资产,通过无偿使用等优惠方式提供给社区社会组织开展公益活动。有条件的地方可探索设立孵化培育资金,建设孵化基地,为初创的社区社会组织提供公益创投、补贴奖励、活动场地、费用减免等支持。

第四,促进能力提升。具体措施包括:①加强社区社会组织人才培养,通过强化业务培训、引导参加相关职业资格考试等措施,培养一批热心社区事务、熟悉社会组织运作、具备专业服务能力的社区社会组织负责人和业务骨干;②推动建立专业社会工作者与社区社会组织联系协作机制,发挥专业支撑作用,提升社区社会组织服务水平;③强化社区社会组织项目开发能力,通过开展社区服务项目交流会、公益创投大赛等方式,指导社区社会组织树立项目意识,提升需求发现、项目设计、项目运作水平;④推进社区社会组织品牌建设,引导优秀社区社会组织完善自身发展规划和品牌塑造,加强公益活动宣传,提高品牌辨识度和社会知晓度;⑤指导社区社会组织规范资金使用和活动开展,强化决策公开和运作透明,不断提升服务绩效和社会公信力。

(三)增强社区社会组织的服务功能

充分发挥社区社会组织的积极作用,要求增强社区社会组织的服务功能。为此,需要推进社区、社会组织、社会工作“三社联动”,完善社区组织发现居民需求、统筹设计服务项目、支持社会组织承接、引导专业社会工作团队参与的工作体系,发挥社区社会组织在创新基层社会治理中的积极作用。根据《民政部关于大力培育发展社区社会组织的意见》,增强社区社会组织的服务功能的主要措施如下。

第一,提供社区服务。支持社区社会组织承接社区公共服务。推动家庭服务、健康服务、养老服务、育幼服务等领域的社区社会组织主动融入城乡社区便民利民服务网络,为社区居民提供多种形式的生活服务。鼓励社区社会组织多为社区内低保对象、特困人员、空巢老人、农村守人员、困境儿童、残疾人等困难群体提供生活照料、文体娱乐、医疗保健等志愿服务。引导农村社区社会组织发扬部里互助的传统,开展以生产互助、养老互助、救助互助为主的活动,增强农村居民自我服务能力。

第二,扩大居民参与。发挥社区社会组织扎根社区、贴近群众的优势,广泛动员社区居民参与社区公共事务,协助基层群众性自治组织推动社区居民有序参与基层群众自治实践。引导社区居民在参与社区社会组织活动过程中有序表达利益诉求,养成协商意识、掌握协商方法、提高协商能力,协商解决涉及城乡社区公共利益的重大事项、关乎居民切身利益的实际问题和矛盾纠纷。鼓励社区社会组织参与制定自治章程、居民公约和村规民约,拓展流动人口有序参与居住地社区治理渠道,促进流动人口社区融入。

第三,培育社区文化。发挥社区社会组织在完善社区公共文化服务体系中的积极作用,丰富群众性文化活动,提升社区居民生活品质。指导社区社会组织在组织开展文化、教育、体育、科普、娱乐、慈善等社区居民活动中积极培育和践行社会主义核心价值观,倡导移风易俗,弘扬时代新风。鼓励社区社会组织参与社区楷模、文明家庭等社区创建活动,弘扬优秀传统文化,维护公序良俗,形成向上向善、孝老爱亲、与邻为善、守望互助的良好社区氛围,增强居民群众的社区认同感、归属感、责任感和荣誉感。

第四,促进社区和谐。发挥社区社会组织在源头治理方面的积极作用,支持社区社会组织参与物业纠纷、农村土地承包经营纠纷、家庭纠纷、邻里纠纷调解和信访化解,协助提升社区矛盾预防化解能力。指导社区社会组织参与群防群治,协助做好社区矫正、社区戒毒、刑满释放人员帮扶、社区防灾减灾、精神障碍社区康复等工作,积极参与平安社区建设,助力社区治安综合治理。

(四)对社区社会组织的管理服务

加强对社区社会组织的管理,才能确保社区社会组织全面贯彻落实党的路线方针政策和决策部署,沿着正确方向发展。对社区社会组织的管理,主要包括以下方面。

第一,加强党的领导。街道(乡镇)党(工)委和城乡社区党组织加强对社区社会组织各项工作的领导,建立城乡社区党组织与社区社会组织定期联系制度,组织和协调社区社会组织参与城乡社区共驻共建活动。鼓励社区党员担任社区社会组织负责人,把符合条件的社区社会组织骨干培养发展为党员,把社区社会组织中的优秀党员吸收到城乡社区党组织领导班子中。

第二,加强工作指导。加强已登记的社区社会组织日常活动、负责人、资金往来、信息公开等方面的管理,通过抽查、评估、培训等方式,指导其强化自律诚信和守法意识,健全组织机构完善运行机制,建立管理制度,强化组织人员、重大活动、收费标准等信息公开,自觉接受监督。未达到登记条件的社区社会组织,街道办事处(乡镇政府)、基层群众性自治组织需做好培育扶持、服务指导等工作,指导其建立必要的活动制度和服务规范,自觉践行服务社区、服务居民的宗旨。对于存在问题的社区社会组织,须及时提醒和帮助纠正。鼓励在街道(乡镇)成立社区社会组织联合会、社区社会组织服务中心等枢纽型社会组织,发挥管理服务协调作用,规范社区社会组织行为,提供资源支持、承接项目、代管资金、人员培训等服务。

第三,做好组织宣传。各级民政部门要积极争取党委和政府的重视与支持,推动将社区社会组织发展和管理工作纳入基层政府绩效考核内容和社会治安综合治理考评体系。科学制定社区社会组织发展规划、扶持措施、管理制度,加大部门协调力度,完善工作运行机制,形成各部门共同支持社区社会组织发展的工作格局。要及时归纳总结发展社区社会组织的先进经验,加大对社区社会组织优秀典型、先进事迹的表扬、奖励和宣传,营造关心、支持社区社会组织发展的良好社会氛围。

五、社会组织评估办法

依据《社会组织评估管理办法》①的规定,申请参加评估的社会团体、基金会和民办非企业等单位,应符合下列条件之一:①取得社会组织登记证书满两个年度,未参加过社会组织评估的;②获得的评估等级满五年有效期的。

社会组织有下列情形之一的,评估机构不予评估:①未参加上年度年度检

① 《社会组织评估管理办法》,《司法业务文选》2011 年第 10 期。

查;②上年度年度检查不合格或者连续两年基本合格;③上年度受到有关政府部门行政处罚或者行政处罚尚未执行完毕;④正在被有关政府部门或者司法机关立案调查;⑤其他不符合评估条件的。

第三方评估是社会组织评估的发展方向。2015 年 5 月,民政部发布的《民政部关于探索建立社会组织第三方评估机制的指导意见》提出,坚持政社分开、管评分离,由独立的社会机构进行专业化评价,逐步将承担政府购买服务项目和承接政府转移职能的社会组织纳入第三方评估之中,全面提升社会组织第三方评估规范化、标准化、信息化水平,确保评估公信力,促进社会组织健康有序发展。

社会团体和基金会的评估实行综合评估,评估内容包括:基础条件、内部治理、工作绩效和社会评价。评估结果分为五个等级,由高至低依次为 5A 级(AAAAA)、4A 级(AAAA)、3A 级(AAA)、2A 级(AA)、1A 级(A)。获得评估等级的社会组织在开展对外活动和宣传时,可将评估等级证书作为信誉证明出示。评估等级牌匾应当悬挂在服务场所或者办公场所的明显位置,自觉接受社会监督。

获得 3A 级以上评估等级的社会组织,可优先接受政府职能转移,可优先获得政府购买服务,可优先获得政府奖励。获得 3A 级以上评估等级的公益性社会团体可按规定申请公益性捐赠税前扣除资格。获得 4A 级以上评估等级的社会组织在年度检查时,可简化年度检查程序。

社会组织的评估等级有效期为五年。评估等级有效期满前两年,社会组织可申请重新评估。①

第三节 社会组织法规与政策运行中存在的主要问题

我国现行的社会组织的法规与政策对促进社会组织的发展起了较好的作用,但是,仍然存在以下问题。

第一,鼓励社会组织发展的政策导向日益明确,但各方认识尚未完全统一。

党的十八大以来,国家出台了一系列文件政策,在资金、场地等方面对社会

① 全国社会工作者职业水平考试教材编委会编写:《社会工作法规与政策》,中国社会出版社 2023 年,第 296—319 页。

组织的登记备案、税收减免、购买扶持以及人才支持等进行全方位培育扶持①,为社会组织发展提供了广阔的"政策利好"空间。但不可否认的是,某些市、区级部门和街道、社区由于怕担责、怕分权等,仍对社会组织在社会协同治理中的重要作用认识不到位,对社会组织发展采取既不支持也不反对的消极态度,致使大量社会组织游离于无政府部门监管的"非法"境地;部分居民群众对社会组织的认识比较模糊,一些具有政府背景和性质的社会组织在居民中的知晓度与认同度有限,群众参与度和活动影响力有待提升。思想认识层面的不统一,使各方在社会组织的建设与管理、成长与发展上未达成共识。在现代社会中,社会组织若要获得广泛的合法性支持,离不开政府与大众在沟通、对话与协商方面的共识,在此基础上,整个社会有赖于社会组织的存在而更加具有包容性、和谐性、民主性和多样性。② 在社会组织培育发展与管理中,如果没有公民意识、公益精神的共识,在很多具体事务上,不可避免产生各种纷争,从而影响和阻碍"政策利好"优势的有效发挥。因此,尽管目前国家扶持鼓励社会组织发展的政策导向十分明确,但"重行政组织建设,轻社会组织建设;重登记,轻管理;重数量,轻质量;重使用,轻投入"的现象仍然存在③,制约了社会组织的良性发展。④

第二,社会组织党建工作方面的法规与政策有待进一步强化。

党是领导一切的。社会组织必须加强党建工作。然而,当前社会组织党建工作仍存在一些问题。主要包括:(1)思想认识不到位。一些党委和政府对社会组织党建工作认识不到位。有的地方政府对社会组织的培育和发展、监督管理以及社会组织党建工作重视不够,有的业务主管部门对管辖的社会组织党建工作不太关心,导致社会组织党建工作难落实,党组织覆盖面窄。有的社会组织发起人对党建工作认识比较模糊,认为党组织建立后,社会组织要受到监督和制约。(2)管理体制不明确。由于国家和省级层面没有专门的社会组织党建工作主管部门,一些社会组织党建工作出现多头管理甚至无单位管理的局面。(3)组

---

① 倪咸林:《十八大以来的社会组织治理:政策演化与内在逻辑》,《当代世界与社会主义》2017 年第 5 期。

② 王名:《走向公民社会——我国社会组织发展的历史及趋势》,《吉林大学社会科学学报》2009 年第 3 期。

③ 戴海东、蒯正明:《社会组织参与社会治理过程中存在的问题与对策——基于对温州社会组织的调查分析》,《科学社会主义》2014 年第 2 期。

④ 贾志科、罗志华:《新时代社会组织治理:面临的问题与路径选择》,《学术交流》2020 年第 3 期。

织活动缺成效。现实工作中,不少社会组织规模较小,党组织活动缺经费、无场地,普遍存在“有组织无活动,有活动无质量”的问题,党组织的战斗堡垒作用和党员的先锋模范作用发挥得不够明显。(4)作用发挥不明显。社会组织党组织和党员作用发挥得不明显,党建工作和日常运行脱节,影响党组织的凝聚力和战斗力。(5)队伍建设力度小。目前,社会组织人才队伍仍然存在学历、年龄等结构上分布失衡、用非所学、干非所长的现象,社会组织党建工作缺乏专业人才。一些社会组织负责人没有接受过党务知识培训,开展党务工作的能力和水平不能适应形势发展需要。① 概括来说,社会组织党建方面的法规与政策应当进一步加强。

第三,政府对社会组织抱有较大期待,但社会组织自身行动力尚且不足。

随着社会治理现代化理念的倡导和推进,政府对社会组织参与社会治理的期待有所增强。但不论是草根社会组织与政府之间,还是政府举办的社团与政府之间,在实践中都显示出了政府在权力格局上的主导地位。② 在某种程度上,社会组织必须积极服从政府的“指示命令”,靠政府“喂养发育”,否则便无法“独立生存”。街道和社区干部对辖区内社会组织所寄予的“厚望”,反而成为其自由成长与发展的“束缚”。目前,我国绝大多数社会组织的建立是由政府发起的,自愿结社的社会组织数量非常少。这些由政府发起的社会组织更多代表的是政府的意志,并且受限于公益性与自发性功能的发挥,此类社会组织的服务并未较好地凸显出吸引程度高的公益互助性,因而难以获得社会的普遍认同。那些少量自愿结社的社会组织,虽然在公益服务方面得到了社会更多的认同,但由于自发性在发展之中受到街道和社区的空间“排挤”与服务“排挤”,在资源获取和资金支持上处在下风。并且,由于当前很多社会组织往往是以“第三方”的身份出现在基层社会,具有中介性特征③,很容易出现难以处理当地“利益纠纷”以及“融入困境”等现象,最终导致社会组织这种舶来品陷入“他山之石,却难攻玉”的困境。④ 此外,部分公益性社会组织提供社会服务的效率较低,个别社会组织受物

① 兰洋:《新时代社会组织党建工作存在的问题及其破解》,《中州学刊》2022 年第 6 期。

② 谭日辉:《社会组织发展的深层困境及其对策研究》,《湖南师范大学社会科学学报》2014 年第 1 期。

③ 王阳亮:《自主与嵌入:社会组织参与治理的角色和逻辑》,《学术交流》2019 年第 2 期。

④ 罗婧:《他山之石,却难攻玉?——再探“第三方”改造困境的源头》,《社会学研究》2019 年第 5 期。

质利益驱使,将营利作为首要发展目标,与营利性企业的界限日渐模糊。加之,一些社会组织内部治理体系尚不健全,社会工作服务与管理型人才匮乏,人员的流动性极大,由此导致社会组织自身缺乏强有力的发展能动性,组织倡导与行动的能力明显不足。①

第四,社会组织发展的操作机制较为灵活,但缺乏系统的顶层设计支持发展和培育大量的社会组织参与到社会治理和公共服务中。

有研究指出,由社会组织提供服务,是弥补公共服务和社会管理的"政府失败"和"市场失灵"的有效途径。② 目前,从现有的情况来看,社会组织发展已经渗透到社会民生的各个业务领域,呈现出整体推进、组团发展的趋势。随着社会治理创新的进一步推进,政府不断出台政策文件推动各类社会组织的发展,构建了较为灵活的操作体制。然而,从整体上来说,当前实施的扶持社会组织发展的措施主要是以简化登记注册程序、减免税负等为主,尚缺乏更好的制度设计,难以适应社会组织的发展需要。同时,由于社会组织领域并不存在领导协调机构,社会组织管理的宏观政策也缺乏系统梳理,当政府上下级行政部门以"层层发包"模式运行时,社会组织的模糊性、多样性和复杂性特征日增。③ 社会组织的成长与发展,已经不是某一两个部门的小事,而是关涉到社会建设与治理全局的大事。而一些地方政府在顶层设计上,尚缺乏针对当地社会组织建设与管理的全方位体系设计,只有个别的指导意见或实施意见,不足以全面推进社会组织的健康快速发展。因此,社会组织的快速发展必须有赖于政府顶层制度与管理层面的大力支持,需要提升社会组织规章制度的层级,并加快建立领导协调机构,以此促进社会组织的高质量发展。④

第五,存在一些非法社会组织,需要进一步完善相关法规与政策予以杜绝。

近年来,随着国家打击整治非法社会组织力度的不断加大,部门联合执法机制更加健全,非法社会组织监测预警更加精准,社会各界对非法社会组织的防范

① 贾志科、罗志华:《新时代社会组织治理:面临的问题与路径选择》,《学术交流》2020年第3期。

② 李巍、孙乃纪:《治理转型期社会组织内部领导方略探究》,《学术交流》2015年第10期。

③ 黄晓春、周黎安:《政府治理机制转型与社会组织发展》,《中国社会科学》2017年第11期。

④ 贾志科、罗志华:《新时代社会组织治理:面临的问题与路径选择》,《学术交流》2020年第3期。

意识明显增强，非法社会组织数量明显减少，然而，仍存在一些非法社会组织，并表现新的特点。主要包括如下方面：(1)非法社会组织的表现形式更加多样。有的千方百计、想方设法"投靠"到合法登记的社会组织名下，变身为分支机构，为非法身份洗白；有的暗示与党政机关、事业单位有某种关系，伪装"官方背景"，营造其为"正规机构"的假象，诓骗不明真相的群众。(2)非法社会组织的运作手法更加隐蔽。非法社会组织非常狡猾，绞尽脑汁以各种方式对抗调查。有的不再对外公布联系地址、联系人员、联系电话，仅通过一个邮箱开展活动，让人找不到组织实体；有的在活动宣传中隐去主办单位和参与人员，仅闻其声、不见其人；有的"打一枪换一个地方"，与监管部门打"游击战"。(3)非法社会组织的互动方式更加虚拟。通过抖音、微博、微信、QQ 等网络方式开展活动的现象越来越普遍，搭建网站平台成为一些非法社会组织对外宣传和联络的主要途径，组织实体有越来越虚拟化的趋势。(4)非法社会组织的活动领域更加宽泛。过去非法社会组织活动主要集中在经济领域，以骗钱敛财为目的，如今，在社会领域、政治领域也开始出现非法社会组织活动的苗头，个别非法社会组织甚至与境外敌对势力相勾连，对我国进行渗透破坏活动，危害国家安全。针对这些非法社会组织，我国需要进一步完善与强化执行相关法规与政策以杜绝其存在。①

此外，在社会组织的具体领域，包括民办非企业单位、社会团体、基金会法规与政策领域也存在一些问题，需要完善相关领域的法规与政策。

---

① 《民政部社会组织管理局负责同志就 2023 年打击整治非法社会组织专项行动有关问题答记者问》，《中国民政》2023 年第 16 期。

第十三章

劳动就业法规与政策

就业是民生之本。劳动既是每个公民的权利,也是每个公民应尽的义务。在劳动就业领域,社会工作者提供服务时,不仅要运用专业的理论与方法,而且要掌握劳动就业法规与政策,向尚未就业或者失业的服务对象提供政策咨询、法律培训等服务,向在职服务对象提供生产适应、环境协调、福利保障、职业生涯发展、劳动关系协调等服务。① 本章主要介绍劳动就业法规与政策的发展演变、主要内容及运行中存在的主要问题。

第一节　劳动就业法规与政策的发展演变

在我国原始社会,生产力极端低下,人们共同劳动,紧密团结,抗御大自然的压力。各成员之间人人平等,互相扶持。②

夏朝建立后,原始公社解体,中国奴隶社会开始,形成了奴隶主贵族的统治,奴隶被奴役在田间耕作,受贵族的剥削和压迫,奴隶主对奴隶掌握着生杀予夺的大权。③

到春秋时期,进入奴隶社会向封建社会转变阶段。奴隶的集体劳动制度瓦解,一家一户的个体小农生产方式得到发展。自耕农的身份不同于此前的奴隶,

① 关信平主编:《社会工作政策法规》,中国社会出版社 2015 年,第 236 页。

② 朱绍侯等主编:《中国古代史》(上册),福建人民出版社 2000 年,第 10 页。

③ 朱绍侯等主编:《中国古代史》(上册),福建人民出版社 2000 年,第 38—42 页。

自耕农占有少量生产资料，虽仍受超经济剥削，但由于有权支配部分收获物，因而与奴隶有根本区别，生产积极性有所提高。另外，春秋时期，出现了一些独立手工业者与商人。①

战国时代，由于封建的生产关系取代了奴隶制的生产关系，大部分直接生产者从奴隶制的桎梏下解放出来，他们的劳动积极性得到提高。

在工商业方面，春秋以前，由官府经营，也有一部分奴隶就业。到春秋战国之际，随着土地私有制逐渐建立，国家政权逐渐转至地主手里，工商业逐渐离开官家的豢养，成为私人经营。

战国时期，中国封建社会开始形成，地主阶级占有大量土地，剥削和压迫农民。农民因本身地位和生产条件的不同而形成不同的阶层。首先，封建国家“授田”制下的农民是当时农民阶级的主要组成部分。国家以“授田”形式将土地分给农民，农民则向国家缴纳租税，服徭役和兵役，并有严格的户籍制度将农民束缚在土地上，不准私自迁徙。其次是依附于私人地主的农民，即佃农。佃农租种地主的土地，将收成的一半以上作为地租交给地主。这种佃农的身份同样不自由。由于佃农依附于豪强地主，一般不再承担封建国家的义务。再有是自耕农，他们占有少量土地和农具，人身比较自由，但地位很不稳定。此外，还有雇农，是农民中最苦的一部分，生活毫无保障。②

中国封建土地所有制下，除了社会动荡时期，绝大多数农民的劳动就业状况一直延续到近代。

鸦片战争前，封建土地制度依然是社会的经济基础。农业社会的主要生产资料——土地，被掌握在皇室、官僚、地主手里。占全国人口80%以上的农民，只有很少的土地或者完全没有土地，拥有的土地占比仅10%左右。因而，广大农民大都只能租种地主的土地，受地主阶级的残酷剥削。农民要将收成的一半，甚至60%—80%交给地主。此外，农民必须承担朝廷沉重的赋税，除了“正赋”外，还受层层官吏胥役各种私派的敲诈勒索。繁重的地租、税赋、劳役和高利贷，使广大农民陷于极端贫困的悲惨境地，常常连简单再生产也难以维持。以小农业和家庭手工业相结合的自给自足的自然经济，依然在社会经济中占主要地位，农民

① 朱绍侯等主编：《中国古代史》（上册），福建人民出版社2000年，第127—137页。
② 朱绍侯等主编：《中国古代史》（上册），福建人民出版社2000年，第168—181页。

不但生产自己所需要的粮食和农产品，而且生产自己所需的大部分手工业产品。① 不过，到中国封建社会晚期，农民对地主的人身依附关系总体越来越宽松，特别是在定额租制下，地主丧失了干预生产和佃农本身的条件，佃农对地主的人身依附关系相对较弱，佃农的生产主动性较强。②

中国传统社会中，除了大部分农民务农兼营一些家庭手工业之外，从明朝中叶开始，中国封建社会内部已开始孕育着资本主义萌芽，出现了以雇佣关系为基础的手工业工场，工人靠工资而生存。③ 此外，随着中国封建经济的日益发展，从事商业的人员也越来越多。

鸦片战争之后，随着资本-帝国主义的入侵与清朝实施洋务运动，以及中国民族资本主义的发展，一部分中国人开始在近代工业企业中就业，尽管当时无产阶级的人数不多，到 1919 年才有近 200 万。④

到 1949 年新中国成立前夕，中国的劳动就业状况仍然没有根本性的变化。绝大多数农民务农，占乡村人口总数不到 10%的地主、富农约占 70%—80%的土地，约占农村人口总数 90%的贫、雇农和中农仅占 20%—30%的土地。有些人从事现代工业。1949 年底，在国家垄断资本和私人官僚资本企业的职工有 129 万人。⑤ 此外，还有人在商业、服务业等行业就业，但人数很少。

在新中国成立之前，出现具有现代意义的劳动就业法规与政策是中华民国建立之后的事情。

中华民国初年，北京政府制订并颁布了一系列经济法规，首次涉及劳动立法事宜。

1914 年，北京政府公布了《矿业条例》《矿业条例细则》。这两个条例是中国劳动立法的萌芽。

1923 年，为应付当时日益高涨的工人运动，农商部发布了《暂行工厂通知》。该法案对于劳动保护法的基本内容均已涉及，这是中国第一部工厂法。同年 5 月，农商部又公布了《矿工待遇规则》《矿场钩虫病预防规则》《矿业保安规则》

① 陈旭麓主编，蒋世弟、吴振棣编写：《中国近代史》，高等教育出版社 1988 年，第 2—3 页。

② 朱绍侯等主编：《中国古代史》(下册)，福建人民出版社 2000 年，第 424 页。

③ 陈旭麓主编，蒋世弟、吴振棣编写：《中国近代史》，高等教育出版社 1988 年，第 3—4 页。

④ 刘明逵编：《中国工人阶级历史状况》，中共中央党校出版社 1985 年，第 92 页。

⑤ 靳德行主编：《中华人民共和国史》，河南大学出版社 1989 年，第 12—15 页。

《煤矿爆炸预防规则》等法规。从条文上看,这一系列法规开启了民国前期劳动保护法的先河。

北京国民政府还先后三次草拟了劳动组织法规。第一次是1924年拟定的《工人协会法案》15条。第二次是1925年农商部重拟的《工会条例草案》25条。由于有许多限制条款,所以该草案一经公布,各地工会和学生强烈反对。于是,北京政府被迫将《工会条例草案》改订为34条,删除了草案中对工会发起人资格的限制等条文,但经修改后的草案未被国会通过,加上政局动乱不安,最终不了了之。

1927年,安国军政府成立后,农工部将《暂行工厂通则》加以增删,改名为《工厂条例》。《工厂条例》比《暂行工厂通则》的内容要完备一点,它不仅适用于平时使用工人在15人以上的工厂,而且适用于在中国的外国工厂;在童工女工保护上,禁止雇用儿童的年龄,男提高为12岁,女提高为14岁,休息时间也由每月三日增为每星期一日;在工厂监察上,规定行政官署必须随时派员检查工厂劳动状况,违者将处以罚款。同年,北京政府还公布了《农工部监察工厂规则》27条,规定由农工部派工厂监察官分驻国内各工业区,监察有关劳工保护事宜;无论何种工厂,对于工厂监察官依本规则所发命令,有绝对服从之义务;非经诉愿之程序,不得取消之;监察官进厂监察不必事先通知,可检察任何部分,并须上报结果;工厂内任何有妨害工人健康之工作,监察官有权停止全部或部分工作;监察官可向工人或其他证人征求证物,工厂监察官有权要求地方政府废止;能调用地方警力协助执行公务。此规则赋予工厂监察官以如此之多的权力,在当时确实是一个有进步意义的法规。

综上,民国前期制订和颁发的劳动法规,利于改善无产阶级的劳动状况,基本涵盖了劳动关系的各个领域,为工人阶级利用合法手段改善自己的地位和待遇提供了契机。

民国前期的劳动法规曾在一定时期和范围内实行,《暂行工厂条例》《矿工待遇规则》颁布后,确实收效甚微,但这并不排斥在某一特定时期、特定范围内实施的可能。

民国前期北京政府的劳动立法是中国法制近代化不可或缺的一环,并对此后南京国民政府的劳动立法产生了诸多影响。①

---

① 汤毅平:《民国前期的劳动立法》,《求索》2004年第5期。

1927 年,南京国民政府成立之后,劳动就业方面也先后颁布了一些法规与政策。主要有如下。

第一,《工会法》。1928 年,国民党政府颁布了《工会组织暂行条例》,1929 年又颁布了《工会法》。《工会法》第 4 条规定,“工会之主管监督机关,为其所在省市县政府”;第 5 条规定,组织工会须向主管官署请求审批;第 27 条规定了对工会职员或成员的罚则;第 50 条规定了对工会理事的罚则。该法是限制和剥夺工人阶级民主和自由的法律。

第二,1928 年公布的《劳动争议处理法》。它规定“劳资争议机关为调解委员会”和“仲裁委员会”。调解委员会的成员由主管行政官署派代表 1 人至 3 人,争议当事人双方各派 2 人组成;仲裁委员会由主管行政官署派代表 1 人,省党部或该地市县党部派代表 1 人,地方法院派代表 1 人组成。这种“调解”或“仲裁”是在主管行政官署和党部操纵之下进行的,只能作出有利于资本家的调解或仲裁。①

第三,1929 年公布的《工厂法》。在劳资关系各个方面都有一些规定。某些规定貌似对工人有利,实际是一纸空文。

第四,1930 年公布的《团体协约法》,即“集体合同法”。该法规定,团体协约,是由雇主或有法人资格的雇主团体与有法人资格的工人团体订立的关于劳动条件的书面契约,签订后必须经过主管官署批准;并且规定,团体协约当事团体对其团员有使其不为一切斗争,并使其不违反团体协约规定的义务,借以束缚工人对资本家的斗争,维护资本家对工人的剥削和统治。

第五,1936 年公布的《矿场法》,对于矿场的生产安全及职业卫生作了比较具体的规定。但是,在日本帝国主义铁蹄践踏中国、国土相继沦陷的情况下,该法根本难以贯彻实施。②

尽管国民党颁布了一些劳动就业法规与政策,但对劳动群众根本没有产生积极影响。

新中国成立前,除国民党政府之外,共产党控制的区域也颁布了一些劳动就业法规与政策。1930 年初,共产党建立了以瑞金为中心的革命根据地,1931—1933 年,制定了一些劳动法规,其宗旨是:“为了发展生产,保护劳动者利益,改善人民生活”。这些劳动立法成为调整劳动关系和发动群众的武器。为了保障工

---

① 关怀主编:《劳动法》(第 3 版),中国人民大学出版社 2008 年,第 42—43 页。

② 吴晓煜:《重视矿山安全卫生的民国〈矿场法〉》,《中国煤炭报》2013 年 11 月 29 日。

会权利,江西革命根据地制定了《赤色工会组织法》,其主要内容规定工会的性质和任务,以及工会与苏维埃的关系和工会会员的义务。1930 年,全国苏维埃区域代表大会通过并公布了《劳动保护法》,规定了工作时间、休息时间、工资、保障与抚恤、工会、社会保障、劳动保护监察事项。1931 年,中华苏维埃第一次全国代表大会通过了《中华苏维埃共和国劳动法》,主要内容包括:适用范围、雇佣的手续、集体合同与劳动合同、工作时间、休息时间、工资、女工、青工及童工、劳动保护、社会保险、工会。1933 年,开始起草新的《劳动法(草案)》,起草完成后经过各地工农群众讨论并提出意见,中华苏维埃共和国中央执行委员会又对《劳动法(草案)》加以审查修改后,颁布了新的《劳动法》。另外,各边区政府曾经先后颁布一些劳动法规。在解放战争时期,第六次全国劳动大会明确阐述了劳动立法的指导原则。1948 年,在哈尔滨召开的会议上通过了《关于中国职工运动当前任务的决议》,在决议中提出了有关劳动立法的建议。

综上,革命根据地的劳动立法调整了各根据地的劳动关系,调动了劳动者反对帝国主义、封建主义和官僚资本主义的革命积极性,并为新中国成立后劳动立法积累了经验。①

新中国成立后,我国劳动就业发生了根本性变化。为了保证就业问题最大限度纳入计划管理体制,有效支持社会主义公有制经济对劳动力的需求,我国初步建立起高度集中的劳动工资计划管理体制,对劳动就业实行严格的计划安置。在生产资料所有制上,整个社会经济高度集中,只存在全民所有制和集体所有制两种公有制形式。在全民所有制中,政府既是生产资料的所有者,也是生产经营者,表现在劳动就业上就是,国家通过行政手段将劳动者分配到各企业,劳动者以"固定工"的形式长期在某一企业劳动,流动较少。在城镇集体所有制中,劳动就业也往往向全民所有制看齐。在农村,新增劳动力基本由人民公社解决。新中国成立后的三十余年中,我国劳动就业的主要特点有如下方面:①确立以"零失业率"为目标的就业政策;②实行统包统配的就业制度;③实行国家固定工制度。②

在新中国计划经济体制形成及巩固过程中,我国先后颁布了一系列重要的劳动就业法规与政策。

1950 年 5 月,劳动部公布了《工厂卫生暂行条例(草案)》。这对改进工厂的

① 关怀主编:《劳动法》(第 3 版),中国人民大学出版社 2008 年,第 44—47 页。

② 赵景峰:《中国劳动就业研究》,西北大学出版社 2002 年,第 1—4 页。

卫生起了较大作用。同年6月，中央人民政府公布了《中华人民共和国工会法》。这是新中国成立初的重要法律之一。

1951年2月，政务院公布了《劳动保险条例》(1953年又作了修正)。该条例对生、老、病、死、伤、残等保险待遇都作了具体规定，减轻了工人生活中的特殊困难，使暂时或长期丧失劳动能力的职工在生活上有了基本的物质保障。

为了解决新中国成立初经济恢复时期的失业问题，1950年，政务院发布了《关于救济失业工人的指示》，劳动部公布了《救济失业工人暂行办法》。1952年，政务院又公布了《关于劳动就业问题的决定》。这些法令对于解决当时失业工人的困难和从积极方面安排失业人员就业，发挥了较好作用。

为了正确处理当时存在的劳资关系，1949年11月，中华全国总工会制定了《关于劳资关系暂行处理办法》以及《关于私营工商企业劳资双方订立集体合同的暂行办法》。这对当时调整劳资关系和维护职工的利益有很大的意义。1950年4月，劳动部发布了《关于在私营企业中设立劳资协商会议的指示》。这些办法非常利于贯彻对私人资本家的利用、限制和改造政策。1950年11月，劳动部还公布了《关于劳动争议解决程序的规定》，对维护生产、保护工人利益和合理解决劳动纠纷提出了适当的办法。

1954年9月，新中国第一部宪法公布。它对我国劳动关系的调整与公民的基本权利和义务都作了规定。《宪法》明确规定了我国劳动的性质和国家对待劳动鼓励与支持的态度、公民的劳动权与国家给予职工工资待遇与改善劳动条件的原则、公民的休息权、物质帮助权。此外，还规定了公民有遵守劳动纪律的义务。这些条文都是我国劳动立法的基本原则。

为了落实《宪法》的要求，早在1954年7月政务院就公布了《国营企业内部劳动规则纲要》。这对于巩固劳动纪律具有重要的意义。为进一步加强劳动力的管理，1957年，国务院公布了《关于各单位从农村中招用临时工的暂行规定》。在工资方面，1956年6月，国务院公布了《关于工资改革的决定》《建筑安装工程安全技术规程》《工人职员伤亡事故规程》。这些法规的颁布，极大地鼓舞了职工建设社会主义的热情，有力保证了国家生产计划的完成和超额完成。

1956年底，我国进入全面建设社会主义时期，劳动法规进一步取得很大进展。1958年，国务院公布了《关于工人、职工退休处理的暂行规定》《关于企业、事业单位和国家机关中普通工和勤杂工的工资待遇的暂行规定》《关于国营、公私合营、合作社营、个体经营的企业和事业单位的学徒的学习期限和生活补贴的暂行规定》《关于工人、职员回家探亲的假期和工资待遇的暂行规定》等四项重要规定;同年,还公布了《关于工人职员退休处理的暂行规定(草案)》。这些法规是总结数年经验制定的,比较适应当时的经济条件和客观需要,深得广大群众的拥护和支持。

1966 年到 1976 年的"文革"期间,我国又公布了几项劳动法令。①

1978 年,我国开启了改革开放,劳动就业逐渐向市场化方向转变,大体经历了以下几个阶段。

第一阶段(1970 年代末至 1980 年代中期):广开门路,多方就业。七十年代末、八十年代初,我国重点抓了城镇社会劳动力管理的改革,解决了一度十分严重的城镇就业问题。1980 年 8 月,党中央召开了全国劳动工作会议,首次提出在国家的统筹规划和指导下,实行劳动部门介绍就业、自愿组织起来就业、自谋职业相结合的"三结合"方针。八十年代初期,一些用人单位开始出现一种人事关系,即单位保留职工的公职和工龄,但不发工资;职工缴纳一定数额的养老保险基金、待业保险基金,但不用上班。这就是人们常说的"停薪留职"。这是我国的用工制度从计划体制向市场体制过渡的产物。这一阶段开始打破国家"统包统配"单渠道安置就业的局面。

第二阶段(1985—1986 年):推行劳动合同制。1986 年 10 月,国家颁布了关于在全民所有制企业新招工人中实行劳动合同制的规定,对招工用工制度进行改革,实行了"面向社会、公开招收、全面考核、择优录用"的办法,核心内容是推行劳动合同制,使劳动制度改革从社会劳动力管理深入到企业新增劳动力管理层面。这一改革初步确立了劳动者与企业的双向选择关系,初步在劳动力要素的配置方式中形成一定程度的就业竞争,但未动摇固定工制度。

第三阶段(1987—1990 年代初):改革固定工制度。在全民所有制企业新增职工中,基于全面推行劳动合同制,从 1987 年开始大范围推动固定工制度的改革。劳动制度改革的步伐,触及过去用工制度的核心——国家固定工制度,先后提出了优化劳动组合、合同化管理,变"国家职工"为"企业职工",在社会上实行劳动力的有计划调配与市场调节相结合。

第四阶段(1990 年):劳动计划体制改革。开始改革过去劳动制度核心——劳动计划体制。在单个改革就业、用工和计划体制的基础上,实行三位一体的劳

---

① 关怀主编:《劳动法》(第 3 版),中国人民大学出版社 2008 年,第 48—49 页。

动制度改革,紧紧围绕建立社会主义市场经济体制向劳动工作提出的主要任务,以全面推进全员劳动合同制为中心,进行三位一体的劳动制度改革,各地对企业安置富余职工,纷纷实施了一系列优惠政策,以促进企业尽可能做到内部消化。企业实现劳动组合,根据企业的需要自行将一些富余职工列入编外或实行厂内待业、下岗等。把企业富余人员剥离出企业,企业事实上已获得在内部管理职工的主要权力。

第五阶段(1990 年代初—1990 年代末):农村剩余劳动力转移。农民的劳动制度在计划经济管理体制中日益解体,其中关键性的改革有五点:(1)以家庭联产承包责任制为核心的农村改革。实行家庭联产承包责任制以后,土地可自己经营,也可转包或委托他人经营,因而有了离土离乡的自由。(2)在原来的社队企业基础上,乡镇企业异军突起,为农村剩余劳动力找到了有效的就业途径。(3)随着商品经济的发展及粮油价格的松动,粮票和油票退出历史舞台,流动农民的吃饭问题随之得到解决。(4)城镇的三资企业、私营企业和个体工商户,它们的性质决定它们可根据各自的需要依法雇用农村劳动力。(5)允许农村劳动力跨地区、跨城乡流动,而城乡差别、工农差别、地区差别对农民工流动又起到了推波助澜的作用。每年的外出农民工超过五千万人,成为流入地城镇经济发展的主力军。随着企业成为自负盈亏的经济主体,其用人自主权的扩大,农村劳动力价廉、福利费用低下,为企业经济效益的提高做出了重要贡献。①

第六个阶段(21 世纪以来):市场化就业制度形成阶段。1990 年代开始的下岗制度逐步完成后,以往的固定工制度发生了根本性变化。就业机制的转换带动了企业用工制度、工资分配制度、社会保障制度的改革。企业依据《劳动法》自主用人。在工资分配上,国家从微观管理转变为宏观调控,工资形成市场机制逐步发展,工资开始成为反映劳动力供求状况、引导劳动力流动的重要杠杆。同时,与就业制度变迁相适应的还有社会保障制度的变迁,为防止就业机制市场化转变带来的职业波动,国家逐步建立了基本养老、基本医疗、工伤、失业和生育保险体系,1990 年代中期又建立了城市居民最低生活保障制度。从 1993 年开始实施国有企业下岗职工再就业工程,1998 年又推出了国有企业下岗职工基本生活保障和再就业等一系列措施。进入 21 世纪,国家在加强劳动力市场培育和发展的同时,在改善劳动力供给结构、加强人力资源能力建设、扩大就业、促进再就

① 赵景峰:《中国劳动就业研究》,西北大学出版社 2002 年,第 7—10 页。

业、推动公共职业服务等方面采取了一系列办法，就业制度变迁的路径继续朝着市场经济发展的方向改变。① 到 21 世纪初，中国基本完成了从计划经济体制下就业制度转到以市场为导向的就业制度，劳动就业制度发生了根本性变化。

伴随着改革开放以来的劳动就业制度变化，国家先后颁布了许多重要的劳动法规与政策。

1981 年 7 月，中共中央、国务院转发了《国营工业企业职工代表大会暂行条例》，旨在建立和健全职工代表大会制度，保证我国职工有效地参加企业管理和增强职工的主人翁责任感。

1982 年 2 月，国务院发布了《矿山安全条例》和《矿山安全监察条例》。劳动人事部发布了《关于积极试行劳动合同制的通知》，促进了我国劳动合同制的发展。同年 4 月，劳动人事部发布了《工人技术考核暂行条例（试行）》，推动了工人技术考核工作；与此同时，国务院颁布了《企业职工奖惩条例》，旨在增强企业职工的国家主人翁责任感，鼓励其积极性和创造性，维护正常的生产秩序和工作秩序等。

1986 年 7 月，国务院发布了《国营企业实行劳动合同制暂行规定》《国营企业招用工人暂行规定》《国营企业辞退违纪职工暂行规定》和《国营企业职工待业保险暂行规定》等四项暂行规定。同年 9 月，为进一步健全职工代表大会制度，中共中央、国务院发布了新的《全民所有制工业企业职工代表大会条例》，以取代 1981 年 7 月中共中央、国务院转发的《国营企业职工代表大会暂行条例》。

1987 年 6 月，为保护未成年人的利益，劳动人事部发布了《关于严格禁止招用童工的通知》。同年 7 月，为应对经济体制改革过程中逐渐增多的劳动争议，国务院发布了《国营企业劳动争议处理暂行规定》。

1988 年 7 月，为保护女职工在劳动方面的特殊权利，国务院发布了《女职工劳动保护规定》。

1990 年 1 月，劳动部发布了《女职工禁忌劳动范围的规定》，旨在加强女职工劳动保护、维护女职工合法权益、保护女职工及其后代的健康等。

1992 年 4 月，七届全国人大第五次会议通过了新的《中华人民共和国工会法》（2001、2009、2021 年先后进行了三次修正）和《妇女权益保障法》，为调整劳动关系确定了某些规范，前者对工会在代表职工合法权益参与调整劳动关系方

① 张勇：《中国就业制度变迁与公共政策选择》，江西科学技术出版社 2007 年，第 35—36 页。

面作出了一系列规定,后者则在妇女劳动权利的保护方面规定了相应条款。同年 11 月,七届全国人大常委会第 28 次会议通过了《中华人民共和国矿山安全法》,为我国的矿山安全提供了法律保障。

1993 年 7 月,国务院颁布了《中华人民共和国企业劳动争议处理条例》,进一步健全了劳动争议处理制度,扩大了实施范围,使劳动争议的处理有了新的发展。

1994 年 2 月,国务院发布了《关于职工工作时间的规定》,规定从 1994 年 3 月 1 日起在我国实行每日工作 8 小时、平均每周工作 44 小时的工作制度,职工的休息权有了法律保护。① 同年 7 月,我国通过了《中华人民共和国劳动法》(此后简称《劳动法》,2009、2018 年先后进行了修正)。

进入 21 世纪后,我国又出台了一些关于劳动就业的法规与政策。

2001 年 5 月,劳动保障部等下发了《关于推动社区就业工作的若干意见》,旨在为贯彻落实党中央、国务院关于积极扩大就业和推进社区建设的要求,把社区建设和扩大就业有机结合起来,着力拓宽社区就业门路等。同年 10 月,九届全国人大常委会第 24 次会议通过了《中华人民共和国职业病防治法》(此后简称《职业病防治法》,2018 年进行了修正),旨在为了预防、控制和消除职业病危害,防治职业病,保护劳动者健康及其相关权益等。

2002 年 6 月,十三届全国人大常委会第 29 次会议通过了《中华人民共和国安全生产法》(此后简称《安全生产法》),旨在为了加强安全生产工作,防止和减少生产安全事故,保障人民群众生命和财产安全等(2009、2014、2020、2021 年先后进行了修正)。

2003 年 6 月,为进一步落实下岗失业人员再就业税收优惠政策,保证再就业工作的顺利进行,财政部等发布了《财政部 国家税务总局关于下岗失业人员再就业税收政策的补充规定》。

2004 年 1 月,为维护劳动者取得劳动报酬的合法权益,保障劳动者个人及其家庭成员的基本生活,劳动和社会保障部出台了《最低工资规定》。与此同时,劳动和社会保障部还制定了《集体合同规定》。同年 4 月,为贯彻落实党的十六大和中央人才工作会议精神,进一步促进高等职业教育改革的深入开展,教育部发布了《教育部关于以就业为导向深化高等职业教育改革的若干意见》。同年 10

① 关怀主编:《劳动法》(第 3 版),中国人民大学出版社 2008 年,第 49—50 页。

月，国务院公布了《劳动保障监察条例》，旨在为了贯彻实施劳动和社会保障法律、法规和规章，规范劳动保障监察工作，维护劳动者的合法权益。

2007年2月，为促进残疾人就业，保障残疾人的劳动权利，国务院颁布了《残疾人就业条例》。同年6月，为完善劳动合同制度，明确劳动合同双方当事人的权利和义务，保护劳动者的合法权益，构建和发展和谐稳定的劳动关系，十届全国人大常委会第28次会议通过了《中华人民共和国劳动合同法》（此后简称《劳动合同法》，2012年进行了修正）。同年8月，为促进就业，促进经济发展与扩大就业相协调，促进社会和谐稳定，十届全国人大常委会第29次会议通过了《中华人民共和国就业促进法》（此后简称《就业促进法》，2015年进行了修正）。与此同时，为进一步加强创业培训推进创业促就业工作，劳动保障部还下发了《关于进一步加强创业推进创业促就业工作的通知》。同年11月，劳动保障部出台了《就业服务与就业管理规定》（2014、2015、2018、2022年进行了修订）。同年12月，为维护职工休息休假权利，调动职工工作积极性，国务院制定了《职工带薪年休假条例》。与此同时，为公正及时解决劳动争议，保护当事人合法权益，促进劳动关系和谐稳定，十届全国人大常委会第31次会议通过了《中华人民共和国劳动争议调解仲裁法》（此后简称《劳动争议调解仲裁法》）。

2008年9月，人力资源社会保障部等发布了《关于促进以创业带动就业工作的指导意见》，旨在促进以创业带动就业工作。不久，国务院办公厅转发了该文件。

2012年4月，为减少和解决女职工在劳动中因生理特点造成的特殊困难，保护女职工健康，国务院发布了《女职工劳动保护特别规定》。同年6月，为规范对外劳务合作，保障劳务人员的合法权益，促进对外劳务合作健康发展，国务院颁布了《对外劳务合作管理条例》。

党的十八大以来，党和政府高度重视就业工作，进一步完善劳动就业的法规与政策，主要包括以下方面。

2015年12月，财政部等印发了《就业补助资金管理暂行办法》，旨在落实好各项就业政策，规范就业补助资金管理，提高资金使用效益。

2016年5月，教育部办公厅发布了《教育部办公厅关于进一步做好高校毕业生就业创业工作的通知》，对做好高校毕业生就业创业工作进行全面部署。同时，为规范和完善促进残疾人就业增值税优惠政策管理，国家税务总局制定了《促进残疾人就业增值税优惠政策管理办法》。

2017 年 1 月，国务院印发了《"十三五"促进就业规划的通知》，旨在进一步加强战略引领、明确主要任务、细化政策重点。同年 4 月，就进一步做好就业创业工作，国务院发布了《国务院关于做好当前和今后一段时期就业创业工作的意见》。同年 10 月，为落实好各项就业政策，规范就业补助资金管理，提高资金使用效益，财政部、人力资源社会保障部印发了《就业补助资金管理办法》。同年 12 月，就推动高校形成就业与招生计划、人才培养的联动机制，教育部发布了《教育部关于推动高校形成就业与招生计划人才培养联动机制的指导意见》。

2018 年 4 月，农业农村部发布了《农业农村部关于大力实施乡村就业创业促进行动的通知》，旨在促进农业提质增效、农村繁荣稳定和农民就业增收等。

2018 年 5 月，国务院发布了《国务院关于推进终身职业技能培训制度的意见》，旨在全面提高劳动者素质，促进就业创业和经济社会发展等。

2018 年 7 月，国家发改委等发布了《关于大力发展实体经济积极稳定和促进就业的指导意见》，旨在加快建设实体经济与人力资源协同发展的产业体系，大力发展实体经济，着力稳定和促进就业，更好保障和改善民生。与此同时，就促进退役军人就业创业工作，退役军人部等制定了《关于促进新时代退役军人就业创业工作的意见》。退役军人部等制定了《关于进一步加强由政府安排工作退役士兵就业安置工作的意见》，旨在进一步加强和改进由政府安排工作退役士兵就业安置工作等。

2018 年 9 月，国家发改委等印发了《关于发展数字经济稳定并扩大就业的指导意见》，旨在加快形成适应数字经济发展的就业政策体系，大力提升数字化、网络化、智能化就业创业服务能力，不断拓展就业创业新空间等。

2018 年 12 月，为更好地服务稳就业工作，推动实现更高质量和更充分就业，就推进全方位公共就业服务，人力资源社会保障部等印发了《关于推进全方位公共就业服务的指导意见》。与此同时，为稳定就业，扩大帮扶范围和增强支持力度，国务院印发了《国务院关于做好当前和今后一个时期促进就业工作的若干意见》。

2019 年 2 月，为进一步支持和促进重点群体创业就业，财政部等发布了《财政部 税务总局 人力资源社会保障部 国务院扶贫办关于进一步支持和促进重点群体创业就业有关税收政策的通知》。同年 5 月，为进一步加强对就业工作的组织领导和统筹协调，凝聚就业工作合力，更好实施就业优先政策，国务院决定成立国务院就业工作领导小组，作为国务院议事协调机构，国务院就业工作部际联席会议同时撤销。同年12月，针对国内外风险挑战增多，稳就业压力加大，为全力做好稳就业工作，国务院印发了《关于进一步做好稳就业工作的意见》。与此同时，为促进非全日制研究生教育健康发展，进一步做好非全日制研究生就业工作，教育部办公厅等发布了《关于进一步做好非全日制研究生就业工作的通知》；国家发改委等印发了《关于完善残疾人就业保障金制度更好促进残疾人就业的总体方案》，旨在完善残疾人就业保障金制度更好促进残疾人就业。

2020年3月，国务院办公厅发布了《国务院办公厅关于应对新冠肺炎疫情影响强化稳就业举措的实施意见》，旨在加快恢复和稳定就业等。同时，为应对新冠肺炎疫情影响强化稳就业举措，农业农村部办公厅、人力资源社会保障部办公厅印发了《扩大返乡留乡农民工就地就近就业规模实施方案》。

2020年7月，国务院办公厅发布了《国务院办公厅关于支持多渠道灵活就业的意见》，支持个体经营、非全日制以及新就业形态等灵活多样的就业方式。与此同时，国务院办公厅发布了《国务院办公厅关于提升大众创业万众创新示范基地带动作用 进一步促改革稳就业强动能的实施意见》；国家发改委等印发了《关于支持新业态新模式健康发展激活消费市场带动扩大就业的意见》，从线上公共服务和消费模式、生产领域数字化转型、新型就业形态、共享经济新业态等四个方面，针对15种数字经济新业态新模式重点方向提出了一系列支持政策。同年8月，为进一步做好当前农民工就业创业工作，人力资源社会保障部等发布了《关于做好当前农民工就业创业工作的意见》。同年11月，为在农业农村基础设施建设领域积极推广以工代赈方式，充分发挥以工代赈功能作用，国家发改委等印发了《关于在农业农村基础设施建设领域积极推广以工代赈方式的意见》。

2021年7月，全国总工会印发了《中华全国总工会关于切实维护新就业形态劳动者劳动保障权益的意见》，从七方面举措维护新就业形态劳动者权益。同年8月，国务院发布了《国务院关于印发"十四五"就业促进规划的通知》，提出了"十四五"时期促进就业的指导思想、基本原则、主要目标、重点任务和保障措施。同年9月，全国总工会印发了《关于推进新就业形态劳动者入会工作的若干意见（试行）》，为各地工会破解新就业形态劳动者入会难题提供了具体、可遵循的"指导手册"。

2022年1月，就引导和鼓励民营企业招用自主就业退役军人，退役军人部等印发了《关于引导和鼓励民营企业招用自主就业退役军人的意见》。

2022年2月，就深入实施创业带动就业示范行动有关事宜，国家发改委等发布了《国家发展改革委等部门关于深入实施创业带动就业示范行动力促高校毕业生创业就业的通知》。

2022年3月，国务院办公厅发布了《国务院办公厅关于印发促进残疾人就业三年行动方案（2022—2024年）的通知》，旨在进一步巩固拓展残疾人脱贫攻坚成果，促进残疾人实现较为充分较高质量的就业等。

2022年5月，为贯彻落实党中央、国务院决策部署，做好当前和今后一段时期高校毕业生等青年就业创业工作，国务院办公厅发布了《国务院办公厅关于进一步做好高校毕业生等青年就业创业工作的通知》。

2022年7月，就在重点工程项目中大力实施以工代赈促进当地群众就业增收，国务院办公厅转发了国家发展改革委《关于在重点工程项目中大力实施以工代赈促进当地群众就业增收工作方案的通知》。与此同时，为切实发挥社会组织在促进高校毕业生等群体就业中的积极作用，民政部等印发了《民政部 教育部 人力资源社会保障部关于推动社会组织进一步助力高校毕业生等群体就业工作的通知》。

2022年11月，全国总工会印发了《关于深入推进“兜底建”工作的指导意见》，旨在最大限度把新就业形态劳动者组织到工会中来。与此同时，人力资源社会保障部等发布了《关于进一步支持农民工就业创业的实施意见》，制定了促进农民工及脱贫人口就业创业的一些政策措施。

2022年12月，就进一步发挥人民法院职能作用，服务保障稳就业大局，最高人民法院发布了《关于为稳定就业提供司法服务和保障的意见》。

2023年1月，就做好就业困难退役军人帮扶工作，退役军人部等制定了《关于加强就业困难退役军人帮扶工作的意见》。同年4月，为深入实施就业优先战略，多措并举稳定和扩大就业岗位，全力促发展惠民生，国务院办公厅发布了《国务院办公厅关于优化调整稳就业政策措施全力促发展惠民生的通知》。

2024年2月，为加强灵活就业和新就业形态劳动者权益保障，人社部等印发了《关于加强新就业形态劳动纠纷一站式调解工作的通知》。

此外，近些年来，一些地方政府也颁布了一些地方性的劳动就业法规与政策。

综上，近些年来，尤其是党的十八大以来，我国制定的劳动就业法规与政策较好地发挥了作用，取得了显著成绩。新时代十年来，强化就业优先，城镇新增就业年均1300万人以上；关注重点群体，高校毕业生年底总体就业率高于90%；

发展职业培训,全国技能劳动者总量增至2亿人以上等。①

第二节 劳动就业法规与政策的主要内容

一、促进就业的法规与政策

我国促进就业的法规与政策主要来源于《就业促进法》和《就业服务与就业管理规定》等。《就业促进法》是一部关系国计民生的重要法律,是我国就业领域的首部基本法。它把"坚持劳动者自主择业、市场调节就业、政府促进就业的方针"以及"劳动者自主就业、公平就业"的原则从政策上升为法律,并把协调产业政策扩大就业、加强有利于就业的政策支持、促进公平就业、完善就业服务管理、加强职业教育和培训、提供就业援助等作为政府的法定职责。

(一)就业促进原则及政策支持

1. 就业促进原则

(1)政府主导原则

《就业促进法》规定,"国家把扩大就业放在经济社会发展的突出位置,实施积极的就业政策,坚持劳动者自主择业、市场调节就业、政府促进就业的方针,多渠道扩大就业"。可见,促进就业是政府的重要责任。根据《劳动法》《就业促进法》的有关规定,促进就业的政府责任主要体现在如下方面:①国家通过促进经济和社会发展,创造就业条件,扩大就业机会。国家鼓励企业、事业组织、社会团体在法律、行政法规规定的范围内兴办产业或者拓展经营,增加就业。国家支持劳动者自愿组织起来就业和从事个体经营实现就业。②县级以上人民政府把扩大就业作为经济和社会发展的重要目标,纳入国民经济和社会发展规划,并制订促进就业的中长期规划和年度工作计划。③县级以上人民政府通过协调产业政策扩大就业、促进公平就业、完善就业服务与管理、加强职业教育和培训、提供就业援助等措施,创造就业条件,扩大就业。④国务院建立全国促进就业工作协调机制,研究就业工作中的重大问题,协调推动全国的促进就业工作。国务院劳动

---

① 冯添:《新时代十年我国就业工作取得显著成效——国务院关于就业工作情况的报告提请审议》,《中国人大》2023年第2期。

行政部门具体负责全国的促进就业工作。省、自治区、直辖市人民政府根据促进就业工作的需要，建立促进就业工作协调机制，协调解决本行政区域就业工作中的重大问题。县级以上人民政府有关部门按各自的职责分工，共同做好促进就业工作。⑤建立和完善劳动就业的服务体系。地方各级人民政府应采取措施，发展多种类型的职业介绍机构，提供就业服务。

(2)平等就业和自主择业原则

《就业促进法》规定，劳动者依法享有平等就业和自主择业的权利。劳动者就业，不因民族、种族、性别、宗教信仰等不同而受歧视；用人单位依法享有自主用人的权利，但应依法保障劳动者的合法权益。具体来说，包括以下方面：①各级人民政府创造公平就业的环境，消除就业歧视，制定政策并采取措施对就业困难人员给予扶持和援助。②用人单位招用人员、职业中介机构从事职业中介活动，应向劳动者提供平等的就业机会和公平的就业条件，不得实施就业歧视。③国家保障妇女享有与男子平等的劳动权利。用人单位招用人员，除国家规定的不适合妇女的工种或者岗位外，不得以性别为由拒绝录用妇女或者提高对妇女的录用标准。用人单位录用女职工，不得在劳动合同中规定限制女职工结婚、生育的内容。④用人单位招用人员，不得以传染病病原携带者为由拒绝录用。但是，经医学鉴定传染病病原携带者在治愈前或者排除传染嫌疑前，不得从事法律、行政法规和国务院卫生行政部门规定禁止从事的易使传染病扩散的工作。⑤农村劳动者进城就业享有与城镇劳动者平等的劳动权利，不得对农村劳动者进城就业设置歧视性限制。⑥劳动者依法享有自主择业的权利。劳动者年满16周岁，有劳动能力且有就业愿望的，可凭本人身份证件，通过公共就业服务机构、职业中介机构介绍或直接联系用人单位等渠道求职。

(3)照顾特殊和困难群体就业原则

《妇女权益保障法》和《女职工劳动保护特别规定》等法律法规对妇女的就业保护作了具体规定。《残疾人保障法》和《退役军人保障法》等法律法规对残疾人和退役军人的就业作了具体规定。

(4)限制未成年人就业原则

未成年人是指未满18周岁的公民。我国对未成年人就业分两种情况作了不同规定。《劳动法》[①]规定："禁止用人单位招用未满十六周岁的未成年人。文

---

① 《全国人民代表大会常务委员会关于修改〈中华人民共和国劳动法〉等七部法律的决定》，《中华人民共和国全国人民代表大会常务委员会公报》2019年第1期。

艺、体育和特种工艺单位招用未满十六周岁的未成年人,必须依照国家有关规定,履行审批手续,并保障其接受义务教育的权利。”另外,已满16周岁不满18周岁的未成年人只能从事与其身体的成长发育程度相适应的劳动,且用人单位应对其进行特殊劳动保护。

2. 政策支持

第一,通过产业政策促进就业。具体包括:①县级以上人民政府应把扩大就业作为重要职责,统筹协调产业政策与就业政策。②国家鼓励各类企业在法律、法规规定的范围内,通过兴办产业或者拓展经营,增加就业岗位。国家鼓励发展劳动密集型产业、服务业,扶持中小企业,多渠道、多方式增加就业岗位。国家鼓励、支持、引导非公有制经济发展,扩大就业,增加就业岗位。③国家发展国内外贸易和国际经济合作,拓宽就业渠道。④县级以上人民政府在安排政府投资和确定重大建设项目时,应发挥投资和重大建设项目带动就业的作用,增加就业岗位。

第二,通过财政政策促进就业。国家实行有利于促进就业的财政政策,加大资金投入,改善就业环境,扩大就业。县级以上人民政府应根据就业状况和就业工作目标,在财政预算中安排就业专项资金用于促进就业工作。就业专项资金用于职业介绍、职业培训、公益性岗位、职业技能鉴定、特定就业政策和社会保险等的补贴,小额贷款担保基金和微利项目的小额担保贷款贴息,以及扶持公共就业服务等。

第三,通过失业保险制度促进就业。《就业促进法》规定:“国家建立健全失业保险制度,依法确保失业人员的基本生活,并促进其实现就业。”

第四,通过税费政策促进就业。国家鼓励企业增加就业岗位,扶持失业人员和残疾人就业,对下列企业、人员依法给予税收优惠:①吸纳符合国家规定条件的失业人员达到规定要求的企业;②失业人员创办的中小企业;③安置残疾人员达到规定比例或者集中使用残疾人的企业;④从事个体经营的符合国家规定条件的失业人员;⑤从事个体经营的残疾人;⑥国务院规定给予税收优惠的其他企业、人员。对第④项、第⑤项规定的人员,有关部门应在经营场地等方面给予照顾,免除行政事业性收费。

第五,通过金融政策促进就业。国家实行有利于促进就业的金融政策,增加中小企业的融资渠道;鼓励金融机构改进金融服务,加大对中小企业的信贷支持,并对自主创业人员在一定期限内给予小额信贷等扶持。

第六，通过城镇化政策促进就业。具体包括：①国家实行城乡统筹的就业政策，建立健全城乡劳动者平等就业的制度，引导农业富余劳动力有序转移就业。②县级以上地方人民政府推进小城镇建设和加快县域经济发展，引导农业富余劳动力就地就近转移就业；在制订小城镇规划时，将本地区农业富余劳动力转移就业作为重要内容。③县级以上地方人民政府引导农业富余劳动力有序向城市异地转移就业；劳动力输出地和输入地人民政府应互相配合，改善农村劳动者进城就业的环境和条件。④国家支持区域经济发展，鼓励区域协作，统筹协调不同地区就业的均衡增长。国家支持民族地区发展经济，扩大就业。⑤各级人民政府统筹做好城镇新增劳动力就业、农业富余劳动力转移就业和失业人员就业工作。

第七，通过就业服务政策促进就业。各级人民政府采取措施，逐步完善和实施与非全日制用工等灵活就业相适应的劳动和社会保险政策，为灵活就业人员提供帮助和服务。地方各级人民政府和有关部门应加强对失业人员从事个体经营的指导，提供政策咨询、就业培训和开业指导等服务。

（二）就业服务与就业援助

2017 年 10 月，党的十九大报告提出，提供全方位公共就业服务，促进高校毕业生等青年群体、农民工多渠道就业创业。为此，2018 年 12 月，人力资源社会保障部等发布了《关于推进全方位公共就业服务的指导意见》，旨在推动公共就业服务城乡常住人口全覆盖，保障各类用人单位同等享有公共就业服务。2022 年 10 月，党的二十大报告提出，实施就业优先战略，强化就业优先政策，健全就业公共服务体系，加强困难群体就业兜底帮扶，消除影响平等就业的不合理限制和就业歧视，使人人都有通过勤奋劳动实现自身发展的机会。关于就业服务和就业援助，《就业促进法》作了原则性规定，《就业服务与就业管理规定》细化了服务管理内容。

1. 公共就业服务

县级以上人民政府培育和完善统一开放、竞争有序的人力资源市场，加强对公共就业服务和职业中介服务的指导和监督，设立公共就业服务机构，逐步完善覆盖城乡的就业服务体系，建立健全人力资源市场信息服务体系，完善市场信息发布制度。公共就业服务机构应不断提高服务的质量和效率，不得从事经营性活动。公共就业服务经费纳入同级财政预算。

第一，公共就业服务机构为劳动者免费提供下列服务：①就业政策法规咨询；②职业供求信息、市场工资指导价位信息和职业培训信息发布；③职业指导和职业介绍；④对就业困难人员实施就业援助；⑤办理就业登记、失业登记等事务；⑥其他公共就业服务。

第二，公共就业服务机构根据用人单位需求，提供以下服务：①招聘用人指导服务；②代理招聘服务；③跨地区人员招聘服务；④企业人力资源管理咨询等专业性服务；⑤劳动保障事务代理服务；⑥为满足用人单位需求开发的其他就业服务项目。

第三，公共就业服务机构向劳动者和用人单位提供职业指导服务，职业指导工作包括以下内容：①向劳动者和用人单位提供国家有关劳动保障的法律法规和政策、人力资源市场状况咨询；②帮助劳动者了解职业状况，掌握求职方法，确定择业方向，增强择业能力；③向劳动者提出培训建议，为其提供职业培训相关信息；④开展对劳动者个人职业素质和特点的测试，并对其职业能力进行评价；⑤对妇女、残疾人、少数民族人员及退出现役的军人等就业群体提供专门的职业指导服务；⑥对大中专学校、职业院校、技工学校学生的职业指导工作提供咨询和服务；⑦对准备从事个体劳动或开办私营企业的劳动者提供创业咨询服务；⑧为用人单位提供选择招聘方法、确定用人条件和标准等方面的招聘用人指导；⑨为职业培训机构确立培训方向和专业设置等提供咨询参考。

2. 职业中介机构

职业中介机构，是指由法人、其他组织和公民个人举办，为用人单位招用人员和劳动者求职提供中介服务以及其他相关服务的经营性组织。政府部门不得举办或者与他人联合举办经营性的职业中介机构。设立职业中介机构应在工商行政管理部门办理登记后，须经劳动保障行政部门批准，并获得职业中介许可证。未经依法许可和登记的机构，不得从事职业中介活动。

第一，设立职业中介机构应具备下列条件：①有明确的章程和管理制度；②有开展业务必备的固定场所、办公设施和一定数额的开办资金；③有一定数量具备相应职业资格的专职工作人员；④法律、法规规定的其他条件。国家对外商投资职业中介机构和向劳动者提供境外就业服务的职业中介机构另有规定的，依照其规定执行。

第二，设立职业中介机构，应向当地县级以上劳动保障行政部门提出申请，提交下列文件：①设立申请书；②机构章程和管理制度草案；③场所使用权证明；④拟任负责人的基本情况、身份证明；⑤具备相应职业资格的专职工作人员的相关证明;⑥工商营业执照(副本);⑦法律、法规规定的其他文件。劳动保障行政部门接到设立职业中介机构的申请后,应当自受理申请之日起 20 日内审理完毕。对符合条件的,应予以批准;不予批准的,应说明理由。劳动保障行政部门对经批准设立的职业中介机构实行年度审验。

第三,职业中介机构可从事下列业务:①为劳动者介绍用人单位;②为用人单位和居民家庭推荐劳动者;③开展职业指导、人力资源管理咨询服务;④收集和发布职业供求信息;⑤根据国家有关规定从事互联网职业信息服务;⑥组织职业招聘洽谈会;⑦经劳动保障行政部门核准的其他服务项目。

第四,职业中介机构不得有下列行为:①提供虚假就业信息;②发布的就业信息中包含歧视性内容;③伪造、涂改、转让职业中介许可证;④为无合法证照的用人单位提供职业中介服务;⑤介绍未满 16 周岁的未成年人就业;⑥为无合法身份证件的劳动者提供职业中介服务;⑦介绍劳动者从事法律、法规禁止从事的职业;⑧扣押劳动者的居民身份证和其他证件,或者向劳动者收取押金;⑨以暴力、胁迫、欺诈等方式进行职业中介活动;⑩超出核准的业务范围经营;⑪其他违反法律、法规规定的行为。

3. 劳动力调查、登记制度

国家建立劳动力调查统计制度和就业登记、失业登记制度,开展劳动力资源和就业、失业状况调查统计,并公布调查统计结果。公共就业服务机构负责就业登记与失业登记工作,建立专门台账,及时、准确地记录劳动者就业与失业变动情况,并做好相应统计工作。

劳动者被用人单位招用的,由用人单位为劳动者办理就业登记。用人单位招用劳动者和与劳动者终止或者解除劳动关系,应到当地公共就业服务机构备案,为劳动者办理就业登记手续。用人单位招用人员后,应于录用之日起 30 日内办理登记手续;用人单位与职工终止或者解除劳动关系后,应于 15 日内办理登记手续。劳动者从事个体经营或灵活就业的,由本人在街道、乡镇公共就业服务机构办理就业登记。就业登记的内容主要包括:劳动者个人信息、就业类型、就业时间、就业单位以及订立、终止或者解除劳动合同情况等。

在法定劳动年龄内,有劳动能力、就业要求、处于无业状态的城镇常住人员,可到常住地公共就业服务机构进行失业登记。劳动者进行失业登记时,须持本人身份证件;有单位就业经历的,还须持与原单位终止、解除劳动关系或者解聘的证明。登记失业人员凭登记证享受公共就业服务和就业扶持政策;其中符合条件的，按规定申领失业保险金。登记失业人员应定期向公共就业服务机构报告就业失业状况，积极求职，参加公共就业服务机构安排的就业培训。

二、劳动合同的规定

劳动合同，是劳动者与用人单位之间确立劳动关系，明确双方权利和义务的协议，是确认双方存在劳动关系的重要法律依据。劳动合同的规定主要来源于《劳动法》①、《劳务派遣暂行规定》②。

（一）劳动合同的订立

1. 劳动合同订立的原则

《劳动法》规定，订立和变更劳动合同，应遵循平等自愿、协商一致的原则，不得违反法律、行政法规的规定。《劳动合同法》③规定，订立劳动合同应遵循的原则包括：①平等自愿原则，平等是指劳动合同双方当事人在签订劳动合同时的法律地位是平等的，任何一方都不具有法律上的特权，也不会听命于另一方。自愿是指劳动合同双方当事人出于自己的意愿在劳动合同中表达真实的意思表示。平等和自愿是相互联系的。②协商一致原则，协商一致是指劳动合同双方当事人应进行充分的平等协商，在双方意思表示完全一致时签订劳动合同。③合法公平原则，合法是指订立劳动合同的目的、主体、内容、程序等必须符合法律的规定，劳动合同规定的内容对双方当事人应公平合理。④诚实信用原则，劳动合同双方当事人都应恪守诚信原则，不得以欺诈或胁迫方式骗取对方信任或迫使对方签订劳动合同。

2. 劳动合同的种类

根据不同的标准，劳动合同可分为不同的种类。根据《劳动法》和《劳动合同法》的规定，按劳动合同的期限，劳动合同可分为有固定期限合同、无固定期限合同、以完成一定的工作为期限的劳动合同。劳动者在同一用人单位连续工作满10年以上，当事人双方同意续延劳动合同的，如果劳动者提出订立无固定期限的劳动合同，应订立无固定期限的劳动合同。

---

① 《全国人民代表大会常务委员会关于修改〈中华人民共和国劳动法〉等七部法律的决定》，《中华人民共和国全国人民代表大会常务委员会公报》2019年第1期。

② 《劳务派遣暂行规定》，《劳动保障世界》2014年第3期。

③ 《全国人民代表大会常务委员会关于修改〈中华人民共和国劳动合同法〉的决定》，《中华人民共和国全国人民代表大会常务委员会公报》2013年第1期。

固定期限劳动合同，是指用人单位与劳动者约定合同终止时间的劳动合同。用人单位与劳动者协商一致，可订立固定期限劳动合同。无固定期限劳动合同，是指用人单位与劳动者约定无确定终止时间的劳动合同。用人单位与劳动者协商一致，可订立无固定期限劳动合同。有下列情形之一，劳动者提出或者同意续订、订立劳动合同的，除劳动者提出订立固定期限劳动合同外，应订立无固定期限劳动合同：①劳动者在该用人单位连续工作满 10 年的；②用人单位初次实行劳动合同制度或者国有企业改制重新订立劳动合同时，劳动者在该用人单位连续工作满 10 年且距法定退休年龄不足 10 年的；③连续订立二次固定期限劳动合同，且劳动者没有《劳动法》第 39 条[①]和第 40 条第一项、第二项[②]规定的情形，续订劳动合同的。

用人单位自用工之日起满一年不与劳动者订立书面劳动合同的，视为用人单位与劳动者已订立无固定期限劳动合同。

以完成一定工作任务为期限的劳动合同，是指用人单位与劳动者约定以某项工作的完成为合同期限的劳动合同。用人单位与劳动者协商一致，可订立以完成一定工作任务为期限的劳动合同。

3. 劳动合同的内容

劳动合同的内容包括法定条款、约定条款。根据《劳动合同法》和《电子劳动合同订立指引》，劳动合同应以书面形式或可视为书面形式的电子劳动合同订立，并具备以下条款：①用人单位的名称、住所和法定代表人或者主要负责人；②劳动者的姓名、住址和居民身份证或者其他有效身份证件号码；③劳动合同期限；④工作内容和工作地点；⑤工作时间和休息休假；⑥劳动报酬；⑦社会保险；⑧劳动保护、劳动条件和职业危害防护；⑨法律、法规规定应纳入劳动合同的其他事项。

《劳动法》和《劳动合同法》都规定，劳动合同除上述规定的必备条款外，当事人可以协商约定其他内容，如试用期、培训、保守秘密、补充保险和福利待遇等其他事项。关于试用期，《劳动合同法》规定：劳动合同期限 3 个月以上不满 1 年

---

① 《劳动法》第 39 条是：企业因生产特点不能实行《劳动法》规定的劳动者每日工作时间不超过八小时、平均每周工作时间不超过四十四小时的工时制度，以及不能实行保证劳动者每周至少休息一日规定的，经劳动行政部门批准，可以实行其他工作和休息办法。

② 《劳动法》第 40 条第一项、第二项是：用人单位在元旦、春节期间应当依法安排劳动者休假。

的，试用期不得超过 1 个月；劳动合同期限 1 年以上不满 3 年的，试用期不得超过两个月；3 年以上固定期限和无固定期限的劳动合同，试用期不得超过 6 个月。同一用人单位与同一劳动者只能约定一次试用期。以完成一定工作任务为期限的劳动合同或者劳动合同期限不满 3 个月的，不得约定试用期。试用期包含在劳动合同期限内。劳动合同仅约定试用期的，试用期不成立，该期限为劳动合同期限。劳动者在试用期的工资不得低于本单位相同岗位最低档工资或者劳动合同约定工资的 80%，并不得低于用人单位所在地的最低工资标准。在试用期中，除劳动者有《劳动合同法》第 39 条①和第 40 条第一项、第二项规定②的情形外，用人单位不得解除劳动合同。用人单位在试用期解除劳动合同的，应向劳动者说明理由。

用人单位为劳动者提供专项培训费用，对其进行专业技术培训的，可与该劳动者订立协议，约定服务期。劳动者违反服务期约定的，应按约定向用人单位支付违约金。违约金的数额不得超过用人单位提供的培训费用。用人单位要求劳动者支付的违约金不得超过服务期尚未履行部分所应分摊的培训费用。用人单位与劳动者约定服务期的，不影响按照正常的工资调整机制提高劳动者在服务期间的劳动报酬。

关于保守商业秘密，《劳动合同法》规定，用人单位与劳动者可在劳动合同中约定保守用人单位的商业秘密和与知识产权相关的保密事项。对负有保密义务的劳动者，用人单位可在劳动合同或者保密协议中与劳动者约定竞业限制条款，并约定在解除或者终止劳动合同后，在竞业限制期限内按月给予劳动者经济补偿。劳动者违反竞业限制约定的，应按照约定向用人单位支付违约金。竞业限制的人员限于用人单位的高级管理人员、高级技术人员和其他负有保密义务的人员。竞业限制的范围、地域、期限由用人单位与劳动者约定，竞业限制的约定

---

①　《劳动合同法》第 39 条是：劳动者有下列情形之一的，用人单位可解除劳动合同：①在试用期间被证明不符合录用条件的；②严重违反用人单位的规章制度的；③严重失职，营私舞弊，给用人单位造成重大损害的；④劳动者同时与其他用人单位建立劳动关系，对完成本单位的工作任务造成严重影响，或者经用人单位提出，拒不改正的；⑤以欺诈、胁迫的手段或者乘人之危，使对方在违背真实意思的情况下订立或者变更劳动合同的而导致劳动合同无效；⑥被依法追究刑事责任的。

②　《劳动合同法》第 40 条第一项、第二项是：有下列情形之一的，用人单位提前 30 日以书面形式通知劳动者本人或者额外支付劳动者一个月工资后，可以解除劳动合同：①劳动者患病或者非因工负伤，在规定的医疗期满后不能从事原工作，也不能从事由用人单位另行安排的工作的；②劳动者不能胜任工作，经过培训或者调整工作岗位，仍不能胜任工作的。

不得违反法律、法规的规定。

在解除或者终止劳动合同后，前款规定的人员到与本单位生产或者经营同类产品、从事同类业务的有竞争关系的其他用人单位，或者自己开业生产或者经营同类产品、从事同类业务的竞业限制期限，不得超过两年。

4. 劳动合同的法律效力

(1)劳动合同法律效力的概念

劳动合同的法律效力，是指依法订立的劳动合同对双方当事人和相关第三人具有法律约束力。《劳动法》规定，劳动合同依法订立即具有法律约束力，当事人必须履行劳动合同规定的义务。《劳动合同法》规定，劳动合同由用人单位与劳动者协商一致，并经用人单位与劳动者在劳动合同文本上签字或者盖章生效。

(2)无效劳动合同的种类

无效劳动合同，是指依法不具有法律约束力的劳动合同。《劳动合同法》规定，下列劳动合同无效或者部分无效：①以欺诈、胁迫的手段或者乘人之危，使对方在违背真实意思的情况下订立或者变更劳动合同的；②用人单位免除自己的法定责任、排除劳动者权利的；③违反法律、行政法规强制性规定的。

无效的劳动合同，从订立的时候起，就没有法律约束力。劳动合同部分无效，不影响其他部分效力的，其他部分仍然有效。劳动合同被确认无效，劳动者已付出劳动的，用人单位应向劳动者支付劳动报酬。劳动报酬的数额，参照本单位相同或者相近岗位劳动者的劳动报酬确定。

(3)无效劳动合同的确认和处理

根据《劳动法》和《劳动合同法》的规定，对劳动合同的无效或者部分无效有争议的，由劳动争议仲裁机构或者人民法院确认。对无效劳动合同的处理，一般有三种方式：①撤销合同，对全部无效的劳动合同应予以撤销；②修改合同，对部分无效的劳动合同应依法予以修改；③赔偿损失。

《劳动法》规定，由于用人单位的原因订立的无效合同，对劳动者造成损害的，应承担赔偿责任。《劳动合同法》规定，依法被确认无效，给对方造成损害的，有过错的一方应当承担赔偿责任。

(二)劳动合同的履行和变更

1. 劳动合同的履行

用人单位与劳动者应按照劳动合同的约定，全面履行各自的义务。劳动合同履行的原则有：①实际履行原则。劳动合同双方当事人必须亲自履行各自的义务,不能由第三方代替履行。②全面履行原则。劳动合同双方当事人必须按照合同的规定全面履行各自的义务。③合作履行原则。劳动合同双方当事人在履行合同过程中应相互配合、友好合作。

用人单位应按照劳动合同约定和国家规定,向劳动者及时足额支付劳动报酬。用人单位拖欠或者未足额支付劳动报酬的,劳动者可依法向当地人民法院申请支付令,人民法院应依法发出支付令。用人单位应严格执行劳动定额标准,不得强迫或者变相强迫劳动者加班。用人单位安排加班的,应按国家有关规定向劳动者支付加班费。劳动者拒绝用人单位管理人员违章指挥、强令冒险作业的,不视为违反劳动合同。

劳动者对危害生命安全和身体健康的劳动条件,有权对用人单位提出批评、检举和控告。用人单位变更名称、法定代表人、主要负责人或者投资人等事项,不影响劳动合同的履行。用人单位发生合并或者分立等情况,原劳动合同继续有效,劳动合同由承继其权利和义务的用人单位继续履行。

2. 劳动合同的变更

《劳动法》规定,订立和变更劳动合同,应遵循平等自愿、协商一致的原则,不得违反法律、行政法规的规定。《劳动合同法》规定,用人单位与劳动者协商一致,可变更劳动合同约定的内容。变更劳动合同,应采用书面形式。变更后的劳动合同文本由用人单位和劳动者各执一份。可见,法律对劳动合同变更的要求与订立是相同的,包括协商一致、采用书面形式、不得违反法律和行政法规的规定。

(三)劳动合同的解除和终止

1. 劳动合同的解除

劳动合同的解除是指在劳动合同订立后,尚未履行完毕之前,由于某种因素导致提前终止合同效力的法律行为。劳动合同的解除可以是双方当事人协商一致解除,也可以是一方当事人提出解除。

(1)双方当事人协商解除劳动合同

《劳动法》规定,经劳动合同当事人协商一致,劳动合同可以解除。《劳动合同法》规定,用人单位与劳动者协商一致,可以解除劳动合同。

(2)劳动者提前解除劳动合同

《劳动合同法》对劳动者提前解除劳动合同的情况作了规定。

第一,劳动者提前 30 日以书面形式通知用人单位,可解除劳动合同。劳动者在试用期内提前 3 日通知用人单位，可解除劳动合同。为了防止劳动者滥用解除劳动合同的权利，《劳动合同法》规定，劳动者违反本法规定解除劳动合同，或者违反劳动合同中约定的保密义务或者竞业限制，给用人单位造成损失的，应承担赔偿责任。

第二，《劳动合同法》第 38 条规定，用人单位有下列情形之一的，劳动者可解除劳动合同：①未按照劳动合同约定提供劳动保护或者劳动条件的；②未及时足额支付劳动报酬的；③未依法为劳动者缴纳社会保险费的；④用人单位的规章制度违反法律、法规的规定，损害劳动者权益的；⑤因以欺诈、胁迫的手段或者乘人之危，使对方在违背真实意思的情况下订立或者变更劳动合同，致使劳动合同无效的；⑥法律、行政法规规定劳动者可解除劳动合同的其他情形。

第三，用人单位以暴力、威胁或者非法限制人身自由的手段强迫劳动者劳动的，或者用人单位违章指挥、强令冒险作业危及劳动者人身安全的，劳动者可立即解除劳动合同，不需事先告知用人单位。

(3)用人单位提前解除劳动合同

《劳动合同法》对用人单位提前解除劳动合同规定了法定条件、程序和经济补偿办法。

第一，《劳动合同法》第 39 条规定，劳动者有下列情形之一的，用人单位可解除劳动合同：①在试用期间被证明不符合录用条件的；②严重违反用人单位的规章制度的；③严重失职，营私舞弊，给用人单位造成重大损害的；④劳动者同时与其他用人单位建立劳动关系，对完成本单位的工作任务造成严重影响，或者经用人单位提出，拒不改正的；⑤因以欺诈、胁迫的手段或者乘人之危，使对方在违背真实意思的情况下订立或者变更劳动合同，致使劳动合同无效的；⑥被依法追究刑事责任的。

第二，《劳动合同法》第 40 条规定，有下列情形之一的，用人单位提前 30 日以书面形式通知劳动者本人或者额外支付劳动者一个月工资后，可解除劳动合同：①劳动者患病或者非因工负伤，在规定的医疗期满后不能从事原工作，也不能从事由用人单位另行安排的工作的；②劳动者不能胜任工作，经过培训或者调整工作岗位，仍不能胜任工作的；③劳动合同订立时所依据的客观情况发生重大变化，致使劳动合同无法履行，经用人单位与劳动者协商，未能就变更劳动合同内容达成协议的。

第三，《劳动合同法》第 41 条规定，有下列情形之一，需要裁减人员 20 人以上或者裁减不足20人但占企业职工总数10%以上的，用人单位提前30日向工会或者全体职工说明情况，听取工会或者职工的意见后，裁减人员方案经向劳动行政部门报告，可裁减人员：①依照企业破产法规定进行重整的；②生产经营发生严重困难的；③企业转产、重大技术革新或者经营方式调整，经变更劳动合同后，仍需裁减人员的；④其他因劳动合同订立时所依据的客观经济情况发生重大变化，致使劳动合同无法履行的。裁减人员时，应优先留用下列人员：①与本单位订立较长期限的固定期限劳动合同的；②与本单位订立无固定期限劳动合同的；③家庭无其他就业人员，有需要扶养的老人或者未成年人的。用人单位依照第41条第1款规定裁减人员，在6个月内重新招用人员的，应通知被裁减的人员，并在同等条件下优先招用被裁减的人员。

第四，用人单位不得解除劳动合同的情形。《劳动合同法》第42条规定，劳动者有下列情形之一的，用人单位不得依照《劳动合同法》第40条、第41条的规定解除劳动合同：①从事接触职业病危害作业的劳动者未进行离岗前职业健康检查，或者疑似职业病病人在诊断或者医学观察期间的；②在本单位患职业病或者因工负伤并被确认丧失或者部分丧失劳动能力的；③患病或者非因工负伤，在规定的医疗期内的；④女职工在孕期、产期、哺乳期的；⑤在本单位连续工作满15年，且距法定退休年龄不足5年的；⑥法律、行政法规规定的其他情形。

第五，工会职权。《劳动法》规定，用人单位解除劳动合同，工会认为不适当的，有权提出意见。如果用人单位违反法律、法规或者劳动合同，工会有权要求重新处理；劳动者申请仲裁或者提起诉讼的，工会应依法给予支持和帮助。《劳动合同法》规定，用人单位单方解除劳动合同，应事先将理由通知工会。用人单位违反法律、行政法规规定或者劳动合同约定的，工会有权要求用人单位纠正。用人单位应研究工会的意见，并将处理结果书面通知工会。

(4)用人单位对劳动者的经济补偿

第一，《劳动合同法》规定，有下列情形之一的，用人单位应向劳动者支付经济补偿：①劳动者依照《劳动合同法》第38条规定解除劳动合同的；②用人单位与劳动者协商一致，可解除劳动合同；③用人单位依照《劳动合同法》第40条规定解除劳动合同的；④用人单位依照《劳动合同法》第41条第1款规定解除劳动合同的；⑤除用人单位维持或者提高劳动合同约定条件续订劳动合同，劳动者不同意续订的情形外，依照《劳动合同法》第44条第1项规定终止固定期限劳动合同的；⑥依照《劳动合同法》第44条第4项、第5项规定终止劳动合同的；⑦法律、行政法规规定的其他情形。

第二,《劳动合同法》第 47 条规定,经济补偿按劳动者在本单位工作的年限,每满一年支付一个月工资的标准向劳动者支付。6 个月以上不满一年的,按一年计算;不满 6 个月的,向劳动者支付半个月工资的经济补偿。劳动者月工资高于用人单位所在直辖市、设区的市级人民政府公布的本地区上年度职工月平均工资 3 倍的,向其支付经济补偿的标准按职工月平均工资 3 倍的数额支付,向其支付经济补偿的年限最高不超过 12 年。本条所称月工资是指劳动者在劳动合同解除或者终止前 12 个月的平均工资。

第三,用人单位违反《劳动合同法》规定解除或者终止劳动合同,劳动者要求继续履行劳动合同的,用人单位应继续履行;劳动者不要求继续履行劳动合同或者劳动合同已经不能继续履行的,用人单位应当依照《劳动合同法》第 87 条①规定支付赔偿金。

2. 劳动合同的终止

(1)劳动合同终止的情形

《劳动合同法》第 44 条规定,有下列情形之一的,劳动合同终止:①劳动合同期满,但有《劳动合同法》第 42 条规定情形之一的,劳动合同应续延至相应的情形消失时终止。劳动者在本单位患职业病或者因工负伤并被确认丧失或者部分丧失劳动能力因而使劳动者的劳动合同的终止,用人单位不得依照《劳动合同法》相关规定解除劳动合同,按照国家有关工伤保险的规定执行。②劳动者开始依法享受基本养老保险待遇的。③劳动者死亡,或者被人民法院宣告死亡或者宣告失踪的。④用人单位被依法宣告破产的。⑤用人单位被吊销营业执照、责令关闭、撤销或者用人单位决定提前解散的。⑥法律、行政法规规定的其他情形。

用人单位违反《劳动合同法》规定解除或者终止劳动合同,劳动者要求继续履行劳动合同的,用人单位应继续履行;劳动者不要求继续履行劳动合同或者劳动合同已经不能继续履行的,用人单位应依照《劳动合同法》的相关规定支付赔偿金。

(2)劳动合同解除或终止的手续

用人单位应在解除或者终止劳动合同时出具解除或者终止劳动合同的证明,并在 15 日内为劳动者办理档案和社会保险关系转移手续。劳动者应按照双

① 《劳动合同法》第 87 条是:用人单位违反本法规定解除或者终止劳动合同的,应当依照《劳动合同法》第 47 条规定的经济补偿标准的 2 倍向劳动者支付赔偿金。

方约定,办理工作交接。用人单位依照《劳动合同法》有关规定应向劳动者支付经济补偿的,在办结工作交接时支付。用人单位对已经解除或者终止的劳动合同的文本,至少保存2年备查。

(四)集体合同、劳务派遣和非全日制用工的规定

1. 集体合同

第一,集体合同的内容。根据《劳动合同法》的规定,企业职工一方与用人单位通过平等协商,可就劳动报酬工作时间、休息休假、劳动安全卫生、保险福利等事项订立集体合同。集体合同草案应提交职工代表大会或者全体职工讨论通过。集体合同由工会代表企业职工一方与用人单位订立;尚未建立工会的用人单位,由上级工会指导劳动者推举的代表与用人单位订立。

第二,集体合同的类别。企业职工一方与用人单位可订立劳动安全卫生、女职工权益保护、工资调整机制等专项集体合同。在县级以下区域内,建筑业、采矿业、餐饮服务业等行业可由工会与企业方面代表订立行业性集体合同,或者订立区域性集体合同。

第三,集体合同的效力。集体合同订立后,应报送劳动行政部门;劳动行政部门自收到集体合同文本之日起15日内未提出异议的,集体合同即行生效。依法订立的集体合同对用人单位和劳动者具有约束力。行业性、区域性集体合同对当地本行业、本区域的用人单位和劳动者具有约束力。

2. 劳务派遣

劳务派遣,又称劳动力租赁,是指由劳务派遣单位(用人单位)与被派遣劳动者订立劳动合同,由被派遣劳动者向用工单位给付劳务的一种新型劳动关系。劳动合同关系存在于劳务派遣单位与被派遣劳动者之间,但劳动力给付的事实则发生于被派遣劳动者与用工单位之间。

(1)经营劳务派遣业务的条件

第一,经营劳务派遣业务应具备下列条件:①注册资本不得少于人民币200万元;②有与开展业务相适应的固定的经营场所和设施;③有符合法律、行政法规规定的劳务派遣管理制度;④法律、行政法规规定的其他条件。

第二,经营劳务派遣业务,应向劳动行政部门依法申请行政许可;经许可的,依法办理相应的公司登记。未经许可,任何单位和个人不得经营劳务派遣业务。

(2)劳务派遣用工范围和用工比例

劳动合同用工是我国的企业基本用工形式。劳务派遣用工是补充形式,只

能在临时性、辅助性或者替代性的工作岗位上实施。临时性工作岗位是指存续时间不超过6个月的岗位;辅助性工作岗位是指为主营业务岗位提供服务的非主营业务岗位;替代性工作岗位是指用工单位的劳动者因脱产学习、休假等原因无法工作的一定期间内,可由其他劳动者替代工作的岗位。用工单位决定使用被派遣劳动者的辅助性岗位,应当经职工代表大会或者全体职工讨论,提出方案和意见,与工会或者职工代表平等协商确定,并在用工单位内公示。

用工单位应严格控制劳务派遣用工数量,使用的被派遣劳动者数量不得超过其用工总量的10%。用工总量是指用工单位订立劳动合同人数与使用的被派遣劳动者人数之和。外国企业常驻代表机构和外国金融机构驻华代表机构等使用被派遣劳动者的,以及船员用人单位以劳务派遣形式使用国际远洋海员的,不受临时性、辅助性、替代性岗位和劳务派遣用工比例的限制。

(3)劳务派遣协议

第一,劳务派遣单位是《劳动合同法》上的用人单位,应履行用人单位对劳动者的义务。劳务派遣单位应与被派遣劳动者订立2年以上的固定期限劳动合同,按月支付劳动报酬;被派遣劳动者在无工作期间,劳务派遣单位应按所在地人民政府规定的最低工资标准,向其按月支付报酬。

第二,劳务派遣单位派遣劳动者应当与接受以劳务派遣形式用工的单位(用工单位)订立劳务派遣协议。劳务派遣协议应当载明下列内容:①派遣的工作岗位名称和岗位性质;②工作地点;③派遣人员数量和派遣期限;④按照同工同酬原则确定的劳动报酬数额和支付方式;⑤社会保险费的数额和支付方式;⑥工作时间和休息休假事项;⑦被派遣劳动者工伤、生育或者患病期间的相关待遇;⑧劳动安全卫生以及培训事项;⑨经济补偿等费用;⑩劳务派遣协议期限;⑪劳务派遣服务费的支付方式和标准;⑫违反劳务派遣协议的责任;⑬法律、法规、规章规定应当纳入劳务派遣协议的其他事项。

3. 非全日制用工

非全日制用工,是指以小时计酬为主,劳动者在同一用人单位一般平均每日工作时间不超过4小时,每周工作时间累计不超过24小时的用工形式。非全日制用工双方当事人可订立口头协议。从事非全日制用工的劳动者可以与一个或者一个以上用人单位订立劳动合同;但是,后订立的劳动合同不得影响先订立的劳动合同的履行。非全日制用工双方当事人不得约定试用期,任何一方都可以随时通知对方终止用工。终止用工,用人单位不向劳动者支付经济补偿。非全日制用工小时计酬标准不得低于用人单位所在地人民政府规定的最低小时工资标准。非全日制用工劳动报酬结算支付周期最长不得超过15日。

三、工资、工作时间和休息休假

随着社会主义市场经济体制的深入发展,我国工资市场化机制逐步建立。目前,除国家机关和部分事业单位外,我国已基本形成以市场机制调节为主、政府调控为辅的工资分配制度。因为工资以市场调节为主,所以《劳动法》只对工资的分配原则、支付方式、最低工资标准等作了原则规定。关于工作时间,《劳动法》规定了标准工时制度。在标准工时制下,工作时间比较固定,且延长工作时间有严格的限制条件。我国实行以标准工时制度为基础、其他工时制度为补充的工时制度。本节关于工作时间和休息休假的具体规定来自《劳动法》①《最低工资规定》②《职工带薪年休假条例》③等法规。

(一)工资分配、支付与最低工资保障制度

1. 工资分配的原则

《劳动法》规定,工资分配应遵循按劳分配原则,实行同工同酬。工资水平在经济发展的基础上逐步提高。国家对工资总量实行宏观调控。

2. 工资水平和工资支付

根据《劳动法》,用人单位根据本单位的生产经营特点和经济效益,依法自主确定本单位的工资分配方式和工资水平。工资应以货币形式按月支付给劳动者本人。不得克扣或者无故拖欠劳动者的工资。劳动者在法定休假日和婚丧假期间以及依法参加社会活动期间,用人单位应依法支付工资。

3. 最低工资保障制度

最低工资标准,是指劳动者在法定工作时间或依法签订的劳动合同约定的工作时间内提供了正常劳动的前提下,用人单位依法应支付的最低劳动报酬。所谓正常劳动,是指劳动者按依法签订的劳动合同约定,在法定工作时间或劳动合同约定的工作时间内从事的劳动。劳动者在依法享受带薪年休假、探亲假、婚丧假、生育(产)假、节育手术假等国家规定的假期间,以及在法定工作时间内依

---

① 《全国人民代表大会常务委员会关于修改〈中华人民共和国劳动法〉等七部法律的决定》,《中华人民共和国全国人民代表大会常务委员会公报》2019年第1期。

② 《最低工资规定》,《中华人民共和国国务院公报》2004年第28期。

③ 《职工带薪年休假条例》,《中华人民共和国国务院公报》2008年第2期。

法参加社会活动期间,视为提供了正常劳动。最低工资标准一般采取月最低工资标准和小时最低工资标准的形式。月最低工资标准适用于全日制就业劳动者,小时最低工资标准适用于非全日制就业劳动者。

第一,最低工资标准的确定。《劳动法》规定,国家实行最低工资保障制度。最低工资的具体标准由省、自治区、直辖市人民政府规定,报国务院备案。用人单位支付劳动者的工资不得低于当地最低工资标准。确定和调整最低工资标准应当综合参考下列因素:①劳动者本人及平均赡养人口的最低生活费用;②社会平均工资水平;③劳动生产率;④就业状况;⑤地区之间经济发展水平的差异。

第二,最低工资标准的发布。按《最低工资规定》,省、自治区、直辖市劳动保障行政部门应将本地区最低工资标准方案报省、自治区、直辖市人民政府批准,并在批准后7日内在当地政府公报上和至少一种全地区性报纸上发布。省、自治区、直辖市劳动保障行政部门应在发布后10日内将最低工资标准报人力资源和社会保障部。

第三,最低工资标准的调整。确定和调整月最低工资标准,应参考当地就业者及其赡养人口的最低生活费用、城镇居民消费价格指数、职工个人缴纳的社会保险费和住房公积金、职工平均工资、经济发展水平、就业状况等因素。最低工资标准发布实施后,上述因素发生变化,应当适时调整。最低工资标准每两年至少调整一次。

(二)工作时间和休息休假的规定

1. 工作时间

(1)标准工作日制度

标准工作日是指由国家法律统一规定的,在一般情况下,劳动者从事工作或劳动的时间。《劳动法》规定:"国家实行劳动者每日工作时间不超过8小时、平均每周工作时间不超过44小时的工时制度。"

(2)延长工作时间的规定

第一,延长工作时间的一般规定。《劳动法》第41条规定,用人单位由于生产经营需要,经与工会和劳动者协商后可延长工作时间,一般每日不得超过1小时;因特殊原因需要延长工作时间的,在保障劳动者身体健康的条件下延长工作时间每日不得超过3小时,但是每月不得超过36小时。

第二,延长工作时间的特殊规定。《劳动法》第42条规定,有下列情形之一的,延长工作时间不受该法第41条的限制:①发生自然灾害、事故或者因其他原因,威胁劳动者生命健康和财产安全,需要紧急处理的;②生产设备、交通运输线路、公共设施发生故障,影响生产和公众利益,必须及时抢修的;③法律、行政法规规定的其他情形。

第三,延长工作时间的工资支付。用人单位延长工作时间,应按下列标准支付高于劳动者正常工作时间工资的工资报酬:①安排劳动者延长工作时间的,支付不低于工资的150%的工资报酬;②休息日安排劳动者工作又不能安排补休的,支付不低于工资的200%的工资报酬;③法定休假日安排劳动者工作的,支付不低于工资的300%的工资报酬。

2. 休息休假

第一,公休假日。它是指,劳动者工作满一个工作周以后的休息时间。《劳动法》规定,用人单位应保证劳动者每周至少休息一日。

第二,法定节日。它是指,由国家法律统一规定的用于开展庆祝、纪念活动的休息时间。《劳动法》规定,用人单位在下列节日期间应依法安排劳动者休假:元旦、春节、国际劳动节、国庆节及法律、法规规定的其他休假节日。

第三,年休假。《劳动法》规定,国家实行带薪年休假制度。劳动者连续工作1年以上的,享受带薪年休假。2007年12月,国务院常务会议通过了《职工带薪年休假条例》,规定机关、团体、企业、事业单位、民办非企业单位、有雇工的个体工商户等单位的职工连续工作1年以上的,享受带薪年休假(以下简称年休假)。单位应当保证职工享受年休假。职工在年休假期间享受与正常工作期间相同的工资收入。职工累计工作已满1年、不满10年的,年休假5天;已满10年、不满20年的,年休假10天;已满20年的,年休假15天。国家法定休假日、休息日不计入年休假的假期。

四、劳动保护与职业培训的规定

《劳动法》中的休息制度保护的是劳动者的休息权,工资制度保护的是劳动者获得劳动报酬的权利,而劳动保护制度保护的是劳动者的安全与健康权利,职业培训制度保护的是劳动者的职业发展权利。因此,劳动保护和职业培训制度在劳动法律体系中占有重要地位。劳动保护制度内容较多,主要有《劳动法》中的劳动保护规定、《安全生产法》[①]和《职业病防治法》[②]等法律。我国职业培训制度散见于《劳动法》《就业促进法》和《中华人民共和国职业教育法》(此后简称《职业教育法》)等法律法规中。

(一)劳动保护的规定

1. 劳动安全卫生

第一,用人单位的责任。用人单位必须建立健全劳动安全卫生制度,严格执行国家劳动安全卫生规程和标准,对劳动者进行劳动安全卫生教育,防止劳动过程中的事故,减少职业危害。劳动安全卫生设施必须符合国家规定的标准。新建、改建、扩建工程的劳动安全卫生设施必须与主体工程同时设计、同时施工、同时投入生产和使用。用人单位必须为劳动者提供符合国家规定的劳动安全卫生条件和必要的劳动防护用品,对从事有职业危害作业的劳动者应定期进行健康检查。

第二,劳动者的权利和责任。从事特种作业的劳动者必须经过专门培训并取得特种作业资格。劳动者在劳动过程中必须严格遵守安全操作规程。劳动者对用人单位管理人员违章指挥、强令冒险作业,有权拒绝执行;对危害生命安全和身体健康的行为,有权提出批评、检举和控告。

第三,国家建立伤亡事故和职业病统计报告及处理制度。国家建立伤亡事故和职业病统计报告及处理制度。县级以上各级人民政府劳动行政部门、有关部门和用人单位应依法对劳动者在劳动过程中发生的伤亡事故和劳动者的职业病状况,进行统计、报告和处理。

2. 女职工和未成年工特殊保护

(1)女职工的特殊保护

第一,对妇女劳动就业方面的保护。根据《劳动法》的规定,妇女享有与男子平等的就业权利。在录用职工时,除国家规定的不适合妇女的工种或者岗位外,不得以性别为由拒绝录用妇女或者提高对妇女的录用标准。女职工在孕期、产期、哺乳期内,用人单位一般不得解除劳动合同。

第二,实行男女同工同酬。工资分配应遵循按劳分配原则,实行同工同酬。用人单位不得因女职工怀孕、生育、哺乳降低其基本工资、予以辞退、与其解除劳

---

① 《全国人民代表大会常务委员会关于修改〈中华人民共和国安全生产法〉的决定》,《中华人民共和国全国人民代表大会常务委员会公报》2021年第5期。

② 《中华人民共和国职业病防治法》,《中国工业医学杂志》2019年第1期。

动或聘用合同。

第三,合理安排女职工的工种和工作。《劳动法》规定,禁止安排女职工从事矿山井下、国家规定的第四级体力劳动强度的劳动和其他禁忌从事的劳动。

第四,对女职工实行“四期”保护。对女职工的“四期”保护是指经期保护、孕期保护、产期保护和哺乳期保护。根据《劳动法》和《女职工劳动保护特别规定》,用人单位不得安排处于经期、孕期和哺乳期的女职工从事禁忌劳动范围内的工作。女职工在孕期不能适应原劳动的,用人单位应根据医疗机构的证明,予以减轻劳动量或者安排其他能够适应的劳动。对怀孕 7 个月以上的女职工,用人单位不得延长劳动时间或者安排夜班劳动,并应在劳动时间内安排一定的休息时间。女职工生育享受 98 天产假,其中产前可以休假 15 天;难产的,增加产假 15 天;生育多胞胎的,每多生育一个婴儿,增加产假 15 天。女职工怀孕未满 4 个月流产的,享受 15 天产假;怀孕满 4 个月流产的,享受 42 天产假。

(2)未成年工的特殊保护

第一,最低就业年龄的规定。《劳动法》规定,禁止用人单位招用未满 16 周岁的未成年人。文艺、体育和特种工艺单位招用未满 16 周岁的未成年人,必须依照国家有关规定,履行审批手续,并保障其接受义务教育的权利。未成年工是指年满 16 周岁未满 18 周岁的劳动者。《中华人民共和国义务教育法》《未成年人保护法》《禁止使用童工规定》也有类似规定。

第二,未成年工在劳动过程中的保护。用人单位不得安排未成年工从事矿山井下、有毒有害、国家规定的第四级体力劳动强度的劳动和其他禁忌从事的劳动。用人单位应对未成年工定期进行健康检查。

(二)职业培训的规定

我国政府历来高度重视职业培训工作。2018 年 5 月,国务院发布了《国务院关于推行终身职业技能培训制度的意见》,要求建立并推行覆盖城乡全体劳动者、贯穿劳动者学习工作终身、适应就业创业和人才成长需要,以及经济社会发展需求的终身职业技能培训制度,实现培训对象普惠化、培训资源市场化、培训载体多元化、培训方式多样化、培训管理规范化,大规模开展高质量的职业技能培训,力争 2020 年后基本满足劳动者培训需要,努力培养造就规模宏大的高技能人才队伍和数以亿计的高素质劳动者。①

① 《国务院关于推进终身职业技能培训制度的意见》,《石油技师》2018 年第 2 期。

1. 职业培训的分类

第一,就业前的职业培训。具体包括:①对城乡新生劳动力实行劳动预备和就业准入制度。《就业促进法》规定,国家采取措施建立健全劳动预备制度,县级以上地方人民政府对有就业要求的初高中毕业生实行一定期限的职业教育和培训,使其取得相应的职业资格或者掌握一定的职业技能。②对从事技术工种的劳动者实行前培训制度。《劳动法》规定从事技术工种的劳动者,上岗前必须经过培训。这里的技术工种是指技术复杂、通用性广,涉及国家财产、人民生命安全和消费者利益的工种。

第二,就业后的职业培训。它也称在职培训。用人单位在使用劳动力的同时,负有对劳动者进行职业培训的义务。《就业促进法》规定,企业应按国家有关规定提取职工教育经费,对劳动者进行职业技能培训和继续教育培训。《劳动法》规定,用人单位应建立职业培训制度,按国家规定提取和使用职业培训经费,根据本单位实际,有计划地对劳动者进行职业培训。

2. 职业培训制度

国家依法发展职业教育,鼓励开展职业培训,促进劳动者提高职业技能,增强就业能力和创业能力。县级以上人民政府根据经济社会发展和市场需求,制订并实施职业能力开发计划。县级以上人民政府加强统筹协调,鼓励和支持各类职业院校、职业技能培训机构和用人单位依法开展就业前培训、在职培训、再就业培训、创业培训;鼓励劳动者参加各种形式的培训。县级以上地方人民政府和有关部门根据市场需求和产业发展方向,鼓励、指导企业加强职业教育和培训。职业院校、职业技能培训机构与企业应密切联系,实行产教结合,为经济建设服务,培养实用人才和熟练劳动者。

地方各级人民政府鼓励和支持开展就业培训,帮助失业人员提高职业技能,增强其就业能力和创业能力。失业人员参加就业培训的,按有关规定享受政府培训补贴。地方各级人民政府采取有效措施,组织和引导进城就业的农村劳动者参加技能培训,鼓励各类培训机构为进城就业的农村劳动者提供技能培训,增强其就业能力和创业能力。国家对从事涉及公共安全、人身健康、生命财产安全等特殊工种的劳动者,实行职业资格证书制度。

五、劳动保障监察和劳动争议处理

劳动保障监察,是劳动保障行政机关依法对用人单位遵守劳动保障法律法规的情况进行监督检查,发现和纠正违法行为,并对违法行为依法进行行政处理或行政处罚的行政执法活动。劳动争议处理一般有协商、调解、劳动仲裁和诉讼四种方式。其中,协商是劳动争议双方的私人行为,调解也具有自愿性,因此协商和调解不是解决劳动争议的必经程序。劳动仲裁,是指由劳动争议仲裁委员会对当事人申请仲裁的劳动争议居中裁决。在我国,劳动仲裁是劳动争议当事人向人民法院提起诉讼的必经程序。

(一)劳动保障监察的规定

1. 劳动保障监察的原则、范围和机构

第一,劳动保障监察的原则。《劳动保障监察条例》①指出,为贯彻实施劳动和社会保障法律法规和规章,维护劳动者的合法权益,制定本条例。因此,保护劳动者权益是劳动保障监察的首要原则。劳动保障监察遵循公正、公开、高效、便民的原则。实施劳动保障监察,坚持教育与处罚相结合,接受社会监督。劳动保障监察的法律依据、处理程序、处理结果等内容应向社会公开,接受社会监督。高效便民要求劳动保障监察机构应在法定的时限内完成监察事项,在具体实施监察时,应尽量缩短时间,提高工作效率。教育和处罚相结合则要求各级劳动监察机构在劳动监察过程中,要积极宣传劳动和社会保障方面的法律法规,对违规的用人单位不能以罚代管。

第二,劳动保障监察的范围。按《劳动保障监察条例》的规定,劳动保障监察的对象范围有:企业和个体工商户;职业介绍机构、职业技能培训机构和职业技能考核鉴定机构。

第三,劳动保障监察机构。根据《劳动保障监察条例》的有关规定,国务院劳动保障行政部门主管全国的劳动保障监察工作。县级以上地方各级人民政府劳动保障行政部门主管本行政区域内的劳动保障监察工作。县级以上各级人民政府有关部门根据各自职责,支持、协助劳动保障行政部门的劳动保障监察工作。县级、设区的市级人民政府劳动保障行政部门可以委托符合监察执法条件的组织实施劳动保障监察。

2. 劳动保障监察机构的职责和监察事项

第一,监察职责。根据《劳动保障监察条例》,劳动保障监察机构履行下列职责:①宣传劳动保障法律、法规和规章,督促用人单位贯彻执行;②检查用人单位

---

① 《劳动保障监察条例》,《中华人民共和国国务院公报》2004年第35期。

遵守劳动保障法律、法规和规章的情况;③受理对违反劳动保障法律、法规或者规章的行为的举报、投诉;④依法纠正和查处违反劳动保障法律、法规或者规章的行为。

第二,监察事项。劳动保障行政部门对下列事项实施劳动保障监察:①用人单位制定内部劳动保障规章制度的情况;②用人单位与劳动者订立劳动合同的情况;③用人单位遵守禁止使用童工规定的情况;④用人单位遵守女职工和未成年工特殊劳动保护规定的情况;⑤用人单位遵守工作时间和休息休假规定的情况;⑥用人单位支付劳动者工资和执行最低工资标准的情况;⑦用人单位参加各项社会保险和缴纳社会保险费的情况;⑧职业介绍机构、职业技能培训机构和职业技能考核鉴定机构遵守国家有关职业介绍、职业技能培训和职业技能考核鉴定的规定的情况;⑨法律法规规定的其他劳动保障监察事项。

3. 劳动保障监察的实施

(1)劳动保障监察的管辖

第一,地域管辖。对用人单位的劳动保障监察,由用人单位用工所在地的县级或者设区的市级劳动保障行政部门管辖。地域管辖是劳动保障监察最主要的管辖方式,因为县级或者设区的市级劳动保障行政部门对当地用人单位和劳动者的情况最熟悉,行政执法的效率最高。

第二,级别管辖。上级劳动保障行政部门根据工作需要,可调查处理下级劳动保障行政部门管辖的案件。省、自治区、直辖市人民政府可对劳动保障监察的管辖制定具体办法。

第三,指定管辖。为妥善处理管辖权争议,《劳动保障监察条例》规定,劳动保障行政部门对劳动保障监察管辖发生争议的,报请共同的上一级劳动保障行政部门指定管辖。

(2)劳动保障监察的形式

劳动保障监察以日常巡视检查、审查用人单位按照要求报送的书面材料以及接受举报投诉等形式进行。劳动保障行政部门认为用人单位有违反劳动保障法律、法规或者规章的行为,需要进行调查处理的,应及时立案。劳动保障行政部门或者受委托实施劳动保障监察的组织应当设立举报、投诉信箱和电话。对因违反劳动保障法律、法规或者规章的行为引起的群体性事件,劳动保障行政部门应当根据应急预案,迅速会同有关部门处理。

(3)劳动保障监察的措施

劳动保障行政部门实施劳动保障监察,有权采取下列调查、检查措施:①进入用人单位的劳动场所进行检查;②就调查、检查事项询问有关人员;③要求用人单位提供与调查、检查事项相关的文件资料,并作出解释和说明,必要时可以发出调查询问书;④采取记录、录音、录像、照相或者复制等方式收集有关情况和资料;⑤委托会计师事务所对用人单位工资支付、缴纳社会保险费的情况进行审计;⑥法律、法规规定可由劳动保障行政部门采取的其他调查、检查措施。

劳动保障行政部门对事实清楚、证据确凿、可以当场处理的违反劳动保障法律、法规或者规章的行为有权当场予以纠正。

(4)劳动保障监察的程序

第一,劳动保障监察员。劳动保障行政部门和受委托实施劳动保障监察的组织中的劳动保障监察员应经过相应的考核或者考试录用。劳动保障监察员依法履行劳动保障监察职责,受法律保护。劳动保障监察员应忠于职守,秉公执法,勤政廉洁,保守秘密。任何组织或者个人对劳动保障监察员的违法违纪行为,有权向劳动保障行政部门或者有关机关检举、控告。劳动保障监察员进行调查、检查,不得少于两人,并应当佩戴劳动保障监察标志、出示劳动保障监察证件。劳动保障监察员办理的劳动保障监察事项与本人或者其近亲属有直接利害关系的,应当回避。

第二,调查期限。劳动保障行政部门对违反劳动保障法律、法规或者规章的行为的调查,应当自立案之日起60个工作日内完成;对情况复杂的,经劳动保障行政部门负责人批准,可延长30个工作日。

第三,处理方式。劳动保障行政部门对违反劳动保障法律、法规或者规章的行为,根据调查、检查的结果,作出以下处理:对依法应受到行政处罚的,依法作出行政处罚决定;对应改正未改正的,依法责令改正或者作出相应的行政处理决定;对情节轻微且已改正的,撤销立案。发现违法案件不属于劳动保障监察事项的,应及时移送有关部门处理;涉嫌犯罪的,应依法移送司法机关。

第四,告知程序。劳动保障行政部门对违反劳动保障法律、法规或者规章的行为作出行政处罚或者行政处理决定前,应听取用人单位的陈述、申辩;作出行政处罚或者行政处理决定,应告知用人单位依法享有申请行政复议或者提起行政诉讼的权利。

第五,时效期限。违反劳动保障法律、法规或者规章的行为在两年内未被劳动保障行政部门发现,也未被举报、投诉的,劳动保障行政部门不再查处。前款规定的期限,自违反劳动保障法律、法规或者规章的行为发生之日起计算;违反劳动保障法律、法规或者规章的行为有连续或者继续状态的,自行为终了之日起计算。

(二)劳动争议处理的规定

1. 劳动争议处理的原则、范围和机构

劳动争议,是指劳动关系双方当事人之间因实现劳动权利、履行劳动义务发生的争议。解决劳动争议,应根据事实,遵循合法、公正、及时、着重调解的原则,依法保护当事人的合法权益。

根据《劳动争议调解仲裁法》①,我国劳动争议调解仲裁的范围包括:①因确认劳动关系发生的争议;②因订立、履行、变更、解除和终止劳动合同发生的争议;③因除名、辞退和辞职、离职发生的争议;④因工作时间、休息休假、社会保险、福利、培训以及劳动保护发生的争议;⑤因劳动报酬、工伤医疗费、经济补偿或者赔偿金等发生的争议;⑥法律、法规规定的其他劳动争议。

发生劳动争议,劳动者可与用人单位协商,也可请工会或者第三方共同与用人单位协商,达成和解协议。发生劳动争议,当事人不愿协商、协商不成或者达成和解协议后不履行的,可向调解组织申请调解;不愿调解、调解不成或者达成调解协议后不履行的,可向劳动争议仲裁委员会申请仲裁;对仲裁裁决不服的,除法律另有规定的外,可向人民法院提起诉讼。可见,劳动争议处理机构包括:劳动争议调解组织、劳动争议仲裁委员会和人民法院。

2. 劳动争议调解

第一,劳动争议调解的原则,具体包括:①自愿原则。劳动争议调解应在双方当事人自愿的基础上进行。自愿原则体现在,是否申请调解、调解协议的达成及调解协议的执行均由双方当事人自行决定。②民主说服原则。劳动争议调解组织既不是国家的审判机关,也不是国家行政机关,没有仲裁权和行政命令权,只能采取民主说服的办法。

第二,劳动争议调解的程序、期限与效力。当事人申请劳动争议调解可书面申请,也可口头申请。口头申请的,调解组织应当场记录申请人基本情况、申请调解的争议事项、理由和时间。调解劳动争议,应充分听取双方当事人对事实和

① 《中华人民共和国劳动争议调解仲裁法》,《中华人民共和国最高人民检察院公报》2009年第1期。

理由的陈述,耐心疏导,帮助其达成协议。经调解达成协议的,应制作调解协议书。调解协议书由双方当事人签名或者盖章,经调解员签名并加盖调解组织印章后生效,对双方当事人具有约束力,当事人应当履行。自劳动争议调解组织收到调解申请之日起15日内未达成调解协议的,当事人可依法申请仲裁。达成调解协议后,一方当事人在协议约定期限内不履行调解协议的,另一方当事人可依法申请仲裁。因支付拖欠劳动报酬、工伤医疗费、经济补偿或者赔偿金事项达成调解协议,用人单位在协议约定期限内不履行的,劳动者可持调解协议书依法向人民法院申请支付令。人民法院应当依法发出支付令。

3. 劳动争议仲裁

(1)劳动争议仲裁的原则

第一,着重调解的原则。《劳动争议调解仲裁法》规定,仲裁庭在作出裁决前,应先行调解。调解达成协议的,仲裁庭应当制作调解书。调解书经双方当事人签收后,发生法律效力。

第二,及时迅速原则。根据《劳动争议调解仲裁法》的有关规定,劳动争议调解不成或者调解书送达前,一方当事人反悔的,仲裁庭应及时作出裁决。仲裁庭裁决劳动争议案件,应当自劳动争议仲裁委员会受理仲裁申请之日起45日内结束。案情复杂需要延期的,经劳动争议仲裁委员会主任批准,可延期并书面通知当事人,但是延长期限不得超过15日。逾期未作出仲裁裁决的,当事人可就该劳动争议事项向人民法院提起诉讼。仲裁庭裁决劳动争议案件时,其中一部分事实已经清楚,可就该部分先行裁决。法律还规定,部分争议标的小、事实比较简单的案件,仲裁裁决为终局裁决。这些规定都体现了及时迅速的原则。

第三,区分举证责任原则。《劳动争议调解仲裁法》规定,发生劳动争议,当事人对自己提出的主张,有责任提供证据。与争议事项有关的证据属于用人单位掌握管理的,用人单位应提供;用人单位不提供的,应承担不利后果。这样规定,加重了用人单位的举证责任,有利于保护劳动者的合法权益。

(2)劳动争议仲裁庭

劳动争议仲裁委员会裁决劳动争议案件实行仲裁庭制。仲裁庭是代表仲裁委员会对具体劳动争议案件行使仲裁权,由经一定程序选出的仲裁员组成的非常设性处理劳动争议的专门机构。仲裁庭分为一般仲裁庭和简易仲裁庭。一般仲裁庭由3名仲裁员组成,设首席仲裁员。首席仲裁员由仲裁委员会主任或授权办事机构负责人指定产生,其他2名仲裁员由劳动争议案件当事人或劳动仲裁委员会选定产生。简易仲裁庭由1名仲裁员组成独任仲裁庭，处理简单劳动争议案件。简单劳动争议案件是指事实清楚、情节认定容易、适用法律明确的案件。

(3)劳动争议仲裁员

《劳动争议调解仲裁法》规定，劳动争议仲裁委员会应设仲裁员名册。仲裁员应公道正派，并符合下列条件之一：①曾任审判员的；②从事法律研究、教学工作并具有中级以上职称的；③具有法律知识、从事人力资源管理或者工会等专业工作满5年的；④律师执业满3年的。

仲裁员的职责主要有：①参加仲裁庭；②有权向当事人及有关单位调查取证；③进行调解工作；④审查申诉人的撤诉请求；⑤参加仲裁庭合议，对案件提出裁决意见；⑥对案件涉及的秘密和个人隐私应保密等。

(4)劳动争议案件的审理

第一，劳动争议案件的管辖。劳动争议仲裁委员会负责管辖本区域内发生的劳动争议。劳动争议由劳动合同履行地或者用人单位所在地的劳动争议仲裁委员会管辖。双方当事人分别向劳动合同履行地和用人单位所在地的劳动争议仲裁委员会申请仲裁的，由劳动合同履行地的劳动争议仲裁委员会管辖。

第二，劳动争议案件的当事人。发生劳动争议的劳动者和用人单位为劳动争议仲裁案件的双方当事人。劳务派遣单位或者用工单位与劳动者发生劳动争议的，劳务派遣单位和用工单位为共同当事人。与劳动争议案件的处理结果有利害关系的第三人，可申请参加仲裁活动或者由劳动争议仲裁委员会通知其参加仲裁活动。

当事人可委托代理人参加仲裁活动。委托他人参加仲裁活动，应向劳动争议仲裁委员会提交有委托人签名或者盖章的委托书，委托书应载明委托事项和权限。丧失或者部分丧失民事行为能力的劳动者，由其法定代理人代为参加仲裁活动；无法定代理人的，由劳动争议仲裁委员会为其指定代理人。劳动者死亡的，由其近亲属或者代理人参加仲裁活动。劳动争议仲裁公开进行，但当事人协议不公开进行或者涉及国家秘密、商业秘密和个人隐私的除外。

第三，劳动仲裁的申请和受理。申请人申请仲裁应提交书面仲裁申请，并按照被申请人人数提交副本。劳动争议申请仲裁的时效期间为1年。仲裁时效期间从当事人知道或者应当知道其权利被侵害之日起计算。仲裁时效因当事人一方向对方当事人主张权利，或者向有关部门请求权利救济，或者对方当事人同意履行义务而中断。从中断时起，仲裁时效期间重新计算。因不可抗力或者有其他正当理由，当事人不能在规定的仲裁时效期间申请仲裁的，仲裁时效中止。从中止时效的原因消除之日起，仲裁时效期间继续计算。劳动关系存续期间因拖欠劳动报酬发生争议的，劳动者申请仲裁不受仲裁时效期间的限制；但是，劳动关系终止的，应当自劳动关系终止之日起1年内提出。

劳动争议仲裁委员会收到仲裁申请之日起5日内，认为符合受理条件的应受理，并通知申请人；认为不符合受理条件的应书面通知申请人不予受理，并说明理由。对劳动争议仲裁委员会不予受理或者逾期未作出决定的，申请人可以就该劳动争议事项向人民法院提起诉讼。

劳动争议仲裁委员会受理仲裁申请后，应在5日内将仲裁申请书副本送达被申请人。被申请人收到仲裁申请书副本后，应在10日内向劳动争议仲裁委员会提交答辩书。劳动争议仲裁委员会收到答辩书后，应在5日内将答辩书副本送达申请人。被申请人未提交答辩书的，不影响仲裁程序的进行。

第四，劳动仲裁的开庭和裁决。劳动争议仲裁委员会应在受理仲裁申请之日起5日内，将仲裁庭的组成情况书面通知当事人。仲裁庭应在开庭5日前，将开庭日期、地点书面通知双方当事人。当事人有正当理由的，可在开庭3日前请求延期开庭。是否延期，由劳动争议仲裁委员会决定。申请人收到书面通知，无正当理由拒不到庭或者未经仲裁庭同意中途退庭的，可视为撤回仲裁申请。被申请人收到书面通知，无正当理由拒不到庭或者未经仲裁庭同意中途退庭的，可缺席裁决。

仲裁庭对专门性问题认为需要鉴定的，可交由当事人约定的鉴定机构鉴定；当事人没有约定或者无法达成约定的，由仲裁庭指定的鉴定机构鉴定。根据当事人的请求或者仲裁庭的要求，鉴定机构应派鉴定人参加开庭。当事人经仲裁庭许可，可向鉴定人提问。

当事人在仲裁过程中有权进行质证和辩论。质证和辩论终结时，首席仲裁员或者独任仲裁员应征询当事人的最后意见。当事人提供的证据经查证属实的，仲裁庭应将其作为认定事实的根据。劳动者无法提供由用人单位掌握管理的与仲裁请求有关的证据，仲裁庭可要求用人单位在指定期限内提供。用人单位在指定期限内不提供的，应承担不利后果。

仲裁庭应将开庭情况记入笔录。当事人和其他仲裁参加人认为对自己陈述的记录有遗漏或者差错的，有权申请补正；如果不予补正，应记录该申请。笔录由仲裁员、记录人员、当事人和其他仲裁参加人签名或者盖章。当事人申请劳动争议仲裁后,可自行和解。达成和解协议的,可撤回仲裁申请。

仲裁庭对追索劳动报酬、工伤医疗费、经济补偿或者赔偿金的案件,根据当事人的申请,可裁决先予执行,移送人民法院执行。仲裁庭裁决先予执行的,应符合下列条件:当事人之间权利义务关系明确;不先予执行将严重影响申请人的生活。

裁决应当按照多数仲裁员的意见作出,少数仲裁员的不同意见应记入笔录。仲裁庭不能形成多数意见时,裁决应按首席仲裁员的意见作出。裁决书应载明仲裁请求、争议事实、裁决理由、裁决结果和裁决日期。裁决书由仲裁员签名,加盖劳动争议仲裁委员会印章。对裁决持不同意见的仲裁员,可以签名,也可不签名。

第五,劳动争议仲裁书的效力。《劳动争议调解仲裁法》第 47 条规定,下列劳动争议,除本法另有规定的外,仲裁裁决为终局裁决,裁决书自作出之日起发生法律效力:①追索劳动报酬、工伤医疗费、经济补偿或者赔偿金,不超过当地月最低工资标准 12 个月金额的争议;②因执行国家的劳动标准在工作时间、休息休假、社会保险等方面发生的争议。

劳动者对上述仲裁裁决不服的,可以自收到仲裁裁决书之日起 15 日内向人民法院提起诉讼。用人单位有证据证明上述仲裁裁决有下列情形之一,可以自收到仲裁裁决书之日起 30 日内,向劳动争议仲裁委员会所在地的中级人民法院申请撤销裁决:①适用法律、法规确有错误的;②劳动争议仲裁委员会无管辖权的;③违反法定程序的;④裁决所根据的证据是伪造的;⑤对方当事人隐瞒了足以影响公正裁决的证据的;⑥仲裁员在仲裁该案时有索贿受贿、徇私舞弊、枉法裁决行为的。

人民法院经组成合议庭审查核实裁决有前款规定情形之一的,应裁定撤销。仲裁裁决被人民法院裁定撤销的,当事人可以自收到裁定书之日起 15 日内就该劳动争议事项向人民法院提起诉讼。

当事人对《劳动争议调解仲裁法》第 47 条规定以外的其他劳动争议案件的仲裁裁决不服的,可以自收到仲裁裁决书之日起 15 日内向人民法院提起诉讼;期满不起诉的,裁决书发生法律效力。当事人对发生法律效力的调解书、裁决书,应依照规定的期限履行。一方当事人逾期不履行的,另一方当事人可依照民事诉讼法的有关规定向人民法院申请执行。受理申请的人民法院应依法执行。

4. 劳动人事争议裁审衔接机制

加强劳动人事争议仲裁与诉讼衔接(以下简称裁审衔接)机制建设,是健全劳动人事争议处理制度、完善矛盾纠纷多元化解机制的重要举措。但是,目前裁审衔接机制仍然存在争议受理范围不够一致、法律适用标准不够统一、程序衔接不够规范等问题，为此，2017 年 11 月，人力资源社会保障部、最高人民法院发布了《关于加强劳动人事争议仲裁与诉讼衔接机制建设的意见》，对完善裁审衔接机制作了具体规定。①

（1）统一裁审受理范围和法律适用标准

第一，逐步统一裁审受理范围。各地劳动人事争议仲裁委员会（以下简称仲裁委员会）和人民法院要按照《劳动争议调解仲裁法》等法律规定，逐步统一社会保险争议、人事争议等争议的受理范围。仲裁委员会要改进完善劳动人事争议受理立案制度，依法做到有案必立，有条件的可探索实行立案登记制，切实发挥仲裁前置的功能作用。

第二，逐步统一裁审法律适用标准。各地仲裁委员会和人民法院要严格按照法律规定处理劳动人事争议。对于法律规定不明确等原因造成裁审法律适用标准不一致的突出问题，由人力资源社会保障部与最高人民法院按照《立法法》有关规定，通过制定司法解释或指导意见等形式明确统一的法律适用标准。省、自治区、直辖市人力资源社会保障部门与高级人民法院要结合裁审工作实际，加强对法律适用问题的调查研究，及时提出意见建议。

（2）规范裁审程序衔接

第一，规范受理程序衔接。对未经仲裁程序直接起诉到人民法院的劳动人事争议案件，人民法院应裁定不予受理；对已受理的，应驳回起诉，并告知当事人向有管辖权的仲裁委员会申请仲裁。当事人因仲裁委员会逾期未作出仲裁裁决而向人民法院提起诉讼且人民法院立案受理的，人民法院应及时将该案的受理情况告知仲裁委员会，仲裁委员会应及时决定该案件终止审理。

第二，规范保全程序衔接。仲裁委员会对在仲裁阶段可能因用人单位转移、藏匿财产等行为致使裁决难以执行的，应告知劳动者通过仲裁机构向人民法院申请保全。劳动者申请保全的，仲裁委员会应及时向人民法院转交申请书及仲裁案件受理通知书等相关材料。人民法院裁定采取保全措施或者裁定驳回申请的，应将裁定书送达申请人，并通知仲裁委员会。

第三，规范执行程序衔接。仲裁委员会依法裁决先予执行的，应向有执行权的人民法院移送先予执行裁决书、裁决书的送达回证或其他送达证明材料；接受

---

① 《关于加强劳动人事争议仲裁与诉讼衔接机制建设的意见》，《人民法院报》2017 年 11 月 10 日。

移送的人民法院应按照《中华人民共和国民事诉讼法》和劳动争议调解仲裁法相关规定执行。人民法院要加强对仲裁委员会裁决书、调解书的执行工作，加大对涉及劳动报酬、工伤保险待遇争议特别是集体劳动人事争议等案件的执行力度。

六、集体协商的法规与政策

为规范集体协商和签订集体合同行为，依法维护劳动者和用人单位的合法权益，2004 年 1 月发布的《集体合同规定》对集体协商作出了相关规定。①

（一）集体协商的原则和内容

1. 集体协商的原则

集体协商，是指劳动者通过工会或其代表与雇主或雇主组织的代表为签订集体合同而进行的商谈行为。集体协商主要采取协商会议的形式，其目的是签订集体合同或专项集体合同。进行集体协商，签订集体合同或专项集体合同，应遵循下列原则：①遵守法律、法规、规章及国家有关规定；②相互尊重，平等协商；③诚实守信，公平合作；④兼顾双方合法权益；⑤不得采取过激行为。

依法签订的集体合同或专项集体合同，对用人单位和本单位的全体职工具有法律约束力。用人单位与职工个人签订的劳动合同约定的劳动条件和劳动报酬等标准，不得低于集体合同或专项集体合同的规定。

2. 集体协商的内容

集体协商双方可就下列多项或某项内容进行集体协商，签订集体合同或专项集体合同：劳动报酬，工作时间，休息休假，劳动安全与卫生，补充保险和福利，女职工和未成年工特殊保护，职业技能培训，劳动合同管理，奖惩，裁员，集体合同期限，变更、解除集体合同的程序，履行集体合同发生争议时的协商处理办法，违反集体合同的责任，双方认为应协商的其他内容。

劳动报酬主要包括：用人单位工资水平、工资分配制度、工资标准和工资分配形式，工资支付办法，加班、加点工资及津贴、补贴标准和奖金分配办法，工资调整办法，试用期及病、事假等期间的工资待遇，特殊情况下职工工资（生活费）支付办法，其他劳动报酬分配办法。

工作时间主要包括：工时制度、加班加点办法、特殊工种的工作时间、劳动定额标准。

---

① 《集体合同规定》，《中华人民共和国国务院公报》2004 年第 28 期。

休息休假主要包括：日休息时间、周休息日安排、年休假办法，不能实行标准工时职工的休息休假，其他假期。

劳动安全卫生主要包括：劳动安全卫生责任制、劳动条件和安全技术措施、安全操作规程、劳保用品发放标准、定期健康检查和职业健康体检。

补充保险和福利主要包括：补充保险的种类、范围，基本福利制度和福利设施，医疗期延长及其待遇，职工亲属福利制度。

女职工和未成年工的特殊保护主要包括：女职工和未成年工禁忌从事的劳动，女职工的经期、孕期、产期和哺乳期的劳动保护，女职工、未成年工定期健康检查，未成年工的使用和登记制度。

职业技能培训主要包括：职业技能培训项目规划及年度计划、职业技能培训费用的提取和使用、保障和改善职业技能培训的措施。

劳动合同管理主要包括：劳动合同签订时间，确定劳动合同期限的条件，劳动合同变更、解除、续订的一般原则及无固定期限劳动合同的终止条件，试用期的条件和期限。

奖惩主要包括：劳动纪律、考核奖惩制度、奖惩程序。

裁员主要包括：裁员的方案、裁员的程序、裁员的实施办法和补偿标准。

（二）集体协商的代表和程序

1. 集体协商的代表

集体协商双方的代表人数应当对等，每方至少 3 人，并各确定一名首席代表。职工一方的协商代表由本单位工会选派。未建立工会的，由本单位职工民主推荐，并经本单位半数以上职工同意。职工一方的首席代表由本单位工会主席担任。工会主席可书面委托其他协商代表代理首席代表。工会主席空缺的，首席代表由工会主要负责人担任。未建立工会的，职工一方的首席代表从协商代表中民主推举产生。

用人单位一方的协商代表，由用人单位法定代表人指派，首席代表由单位法定代表人担任或由其书面委托的其他管理人员担任。集体协商双方首席代表可书面委托本单位以外的专业人员作为本方协商代表。委托人数不得超过本方代表的 1/3。首席代表不得由非本单位人员代理。

2. 集体协商的程序

集体协商任何一方均可就签订集体合同或专项集体合同以及相关事宜，以书面形式向对方提出进行集体协商的要求。一方提出进行集体协商要求的，另一方应在收到集体协商要求之日起20日内以书面形式予以回应,无正当理由不得拒绝进行集体协商。用人单位无正当理由拒绝工会或职工代表提出的集体协商要求的,按照《中华人民共和国工会法》及有关法律、法规的规定处理。

第一,协商代表在协商前应进行下列准备工作:①熟悉与集体协商内容有关的法律、法规、规章和制度;②了解与集体协商内容有关的情况和资料,收集用人单位和职工对协商意向所持的意见;③拟定集体协商议题,集体协商议题可由提出协商一方起草,也可由双方指派代表共同起草;④确定集体协商的时间、地点等事项;⑤共同确定一名非协商代表担任集体协商记录员。记录员应保持中立、公正,并为集体协商双方保密。

第二,集体协商会议由双方首席代表轮流主持,并按下列程序进行:①宣布议程和会议纪律;②一方首席代表提出协商的具体内容和要求,另一方首席代表就对方的要求作出回应;③协商双方就商谈事项发表各自意见,开展充分讨论;④双方首席代表归纳意见。达成一致的,应当形成集体合同草案或专项集体合同草案,由双方首席代表签字。

集体协商未达成一致意见或出现事先未预料的问题时,经双方协商,可以中止协商。中止期限及下次协商时间、地点、内容由双方商定。

(三)集体合同的规定

1. 集体合同的订立、变更、解除和终止

经双方协商代表协商一致的集体合同草案或专项集体合同草案,应提交职工代表大会或者全体职工讨论。职工代表大会或者全体职工讨论集体合同草案或专项集体合同草案,应当有2/3以上职工代表或者职工出席,且须经全体职工代表半数以上或者全体职工半数以上同意,集体合同草案或专项集体合同草案方获通过。集体合同草案或专项集体合同草案经职工代表大会或者职工大会通过后,由集体协商双方首席代表签字。集体合同或专项集体合同期限一般为1—3年,期满或双方约定的终止条件出现,即行终止。集体合同或专项集体合同期满前3个月内,任何一方均可向对方提出重新签订或续订的要求。

双方协商代表协商一致,可变更或解除集体合同或专项集体合同。有下列情形之一的,可变更或解除集体合同或专项集体合同:①用人单位因被兼并、解散、破产等原因,致使集体合同或专项集体合同无法履行的;②因不可抗力等原因致使集体合同或专项集体合同无法履行或部分无法履行的;③集体合同或专项集体合同约定的变更或解除条件出现的;④法律、法规、规章规定的其他情形。

变更或解除集体合同或专项集体合同适用前述集体协商程序。因履行集体合同发生的争议,当事人协商解决不成的,可依法向劳动争议仲裁委员会申请仲裁。

2. 集体合同审查

集体合同或专项集体合同签订或变更后,应当自双方首席代表签字之日起10日内,由用人单位一方将文本一式三份报送劳动保障行政部门审查。劳动保障行政部门对报送的集体合同或专项集体合同应办理登记手续。集体合同或专项集体合同审查实行属地管辖,具体管辖范围由省级劳动保障行政部门规定。中央管辖的企业以及跨省、自治区、直辖市的用人单位的集体合同应当报送劳动保障部或劳动保障部指定的省级劳动保障行政部门。

劳动保障行政部门应对报送的集体合同或专项集体合同的下列事项进行合法性审查:①集体协商双方的主体资格是否符合法律、法规和规章规定;②集体协商程序是否违反法律、法规、规章规定;③集体合同或专项集体合同内容是否与国家规定相抵触。

劳动保障行政部门对集体合同或专项集体合同有异议的,应当自收到文本之日起15日内将《审查意见书》送达双方协商代表。劳动保障行政部门自收到文本之日起15日内未提出异议的,集体合同或专项集体合同即行生效。生效的集体合同或专项集体合同,应当自其生效之日起由协商代表及时以适当的形式向本方全体人员公布。

(四)集体协商争议的协调处理

1. 集体协商争议协调处理的主体

集体协商过程中发生争议,双方当事人不能协商解决的,当事人一方或双方可以书面向劳动保障行政部门提出协调处理申请;未提出申请的,劳动保障行政部门认为必要时也可以进行协调处理。劳动保障行政部门应组织同级工会和企业组织等三方面的人员,共同协调处理集体协商争议。

2. 集体协商争议协调处理的管辖

集体协商争议处理实行属地管辖,具体管辖范围由省级劳动保障行政部门规定。中央管辖的企业以及跨省、自治区、直辖市用人单位因集体协商发生的争议,由劳动保障部指定的省级劳动保障行政部门组织同级工会和企业组织等三方面的人员协调处理,必要时,劳动保障部也可以组织有关方面协调处理。

3. 集体协商争议协调处理的程序

协调处理集体协商争议，应当自受理协调处理申请之日起 30 日内结束协调处理工作。期满未结束的，可适当延长协调期限，但延长期限不得超过 15 日。协调处理集体协商争议应按以下程序进行：①受理协调处理申请；②调查了解争议的情况；③研究制订协调处理争议的方案；④对争议进行协调处理；⑤制作《协调处理协议书》。

《协调处理协议书》应当载明协调处理申请、争议的事实和协调结果，双方当事人就某些协商事项不能达成一致的，应将继续协商的有关事项予以载明。《协调处理协议书》由集体协商争议协调处理人员和争议双方首席代表签字盖章后生效。争议双方均应遵守生效后的《协调处理协议书》。①

第三节　劳动就业法规与政策运行中存在的主要问题

当前，劳动就业法规与政策运行中存在的问题，主要在于需要进一步完善劳动就业的法规与政策，具体在于以下方面。

第一，需进一步保障劳动者的就业权。

《宪法》规定，中华人民共和国公民有劳动的权利和义务。《劳动法》规定，劳动者享有平等就业和选择职业的权利。加之，我国是社会主义国家，实行公有制为主体；土地等重要生产资料掌握在国家手中。这些决定了国家应当在保障劳动者就业权利方面发挥主体作用。新中国成立后的三十余年中，我国在这方面确实也卓有成效。然而，近些年来，存在不少劳动者失业，他们的就业权未得到较好保障。从城镇登记失业人数、城镇登记失业率来看，2000 年分别为 595 万人、3.1%，2010 年分别增至 908 万人、4.1%，2021 年分别为 1040 万人、3.96%。实际上，城镇登记失业人数不包括城镇中的失业但未登记者，也未将农村失业者纳入统计之中。因此，实际的失业率比登记失业率更高。例如，2018 年，城镇登记失业率为 3.80%，而城镇调查失业率为 4.9%。2021 年，城镇登记失业率为 3.96%，城镇调查失业率为 5.1%。2022 年，城镇调查失业率为 5.5%。② 概括来

---

① 全国社会工作者职业水平考试教材编委会编写：《社会工作法规与政策》，中国社会出版社 2023 年，第 321—351 页。

② 数据来源：《中国统计年鉴 2001》《中国统计年鉴 2011》《中国统计年鉴 2023》。

说,作为社会主义国家,我国需进一步保障劳动者的就业权。

第二,劳动者的工资水平有待进一步提升。

《宪法》规定,我国以按劳分配为主体。《劳动法》规定,工资分配应当遵循按劳分配原则,实行同工同酬。工资水平在经济发展的基础上逐步提高。国家对工资总量实行宏观调控。然而,劳动就业法规与政策并未控制按劳分配与按资分配的大致比重,导致按劳分配原则未得到较好体现。1992—1999 年,劳动报酬占国民收入比重只有 51.4%—54.6%,2004 年进一步下降到 47.2%。[①] 全国居民人均可支配收入占人均国民收入的比重,2014 年仅为 42.99%,2017 年为 43.65%,[②]2022 年为 43.50%。[③] 从世界银行提供的数据看,按购买力平价衡量的现价人均国民总收入,2022 年,中国为 21250 国际元,超过 20846 国际元的平均水平,而美国为 77950 国际元,日本为 49820 国际元,英国为 57750 国际元,法国为 58610 国际元,德国为 69210 国际元,欧盟为 57238 国际元。中国在 232 个国家和地区中排第 91 位。[④] 由此也可看出,我国劳动者的工资水平并不高,按劳分配的原则体现得并不显著。实际上,还有很多劳动者的工资水平根本达不到平均数。2022 年,全国居民人均可支配收入为 36883.3 元,而 20%低收入组家庭人均可支配收入仅 8601.1 元,20%中间偏下收入组家庭人均可支配收入只有 19302.7 元,20%中间收入组家庭人均可支配收入为 30598.3 元,[⑤]分别只有平均数的 23.32%、52.33%、82.96%。概括来说,如何更好落实按劳分配原则,推动共同富裕,在提升劳动者的工资水平上还要做很多工作。

第三,有的用人单位不与劳动者签订劳动合同。

用人单位与劳动者应签订劳动合同,这是劳动就业法规与政策的基本要求。近些年来,政府部门深入贯彻实施新修订的《劳动合同法》,提升了用人单位与劳动者签订劳动合同的比例。不过,到 2014 年末,全国企业职工劳动合同签订率为 88%,仍然还有 12%未签订劳动合同。而据国家统计局发布的《2014 年全国农民工监测调查报告》显示,2014 年末,与雇主或单位签订了劳动合同的农民工比重仅为 38%。《2016 年全国农民工监测调查报告》显示,2016 年,与雇主或单

---

① 王霞:《劳动报酬在国民收入中的比重》,《中国统计》2009 年第 12 期。

② 根据 2014 年、2017 年《国民经济和社会发展统计公报》相关数据计算所得。

③ 数据来源:《中国统计年鉴 2023》。

④ 数据来源:世界银行网站,https://data.worldbank.org.cn。

⑤ 数据来源:《中国统计年鉴 2023》。

位签订了劳动合同的农民工比重下降，为 35.1%，比 2015 年下降 1.1%。其中，外出农民工与雇主或单位签订劳动合同的比重为 38.2%，比 2015 年下降 1.5 个百分点；本地农民工与雇主或单位签订劳动合同的比重为 31.4%，比 2015 年下降 0.3 个百分点。2019 年，全国企业劳动合同签订率达 90%以上。[①] 这意味着未签订劳动合同的比例仍约占 10%。用人单位与劳动者未签订劳动合同，如出现劳动纠纷，劳动者的权益难以保障，维权成本则会大大增加。

第四，需进一步保障劳动者及时拿到工资。

按劳动获得工资收入是劳动者最基本的权利之一。早在 1954 年制定的第一部《宪法》中第 91 条即规定，中华人民共和国公民有劳动的权利。国家通过国民经济有计划地发展，逐步扩大劳动就业，改善劳动条件和工资待遇，以保证公民享受这种权利。新中国成立后，劳动就业法规都明确要保障劳动者的工资收入，而不能拖欠。此后的历部《宪法》都延续了这些基本内容。《劳动法》第 3 条也明确规定，劳动者享有取得劳动报酬的权利。然而，1980 年代以来，工资拖欠逐渐成为社会问题，日益得到学界的关注。早在 1989 年就有人刊文，报道有的地方长期拖欠民办教师工资的现象。[②] 此后，拖欠工资问题一直存在。在中国知网中检索，截至 2024 年 3 月底，篇名含“工资”和“拖欠”的文章，共有 2800 多篇，近几年来，数量显著减少，但每年仍有数十篇。

工资被拖欠在许多行业、许多单位都存在，而农民工工资被拖欠是重心。例如，2008 年末，被拖欠工资的返乡农民工占返乡农民工总数的 5.8%。其中，保留工作只是回家过年的农民工中有 4.4%被雇主拖欠工资，而需要重新找工作的返乡农民工中有 8%被拖欠工资；因企业关停而返乡的农民工中有 13%被拖欠工资；因企业裁员而返乡的农民工中有 5.7%被拖欠工资。[③]《2016 年全国农民工监测调查报告》显示，2016 年被拖欠工资的农民工人数为 236.9 万人。被拖欠工资的农民工占比为 0.84%。2013—2015 年被拖欠工资的农民工占比分别为 1%、0.76%、0.99%。2016 年，被拖欠工资的农民工人均被拖欠 11433 元。其中，被拖欠工资的外出农民工人均被拖欠 11941 元；被拖欠工资的本地农民工人均被拖欠 10518 元。2016 年被拖欠的工资总额为 270.9 亿元。2019 年 1—9 月，各地查处欠薪违法案件 7.9 万件，

---

① 《人社部：2019 年企业劳动合同签订率达 90%以上》，中国新闻网，2020 年 6 月 5 日。

② 于书金：《省委书记一封信的由来——辽宁省民办教育工资拖欠问题解决前后》，《瞭望周刊》1989 年第 15 期。

③ 数据来源：国家统计局网站统计数据。

为 60.4 万名劳动者追发工资等待遇 55.8 亿元。① 2021 年,全国各级劳动保障监察机构查处工资类违法案件 6.3 万件,共为 85.3 万名劳动者追发工资等待遇 79.9 亿元。2022 年,全国各级劳动保障监察机构查处各类劳动保障违法案件 11.5 万件,保障 84.5 万名劳动者及时拿到工资 95.4 亿元。②

综上,根治较长时期以来存在的劳动者工资拖欠问题,需要相关部门进一步加大执法力度。

第五,社会保险离实现全覆盖还有较大差距。

《劳动法》规定,劳动者享有享受社会保险和福利的权利。《劳动合同法》第 17 条规定,劳动合同应具备社会保险条款;第 74 条规定,县级以上地方人民政府劳动行政部门依法监督检查用人单位参加各项社会保险和缴纳社会保险费的情况。然而,有些劳动者没有社会保险或者拥有的社会保险不完善。据国家统计局发布的《2014 年全国农民工监测调查报告》显示,2014 年末,农民工"五险一金"的参保率分别仅有:工伤保险 26.2%、医疗保险 17.6%、养老保险 16.7%、失业保险 10.5%、生育保险 7.8%、住房公积金 5.5%。2021 年年末城镇登记失业人员有 1040 万人,而领取失业保险金人数只有 259 万人,仅占失业人员的 24.90%。2022 年年末全国就业人员 73351 万人,但参加失业保险人数仅 23807 万人;参加工伤保险人数仅 29117 万人。③ 这意味着劳动者没有失业保险的比例高达 67.54%,没有工伤保险的比例为 60.30%。

第六,灵活就业问题需要妥善解决。

灵活就业,又称非正规就业,它是与通常的体制内就业不同的就业方式。目前,灵活就业包括个体经营、非全日制及新就业形态。灵活就业人员数量很大,截至 2021 年底,已达 2 亿人左右,占比约 30%。其中,网约车司机人数超过 3000 万人,外卖骑手超过 1300 万人。不过,灵活就业面临一些问题,主要包括:(1)灵活就业法律法规基本处于空白状态,当前政府出台的政策性规范的约束力低,也缺乏统一的劳动者权益保障规范。(2)针对灵活就业人员的社会保障制度不健全,部分保险参保受限,他们往往游离于社会保险制度之外,参保意愿与能力不足,很难将其纳入失业保险体系。(3)用工管理不规范,劳动者权益保障缺位。

---

① 《人社部:今年 1 至 9 月各地查处欠薪违法案件 7.9 万件》,央广网,2019 年 10 月 28 日。

② 数据来源:《2021、2022 年度人力资源和社会保障事业发展统计公报》。

③ 数据来源:根据《2021、2022 年度人力资源和社会保障事业发展统计公报》相关数据计算所得。

随着灵活就业人员越来越多,他们的劳动就业问题无疑需要国家更加重视。①

此外,我国劳动就业法规与政策还需要在保障就业公平、劳动者休息时间、安全生产等方面进一步完善。

① 顾磊等:《我国灵活就业的功能定位、存在问题与对策建议》,《河北金融》2023年第2期。

第十四章

医疗卫生与计划生育法规与政策

医疗卫生政策是政府通过配置医疗卫生资源，以预防疾病，促进、保护或恢复国民健康为目标而采取的一系列规定和行动的总称。① 计划生育法规与政策，一般来说，是指为了对全社会生育过程进行有计划的调节而制定的全民生育行为的法规、政策及行动的总称。本章将探讨医疗卫生和计划生育法规与政策的发展演变、主要内容以及其运行中存在的主要问题。

第一节　医疗卫生与计划生育法规与政策的发展演变

一、医疗卫生法规与政策的发展演变

(一)新中国成立前医疗卫生法规与政策的发展演变

我国的医疗卫生政策萌芽于先秦时期。

到两汉时期，中国古代医疗卫生得到初步发展。大体上讲，当时医疗体系可以分为中央、地方、专门三个层次。中央和地方属于国家医疗体系，主要针对贵族和官员，专门医疗体系是为完成特定职能服务的，民间则缺乏医疗保障，只是在发生重大灾害时，朝廷和地方官府才提供医疗援助。总体上讲，医疗卫生处在

---

① 关信平主编、中国社会工作教育协会组编：《社会政策概论》(第 3 版)，高等教育出版社 2014 年，第 291 页。

极其落后的阶段，社会覆盖面小，管理粗放，医疗水平低，离保障全民健康长寿的目标还有较远的距离。①

中国古代，通常情况下，普通群众得不到官方医者的救治，他们多是进行自我救护，或依赖本地的“草泽医”“走方铃医”，或求助宗教医疗等民间医疗资源。民间医者也称为“江湖郎中”，他们是农民的救治主体。这种状况一直延续到中华民国时期。

中华民国成立之后，开始承担为民众提供医疗的责任，推动卫生的现代化建设。②

1923年，中华民国北京政府出台了《暂行工厂通则》《工会法草案》等劳动法规。其中，在医疗政策方面，对因工伤残、女工孕产、工厂卫生等作了一些规定。不过，基本形同虚设，没有效果。③

1929年，中华民国南京政府卫生部公布了《管理医院规则》，确立了医院设置与管理的一般性规定。

1930年，中华民国相继出台了《中央医院章程》和《中央医院委员会章程》，确立了中央设置中央医院，隶属卫生部，掌管疾病的治疗、预防和医务人员的实地训练等事宜；各级地方则依据《管理医院规则》执行。

1940年，中华民国行政院公布的《县各级卫生组织大纲》规定④，在县以下各级组织区域内设置医疗机构，县为卫生院、区为卫生分院、乡（镇）为卫生所、保为卫生员，形成从中央到地方的各级公办医疗机构。⑤

1941年，国民党五届八中全会通过了《实施公医制度以保证全民健康案》，确立公医制度为国家行政目标之一。此后不久，公医制度被纳入《中华民国宪法》。其中第157条规定，为增进民族健康，应普遍推行卫生保健事业和公医制度。公医制度规定全民健康由政府负责，医疗卫生事业由国家经营，治疗与预防并进，旨在降低人口死亡率，抑制传染病流行，降低产妇及婴儿死亡率，增进国民

① 焦培民：《汉代医疗保障制度初探》，《宝鸡文理学院学报》（社会科学版）2010年第2期。

② 许三春：《清以来的乡村医疗制度》，南开大学博士学位论文2012年，第1页。

③ 王广彬：《中国社会保障法制史论》，中国政法大学博士学位论文2000年，第60页。

④ 陈明光主编：《中国卫生法规史料选编（1912—1949.9）》，上海医科大学出版社1996年，第606、506—510、639—641页。

⑤ 樊波、梁峻、袁国铭：《民国时期医疗机构管理法律制度研究》，《价值工程》2011年第19期。

健康。虽然在推行过程中该制度并未达到真正意义上的公医制度标准，但在建立医疗机构、防止传染病、开展卫生宣传、培养医疗人才、重视妇婴卫生等方面采取了一些措施，对于推进现代中国的卫生事业发展有一定意义。① 中华民国时期，除了公办医院之外，还有大量私营医院产生。

1946 年，为加强对公立医院的管理，中华民国卫生署公布了《公立医院设置规则》。该法规定了公立医院董事会之设立、职权、董事数量及常务董事的人数和选任方法；规定公立医院经费由地方政府拨助、地方自治经费、地方自筹基金的孳息和业务收入四部分组成，并规定了较高的设立门槛。

概括来说，中华民国时期，政府通过立法，在全国范围内建立起了较为完备的公办医疗体系，使得各类医院之设立、管理有法可依。这是民国医疗机构管理立法的最大成就。②

另一方面，在新民主主义革命时期，中国共产党在医疗卫生方面也有一些非常有益的实践，医疗保障工作尽管不大成体系，但做得比较全面、务实，且契合根据地及解放区群众的利益，产生了积极作用，取得了一定成效。③

尽管中华民国时期，政府颁布了一些医疗卫生法规与政策，并采取了一些行动，但医疗卫生事业十分落后。1939 年，卫生事业预算仅占国家财政总预算的 0.5%，1942 年又减少到 0.16%。到 1949 年全国医院仅 3600 所，病床 8 万张，各类卫生技术人员（包括中医）只有 50 万人。医疗卫生条件极差，霍乱、伤寒、鼠疫、天花等烈性传染病在全国广泛游行，血吸虫病患者高达一千多万，城市居民结核病死亡率高达 400/10 万，产妇死亡率为 150/万，婴儿死亡率为 20%，有近一半儿童在 15 岁以前夭亡。全国平均寿命仅 35 岁，是世界上平均寿命最低的国家之一。④

（二）新中国成立后医疗卫生法规与政策的发展演变

新中国成立后的医疗卫生法规与政策大致以 1980 年代初为界，前后变化

---

① 黄庆林：《国民政府时期的公医制度》，《南都学坛》（人文社会科学学报）2005 年第 1 期。

② 樊波、梁峻、袁国铭：《民国时期医疗机构管理法律制度研究》，《价值工程》2011 年第 19 期。

③ 周云：《民国时期的中国医疗保障探研》，《武汉科技大学学报》（社会科学版）2011 年第 1 期。

④ 中国社会科学院人口研究中心、《中国人口年鉴》编辑部编：《中国人口年鉴（1985）》，中国社会科学出版社 1986 年，第 330—332 页。

很大。

新中国成立至1980年代初,党和政府高度重视医疗卫生事业发展,先后颁布了一系列相关法规与政策。

早在1949年中国人民政治协商会议召开时,《共同纲领》规定:"提倡国民体育。推广卫生医药事业,并注意保护母亲、婴儿和儿童的健康。"

1950年,中央人民政府卫生部制定的《工作计划大纲》规定,要防治主要的传染病,加强保健卫生工作,加强医药卫生教育及研究工作,大量培养干部,管理医药卫生行政,建立中央直属医疗机构,管理公营药厂,扶助旧红十字会加以改造,以及加强团结与改造中医。① 同年6月,为保护工人健康、预防疾病、提高生产效能,中央人民政府劳动部制定并公布了《工厂卫生暂行条例(草案)》。

1951年2月,政务院公布了《劳动保险条例》(1953年1月,政务院予以修正公布)。该条例得到了广大职工的拥护,对于减轻他们生活中的困难,鼓舞其劳动热情,起了积极的作用。同年3月,中央人民政府卫生部公布了《医院诊所管理暂行条例》,同年4月公布了《医师暂行条例》。

1952年4月,中央人民政府卫生部公布了《药师暂行条例》《牙医暂行条例》和《医士、药剂士、助产士、护士、牙科技士暂行条例》。②

此后,国家又颁布了一些其他医疗卫生法规与政策,逐步形成了以下方面的医疗政策:(1)公费医疗政策,这是针对国家机关和事业单位人员及大专院校学生的一种医疗保健政策。③ 据1985年全国卫生事业抽样定点调查显示,我国城市享有公费医疗的人数达2300万人,占城市总人口的16.23%。(2)劳保医疗政策,这是全民所有制企业工人和职员实行免费、对其家属实行半费的医疗保健政策。1980年代,全国职工享受劳保医疗待遇的达1亿人,约占全国职工总数的95%。④ (3)合作医疗政策,这是农民依靠社会主义集体经济的力量,基于自愿互利、互助互济而建起的一种集体医疗福利政策。到1970年代末,我国农村合作医疗覆盖率达到90%以上。⑤ (4)自费医疗政策,这是个人负担医疗费用的政策,但在医疗收费上仍可享受低价优惠,可享受免费的预防保健服务,对于确实

---

① 毕汝刚、郭祖超编撰:《公共卫生》,商务印书馆1954年,第7—9页。
② 毕汝刚、郭祖超编撰:《公共卫生》,商务印书馆1954年,第197—220页。
③ 肖体平、郑宗秀主编:《卫生经济学》,河南人民出版社1991年,第127页。
④ 高伟鑫等主编:《社会主义卫生经济学》,山东人民出版社1990年,第52页。
⑤ 李学信主编:《社区卫生服务导论》,东南大学出版社2002年,第161页。

有困难的自费病人,政府还可给予贫病减免补助。这种自费医疗政策中包含着一定的福利性。①

新中国成立至1980年代初,这一阶段的医疗卫生法规与政策有一个显著特点,即非常重视公共卫生防疫工作。

1953年1月,参照苏联模式,经政务院批准,我国开始在各省、地市和县三级全面建立卫生防疫站。1954年,卫生部颁布了《卫生防疫站暂行办法》,明确了卫生防疫站的职责是预防性、经常性监督和传染病管理。到1956年底,全国29个省市的绝大部分省市及所属地、县都建立了卫生防疫站,铁路及较大的厂矿企业也建立了卫生防疫站。与此同时,根据疾病的发生情况也相继建立了一批专业防治机构,如鼠疫、黑热病、疟疾、血吸虫病防治机构,结核病防治所(院)麻风病防治院、传染病院等,从而与卫生防疫站一起,初步形成了以五大疾病预防控制为主的疾病预防控制服务体系。

1964年,卫生部制定了《卫生防疫站工作条例(试行草案)》,明确规定卫生防疫站是卫生事业单位,其任务可归纳为"组织、指导、监督、执法"四个方面。同年12月,国家编委、卫生部发布了《卫生防疫站机构和人员编制的规定》。这些政策规范了防疫站的建设和发展。到1965年底,全国共有卫生防疫站2499个,是1952年的16倍。

1966—1976年,农村逐步形成了以县级机构、乡镇卫生院和村卫生室的农村三级医疗预防网和农村合作医疗制度。这一网络的形成为疾病预防控制在农村地区的充分开展,提供了有效渠道,促进了疾病预防控制工作。②

此外,新中国成立至1980年代初这一阶段的医疗卫生法规与政策还有一个重要的特点是,重视卫生监督。我国在1954年的《第一届全国工业卫生会议决议》中提出实行卫生监督制度,并在同年颁布的《卫生防疫站暂行办法》中规定,卫生防疫站的任务是预防性和经常性卫生监督和传染病管理,使卫生监督的内容由工业卫生拓宽到环境卫生、食品卫生、学校卫生等公共卫生领域。③

综上,经过新中国成立后20多年的努力,中国医疗卫生法规与政策取得了较好绩效。城乡的健康状况大大改善,被世界卫生组织和世界银行誉为"以最少

---

① 肖体平、郑宗秀主编:《卫生经济学》,河南人民出版社1991年,第130—131页。

② 中国疾病预防控制中心、公共卫生改革研究办公室编:《中国公共卫生改革与思考》,中国协和医科大学出版社2003年,第84—85页。

③ 周立主编:《公共卫生事业管理》,重庆大学出版社2003年,第172页。

投入获得了最大健康收益”的“中国模式”。① 尤其是农村卫生革命基本实现了“小病不出村、大病不出乡”的目标。烈性和急性传染病的流行得到有效控制,地方病防治也取得进展。人均寿命大幅度提高。1950 年代人口死亡率为 14‰,1982 年,农村人口死亡率为 7‰,比 1957 年下降了 36.5%,城市人口死亡率为 5.3‰,比 1957 年下降了 37.7%。据第三次全国人口普查资料,人均寿命为 67.88 岁,比 1957 年增加了 11.88 岁。同世界上其他国家相比,中国人均寿命居于发展中国家前列,超过了非亚拉的平均水平。② 尤其难能可贵的是,中国医疗卫生事业的成本极低,在 1952—1982 年的 30 年间,人均年卫生支出仅 5 美元。③

改革开放以后,中国的医疗卫生法规与政策发生较大变化。在农村,依托于人民公社的合作医疗制度几近崩溃,绝大多数人又陷入没有任何医疗保障的困难境地,“因病致贫、因病返贫”的现象十分严峻。在城市,医疗政策出现的问题也日渐增多。因此,看病难、看病贵问题成为社会问题,1990 年代后期开始被称为“新三座大山”之一。鉴于医疗卫生领域出现的一些新问题,国家颁布的医疗卫生法规与政策也日益增多与全面。

在医疗法规与政策方面,1990 年代末开始,国家逐步进行重构与修正。1998 年底,国务院颁布了《关于建立城镇职工基本医疗保险制度的决定》,旨在建立覆盖全国城镇所有劳动者的社会统筹医疗基金和个人医疗账户相结合的医疗保险制度。这是我国职工医疗保障体制的重大转变。2002 年 10 月,党中央、国务院公布了《关于进一步加强农村卫生工作的决定》,提出要逐步建立新型农村合作医疗制度。《2016 年中国卫生和计划生育统计年鉴》显示,2016 年中国新农合参合率达 99.36%。2007 年 7 月,国务院发布了《关于开展城镇居民基本医疗保险试点的指导意见》,决定逐步建立覆盖全体城镇非从业居民的医疗保障体系。2016 年 1 月,国务院发布了《国务院关于整合城乡居民基本医疗保险制度的意见》,提出整合城镇居民基本医疗保险和新型农村合作医疗两项制度,建立统一

---

① 贾康、刘尚希主编:《公共财政与公共危机》,中国财政经济出版社 2004 年,第 76—77 页。

② 中国社会科学院人口研究中心、《中国人口年鉴》编辑部编:《中国人口年鉴(1985)》,中国社会科学出版社 1986 年,第 330—332 页。

③ 胡琳琳、胡鞍钢:《从不公平到更加公平的卫生发展:中国城乡疾病模式差距分析与建议》,《管理世界》2003 年第 1 期。

的城乡居民基本医疗保险制度。[①] 到2022年，参加职工基本医疗保险的人数有36243.4万人，参加城乡居民基本医疗保险的人数有98349.1万人，合计134592.5万，占总人口的95.34%。[②] 机关事业单位的公费医疗政策被取消，被纳入医疗保险范畴。[③]

在公共卫生法规与政策建设方面，改革开放以来，尤其是党的十八大以来取得了不少成就。主要有如下方面。

1. 有关健康的法规与政策

主要有：2016年10月，中共中央、国务院印发的《"健康中国2030"规划纲要》；2017年1月，国务院印发的《"十三五"卫生与健康规划》；2019年7月，国务院发布的《关于实施健康中国行动的意见》；2019年7月，国家卫健委制定的《健康中国行动（2019—2030年）》；2019年12月，十三届全国人大常委会第15次会议通过的《中华人民共和国基本医疗卫生与健康促进法》；2022年4月，国务院办公厅印发的《"十四五"国民健康规划》。

2. 有关传染病防治的法规与政策

一是，相关法律，主要有：1986年12月，六届全国人大常委会第18次会议通过的《中华人民共和国国境卫生检疫法》（2007、2009、2018年先后进行了修正）；1989年2月，七届全国人大常委会第六次会议通过的《中华人民共和国传染病防治法》（2004、2013年先后进行了修正）。

二是，相关行政法规，主要有：2015年1月，国务院办公厅发布的《关于加强传染病防治人员安全防护的意见》。

三是，相关部门规章，主要有：1988年1月，卫生部等发布的《艾滋病监测管理的若干规定》；1991年8月，卫生部发布的《性病防治管理办法》（2012年11月，卫生部公布了新的《性病防治管理办法》，原办法废止）；1991年9月，卫生部发布的《结核病防治管理办法》（2013年2月，卫生部公布了新的《结核病防治管理办法》，原办法废止）；1992年8月，卫生部发布的《消毒管理办法》（2002年，卫生部发布了修订后的《消毒管理办法》，原办法废止。2017年，国家卫计委又公布了新修订的《消毒管理办法》）；1994年9月，卫生部发布的《预防用生物制品

① 《国务院关于整合城乡居民基本医疗保险制度的意见》，《中华人民共和国国务院公报》2016年第3期。

② 数据来源：《中国统计年鉴2023》。

③ 《八成省份公务员取消公费医疗 参加医疗保险》，《人民日报》2012年1月19日。

生产供应管理办法》;2003 年 5 月,卫生部发布的《传染性非典型肺炎防治管理办法》;2005 年 2 月,卫生部颁布的《医疗机构传染病预检分诊管理办法》;2005 年 6 月,卫生部办公厅等发布的《关于开展传染病防治执法检查的通知》;2005 年 6 月,卫生部等发布的《关于加强预防控制传染病境外传入和通过交通工具传播的通知》;2005 年 9 月,卫生部、农业部印发的《关于人畜共患传染病防治合作机制》;2006 年 5 月,卫生部办公厅印发的《传染病信息报告管理规范》(2015 年 10 月,该规范被《传染病信息报告管理规范(2015 年版)》取代);2007 年 6 月,卫生部印发的《突发急性传染病预防控制战略》;2009 年 1 月,卫生部、铁道部印发的《传染病疫情管理协作机制》;2010 年 9 月,卫生部印发的《传染病防治日常卫生监督工作规范》;2011 年 10 月,卫生部办公厅等印发的《关于做好传染病治疗药品和急救药品类基本药物供应保障工作的意见》;2014 年 7 月,国家卫计委新修正的《传染病防治卫生监督工作规范》。

3. 有关突发公共卫生事件应急处理的法规与政策

新中国成立后的相当长时期内,我国缺乏突发公共卫生事件的应急反应机制。2003 年,“非典”暴发,促成了当年国务院颁布《突发公共卫生事件应急条例》和《传染性非典型肺炎防治管理办法》,对突然发生的、造成或可能造成社会公众健康严重损害的重大传染病疫情、群体性不明原因疾病、重大食物和职业中毒,以及其他严重影响公众健康的事件建立了应急反应机制。这标志着我国对突发传染病的防治进入一个崭新的法制管理阶段。近些年来有关突发公共卫生事件的法规与政策还有以下方面。

一是,相关法律,主要有:2007 年 8 月,十届全国人大常委会第 29 次会议通过的《突发事件应对法》。

二是,相关行政法规,主要有:2003 年 9 月,国务院办公厅转发的国家发改委、卫生部制定的《突发公共卫生事件医疗救治体系建设规划》;2006 年 2 月,国务院公布的《国家突发公共事件医疗卫生救援应急预案》和《国家突发公共卫生事件应急预案》。

三是,相关部门规章,主要有:2003 年 4 月,卫生部印发的《国家救灾防病与突发公共卫生事件信息报告管理规范(2003 版)》;2003 年 11 月,卫生部发布的《突发公共卫生事件与传染病疫情监测信息报告管理办法》(2006 年进行了修正);2004 年 3 月,卫生部、交通部发布的《突发公共卫生事件交通应急规定》;2005 年 12 月,卫生部办公厅印发的《国家突发公共卫生事件相关信息报告管理工作规范(试行)》;2006年12月,卫生部办公厅印发的《突发公共卫生事件社区(乡镇)应急预案编制指南(试行)》;2007年6月,卫生部公布的《突发急性传染病预防控制战略》;2009年12月,卫生部发布的《关于加强核和辐射突发事件卫生应急工作的通知》;2011年5月,卫生部发布的《突发中毒事件卫生应急预案》;2011年7月,卫生部办公厅印发的《突发中毒事件卫生应急处置技术方案》;2016年8月,国家卫计委印发的《突发事件紧急医学救援"十三五"规划(2016—2020年)》;2017年3月,民政部等印发的《重大突发事件遇难人员遗体处置工作规程》;2017年6月,国家卫计委发布的《突发事件卫生应急预案管理办法》;2022年12月,国家卫健委印发的《突发事件紧急医学救援"十四五"规划》。

4. 有关地方病防治的法规与政策

主要有:1987年2月,卫生部发布的《关于完善地方病防治工作达标考核验收办法》;1988年9月,国务院办公厅转发的卫生部制定的《卫生部关于进一步加强地方病防治工作的几点意见》;2004年9月,国务院办公厅转发的卫生部等制定的《全国重点地方病防治规划(2004—2010年)》;2012年1月,国务院办公厅转发的卫生部等制定的《全国地方病防治"十二五"规划》;2014年12月,国家卫计委印发的《重点地方病控制和消除评价办法》;2017年3月,国家卫计委等印发的《"十三五"全国地方病防治规划》;2018年11月,国家卫健委等印发的《地方病防治专项三年攻坚行动方案(2018—2020年)》。2020年12月,国家卫健委办公厅印发的《地方病预防控制工作规范(试行)》。此外,还有:1988年9月,卫生部发布的《全国麻风病防治管理条例》;1994年8月,国务院发布的《食盐加碘消除碘缺乏危害管理条例》;1996年5月,国务院办公厅转发的卫生部发布的《关于进一步加强血吸虫病地方病防治工作的报告》;2006年4月,国务院发布的《血吸虫防治条例》等。

5. 有关职业病防治的法规与政策

一是,相关法律,主要有:2001年10月,九届全国人大常委会第24次会议通过的《中华人民共和国职业病防治法》(2011、2016、2017、2018年先后进行了修正)。

二是,行政法规,主要有:2009年5月,国务院办公厅印发的《国家职业病防治规划(2009—2015年)》;2016年12月,国务院办公厅印发的《国家职业病防治规划(2016—2020年)》。

三是,部门规章,主要有:1984年3月,卫生部颁布的《职业病诊断管理办法》;1987 年 11 月,卫生部等发布的《职业病范围和职业病患者处理办法的规定》(1957 年 2 月卫生部颁发的《职业病范围和职业病患者处理办法的规定》同时废止);2002 年 3 月,卫生部发布的《职业病诊断与鉴定管理办法》(1984 年 3 月卫生部发布的《职业病诊断管理办法》同时废止);2002 年 5 月,卫生部发布的《关于贯彻执行〈职业病防治法〉有关问题的通知》;2003 年 8 月,卫生部发布的《关于加强职业病防治工作的通知》;2003 年 12 月,卫生部发布的《关于进一步加强职业病诊断鉴定管理工作的通知》;2005 年 10 月,卫生部发布的《关于进一步加强职业病报告工作的通知》;2006 年 10 月,卫生部发布的《关于实施〈建设项目职业病危害分类管理办法〉有关问题的通知》;2008 年 7 月,卫生部办公厅发布的《关于进一步加强职业病防治工作的通知》;2009 年 4 月,卫生部发布的《关于进一步落实责任切实做好职业病防治工作的通知》;2011 年 3 月,卫生部发布的《关于切实履行职责进一步加强职业病防治工作的通知》;2012 年 7 月,国家安全监管总局办公厅发布的《关于深化石英砂加工等四项职业病危害专项治理的通知》;2013 年 2 月,卫生部发布的《职业病诊断与鉴定管理办法》(2020 年卫生部通过了《职业病诊断与鉴定管理办法》,原办法废止);2013 年 12 月,国家卫计委等印发的《职业病分类和目录》;2014 年 10 月,国家卫生计委发布的推荐性国家职业卫生标准《职业病诊断通则》;2014 年 11 月,国家安全监管总局办公厅印发的《用人单位职业病危害告知与警示标识管理规范》;2015 年 2 月,国家安全监管总局办公厅印发的《用人单位职业病危害因素定期检测管理规范》;2015 年 3 月,国家安全生产监督管理总局发布的《用人单位职业病危害防治八条规定》;2015 年 11 月,国家卫计委等印发的《职业病危害因素分类目录》;2017 年 7 月,国家安全监管总局印发的《职业病危害治理“十三五”规划》;2019 年 7 月,国家卫健委等印发的《尘肺病防治攻坚行动方案》;2020 年 4 月,国家卫健委发布的《关于加强职业病防治技术支撑体系建设的指导意见》;2021 年 3 月,国家卫健委办公厅公布的《建设项目职业病危害风险分类管理目录》。

另一方面,改革开放以来,尤其是党的十八大以来,国家在医政监督、中医药管理方面也出台了一些法规与政策。

第一,关于医疗机构管理的法规与政策。

实际上,在改革开放前,我国已颁布了一些医疗机构管理的法规。例如,1951 年政务院颁布的《医院诊所管理暂行条例》、1951 年卫生部发布的《关于组织联合医疗机构实施办法》等。改革开放后,我国的医疗机构管理法制建设得到了进一步加强，颁布了大量相关法规与政策。

一是，相关的行政法规，主要有：1994 年 2 月，国务院发布了《医疗机构管理条例》（2016、2022 年先后进行了修正）。2010 年 11 月，国务院办公厅转发了国家发改委等制定的《关于进一步鼓励和引导社会资本举办医疗机构的意见》。

二是，相关的部门规章，主要有：1978 年 12 月，卫生部制定的《综合医院组织编制原则（试行草案）》；1982 年 1 月，卫生部发布的《全国医院工作条例》；1982 年 4 月，卫生部发布的《医院工作制度》；1983 年 7 月，卫生部发布的《关于注意制止医疗机构滥开大处方等不良倾向的通知》；1989 年 11 月，卫生部发布的《医院分级管理办法（试行）》；1994 年 8 月，卫生部发布的《医疗机构监督管理行政处罚程序》；1994 年 8 月，卫生部颁布的《医疗机构管理条例实施细则》（2017 年进行了修正）；1994 年 9 月，卫生部发布的《医疗机构基本标准（试行）》；1996 年，国家中医药管理局发布的《关于中医医疗机构积极参与职工医疗保障制度改革的意见》；1998 年，外经贸部、卫生部制定的《关于设立外商投资医疗机构的补充规定》；2000 年 5 月，卫生部等发布的《中外合资、合作医疗机构管理暂行办法》；2000 年 7 月，卫生部、国家中医药管理局印发的《关于实行病人选择医生促进医疗机构内部改革的意见》；2000 年 7 月，卫生部等印发的《关于城镇医疗机构分类管理的实施意见》；2001 年 11 月，国务院纠风办等印发的《医疗机构药品集中招标采购监督管理暂行办法》；2001 年 10 月，财政部等印发的《关于完善城镇医疗机构补偿机制、落实补偿政策的若干意见》；2002 年 8 月，卫生部、国家中医药管理局印发的《医疗机构病历管理规定》；2003 年 5 月，劳动和社会保障部办公厅发布的《关于完善城镇职工基本医疗保险定点医疗机构协议管理的通知》；2003 年 5 月，财政部、税务总局发布的《关于医疗机构有关个人所得税政策问题的通知》；2004 年 5 月，卫生部印发的《在全国医疗机构中开展向社会服务承诺活动的实施方案的通知》；2004 年 7 月，卫生部办公厅印发的《县及县以上医疗机构死亡病例监测实施方案（试行）》；2004 年 9 月，卫生部等印发的《关于进一步规范医疗机构药品集中招标采购的若干规定》；2004 年 11 月，卫生部印发的《关于加强医疗机构财务部门管理职能、规范经济核算与分配管理的规定》；2005 年 3 月，卫生部印发的《医疗机构口腔诊疗器械消毒技术操作规范》；2005 年 8 月，卫生部办公厅发布的《关于医疗机构不得展示、推销和代售母乳代用产品的通知》；2005 年 10 月，卫生部、食品药品监管局发布的《关于医疗机构购买、使用麻醉药品和精神药品有关问题的通知》；2005 年 11 月，卫生部办公厅发布的《关于加强新型农村合作医疗定点医疗机构医药费用管理的若干意见》;2006 年 1 月,卫生部印发的《医疗卫生机构灾害事故防范和应急处置指导意见》和《医疗机构基础设施消防安全规范》;2006 年 2 月,卫生部办公厅发布的《关于医疗机构间医学检验、医学影像检查互认有关问题的通知》;2006 年 2 月,卫生部印发的《医疗机构临床实验室管理办法》;2006 年 6 月,卫生部印发的《医疗机构财务会计内部控制规定(试行)》;2006 年 11 月,卫生部印发的《医疗机构麻醉药品、第一类精神药品管理规定》;2007 年 2 月,卫生部办公厅发布的《关于对人体器官移植技术临床应用规划及拟批准开展人体器官移植医疗机构和医师开展审定工作的通知》;2007 年 12 月,卫生部、商务部制定的《〈中外合资、合作医疗机构管理暂行办法〉的补充规定》;2008 年 1 月,卫生部、国家中医药管理局发布的《关于加强医疗机构价格管理控制医药费用不合理增长的通知》;2008 年 6 月,卫生部办公厅发布的《关于加强中外合资合作医疗机构审批管理的通知》;2008 年 6 月,卫生部印发的《卫生部关于医疗机构审批管理的若干规定》;2008 年 10 月,卫生部、食品药品监督管理局发布的《关于规范医疗机构临床使用便携式血糖检测仪采血笔的通知》;2008 年 11 月,卫生部办公厅发布的《关于医疗机构不得宣传、推销和代售麻醉意外险等保险产品的通知》;2008 年 12 月,卫生部、商务部发布的《〈中外合资、合作医疗机构管理暂行办法〉的补充规定二》;2009 年 3 月,国家中医药管理局、卫生部印发的《医疗机构中药煎药室管理规范》;2009 年 6 月,卫生部印发的《医疗机构校验管理办法(试行)》和《关于在省级和设区市级新型农村合作医疗定点医疗机构开展即时结报工作的指导意见》;2009 年 11 月,卫生部印发的《医疗机构戒毒治疗科基本标准(试行)》和《戒毒医院基本标准(试行)》;2010 年 12 月,卫生部办公厅印发的《医疗机构便携式血糖检测仪管理和临床操作规范(试行)》;2011 年 1 月,卫生部、国家中医药管理局等印发的《医疗机构药事管理规定》;2011 年 1 月,卫生部发布的《关于调整中外合资合作医疗机构审批权限的通知》;2011 年 3 月,卫生部印发的《医疗机构临床心理科门诊基本标准(试行)》;2011 年 4 月,卫生部、国家中医药管理局印发的《医疗机构内部价格管理暂行规定》;2011 年 5 月,卫生部发布的《关于进一步做好非公立医疗机构设置审批和管理工作的通知》;2012 年 4 月,卫生部发布的《关于社会资本举办医疗机构经营性质的通知》;2012 年 4 月,卫生部、公安部发布的《关于维护医疗机构秩序的通告》;2012 年 5 月,卫生部办公厅发布的《关于加强基层医疗机构监管工作的通知》;2012 年 8 月,卫生部办公厅印发的《医疗机构手术分级管理办法(试行)》;

2013年7月,国家卫计委办公厅发布的《关于加强医疗机构卫生间管理工作的通知》;2013年12月,国家卫计委办公厅印发的《基层医疗机构医院感染管理基本要求》;2014年3月,国家卫计委办公厅印发的《医疗机构新生儿安全管理制度(试行)》;2014年8月,国家卫计委发布的《关于推进医疗机构远程医疗服务的意见》;2015年10月,国家卫计委等印发的《医疗机构消防安全管理九项规定》;2015年10月,国家卫计委办公厅印发的《全国医疗机构卫生应急工作规范(试行)》和《全国疾病预防控制机构卫生应急工作规范(试行)》;2016年7月,国家卫计委印发的《医疗机构设置规划指导原则(2016—2020年)》;2016年9月,国家卫计委印发的《医疗质量管理办法》;2016年11月,国家卫计委发布的推荐性卫生行业标准《医疗机构内通用医疗服务场所的命名》;2017年4月,国家卫计委、中医药管理局发布的《关于加快医疗机构、医师、护士电子化注册管理改革的指导意见》;2017年4月,国家卫计委办公厅印发的《城乡居民基本医疗保险(新型农村合作医疗)跨省就医联网结报定点医疗机构操作规范(试行)》;2017年5月,国家卫计委办公厅、中医药管理局办公室印发的《医疗机构、医师、护士电子化注册管理规范(试行)》《医疗机构、医师、护士电子化注册系统功能规范与操作流程(2017版)》;2017年11月,国家卫计委办公厅发布的《关于养老机构内部设置医疗机构取消行政审批实行备案管理的通知》;2018年5月,国家卫健委印发的《医疗消毒供应中心等三类医疗机构基本标准和管理规范(试行)》;2019年1月,国家卫健委、中医药管理局发布的《关于进一步加强公立医疗机构基本药物配备使用管理的通知》;2019年10月,国家卫健委、中医药管理局印发的《关于提升社会办医疗机构管理力和医疗质量安全水平的通知》;2020年1月,国家卫健委等印发的《医疗机构消防安全管理九项规定(2020年版)》;2020年2月,国家卫健委等印发的《医疗机构废弃物综合治理工作方案》;2020年8月,国家卫健委办公厅发布的《关于进一步加强医疗机构护理工作的通知》;2021年6月,国家卫健委办公厅印发的《社会办医疗机构大型医用设备配置"证照分离"改革实施方案》;2022年1月,国家卫健委印发的《医疗机构设置规划指导原则(2021—2025年)》;2022年2月,国家卫健委等印发的《医疗机构检查检验结果互认管理办法》;2022年11月,国家卫健委办公厅印发的《医疗机构日间医疗质量管理暂行规定》;2022年12月,国家卫健委办公厅印发的《医疗机构手术分级管理办法》。

第二,关于卫生技术人员管理的法规与政策。

我国对卫生技术人员管理的法规主要体现在以下方面。

一是,针对所有卫生技术人员的法规与政策,主要有:2004 年 1 月,卫生部发布的《关于加强在职卫生技术人员现代远程医学教育工作的通知》;2004 年 1 月,卫生部印发的《乡镇卫生院卫生技术人员培训暂行规定》;2012 年 6 月,卫生部等印发的《医疗机构从业人员行为规范》;2019 年 9 月,国家卫健委办公厅印发的《加强辅助生殖技术服务机构和人员管理若干规定》;2021 年 11 月,国家卫健委等印发的《医疗机构工作人员廉洁从业九项准则》;2022 年 8 月,国家卫健委印发的《"十四五"卫生健康人才发展规划》。

二是,针对医师的法规与政策,主要有:1998 年 6 月,九届全国人大常委会第三次会议通过的《执业医师法》(2022 年 3 月《医师法》开始施行,《执业医师法》废止);1999 年 6 月,卫生部、人事部下发的《具有医学专业技术职务任职资格人员认定医师资格及执业注册办法》;2000 年 3 月,卫生部发布的《关于进一步做好医师资格认定工作的通知》;2001 年 4 月,卫生部印发的《关于医师资格考试报名资格暂行规定》;2001 年 6 月,卫生部、国家中医药管理局下发的《关于医师执业注册中执业范围的暂行规定》;2004 年 4 月,卫生部、人事部印发的《关于城市医疗卫生机构新聘人员取得医师执业证书后定期到农村服务的规定》;2005 年 4 月,卫生部发布的《医师外出会诊管理暂行规定》;2005 年 12 月,卫生部发布的《关于取得内地〈医师资格证书〉香港、澳门、台湾居民执业注册有关问题的通知》;2006 年 1 月,卫生部发布的《关于修订口腔类别医师执业范围的通知》;2006 年 2 月,卫生部办公厅发布的《关于开展专科医师培训试点工作的通知》;2006 年 4 月,卫生部、国家中医药管理局印发的《医师资格考试报名资格规定(2006 版)》;2007 年 2 月,卫生部印发的《医师定期考核管理办法》;2008 年 5 月,卫生部、财政部发布的《关于开展乡镇卫生院招聘执业医师试点工作的指导意见》;2013 年 10 月,国家卫计委等印发的《全国乡村医生教育规划(2011—2020 年)》;2013 年 12 月,国家卫计委等发布的《关于建立住院医师规范化培训制度的指导意见》;2014 年 3 月,国家卫计委等印发的《医师资格考试报名资格规定(2014 版)》;2014 年 8 月,国家卫计委办公厅印发的《住院医师规范化培训基地认定标准(试行)》和《住院医师规范化培训内容与标准(试行)》;2014 年 11 月,国家卫计委等印发的《推进和规范医师多点执业若干意见》;2015 年 9 月,国家卫计委办公厅印发的《住院医师规范化培训招收实施办法(试行)》和《住院医师规范化培训考核实施办法(试行)》;2015 年 12 月,国家卫计委等发布的《关于开展专科医师规范化培训制度试点的指导意见》;2016 年 9 月,国家卫计委印发的《人体器官移植医师培训与认定管理办法》《人体器官移植医师培训基地基本要求(试行)》;2017 年 2 月,国家卫计委发布的《医师执业注册管理办法》;2017 年 3 月,国家卫计委发布的《关于加强医疗美容主诊医师管理有关问题的通知》;2017 年 4 月,国家卫计委、中医药管理局发布的《关于加快医疗机构、医师、护士电子化注册管理改革的指导意见》;2017 年 5 月,国家卫计委办公厅、国家中医药管理局办公室印发的《医疗机构、医师、护士电子化注册管理规范(试行)》《医疗机构、医师、护士电子化注册系统功能规范与操作流程(2017 版)》

三是,针对护士的法规与政策,主要有:1993 年 3 月,卫生部发布的《护士管理办法》;2004 年 12 月,卫生部办公厅、国家中医药管理局办公室发布的《关于加强护士执业注册工作的通知》;2007 年 5 月,卫生部办公厅印发的《专科护理领域护士培训大纲》;2008 年 1 月,国务院颁布的《护士条例》;2010 年 5 月,卫生部、人力资源社会保障部发布的《护士执业资格考试办法》;2012 年 4 月,卫生部发布的《关于实施医院护士岗位管理的指导意见》;2016 年 1 月,国家卫计委办公厅印发的《新入职护士培训大纲(试行)》;2017 年 4 月,国家卫计委、中医药管理局印发的《关于加快医疗机构、医师、护士电子化注册管理改革的指导意见》;2017 年 5 月,国家卫计委办公厅、中医药管理局办公室印发的《医疗机构、医师、护士电子化注册管理规范(试行)》和《医疗机构、医师、护士电子化注册系统功能规范与操作流程(2017 版)》。2019 年 3 月,国家卫健委发布的《关于做好下放护士执业注册审批有关工作的通知》;2022 年 4 月,国家卫健委印发的《全国护理事业发展规划(2021—2025 年)》。

四是,针对药师的法规与政策,主要有:1994 年 3 月,人事部、国家医药管理局颁布的《执业药师资格制度暂行规定》;1994 年 9 月,人事部、国家医药管理局颁布的《执业药师资格认定办法》;1994 年 11 月,国家医药管理局发布的《执业药师注册登记管理办法》和《执业药师岗位设置和职责规范》;2000 年 4 月,国家食品药品监督管理局发布的《关于修订印发〈执业药师注册管理暂行办法〉的通知》和《关于贯彻执业药师注册管理工作实施意见的通知》;2000 年 8 月,国家药监局印发的《执业药师继续教育管理暂行办法》;2001 年 10 月,国家药监局发布的《关于进一步加强执业药师管理工作的通知》;2003 年 3 月,国家药监局发布的《关于改革和加强执业药师继续教育管理工作的意见》;2004 年 7 月,国家食品药品监督管理局发布的《关于加强从业药师管理工作的通知》;2005 年 11 月,卫生部办公厅发布的《关于开展临床药师培训试点工作的通知》;2021 年 6 月,国家药监局发布的《关于印发执业药师注册管理办法的通知》。

第三,关于卫生资源规划管理的法规与政策。

我国卫生服务体系过去存在条块分割现象,造成有限的卫生资源分布不合理。1990 年代以来,国家先后制定相关法规对医疗卫生资源进行宏观控制,主要有:1994 年 2 月,国务院发布的《医疗机构管理条例》;1994 年 9 月,卫生部发布的《医疗机构设置规划指导原则》;1995 年 7 月,卫生部发布的《大型医用设备配置与应用管理暂行办法》;1999 年 3 月,国家计委等发布的《关于开展区域卫生规划工作的指导意见》;2004 年 12 月,卫生部等发布的《大型医用设备配置与使用管理办法》;2006 年 8 月,卫生部等印发的《农村卫生服务体系建设与发展规划》;2012 年 6 月,卫生部发布的《关于做好区域卫生规划和医疗机构设置规划促进非公立医疗机构发展的通知》;2012 年 8 月,卫生部办公厅印发的《甲类大型医用设备集中采购工作规范(试行)》;2012 年 9 月,卫生部发布的《关于做好区域卫生规划和医疗机构设置规划促进非公立医疗机构发展的通知》;2013 年 5 月,国家卫计委发布的《关于印发血站设置规划指导原则的通知》;2015 年 12 月,国家卫计委发布的《关于延长脐带血造血干细胞库规划设置时间的通知》;2016 年 7 月,国家卫计委办公厅印发的《国家儿童医学中心及国家儿童区域医疗中心设置规划》;2016 年 7 月,国家卫计委印发的《医疗机构设置规划指导原则(2016—2020 年)》;2017 年 1 月,国家卫计委印发的《"十三五"国家医学中心及国家区域医疗中心设置规划》;2021 年 12 月,国家卫健委印发的《全国血站服务体系建设发展规划(2021—2025 年)》;2022 年 1 月,国家卫健委印发的《医疗机构设置规划指导原则(2021—2025 年)》;2023 年 6 月,国家卫健委发布的《"十四五"大型医用设备配置规划》。

第四,关于中医药管理的法规与政策。

1988 年,国家中医药管理局成立,标志着中医药工作由过去的从属地位转入相对独立发展的阶段。自此,国家相继颁布了一系列中医药管理的法规,涉及中医药的地位、作用和发展方向;中医药医疗机构管理;中药生产经营管理;中医药队伍建设和科研管理制度等方面。这些为我国中医药法制化管理奠定了良好基础。近些年来,中医药管理的法规与政策主要有如下方面。

一是,相关法律,主要是:2016 年 12 月,十二届全国人大常委会第 25 次会议通过的《中医药法》。

二是,相关行政法规,主要包括:2002 年 11 月,国务院办公厅转发科技部等发布的《关于中药现代化发展纲要的通知》；2003 年 4 月，国务院颁布的《中医药条例》；2009 年 4 月，国务院颁布的《关于扶持和促进中医药事业发展的若干意见》；2015 年 4 月，国务院办公厅印发的《中医药健康服务发展规划（2015—2020 年）》；2016 年 2 月，国务院印发的《中医药发展战略规划纲要（2016—2030 年）》；2019 年 10 月，中共中央、国务院发布的《关于促进中医药传承创新发展的意见》；2021 年 2 月，国务院办公厅印发的《关于加快中医药特色发展的若干政策措施》；2022 年 3 月，国务院办公厅印发的《"十四五"中医药发展规划》；2023 年 2 月，国务院办公厅印发的《中医药振兴发展重大工程实施方案》。

三是，相关部门规章，主要包括：1992 年 12 月，国家中医药管理局发布的《关于开展中医药继续教育若干问题的意见》；1995 年 4 月，国家中医药管理局等印发的《整顿中药材专业市场标准的通知》；1996 年 1 月，国家教委、中医药管理局制定的《对外开办中医进修教育管理暂行办法》；1996 年 6 月，人事部等发布的《全国老中医药专家学术经验继承工作管理办法》；1997 年 4 月，国家教委、中医药管理局制定的《关于中医药教育改革和发展的若干意见》；1999 年 3 月，国家中医药管理局、教育部印发的《关于加强高等中医教育临床教学工作的意见》；1999 年 4 月，卫生部、国家中医药管理局发布的《关于切实加强农村中医药工作的意见》；2002 年 5 月，国家中医药管理局印发的《关于进一步加强中医药继承发展工作的意见》；2003 年 3 月，国家中医药管理局办公室、教育部办公厅发布的《中医药教育若干问题的意见》；2003 年 11 月，卫生部、国家中医药管理局颁布的《乡镇卫生院中医药服务管理基本规范》和《社区卫生服务中心中医药服务管理基本规范》；2003 年 11 月，国家中医药管理局发布的《关于进一步加强中西医结合工作的指导意见》；2004 年 4 月，国家中医药管理局发布的《关于农村中医药人才培养和队伍建设的实施意见》；2005 年 4 月，国家中医药管理局印发的《中医医院管理评价指南（试行）》；2006 年 2 月，国家中医药管理局发布的《中医药标准化项目管理暂行办法》；2006 年 6 月，卫生部、国家中医药管理局制定的《关于城市社区卫生服务中充分发挥中医药作用的意见》；2007 年 12 月，国家中医药管理局发布的《关于加强中医医院中医药文化建设的指导意见》；2009 年 3 月，卫生部、国家中医药管理局印发的《医院中药房基本标准》和《医疗机构中药煎药室管理规范的通知》；2009 年 4 月，卫生部、国家中医药管理局发布的《关于在卫生应急工作中充分发挥中医药作用的通知》；2009 年 7 月，国家中医药管理局发布的《关于积极发展中医预防保健服务的实施意见》；2009 年 8 月，国家中医药管理局印发的

《中医医院中医药文化建设指南》;2011 年 6 月,卫生部、国家中医药管理局发布的《关于在深化医药卫生体制改革工作中进一步发挥中医药作用的意见》;2011 年 12 月,国家中医药管理局发布的《关于加强中医药文化建设的指导意见》;2012 年 4 月,商务部等制定的《关于促进中医药服务贸易发展的若干意见》;2012 年 5 月,中医药管理局发布的《中医医院评审暂行办法》;2012 年 8 月,国家中医药管理局颁布的《关于实施基层中医药服务能力提升工程的意见》;2013 年 2 月,国家中医药管理局发布的《关于加强中医药标准化工作的指导意见》;2013 年 4 月,国家卫计委等发布的《关于在县级公立医院综合改革试点工作中充分发挥中医药特色优势的通知》;2013 年 7 月,国家卫计委、中医药管理局印发的《中医药健康管理服务规范》;2014 年 5 月,国家卫计委、中医药管理局发布的《关于在卫生计生工作中进一步加强中医药工作的意见》;2015 年 4 月,教育部、国家中医药管理局发布的《关于批准卓越医生(中医)教育培养计划改革试点高校的通知》;2015 年 11 月,国家卫计委、中医药管理局发布的《关于同步推进公立中医医院综合改革的实施意见》;2015 年 11 月,国家旅游局、中医药管理局下发的《关于促进中医药健康旅游发展的指导意见》;2015 年 11 月,国家卫计委、中医药管理局发布的《关于推进社会办医发展中医药服务的通知》;2016 年 2 月,国家卫计委、中医药管理局发布的《关于加强中医药监督管理工作的意见》;2017 年 8 月,教育部、国家中医药管理局发布的《关于医教协同深化中医药教育改革与发展的指导意见》;2017 年 12 月,国家中医药管理局制定的《关于推进中医药健康服务与互联网融合发展的指导意见》;2018 年 7 月,国家中医药管理局等制定的《关于加强新时代少数民族医药工作的若干意见》;2018 年 8 月,国家中医药管理局、科技部印发的《关于加强中医药健康服务科技创新的指导意见》;2022 年 12 月,最高人民法院发布的《关于加强中医药知识产权司法保护的意见》。

第五,关于药品管理的法规与政策。

新中国成立以来,党和政府一直重视药品管理的法规与政策建设。1984 年 9 月,六届全国人大常委会第七次会议通过了《中华人民共和国药品管理法》(2001、2013、2015、2019 年先后进行了修改)。这是我国药品管理的基本法律。此外,近些年来,我国药品管理的法规与政策主要有以下方面。

一是,相关行政法规,主要有:1987 年 11 月,国务院颁布的《麻醉药品管理办法》;1988 年 12 月,国务院颁布的《医疗用毒性药品管理办法》;1988 年 12 月,国务院颁布的《精神药品管理办法》;1989 年 1 月,国务院颁布的《放射性药品管理办法》;1996 年 4 月,国务院办公厅发布的《关于继续整顿和规范药品生产经营秩序加强药品管理工作的通知》;1994 年 9 月,国务院发布的《关于进一步加强药品管理工作的紧急通知》;2002 年 8 月,国务院颁布的《药品管理法实施条例》;2005 年 8 月,国务院颁布的《麻醉药品和精神药品管理条例》;2013 年 4 月,国务院发布的《关于地方改革完善食品药品监督管理体制的指导意见》。

二是,相关部门规章,主要有:1984 年 11 月,国家医药管理局发布的《关于贯彻〈中华人民共和国药品管理法〉的有关规定》;1985 年 4 月,国家医药管理局发布的《关于贯彻〈中华人民共和国药品管理法〉的有关暂行规定》;1986 年 10 月,卫生部发布的《关于加强医疗用毒性药品管理的通知》;1992 年 6 月,国家工商行政管理局、卫生部发布的《药品广告管理办法》;1997 年 6 月,国家工商行政管理局、卫生部发布的《关于进一步加强药品广告审查和监督管理工作的通知》;1998 年 11 月,国家计委发布的《关于完善药品价格政策改进药品价格管理的通知》;1999 年 4 月,国家食品药品监督管理局颁布的《进口药品管理办法》;1999 年 6 月,国家食品药品监督管理局颁布的《戒毒药品管理办法》;2000 年 7 月,国家计委发布的《关于改革药品价格管理的意见》,国家药品监管局、卫生部印发的《药品招标代理机构资格认定及监督管理办法》,卫生部、财政部印发的《医院药品收支两条线管理暂行办法》;2000 年 10 月,国家药监局发布的《关于加强进口药品管理有关问题的通知》,国家药品监管局、卫生部印发的《医疗机构制备正电子类放射性药品管理暂行规定》;2000 年 11 月,国家药监局发布的《关于实施〈药品包装、标签和说明书管理规定〉(暂行)有关事宜的通知》,国家药品监管局印发的《药品经营质量管理规范实施细则》;2001 年 2 月,财政部发布的《关于做好药品监督管理体制改革有关财务管理和经费保障工作的意见》;2001 年 8 月,国家药品监管局印发的《药品质量监督抽查检验工作管理暂行规定》;2001 年 11 月,国务院纠风办等印发的《医疗机构药品集中招标采购监督管理暂行办法》;2001 年 12 月,国家药品监管局、海关总署发布的《关于加强麻醉药品精神药品进(出)口管理有关问题的通知》;2003 年 8 月,卫生部、海关总署公布的《药品进口管理办法》(2012 年进行了修改);2003 年 2 月,国家药监局发布的《药品质量监督抽验管理规定》;2003 年 4 月,国家食品药品监管局印发的《药品经营质量管理规范认证管理办法》;2005 年 10 月,国家食品药品监管局印发的《麻醉药品和精神药品生产管理办法(试行)》;2005 年 10 月,国家食品药品监管局等印发的《麻醉药品和精神药品邮寄管理办法》;2005 年 11 月,卫生部印发的《医疗机构麻醉药品、第一类精神药品管理规定》和《麻醉药品、精神药品处方管理规定》，国家食品药品监管局等印发的《麻醉药品和精神药品运输管理办法》；2006 年 6 月，国家发改委、卫生部发布的《关于加强城市社区卫生服务机构医疗服务和药品价格管理意见》；2006 年 9 月，卫生部、国家中医药管理局印发的《全国整顿和规范药品市场秩序 加强药品使用环节管理专项工作方案》；2007 年 3 月，国家食品药品监管局印发的《食品药品监督管理工作人员八条禁令》；2008 年 12 月，卫生部等发布的《关于进一步加强中药注射剂生产和临床使用管理的通知》；2009 年 1 月，卫生部等印发的《进一步规范医疗机构药品集中采购工作的意见》；2009 年 7 月，卫生部等印发的《药品安全专项整治工作方案》，卫生部等发布的《关于开展全国互联网医疗保健和药品信息服务专项整治行动的通知》；2009 年 8 月，卫生部等印发的《国家基本药物目录管理办法（暂行）》；2013 年 5 月，最高人民法院等发布的《关于进一步加强麻黄草管理严厉打击非法买卖麻黄草等违法犯罪活动的通知》；2014 年 5 月，国家卫计委办公厅发布的《关于做好常用低价药品采购管理工作的通知》；2014 年 8 月，国家卫计委等印发的《戒毒药物维持治疗工作管理办法》；2015 年 4 月，财政部、国家发改委发布的《关于重新发布中央管理的食品药品监督管理部门行政事业性收费项目的通知》；2015 年 5 月，国家发改委、财政部印发的《药品、医疗器械产品注册收费标准管理办法》；2015 年 6 月，国家食品药品监督管理总局发布的《中华人民共和国药典（2015 年版）》；2015 年 9 月，公安部等印发的《非药用类麻醉药品和精神药品列管办法》；2016 年 7 月，国家食品药品监督管理总局发布的《关于修改〈药品经营质量管理规范〉的决定》；2019 年 5 月，财政部等印发的《食品药品监管补助资金管理暂行办法》；2020 年 1 月，国家市场监督管理总局公布的《药品注册管理办法》；2020 年 2 月，国家卫健委等印发的《加强医疗机构药事管理促进合理用药的意见》；2020 年 4 月，国家卫健委等印发的《国家短缺药品清单管理办法（试行）》；2020 年 7 月，最高人民检察院等印发的《关于在检察公益诉讼中加强协作配合依法保障食品药品安全的意见》；2021 年 1 月，国家药监局发布的《药品上市后变更管理办法（试行）》；2021 年 4 月，国家医保局、卫健委制定的《关于建立完善国家医保谈判药品“双通道”管理机制的指导意见》；2021 年 5 月，国家药监局印发的《药品检查管理办法（试行）》；2022 年 10 月，国家药品监督管理局食品药品审核查验中心发布的《细胞治疗产品生产质量管理指南（试行）》；2023 年 1 月，国家药监局等印发的《药品行政执法与刑事司法衔接工作办法》；2023 年 7 月，国家药监局发布的《药品标准管理办法》。

第六,关于卫生防疫的法规与政策。

改革开放以后,国家对卫生防疫工作也进行了调整。1979 年 10 月,卫生部颁布了《全国卫生防疫站工作条例》,对卫生防疫站的任务、机构设置和职责范围、队伍建设、工作方法等作了原则性规定。1982 年,卫生部决定建立中国预防医学中心(后改称中国预防医学科学院)。中国预防医学中心的成立,标志着我国建立了从国家的预防医学中心到省、地、县及各部门的卫生防疫站,到乡镇卫生院和街道医院、村卫生室,以及各级各类专科防治站(所)组成的疾病预防控制体系。1983 年 8 月,卫生部发布了《全国卫生防疫站工作制度(试行)》,要求搞好卫生防疫站建设,必须建立、健全各项规章制度。1998 年 9 月,中共中央办公厅、国务院办公厅发布了《关于做好卫生防病防疫工作的通知》。2001 年 4 月,卫生部出台了《关于疾病预防控制体制改革的指导意见》。2002 年 1 月,中国预防医学科学院更名重组为中国疾病预防控制中心。同时,随着全国各省市及所辖部分地市卫生防疫站重组为疾控中心,标志着新型疾病预防控制体系开始形成。① 此后,我国又发布了卫生防疫的其他法规与政策。例如,2003 年 7 月,国务院办公厅转发了教育部、卫生部发布的《关于加强学校卫生防疫与食品卫生安全工作的意见》;2008 年 6 月,国务院办公厅发布了《关于进一步做好地震灾区医疗卫生防疫工作的意见》。

二、计划生育法规与政策的发展演变

计划生育问题实质即人口问题。中国历朝历代都非常重视人口问题。中国最早的人口记载是在《帝王世纪》《史记》等书中。夏朝禹初(公元前 2140 年)、孔甲至桀时期(前 1816 年到前 1712 年),人口数为 1355.39 万人。中国最早的户口工作载于左丘明的《国语》,称周宣王在三十九年(公元前 789 年)被姜氏之戎打败后,在太原地区清查人口。②

中国古代已有思想家,如韩非子、汪士铎等主张控制人口。③ 但中国古代数

---

① 中国疾病预防控制中心等编:《中国公共卫生改革与思考》,中国协和医科大学出版社 2003 年,第 85—86 页。

② 赵文林、谢淑君:《中国人口史》,人民出版社 1988 年,第 22 页。

③ 易富贤:《大国空巢——走入歧途的中国计划生育》,中国发展出版社 2013 年,第 79 页。

千年,统治者都鼓励生育,多生多育意愿、多子多福观念深入人心。

在周朝,已有“螽斯羽诜诜兮,宜尔子孙振振兮”①之类祝福子孙繁昌的歌谣。此后,统治者还采取一系列措施鼓励生育。例如,管仲提出消除社会鳏寡现象的“合独”主张,认为性别比失衡不利于人口发展,建议齐桓公削减后宫人数。② 为尽快增加人口,管子、商鞅等提出“徕民”,即招徕他国之民的政策;荀子提出“以德”“以力”“以富”三种方法来“兼人”,即兼并他国人民的政策;孔子则首推仁政,爱护百姓,以招徕其他诸侯国的人民。

秦国商鞅变法时期,商鞅认识到人力资源是第一资源,“人众兵强,此帝王之大资也”。商鞅变法非常利于人口发展。为营造利于生育的社会环境,商鞅推行小家庭政策,鼓励生育:实行严格的一夫一妻制;凡一户有两个儿子,成年后必须结婚分家。③

秦朝之后,历代还有其他政策出台,以鼓励人口增殖。

西汉时期,《汉书·高帝纪》载,“民产子,复勿事二岁”,即百姓生子,可免徭役二年。惠帝六年(公元前189年)诏令:“女子年十五以上至三十不嫁,五算。”(《汉书·惠帝纪》)西汉初年,百姓7岁到14岁的,每年纳口赋23钱,15岁至56岁的,每年纳算赋120钱。惠帝这个法令使15岁至30岁的未婚女子多交算赋,是常人的5倍。

东汉初延续鼓励生育的政策。《后汉书·光武帝纪》载,光武帝下令:“有产子者,复以三年之算”,即生了男孩之家可免三年算赋。《后汉书·章帝纪》载,章帝除了重申光武帝的生子复算三年之外,还宣布“今诸怀妊者,赐胎养谷人三斛,复其夫勿算一岁,著以为令”,即妇女怀孕后,不但赐谷物,其丈夫也免除一年的算赋。④

晚婚、单身不利于人口繁衍。西晋时期,《晋书·武帝纪》载:“女年十七,父母不嫁者,使长吏配之。”意思是,女子到了17岁,父母不嫁的话,国家代其操办

---

① 意为,蝈螽的翅膀多又多,你的子孙聚成群。参见于夯译注:《诗经》,山西古籍出版社1999年,第3页。

② 易富贤:《大国空巢——走入歧途的中国计划生育》,中国发展出版社2013年,第328页。

③ 易富贤:《大国空巢——走入歧途的中国计划生育》,中国发展出版社2013年,第25—26页。

④ 张仁玺:《秦汉家庭研究》,中国社会出版社2002年,第206页。

婚事。①

唐朝贞观元年(公元 627 年),《令有司劝勉庶人婚聘及时诏》载,唐太宗将婚嫁情况作为考核官吏升降的标准之一,鼓励人口增殖。

北宋仁宗时期,颁布"胎养令",规定怀孕的妇女如无经济来源可获补贴。贫困之家的孩子出生后,能得到钱、米资助,以及减免各种税负。朝廷创办"婴儿局"收养弃婴;国家出钱雇养母和收养家庭。②

南宋朝廷规定,对贫穷家庭生育子女不能抚养者予以救济,下令各地官府收养因饥馑而遗弃之小儿,民间有收养遗弃小儿者出粟补助。

宋朝和元朝继续将户口增减作为对地方官员政绩考核和提升奖赏的一个重要标准。

洪武元年(公元 1368 年),明太祖规定:"凡庶人娶妇,男年十六,女年十四以上,并听婚娶。"

在清代,统治者非常注重人口繁衍,提出"治国者重在土地人民","财帛不足喜,惟多得人为可喜耳"的人口思想。③ 康熙五十一年(公元 1712 年),清政府规定,依照上年各地所报数量固定税额,此后"滋生人丁,永不加赋"。雍正元年(公元 1723 年)又逐步实行"摊丁入地",丁银和地赋都以田亩为征收对象,取消全部人头税,促进了人口发展。

为了增殖人口和发展经济,中国古代还提倡早婚早育。统治者通常以法律来设置结婚的年龄上限,防止晚婚。古代女子多在 15—19 岁结婚。④

首先将西方现代"计划生育"理念引入中国的是胡适和张竞生。1910 年,胡适留学于美国,受美国计划生育倡导者——桑格夫人的思想影响,自称"无后主义",质疑"为什么要孩子?"视孟子的"不孝有三,无后为大"为"谬论"。1922 年,在胡适的倡议下,"中华生育制裁协会"在北京成立。这是中国近现代史上第一个计划生育组织。

实际上,自 1820 年以后,中国人口增长几乎停滞。1820 年中国人口占全球

---

① 易富贤:《大国空巢——走入岐途的中国计划生育》,中国发展出版社 2013 年,第 330 页。

② 《解密宋朝如何藏富于民》,宣讲家网,2012 年 2 月 13 日。

③ 洪如林主编:《人口科学》,高等教育出版社 2003 年,第 15 页。

④ 易富贤:《大国空巢——走入岐途的中国计划生育》,中国发展出版社 2013 年,第 328—331 页。

人口比例为36.6%,1913年降到24.4%,而同期西方国家人口占全球人口比例由13.8%上升到20.8%。1920年,美国等西方国家的人口寿命已达54岁,中国只有30岁左右。孙中山认识到中国新青年中马尔萨斯主义的盛行有让中国亡国灭种的危险,便批判了马尔萨斯的学说。孙中山指出,人口是关系国家、民族存亡的巨大力量,列强人口日增,中国人口不增反减,有亡国灭种的危害;中国只有增加人口的数量,提高人口的质量及解决人口分布的不平衡,才能避免这一危险。① 然而,孙中山的观点无人重视。相反,1922年,桑格夫人到中国来宣传节制生育,所到之处受到热烈欢迎。在她的推动下,节制生育思潮在中国开始兴起。胡适、梁启超、马寅初等许多人都撰文介绍、评述了她的生育观,她的一些书也被译为中文。

1949年新中国诞生前夕,美国国务卿艾奇逊暗示,中国政府解决不了粮食问题,中国将永远天下大乱。这对中国的一些知识分子产生了较大影响。针对艾奇逊的观点,毛泽东指出:"世间一切事物中,人是第一个可宝贵的。在共产党领导下,只要有了人,什么人间奇迹也可以造出来。"②毛泽东在中国人民政治协商会议第一届全体会议上还指出:"我们的极好条件是有四万万七千五百万的人口和九百五十九万七千平方公里的国土。"毛泽东的观点回击了消极看待人口问题的错误思想。

新中国成立初,中国限制堕胎。1950年4月,卫生部、军委卫生部发布了《机关部队妇女干部打胎限制的办法》。1952年12月,卫生部制定了《限制节育及人工流产暂行办法》。③ 但是,当时城市婴幼儿死亡率已下降,部分干部和城市居民因工作和住房等现实压力有强烈的避孕要求。1952年,国际计划生育联合会在印度成立,控制人口的思潮已在全球掀起。当时,节育在知识分子、城市居民及政治领袖中有相当大的共识。④ 1954年12月,刘少奇在一次关于节制生育的

① 易富贤:《大国空巢——走入岐途的中国计划生育》,中国发展出版社2013年,第79—81页。

② 《毛泽东选集》(第四卷)(第2版),人民出版社1991年,第1512页。

③ 汤兆云:《邓小平是最早一位支持群众进行节育的国家领导人》,中国共产党新闻网,2009年4月3日。

④ 易富贤:《大国空巢——走入岐途的中国计划生育》,中国发展出版社2013年,第81—83页。

会议上宣布:“现在我们要肯定一点,党是赞成节育的。”①1956 年 9 月,在《关于发展国民经济的第二个五年计划的建议的报告》中,周恩来有两处讲到节制生育。②

1956 年 10 月,在与南斯拉夫妇女代表团的谈话中,毛泽东指出:“过去有些人批评我们提倡节育,但是现在赞成的人也多起来了。夫妇之间应该订出个家庭计划,规定一辈子生多少孩子。这种计划应该同国家的五年计划配合起来。目前中国的人口每年净增一千二百万到一千五百万。社会的生产已经计划化了,而人类本身的生产还是处在一种无政府和无计划的状态中。我们为什么不可以对人类的生产也实行计划化呢?我想是可以的。不论是工人还是知识分子,只要是孩子多的、家庭负担重的都赞成节育。”③

1957 年 2 月,在最高国务会议第 11 次(扩大)会议上,毛泽东在讲述如何正确处理人民内部矛盾的问题时,又提到“要提倡节育,要有计划地生育”。④

1958 年 1 月,毛泽东在最高国务会议第 14 次会议中指出:“我们国家人多好,还是人少好?我说现在还是人多好,恐怕是要发展一点。人类不能掌握这个劳动力的扩大再生产,几亿人口还不能掌握这个命运。我看要搞到七亿人口,就会紧张起来,邵(力子)先生那个道理就会大兴。邵先生之道大兴之时,是七亿人口到八亿人口那个时候。我并不是说不要做宣传,要做宣传,要尽可能做宣传。我是赞成节育的,并且赞成有计划的生育的。现在人多一些,气势旺盛一些,要这样看这个问题。要节育。一方面讲节育,一方面要节省,要成为风气,我看一万年都要节省。”⑤

1962 年 12 月,党中央、国务院发布了《关于认真提倡计划生育的指示》,提出“在城市和人口稠密的农村,认真加强对节制生育和计划生育的领导”;“做好计

① 中共中央文献编辑委员会编:《刘少奇选集》(下卷),人民出版社 1981 年,第 171—173 页。

② 中共中央文献研究室编:《建国以来重要文献选编》(第 9 册),中央文献出版社 1994 年,第 214—215 页。

③ 中共中央文献研究室编:《毛泽东思想年编(1921—1975)》,中央文献出版社 2011 年,第 816 页。

④ 中共中央文献研究室编:《毛泽东年谱(1949—1976)》(第 3 卷),中央文献出版社 2013 年,第 83 页。

⑤ 中共中央党史和文献研究院编:《毛泽东年谱》(第 6 卷),中央文献出版社 2023 年,第 290—292 页。

划生育的宣传与技术指导”；“做好避孕药品、用具的生产供应工作”。此外，还提到处理人工流产及绝育手术问题。①

1969年3月，周恩来在全国计划座谈会上说：“要计划生育，要节育。这件事主席至少讲过三次，一次是订‘一五’计划的时候，一次是大跃进的时候，一次是订‘三五’计划的时候……总之，八亿人口快要到了，节育工作一定要抓紧。”

1970年发布的“四五”计划第一次把人口增长指标纳入国家计划，计划生育成为一项基本国策。在此之前，国家只有物质生产计划和其他经济社会发展计划，而没有人口计划，计划生育由卫生部负责，不视为计划管理内容。1963年，第二次城市工作会议提出了城市人口增长的指标，但仍没有全国的人口计划。“三五”计划只提出计划期末总人口要达到的规模。从“四五”计划开始，才提出了计划期末人口自然增长率要达到的水平。

1970年6月，周恩来接见卫生部军管会全体人员时指出：“不能把计划生育和爱国卫生运动放在一起。计划生育属于国家计划范围，不是卫生问题，而是计划问题。你连人口增长都计划不了，还搞什么国家计划！”②

1971年7月，国务院转发了卫生部等公布的《关于做好计划生育工作的报告》，要求除人口稀少的地区外，各级都要加强对计划生育工作的领导。并且指出，1969、1970年，全国人口自然增长率分别高达26.1‰、25‰，在第四个五年计划期间人口自然增长率要逐年降低，争取到1975年一般城市降到10‰左右，农村降到15‰以下。③

1973年7月，国务院成立了计划生育领导小组，并提出“晚、稀、少”的口号。④

1974年12月，毛泽东在国家计委提交的《关于一九七五年国民经济计划的报告》上批示：“人口非控制不行。”1975年1月，中共中央批转该报告时又指出，计划生育是毛主席提倡的，人口非控制不行。遵照党中央指示，各级党委都要把

---

① 中共中央文献研究室编：《建国以来重要文献选编》（第15册），中央文献出版社1997年，第763—765页。

② 刘国光主编：《中国十个五年计划研究报告》，人民出版社2006年，第357—358页。

③ 中共中央党史研究室：《中国共产党历史大事记（1919.5—1990.12）》，人民出版社1991年，第300页。

④ 中共中央党史研究室：《中国共产党历史大事记：1921年7月—2011年6月》，人民出版社2011年，第110页。

这项工作列入议事日程,指定一位负责同志分工抓好这项工作。①

到1975年,全国计划生育工作已取得显著成效,当年总人口增长率为1.7%。从1974年到1985年12年间,人口共增加15321万人,年均增长率1.33%,较前一阶段大大降低②。③

应当说,毛泽东时代的计划生育基本以宣传教育为主,反对简单粗暴的强制。④ 在1958年1月的最高国务会议上,他就提出:"你现在要人家节育,但我们一是工具不够,二是宣传不够。农民字都不认识,还有早婚的习惯,你强迫他节育,又不行,他不能控制自己。"1958年3月,毛泽东在成都会议上针对节育问题指出:"人民有文化了,就会控制了。"⑤

1978年12月,党的十一届三中全会提出,到20世纪末力争把我国人口控制在12亿以内。

1979年6月,国务院总理在五届全国人大第二次会议上作的《政府工作报告》中说,要进一步做好计划生育工作,切实控制人口的增长;1979年要力争使全国人口增长率降到10.0%左右,1985年要降到5.0%左右。根据有关方面的预测,要实现在20世纪末人口不超过12亿的目标,必须实行一对夫妇只生一个孩子的独生子女政策。⑥ 同年10月,邓小平会见费里克斯·格林率领的英国知名人士代表团时指出:"(人口问题)这是一个重要问题。现在,我们正在把计划生育、降低人口增长率作为一个战略任务。我们提倡一对夫妇生一个孩子。凡是保证只生一个孩子的,我们给予物质奖励。"⑦至此,中央主要领导已经在"一对夫妇只生一个孩子"上达成了高度共识。⑧

---

① 常崇煊主编、《当代中国》丛书编辑部编辑:《当代中国的计划生育事业》,当代中国出版社1992年,第19、360页。

② 许涤新主编:《当代中国的人口》,中国社会科学出版社1988年,第12页。

③ 刘国光主编:《中国十个五年计划研究报告》,人民出版社2006年,第357—358页。

④ 易富贤:《大国空巢——走入歧途的中国计划生育》,中国发展出版社2013年,第86页。

⑤ 《中国计划生育全书》编辑部编:《党和国家领导人关于人口与计划生育的论述》,中国人口出版社1997年,第6、8页。

⑥ 刘铮等:《对控制我国人口增长的五点建议》,《人口研究》1980年第3期;宋健等:《关于我国人口发展目标问题》,《光明日报》1980年2月13日。

⑦ 中共中央文献研究室编、冷溶、汪作玲主编:《邓小平年谱(1975—1997)》(上),中央文献出版社2004年,第567—568页。

⑧ 易富贤:《大国空巢——走入歧途的中国计划生育》,中国发展出版社2013年,第88—94页。

1980 年 9 月，国务院总理在五届全国人大第三次会议上的讲话中说："国务院经过认真研究，认为在今后二三十年内，必须在人口问题上采取一个坚决的措施，就是除了在人口稀少的少数民族地区以外，要普遍提倡一对夫妇只生育一个孩子，以便把人口增长率尽快控制住，争取全国总人口在本世纪末不超过 12 亿。"①同年 9 月，中共中央发布了《中共中央关于控制我国人口增长问题致全体共产党员共青团员的公开信》，这标志着独生子女政策全面实行。②

1982 年 12 月，五届全国人大第五次会议批准的《国民经济和社会发展第六个五年计划》对人口生育政策的基本任务、综合指标、发展计划都做了明确规定：严格控制人口的增长，大力提高一胎率，严格控制第二胎，坚决杜绝多胎生育；20 世纪末大陆人口总数控制在 12 亿以内，人口自然增长率 1985 年控制在 13.0‰以内。

1982 年，计划生育被党的十二大确定为基本国策，并载入《中华人民共和国宪法》，设定了到 20 世纪末把人口控制在 12 亿以内这个硬目标。在控制人口的同时，"优生优育"也成了国家的政策。不过，有些农民强烈抵制一胎化政策。因而，从 1982 年开始，各省份陆续对生育政策做了一些调整。1984 年，国家开了一个小口子，允许大部分农村地区头胎是女孩的，可以生二胎。③

1986 年 4 月，六届全国人大第四次会议批准的《国民经济和社会发展第七个五年计划》规定了人口的发展目标，即人口自然增长率平均每年控制在 12.4‰左右，1990 年年末，全国人口总数控制在 11.13 亿以内。

1990 年代，中国计划生育工作进入稳定发展阶段。在这个过程中，中国的计划生育工作实现了两大转变：一是从管理方式上，从政府强制逐渐向经济手段控制为主，政府实施了一系列的奖惩措施，奖励一胎化家庭，处罚多胎家庭；二是从理念上，从生育控制向生殖健康发展，不断提高人口质量。④

1991 年 4 月，七届全国人大第四次会议批准的《国民经济和社会发展十年规划和第八个五年计划纲要》规定了 1991—2000 年人口生育政策的主要任务和重要指标：继续坚定不移地执行计划生育基本国策，控制人口数量，提高人口素质，

---

① 汤兆云：《我国人口生育政策制定和调整》，经济日报出版社 2018 年，第 71 页。

② 中共中央文献研究室编：《三中全会以来重要文献选编》（上），人民出版社 1982 年，第 535—540 页。

③ 易富贤：《大国空巢——走入歧途的中国计划生育》，中国发展出版社 2013 年，第 97、112 页。

④ 佟新：《人口社会学》（第 4 版），北京大学出版社 2010 年，第 331—334 页。

逐步降低人口自然增长率,争取此后十年平均人口自然增长率控制在 12.5‰以内。

1996 年 3 月,八届全国人大第四次会议批准了《国民经济和社会发展“九五”计划和 2010 年远景目标纲要》,其中指出,我国人口过快增长的势头得到抑制,人口自然增长率由 1990 年的 14.39‰降到 1995 年的 10.55‰;到 2010 年,人口要控制在 14 亿以内。①

2000 年 3 月,党中央、国务院发出《中共中央、国务院关于加强人口与计划生育工作稳定低生育水平的决定》,强调:“计划生育是我们必须长期坚持的基本国策。在实现了人口再生产类型的转变之后,人口与计划生育工作的主要任务将转向稳定低生育水平,提高出生人口素质”;“到 2010 年末,全国人口总数(不含香港、澳门特别行政区和台湾省)控制在十四亿以内,年均人口出生率不超过千分之十五”。②

2001 年 3 月,九届全国人大第四次会议通过的《中华人民共和国国民经济和社会发展第十个五年计划纲要》规定,人口自然增长率控制在 9‰以内,2005 年全国总人口控制在 13.3 亿以内。③ 同年 12 月,九届全国人大常委会第 25 次会议通过了《人口与计划生育法》。其中规定,国家稳定现行生育政策,鼓励公民晚婚晚育,提倡一对夫妻生育一个子女;符合法律、法规规定条件的,可要求安排生育第二个子女。④

通过实施二十年的计划生育政策,中国人口老龄化时代提前到来。第五次全国人口普查数据显示,2000 年,65 岁以上老年人口已达到 8811 万人,占比为 6.96%,我国已接近老龄化国家。2005 年底,据全国 1%人口抽样数据显示,65 岁以上人口占比达 7.7%。可见,我国此时已成为人口老龄化国家。

综上,改革开放以来的人口生育政策在控制人口方面取得了巨大的成绩。但是,随之产生了一些问题,主要有:出生性别比失衡问题持续偏高;高龄劳动力人口比重上升;老年人口规模十分庞大,人口老龄化进程持续加重;新进入劳动年龄的人口呈现出持续、迅速萎缩的状况等。这些要求对我国的人口生育政策

---

① 汤兆云:《我国人口生育政策制定和调整》,经济日报出版社 2018 年,第 72 页。

② 中共中央文献研究室编:《十五大以来重要文献选编》(中),人民出版社 2001 年,第 1154—1156 页。

③ 《中华人民共和国国民经济和社会发展第十个五年计划纲要》,《全国人民代表大会常务委员会公报》2001 年第 3 期。

④ 《中华人民共和国人口与计划生育法》,《人民日报》2001 年 12 月 30 日。

进行调整。①

2012 年 11 月,党的十八大提出:“逐步完善人口政策。坚持计划生育基本国策,适应我国人口总量和结构变动趋势,统筹解决好人口数量、素质、结构和分布问题,促进人口长期均衡发展。”②

2013 年 11 月,党的十八届三中全会通过的《中共中央关于全面深化改革若干重大问题的决定》强调,坚持计划生育的基本国策,启动实施一方是独生子女的夫妇可生育两个孩子的政策,逐步调整完善生育政策,促进人口长期均衡发展。为此,2013 年 12 月,中共中央、国务院制定了《中共中央、国务院关于调整完善生育政策的意见》。③ “单独两孩”生育政策的实施,标志着实行了数十年之久的计划生育政策开始最大幅度的调整。④

2015 年 10 月,党的十八届五中全会通过的《中共中央关于制定国民经济和社会发展第十三个五年规划的建议》提出,全面实施一对夫妇可生育两个孩子政策。⑤

2021 年 6 月,中共中央、国务院颁布了《中共中央国务院关于优化生育政策促进人口长期均衡发展的决定》,提出实施一对夫妻可生育三个子女政策。⑥ 2021 年 8 月,第二次修正后的《人口与计划生育法》确认,一对夫妻可生育三个子女。⑦

尽管近年来我国接连推行“单独二孩”“全面二孩”等政策,但对提升生育率的作用不大。因此,我国的人口生育政策仍需进一步完善。

---

① 汤兆云:《我国人口生育政策制定和调整》,经济日报出版社 2018 年,第 130—131、175 页。

② 中共中央文献研究室编:《十八大以来重要文献选编》(上),中央文献出版社 2014 年,第 188 页。

③ 中共中央文献研究室编:《十八大以来重要文献选编》(上),中央文献出版社 2014 年,第 539、654—657 页。

④ 汤兆云:《我国人口生育政策制定和调整》,经济日报出版社 2018 年,第 175—176 页。

⑤ 中共中央文献研究室编:《十八大以来重要文献选编》(中),中央文献出版社 2016 年,第 816 页。

⑥ 《中共中央国务院关于优化生育政策 促进人口长期均衡发展的决定》,人民出版社 2021 年,第 1—12 页。

⑦ 《中华人民共和国人口与计划生育法》,《健康中国观察》2023 年第 2 期。

第二节　医疗卫生与计划生育法规与政策的主要内容

一、我国健康政策的总体框架

当前，我国健康政策主要来源于《“健康中国2030”规划纲要》①、《国务院关于实施健康中国行动的意见》②、《健康中国行动（2019—2030年）》③、《中华人民共和国基本医疗卫生与健康促进法》④、《“十四五”国民健康规划》⑤等。

（一）实施健康中国战略

1. 总纲领

2016年10月，中共中央、国务院发布的《“健康中国2030”规划纲要》提出了健康中国建设的目标和任务。根据该文件，实施健康中国战略，应主要遵循的原则包括：健康优先、改革创新、科学发展、公平公正；战略主题是“共建共享、全民健康”。其战略目标是：到2030年，促进全民健康的制度体系更加完善，健康领域发展更加协调，健康生活方式得到普及，健康服务质量和健康保障水平不断提高，健康产业繁荣发展，基本实现健康公平，主要健康指标进入高收入国家行列。到2050年，建成与社会主义现代化国家相适应的健康国家。到2030年具体实现以下目标：①人民健康水平持续提升。人民身体素质明显增强，2030年人均预期寿命达到79.0岁，人均健康预期寿命显著提高。②主要健康危险因素得到有效控制。全民健康素养大幅提高，健康生活方式得到全面普及，有利于健康的生产生活环境基本形成，食品药品安全得到有效保障，消除一批重大疾病危害。③健康服务能力大幅提升。优质高效的整合型医疗卫生服务体系和完善的全民健身公共服务体系全面建立，健康保障体系进一步完善，健康科技创新整体实力位居世界前列，健康服务质量和水平明显提高。④健康产业规模显著扩大。建立起

---

① 《“健康中国2030”规划纲要》，人民出版社2016年。

② 《国务院关于实施健康中国行动的意见》，《中华人民共和国国务院公报》2019年第21期。

③ 《健康中国行动（2019—2030年）》，《标准生活》2019年第8期。

④ 《中华人民共和国基本医疗卫生与健康促进法》，《人民日报》2020年3月10日。

⑤ 《国务院办公厅关于印发“十四五”国民健康规划》，《中华人民共和国国务院公报》2022年第16期。

体系完整、结构优化的健康产业体系，形成一批具有较强创新能力和国际竞争力的大型企业，成为国民经济支柱性产业。⑤促进健康的制度体系更加完善。有利于健康的政策法律法规体系进一步健全，健康领域治理体系和治理能力基本实现现代化。①

2. 路线图

2019 年 7 月，《国务院关于实施健康中国行动的意见》发布，旨在加快推动从以治病为中心转变为以人民健康为中心，动员全社会落实预防为主方针，实施健康中国行动，提高全民健康水平。

健康中国行动坚持普及知识、提升素养；自主自律、健康生活，早期干预、完善服务；全民参与、共建共享的基本原则，注重从源头预防和控制疾病；聚焦当前影响人民群众健康的主要问题和重点疾病，突出健康促进和动员倡导，提出到 2030 年，全民健康素养水平大幅提升，健康生活方式基本普及，居民主要健康影响因素得到有效控制，因重大慢性病导致的过早死亡率明显降低，人均健康预期寿命得到较大提高，居民主要健康指标水平进入高收入国家行列，健康公平基本实现。

《国务院关于实施健康中国行动的意见》从干预健康影响因素、维护全生命周期健康、防控重大疾病等三个方面提出实施 15 个专项行动：①从健康知识普及、合理膳食、全民健身、控烟、心理健康等方面综合施策，全方位干预健康影响因素；②关注妇幼、中小学生、劳动者、老年人等重点人群，维护全生命周期健康；③针对心脑血管疾病、癌症、慢性呼吸系统疾病、糖尿病四类慢性病以及传染病、地方病，加强重大疾病防控。《国务院关于实施健康中国行动的意见》还要求，在国家层面成立健康中国行动推进委员会，制定印发《健康中国行动（2019—2030 年）》，细化上述 15 个专项行动的目标、指标、任务和职责分工，统筹指导各地区各相关部门加强协作，研究疾病的综合防治策略，做好监测考核。

3. 施工图

2019 年 7 月，健康中国行动推进委员会印发了《健康中国行动（2019—2030 年）》，细化落实了 15 项专项行动，共提出 124 项主要指标，每项专项行动都有目标、指标、路径，不仅有政府的具体任务，还有对社会和公众的健康建议，把健康中国战略的理念和要求融入人民群众日常生产生活的方方面面，为实现从"以治

① 《"健康中国 2030"规划纲要》，人民出版社 2016 年，第 6—7 页。

病为中心”转向“以健康为中心”提供了有效抓手。通过政府、社会、家庭、个人的共同努力,努力促进人民群众不生病、少生病,延长健康寿命,提高生活质量。

为确保《国务院关于实施健康中国行动的意见》和《健康中国行动(2019—2030年)》有效实施,国务院办公厅同步印发了实施和考核方案,从建立健全组织架构、加强监测评估、做好考核工作三个方面提出了具体要求。国家层面依托全国爱国卫生运动委员会成立推进委员会及其组织架构和工作机制,明确了监测和考核的主体、内容和结果运用,确保健康中国行动高效有序推进落实。①

(二)依法推进健康中国建设

为了发展医疗卫生与健康事业,保障公民享有基本医疗卫生服务,提高公民健康水平,推进健康中国建设,2019年12月,十三届全国人大常委会第15次会议通过了《中华人民共和国基本医疗卫生与健康促进法》。② 这是我国卫生健康领域内首部基础性、综合性法律,凸显“保基本、强基层、促健康”理念,为全面实施健康中国战略提供了法治保障。

第一,保基本。它具体包括如下内容:①首次以法律形式明确了国家建立基本医疗卫生制度,建立健全医疗卫生服务体系,保护和实现公民获得基本医疗卫生服务的权利。②为保障基本公共卫生服务公平可及,规定基本公共卫生服务由国家免费提供,国家基本公共卫生服务项目由国务院卫生健康主管部门会同有关部门确定。同时规定,国家建立健全突发事件卫生应急、传染病防控、妇幼健康服务、院前急救、精神卫生等体系、制度。③明确政府举办的医疗卫生机构不得与其他组织投资设立非独立法人资格的医疗卫生机构,不得与社会资本合作举办营利性医疗卫生机构。对未依法取得医疗机构执业许可证擅自执业,医疗卫生机构对外出租、承包医疗科室,非营利性医疗卫生机构分配或者变相分配收益等行为,规定了相应的法律责任。④在明确基本医疗服务主要由政府举办的医疗卫生机构提供的同时,鼓励社会力量举办的医疗卫生机构提供基本医疗服务,支持和规范其与政府举办的医疗卫生机构开展多种类型的医疗业务等合作。

第二,强基层。基层医疗卫生机构承担着基本医疗服务的重要任务,是我国

① 全国社会工作者职业水平考试教材编委会编写:《社会工作法规与政策》,中国社会出版社2023年,第354—356页。

② 全国人民代表大会常务委员会法制工作委员会编:《中华人民共和国法律汇编.2019》,人民出版社2020年,第400—425页。

医疗卫生服务体系的重要组成部分。《中华人民共和国基本医疗卫生与健康促进法》坚持以基层为重点，加强基层医疗卫生机构和人才队伍建设，提高基层医疗卫生服务能力，筑牢网底。具体包括：①明确规定了国家在规划制定和医疗资源配置方面以基层为重点。规定国家建立健全由基层医疗卫生机构、医院、专业公共卫生机构等组成的医疗卫生服务体系，合理规划和配置医疗卫生资源，优先支持县级以下医疗卫生机构发展，建立健全农村医疗服务网络和城市社区卫生服务网络。②通过分级诊疗制度和家庭医生签约服务来推动医疗卫生服务的下沉，助力基层医疗卫生事业发展。规定国家推进分级诊疗和家庭医生签约服务，县级以上地方政府因地制宜建立医疗联合体等医疗服务合作机制。③全面加强基层医疗卫生人才队伍建设，力促医疗卫生人员下得去、留得住。规定国家要采取定向免费培养、对口支援、退休返聘等措施，加强基层和艰苦边远地区医疗卫生队伍建设。执业医师晋升为副高级技术职称的，应有累计 1 年以上在县级以下或者对口支援的医疗卫生机构提供医疗卫生服务的经历。④大力加强基层和边远贫困地区医疗卫生事业的财政投入制度和保障制度，推动医疗卫生事业的发展。

第三，促健康。基本医疗卫生与健康促进法与人民群众的健康密切相关。《中华人民共和国基本医疗卫生与健康促进法》明确规定，医疗卫生与健康事业应当以人民为中心、为人民健康服务，要求如下：①各级人民政府应加强健康教育工作及其专业人才培养；②国家将健康教育纳入国民教育体系，学校应利用多种形式实施健康教育；③公民是自己健康的第一责任人，树立和践行对自己健康负责的健康管理理念，倡导家庭成员相互关爱，形成符合自身和家庭特点的健康生活方式；④国家鼓励和支持开展爱国卫生月等群众性卫生与健康活动，发展全民健身事业；国家鼓励单位的体育场地设施向公众开放；⑤国家建立科学、严格的食品、饮用水安全监督管理制度，采取措施预防和控制与环境问题有关的疾病；⑥国家制定并实施未成年人、妇女、老年人、残疾人等的健康工作计划，加强重点人群健康服务；⑦国家完善公共场所卫生管理制度，强化控烟监督执法。禁止向未成年人出售烟酒。

（三）“十四五”国民健康规划

《中华人民共和国国民经济和社会发展第十四个五年规划和二〇三五年远景目标纲要》聚焦“全面推进健康中国建设”，强调要把保障人民健康放在优先发展的战略位置，坚持预防为主的方针，深入实施健康中国行动，完善国民健康促进政策，织牢国家公共卫生防护网，为人民提供全方位全生命期健康服务。为落实《中华人民共和国国民经济和社会发展第十四个五年规划和二〇三五年远景目标纲要》和《"健康中国 2030"规划纲要》，2022 年 4 月，国务院办公厅印发了《"十四五"国民健康规划》。

《"十四五"国民健康规划》提出，到 2025 年，卫生健康体系更加完善，中国特色基本医疗卫生制度逐步健全，重大疫情和突发公共卫生事件防控应对能力显著提升，中医药独特优势进一步发挥，健康科技创新能力明显增强，人均预期寿命在 2020 年基础上继续提高 1 岁左右，人均健康预期寿命同比例提高。展望 2035 年，建立与基本实现社会主义现代化相适应的卫生健康体系，中国特色基本医疗卫生制度更加完善，人均预期寿命达到 80 岁以上，人均健康预期寿命逐步提高。

《"十四五"国民健康规划》确立了如下七项工作任务：①织牢公共卫生防护网。提高疾病预防控制能力，完善监测预警机制，健全应急响应和处置机制，提高重大疫情救治能力。②全方位干预健康问题和影响因素。普及健康生活方式，加强传染病、寄生虫病和地方病防控，强化慢性病综合防控和伤害预防干预，完善心理健康和精神卫生服务，维护环境健康与食品药品安全，深入开展爱国卫生运动。③全周期保障人群健康。完善生育和婴幼儿照护服务，保护妇女和儿童健康，促进老年人健康，加强职业健康保护，保障脱贫地区和残疾人等相关重点人群健康服务。④提高医疗卫生服务质量。优化医疗服务模式，加强医疗质量管理，加快补齐服务短板。⑤促进中医药传承创新发展。充分发挥中医药在健康服务中的作用，夯实中医药高质量发展基础。⑥做优做强健康产业。推动医药工业创新发展，促进高端医疗装备和健康用品制造生产，促进社会办医持续规范发展，增加商业健康保险供给，推进健康相关业态融合发展。⑦强化国民健康支撑与保障。深化医药卫生体制改革，强化卫生健康人才队伍建设，加快卫生健康科技创新，促进全民健康信息联通应用，完善卫生健康法治体系，加强交流合作。

二、公共卫生法规与政策

公共卫生是公共医疗卫生服务体系的组成部分，其主要内容是通过政府的公共政策来促进居民健康、预防疾病和对民众提供健康保护。我国制定了各种医疗卫生法规和政策，主要包括：《中华人民共和国传染病防治法》（2013 年最新修正,此后简称《传染病防治法》)①、《中华人民共和国母婴保健法》(2017 年最新修正,此后简称《母婴保健法》)②、《中华人民共和国职业病防治法》(2017 年最新修正,此后简称《职业病防治法》)③、《艾滋病防治条例》(2019 年进行了修订)④、《突发公共卫生事件应急条例》(2011 年进行了修正)⑤等。

(一)公共卫生体系建设

公共卫生以预防为主,其功能包括健康检测和分析,即建设疾病信息系统,收集相关疾病的发病或流行情况,检测健康危险因素,识别健康问题;对疾病暴发流行和突发公共卫生事件进行调查处理;建立和实施疾病预防和健康促进项目;制定公共卫生法律法规,加强卫生执法改革等。世界卫生组织在 2006—2007 年提出的基本公共卫生的内容包括:传染病预防和控制,传染病研究;流行性疾病的预警和反应;慢性非传染病的监测、预防和管理;健康促进;精神卫生和物质滥用;烟草、营养、卫生与环境、食品安全、暴力、损伤和残疾;生殖卫生、母婴平安和儿童与青少年卫生;基本药物、基本卫生技术、免疫药物和疫苗的开发等。目前,我国已建立了比较全面的公共卫生体系,提供的公共卫生服务从中央辐射到省、市、县,并建立了县、乡、村"三级农村卫生网络";同时,注重进行流行性病学调查、慢性病调查、健康信息沟通与交流等全方位的公共卫生研究。2004 年初,我国正式启动的疫情及突发公共卫生事件的网络直报系统,覆盖包括乡镇卫生院在内的全国所有卫生医疗机构。我国已实现对传染病疫情监测、健康危害因素监测、死因监测等重要公共卫生数据的实时管理,使传染病控制和应急反应能力明显提高。

1. 构建强大公共卫生体系

《中华人民共和国国民经济和社会发展第十四个五年规划和二〇三五年远景目标纲要》围绕"构建强大公共卫生体系",明确提出:改革疾病预防控制体系,

---

① 《中华人民共和国传染病防治法》,《天津市人民代表大会常务委员会公报》2013 年第 S1 期。

② 《中华人民共和国母婴保健法》,《中华人民共和国全国人民代表大会常务委员会公报》2017 年第 6 期。

③ 《中华人民共和国职业病防治法》,《中华人民共和国全国人民代表大会常务委员会公报》2017 年第 6 期。

④ 《艾滋病防治条例(2019 年修订)》,《中国艾滋病性病》2019 年第 4 期。

⑤ 《突发公共卫生事件应急条例(2011 年 1 月 8 日修正版)》,《中国卫生应急电子杂志》2016 年第 1 期。

强化监测预警、风险评估、流行病学调查、检验检测、应急处置等职能。建立稳定的公共卫生事业投入机制,改善疾控基础条件,强化基层公共卫生体系。落实医疗机构公共卫生责任,创新医防协同机制。完善突发公共卫生事件监测预警处置机制,加强实验室检测网络建设,健全医疗救治、科技支撑、物资保障体系,提高应对突发公共卫生事件能力。建立分级分层分流的传染病救治网络,建立健全统一的国家公共卫生应急物资储备体系,大型公共建筑预设平疫结合改造接口。筑牢口岸防疫防线。加强公共卫生学院和人才队伍建设。完善公共卫生服务项目,扩大国家免疫规划,强化慢性病预防、早期筛查和综合干预。完善心理健康和精神卫生服务体系。

2. 织牢公共卫生防护网

《“十四五”国民健康规划》提出,到 2025 年,公共卫生服务能力显著增强。基本建成能有效应对重大疫情和突发公共卫生事件、适应国家公共卫生安全形势需要的强大公共卫生体系,早期监测、智能预警、快速反应、高效处置、综合救治能力显著提升。聚焦“织牢公共卫生防护网”,强调以下几点。

第一,提高疾病预防控制能力。明确各级疾病预防控制机构职责定位,强化疾病预防控制体系军民融合、防治结合、全社会协同,强化上级疾病预防控制机构对下级机构的业务领导和工作协同,强化医疗机构公共卫生责任。落实城乡基层医疗卫生机构疾病预防控制、公共卫生管理服务职责,完善疾病预防控制部门与城乡社区联动机制,夯实联防联控、群防群控的基础。创新医防协同机制,加强疾病预防控制机构对医疗机构疾病预防控制工作的技术指导和监督考核,建立完善人员通、信息通、资源通和监督监管相互制约的机制。探索推进疾病预防控制机构专业人员参与医疗联合体工作,推动县级疾病预防控制机构与县域医共体协同发展。持续完善国家基本公共卫生服务项目和重大传染病防控等项目,优化服务内涵,提高服务质量,实行科学动态调整,做到有进有出,提高防治结合和健康管理服务水平,推进基本公共卫生服务均等化。

第二,完善监测预警机制。完善传染病疫情和突发公共卫生事件监测系统,改进不明原因疾病和异常健康事件监测机制,强化公共卫生信息系统与医疗机构信息系统对接协同。充分发挥国家监测预警信息平台作用,探索建立跨区域疫情监测站点,实现不明原因传染病疫情和突发公共卫生事件实时分析、集中研判、及时报告。研究建立完善新发未知传染病多点触发预警机制,依托公共卫生、动物疫病、口岸检疫、食品安全、生态环境等系统拓展信息报告渠道,打通科研院所和第三方检测机构报告渠道,开通社会公众主动报告渠道。压实信息报告责任,明确传染病疫情和突发公共卫生事件的报告内容、程序、方式和时限等具体要求。健全风险评估方法和制度,提高监测分析、综合评价和潜在隐患早期识别能力。

第三,健全应急响应和处置机制。发挥集中统一高效的应急指挥体系作用,完善体制机制,实现监测预警、发现报告、风险评估、信息发布、应急处置和医疗救治等环节职责清晰、无缝对接,确保指令清晰、系统有序、条块畅达、执行有力。构建分层分类、高效实用的应急预案体系。完善传染病疫情和突发公共卫生事件分级应急响应机制,规范决策主体和处置原则,明确相关部门及机构的职责分工和工作机制。提升医务人员早期识别和应急处置水平,完善首诊负责、联合会诊等制度和处置流程,提高各级各类医疗卫生机构规范化处置能力。完善重大疫情医疗废物应急处置机制。依托大型综合医院,建立健全分级分类的卫生应急队伍,提高紧急医学救援能力。建立重大传染病疫情和突发事件国家救援力量整体调动与支援机制。

第四,提高重大疫情救治能力。全面提高二级以上综合医院(含中医医院,下同)感染性疾病科和发热门诊、留观室服务能力,全面提升急诊、重症、呼吸、检验、麻醉、消化、心血管、护理、康复等专科服务能力。提高医疗卫生机构实验室检测能力。依托高水平医疗卫生机构,发挥国家重大传染病防治基地作用,提高辐射带动能力。提高中医疫病防治能力。进一步完善地市级传染病救治网络,提高县级医院传染病检测和诊治能力。强化基层医疗卫生机构传染病防控能力。提升边境地区执法执勤力量科学应对重大疫情能力。加强医疗机构应急物资配置,鼓励企业、机关单位和居民参与储备,建立健全应急物资调配协同联动机制。

(二)突发公共卫生事件的应对机制建设

在突发公共卫生事件应对机制的法规建设方面,《突发公共卫生事件应急条例》指出,要建立一个快捷、畅通、准确、及时的信息传递网络,要建立和完善国家统一的突发公共卫生事件预防控制体系(应对突发公共卫生事件监测与预警系统)以及应急报告、信息公布、举报等制度。突发公共卫生事件的应对和恢复工作通常需要一系列的部门合作构成一个统一的系统,并迅速开展各项工作,包括公共卫生与医疗救助、通信与警报、调查与援救、交通与运输、治安与安全、社区生活与服务设施、信息与资源管理、人员撤离与危险控制等。目前,我国突发公共卫生事件应对的机制和内容主要包括以下方面。

1. 突发公共卫生事件应对的组织领导

关于应对突发公共卫生事件的组织领导制度，《突发公共卫生事件应急条例》规定：突发事件发生后国务院设立全国应急处理指挥部，由国务院有关部门和军队有关部门组成，国务院主管领导人担任总指挥，负责对全国突发公共卫生事件应急处理的统一领导、统一指挥。国务院卫生行政主管部门和其他有关部门，在各自的职责范围内做好突发事件应急处理的相关工作。同时要求县级以上人民政府及其有关部门，要在各自的职责范围内做好突发事件应急处理的有关工作。

关于突发公共卫生事件的预防以及应急准备，国务院卫生行政主管部门和省、自治区、直辖市人民政府应分别制定全国和本地的突发事件应急预案，以及预案的内容和对预案的修订、补充措施。全国突发事件应急预案的主要内容包括：①突发事件应急处理指挥部的组成和相关部门的职责；②突发事件的监测与预警；③突发事件信息的收集、分析、报告、通报制度；④突发事件应急处理技术和监督机构及其任务；⑤突发事件的分级和应急处理工作方案；⑥突发事件预防，现场控制，应急设施、设备、救治药品和医疗器械以及物资和技术的储备与调度；⑦突发事件应急处理专业队伍的建设和培训。

2. 突发公共卫生事件的监测预警系统

对于传染病等公共卫生事件的监测和预警，《传染病防治法》及其实施办法、《职业病防治法》《中华人民共和国国境卫生检疫法》①以及《突发公共卫生事件应急条例》等法律、法规、规章、办法中都有明确要求和规定。国家建立统一的突发事件预防控制体系。其中，县级以上地方人民政府应建立和完善突发事件监测预警系统，指定机构负责开展突发事件的日常监督并确保监测与预警系统的正常运行。根据突发事件的类别，制订监测计划，科学分析、综合评价监测数据。对早期发现的潜在隐患以及可能发生的突发事件，依照规定的报告程序和时限及时报告。应开展防范突发公共卫生事件发生和应急知识的教育，对医疗卫生机构和人员开展应急处理知识、技能的培训和突发事件应急演练。在做好各种应急物资准备的同时，应加强急救医疗服务网络的建设，提高医疗卫生机构应对各类突发事件的救治能力。

---

① 《全国人民代表大会常务委员会关于修改〈中华人民共和国国境卫生检疫法〉等六部法律的决定》，《中华人民共和国全国人民代表大会常务委员会公报》2018 年第 3 期。

3. 突发公共卫生事件应急预案的启动和执行

应急预案启动前,就应明确卫生行政部门、政府其他有关部门、医疗卫生机构等单位的职责和义务,以便各负其责,根据突发事件的实际情况,做好应急处理准备,采取必要的应急措施。应急预案启动后,突发事件发生地的人民政府有关部门,应根据预案规定的职责要求,服从突发公共卫生事件应急处理指挥部的统一指挥,立即到达规定岗位,采取有关的控制措施。在全国范围内或跨省、自治区、直辖市范围内启动全国突发事件应急预案,由国务院卫生行政主管部门报国务院批准后实施。省、自治区、直辖市启动突发事件应急预案,由省、自治区、直辖市人民政府决定,并向国务院报告。在应急预案中,还应充分考虑和计划这些方面的物资储备、生产和供应能力以及调拨方案。设置与传染病防治工作需要相适应的传染病专科医院,或者指定具备传染病防治条件和能力的医疗机构承担传染病防治任务。根据突发事件应急处理的需要,应急处理指挥部有权紧急调集人员、储备的物资、交通工具以及相关设施、设备。必要时,对人员进行疏散或者隔离,并可以依法对传染病疫区实行封锁,对食物和水源采取控制措施。

医疗机构收治传染病患者、疑似传染病患者,应依法报告所在地的疾病预防控制机构。接到报告的疾病预防控制机构应当立即对可能受到危害的人员进行调查,根据需要采取必要的控制措施,对传染病做到早发现、早报告、早隔离、早治疗,切断传播途径,防止扩散。

4. 突发公共卫生事件的信息管理

突发公共卫生事件的信息管理特别重要。它包括信息的收集、分析、处理、报告、应用、通报、发布等内容。做好突发事件的信息管理工作,在应急预案中较为严密地确立起信息管理机制和制度,使应急处理过程中信息能畅通、及时、全面、正确地反映出来十分关键,对整个突发事件的预防和处理至关重要。

(三)疾病预防体制建设

1. 疾病预防体制的发展

我国已经基本形成了以国家、省、地市、县四级疾病预防控制机构为主体,农村乡(镇)卫生院、村卫生室(农村个体诊所)、各级各类医疗卫生机构和城市社区卫生服务组织构建的疾病预防控制体系。国务院发布的《疫苗流通和预防接种管理条例》对进一步完善预防接种工作的保障制度,严格规范接种单位的预防接种行为等作出了规定。

2008 年 12 月,为推进科学规范管理,提高工作效率和服务质量,卫生部制定了《各级疾病预防控制中心基本职责》,进一步明确了疾病预防控制中心的工作职责和任务。《传染病防治法》以法律的形式对各级疾病预防控制机构在传染病工作中的职责作出了明确的分工。

2021 年 5 月,国家疾病预防控制局正式挂牌,它是国家卫健委管理的国家机构,主要负责组织拟订传染病预防控制及公共卫生监督的法律法规草案、政策、规划、标准、负责疾病预防控制网络和工作体系建设;领导地方各级疾病预防控制机构业务工作;制定并组织落实国家免疫规划以及严重危害人民健康公共卫生问题的干预措施等。国家疾病预防控制局的成立,是我国疾病预防控制体系的重大改革与调整,是建设健康中国的现实需要,标志着疾控机构职能从单纯预防控制疾病向全面维护和促进全人群健康理念的转变。

2. 疾病预防控制法规与政策的主要内容

(1)国家免疫规划

国家免疫规划是政府提供的一项重要公共卫生服务,是预防、控制传染病的有效手段。2008 年 3 月,卫生部等下发了《关于实施扩大国家免疫规划的通知》,规定从 2007 年起,扩大国家免疫规划疫苗范围,全国范围内国家免疫规划疫苗种类由 6 种扩大到 14 种,预防的传染病由 7 种增至 15 种。卫生部等依据各自职责建立了相应的协调机制,在国家免疫规划疫苗生产、供应和使用等方面加强了沟通与协调。卫生部制定下发实施方案和年度计划,财政部下拨中央财政转移地方支付资金,国家发改委(含原国家发展计划委员会、原国家计划委员会)启动国家免疫规划疫苗价格核定工作,教育部在托幼机构和学校开展入托、入学查验预防接种证工作,国家食品药品监督管理局强化国家免疫规划疫苗生产和流通的监督管理。

(2)职业病防治的法规与政策

职业病,是指企业、事业单位和个体经济组织等用人单位的劳动者在职业活动中,因接触粉尘、放射性物质和其他有毒、有害因素而引起的疾病。2001 年 10 月,九届全国人大常委会第 24 次会议通过了《职业病防治法》,对于职业病的前期预防、劳动过程中的防护与管理、职业病诊断与职业病病人保障、监督检查及法律责任等方面作了如下明确规定。

第一,劳动者职业卫生保护权利。《职业病防治法》明确规定,劳动者享有下列职业卫生保护权利:①获得职业卫生教育、培训;②获得职业健康检查、职业病诊疗、康复等职业病防治服务;③了解工作场所产生或者可能产生的职业病危害因素、危害后果和应当采取的职业病防护措施;④要求用人单位提供符合防治职业病要求的职业病防护设施和个人使用的职业病防护用品,改善工作条件;⑤对违反职业病防治法律、法规以及危及生命健康的行为提出批评、检举和控告;⑥拒绝违章指挥和强令进行没有职业病防护措施的作业;⑦参与用人单位职业卫生工作的民主管理,对职业病防治工作提出意见和建议。

第二,职业病防护。在职业病的防护方面,用人单位应采取下列职业病防治管理措施:①设置或者指定职业卫生管理机构或者组织,配备专职或者兼职的职业卫生管理人员,负责本单位的职业病防治工作;②制定职业病防治计划和实施方案;③建立、健全职业卫生管理制度和操作规程;④建立、健全职业卫生档案和劳动者健康监护档案;⑤建立、健全工作场所职业病危害因素监测及评价制度;⑥建立、健全职业病危害事故应急救援预案。

第三,职业病诊断与职业病病人保障。职业病诊断应由取得《医疗机构执业许可证》的医疗卫生机构承担。劳动者可以在用人单位所在地、本人户籍所在地或者经常居住地依法承担职业病诊断的医疗卫生机构进行职业病诊断。

在待遇方面,职业病病人依法享受国家规定的职业病待遇。用人单位应按国家有关规定,安排职业病病人进行治疗、康复和定期检查。用人单位对不适宜继续从事原工作的职业病病人,应调离原岗位,并妥善安置。用人单位对从事接触职业病危害作业的劳动者,应给予适当岗位津贴。职业病病人的诊疗、康复费用,伤残以及丧失劳动能力的职业病病人的社会保障,按照国家有关工伤保险的规定执行。职业病病人除依法享有工伤保险外,依照有关民事法律,尚有获得赔偿的权利的,有权向用人单位提出赔偿要求。

(3)艾滋病治疗与救助的规定

2006年1月,为加大艾滋病的防治力度,我国公布了《艾滋病防治条例》。关于艾滋病的治疗与救助,《艾滋病防治条例》作出了明确的规定。具体来讲,《艾滋病防治条例》针对艾滋病治疗对医疗机构提出了三项要求,针对艾滋病救助对县级以上人民政府等提出了四个方面的要求。

第一,艾滋病治疗的规定。《艾滋病防治条例》针对艾滋病治疗对医疗机构提出了以下三项要求:①医疗机构应为艾滋病病毒感染者和艾滋病病人提供艾滋病防治咨询、诊断和治疗服务。医疗机构不得因就诊的病人是艾滋病病毒感染者或者艾滋病病人,推诿或者拒绝对其及其他疾病进行治疗。②对确诊的艾滋病病毒感染者和艾滋病病人,医疗卫生机构的工作人员应将其感染或者发病的事实告知本人;本人为无行为能力人或者限制行为能力人的,应告知其监护人。③医疗卫生机构应当按照国务院卫生主管部门制定的预防艾滋病母婴传播技术指导方案的规定,对孕产妇提供艾滋病防治咨询和检测,对感染艾滋病病毒的孕产妇及其婴儿提供预防艾滋病母婴传播的咨询、产前指导、阻断、治疗、产后访视、婴儿随访和检测等服务。

第二,艾滋病救助的规定。《艾滋病防治条例》针对艾滋病救助对县级以上人民政府等提出了以下四个方面的要求:①向农村艾滋病病人和城镇经济困难的艾滋病病人免费提供抗艾滋病病毒治疗药品;②对农村和城镇经济困难的艾滋病病毒感染者、艾滋病病人适当减免抗机会性感染治疗药品的费用;③向接受艾滋病咨询、检测的人员免费提供咨询和初筛检测;④向感染艾滋病病毒的孕产妇免费提供预防艾滋病母婴传播的治疗和咨询。

此外,《"十四五"国民健康规划》提出,继续将艾滋病疫情控制在低流行水平,突出重点地区、重点人群和重点环节,有效落实宣传教育、综合干预、检测咨询、治疗随访、综合治理等防治措施。

(四)精神卫生工作和社会心理服务的法规与政策

心理健康和精神卫生是公共卫生的重要组成部分,也是重大的民生问题和突出的社会问题。为发展精神卫生事业,规范精神卫生服务,维护精神障碍患者的合法权益,我国于2012年10月颁布了《中华人民共和国精神卫生法》(2018年进行了修正,此后简称《精神卫生法》),对精神卫生工作的方针原则和管理机制、心理健康促进和精神障碍预防、精神障碍的诊断和治疗、精神障碍的康复、精神卫生工作的保障措施、精神障碍患者合法权益的维护等作了规定,填补了我国精神卫生领域的法律空白。为进一步推进社会心理服务体系建设,2016年12月,国家卫计委等印发了《关于加强心理健康服务的指导意见》。2018年12月,国家卫健委等发布了《关于印发全国社会心理服务体系建设试点工作方案的通知》。2022年4月,国务院办公厅发布的《"十四五"国民健康规划》也对完善心理健康和精神卫生服务提出明确要求。

1. 精神卫生法的主要内容

(1)明确精神障碍患者的权益

明确精神障碍患者的人格尊严、人身安全等《宪法》规定的公民基本权利不受侵犯,其享有的受教育、劳动、医疗、隐私、从国家和社会获得物质帮助等合法权益受法律保护;全社会应当尊重、理解、关爱精神障碍患者,任何组织或者个人不得歧视、侮辱、虐待精神障碍患者，不得非法限制精神障碍患者的人身自由。

(2)明确精神卫生工作相关主体职责

规定精神卫生工作实行政府组织领导、部门各负其责、家庭和单位尽力尽责、全社会共同参与的综合管理机制。县级以上人民政府领导精神卫生工作，乡镇人民政府和街道办事处根据本地区的实际情况，组织开展预防精神障碍发生、促进精神障碍患者康复等工作；国务院卫生行政部门主管全国的精神卫生工作；县级以上地方人民政府卫生行政部门主管本行政区域的精神卫生工作。县级以上人民政府司法行政、民政、公安、教育、人力资源社会保障等部门在各自职责范围内负责有关的精神卫生工作。同时还明确了社会团体、基层群众性自治组织的职责，强调了监护人的职责，并鼓励社会力量参与精神卫生事业的建设。

(3)建立心理健康促进和精神障碍预防制度

精神卫生工作实行预防为主的方针，坚持预防、治疗和康复相结合的原则。对于任何疾病来说，预防比治疗更为重要，因此，《精神卫生法》设立专章，对心理健康促进和精神障碍预防制度进行规定：①明确各方主体的权责。各级政府及有关部门、社会团体、村委会和居委会、用人单位、各级各类学校、医疗卫生机构、监狱等场所在开展精神卫生的宣传和健康教育方面都负有责任和义务。②突发事件应急预案中加入心理援助内容。各级人民政府和县级以上人民政府有关部门在针对突发事件制定应急预案时，应包括心理援助的内容，并根据突发事件的具体情况，组织开展心理援助工作。③设定了心理咨询工作的基本规范。心理咨询人员不得从事心理治疗或者精神障碍的诊断、治疗。如果发现接受咨询的人员可能患有精神障碍的，应建议其到符合条件的医疗机构就诊。心理咨询时应注意保护接受咨询人员隐私。④建立监测网络与工作信息共享机制。由国务院卫生行政部门建立精神卫生监测网络，制定精神卫生监测和严重精神障碍发病报告管理办法，组织开展相关监测和专题调查工作，并建立精神卫生工作信息共享机制，实现信息互联互通、交流共享。

(4)明确精神障碍的诊断和治疗医疗机构的相关要求

主要包括如下内容：①精神障碍的诊断和治疗医疗机构的基本要求。《精神卫生法》对精神障碍的诊断和治疗医疗机构的条件，诊疗活动应遵循的原则，精神障碍诊断的依据作出了规定，同时授予国务院卫生行政部门对精神障碍分类、诊断标准和治疗规范的制定权。医疗机构在精神障碍的诊断和治疗过程中还应注意配备适宜的设施、设备，为住院患者创造安全适宜的环境。另外，《精神卫生法》还对病历资料记录与保存,药物的使用,保护性医疗措施和特殊治疗措施的程序与适用情形作出了明确规定。②医疗机构的告知义务。《精神卫生法》强调医疗机构负有告知义务,其对于患者本人及其监护人,不仅应告知精神障碍患者享有的权利,还应说明为患者所制定的周详治疗方案及有关治疗方法、目的以及可能产生的后果等。同时还明确医疗机构接到送诊的疑似精神障碍患者,不得拒绝为其作出诊断。③医疗机构的禁止行为。医疗机构不得强迫精神障碍患者从事生产劳动;除在急性发病期或者为了避免妨碍治疗可以暂时性限制外,不得限制患者的通信和会见探访者等权利;不得因就诊者是精神障碍患者,推诿或者拒绝为其治疗属于本医疗机构诊疗范围的其他疾病;禁止利用约束、隔离等保护性医疗措施惩罚精神障碍患者;禁止对非自愿住院医疗治疗的精神障碍患者实施以治疗精神障碍为目的的外科手术;禁止对精神障碍患者实施与治疗其精神障碍无关的实验性临床医疗。

(5)明确疑似精神疾病患者的送治权

主要分为三种情况:①除个人自行到医疗机构进行精神障碍诊断外,疑似精神障碍患者的近亲属可将其送往医疗机构进行精神障碍诊断;②对查找不到近亲属的流浪乞讨疑似精神障碍患者,由当地民政等有关部门按照职责分工,帮助送往医疗机构进行精神障碍诊断;③对于疑似精神障碍患者发生伤害自身、危害他人安全的行为,或者有伤害自身、危害他人安全的危险的,其近亲属、所在单位、当地公安机关应立即采取措施予以制止,并将其送往医疗机构进行精神障碍诊断。

(6)规范精神障碍患者住院医疗制度

规范精神障碍患者住院医疗制度,包括如下三方面内容。

第一,明确精神障碍的住院治疗实行自愿原则。自愿住院治疗的精神障碍患者可随时要求出院,医疗机构应当同意。

第二,关于精神障碍患者的非自愿住院医疗问题。非自愿住院是精神障碍患者住院医疗制度中的特殊情形,因此,《精神卫生法》作出了详细规定:①明确规定非自愿住院医疗措施的适用条件。就诊者为严重精神障碍患者的,在两种情况下应对其实施住院治疗,一是,已发生伤害自身的行为或者有伤害自身的危险的,并且经其监护人同意;二是,已经发生危害他人安全的行为或者有危害他人安全的危险的。②为精神障碍患者及其监护人提供异议程序。患者或者其监护人对需要住院治疗的诊断结论有异议,不同意对患者实施住院治疗的,可以自收到诊断结论之日起3日内,向原医疗机构或者其他具有合法资质的医疗机构提出再次诊断要求。再次诊断需要由2名初次诊断医师以外的精神科执业医师进行,并及时出具再次诊断结论。如果对再次诊断结论有异议的,可自主委托依法取得执业资质的鉴定机构进行精神障碍医学鉴定。鉴定需要具有该鉴定事项执业资格的2名以上鉴定人共同进行鉴定,并及时出具鉴定报告。《精神卫生法》还对鉴定人回避制度以及鉴定的基本要求等作出了规定。再次诊断、鉴定结论表明当事人不是精神障碍患者或者不需要实施非自愿住院医疗的,任何单位或者个人不得限制其离开医疗机构。③规定入院后的纠错机制。对非自愿住院患者,医疗机构应组织精神科执业医师定期进行检查评估,评估结果表明患者不需要继续住院治疗的,医疗机构应立即通知患者本人及其监护人,患者本人或者其监护人可依法办理出院手续;县级以上地方人民政府卫生行政部门应定期对本行政区域内从事精神障碍诊断和治疗的医疗机构进行检查,发现违法行为的,应立即制止或者责令纠正,并依法作出处理。

第三,精神障碍患者的出院制度。自愿住院治疗的精神障碍患者可随时要求出院,医疗机构应同意。对于非自愿住院治疗精神障碍患者的出院问题,《精神卫生法》分两种情况进行规定,对于已经发生伤害自身的行为,或者有伤害自身的危险的严重精神障碍患者,监护人可随时要求患者出院,医疗机构应同意;对于已经发生危害他人安全的行为,或者有危害他人安全的危险的严重精神障碍患者,医疗机构认为患者可出院的,应立即告知患者及其监护人。但对于非自愿住院治疗精神障碍患者,医疗机构认为不宜出院的,应告知不宜出院的理由;患者或者其监护人仍要求出院的,执业医师应在病历资料中详细记录告知的过程,同时提出出院后的医学建议,患者或者其监护人应签字确认。

(7)精神障碍的康复制度

《精神卫生法》明确了社区康复机构、医疗机构、基层群众性自治组织、残疾人组织、用人单位、监护人的义务。具体包括县级人民政府根据实际情况统筹规划,建立精神障碍患者社区康复机构,并采取措施鼓励社会力量建立精神障碍患者康复机构;基层卫生服务机构应对出院的患者进行定期随访,指导患者服药,开展康复训练,并对监护人进行精神卫生知识和看护知识的培训;残疾人组织应根据精神障碍患者康复的需要组织患者参加康复活动;用人单位应根据精神障碍患者的实际情况,安排其从事力所能及的工作,保障患者享有同等待遇等。

(8)发展精神卫生事业,构建精神卫生保障体系

《精神卫生法》明确了各级政府和相关机构发展精神卫生事业的责任;将精神卫生工作经费列入本级财政预算;加强基层精神卫生服务体系建设。综合性医疗机构应按照国务院卫生行政部门的规定开设精神科门诊或者心理治疗门诊;医学院校应加强精神医学的教学和研究,培养精神医学专门人才;广泛开展精神卫生知识培训;师范院校应为学生开设精神卫生课程等。另外,《精神卫生法》还强调了精神障碍患者的医疗保障问题。县级以上人民政府卫生行政部门应组织医疗机构为严重精神障碍患者免费提供基本公共卫生服务。精神障碍患者纳入国家基本医疗保险,医疗费用按照国家有关社会保险的规定由基本医疗保险基金支付;精神障碍患者通过基本医疗保险支付医疗费用后仍有困难,或者不能通过基本医疗保险支付医疗费用的,医疗保障部门应优先给予医疗救助。民政部门主要负责对贫困严重精神障碍患者的社会救助;对符合城乡最低生活保障条件的严重精神障碍患者,民政部门应会同有关部门及时将其纳入最低生活保障。

(9)明确精神卫生相关主体的法律责任

县级以上人民政府卫生行政部门和其他有关部门未依照规定履行精神卫生工作职责,或者滥用职权、玩忽职守、徇私舞弊的,由本级人民政府或者上一级人民政府有关部门责令改正,通报批评,对直接负责的主管人员和其他直接责任人员依法给予警告、记过或者记大过的处分;造成严重后果的,给予降级、撤职或者开除的处分。不符合规定条件的医疗机构擅自从事精神障碍诊断、治疗的,由县级及以上人民政府卫生行政部门责令停止相关诊疗活动,给予警告,并处五千元以上一万元以下罚款,有违法所得的,没收违法所得;对直接负责的主管人员和其他直接责任人员依法给予或者责令给予降低岗位等级或者撤职、开除的处分;对有关医务人员,吊销其执业证书。医疗机构及其工作人员有不当行为或从事违法活动的,由县级以上人民政府卫生行政部门责令改正,对直接负责的主管人员和其他直接责任人员给予降低岗位或者撤职、开除的处分;对有关医务人员,暂停1个月以上6个月以下执业活动,或者暂停6个月以上1年以下执业活动,甚至开除,并吊销其执业证书。心理咨询人员、专门从事心理治疗的人员在心理咨询、心理治疗活动中造成他人人身、财产或者其他损害的,依法承担民事责任。同时,《精神卫生法》还规定了监护人的相关法律责任。

2.《关于加强心理健康服务的指导意见》的主要内容

作为我国第一个加强心理健康服务的宏观指导性文件,《关于加强心理健康服务的指导意见》强化政府和有关部门对心理健康服务的责任,从如何提供服务、服务内容、服务对象等方面加强顶层设计。

第一,大力发展各类心理健康服务。主要包括如下内容:①针对社会大众群体,全面开展心理健康促进与教育:通过多种形式和平台,广泛开展心理健康科普宣传,特别是创作、播出心理健康宣传教育精品和公益广告;采用群众喜闻乐见的形式,将心理健康知识融入群众文化生活;运用门户网站、微信、微博、手机客户端等平台,创新宣传方式;要求各类媒体树立正确的舆论导向,营造健康向上的社会心理氛围;倡导"每个人是自己心理健康第一责任人"的理念,引导公民主动调适情绪困扰与心理压力。②针对有心理行为问题困扰和心理疾病的人群,提供心理咨询和心理治疗服务:通过心理健康专业人员的引导和支持,帮助公民完善人格,解决心理困扰,预防心理问题演变为心理疾病;倡导大众科学认识心理行为问题和心理疾病对健康的影响,引导心理异常人群积极寻求专业心理治疗;由医疗机构或专业心理健康服务机构为心理疾病患者提供规范的诊疗服务。③针对各类突发事件处于心理危机中的人群,做好心理危机干预和心理援助工作。在突发事件发生时,开展有序、高效的个体危机干预和群体危机管理。在事件善后和恢复重建过程中,对高危人群持续开展心理援助服务。

第二,加强重点人群心理健康服务。主要包括如下内容:①普遍开展职业人群心理健康服务。针对职业人群工作压力大、职业倦怠比例高的现状,要求各机关、企事业和其他用人单位制定实施员工心理援助计划,为员工提供健康宣传、心理评估、教育培训、咨询辅导等服务。为处于特定时期、岗位、经历特殊事件的员工,提供心理疏导和援助。②全面加强儿童青少年心理健康教育。学前教育机构、特殊教育学校、中小学校、高等学校等各级各类学校加强心理健康教育,培养学生积极乐观、健康向上的心理品质。此外,对大学生自杀预防、留守和流动儿童的心理健康服务,遭受欺凌和伤害的儿童青少年心理创伤干预提出了要求。③关注老年人、妇女、儿童和残疾人心理健康。要求各级政府及有关部门尤其是老龄办、妇联、残联和基层组织,充分利用各种资源和优势,通过培训专兼职社会工作者和心理工作者、引入社会力量等多种途径,为老年人、妇女、儿童、残疾人等重点人群提供心理辅导、情绪疏解、家庭关系调适、纠纷调解等多种形式的心理健康服务。④重视特殊人群心理健康。流浪乞讨人员、服刑人员、刑满释放人员、强制隔离戒毒人员、社区矫正人员、社会吸毒人员、易肇事肇祸严重精神障碍患者等人群，社会支持差，融入社会困难，常遭受排斥和歧视，易产生心理问题。文件要求健全特殊人群帮扶体系，加强人文关怀和心理疏导，帮助其融入社会；高度关注其心理健康，加强心理危机干预，预防和减少极端案（事）件的发生。⑤加强严重精神障碍患者服务管理。多渠道开展患者日常发现、登记、随访、危险性评估、服药指导等服务，提高患者医疗保障水平，做好医疗康复和社区康复的有效衔接。

第三，建立健全心理健康服务体系。主要包括如下内容：①建立健全各部门各行业心理健康服务网络。各级机关、企事业和其他用人单位（主要指民营机构）依托工会等现有资源建立心理健康辅导室，开展职业人群心理健康服务；各级各类学校建立心理咨询（辅导）室，开展学生心理健康教育和心理健康促进；公安、司法行政等重点部门普遍设立心理服务机构，开展系统内人员和工作对象心理健康服务。②搭建基层心理健康服务平台。城市以社区为单位、农村以乡镇为单位，依托城乡社区综合服务设施或综治中心建立心理咨询（辅导）室或社会工作室（站）。通过购买服务等形式引导社会组织、社会工作者、志愿者积极参与心理健康服务。③鼓励培育社会化的心理健康服务机构。积极支持培育专业化、规范化的心理咨询、辅导机构，通过购买服务等形式支持其开展心理健康服务，为困难群体提供公益性服务。同时，要求社会心理咨询服务机构加大服务技能和伦理道德培训。④加强医疗机构心理健康服务能力。精神卫生专业机构充分发挥引领示范作用，对各类临床科室医务人员开展心理健康知识和技能培训，建立多学科心理和躯体疾病联络会诊制度；妇幼保健机构为妇女儿童提供心理健康咨询与指导、心理疾病筛查与转诊服务；基层医疗卫生机构和全科医师要大力开展心理健康宣传和服务工作，探索开展社区居民心理评估、心理咨询服务；充分发挥中医药作用，加强中医院相关科室建设和人才培养，促进中医心理学发展。

第四，加强心理健康人才队伍建设。主要包括如下内容：①加强心理健康专业人才培养。加大专业人才培养力度，完善临床与咨询心理学、应用心理学等相关专业的学科建设，鼓励有条件的高等院校开设临床与咨询心理学相关专业，建设一批实践教学基地，并建立实践督导体系，逐步形成心理健康专业人才学历教育、毕业后教育、继续教育相结合的培养制度。②促进心理健康人才有序发展。卫生计生部门要加强专业人才培养和使用的制度建设，鼓励医疗机构引进临床与咨询心理、社会工作专业的人才。人力资源社会保障部继续负责心理咨询师职业资格鉴定工作,并加强规范管理,进一步完善心理咨询师国家职业标准,加强对培训机构的管理,改进鉴定考核方式,加强实践操作技能考核。各部门、各行业对所属心理健康服务机构和人员加强培训、继续教育及规范管理。③完善心理健康服务人才激励机制。各有关部门要完善人才激励机制,畅通职业发展渠道,根据行业特点分类制定人才激励和保障政策。强调注重体现心理治疗服务的技术劳务价值;帮助专业人才实现自我成长和能力提升。④发挥心理健康服务行业组织作用。在政府主管部门的指导下,建立跨专业、跨部门的国家心理健康服务专家组,依托行业组织制定行业技术标准和规范,建立心理健康服务机构和人员登记、评价、信息公开等工作制度;建立国家和区域心理健康服务机构和人员信息管理体系,对各类心理健康机构服务情况适时向社会公布,逐步形成"优胜劣汰"的良性运行机制;建立行规行约和行业自律制度。

三、医疗服务法规与政策

我国医疗服务体系包括医疗资源和医疗服务。我国城市三级医疗预防网的构成为:一级医疗机构由街道医院、诊所、门诊部、企业医疗机构组成;二级医疗机构由区级医院和相同规模的企业医疗机构组成;三级医疗机构由所在市的省、市综合医院以及教学医院、专科医院组成。农村三级医疗预防网的构成为:一级医疗机构由村(社区)卫生所及相近的企业医疗机构组成;二级医疗机构由乡镇卫生院组成;三级医疗机构由县级医院、防治中心组成。城市医疗预防网和农村医疗预防网之间,按行政区划级别对所属医疗机构实行业务指导。

(一)深化医药卫生体制改革

党中央、国务院高度重视医改工作,将深化医改纳入全面深化改革的重要组成部分统筹谋划、全面推进。党的十八大以来,历史性地全面破除以药补医的旧体制,推动从"以治病为中心"向"以人民健康为中心"转变,医疗、医保、医药"三医联动"深入推进,分级诊疗、现代医院管理、全民医保、药品供应保障、综合监管五项基本医疗卫生制度全面实施。

党的二十大报告指出:深化医药卫生体制改革,促进医保、医疗、医药协同发展和治理。促进优质医疗资源扩容和区域均衡布局,坚持预防为主,加强重大慢性病健康管理,提高基层防病治病和健康管理能力。深化以公益性为导向的公立医院改革,规范民营医院发展。发展壮大医疗卫生队伍,把工作重点放在农村和社区。

《中华人民共和国国民经济和社会发展第十四个五年规划和二〇三五年远景目标纲要》将深化医药卫生体制改革作为重点，明确提出：坚持基本医疗卫生事业公益属性，以提高医疗质量和效率为导向，以公立医疗机构为主体、非公立医疗机构为补充，扩大医疗服务资源供给。加强公立医院建设，加快建立现代医院管理制度，深入推进治理结构、人事薪酬、编制管理和绩效考核改革。加快优质医疗资源扩容和区域均衡布局，建设国家医学中心和区域医疗中心。加强基层医疗卫生队伍建设，以城市社区和农村基层、边境口岸城市、县级医院为重点，完善城乡医疗服务网络。加快建设分级诊疗体系，积极发展医疗联合体。加强预防、治疗、护理、康复有机衔接。推进国家组织药品和耗材集中带量采购使用改革，发展高端医疗设备。完善创新药物、疫苗、医疗器械等快速审评审批机制，加快临床急需和罕见病治疗药品、医疗器械审评审批，促进临床急需境外已上市新药和医疗器械尽快在境内上市。提升医护人员培养质量与规模，扩大儿科、全科等短缺医师规模，每千人口拥有注册护士数提高到 3.8 人。实施医师区域注册，推动医师多机构执业。稳步扩大城乡家庭医生签约服务覆盖范围，提高签约服务质量。支持社会办医，鼓励有经验的执业医师开办诊所。

(二)城市医疗服务体制建设

公立医院是我国医疗服务体系的主体，城市公立医院在基本医疗服务提供、急危重症和疑难病症诊疗、培养医疗卫生人才等方面发挥着重要的、不可替代的作用。2015 年 5 月，国务院办公厅发布了《国务院办公厅关于城市公立医院综合改革试点的指导意见》，2021 年 5 月，国务院办公厅印发了《国务院办公厅关于推动公立医院高质量发展的意见》。

1. 开展城市公立医院综合改革试点

(1)基本目标

第一，建立一个新机制，破除公立医院的逐利机制，通过落实政府的领导责任、保障责任、管理责任、监督责任，建立起维护公益性、调动积极性、保障可持续的运行新机制和现代医院管理制度，使人民群众得实惠、医务人员添动力、资金保障可持续、医院发展有后劲。

第二，构建一个新格局，改变目前公立医院资源分布不均衡，各级各类医疗卫生机构各自为战，大医院人满为患、基层医疗卫生机构门庭冷落的局面，促进优质医疗资源下沉，构建布局合理、分工协作的医疗服务体系，引导形成合理有序的分级诊疗和就医格局，让群众更好地获得安全、有效、方便、价廉的基本医疗卫生服务。

(2)基本原则

第一,坚持改革联动。推进医疗、医保、医药联动,促进区域内公立医疗机构同步改革,强化公立医院与基层医疗卫生机构分工协作,与社会办医协调发展,营造良好的公立医院改革环境,增强改革的系统性、整体性和协同性。

第二,坚持分类指导。明确城市公立医院功能定位,充分发挥其在基本医疗服务提供、急危重症和疑难病症诊疗等方面的骨干作用。从实际出发,针对不同地区、不同层级、不同类型的公立医院,在医保支付、价格调整、绩效考评等方面实行差别化的改革政策。

第三,坚持探索创新。在中央确定的改革方向和原则下,鼓励地方发扬首创精神,大胆探索、锐意创新,突破政策障碍和利益藩篱,建立符合实际的体制机制。

(3)重点任务

第一,改革公立医院管理体制,建立现代医院管理制度。合理界定政府、相关部门、公立医院、患者和社会各方面的责权关系,构建决策、执行、监督相互分工、相互制衡的权力运行机制。

第二,破除公立医院以药补医机制,建立公立医院运行新机制。试点城市所有公立医院推进医药分开,取消药品加成(中药饮片除外),建立科学补偿机制。将公立医院补偿由服务收费、药品加成收入、政府补助三个渠道改为服务收费和政府补助两个渠道。

第三,强化医保支付和监控作用,支付方式改革要覆盖区域内所有公立医院并逐步覆盖所有医疗服务。加强各类医疗保障制度的衔接,有效减轻群众医药费用负担。

第四,建立符合医疗行业特点的人事薪酬制度。改革编制和人事制度,落实公立医院用人自主权。通过薪酬制度改革,着力体现医务人员技术劳务价值,并完善绩效考核制度,激励医务人员提高服务数量和质量,增强群众满意度。

第五,构建各类医疗机构协同发展的服务体系,强化上下联动的分工协作机制。加强人才队伍培养,提升服务能力。同时分类推进社会力量参与公立医院改革,扩大服务资源,满足多层次需求。

第六,推动建立基层首诊、双向转诊、急慢分治、上下联动的分级诊疗模式。提高基层服务能力,推行全科医生签约服务,增强群众对于基层医疗卫生服务的信任度。完善与分级诊疗相适应的医保支付政策,畅通转诊渠道,调控引导群众合理就医。

第七,加快推进医疗卫生信息化建设。构建完善的区域人口健康信息平台,逐步实现与居民健康相关信息的业务协同、信息共享,推动建立综合监管、科学决策、精细服务的新模式。全面实施“健康医疗信息惠民行动计划”,方便群众看病就医。

2. 推动公立医院高质量发展

(1)总体要求

坚持以人民健康为中心,加强公立医院主体地位,坚持政府主导、公益性主导、公立医院主导,坚持医防融合、平急结合、中西医并重,以建立健全现代医院管理制度为目标,强化体系创新、技术创新、模式创新、管理创新,加快优质医疗资源扩容和区域均衡布局,力争通过5年努力,公立医院发展方式从规模扩张转向提质增效,运行模式从粗放管理转向精细化管理,资源配置从注重物质要素转向更加注重人才技术要素,为更好提供优质高效医疗卫生服务、防范化解重大疫情和突发公共卫生风险、建设健康中国提供有力支撑。

(2)重点任务

第一,构建新体系。建设国家医学中心、临床医学研究中心、区域医疗中心和中医药传承创新中心,推动国家医学进步,带动全国医疗水平提升。建设省级区域医疗中心,补齐短板,提升省域诊疗能力,减少跨省就医。发展紧密型城市医疗集团和县域医共体,按照网格化布局,探索一体化管理,为居民提供预防、治疗、康复、健康促进等连续性服务,推动从以治病为中心转向以健康为中心,促进优质资源下沉、工作重心下移,推动分级诊疗。建立健全分级分层分流的重大疫情救治体系。

第二,引领新趋势。以满足重大疾病临床需求为导向,重点发展重症、肿瘤、心脑血管、呼吸等临床专科。面向生命科学、生物医药科技前沿,加强基础和临床研究,开展关键核心技术攻关,推动科技成果转化。推广多学科诊疗、日间手术、责任制整体护理等服务模式。推动新一代信息技术与医疗服务深度融合,大力发展远程医疗和互联网诊疗,建设智慧医院。

第三,提升新效能。健全以经济管理为重点的科学化、规范化、精细化运营管理体系,引导医院回归功能定位,提高效率、节约费用。加强全面预算管理,完善内部控制制度,提高资源配置和使用效率。坚持和强化公益性导向,健全绩效评价机制,不断提高医疗质量、运行效率、可持续发展能力和患者满意度。

第四,激活新动力。合理制定并落实公立医院人员编制标准,建立动态核增机制,增加护士配备,逐步使公立医院医护比总体达到 1 : 2 左右。建立主要体现岗位职责和知识价值的薪酬体系,实行以岗定责、以岗定薪、责薪相适、考核兑现。健全医务人员培养评价制度,探索在岗位设置合理、人事管理完善、具有自主评审意愿的三级公立医院试点自主开展高级职称评审。建立灵敏有序的医疗服务价格动态调整机制,提高医疗服务收入(不含药品、耗材、检查、化验收入)占医疗收入的比例。深化医保支付方式改革,探索对紧密型医疗联合体实行总额付费,加强监督考核,结余留用、合理超支分担。按规定落实政府对符合区域卫生规划的公立医院投入政策。

第五,建设新文化。大力弘扬伟大抗疫精神和崇高职业精神,激发医务人员对工作极端负责、对人民极端热忱、对技术精益求精的不竭动力。强化患者需求导向,持续改善医疗服务,做好医患沟通交流,增进理解与信任。关心关爱医务人员,关心年轻医务人员成长,维护医务人员合法权益,坚决保护医务人员安全。

第六,坚持和加强党对公立医院的全面领导。全面执行和落实党委领导下的院长负责制,充分发挥公立医院党委把方向、管大局、作决策、促改革、保落实的领导作用,健全完善医院党委会和院长办公会议事决策制度,把党的领导融入医院治理全过程各方面各环节。加强公立医院领导班子和干部人才队伍建设。全面提升公立医院党组织和党员队伍建设质量。落实公立医院党建工作责任。

(三)农村医疗服务体制建设

1. 乡镇卫生院建设

2011 年 7 月,卫生部等印发了《乡镇卫生院管理办法(试行)》,提出进一步加强和规范乡镇卫生院管理,完善和发挥其功能,更好地为农村居民提供安全、有效、经济、便捷的基本医疗卫生服务。

(1)乡镇卫生院的设置规划

县级人民政府卫生行政部门根据本行政区域卫生发展规划、医疗机构设置规划和乡镇建设发展总体规划,统筹考虑本行政区域内农村居民的卫生服务需求、地理交通条件以及行政区划等因素,编制乡镇卫生院设置规划,经上一级地方人民政府卫生行政部门审核,报同级人民政府批准后在本行政区域内发布实施。县级人民政府卫生行政部门依据《医疗机构管理条例》等有关规定,负责办理乡镇卫生院的设置审批、登记、注册、校验、变更以及注销等事项。

(2)乡镇卫生院的基本功能

乡镇卫生院以维护当地居民健康为中心,综合提供公共卫生和基本医疗等服务,并承担县级人民政府卫生行政部门委托的卫生管理职能;承担当地居民健康档案、健康教育、计划免疫、传染病防治、儿童保健、孕产妇保健、老年人保健、慢性病管理、重性精神疾病患者管理等国家基本公共卫生服务项目;协助实施疾病防控、农村妇女住院分娩等重大公共卫生项目、卫生应急等任务;承担常见病、多发病的门诊和住院诊治,开展院内外急救、康复和计划生育技术服务等,提供转诊服务;受县级人民政府卫生行政部门委托,承担辖区内公共卫生管理职能,负责对村卫生室的业务管理和技术指导;有条件的地区可推行乡村卫生服务一体化管理。

2. 乡村医生队伍建设

卫生部发布的《关于加强乡村医生队伍建设的意见》(2010 年 1 月)、2011 年 7 月发布的《国务院办公厅关于进一步加强乡村医生队伍建设的指导意见》、2015 年 3 月发布的《国务院办公厅关于进一步加强乡村医生队伍建设的实施意见》、2018 年 1 月印发的《国务院办公厅关于改革完善全科医生培养与使用激励机制的意见》等文件,提出了与乡村医生队伍建设相关的内容。

(1)乡村医生的职责

乡村医生(包括在乡村执业的执业医师、执业助理医师)主要为农村居民提供公共卫生和基本医疗服务。其服务内容主要包括:在专业公共卫生机构和乡镇卫生院的指导下,按照服务标准和规范开展基本公共卫生服务;协助专业公共卫生机构落实重大公共卫生服务项目,按规定及时报告传染病疫情和中毒事件,处置突发公共卫生事件等;使用适宜药物、适宜技术和中医药方法为农村居民提供常见病、多发病的一般诊治,将超出诊治能力的患者及时转诊到乡镇卫生院及县级医疗机构;受卫生行政部门委托填写统计报表,保管有关资料,开展宣传教育和协助新农合筹资等工作。

(2)村卫生室的设立和乡村医生的配置

原则上每个行政村设置 1 所村卫生室,人口较多或者居住分散的行政村可酌情增设;乡镇卫生院所在地的行政村原则上不设村卫生室。村卫生室可由乡村医生联办、个体举办,或者由政府、集体或单位举办,经县级卫生行政部门批准后设立。乡村医生可在村医疗卫生机构执业(包括村卫生室及按照国家有关规定开办的诊所等其他医疗卫生机构)。在村卫生室执业的乡村医生由县级卫生行政部门会同有关部门考核确定,原则上每千人应有 1 名乡村医生,居住分散的行政村可适当增加;每所村卫生室至少有 1 名乡村医生执业。

(3)乡村医生的聘用和管理

乡村医生聘用应遵循"县聘、乡管、村用"的原则。县级卫生计生行政部门负责本行政区域内乡村医生的聘用、注册和管理工作。乡镇卫生院受县级卫生计生行政部门委托,负责辖区内乡村医生的业务指导和管理,按《劳动合同法》的相关规定,与乡村医生签订劳动合同,明确各自权利和义务。要充分认识乡村医生从事社会公益事业的性质,创造条件使其参加各项社会保险,享受相应的社会保险待遇,按规定需单位缴纳的社会保险费,由地方政府给予补助。

乡村医生必须具有乡村医生执业证书或执业(助理)医师证书,在卫生行政部门注册并获得相关执业许可。在村卫生室从事护理等其他服务的人员,要具备相应的合法执业资格。新进入村卫生室从事预防、保健和医疗服务的人员应具备执业医师或执业助理医师资格。条件不具备的地区,根据实际需要,要严格按照《乡村医生从业管理条例》要求,由省级人民政府制定具有中等医学专业学历的人员或者经培训达到中等医学专业水平的人员进入村卫生室执业的具体办法。

(4)相关政策与制度保障

第一,乡村医生补偿政策。切实落实乡村医生多渠道补偿政策。各地要综合考虑乡村医生工作的实际情况、服务能力和服务成本,采取购买服务的方式,保障乡村医生合理的收入水平。随着经济社会的发展,动态调整乡村医生各渠道补助标准,逐步提高乡村医生的待遇水平。

对于乡村医生提供的基本公共卫生服务,通过政府购买服务的方式,根据核定的任务量和考核结果,将相应的基本公共卫生服务经费拨付给乡村医生。在 2014 年和 2015 年将农村地区新增的人均 5 元基本公共卫生服务补助资金全部用于乡村医生的基础上,此后新增的基本公共卫生服务补助资金继续重点向乡村医生倾斜,用于加强村级基本公共卫生服务工作。

未开展乡村医生和农村居民签约服务的地方,对于乡村医生提供的基本医疗服务,要通过设立一般诊疗费等措施,由医保基金和个人分担。在综合考虑乡村医生服务水平、医保基金承受能力和不增加群众个人负担的前提下,科学测算确定村卫生室一般诊疗费标准,原则上不高于基层医疗卫生机构一般诊疗费标准,并由医保基金按规定支付。各地要将符合条件的村卫生室和个体诊所等纳入医保定点医疗机构管理。

对于在实施基本药物制度的村卫生室执业的乡村医生，要综合考虑基本医疗和基本公共卫生服务补偿情况，给予定额补助。定额补助标准由各省（自治区、直辖市）人民政府按照服务人口数量或乡村医生人数核定。对在国家有关部门规定的艰苦边远地区和连片特困地区服务的乡村医生，地方财政要适当增加补助。

第二，乡村医生养老政策。各地要结合新型农村社会养老保险制度（以下简称“新农保”）的推进，积极引导符合条件的乡村医生参加新农保，对符合新农保待遇领取条件的乡村医生发放养老金。各地要支持和引导符合条件的乡村医生按规定参加职工基本养老保险。不属于职工基本养老保险覆盖范围的乡村医生，可在户籍地参加城乡居民基本养老保险。各地政府可采取补助等多种形式，妥善解决好老年乡村医生的保障和生活困难问题，具体办法由当地政府结合实际制定。对于年满60周岁的乡村医生，各地要结合实际，采取补助等多种形式，进一步提高乡村医生养老待遇。各地要结合实际，建立乡村医生退出机制。确有需要的，村卫生室可返聘乡村医生继续执业。

第三，乡村医生培养培训制度。制订乡村医生培养规划，力争到2020年乡村医生总体具备执业（助理）医师或以上资格。各省（自治区、直辖市）卫生行政部门要合理制订乡村医生培养培训规划，采取临床进修、集中培训、城乡对口支援等多种方式，选派乡村医生到县级医疗卫生机构或医学院校接受培训。县级卫生行政部门对在村卫生室执业的乡村医生每年免费培训不少于两次，累计培训时间不少于两周。

县级卫生行政部门要摸清并动态掌握本行政区域内乡村医生执业情况，着眼长远，编制乡村医生队伍建设规划，建立乡村医生后备人才库，从本地选派人员进行定向培养，及时补充到村卫生室。有条件的地方要制定优惠政策，吸引城市退休医生、执业（助理）医师和医学院校毕业生到村卫生室工作。各地要结合探索建立全科医生团队和推进签约服务模式，积极做好乡村医生队伍建设和全科医生队伍建设的衔接。

四、城市社区卫生服务法规与政策

社区卫生服务是1960年代在欧美等发达国家发展起来的，被视为最佳的基层医疗模式。在我国，社区卫生服务是在政府领导、社区参与、上级卫生机构指导下,以基层卫生机构为主体、全科医师为骨干,合理使用社区资源和适宜技术,以人的健康为中心、家庭为单位、社区为范围、需求为导向,以妇女、儿童、老年人、慢性病人、残疾人等为重点,以解决社区主要卫生问题、满足基本卫生服务需求为目的,融预防、医疗、保健、康复、健康教育、计划生育技术服务等为一体的,有效、经济、方便、综合、连续的基层卫生服务。2006 年 2 月发布的《国务院关于发展城市社区卫生服务的指导意见》指出,发展社区卫生服务,要坚持公益性质,完善社区服务功能;坚持政府主导,鼓励社会参与,多渠道发展;坚持以调整和充分利用现有卫生资源为主,健全社区卫生服务网络。①

(一)社区卫生服务机构的基本标准

为贯彻落实《国务院关于发展城市社区卫生服务的指导意见》,根据 1994 年 2 月国务院发布的《医疗机构管理条例》,2006 年 6 月,卫生部、国家中医药管理局发布了《城市社区卫生服务中心基本标准》《城市社区卫生服务站基本标准》。在人员方面,要求每个社区卫生服务中心至少配备 6 名从事全科医学专业工作的执业医师、9 名注册护士。每个社区卫生服务站至少配备 2 名从事全科医学专业工作的执业医师。在床位方面,不鼓励社区卫生服务中心设置住院病床,如确需设置,可设一定数量以护理康复为主要功能的病床,但不能超过 50 张;社区卫生服务站不设病床。业务用房方面,明确提出了满足最低限度需要的建筑面积要求,社区卫生服务中心建筑面积不低于 1000 平方米,社区卫生服务站不低于 150 平方米。设备方面,提出了与社区卫生服务功能相适应的最低限度设备配备要求,突出了满足社区基本需要、装备轻型化的特点。

(二)社区卫生服务机构的服务对象

根据《国务院关于发展城市社区卫生服务的指导意见》规定,社区卫生服务机构的服务对象是社区、家庭和居民,重点服务对象是妇女、儿童、老年人、慢性病人、残疾人和贫困居民等人群。

(三)社区卫生服务机构的服务内容

社区卫生服务定位在“小病”医疗,对没有能力诊治的疾病则应及时转到大医院就诊,而医院收治的有关病人在康复期也要根据情况转回社区护理。社区卫生服务机构的服务内容为两项,即公共卫生服务和基本医疗服务。《国务院关于发展城市社区卫生服务的指导意见》提出:“社区卫生服务机构提供公共卫生

---

① 《国务院关于发展城市社区卫生服务的指导意见》,《中华人民共和国国务院公报》2006 年第 14 期。

服务和基本医疗服务……以主动服务、上门服务为主,开展健康教育、预防、保健、康复、计划生育技术服务和一般常见病、多发病的诊疗服务。”2006 年 6 月,卫生部和国家中医药管理局发布了《城市社区卫生服务机构管理办法(试行)》,进一步明确了公共卫生服务和基本医疗服务的具体内容。公共卫生服务包括健康教育、传染病和慢性病防治、计划免疫、妇幼保健、老年保健、康复、计划生育技术指导等 12 项具体内容;基本医疗服务主要是“小病”“常见病”“多发病”,对于限于技术和设备条件难以安全、有效诊治的疾病,则应及时转诊到上级医疗机构。

(四)社区卫生服务的筹资与补偿渠道

筹资与补偿是社区卫生服务可持续发展的基础,目前,我国社区卫生服务的筹资与补偿渠道主要有以下方面。

第一,政府财政补贴。社区卫生服务是福利性社会公益事业,政府的支持对发展社区卫生服务很重要。政府的支持是全方位的,包括组织、领导、协调和财政支持。社区卫生服务机构以公办为主,同时也鼓励集体、个人参与,政府根据情况给予投入或财政补贴。政府财政给予社区卫生服务管理信息系统及设备更新等方面的启动经费和人才培养经费;在税费等方面给予一定的优惠,享有国家和地方的税费优惠政策;购买部分社区公共卫生服务;为公立社区卫生服务机构人员提供补助。

第二,有偿医疗卫生服务。社区卫生服务机构的一项重要经济来源是自身的医疗服务收入,医疗服务项目按照“谁受益,谁负担”的原则,实行非营利性的有偿服务,按服务成本收费。出诊服务费、护士上门服务费、健康档案建档费、保健服务合同费等卫生保健服务费用均由个人支付。

第三,纳入职工医疗保险。社区卫生服务和医疗保险制度改革结合起来,扩大医保覆盖面,规定就医的层次性,有利于社区卫生服务的发展。将一些符合规定的社区卫生服务机构纳入基本医疗保险定点单位,报销一些基本卫生服务项目,使社区卫生服务机构有稳定的资金来源。

第四,其他筹资方式。社区资助,申请专项资金支持,接受社会团体、慈善机构或个人捐助等多方筹资,作为社区卫生服务费用的补充,以促进社区卫生服务快速发展。

五、食品药品安全法规与政策

《中华人民共和国国民经济和社会发展第十四个五年规划和二〇三五年远

景目标纲要》聚焦“严格食品药品安全监管”，提出：加强和改进食品药品安全监管制度，完善食品药品安全法律法规和标准体系，探索建立食品安全民事公益诉讼惩罚性赔偿制度；深入实施食品安全战略，加强食品全链条质量安全监管，推进食品安全放心工程建设攻坚行动，加大重点领域食品安全问题联合整治力度；严防严控药品安全风险，构建药品和疫苗全生命周期管理机制，完善药品电子追溯体系，实现重点类别药品全过程来源可溯、去向可追；稳步推进医疗器械唯一标识制度；加强食品药品安全风险监测、抽检和监管执法，强化快速通报和快速反应。

(一)食品安全法规与政策

为保证食品安全，保障公众身体健康和生命安全，我国制定了一系列相关法规政策。2009 年 2 月，十一届全国人大常委会第七次会议通过了《中华人民共和国食品安全法》(2015 年进行了修订)。该法在食品安全风险监测和评估、食品安全标准、食品生产经营、食品检验、食品进出口、食品安全事故处理、监督管理和法律责任等方面作出了全面规定。此外，2009 年 7 月，国务院公布了《中华人民共和国食品安全法实施条例》，2012 年 6 月，国务院发布了《国务院关于加强食品安全工作的决定》，2013 年 4 月，国务院制定了《国务院关于地方改革完善食品药品监督管理体制的指导意见》，2019 年 5 月，中共中央、国务院公布了《中共中央 国务院关于深化改革加强食品安全工作的意见》，2022 年 8 月，国家卫健委发布了《食品安全标准与监测评估“十四五”规划》。这些法规的出台进一步完善了我国食品安全的法律法规和政策体系。

1. 工作目标

2022 年 4 月，国务院颁布的《“十四五”国民健康规划》提出，要强化食品安全标准与风险监测评估，完善食品安全风险监测与评估工作体系和食品安全技术支持体系，提高食品安全标准和风险监测评估能力；实施风险评估和标准制定专项行动，加快制修订食品安全国家标准，基本建成涵盖从农田到餐桌全过程的最严谨的食品安全标准体系，提高食品污染物风险识别能力；全面提升食源性疾病调查溯源能力。

根据《食品安全标准与监测评估“十四五”规划》《中共中央国务院关于深化改革加强食品安全工作的意见》，到 2025 年，食品安全标准体系的系统性严谨性显著提升，基于风险管理的风险监测评估工作体系趋于完善，国民营养计划和健康中国合理膳食行动有序推进，初步形成国家和省级两级智能化信息平台，国家、省级、地市、区县级互联互通的四级信息网络。到 2035 年，基本实现食品安全领域国家治理体系和治理能力现代化。食品安全标准水平进入世界前列,产地环境污染得到有效治理,生产经营者责任意识、诚信意识和食品质量安全管理水平明显提高,经济利益驱动型食品安全违法犯罪明显减少。食品安全风险管控能力达到国际先进水平,从农田到餐桌全过程监管体系运行有效,食品安全状况实现根本好转,人民群众吃得健康、吃得放心。

2. 明确食品安全的监管体制

2010 年 2 月,国务院设立了食品安全委员会,作为国务院食品安全工作的高层次议事协调机构。国务院卫生行政部门承担食品安全综合协调职责,负责食品安全风险评估、食品安全标准制定、食品安全信息公布、食品检验机构的资质认定条件和检验规范的制定,组织查处食品安全重大事故。国务院质量监督、工商行政管理和国家食品药品监督管理部门依照《中华人民共和国食品安全法》和国务院规定的职责,分别对食品生产、食品流通、餐饮服务活动实施监督管理。

县级以上地方人民政府统一负责、领导、组织、协调本行政区域的食品安全监督管理工作,县级以上卫生行政、农业行政、质量监督、工商行政管理、食品药品监督管理等部门应加强沟通、密切配合,按照各自职责分工,依法行使职权,承担责任。

3. 落实食品生产经营单位的主体责任

坚持加强政府监管与落实企业主体责任相结合,是加强食品安全工作的总体要求之一。食品生产经营者应依法取得相应的食品生产许可,应建立健全本单位的食品安全管理制度,加强对职工食品安全知识的培训,配备专职或者兼职食品安全管理人员。食品生产经营企业法定代表人或主要负责人对食品安全负首要责任,企业质量安全主管人员对食品安全负直接责任。食品生产经营者应落实不符合安全标准的食品处置及经济赔偿责任。

4. 食品安全监管常态化、社会化

坚持集中治理整顿与严格日常监管相结合,严厉惩处食品安全违法犯罪行为,规范食品生产经营秩序,强化执法力量和技术支撑,切实提高食品安全监管水平。坚持执法监督与社会监督相结合,通过建立健全食品安全有奖举报制度,加强宣传和科普教育,支持新闻媒体、消费者协会、食品相关行业协会等发挥自身优势,积极引导社会力量参与食品安全工作。

5. 强化基层食品安全管理工作体系

推进食品安全工作重心下移、力量配置下移,强化基层食品安全管理责任。

乡镇政府和街道办事处要将食品安全工作列为重要职责内容，主要负责人要切实负起责任，并明确专门人员具体负责，做好食品安全隐患排查、信息报告、协助执法和宣传教育等工作。乡镇政府、街道办事处要与各行政管理派出机构密切协作，形成分区划片、包干负责的食品安全工作责任网。在城市社区和农村建立食品安全信息员、协管员等队伍，充分发挥群众监督作用。基层政府及有关部门要加强对社区和乡村食品安全专、兼职队伍的培训和指导。

6. 加大政府资金投入力度

各级政府要建立健全食品安全资金投入保障机制。中央财政要进一步加大投入力度，国家建设投资要给予食品安全监管能力建设更多支持，资金要注意向中西部地区和基层倾斜。地方各级政府要将食品安全监管人员经费及行政管理、风险监测、监督抽检、科普宣教等各项工作经费纳入财政预算予以保障。切实加强食品安全项目和资金的监督管理，提高资金使用效率。

7. 食品安全事故处置制度

(1)制定安全事故应急预案

国务院组织制定国家食品安全事故应急预案。县级以上地方人民政府制定本行政区域的食品安全事故应急预案。食品生产经营企业应制订食品安全事故处置方案，定期检查本企业各项食品安全防范措施的落实情况，及时消除食品安全事故隐患。

(2)安全事故报告制度

发生食品安全事故的单位应立即予以处置，防止事故扩大。事故发生单位和接收病人进行治疗的单位应及时向事故发生地县级卫生行政部门报告。农业行政、质量监督、工商行政管理、食品药品监督管理部门在日常监督管理中发现食品安全事故，或者接到有关食品安全事故的举报，应立即向卫生行政部门通报。发生重大食品安全事故的，接到报告的县级卫生行政部门应按规定向本级人民政府和上级人民政府卫生行政部门报告。任何单位或者个人不得对食品安全事故隐瞒、谎报、缓报，不得毁灭有关证据。

(3)安全事故处置方式

县级以上卫生行政部门接到食品安全事故的报告后，应立即会同有关农业行政、质量监督、工商行政管理、食品药品监督管理部门进行调查处理，并采取下列措施，防止或者减轻社会危害。具体包括：①开展应急救援工作，对因食品安全事故导致人身伤害的人员，卫生行政部门应立即组织救治。②封存可能导致食品安全事故的食品及其原料,并立即进行检验;对确认属于被污染的食品及其原料,责令食品生产经营者予以召回、停止经营并销毁。③封存被污染的食品用工具及用具,并责令进行清洗消毒。④做好信息发布工作,依法对食品安全事故及其处理情况进行发布,并对可能产生的危害加以解释、说明。

发生重大食品安全事故,应进行事故责任调查,督促有关部门履行职责,向本级人民政府提出事故责任调查处理报告。发生食品安全事故,县级以上疾病预防控制机构应协助卫生行政部门和有关部门对事故现场进行卫生处理,并对与食品安全事故有关的因素开展流行病学调查。调查食品安全事故,除了查明事故单位的责任,还应查明负有监督管理和认证职责的监督管理部门、认证机构的工作人员失职、渎职情况。

(二)药品安全法规与政策

目前,我国药品安全法规与政策包括:《中华人民共和国药品管理法》(2019年进行了修订)、国务院颁布的《中华人民共和国药品管理法实施条例》(2019年进行了修订)、国家市场监督管理总局于2020年1月公布的《药品注册管理办法》、国务院于2013年4月发布的《国务院关于地方改革完善食品药品监督管理体制的指导意见》、国务院于2018年9月发布的《国务院办公厅关于完善国家基本药物制度的意见》、国务院于2022年4月颁布的《"十四五"国民健康规划》、国家药品监督管理局等于2022年10月印发的《"十四五"国家药品安全及促进高质量发展规划》等。

1. 发展目标

《"十四五"国民健康规划》强调:要保障药品质量安全,完善国家药品标准体系,推进仿制药质量和疗效一致性评价;建立符合中药特点的质量和疗效评价体系;构建药品和疫苗全生命周期质量管理机制,推动信息化追溯体系建设,实现重点类别来源可溯、去向可追;稳步实施医疗器械唯一标识制度。

《"十四五"国家药品安全及促进高质量发展规划》提出,"十四五"期末,药品监管能力整体接近国际先进水平,药品安全保障水平持续提升,人民群众对药品质量和安全更加满意、更加放心。展望2035年,我国科学、高效、权威的药品监管体系更加完善,药品监管能力达到国际先进水平。药品安全风险管理能力明显提升,覆盖药品全生命周期的法规、标准、制度体系全面形成。药品审评审批效率进一步提升,药品监管技术支撑能力达到国际先进水平。药品安全性、有效性、可及性明显提高,有效促进重大传染病预防和难治疾病、罕见病治疗。医药产业高质量发展取得明显进展，产业层次显著提高，药品创新研发能力达到国际先进水平，优秀龙头产业集群基本形成，中药传承创新发展进入新阶段，基本实现从制药大国向制药强国跨越。

2. 主要任务

《"十四五"国家药品安全及促进高质量发展规划》提出了十个方面主要任务：①实施药品安全全过程监管。严格研制环节监管，严格生产环节监管，严格经营使用环节监管，严格网络销售行为监管，严格监督执法。②支持产业升级发展。持续推进标准体系建设。开展促进高质量发展监管政策试点。进一步加快重点产品审批上市。③完善药品安全治理体系。健全法律法规制度。健全各级药品监管体制机制。严格落实药品上市许可持有人和医疗器械注册人（备案人）主体责任。强化市场监管和药品监管协同。强化多部门治理协同。加快推进"三医联动"改革。④持续深化审评审批制度改革。进一步完善审评工作体系。进一步加大创新研发支持力度。继续推进仿制药质量和疗效一致性评价。⑤严格疫苗监管。实施疫苗全生命周期管理。加强创新疫苗评价技术能力建设。全面提升疫苗监管水平。⑥促进中药传承创新发展。健全符合中药特点的审评审批体系。加强中药监管技术支撑。强化中药质量安全监管。改革创新中药监管政策。⑦加强技术支撑能力建设。加强药品审评能力建设。加强检查能力建设。建立健全药物警戒体系。提升化妆品风险监测能力。加强检验检测体系建设。深入实施中国药品监管科学行动计划。⑧加强专业人才队伍建设。建设高水平审评员队伍。建设职业化专业化检查员队伍。建设强有力的检验检测队伍。建设业务精湛的监测评价队伍。全面提升监管队伍专业素质。⑨加强智慧监管体系和能力建设。建立健全药品信息化追溯体系。推进药品全生命周期数字化管理。建立健全药品监管信息化标准体系。提升"互联网+药品监管"应用服务水平。加强应急体系和能力建设。健全应急管理制度机制。培养提升应急处置能力。

《"十四五"国家药品安全及促进高质量发展规划》还以专栏形式，提出药品安全风险排查行动计划、国家药品标准提高行动计划、药品安全治理多部门协同政策工具箱、加快审评审批体系建设、完善国家药品不良反应监测系统、检验检测能力提升工程、推进监管科学重点实验室建设、专业素质提升工程、智慧监管工程、应急能力提升项目十个重点建设项目。

六、计划生育法规与政策

人口发展是关系中华民族发展的大事，党的二十大报告强调要"优化人口发展战略，建立生育支持政策体系，降低生育、养育、教育成本"。①《宪法》第 25 条规定，"国家推行计划生育，使人口的增长同经济和社会发展计划相适应"。② 党和国家始终坚持人口与发展综合决策，科学把握人口发展规律，坚持计划生育基本国策，有力促进了经济发展和社会进步，为全面建成小康社会奠定了坚实基础。党的十八大以来，党中央高度重视人口问题，根据我国人口发展变化形势，作出了逐步调整完善生育政策、促进人口长期均衡发展的重大决策。2021 年 6 月，《中共中央 国务院关于优化生育政策促进人口长期均衡发展的决定》（本节简称《决定》）发布，明确实施一对夫妻可以生育三个子女政策及配套支持措施。③ 现行的《人口与计划生育法》旨在贯彻落实党中央关于优化生育政策、促进人口长期均衡发展的决策部署，让三孩生育政策及配套支持措施尽快落地，及时回应社会关切和群众期盼。④

（一）实施三孩生育政策及配套支持措施

《决定》的核心内容是，实施一对夫妻可生育三个子女政策，并取消社会抚养费等制约措施、清理和废止相关处罚规定，配套实施积极生育支持措施。

《决定》坚持以人民为中心、以均衡为主线、以改革为动力、以法治为保障的主要原则，设定的主要目标是：到 2025 年，积极生育支持政策体系基本建立，服务管理制度基本完备，优生优育服务水平明显提高，普惠托育服务体系加快建设，生育、养育、教育成本显著降低，生育水平适当提高，出生人口性别比趋于正常，人口结构逐步优化，人口素质进一步提升。到 2035 年，促进人口长期均衡发展的政策法规体系更加完善，服务管理机制运转高效，生育水平更加适度，人口结构进一步改善。优生优育、幼有所育服务水平与人民群众对美好生活的需要相适应，家庭发展能力明显提高，人的全面发展取得更为明显的实质性进展。

---

① 《习近平著作选读》（第一卷），人民出版社 2023 年，第 40 页。

② 《中华人民共和国宪法》，人民出版社 2018 年，第 18 页。

③ 《中共中央 国务院关于优化生育政策促进人口长期均衡发展的决定》，《中华人民共和国国务院公报》2021 年第 22 期。

④ 《中华人民共和国人口与计划生育法》，《健康中国观察》2023 年第 2 期。

1. 组织实施好三孩生育政策

第一,依法实施三孩生育政策。国家提倡适龄婚育、优生优育。一对夫妻可以生育三个子女。各省(自治区、直辖市)综合考虑本地区人口发展形势、工作基础和政策实施风险,做好政策衔接,依法组织实施。

第二,取消社会抚养费等制约措施。取消社会抚养费,清理和废止相关处罚规定。将入户、入学、入职等与个人生育情况全面脱钩。依法依规妥善处理历史遗留问题。对之前违反法律法规规定生育三孩的,已经依法作出征收社会抚养费决定并执行完毕的,应予以维持;已经作出征收社会抚养费决定但尚未执行完毕的,已经征收部分不予退还,未征收部分不再继续征收;尚未调查或作出征收社会抚养费决定的,不再受理、处理。各地要做好政策衔接,加强宣传解读,稳妥有序地推动工作落实。

第三,建立健全人口服务体系。以"一老一小"为重点,建立健全覆盖全生命周期的人口服务体系。加强基层服务管理体系和能力建设,增强抚幼养老功能。落实生育登记制度,做好生育咨询指导;生育登记既可在户籍地办理,也可在现居住地办理。推进出生医学证明、儿童预防接种、户口登记、医保参保、社保卡申领等"出生一件事"联办。

第四,加强人口监测和形势研判。完善国家生命登记管理制度,健全覆盖全人群、全生命周期的人口监测体系,密切监测生育形势和人口变动趋势。依托国家人口基础信息库等平台,实现教育、公安、民政、卫生健康、医保、社保等人口服务基础信息融合共享、动态更新。建立人口长期均衡发展指标体系,健全人口预测预警制度。

2. 提高优生优育服务水平

第一,保障孕产妇和儿童健康。以"重预防、守底线、强责任"为核心,全面落实妊娠风险筛查与评估、高危孕产妇专案管理、危急重症救治、孕产妇死亡个案报告、约谈通报等母婴安全五项制度。实施妇幼健康保障工程,加快推进各级妇幼保健机构标准化建设和规范化管理,加强危重孕产妇、新生儿救治能力及儿科建设,夯实县乡村三级基层网络,加快补齐生育相关公共服务短板。促进生殖健康服务融入妇女健康管理全过程。加强儿童保健门诊标准化、规范化建设,加强对儿童青少年近视、营养不均衡、龋齿等风险因素和疾病的筛查、诊断、干预。做好儿童基本医疗保障工作。

第二,综合防治出生缺陷。健全出生缺陷防治网络,落实三级预防措施。一级预防是,在婚前、孕前和孕早期进行健康教育、婚前保健、孕前优生检查和咨询指导,预防和减少出生缺陷的发生;二级预防是,在孕期开展产前筛查和产前诊断,减少致死、严重致残缺陷儿的出生;三级预防是,对新生儿进行先天性疾病筛查和诊断,对出生缺陷患儿进行救治康复,预防和减少儿童残疾。加强相关知识普及和出生缺陷防控咨询,强化婚前保健,推进孕前优生健康检查,加强产前筛查和诊断,推动围孕期、产前产后一体化管理服务和多学科协作;目前免费孕前优生健康检查已纳入国家基本公共卫生服务项目,在全国所有县(市、区)普遍实施,所有符合条件的计划怀孕夫妇均可免费享受孕前优生健康检查服务。扩大新生儿疾病筛查病种范围,促进早筛早诊早治。做好出生缺陷患儿基本医疗和康复救助工作。

第三,规范人类辅助生殖技术应用。强化规划引领,严格技术审批,建设供需平衡、布局合理的人类辅助生殖技术服务体系。加强人类辅助生殖技术服务监管,严格规范相关技术应用。开展孕育能力提升专项攻关,规范不孕不育诊治服务。

3. 发展普惠托育服务体系

第一,建立健全支持政策和标准规范体系。将婴幼儿照护服务纳入经济社会发展规划,强化政策引导,通过完善土地、住房、财政、金融、人才等支持政策,引导社会力量积极参与。以市地级行政区为单位制定整体解决方案,建立工作机制,推进托育服务健康发展。加大专业人才培养力度,依法逐步实行从业人员职业资格准入制度。发展智慧托育等新业态,培育托育服务、乳粉奶业、动画设计和制作等行业民族品牌。

第二,大力发展多种形式的普惠服务。发挥中央预算内投资的引导和撬动作用,推动建设一批方便可及、价格可接受、质量有保障的托育服务机构。支持有条件的用人单位为职工提供托育服务。鼓励国有企业等主体积极参与各级政府推动的普惠托育服务体系建设。加强社区托育服务设施建设,完善居住社区婴幼儿活动场所和服务设施。制定家庭托育点管理办法。支持隔代照料、家庭互助等照护模式。支持家政企业扩大育儿服务。鼓励和支持有条件的幼儿园招收2至3岁幼儿。

第三,加强综合监管。各类机构开展婴幼儿照护服务必须符合国家和地方相关标准和规范,并对婴幼儿安全和健康负主体责任。地方政府要承担监管责任,建立健全登记备案制度、信息公示制度、评估制度,加强动态管理,建立机构关停等特殊情况应急处置机制。

4. 降低生育、养育、教育成本

第一,完善生育休假与生育保险制度。严格落实产假、哺乳假等制度。支持有条件的地方开展父母育儿假试点,健全假期用工成本分担机制。继续做好生育保险对参保女职工生育医疗费用、生育津贴待遇等的保障,做好城乡居民医保参保人生育医疗费用保障,减轻生育医疗费用负担。

第二,加强税收、住房等支持政策。研究推动将 3 岁以下婴幼儿照护费用纳入个人所得税专项附加扣除。地方政府在配租公租房时,对符合当地住房保障条件且有未成年子女的家庭,可根据未成年子女数量在户型选择等方面给予适当照顾。地方政府可研究制定根据养育未成年子女负担情况实施差异化租赁和购买房屋的优惠政策。

第三,推进教育公平与优质教育资源供给。推进城镇小区配套幼儿园治理,持续提升普惠性幼儿园覆盖率,适当延长在园时长或提供托管服务。推进义务教育优质均衡发展和城乡一体化,有效解决“择校热”难题。依托学校教育资源,以公益普惠为原则,全面开展课后文体活动、社会实践项目和托管服务,推动放学时间与父母下班时间衔接。改进校内教学质量和教育评价,将学生参加课外培训频次、费用等情况纳入教育督导体系。平衡家庭和学校教育负担,严格规范校外培训。

第四,保障女性就业合法权益。规范机关、企事业等用人单位招录、招聘行为,促进妇女平等就业。落实好国务院颁发的《国务院女职工劳动保护特别规定》①,定期开展女职工生育权益保障专项督查。为因生育中断就业的女性提供再就业培训公共服务。将生育友好作为用人单位承担社会责任的重要方面,鼓励用人单位制定有利于职工平衡工作和家庭关系的措施,依法协商确定有利于照顾婴幼儿的灵活休假和弹性工作方式。适时对现行有关休假和工作时间的政策规定进行相应修改完善。

5. 加强政策调整有序衔接

第一,维护好计划生育家庭合法权益。对全面两孩政策调整前的独生子女家庭和农村计划生育双女家庭,继续实行现行各项奖励扶助制度和优惠政策。探索设立独生子女父母护理假制度。

① 《女职工劳动保护特别规定》,中华人民共和国国务院令(第 169 号)。

第二，建立健全计划生育特殊家庭全方位帮扶保障制度。根据经济社会发展水平等因素，实行特别扶助制度扶助标准动态调整。对符合条件的计划生育特殊家庭成员，落实基本养老、基本医疗保障相关政策；优先安排入住公办养老机构，提供无偿或低收费托养服务；对住房困难的，优先纳入住房保障。有条件的地方可对计划生育特殊家庭成员中的生活长期不能自理、经济困难的老年人发放护理补贴。落实好扶助所需资金，有条件的地方可探索建立公益金或基金，重点用于帮扶计划生育特殊家庭。

第三，建立健全政府主导、社会组织参与的扶助关怀工作机制。通过公开招投标方式，支持有资质的社会组织接受计划生育特殊家庭委托，开展生活照料、精神慰藉等服务，依法代办入住养老机构、就医陪护等事务。深入开展"暖心行动"。建立定期巡访制度，落实计划生育特殊家庭"双岗"联系人制度，扎牢织密帮扶安全网。

（二）修改人口与计划生育法，促进人口长期均衡发展

《人口与计划生育法》自2002年开始施行，继2015年实施全面两孩政策时作了修改后，2021年的第二次修订重点围绕实施三孩生育政策、取消社会抚养费等制约措施、配套实施积极生育支持措施进行修改，同时强化对全面两孩政策实施前计划生育家庭合法权益的保障，确保相关政策措施尽快落地实施；对与三孩生育政策无关的内容，原则上未予修改。与修改前最大的不同主要体现在以下方面。①

1. 优化生育政策

第一，规定采取综合措施，调控人口数量，提高人口素质，推动实现适度生育水平，优化人口结构，促进人口长期均衡发展。明确规定：国务院领导全国的人口与计划生育工作，地方各级人民政府领导本行政区域内的人口与计划生育工作；国务院卫生健康主管部门负责全国计划生育工作和与计划生育有关的人口工作，县级以上地方各级人民政府卫生健康主管部门负责本行政区域内的计划生育工作和与计划生育有关的人口工作，县级以上各级人民政府其他有关部门在各自的职责范围内，负责有关的人口与计划生育工作。强调：各级人民政府应当采取措施，保障公民享有计划生育服务，提高公民的生殖健康水平。

第二，提倡适龄婚育、优生优育，实施一对夫妻可以生育三个子女政策。同

---

① 《中华人民共和国人口与计划生育法》，《健康中国观察》2023年第2期。

时规定:符合法律、法规规定条件的,可要求安排再生育子女,具体办法由省、自治区、直辖市人民代表大会或者其常委会规定;少数民族也要实行计划生育,具体办法由省、自治区、直辖市人民代表大会或者其常委会规定;夫妻双方户籍所在地的省、自治区、直辖市之间关于再生育子女的规定不一致的,按照有利于当事人的原则适用。强调:实行计划生育的育龄夫妻免费享受国家规定的基本项目的计划生育技术服务;禁止歧视、虐待生育女婴的妇女和不育的妇女,禁止歧视、虐待、遗弃女婴;严禁利用超声技术和其他技术手段进行非医学需要的胎儿性别鉴定;严禁非医学需要的选择性别的人工终止妊娠。

第三,取消社会抚养费,删除既有的相关处分规定,删除与既有的三孩生育政策不适应的规定。这是生育理念、生育意愿、生育价值上的一个重大变化。

2. 完善积极生育支持措施

第一,规定采取支持措施,减轻家庭生育、养育、教育负担。县级以上各级人民政府编制人口发展规划,并将其纳入国民经济和社会发展计划,根据人口发展规划制定人口与计划生育实施方案,并组织实施;人口与计划生育实施方案应规定调控人口数量,提高人口素质,推动实现适度生育水平,优化人口结构,加强母婴保健和婴幼儿照护服务,促进家庭发展的措施。国家根据国民经济和社会发展状况,逐步提高人口与计划生育经费投入的总体水平;各级人民政府应保障人口与计划生育工作必要的经费,对欠发达地区、少数民族地区开展人口与计划生育工作给予重点扶持;国家鼓励社会团体、企业事业组织和个人为人口与计划生育工作提供捐助;任何单位和个人不得截留、克扣、挪用人口与计划生育工作费用。特别强调,妇女怀孕、生育和哺乳期间,按国家有关规定享受特殊劳动保护,并可获得帮助和补偿;国家保障妇女就业合法权益,为因生育影响就业的妇女提供就业服务;公民实行计划生育手术,享受国家规定的休假。

第二,要求医疗卫生机构开展孕前、孕产期保健服务,加强对家庭婴幼儿照护的支持和指导。医疗卫生机构应按照规定为婴幼儿家庭开展预防接种、疾病防控等服务,提供膳食营养、生长发育等健康指导;应针对育龄人群开展优生优育知识宣传教育,对育龄妇女开展围孕期、孕产期保健服务,承担计划生育、优生优育、生殖保健的咨询、指导和技术服务,规范开展不孕不育症诊疗。

第三,推动建立普惠托育服务体系,提高婴幼儿家庭获得服务的可及性和公平性,规范托育服务。县级以上各级人民政府综合采取规划、土地、住房、财政、金融、人才等措施,推动建立普惠托育服务体系,提高婴幼儿家庭获得服务的可及性和公平性；国家鼓励和引导社会力量兴办托育机构，支持幼儿园和机关、企业事业单位、社区提供托育服务；托育机构的设置和服务应符合托育服务相关标准和规范；托育机构应向县级人民政府卫生健康主管部门备案。同时强调；托育机构违反托育服务相关标准和规范的，由卫生健康主管部门责令改正，给予警告；拒不改正的，处五千元以上五万元以下的罚款；情节严重的，责令停止托育服务，并处五万元以上十万元以下的罚款。托育机构有虐待婴幼儿行为的，其直接负责的主管人员和其他直接责任人员终身不得从事婴幼儿照护服务；构成犯罪的，依法追究刑事责任。

第四，支持有条件的地方探索设立父母育儿假。符合法律、法规规定生育子女的夫妻，可获得延长生育假的奖励或者其他福利待遇。

第五，在居住社区建设婴幼儿活动场所及配套服务设施，在公共场所、工作场所按规定配置母婴设施。县级以上地方各级人民政府应在城乡社区建设改造中，建设与常住人口规模相适应的婴幼儿活动场所及配套服务设施；公共场所和女职工比较多的用人单位应配置母婴设施，为婴幼儿照护、哺乳提供便利条件。

第六，规定采取财政、税收、保险、教育、住房、就业等支持措施，减轻家庭生育、养育、教育负担。有关具体支持措施，在相关领域法律法规或政策中予以研究规定。2018 年 12 月，国务院发布的《个人所得税专项附加扣除暂行办法》，新设子女教育等六项专项附加扣除，①即纳税人获得每年 1.2 万元的子女教育专项扣除。

3. 保障计划生育家庭的合法权益

对全面两孩政策实施前的计划生育家庭，在现行法律规定的奖励扶助措施基础上，进一步完善如下相关规定。

第一，在老年人福利、养老服务等方面给予必要的优先和照顾。在国家提倡一对夫妻生育一个子女期间，自愿终身只生育一个子女的夫妻，国家发给《独生子女父母光荣证》；获得《独生子女父母光荣证》的夫妻，按照国家和省、自治区、直辖市有关规定享受独生子女父母奖励；法律、法规或者规章规定给予获得《独生子女父母光荣证》的夫妻奖励的措施中由其所在单位落实的，有关单位应执行；在国家提倡一对夫妻生育一个子女期间，按规定应享受计划生育家庭老年人奖励扶助的，继续享受相关奖励扶助，并在老年人福利、养老服务等方面给予必要的优先和照顾。

---

① 《国务院关于印发个人所得税专项附加扣除暂行办法的通知》，《中华人民共和国国务院公报》2019 年第 1 期。

第二,独生子女发生意外伤残、死亡的,给予全方位帮扶保障。获得《独生子女父母光荣证》的夫妻,独生子女发生意外伤残、死亡的,按照规定获得扶助;县级以上各级人民政府建立、健全对上述人群的生活、养老、医疗、精神慰藉等全方位帮扶保障制度。①

第三节　医疗卫生与计划生育法规与政策运行中存在的主要问题

一、医疗卫生法规与政策运行中存在的主要问题

(一)疾病预防控制工作有待加强

习近平总书记曾经指出:"预防是最经济最有效的健康策略。"②疾病预防控制是保护人类健康最重要的手段和措施。"预防为主"一直是我国不同时期卫生(健康)工作方针的重要内容和基础之策。③ 然而,我国疾病预防控制工作在取得显著成绩的同时仍有待加强。它表现在我国疾病预防控制方面仍存在如下问题。④

1. 疾病预防控制体系不健全

目前,包括全社会在内的公共卫生网络并不健全,疾控体系也是如此。当前,所谓的疾病预防控制体系,主要是指以疾病预防控制中心为主的疾病预防控制服务机构,而没有建立起包含个体、家庭、社区、社会、医院、医保部门等全社会共同参与的疾病预防控制网络。这种网络才是真正的广义疾病预防控制体系,也只有在此疾控网络框架下开展疾病预防控制工作,才能真正落实大健康的理念,并全方位推进健康中国战略的实施。目前,在健康中国战略要求政府、社会和个人都树立起健康优先的发展理念的背景下,覆盖全社会的疾病防控网络并未形成;疾病预防控制机构职责不清;医疗机构落实疾控职能不力;医疗健康保

① 全国社会工作者职业水平考试教材编委会编写:《社会工作法规与政策》,中国社会出版社 2023 年,第 358—388 页。

② 《习近平著作选读》(第二卷),人民出版社 2023 年,第 311 页。

③ 李光琳等:《疾病预防控制:保护人类健康最经济有效的基础之策》,《中国农村卫生事业管理》2023 年第 11 期。

④ 宋涛等:《论当前疾病预防控制体系面临的主要问题》,《卫生软科学》2020 年第 2 期。

险没有充分融入疾病防控;社会组织、志愿者参与疾病防控的动力、机制、组织管理等都存在制约因素;企事业机关组织参与疾病防控的责任无法有效落实;政府及相关行政部门在疾控体系治理中法律机制、市场机制的运用缺乏及行政机制过度运用同时存在。仅就疾病预防控制中心而言,其职能边界模糊不清,在工作中,越位和缺位同时存在。这种不健全的疾病预防控制体系,恰恰是阻碍疾控事业发展的关键制约因素之一。

2. 疾控事业发展的不平衡

党的十九大报告提出,“为人民群众提供全方位全周期健康服务”①。实际上,这是在提倡“大健康”的新价值观,并通过健康中国战略向着“病有良医”“以预防为中心”的过程目标,以及“全面健康”的终极目标迈进。当前,我国社会的主要矛盾已经转化为,人民日益增长的美好生活需要和不平衡不充分的发展之间的矛盾。矛盾改变了,人民群众对美好健康的需求和期待更高了,但疾病预防控制服务能力还难以满足人民群众对健康美好生活的需要。具体包括如下:(1)疾病预防控制供给与服务需求之间的不平衡。当前,我国健康服务供给总量与差异化仍然不足,多元化、多样化、多层次的健康需求不断增长,健康服务供给与人民健康需求之间矛盾更加突出。总体上,疾病预防控制服务能力还难以满足人民群众对健康美好生活的需要。(2)疾病预防控制事业发展的区域不平衡。从地域间差异来看,我国东部与中西部之间、城市与乡村之间公共卫生事业发展不平衡仍然显著。(3)疾病预防控制与其他卫生专业以及疾病预防控制不同专业之间的发展不平衡。与医疗行业的快速发展相比,疾病预防控制事业的发展仍显滞后。(4)不同群体享受公共卫生服务水平和健康结果的不平衡。

3. 疾控体系投入不充分,保障不到位

疾病预防控制事业是国家重要的公益事业,疾病预防控制工作首先需要依靠各级政府的支持。自2003年的非典疫情以来,各级政府虽然加大了对疾病预防控制事业的投入,但仍不能较好满足疾病预防控制能力建设和发展的需要。疾病预防控制基本运行经费和建设发展经费缺乏长效保障机制,人员经费拨款虽有所增加,但与政策要求仍有较大差距。更重要的是,地方财政没有建立“重大疾病防控项目化”机制,“财神随着瘟神走”现象突出,“预防为主”的方针得不到有效落实。加上政府公共卫生财政投入方式不合理、管理效率低,对公共卫生

① 中共中央党史和文献研究院编:《十九大以来重要文献选编》(上),中央文献出版社2019年,第34页。

项目资金缺乏整合,难免造成资金投入和使用中的各类问题,使疾病防控常态保障机制“预防为主”的方针得不到有效落实。政府对人、财、物投入得不充分,是当前疾病预防控制事业不能满足人民群众日益增长的健康美好生活需要的重要原因之一。

4. 疾病预防控制体系人才缺失、能力不足

人员的素质水平是影响服务能力的主要因素。从疾病预防控制机构来看,(1)相关专业的人才缺乏,尤其是能够全面把控方向的核心人员,以及解决相关难点、重点问题的人才严重不足。(2)近年来各级疾控机构缺乏有效的人才激励机制和具体措施,人才引不来或留不住的情况同时存在,尤其是在引进高层次人才中处于极其被动的位置,基层疾控机构人才引不进或留不住的情况更为严重。(3)由于人才不足,缺乏有效的激励等原因,致使疾控事业发展所需要的能力不足。尤其是解决疾病预防控制与公共卫生工作中难点问题的能力,政策的解读、研究和创新能力,基础研究和应用研究的成果转化能力与医疗机构的现实需要相比十分滞后。基层社区卫生服务中心和乡镇卫生院的疾病防控能力同样存在问题。例如,儿童保健、重型精神病管理等疾病预防控制能力较为欠缺,导致很多服务项目无法深入开展;慢性病访视时由于专业知识有限,对居民提出的健康问题不能予以正确解答。此外,疾控能力不足还表现在技术创新不足等方面。

5. 疾病预防控制体系碎片化严重

疾病预防控制体系发展的碎片化问题,一直是阻碍其发展的重要原因,也是疾病预防控制现代治理体系和治理能力发展不充分的一种体现。具体包括疾病预防控制体系价值导向的碎片化、理论指导的碎片化、决策的碎片化、政策的碎片化、职能的碎片化、协作的碎片化、资源配置的碎片化、信息碎片化、服务提供的碎片化,以及疾控机构内部的各种碎片化问题。譬如信息的碎片化问题。疾控机构这样相对统一的机构内部,由于不同信息系统的来源不同,使之无法完全整合,体系内产生大量各种信息孤岛,导致数据无法充分利用,效率低下,成为阻碍公共卫生体系整合最大的障碍之一。再如,我国疫苗产业链条分为生产、流通和预防接种三大环节,主要涉及药监部门、卫生部门、疫苗生产经营企业、疾控机构、接种单位等主体,但监管政策链条缺乏一致性。药监部门仅对疫苗在储存、运输、供应、销售等环节中的质量进行监督检查,但其监管行为止步于流通领域;在预防接种环节,药监部门无权对疾控机构、接种单位开展行政许可和日常监管,因此,不能掌握疫苗购销和分发情况。这种管理上的碎片化是近年来我国疫

苗在各个环节出现问题的根本原因。

除了上述方面外,我国疾病预防控制方面还存在工作手段的割裂;疾控事业与社会经济发展的战略衔接不力;疾病预防控制机构缺乏内生动力和活力;疾控体系治理能力薄弱等。这些都表明,疾病预防控制工作有待进一步加强。

(二)医疗卫生法规与政策的绩效仍有提升空间

一般来说,医疗卫生法规与政策的绩效追求以最少的卫生费用,使人民群众取得最好的健康水平。近些年来,我国制定的医疗卫生法规与政策日益完备,取得的成绩众所周知,但其绩效仍有提升空间。

1. 卫生费用支出增长过快

1978 年,我国卫生总费用是 110. 21 亿元,人均卫生总费用是 11. 45 元,卫生费用占 GDP 的比重为 3. 00%,到 2022 年分别增长到 85327. 49 亿元、6044. 09 元、7. 05%。如果扣除通货膨胀因素①,2022 年,我国卫生总费用实际为 12086. 05 亿元,人均卫生总费用是 855. 38 元,分别是 1978 年的 109. 66 倍、74. 71 倍。1978—2022 年,中国的 GDP 由 3678. 7 亿元增长到 1210207. 2 亿元,扣除通货膨胀因素,2022 年是 1978 年的 46. 56 倍。可见,我国卫生总费用的增速超过经济的增速。实际上,2022 年,我国卫生总费用已经是一般公共预算收入的 41. 90%。2022 年,我国政府的最大支出是教育支出,为 39447. 59 亿元,其次是社会保障和就业支出,为 36609. 15 亿元,排第三位的是卫生健康支出,为 22536. 72 亿元,比国防支出(14752. 22 亿元)还要多。② 我国卫生费用支出显然增长过快。

我国卫生费用增长过快,可能有人归因于人口老龄化因素。一般来说,人口老龄化的加剧会导致医疗支出的增加,但卫生费用增长过快的原因多出,其中有些属于不合理因素。例如,中医药抗击疫情有显著优势。从西汉到 1840 年期间,中医药帮助中华民族战胜了 321 次大瘟疫。③ 习近平总书记指出:“几千年来,中华民族能一次次转危为安,靠的就是中医药。”2020 年 6 月,他在北京主持召开专家学者座谈会,再次肯定中医药在疫情防控中的突出作用,并指出:“中西

① 居民消费价格指数 1978 年为 100. 0,2022 年为 706. 6。

② 数据来源:《中国统计年鉴 2023》。

③ 姚乃礼、曹洪欣主编:《中医药防治非典型肺炎(SARS)研究(一):中国疫病史鉴》,中医古籍出版社 2003 年,第 43 页。

医结合、中西药并用,是这次疫情(2020年春)防控的一大特点。”[①]国家中医药管理局党组书记余艳红也说:“在这次疫情防控中,习近平总书记一直强调,要坚持中西医并重、中西医结合、中西药并用。”大量病人治愈出院的事实充分证明,中西医结合效果显著。中西医结合与单纯使用中药和西药相比,能较快地改善患者症状,缩短住院天数,提高治愈率并减少病死率。[②] 然而,有些地方对中医药介入抗疫重视不够。据国家中医药管理局科技司司长李昱透露,截至2020年3月,在湖北,累计确诊病例中缺乏中医药参与救治的占8.95%,湖北之外为3.63%。[③]而从治疗新冠肺炎的人均成本看,中医治疗为1680元,西医治疗则高达99560元,后者是前者的59.26倍。[④] 概括来说,“简、便、验、廉”的中医是中华文明的瑰宝与结晶,它的优势得不到充分发挥,必然导致我国总卫生费用支出不合理地较快增长。

2. 城乡居民的健康状态有较大改善的空间

在卫生费用较快增长的同时,城乡居民的健康状态并未同步改善。

第一,从居民的体重状况来看,2018年,在调查地区,6—18岁儿童青少年的超重和肥胖比例为23.2%(城市为22.9%,农村为23.5%)。男性6—18岁儿童青少年超重和肥胖比例为26.7%,明显高于女性的19.2%,城市尤其明显。18岁及以上人口中,超重和肥胖人口比例为37.4%,比2013年提高了7.2%,在城市地区,超重和肥胖人口比例为39.0%,高于农村地区的35.0%,但在农村地区,超重和肥胖人口增幅较大,比2013年增加8.6%。概括来说,城乡居民控制体重状态有待改进。

第二,从居民两周患病率来看,1993年,按调查人口计算,居民两周患病率是14.01%(其中,城市为17.52%,农村为12.82%),2003年为14.30%(其中城市为15.32%,农村为13.95%),2013年增至24.1%(其中,城市为28.2%,农村为20.2%),到2018年,15岁及以上居民慢性病患病率为34.3%,农村慢性病患病

① 习近平:《构建起强大的公共卫生体系 为维护人民健康提供有力保障》,《求是》2020年第18期。

② 《CNN质疑中医药作用 中医药局:大量患者治愈证明中西医结合效果显著》,观察者网,2020年3月6日。

③ 黄蓓:《国务院联防联控机制召开发布会 指出中西医结合成为疫情防控救治的亮点》,《中医药管理杂志》2020年第6期。

④ 王健等:《武汉市中、西医治疗新型冠状病毒肺炎的成本收益比较分析》,《中西医结合研究》2020年第3期。

率增长幅度大于城市，农村慢性病患病率已经超过城市慢性病患病率。可见，近二十余年，居民患病率明显上升。

第三，从调查地区居民两周疾病别患病率看，高血压的患病率，1993 年为 3.85%（其中，城市为 9.51%，农村为 1.95%），1998 年增加到 6.64%（其中，城市为 15.54%，农村为 3.64%），2013 年为 9.89%（其中，城市为 12.32%，农村为 7.58%），到 2018 年，居民患病率排名首位的慢性病即高血压，居民自报高血压患病率为 18.1%（城市 18.9%、农村 17.3%）；在糖尿病的患病率方面，1993 年，城乡前 15 种疾病中没有糖尿病（其中，仅城市有 2.54%），1998 年增长到 1.27%（其中，城市为 3.85%，农村则未进入前 15 名），2013 年为 2.65%（其中，城市为 3.88%，农村为 1.48%），到 2018 年，居民患病率排名第二位的慢性病即糖尿病，患病率为 5.3%（城市 6.6%、农村 3.9%）。可见，二十余年来，糖尿病的患病率也明显增长。2018 年，高血压、糖尿病占全部慢性病的 46.9%，是居民最主要的慢性疾病。

第四，就诊病人就诊的满意度仍有提升空间。2003 年，57.12%的门诊就诊病人对就诊机构没有不满意的地方（其中，城市 48.41%、农村 59.75%）。此外，20.90%的对医疗费用不满，7.44%的对设备环境不满，3.74%的对技术低不满。2013 年，就诊者对就诊总体情况满意的比例为 76.5%，一般占 21.6%，不满意仅为 1.9%。这表明，就诊病人对就诊的满意度显著提升。到 2018 年，80%的门诊患者和 75%的住院患者对本次就诊（住院）表示满意，分别比 2013 年提高了 3.5%和 7.8%。这表明，就诊病人就诊的满意度进一步提升。然而，满意度仍有提升空间。其主要表现是，仅 39.3%的门诊患者认为就诊花费不贵，28.5%的住院患者认为住院花费不贵；对门诊和住院不满意的主要原因是，医疗费用高、技术水平低和服务态度差。①

二、计划生育法规与政策运行中存在的主要问题

改革开放以来的计划生育政策对我国人口生产影响很大。四十多年使中国

① 卫生部：《国家卫生服务研究——1993 年国家卫生服务总调查分析报告》，卫生部信息统计中心：《第三次国家卫生服务调查分析报告》，国家卫生健康委统计信息中心编著：《2018 年全国第六次卫生服务统计调查报告》。

少生了4亿多人。[①] 进入21世纪后不久，我国开始逐步调整人口生育政策，形成当前的一对夫妇可生三个孩子的政策。当前，计划生育法规与政策运行中存在的问题主要在于效果欠佳，其最突出表现是生育率低迷。

1950年，新中国的生育率是5.81，在三年自然灾害期间的1961年是3.29，1963年达到7.50的最高峰，1978年是2.72。[②] 从1990年代初开始，生育率降到2.1，2000年进一步降至1.22，2010年为1.18。2013年和2015年分别实施“单独二孩”和“全面二孩”政策后，总和生育率虽略有增加，但仍未超过1.6。[③] 2020年，总和生育率跌至1.3，[④]比国际社会通常认为的1.5的警戒线还要低。2022年，中国人口比2021年减少85万。这是61年来首次人口负增长。[⑤] 2023年，中国人口比2022年进一步减少208万。[⑥]

由于生育率下降，直接导致中国人口占世界的比重已由1960年的22.0%降至2021年的18.0%。[⑦] 以往一般预测中国人口到2030年将达14亿—15亿的峰值，而据“土地资源生产能力与人口承载量”课题组研究，人口高峰期的峰值，低方案为2040年前后达到15.6亿，中方案为2045年达到16.5亿，高方案为2060年达到17.8亿。[⑧] 如今看来，中国人口在2020年已达到峰值。

生育率低迷已带来多方面影响。至少有如下方面：(1)劳动年龄人口减少，15—64岁人口数于2014年达到101041万人的高峰，2022年减少到96289万人，减少了4.70%。(2)养老压力加大，从老年抚养比来看，1982年为8.0%，即100个劳动年龄人口要负担8.0个人，2022年则增长到21.8%，抚养比增加了1.73倍。(3)居民对住房的需求减少，2021年，住宅商品房销售面积达到149602.34

---

① 《卫计委：计划生育促使40余年来中国少生4亿多人》，中国新闻网，2014年7月10日。

② 刘岳等主编：《中国人口分析与区域特征》，海洋出版社1991年，第111页。

③ 顾宝昌等：《中国总和生育率为何如此低？——推延和补偿的博弈》，《人口与经济》2020年1期。

④ 魏玉坤：《总和生育率1.3，我国是否跌入“低生育率陷阱”？》，《新华每日电讯》2021年5月18日。

⑤ 赵语涵：《去年年末全国人口比上年末减少85万人——为近61年来首次人口负增长》，《北京日报》2023年1月18日。

⑥ 数据来源：《中华人民共和国2023年国民经济和社会发展统计公报》。

⑦ 资料来源：世界银行网站数据库，https://data.worldbank.org.cn。

⑧ 中国科学技术协会编：《中国科学技术协会第四次全国代表大会文件》，人民出版社1991年，第110页。

万平方米的高峰，2022 年减少到 109564.45 万平方米，减少了 26.76%，2023 年进一步减少到 94796.00 万平方米，比 2022 年减少了 13.48%。(4)给教育带来影响。首先导致基础教育的招生人数减少。学前教育的招生人数由 2015 年 2008.8 万人的高峰，减少到 2022 年的 1360.4 万人，减少了 32.28%；小学招生数由 1978 年 3315.4 万人的高峰，减少到 2022 年的 1701.4 万人，减少了 48.68%；初中招生数由 2000 年 2295.6 万人的高峰，减少到 2022 年的 1731.4 万人，减少了 24.58%。招生数减少导致学校数量减少，2021 年，幼儿园数量达到 294832 所的高峰，2022 年减少了 5610 所，减少了 1.90%；1978 年到 2022 年，普通小学数量已由 949323 所的高峰，减少到 149117 所，减少了 84.23%，初中学校数量已由 113130 所的高峰，减少到 52480 所，减少了 53.61%，普通高中数量已由 49215 所的高峰，减少到 15026 所，减少了 69.47%。①

综上所述，我国仍需要加大力度完善计划生育相关配套法规与政策，才能取得良好绩效。

① 数据来源：《中国统计年鉴 2023》《中国统计年鉴 2024》。

第十五章

社会保险法规与政策

2018 年修改的《宪法》第 45 条规定:“中华人民共和国公民在年老、疾病或者丧失劳动能力的情况下,有从国家和社会获得物质帮助的权利。国家发展为公民享受这些权利所需要的社会保险、社会救济和医疗卫生事业。”①2011 年 7 月施行、2018 年 12 月修改的《中华人民共和国社会保险法》(此后简称《社会保险法》)第 2 条规定:“国家建立基本养老保险、基本医疗保险、工伤保险、失业保险、生育保险等社会保险制度,保障公民在年老、疾病、工伤、失业、生育等情况下依法从国家和社会获得物质帮助的权利。”②当前,我国社会保险项目包括基本养老保险、基本医疗保险、工伤保险、失业保险和生育保险。社会保险法规与政策是社会工作法规与政策的重要内容。本章主要介绍社会保险法规与政策的发展演变、主要内容及其运行中存在的主要问题。

第一节　社会保险法规与政策的发展演变

一、基本养老保险法规与政策的发展演变

中华民族自古有尊老、敬老的美德。在长期的社会发展中,长幼有序、事亲

① 《中华人民共和国宪法》,人民出版社 2018 年,第 24—25 页。

② 《全国人民代表大会常务委员会关于修改〈中华人民共和国社会保险法〉的决定》,《中华人民共和国全国人民代表大会常务委员会公报》2019 年第 1 期。

至孝、敬老崇文、尊贤尚德成为中华民族文化的重要组成部分。在中国,早在原始社会时期,人们就知道推举德高望重者作为部落首领。在氏族社会,人们把长辈视为父母同样地尊重,把后辈视为子女同样地爱护和抚养,老弱病残一视同仁,得到供养、保护。到了原始社会后期,养老是氏族集体的义务和责任。当人类社会跨入阶级社会,养老变成了国家福利和救济的一部分。统治阶级为了施教化、明人伦、正风俗,也提倡养老敬老。历史上有不少朝代曾经以国家的名义制订或颁布了一些有关养老的政策、礼仪、礼遇和法规,因此形成了我国古代社会独有的养老制度。

先秦时期,各个朝代对养老敬老十分重视。它具体表现在:(1)设立专职管理人员负责养老事务;(2)对鳏寡孤独者,国家有抚恤养老的政策;(3)各诸侯国对老年官员采取致仕制度;(4)敬老养老有固定的场所和机构;(5)在赋役和刑罚方面,老人是特别照顾的对象;(6)设立专门的财政,保障敬老养老制度的实施。

我国古代没有社会养老保障体系,赡养老人是我国家庭的主要功能之一。这种以家庭为主的养老方式,首先靠亲子关系来实现,然后再辅以国家体恤孤寡的具体政策和措施,从而构成了牢固的富有人文精神的养老制度。①

完全家庭养老的方式贯穿整个中国封建社会,一直延续到新中国成立。家庭几乎是老年人保障的全部来源。它表现出如下特点:(1)以孝文化作为家庭的精神支柱;(2)以家庭共有财产作为家庭保障的经济基础;(3)以家法、社会舆论等作为家庭养老的外在约束。此外,还有国家救济、邻里互帮互助、宗教慈善和个人慈善行为作为补充。②

新中国成立后,我国逐步构建起新的养老体系。基本养老保险法规与政策包括城镇职工、机关事业单位人员以及农村居民、城镇居民等四个方面的内容。

(一)城镇职工基本养老保险法规与政策的发展演变

早在1949年9月发布的《共同纲领》第32条中已规定,“逐步实行劳动保险制度”。③

---

① 潘剑锋、刘峰:《论先秦时期我国养老敬老体系的初步成型》,《求索》2010年第5期。

② 叶金国、吕洁:《社会转型视阈下农村家庭养老研究》,河北人民出版社2017年,第36—38页。

③ 中共中央文献研究室、中央档案馆编:《建党以来重要文献选编(1921—1949)》(第26册),中央文献出版社2011年,第764页。

1951年2月,政务院批准颁布了新中国第一部全国统一的社会保险法规,即《劳动保险条例》,该条例明确了劳动者在年老或完全丧失劳动能力时,退出生产岗位,退休或退职养老的条件、待遇以及基金管理等方面的具体事项。① 这标志着我国初步建立起企业职工的养老保险制度。为贯彻该条例,劳动部于1953年3月公布了《劳动保险条例实施细则(草案)》,出台了一些配套制度。②

1958年2月,国务院修改通过了《关于工人、职员退休处理的暂行规定》,③同年3月又公布了《关于工人、职员退职处理的暂行规定(草案)》。④ 这两个规定统一了企业、事业、国家机关职工的退休、退职制度。

1969年2月,财政部颁布了《关于国营企业财务工作中几项制度的改革意见(草案)》,规定国营企业一律停止提取劳动保险金,支付退休人员所需要的退休费(养老金)由各企业自行负担。⑤

1978年6月,国务院发布了《国务院关于安置老弱病残干部的暂行办法》和《国务院关于工人退休、退职的暂行办法》⑥,对国营企业职工和机关事业单位工作人员的退休条件、待遇水平作了统一规定,把离休作为退休的一种形式规定下来。⑦

1984年,中国开始改革计划经济时代的养老保险制定。随着《中共中央关于经济体制改革的决定》的公布,国营企业改革全面展开,要求企业独立核算、自负盈亏。⑧ 改革国营企业,对以往的养老保险制度产生了极大冲击,原来那种"养老金在企业营业外项目列支"的办法无法继续执行。⑨ 由此,一些市、县开始进行养老保险费用的社会统筹试点。在试点的基础上,1986年7月,国务院发布了

---

① 中共中央文献研究室编:《建国以来重要文献选编》(第2册),中央文献出版社1992年,第55—67页。

② 《中华人民共和国劳动保险条例实施细则草案》,《江西政报》1951年第4期。

③ 中共中央文献研究室编:《建国以来重要文献选编》(第11册),中央文献出版社1995年,第159—163页。

④ 国务院法制局等编:《中华人民共和国法规汇编(1958年1月—6月)》,法律出版社1958年,第406—409页。

⑤ 伍国有:《中华人民共和国史(1977—1991)》,人民出版社2010年,第348页。

⑥ 全国人大常委会法律工作委员会编:《中华人民共和国史法律汇编(1954—2004)》,人民出版社2004年,第45—48页

⑦ 陈心德等编著:《养老保险:政策与实务》,北京大学出版社2008年,第39—43页。

⑧ 《中共中央关于经济体制改革的决定》,人民出版社1984年,第13页。

⑨ 邓大松丛书主编、丁康著:《社会保险法制建设研究》,武汉大学出版社2003年,第82页。

《国营企业实行劳动合同制暂行规定》，要求建立全国县、市一级的养老保险统筹机制，对参加统筹的企业规定一定的缴费率，建立统筹基金。该文件还决定，国营企业新招收的工人一律实行劳动合同制，并规定了劳动合同制工人退休养老保险办法，即企业按劳动合同制工人工资总额的15%左右，劳动合同制工人按不超过本人标准工资的3%，缴纳退休养老费用。①　此后，个人缴费制逐步推广到全部企业职工。

1991年6月，国务院发布了《国务院关于企业职工养老保险制度改革的决定》，其主要内容涉及建立基本养老保险与企业补充养老保险、个人储蓄性养老保险相结合的多层次养老保险制度；基本养老保险所需费用由国家、企业和劳动者三方共同承担；按照部分积累的原则筹集养老保险基金；养老金实行定期调整机制，参照在职职工工资增长的情况，每年进行一定幅度的调整；加快基本养老保险社会统筹的步伐，由1980年代初开展起来的市、县级养老保险统筹，要逐步过渡到省级统筹。②　这份文件被称为中国养老保险改革的第一个里程碑。

1995年3月，为了推动"社会统筹与个人账户相结合"的改革，国务院发布了《国务院关于深化企业职工养老保险制度改革的通知》，③它被称为中国养老保险改革的第二个里程碑。该文件明确了基本养老保险制度适用于城镇各类企业职工和个体劳动者，资金来源多渠道、保障方式多层次、社会统筹与个人账户相结合、权利与义务相对应、管理服务社会化的目标，明确保障水平与我国社会生产力发展相适应。

1996年5月，针对各地养老保险改革过程中出现做法混乱的状况，劳动部印发了《劳动事业发展"九五"计划和2010年远景目标纲要》，提出建立起适用于多种经济成分中各类劳动者的、统一制度、统一标准、统一调剂使用基金的基本养老保险制度。④

1997年7月，国务院发布了《国务院关于建立统一的企业职工基本养老保险

---

①　中共中央文献研究室编：《十二大以来重要文献选编》（下），人民出版社1988年，第1067—1074页。

②　中共中央党史和文献研究院编：《全面建成小康社会重要文献选编》（上），人民出版社、新华出版社2022年，第252—255页。

③　中共中央文献研究室编：《十四大以来重要文献选编》（中），人民出版社1997年，第1234—1238页。

④　《劳动事业发展"九五"计划和2010年远景目标纲要》，《劳动内参》1996年第8期。

制度的决定》,要求进一步加快改革步伐,建立统一的企业职工基本养老保险制度。① 它被称为中国养老保险改革的第三个里程碑。

2000年12月,国务院发布了《关于完善城镇社会保障体系的试点方案的通知》,提出进一步完善社会保障体系的基本原则、目标任务,确立了进一步调整和完善我国养老保险制度的主要政策,并决定在辽宁省进行城镇职工基本养老、城市居民最低生活保障制度的改革试点。

2005年12月,国务院发布了《关于完善企业职工基本养老保险制度的决定》,主要针对扩大基本养老保险的覆盖范围、逐步做实个人账户、改革基本养老金的计发办法和确保养老金按时足额发放等问题作出规定。②

2009年12月,国务院办公厅同意并转发了人力资源社会保障部、财政部制定的《城镇企业职工基本养老保险关系转移接续暂行办法》,要求各地结合实际,认真贯彻执行,旨在切实保障参加城镇企业职工基本养老保险人员的合法权益,促进人力资源合理配置和有序流动,保证参保人员跨省、自治区、直辖市流动,并在城镇就业时基本养老保险关系的顺畅转移接续。③

2010年10月,十一届全国人大常委会第17次会议通过了《社会保险法》(2018年进行了修改),规定职工应参加基本养老保险,由用人单位和职工共同缴纳基本养老保险费。为实施《社会保险法》的相关规定,2011年6月,人力资源与社会保险部发布了《实施〈中华人民共和国社会保险法〉若干规定》。

2018年5月,国务院公布了《国务院关于建立企业职工基本养老保险基金中央调剂制度的通知》,规定为均衡地区间企业职工基本养老保险基金负担,实现基本养老保险制度可持续发展,国务院决定建立养老保险基金中央调剂制度。④

(二)机关事业单位基本养老保险法规与政策的发展演变

1955年12月,国务院发布了《国家机关工作人员退休处理暂行办法》《国家机关工作人员退职处理暂行办法》《国务院关于处理国家机关工作人员退职、退

---

① 中共中央文献研究室编:《十四大以来重要文献选编》(下),人民出版社1999年,第2581—2585页。

② 陈心德等编著:《养老保险:政策与实务》,北京大学出版社2008年,第44—50页。

③ 《国务院办公厅关于转发人力资源社会保障部财政部城镇企业职工基本养老保险关系转移接续暂行办法的通知》,《西宁政报》2010年第1期。

④ 国务院:《国务院关于建立企业职工基本养老保险基金中央调剂制度的通知》,《中华人民共和国国务院公报》2018年第18期。

休时计算工作年限的暂行规定》①等法规,标志着国家机关和事业单位职工退休退职制度的建立。

1958年2月,国务院发布了《关于工人、职员退休处理的暂行规定》,降低了退休工龄年限要求,提高了退休待遇,特别是统一了企业职工和国家机关事业单位工作人员的退休养老保险制度。

1978年6月,国务院发布了《国务院关于安置老弱病残干部的暂行办法》和《国务院关于工人退休、退职的暂行办法》②。这两份文件对1958年的退休办法作了较大改动,将老弱病残干部和工人的退休分开拟定办法,在退休待遇上也有较大修改,基本确立了干部退休制度。

1980年10月,国务院颁发了《国务院关于老干部离职休养的暂行规定》,对于第一、二次国内革命战争时期参加革命工作的干部、抗日战争时期参加革命工作的副县长及相当职务或行政十八级以上的干部、建国以前参加革命工作的行政公署副专员及相当职务或行政十四级以上的干部,规定年老体弱不能坚持正常工作的,应当离休。③

1982年4月,国务院又颁发了《国务院关于发布老干部离职休养制度的几项规定》。④ 至此,我国形成了干部离休这一干部退休的特殊形式。干部离休后在生活待遇上可享受更多优惠。⑤

1985年1月,国务院发布了《国务院关于发给离休退休人员生活补贴费的通知》,⑥同年4月发布了《国务院关于发给离休退休人员生活补贴费的补充通知》⑦,提高了离休退休人员的养老待遇。

从1994年起,在国家尚未出台统一政策的情况下,各地不同程度地开展了

---

① 国务院法制局等编:《中华人民共和国法律汇编(1955年7月—12月)》,法律出版社1956年,第708—716页。

② 全国人民代表大会常务委员会法制工作委员会编:《中华人民共和国法律(2018年版)》,人民出版社2018年,第864—867、1652—1654页。

③ 全国人民代表大会常务委员会法制工作委员会编:《中华人民共和国法律(2018年版)》,人民出版社2018年,第867—868页。

④ 《国务院关于发布老干部离职休养制度的几项规定的通知》,《山西政报》1982年第5期。

⑤ 陈心德等编著:《养老保险:政策与实务》,北京大学出版社2008年,第51—52页。

⑥ 《国务院关于发给离休退休人员生活补贴费的通知》,《吉林政报》1985年第3期。

⑦ 《国务院关于发给离休退休人员生活补贴费的补充通知》,《吉林政报》1985年第9期。

机关事业单位养老保险制度的改革。

1998 年 3 月，劳动和社会保障部成立，将包括公务员和事业单位工作人员在内的全体社会职工社会保险工作划归其负责。从此，我国社会保险事业的管理体制日趋统一和规范。

2000 年 12 月，国务院发布了《国务院关于印发完善城镇社会保障体系的试点方案的通知》，规定我国机关事业单位的离、退休养老制度，参照试点城市的企业养老保险制度进行改革。从各地试点的具体实践看，机关事业单位职工养老保险改革基本做法主要是：养老保险费由国家、单位和个人共同负担，建立养老保险个人账户，探索统账结合的计发办法；基金的筹集模式改革现收现付模式，采用以支定收、略有结余的部分积累制。①

2006 年 6 月，人事部、财政部印发了《关于机关事业单位离退休人员计发离退休费等问题的实施办法》，规定机关事业单位工作人员的退休费按本人退休前岗位工资和薪级工资之和的 80%—90%计发。②

2008 年 2 月，国务院同意和印发劳动保障部等制订的《事业单位工作人员养老保险制度改革试点方案》，确定在山西、上海、浙江、广东、重庆 5 省市先开展试点，③强调建立完善的事业单位工作人员养老保险制度。

2009 年 9 月，国务院常务会议决定，分三步实施事业单位绩效工资改革，到 2010 年全面实行绩效工资制度，在职职工领取绩效工资，对离退休人员发放生活补贴。④

2015 年 1 月，国务院发布了《国务院关于机关事业单位工作人员养老保险制度改革的决定》，决定从 2014 年 10 月 1 日起，对机关事业单位工作人员养老保险制度进行改革，旨在改革机关事业单位工作人员退休保障制度，逐步建立独立于机关事业单位之外、资金来源多渠道、保障方式多层次、管理服务社会化的养老保险体系。⑤ 这项改革是我国养老保险体系建设的一项重大突破，具有里程碑

---

① 陈心德等编著：《养老保险：政策与实务》，北京大学出版社 2008 年，第 52—53 页。

② 中共中央组织部老干部局编：《老干部工作文件选编》，党建读物出版社 2008 年，第 340—342 页。

③ 《温家宝主持召开国务院常务会议——研究部署事业单位工作人员养老保险制度改革试点工作》，《人民日报》2008 年 3 月 1 日。

④ 冯蕾：《事业单位绩效工资将带来什么》，《光明日报》2009 年 9 月 4 日。

⑤ 《国务院关于机关事业单位工作人员养老保险制度改革的决定》，人民出版社 2015 年，第 2 页。

意义。①

（三）农村居民基本养老保险法规与政策的发展演变

在长期的传统社会中，我国农村居民靠家庭养老，“养儿防老”是农村的一般做法。新中国成立之后，农村居民的养老方式开始改变，进入部分家庭养老阶段。②

1956 年 6 月，一届全国人大第三次会议通过了《高级农业生产合作社示范章程》，确立了五保供养制度，即针对无法定抚养义务人、无劳动能力、无生活来源的老年人、残疾人和未成年人实行“五保”，包括保吃、保穿、保住、保医、保葬（未成年人保教）。③ 尽管五保供养制度覆盖面极为有限，农村家庭养老仍发挥基础性作用，但开创了我国农村社会养老的先河。

党的十一届三中全会召开后，农村五保供养制度得到恢复和发展，全国设立敬老院供养五保户。

从 1980 年代中期开始，民政部开始要求各地探索建立农村社会保障新制度。到 1989 年，全国已有 19 个省、自治区、直辖市进行了农村养老保险方面的探索。

1991 年 1 月，国务院授权民政部在有条件的地区开展建立农村社会养老保险制度的试点。同年 6 月，民政部农村养老办公室制定了《县级农村社会养老保险基本方案（试行）》，进一步明确了农村的养老保险制度改革由民政部负责，并确定了以县为基本单位开展农村社会养老保险的原则。同年 10 月，民政部在山东牟平县召开农村社会养老保险试点工作会议，初步确立制定农村社会养老保险方案的基本思想，即从农村实际出发，坚持以保障老年人基本生活为目的；坚持以农民的自我保障为主、社会互济为辅；坚持社会养老保险与家庭养老保障相结合；坚持农村务农、务工、经商等各类人员社会养老保险制度一体化的方向。牟平县成为第一个普遍建立农村社会养老保险制度的县。

1992 年 1 月，民政部将《县级农村社会养老保险基本方案（试行）》印发全国，提出农村社会养老保险是国家保障全体农民老年基本生活的制度，建立农村

---

① 《〈国务院关于机关事业单位工作人员养老保险制度改革的决定〉解读》，《山东人力资源和社会保障》2015 年 Z1 期。

② 叶金国、吕洁：《社会转型视阈下农村家庭养老研究》，河北人民出版社 2017 年，第 38—40 页。

③ 《高级农业生产合作社示范章程》，《江西政报》1956 年第 13 期。

社会养老保险制度,要从我国农村的实际出发,以保障老年人基本生活为目的;坚持资金个人交纳为主,集体补助为辅,国家予以政策扶持;坚持自助为主、互济为辅;坚持社会养老保险与家庭养老相结合;坚持农村务农、务工、经商等各类人员社会养老保险制度一体化的方向。

1995 年,民政部在浙江杭州召开全国农村社会养老保险工作会议,明确有条件的地区积极稳妥地发展农村社会养老保险制度,力争在 2000 年初步建立,2005 年基本建立。①

2009 年 9 月,国务院发布了《国务院关于开展新型农村社会养老保险试点的指导意见》,国务院决定从 2009 年起开展新型农村社会养老保险,探索建立个人缴费、集体补助、政府补贴相结合的新农保制度,实行社会统筹与个人账户相结合,与家庭养老、土地保障、社会救助等其他社会保障政策措施相配套,保障农村居民老年基本生活。② 与"老农保"相比,"新农保"的不同之处在于:一是筹资的结构不同。过去的老农保主要是农民自己缴费,实际是自我储蓄的模式,而新农保一个最大的区别是个人缴费、集体补助和政府补贴相结合,有三个筹资渠道;二是,老农保主要是建立农民的账户,新农保在支付结构上的设计有两部分,即基础养老金和个人账户的养老金,其中的基础养老金由国家财政全部保证支付。换句话说,参保农民 60 岁以后都可享受国家普惠式的养老金。

2010 年 10 月,十一届全国人大常委会第 17 次会议通过了《社会保险法》,确立了国家建立和完善新型农村社会养老保险制度,并规定省、自治区、直辖市人民政府根据实际情况,可将新农保与城居保合并实施。

2014 年 2 月,国务院发布了《国务院关于建立统一的城乡居民基本养老保险制度的意见》,决定将新农保和城居保两项制度合并实施,建立统一的城乡居民基本养老保险。③

(四)城镇居民基本养老保险法规与政策发展演变

从新中国成立到 1980 年代中后期,国家解决全民就业,城镇不存在城镇居民养老问题。从 1980 年代末、1990 年代初开始,国家不再包揽城镇居民就业,城

---

① 孙树菡主编:《社会保险学》,中国人民大学出版社 2008 年,第 179—183 页。

② 《国务院关于开展新型农村社会养老保险试点的指导意见》,《中华人民共和国国务院公报》2009 年第 26 期。

③ 中共中央文献研究室编:《十八大以来重要文献选编》(上),中央文献出版社 2014 年,第 806—812 页。

镇无业居民的养老问题逐渐凸显出来。但城镇居民养老保险工作长期滞后。

2010年10月，十一届全国人大常委会第17次会议通过了《社会保险法》，规定省、自治区、直辖市人民政府根据实际情况，可将城居保和新农保合并实施。①

2011年6月，国务院发布了《国务院关于开展城镇居民社会养老保险试点的指导意见》，决定从2011年7月1日启动城镇居民养老保险试点工作，提出建立个人缴费、政府补贴相结合的城镇居民养老保险制度，实行社会统筹和个人账户相结合，与家庭养老、社会救助、社会福利等其他社会保障政策相配套，保障城镇居民老年基本生活。2012年基本实现了城镇居民养老保险制度全覆盖。②

2014年2月，国务院发布了《国务院关于建立统一的城乡居民基本养老保险制度的意见》，决定将新农保和城居保两项制度合并实施，建立统一的城乡居民基本养老保险制度。③

2022年10月，党的二十大报告再次强调，完善基本养老保险全国统筹制度。④

综上，我国基本养老保险法规与政策已将以往的四部分整合为两部分，一是城镇职工基本养老保险法规与政策，二是城乡居民基本养老保险法规与政策。其中，机关事业单位工作人员基本养老保险被纳入城镇职工基本养老保险之列。2022年末，全国参加基本养老保险人数105307万人。其中，参加城镇职工基本养老保险人数50355万人，参加城乡居民基本养老保险人数54952万人。⑤

二、基本医疗保险法规与政策的发展演变

在中国长期的封建社会中，广大人民群众没有医疗保险，疾病问题都是老百姓自行解决，封建王朝一般不干预。

1883年，德国颁布了《疾病社会保险法》。这是世界上第一部社会医疗保险

---

① 《全国人民代表大会常务委员会关于修改〈中华人民共和国社会保险法〉的决定》，《中华人民共和国全国人民代表大会常务委员会公报》2019年第1期。

② 中共中央文献研究室编：《十七大以来重要文献选编》（下），中央文献出版社2013年，第390—396页。

③ 《国务院关于建立统一的城乡居民基本养老保险制度的意见》，《西宁政报》2014年第3期。

④ 《习近平著作选读》（第一卷），人民出版社2023年，第39页。

⑤ 数据来源：《2022年度人力资源和社会保障事业发展统计公报》。

法律。随后,奥地利、比利时、荷兰、匈牙利等国纷纷建立医疗保险法律。①

中国建立现代医疗保险制度始于中华民国时期。1912 年,中华民国成立后,南京国民政府也曾草创了一些医疗保险法规,但并未真正实施。② 而在中国共产党统治的区域,很早就有医疗保险实践。例如,1932 年 8 月,湘赣省第二次苏维埃代表大会通过了《关于劳动法执行条例的决议》。其中的"社会保险"包括医疗保险,"免费的医药费的帮助:不论是普通病或因工作致病、遇危险受伤、职业病等都支付医药费等,其家属也同样有受免费的医药费的帮助"。③

新中国成立后,我国开始全面建立现代医疗保险制度。

1952 年 6 月,政务院颁布了《中央人民政府政务院关于全国各级人民政府、党派、团体及所属事业单位的国家工作人员实行公费医疗预防的指示》,确立了针对国家机关工作人员的公费医疗制度。④ 同年 8 月,政务院批准发布了《国家工作人员公费医疗预防实施办法》,进一步明确享受公费医疗待遇人员的范围。⑤ 1953 年,公费范围又扩展到乡干部和大专院校在校生。

1951 年 2 月,政务院发布了《劳动保险条例》,正式建立劳保医疗制度,对企业职工及其家属规定的伤病免费医疗及预防疾病医疗。1953 年 1 月,政务院又发布该条例的修正草案,实施范围包括全民所有制和城镇集体所有制企业的职工及离退休人员。

与此同时,农村实行了合作医疗制度。农村出现正式合作医疗制度是 1955 年农业合作化时期。随着农业合作化的发展,山西、河南等地先后实行了农村合作医疗。1958 年实行人民公社制度后,合作医疗在全国逐步推广。1959 年,卫生部在《关于人民公社卫生工作几个问题的意见》中,建议在农村地区实行集体医疗保健制度,由社员缴纳的保健费和公社、生产大队的公益金补助共同形成合作医疗基金,社员看病免交一部分医疗费。1960 年,中共中央转发了卫生部这一

---

① 杨燕绥编著:《社会保险法》,中国人民大学出版社 2000 年,第 116 页。

② 李新军:《论南京国民政府时期医疗保险立法(1927—1937)》,《上饶师范学院学报》2011 年第 2 期。

③ 颜鹏飞等主编:《中国保险史志(1805—1949)》,上海社会科学院出版社 1989 年,第 256 页。

④ 中共中央文献研究室编:《建国以来重要文献选编》(第 3 册),中央文献出版社 1992 年,第 241—243 页。

⑤ 国务院法制局编:《中华人民共和国现行法规汇编》(1949—1985)(科教文卫卷),人民出版社 1987 年,第 420 页。

文件,要求各地参照执行。合作医疗由此得到政府重视,并在全国推广。1965年,毛泽东提出组织城市高级医务人员下农村、把医疗工作的重点放到农村去的指示。同年,中共中央批转卫生部党委颁布的《关于把卫生工作重点放到农村的报告》,农村合作医疗得到进一步的发展。到1976年,农村合作医疗覆盖率达到了90%。①

改革开放后,中国医疗保险法规与政策开始发生重大变化。

第一,城镇职工基本医疗保险法规与政策方面。1981—1985年,部分企业和单位开始自发控制医疗费用的变革。1993年11月,党的十四届三中全会通过了《中共中央关于建立社会主义市场经济体制若干问题的决定》,提出,"城镇职工养老和医疗保险金由单位和个人共同负担,实行社会统筹和个人账户相结合"。1994年,国务院决定在江苏镇江、江西九江进行社会统筹和个人账户相结合的医疗保险制度试点。在试点的基础上,1996年5月,国务院办公厅转发了《关于职工医疗保障制度改革扩大试点的意见》,试点城市扩大到40个。1998年12月,国务院召开全国医疗保险制度改革工作会议,在总结试点工作经验的基础上发布了《国务院关于建立城镇职工基本医疗保险制度的决定》,要求在全国范围内建立覆盖全体城镇职工的基本医疗保险制度。② 这标志着我国医疗保险制度的改革进入一个新阶段,此前实行了近半个世纪的医疗保险制度被新的职工基本医疗保险制度所取代。③ 2010年10月颁布的《社会保险法》规定,职工应参加职工基本医疗保险,由用人单位和职工按照国家规定共同缴纳基本医疗保险费。④

第二,农村基本医疗保险法规与政策方面。1978年,农村实行家庭联产承包责任制后,合作医疗覆盖率开始下降。到1990年代初,仅存的农村合作医疗主要在上海和苏南等集体经济比较发达的少数地区。⑤ 为了恢复和重建农村合作医疗制度,1991年1月,国务院转发了《卫生部、农业部、国家计委、国家教委、人事部关于改革和加强农村医疗卫生工作的请示》,提出稳步推行农村合作医疗保

---

① 李立清:《新型农村合作医疗制度》,人民出版社2009年,第114—115页。

② 中共中央党史和文献研究院编:《全面建成小康社会重要文献选编》(上),人民出版社、新华出版社2022年,第311、415—419页。

③ 孙树菡主编:《社会保险学》,中国人民大学出版社2008年,第232—245页。

④ 《全国人民代表大会常务委员会关于修改〈中华人民共和国社会保险法〉的决定》,《中华人民共和国全国人民代表大会常务委员会公报》2019年第1期。

⑤ 张德元:《中国农村医疗卫生事业发展历程回顾与分析》,《湖南科技学院学报》2005年第9期。

健制度，为实现“人人享有卫生保健”提供社会保障。① 然而，政策推行缓慢，即使重建高峰的 1997 年，覆盖率仅 17%。其困难主要在于筹资方面。根据“以个人投入为主，集体扶持，政府适当支持”的筹资原则，难以筹集到足够的资金。2002 年 10 月，中共中央、国务院发布了《中共中央、国务院关于进一步加强农村卫生工作的决定》，要求到 2010 年使农民人人都能享受初级卫生保健，在全国农村基本建立适应社会主义市场经济体制要求和农村经济社会发展水平的农村卫生服务体系和农村合作医疗制度。② 2003 年 1 月，国务院办公厅转发了卫生部、财政部和农业部颁布的《关于建立新型农村合作医疗制度的意见》，要求从 2003 年起，各省、自治区、直辖市选两三个县市先行试点，取得经验后逐步推开，到 2010 年实现在全国建立基本覆盖农村居民的新型合作医疗制度的目标。2006 年 1 月，卫生部等下发了《关于加快推进新型农村合作医疗试点工作的通知》，要求加大财政参与新型农村合作医疗筹资的力度，财政筹资从原来年人均 20 元上升到 40 元。③ 2009 年 7 月，卫生部等发布了《关于巩固和发展新型农村合作医疗制度的意见》，提出在已全面建立新农合制度的基础上，各地要以便民、利民、为民为出发点，大力加强制度建设，巩固和发展与农村经济社会发展水平和农民基本医疗需求相适应的、具有基本医疗保障性质的新农合制度，逐步缩小城乡居民之间的基本医疗保障差距，逐步提高筹资标准和待遇水平，进一步调整和完善统筹补偿方案，强化基金监督管理，让参合农民得到更多实惠，增强新农合的吸引力，继续保持高水平的参合率。④

第三，公费医疗政策发生重大变化。1998 年 12 月，国务院出台了《国务院关于建立城镇职工基本医疗保险制度的决定》，规定所有机关、企业、事业单位及其工作人员都参加城镇职工基本医疗保险制度改革。到 2015 年初，已有 3 亿多人纳入其中，大部分或者绝大部分地方实现了把原来的公费医疗纳入职工医疗保险制度中。此外，对特殊人员的医疗待遇采取特殊政策。离休人员、老红军、二等乙级以上革命伤残军人的医疗待遇不变，医疗费用由原渠道解决，退休人员参

---

① 中共中央文献研究室等编：《新时期农业和农村工作重要文献选编》，中央文献出版社 1992 年，第 625—631 页。

② 中共中央文献研究室编：《十五大以来重要文献选编》（下），人民出版社 2003 年，第 2596—2607 页。

③ 孙树菡主编：《社会保险学》，中国人民大学出版社 2008 年，第 246—248 页。

④ 《卫生部、民政部、财政部、农业部、国家中医药管理局关于巩固和发展新型农村合作医疗制度的意见》，《中华人民共和国卫生部公报》2009 年第 9 期。

加基本医疗保险，个人不缴纳基本医疗费，对退休个人账户的计入金额和个人负担医疗费比例给予适当照顾；国家公务员在参加基本医疗保险的基础上享受医疗救助政策。① 2000 年 5 月，《国务院转发劳动保障部、财政部关于实行国家公务员医疗补助的意见的通知》对国家公务员补充医疗补助政策的原则、范围、经费来源、经费的使用、经办机构等问题作出了相应规定。②

第四，城镇居民基本医疗保险方面，为实现基本建立覆盖城乡全体居民的医疗保障体系的目标，2007 年 7 月，国务院发布了《国务院关于开展城镇居民基本医疗保险试点的指导意见》，决定从 2007 年起开展城镇居民基本医疗保险试点。③

综上，我国基本医疗保险制度经多年碎片化运行之后，2016 年 1 月，国务院发布了《国务院关于整合城乡居民基本医疗保险制度的意见》，提出整合城镇居民基本医疗保险和新型农村合作医疗两项制度，建立统一的城乡居民基本医疗保险制度。④ 2018 年，中国基本构建起统一的城乡居民基本医疗保险制度，参保人数达到 102777.8 万人。⑤

2022 年 10 月，党的二十大报告提出，推动基本医疗保险省级统筹。⑥

总之，我国基本医疗保险法规与政策已整合成两大部分，即职工基本医疗保险、城乡居民基本医疗保险。2023 年，参加职工基本医疗保险的 37094.0 万人，参加城乡居民基本医疗保险的 96293.0 万人。⑦

三、工伤保险法规与政策的发展演变

中国古代没有工伤保险制度。

1884 年 7 月，德国颁布了《工伤保险法》。这是世界上第一部工伤保险法。

---

① 中共中央文献研究室编：《十五大以来重要文献选编》（上），人民出版社 2000 年，第 665—671 页。

② 《国务院办公厅转发劳动保障部财政部关于实行国家公务员医疗补助意见的通知》，《中华人民共和国国务院公报》2000 年第 21 期。

③ 中共中央文献研究室编：《十六大以来重要文献选编》（下），中央文献出版社 2008 年，第 1089—1095 页。

④ 《国务院关于整合城乡居民基本医疗保险制度的意见》，《中华人民共和国国务院公报》2016 年第 3 期。

⑤ 数据来源：《中国统计年鉴 2023》。

⑥ 《习近平著作选读》（第一卷），人民出版社 2023 年，第 40 页。

⑦ 数据来源：《中国统计年鉴 2024》。

此后,其他主要资本主义国家先后建立工伤保险制度。①

中国现代工伤保险制度可追溯到南京国民政府时期。1929 年 12 月,中华民国政府公布了《工厂法》,规定《劳动保险法》施行前,工人因执行职务而致伤病或死亡者,工厂应给其医药补助费及抚恤费。1929 年,交通部公布了《邮政养老抚恤金支给章程》,对邮政员工的工伤抚恤作了具体规定。1930 年 5 月,铁道部公布了《国有铁路员工抚恤通则》,规定除国有铁路之外籍人员订有合同外,凡服务于国有铁路职员、雇员暨长雇之职工、夫役等,因执行职务以致死伤或在职积劳病故者都适用该法规。抗战前期,民国政府出台了《工伤保险规定》。这是中国传统社会保障的一个重要突破,在加快中国工伤保险立法进程,增强民众保险意识,保障劳工权利等方面有一定意义。但是,工伤保险的有关法规存在许多缺陷,普通劳工无法享受工伤保险。②

新中国成立后,中国工伤保险法规与政策逐步建立并日趋完善,取得了良好效应。

1951 年 2 月,政务院颁布了《劳动保险条例》,对工伤保险制度的构成作了原则性规定。

1953 年 1 月,政务院通过了《政务院关于中华人民共和国劳动保险条例若干修正的决定》,③提出进一步扩大社会保险的实施范围,提高若干劳动保险的待遇标准。

1958 年 2 月,国务院发布了《关于工人、职员退休处理的暂行规定》,修改了工人的工伤保险待遇,同时对没有实行劳动保险条例的企业、机关因工伤残人员的退休费标准作出了规定。

1964 年,在全国总工会发布的问题解答中,扩大了工伤的范围,并明确了比照工伤的范围。

1965 年,劳动部发布了《关于因工受伤医疗终结在等待鉴定期间死亡处理的复函》,规定因工受伤医疗终结在等待鉴定期间死亡者,应按因工死亡待遇处理。

改革开放后,我国开始对工伤保险制度进行改革。1988 年,劳动部主持研究

---

① 孙树菡主编:《社会保险学》,中国人民大学出版社 2008 年,第 245 页。

② 李新军:《论南京国民政府时期工伤保险立法(1927—1937 年)》,《河北经贸大学学报》(综合版)2011 年第 3 期。

③ 中央人民政府劳动部劳动政策研究室编:《中央劳动法令汇编》,人民出版社 1953 年,第 245—257 页。

社会保险改革方案,形成了工伤保险改革的框架,然后开始在各地试点。

1992 年 3 月,劳动部等发布了《关于颁发〈职工工伤与职业病致残程度鉴定标准〉(试行)的通知》,对劳动能力鉴定问题作出了比较完整的规定。①

1993 年 11 月,党的十四届三中全会通过了《中共中央关于建立社会主义市场经济体制若干问题的决定》,明确提出普遍建立企业工伤保险制度。②

1994 年 7 月,八届全国人大常委会第八次会议通过了《劳动法》,将工伤保险作为五项社会保险之一。③

1996 年 8 月,劳动部发布了《企业职工工伤保险试行办法》,④第一次将工伤保险作为单独的保险制度统一组织实施,对沿用了四十多年的企业自我保险的工伤福利制度进行了全面改革。同年,国家技术监督局还颁布了《职工工伤与职业病致残程度鉴定标准》。⑤

2003 年 4 月,国务院公布了《工伤保险条例》⑥(2010 年又进行了修改),旨在保障因工作遭受事故伤害或者患职业病的职工获得医疗救治和经济补偿,促进工伤预防和职业康复,分散用人单位的工伤风险。

2010 年 10 月,十一届全国人大常委会第 17 次会议通过了《社会保险法》,规定职工应当参加工伤保险,由用人单位缴纳工伤保险费,职工不缴纳工伤保险费。

2013 年 4 月,为贯彻执行 2010 年修订的《工伤保险条例》,人力资源社会保障部发布了《人力资源社会保障部关于执行〈工伤保险条例〉若干问题的意见》。

2014 年 6 月,最高人民法院审判委员会公布了《关于审理工伤保险行政案件若干问题的决定》,旨在正确审理工伤保险行政案件。

2016 年 3 月,人力资源社会保障部又发布了《人力资源社会保障部关于执行〈工伤保险条例〉若干问题的意见(二)》。

---

① 李健等主编:《工伤保险条例释义与应用》,人民出版社 2011 年,第 110—124 页。

② 《中共中央关于建立社会主义市场经济体制若干问题的决定》,人民出版社 1993 年,第 21 页。

③ 《中华人民共和国劳动法律汇编》,人民出版社 2008 年,第 13 页。

④ 《企业职工工伤保险试行办法》,《劳动内参》1996 年第 9 期。

⑤ 邓大松丛书主编、丁康著:《社会保险法制建设研究》,武汉大学出版社 2003 年,第 124—125 页。

⑥ 《工伤保险条例》,《工人日报》2003 年 5 月 6 日。

2022 年 10 月,党的二十大报告提出,推动工伤保险省级统筹。①

总之,我国工伤保险法规与政策日趋完善,对保险职工权益发挥了重要作用。2022 年末,参加工伤保险的人数达 29116. 6 万人,全年享受工伤保险待遇的 203. 7 万人,2023 年参加工伤保险的人数为 30170. 0 万人。②

四、失业保险法规与政策的发展演变

中国古代没有失业保险制度,它是现代工业社会的产物。

1901 年,比利时出现了政府资助的失业保险,吸纳职工自愿参加。1905 年,法国率先颁布《失业保险法》,建立了非强制性的失业保险制度。1911 年,英国颁布了《失业保险法》。这是世界上第一个全国性的强制性失业保险法。此后,其他资本主义国家纷纷效仿。③

中国现代失业保险制度发展缓慢。在南京国民政府时期,政府对失业保险严重认识不足,直到 1944 年才拟订了《社会保险方案草案》,1947 年通过了《社会保险法原则》,它们都将失业保险列为重要险种,对失业保险费率、保险给付、保险机构、保险基金都作了明确规定。然而,一直到国民党败退台湾时都未实施这些法规。④

中国共产党很早就重视失业保险工作。1932 年 4 月,中华苏维埃临时中央政府劳动部提出建立失业保险。1932 年 6 月,江西革命根据地召开江西省苏维埃第一次代表大会,通过了《实行劳动法令的决议案》,规定“对于在业工人,应开始责令资本家按月照劳动法规定出纳失业保险金,暂委托职工工会管理,以保障工人将来失业之救济”。⑤

新中国成立初,百废待兴,面临第一次失业高峰。1950 年 4 月,政务院先后发布了《中共中央关于救济失业工人的指示》⑥和《中央人民政府政务院关于救

---

① 《习近平著作选读》(第 1 卷),人民出版社 2023 年,第 40 页。

② 数据来源:《中国统计年鉴 2024》。

③ 孙树菡主编:《社会保险学》,中国人民大学出版社 2008 年,第 284 页。

④ 李新军:《南京国民政府时期失业保险立法研究(1927—1937 年)》,《大连大学学报》2011 年第 6 期。

⑤ 颜鹏飞等主编:《中国保险史志(1805—1949)》,上海社会科学院出版社 1989 年,第 252—253 页。

⑥ 中央档案馆、中共中央文献研究室编:《中共中央文件选集》(1949 年 10 月—1966 年 5 月)(第 2 册),人民出版社 2013 年,第 302—303 页。

济失业教师与处理学生失业问题的指示》①,并于 1950 年 6 月制定了《救济失业工人暂行办法》。② 1952 年对《救济失业工人办法》进行了修改。在救济办法上,采取了以工代赈、生产自救、转业训练、动员失业人员返乡生产或移民垦荒和发放失业救济金等救济与安置相结合的办法。这可视为新中国成立以来最早的失业保险雏形。到 1956 年,严重的失业问题得到了解决,失业救济也随之结束。此后,统包统配安置就业政策以及"单位保险"形成了"铁饭碗"现象,失业现象在中国几乎消失。③

改革开放以后,建立失业保险制度逐步被纳入议事日程。

1980 年代中期,一些国营企业因种种原因破产或濒临破产,为保障职工失业后的基本生活,1986 年 7 月,国务院颁布了《国营企业职工待业保险暂行规定》。④ 这标志着中国失业保险制度正式建立。

1993 年 4 月,在总结失业保险几年实践经验的基础上,国务院发布了《国有企业职工待业保险规定》,对原有的失业保险制度作了充分调整。⑤

1999 年 1 月,国务院发布了《中华人民共和国失业保险条例》(此后简称《失业保险条例》),规定城镇企事业单位失业人员依规享受失业保险待遇。⑥

2005 年 11 月,国务院发布了《国务院关于进一步加强就业再就业工作的通知》,对失业保险基金扩展使用问题提出了明确要求,试点工作正式列入日程。⑦

2006 年 1 月,劳动保险部、财政部发布了《关于适当扩大失业保障基金支出范围试点有关问题的通知》,决定开展适当扩大失业保险基金支出范围试点工作。⑧

---

① 周恩来:《中央人民政府政务院关于救济失业教师与处理学生失学问题的指示》,《江西政报》1950 年第 7 期。

② 中央人民政府法制委员会编:《中央人民政府法律汇编(1949—1950)》,人民出版社 1952 年,第 480—486 页。

③ 孙树菡主编:《社会保险学》,中国人民大学出版社 2008 年,第 295—296 页。

④ 中共中央文献研究室编:《十二大以来重要文献选编》(下),人民出版社 1988 年,第 1081—1085 页。

⑤ 王巨禄主编:《中国市场经济法律实务知识全书》(下),人民出版社 1994 年,第 1945—1947 页。

⑥ 《失业保险条例》,《中华人民共和国国务院公报》1999 年第 3 期。

⑦ 国务院:《国务院关于进一步加强就业再就业工作的通知》,《中华人民共和国国务院公报》2005 年第 35 期。

⑧ 孙树菡主编:《社会保险学》,中国人民大学出版社 2008 年,第 304 页。

2010 年 10 月，十一届全国人大常委会第 17 次会议通过了《社会保险法》，规定职工应当参加失业保险，由用人单位和职工按照国家规定共同缴纳失业保险费。为了实施《社会保险法》的相关规定，2011 年 6 月，人力资源与社会保险部发布了《实施〈中华人民共和国社会保险法〉若干规定》。

2017 年 9 月，人力资源社会保障部等发布了《人力资源社会保障部、财政部关于调整失业保险金标准的指导意见》，提出要在确保失业保险基金平稳运行的前提下，逐步提升失业保障水平，切实保障好失业人员的基本生活。①

2018 年 5 月，人力资源社会保险部、财政部印发了《关于失业保险支持参保职工提升职业技能有关问题的通知》，明确了实施失业保险关于支持参保职工提升职业技能补贴政策，在参保职工技能提升补贴申领条件、审核程序、补贴标准等内容上进行了规范说明。同年，为提升失业保险稳定就业的功能，一些省市采取多种措施，推进调整失业保险金标准，降低失业保险费率。②

2022 年 10 月，党的二十大报告提出，推动失业保险省级统筹。③

概括来说，党的十八大以来，我国失业保险法规与政策取得显著成绩。2023 年，我国参加失业保险的人数有 24373. 0 万人，是 2010 年的 1. 82 倍。④

五、生育保险法规与政策的发展演变

生育保险是工业化发展的产物。在自给自足的小农经济时代，妇女在生育期间所面临的风险和各种需求都由个人及其家庭来承担与满足，生育风险对社会的影响微乎其微。而在工业社会，妇女在生育期间面临种种困难，不仅会因生育中断工作而丧失收入来源，而且要花费较多的医疗保健费用，甚至面临身体伤残和死亡的危险，社会理应给妇女一定补偿。

1883 年，针对女性生育问题，德国在《劳工基本保险法》中作出了一些制度性规定。这是世界上关于生育保险最早的制度性规定。同年，生育保险的有关内容也纳入德国颁布的《疾病社会保险法》中。随后，许多国家陆续制定了女工

---

① 《人力资源社会保障部、财政部关于调整失业保险金标准的指导意见》，《山东人力资源和社会保障》2017 年第 10 期。

② 杨宜勇等：《全面建成小康社会奋斗史》，人民出版社 2020 年，第 271 页。

③ 《习近平著作选读》（第一卷），人民出版社 2023 年，第 40 页。

④ 数据来源：《中国统计年鉴 2024》。

生育期间的保障措施。1912 年,意大利首次颁布了世界上独立的《生育保险法》。①

中国的生育保险制度产生于新中国成立初。1951 年 2 月,政务院颁发了《劳动保险条例》,企业女职工的生育保险作为一个相对独立的项目被纳入其中,成为社会保险体系的一部分。1953 年 1 月,政务院对《劳动保险条例》进行了修订,劳动部随后颁布了《劳动保险条例实施细则(修正草案)》,对女职工的生育保险作了一些补充和更为详细的规定。与企业女职工不同,机关、事业单位的女工作人员的生育保险制度相对独立。1952 年 6 月,政务院发布了《关于全国各级人民政府、党派、团体及所属事业单位的国家工作人员实行公费医疗预防的指示》,规定把女工作人员的生育费用纳入公费医疗项目。1955 年 4 月,国务院又颁发了《国务院关于女工作人员生产假期的通知》,对机关、事业单位女工作人员的生产假期作了统一规定。1955 年 5 月,国务院发布了《工厂安全卫生规程》,对妇女卫生室的标准作了较为具体的规定。概括来说,新中国成立初期,我国建立的生育保险制度比较全面,发挥了积极作用。

1969 年 2 月,财政部颁发了《关于国营企业财务工作中几项制度的改革意见(草稿)》,规定国营企业一律停止提取工会经费和劳动保险金,有关在劳动保险基金项下支付的各项费用改在企业营业外支付。由此,职工社会保险普遍演变为企业保险,生育保险随之发生变化,不仅生育费用及相关支出由各企业负担,而且随着临时工都变成固定工,生育保险也从适合多种用工制度变成只适合单一的用工制度。

1979 年 9 月,卫生部等颁布了《工业企业设计卫生标准》,对女工卫生室、孕妇休息室、托儿所等女职工福利设施作了具体规定。

1982 年 3 月,劳动部发布了《关于女职工保胎休息和病假超过六个月后的待遇规定》,对女职工按计划生育怀孕保胎休息和病假超过六个月的领取疾病救济等待遇,作出了具体规定。②

1986 年 5 月,卫生部等印发了《女职工保健工作暂行规定(试行草案)》,对女职工的孕期、劳动保护、哺乳时间安排等提出了具体要求。③

---

① 孙树菡主编:《社会保险学》,中国人民大学出版社 2008 年,第 421—422 页。

② 阮凤英主编:《社会保障通论》,山东大学出版社 2004 年,第 253 页。

③ 王巨禄主编:《中国市场经济法律实务知识全书》(下),人民出版社 1994 年,第 1297—1298 页。

1988 年 7 月，国务院发布了《女职工劳动保护规定》，同时废止《劳动保险条例（修正草案）》（1953 年发布）中有关女工人、女职员生育待遇的规定和《关于女工作人员生产假期的通知》（1955 年发布）。① 《女职工劳动保护规定》被认为是建国以来保护女职工的劳动权益，减少和解决她们在劳动中因生理机能造成的特殊困难，保护其安全和健康的、第一部综合性的女职工劳动保护法规。为贯彻这一规定，1988 年 9 月，劳动部下发了《关于女职工生育待遇若干问题的通知》，进一步对流产产假等作出了明确规定。②

进入 1990 年代，生育保险社会化与普及化的呼声越来越高，国家也很重视制定相关法规。1992 年 4 月，我国通过了《妇女权益保障法》，全面规定了妇女的各项权益，并针对女职工面临的特殊问题作出了规定。③ 该法标志着我国生育保险制度进入一个法制化的新阶段。

1994 年 7 月，八届全国人大常委会第八次会议通过了《劳动法》，规定女职工在劳动就业和社会保险方面享有同男职工同等的权利，并对女职工生育保险问题作出了一些原则性的规定。④ 同年 12 月，劳动部制定了《企业职工生育保险试行办法》，其核心内容是规范各地生育保险制度，明确此后中国生育保险的改革方向。⑤

1995 年 7 月，国务院发布了《国务院关于印发中国妇女发展纲要（1995—2000）的通知》，对生育保险的实施范围、覆盖方式及时间进度等作出了更为明确的规定。⑥ 1995 年至 1998 年，劳动部还相继发布了《关于贯彻实施〈中国妇女发展纲要（1995—2000）〉的通知》和《落实〈关于贯彻实施《中国妇女发展纲要（1995~2000）》的通知〉的意见》等，对各地生育保险的社会统筹进度提出了更为具体的要求。⑦

1997 年 10 月，劳动部下发了《关于印发〈生育保险覆盖计划〉的通知》，对不

① 王巨禄主编：《中国市场经济法律实务知识全书》（下），人民出版社 1994 年，第 1938—1939 页。

② 《中华人民共和国国务院行政法规汇编（2012）》，人民出版社 2013 年，第 65 页。

③ 《中华人民共和国妇女权益保障法》，人民出版社 1992 年。

④ 中共中央文献研究室编：《十四大以来重要文献选编》（上），人民出版社 1996 年，第 899—900 页。

⑤ 《企业职工生育保险试行办法》，《中国劳动科学》1995 年第 3 期。

⑥ 《国务院关于印发中国妇女发展纲要（1995—2000）的通知》，《中华人民共和国国务院公报》1995 年第 21 期。

⑦ 孙树菡主编：《社会保险学》，中国人民大学出版社 2008 年，第 431—441 页。

同地区的生育保险覆盖进度提出了不同要求,并建议已实行生育保险费用县(市)级统筹的地区应逐步向地市级统筹过渡,要求各地生育保险基金累计结余原则上不得超过上年度实际支付总额的30%,超过的部分返还企业。

1999年9月,为与医疗保险改革衔接,劳动和社会保障部等下发了《劳动和社会保障部等部门关于妥善解决城镇职工计划生育手术费用问题的通知》,将计划生育手术费用列入生育保险支付范围,但没有建立生育保险的地区,职工的计划生育手术费用由基础医疗统筹基金支付,生育保险与基本医疗保险均未参加的单位,职工的计划生育手术费用仍由所在单位按原渠道解决,从而保障了职工计划生育手术费用的落实。①

2001年5月,国务院印发了《中国妇女发展纲要(2001—2010)》,提出促进城镇职工生育保险的进一步完善。② 同年11月,劳动保障部办公厅印发了《贯彻落实〈中国妇女发展纲要(2001—2010)〉实施方案》,其中对生育保险提出了新目标,即要求到2010年城镇职工生育保险覆盖率达到90%以上;合理确定生育保险待遇水平,切实保障女职工生育期间的基本生活和医疗保险需求,促进生育保险制度向制度化、规范化、社会化方向发展。③

2004年9月,劳动和社会保障部发布了《关于进一步加强生育保险工作的指导意见》④,提出加强生育保险的医疗服务管理,协同推进生育保险与医疗保险工作,要充分利用医疗保险和医疗服务措施和手段,积极探索与医疗保险统一管理的生育保险医疗服务管理模式。⑤

2010年10月,十一届全国人大常委会第17次会议通过了《社会保险法》,规定职工应当参加生育保险,由用人单位按照国家规定缴纳生育保险费,职工不缴纳生育保险费。为实施《社会保险法》的相关规定,2011年6月,人力资源和社会保障部发布《实施〈中华人民共和国社会保险法〉若干规定》。

2011年7月,国务院发布了《中国妇女发展纲要(2011—2020)》,其中关于

---

① 《劳动和社会保障部等部门关于妥善解决城镇职工计划生育手术费用问题的通知》,《吉林政报》1999年第22期。

② 《国务院关于印发中国妇女发展纲要和中国儿童发展纲要的通知》,《中华人民共和国国务院公报》2001年第21期。

③ 《劳动保障部门贯彻落实〈中国妇女发展纲要(2001—2010年)〉实施方案》,《创业者》2002年第3期。

④ 《关于进一步加强生育保险工作的指导意见》,《劳动保障通讯》2004年第10期。

⑤ 孙树菡主编:《社会保险学》,中国人民大学出版社2008年,第441—442页。

生育保险方面规定,完善城镇职工生育保险制度,进一步扩大生育保险覆盖范围,提高参保率。以城镇居民基本医疗保险、新型农村合作医疗制度为依托,完善城乡生育保障制度,覆盖所有城乡妇女。

2016 年 4 月,人力资源社会保障部、财政部下发了《关于阶段性降低社会保险费率的通知》,规定生育保险和基本医疗保险合并实施工作,待国务院制定出台相关规定后统一组织实施。这是继 2015 年 12 月召开的中央经济工作会议提到的精简归并"五险一金"与 2016 年 3 月公布的"十三五"规划提出的将生育保险和基本医疗保险合并之后,国家再次提到将生育保险和基本医疗保险合并实施。①

2017 年 1 月,为做好生育保险和职工基本医疗保险合并实施试点工作,国务院办公厅发布了《国务院办公厅关于印发生育保险和职工基本医疗保险合并实施试点方案的通知》,规定生育保险和职工基本医疗保险统一参保登记;统一基金征缴和管理;统一医疗服务管理;统一经办和信息服务;职工生育期间的生育保险待遇不变。②

2018 年 3 月,为切实维护全面两孩政策下参保职工的合法权益,确保生育保险稳健运行,人力资源社会保障部等发布了《人力资源社会保障部、财政部、国家卫生计生委关于做好当前生育保险工作的意见》。

2019 年 3 月,国务院办公厅发布了《国务院办公厅关于全面推进生育保险和职工基本医疗保险合并实施的意见》,针对全面推进生育保险和职工基本医疗保险合并实施,提出了相关意见。③

2021 年 9 月,国务院发布了《国务院关于印发中国妇女发展纲要和儿童发展纲要的通知》,强调完善生育保障制度,提高生育保险参保率。④

总之,近些年来,尤其是党的十八大以来,我国生育保险法规与政策日益完善,取得了显著成绩。2023 年末,参加生育保险的人数为 24907.0 万人,是 2010

---

① 李金磊:《生育和医疗保险将合并实施 五险一金将变"四险一金"?》,中国新闻网 2016 年 4 月 20 日。

② 《国务院办公厅关于印发生育保险和职工基本医疗保险合并实施试点方案的通知》,《中华人民共和国国务院公报》2017 年第 6 期。

③ 《国务院办公厅关于全面推进生育保险和职工基本医疗保险合并实施的意见》,《中华人民共和国国务院公报》2019 年第 10 期。

④ 《国务院关于印发中国妇女发展纲要和儿童发展纲要的通知》,《中华人民共和国国务院公报》2021 年第 29 期。

年的2.02倍。①

我国社会保险的法规与政策除了上述方面之外,军人社会保险法规与政策也是其中的重要内容之一。2012年4月,十一届全国人大常委会第26次会议通过了《中华人民共和国军人保险法》(此后简称《军人保险法》),对军人伤亡保险、退役养老保险、退役医疗保险等作出了具体规定。②

第二节　社会保险法规与政策的主要内容

一、基本养老保险法规与政策的主要内容

我国基本养老保险法规与政策的内容主要来源于《社会保险法》③等。

(一)城镇职工基本养老保险的法规与政策

1. 参保范围

所有签订了劳动合同的职工及其用人单位都是义务参保人,应参加职工基本养老保险;无雇主的个体工商户、未在用人单位参加基本养老保险的非全日制从业人员,以及其他灵活就业人员则是自愿参保人,可参加职工基本养老保险。

2. 制度模式与缴费比例

我国的职工基本养老保险制度实行社会统筹与个人账户相结合的制度模式。基本养老保险基金由用人单位缴费、个人缴费以及政府补助等构成。其中,用人单位应按本单位职工工资总额的一定比例缴纳基本养老保险费,计入社会统筹账户。根据2019年4月国务院办公厅发布的《降低社会保险费率综合方案的通知》的要求,自2019年5月1日起,降低职工基本养老保险(包括企业和机关事业单位基本养老保险)单位缴费比例。④ 各省、自治区、直辖市及新疆生产建设兵团养老保险单位缴费比例高于16%的,可降至16%;目前低于16%的,要

① 数据来源:《中国统计年鉴2024》。

② 《中华人民共和国军人社会保险法》,人民出版社2012年。

③ 《全国人民代表大会常务委员会关于修改〈中华人民共和国社会保险法〉的决定》,《中华人民共和国全国人民代表大会常务委员会公报》2019年第1期。

④ 《国务院办公厅关于印发降低社会保险费率综合方案的通知》,《中华人民共和国国务院公报》2019年第11期。

研究提出过渡办法。职工按国家规定的本人工资为缴费基数,按 8%的缴费比例缴纳基本养老保险费,计入个人账户。

就灵活就业人员的缴费而言,根据《降低社会保险费率综合方案的通知》要求,个体工商户和灵活就业人员参加职工基本养老保险,可在本省全口径城镇单位就业人员平均工资的 60%—300%选择适当的缴费基数。

政府在基本养老保险基金筹集方面的责任主要体现在以下两个方面:①国有企业、事业单位职工参加基本养老保险前,视同缴费年限期间应当缴纳的基本养老保险费由政府承担;②基本养老保险基金出现支付不足时,政府给予补贴。

3. 基本养老金计发办法

根据《社会保险法》的规定,基本养老保险待遇有三种类型:①参加基本养老保险制度的个人,达到法定退休年龄时,累计缴费满 15 年的,按月领取基本养老金;②参加基本养老保险的个人,因病或者非因公死亡的,其遗属可领取丧葬补贴和抚恤金;③参加基本养老保险的个人,在未达到法定退休年龄时因病或非因工致残完全丧失劳动能力的,可领取病残津贴。在此,主要介绍基本养老金的待遇计发办法。①

达到法定退休年龄和累计缴费满 15 年,是参保者领取基本养老金的两个前提条件。与此同时,根据《社会保险法》的规定,参加基本养老保险的个人,在达到法定退休年龄时累计缴费不满 15 年的,可缴费至满 15 年,按月领取基本养老金,也可转入新型农村社会养老保险或城镇居民社会养老保险(以上两项制度已经合并为城乡居民基本养老保险),并享受相关待遇。

基本养老金待遇由社会统筹养老金(也称"基础养老金")和个人账户养老金共同构成。其中,个人账户养老金月标准为职工退休时本人个人账户累计储存额(包括本金和投资收益)除以计发月数,不同的退休年龄对应不同的计发月数。根据《国务院关于深化企业职工养老保险制度改革的通知》②,职工离退休后,个人账户的储存额已经领取完毕时,由社会统筹基金按照规定标准继续支付,直到参保人死亡。与此同时,根据《社会保险法》第 14 条的规定,个人账户养老金不得提前支取,记账利率不得低于银行定期存款利率,免征利息税。个人死

---

① 《全国人民代表大会常务委员会关于修改〈中华人民共和国社会保险法〉的决定》,《中华人民共和国全国人民代表大会常务委员会公报》2019 年第 1 期。

② 中共中央文献研究室编:《十四大以来重要文献选编》(中),人民出版社 1997 年,第 1234—1238 页。

亡时,个人账户养老金余额可继承。

关于基础养老金的计发办法,根据《国务院关于完善企业职工基本养老保险制度的决定》①,基础养老金以职工退休时当地上年度在岗职工月平均工资与本人指数化月平均缴费工资的算术平均数为基数,缴费每满一年发给1%。计算公式为:基础养老金=(参保人退休时当地上年度在岗职工月平均工资+参保人本人指数化月平均缴费工资)÷2×缴费年限×1%。该养老金计发公式体现的是养老保险制度的基本原则,即缴费水平越高(在公式中体现为本人指数化月平均缴费工资),待遇水平越高;缴费时间越长(在公式中体现为缴费年限),待遇水平越高。

需要特别指出的是,以上个人账户养老金和基础养老金的计发办法确定的都是参保人退休时的养老金水平。根据《社会保险法》第18条的规定,国家建立基本养老金正常调整机制,根据职工平均工资增长、物价上涨情况,适时提高基本养老保险待遇水平。例如,2024年5月,人力资源社会保障部、财政部下发了《关于2024年调整退休人员基本养老金的通知》规定,从2024年1月1日起调整企业和机关事业单位退休人员基本养老金水平,全国调整比例按照2023年退休人员月人均基本养老金的3.6%确定。各省以全国调整比例为高限确定本省调整比例和水平。

4. 职工基本养老保险关系的转移、接续

我国现行的职工养老保险制度面临地区之间的分割、统筹层次较低等问题。针对这些问题,《社会保险法》第19条明确规定,个人跨统筹地区就业的,其基本养老保险关系随本人转移,缴费年限累计计算。个人达到法定退休年龄时,基本养老金分段计算、统一支付。

2009年12月,为解决跨区域流动过程中的基本养老保险权益问题,人力资源社会保障部与财政部下发了《城镇企业职工基本养老保险关系转移接续暂行办法》,规定了职工基本养老保险关系转移接续过程中的责任主体、资金转移方式以及退休后的待遇领取地。就责任主体而言,参保人员从现有工作地返回户籍所在地就业参保的,户籍所在地的相关社保经办机构应为其及时办理转移接续手续;参保人员从现有工作地转移到新的工作地,由新参保地的社保经办机构为其及时办理转移接续手续。但对男性年满50周岁和女性年满40周岁的,应

① 《国务院关于完善企业职工基本养老保险制度的决定》,《中华人民共和国国务院公报》2006年第3期。

在原参保地继续保留基本养老保险关系,同时在新参保地建立临时基本养老保险缴费账户,记录单位和个人全部缴费。就资金的转移方式而言,个人账户储存额在 1998 年 1 月 1 日之前按个人缴费累计本息计算转移,1998 年 1 月 1 日后按记入个人账户的全部储存额计算转移。统筹基金(单位缴费)以本人 1998 年 1 月 1 日后各年度实际缴费工资为基数,按 12%的总和转移,参保缴费不足 1 年的,按实际缴费月数计算转移。就参保者退休后的待遇领取地而言,分为如下四种情况:①基本养老保险关系在户籍所在地的,由户籍所在地负责办理待遇领取手续;②基本养老保险关系不在户籍所在地,而在其基本养老保险关系所在地累计缴费年限满十年的,在该地办理待遇领取手续;③基本养老保险关系不在户籍所在地,且在其基本养老保险关系所在地累计缴费年限不满十年的,将其基本养老保险关系转回上一个缴费年限满十年的原参保地办理待遇领取手续;④基本养老保险关系不在户籍所在地,且在每个参保地的累计缴费年限均不满十年的,将其基本养老保险关系及相应资金归集到户籍所在地,由户籍所在地按规定办理待遇领取手续。

根据《社会保险法》的要求,职工基本养老保险逐步实行全国统筹。2018 年 6 月,国务院发布了《国务院关于建立企业职工基本养老保险基金中央调剂制度的通知》,要求建立职工基本养老保险基金中央调剂制度,均衡地区间企业职工基本养老保险基金的负担,促进基本养老保险制度的可持续发展。根据通知的要求,中央调剂基金由各省份职工基本养老保险基金上解的资金构成。按照各省份职工平均工资的 90%和在职应参保人数作为计算上解额的基数,上解比例从 3%起步,逐步提高。中央调剂基金按照人均定额拨付,根据人力资源社会保障部、财政部核定的各省份离退休人数确定拨付资金数额。①

(二)城乡居民基本养老保险的法规与政策

城乡居民基本养老保险法规与政策的内容来源于:《国务院关于开展新型农村社会养老保险试点的指导意见》②、《国务院关于开展城镇居民社会养老保险

---

① 《国务院关于建立企业职工基本养老保险基金中央调剂制度的通知》,《中华人民共和国国务院公报》2018 年第 18 期。

② 《国务院关于开展新型农村社会养老保险试点的指导意见》,《中华人民共和国国务院公报》2009 年第 26 期。

试点的指导意见》①、《国务院关于建立统一的城乡居民基本养老保险制度的意见》②及《社会保险法》等。

1. 参保范围

年满16周岁(不含在校学生),非国家机关和事业单位工作人员及不属于职工基本养老保险制度覆盖范围的城乡居民,可在户籍地参加城乡居民基本养老保险。对于该参保范围的规定,有三点需要特别说明:①对于灵活就业人员、个体工商户等职工基本养老保险制度的自愿参保者而言,既可选择参加职工基本养老保险,也可选择参加城乡居民基本养老保险,但不可同时参加两项制度;②职工养老保险的参保与劳动关系特征密切相关,凡是签订了劳动合同的职工必须参加职工基本养老保险,但城乡居民基本养老保险则与户籍相关,城乡居民只能在户籍所在地参加居民养老保险;③职工基本养老保险有义务参保人和自愿参保人,而城乡居民养老保险则是非强制性的,所有参保人均是自愿参保人。

2. 制度模式与基金筹集

城乡居民基本养老保险采取的是统筹账户与个人账户相结合的模式,其中,统筹账户用于支付基础养老金。基础养老金全部来源于政府财政,其中,中央财政对中西部地区按中央确定的基础养老金标准给予全额补助,对东部地区给予50%的补助。个人账户则由个人缴费、地方人民政府对参保人的缴费补贴、集体补助及其他社会经济组织、公益慈善组织、个人对参保人的缴费资助共同构成。

就个人缴费标准而言,目前设为每年100元、200元、300元、400元、500元、600元、700元、800元、900元、1000元、1500元、2000元12个档次,省(自治区、直辖市)人民政府可根据实际情况增设缴费档次。就集体补助而言,补助标准由村委会召开村民会议民主确定,鼓励有条件的社区将集体补助纳入社区公益事业资金筹集范围。就地方政府补贴而言,对选择最低档次标准缴费的,补贴标准不低于每人每年30元;对选择较高档次标准缴费的,适当增加补贴金额;对选择500元及以上档次标准缴费的,补贴标准不低于每人每年60元,具体标准和办法由省(自治区、直辖市)人民政府确定。对重度残疾人等缴费困难群体,地方人民政府为其代缴部分或全部最低标准的养老保险费。

---

① 中共中央文献研究室编:《十七大以来重要文献选编》(下),中央文献出版社2013年,第390—396页。

② 《国务院关于建立统一的城乡居民基本养老保险制度的意见》,《西宁政报》2014年第3期。

3. 基本养老保险待遇

领取城乡居民基本养老保险待遇的条件是,参加城乡居民基本养老保险的个人,年满60周岁、累计缴费满15年,且未领取国家规定的职工基本养老保障待遇的,可按月领取城乡居民基本养老保险待遇。

不同类型的参保者,领取城乡居民基本养老保险待遇的条件有所不同:①在新型农村社会养老保险或城镇居民社会养老保险制度实施时已年满60周岁(新型农村社会养老保险于2009年开始试点实施,城镇居民社会养老保险于2011年开始试点实施),在城乡居民基本养老保险制度实施时(即2014年2月)尚未领取国家规定的基本养老保障待遇的,不用缴费,可直接按月领取城乡居民基本养老保险基础养老金;②距规定领取年龄不足15年的,应逐年缴费,也允许补缴,累计缴费可以不超过15年,待60岁时即可领取待遇;③距规定领取年龄超过15年的,应按年缴费,累计缴费不少于15年。

城乡居民基本养老保险待遇由基础养老金和个人账户养老金构成,支付终身。在基础养老金方面,由中央政府确定基础养老金最低标准,建立基础养老金最低标准正常调整机制,根据经济发展和物价变动等情况,适时调整全国基础养老金最低标准。地方人民政府可根据实际情况适当提高基础养老金标准;对长期缴费的,可适当加发基础养老金,提高和加发部分的资金由地方人民政府支出,具体办法由省级人民政府规定。个人账户养老金的月计发标准,目前为个人账户全部储存额除以139。参保人死亡,个人账户资金余额可依法继承。

4. 城乡基本养老保险制度的衔接

为解决劳动者跨行业流动过程中,尤其是进城务工劳动者的基本养老保险权益问题,国家还建立了城乡居民基本养老保险制度与城镇职工基本养老保险制度之间的衔接机制。

根据2014年2月人力资源社会保障部、财政部发布的《城乡养老保险制度衔接暂行办法》,参加城镇职工基本养老保险和城乡居民基本养老保险的人员,达到城镇职工基本养老保险法定退休年龄后,城镇职工基本养老保险缴费年限满15年(含延长缴费至15年)的,可申请从城乡居民基本养老保险转入城镇职工基本养老保险,按照城镇职工基本养老保险办法计发相应待遇;城镇职工基本养老保险缴费年限不足15年的,可申请从城镇职工基本养老保险转入城乡居民基本养老保险,待达到城乡居民基本养老保险规定的领取条件时,按照城乡居民基本养老保险办法计发相应待遇。①

参保人员从城乡居民基本养老保险转入城镇职工基本养老保险的，城乡居民基本养老保险个人账户全部储存额并入城镇职工基本养老保险个人账户，城乡居民基本养老保险缴费年限不合并计算或折算为城镇职工基本养老保险缴费年限。参保人员从城镇职工基本养老保险转入城乡居民基本养老保险的，城镇职工基本养老保险个人账户全部储存额并入城乡居民基本养老保险个人账户，参加城镇职工基本养老保险的缴费年限合并计算为城乡居民基本养老保险的缴费年限。

二、基本医疗保险法规与政策的主要内容

（一）职工基本医疗保险法规与政策的主要内容

1998年12月，国务院颁布了《关于建立城镇职工基本医疗保险制度的决定》（本节简称《决定》），对职工基本医疗保险制度的主要内容作出了明确规定。②

在参保对象方面，根据《决定》的要求，城镇所有用人单位，包括企业（国有企业、集体企业、外商投资企业、私营企业等）、机关、事业单位、社会团体、民办非企业单位及其职工，都要参加职工基本医疗保险。《社会保险法》第23条也规定，职工应参加职工基本医疗保险，由用人单位和职工按照国家规定共同缴纳基本医疗保险费。无雇主的个体工商户、未在用人单位参加职工基本医疗保险的非全日制从业人员以及其他灵活就业人员可以参加职工基本医疗保险，由个人按照国家规定缴纳基本医疗保险费。

在制度模式与资金来源方面，《决定》要求，基本医疗保险基金由统筹基金和个人账户构成。职工个人缴费率一般为本人工资收入的2%。用人单位缴费率应控制在职工工资总额的6%左右，具体比例由统筹地区根据个人账户的支付范围和职工年龄等因素确定。

在职工基本医疗保险待遇方面，《社会保险法》第28条规定，符合基本医疗保险药品目录、诊疗目录、医疗服务设施标准以及急诊、抢救的费用，按照国家规定从基本医疗保险基金中支付。同时，我国的基本医疗保险实行定点医疗机构（包括中医医院）和定点药店管理制度，非急诊情况下，只有在定点医疗机构和定

① 《城乡养老保险制度衔接暂行办法》，《人事天地》2014年第4期。

② 中共中央文献研究室编：《十五大以来重要文献选编》（上），人民出版社2000年，第665—671页。

点药店中产生的相关费用才能够使用医疗保险基金支付。

《社会保险法》第30条还规定了不纳入基本医疗保险基金支付范围的内容。具体包括:①应从工伤保险基金中支付的;②应由第三人承担的;③应由公共卫生承担的以及在境外就医的费用。其中,医疗费用应由第三人负担的,第三人不支付或者无法确定第三人的,由基本医疗保险基金先行支付。基本医疗保险基金先行支付后,有权向第三人追偿。

就具体的支付方式而言,根据《决定》的要求,基本医疗保险统筹基金和个人账户要划定各自的支付范围,分别核算,不得互相挤占。要确定统筹基金的起付标准和最高支付限额,起付标准原则上控制在当地职工年平均工资的10%左右,最高支付限额原则上控制在当地职工年平均工资的4倍左右。起付标准以下的医疗费用,从个人账户中支付或由个人自付。起付标准以上、最高支付限额以下的医疗费用,主要从统筹基金中支付,个人也要负担一定比例。超过最高支付限额的医疗费用,可以通过商业医疗保险等途径解决。统筹基金的具体起付标准、最高支付限额以及在起付标准以上和最高支付限额以下医疗费用的个人负担比例,由统筹地区根据以收定支、收支平衡的原则确定。

对于一些特殊人员的医疗待遇,《决定》也作出了如下明确的规定:①离休人员、老红军的医疗待遇不变,医疗费用按原资金渠道解决;支付确有困难的,由同级人民政府帮助解决。②二等乙级以上革命伤残军人的医疗待遇不变,医疗费用按原资金渠道解决,由社会保险经办机构单独列账管理;医疗费支付不足部分,由当地人民政府帮助解决。③退休人员参加基本医疗保险,个人不缴纳基本医疗保险费。对退休人员个人账户的记入金额和个人负担医疗费的比例给予适当照顾。④国家公务员在参加基本医疗保险的基础上,享受医疗补助政策,具体办法另行制定。

2017年6月,国务院办公厅发布了《国务院办公厅关于进一步深化基本医疗保险支付方式改革的指导意见》,要求实行多元复合式医保支付方式,重点推行按病种付费、开展按疾病诊断相关分组付费试点,完善按人头、按床日付费等支付方式。①

(二)城乡居民基本医疗保险法规与政策的主要内容

城乡居民基本医疗保险制度是在整合城镇居民基本医疗保险和新型农村合

---

① 《国务院办公厅关于进一步深化基本医疗保险支付方式改革的指导意见》,《中华人民共和国国务院公报》2017年第20期。

作医疗制度的基础上建立的,面向城乡居民的基本医疗保险制度。其前身是城镇居民基本医疗保险制度和新型农村合作医疗制度。2007 年 7 月,国务院下发了《国务院关于开展城镇居民基本医疗保险试点的指导意见》,对城镇居民基本医疗保险制度的主要内容进行了规定①:①在参保范围方面,不属于城镇职工基本医疗保险制度覆盖范围的中小学阶段的学生(包括职业高中、中专、技校学生)、少年儿童和其他非从业城镇居民都可自愿参加城镇居民基本医疗保险。因此,目前我国的城镇居民基本医疗保险制度属于自愿性制度,而非强制性制度。②在缴费来源方面,试点城市应根据当地的经济发展水平以及成年人和未成年人等不同人群的基本医疗消费需求,并考虑当地居民家庭和财政的负担能力,恰当确定筹资水平。城镇居民基本医疗保险以家庭缴费为主,政府给予适当补助。③在待遇支付方面,城镇居民基本医疗保险基金的使用要坚持以收定支、收支平衡、略有结余的原则,重点用于参保居民的住院和门诊大病医疗支出,有条件的地区可逐步试行门诊医疗费用统筹。

2009 年 7 月,人力资源和社会保障部等下发了《关于开展城镇居民基本医疗保险门诊统筹的指导意见》,要求根据城镇居民基本医疗保险基金支付能力,在重点保障参保居民住院和门诊大病医疗支出的基础上,逐步将门诊"小病"医疗费用纳入基金支付范围。②

在服务管理方面,《国务院关于开展城镇居民基本医疗保险试点的指导意见》指出,对城镇居民基本医疗保险的医疗服务管理,原则上参照城镇职工基本医疗保险的有关规定执行。要综合考虑参保居民的基本医疗需求和基本医疗保险基金的承受能力等因素,合理确定医疗服务的范围。通过订立和履行定点服务协议,规范对定点医疗机构和定点零售药店的管理,明确医疗保险经办机构和定点的医疗机构、零售药店的权利和义务。医疗保险经办机构要简化审批手续,方便居民参保和报销医疗费用;明确医疗费用结算办法,按规定与医疗机构及时结算。加强对医疗费用支出的管理,探索建立基本医疗保险管理服务的奖惩机制。积极推行医疗费用按病种付费、按总额预付等结算方式,探索协议确定医疗费用标准的办法。

---

① 中共中央文献研究室编:《十六大以来重要文献选编》(下),中央文献出版社 2008 年,第 1089—1095 页。

② 《关于开展城镇居民基本医疗保险门诊统筹的指导意见》,《中国劳动保障》2009 年第 9 期。

《社会保险法》还进一步规范了城镇居民基本医疗保险。其中,第25条规定,国家建立和完善城镇居民基本医疗保险制度。城镇居民基本医疗保险实行个人缴费和政府补贴相结合;享受最低生活保障的人、丧失劳动能力的残疾人、低收入家庭60周岁以上的老年人和未成年人等所需个人缴费部分,由政府给予补贴。但是,由于我国地区之间经济发展水平差异较大,各地的缴费水平和政府补贴水平并没有统一的标准。

此外,2015年8月,国务院办公厅发布了《国务院办公厅关于全面实施城乡居民大病保险的意见》,要求在前期试点的基础上,大病保险覆盖所有城镇居民基本医疗保险和新型农村合作医疗参保人群,大病患者看病就医负担有效减轻。根据该文件要求,从城乡居民基本医保基金中划出一定比例或额度作为大病保险资金,防止家庭出现灾难性医疗支出。①

为推动城乡社会保障制度一体化建设、推进医药卫生体制改革、实现城乡居民公平享有基本医疗保险权益、促进社会公平正义、增进人民福祉,在总结城镇居民医保和新农合运行情况以及地方探索实践经验的基础上,2016年1月,国务院发布了《关于整合城乡居民基本医疗保险制度的意见》,就整合建立城乡居民医保制度提出了意见,要求推进城镇居民医保和新农合制度整合。该文件提出了统筹规划协调发展、立足基本保障公平、因地制宜有序推进、创新机制提升效能的基本原则,以及统一覆盖范围、统一筹资政策、统一保障待遇、统一医保目录、统一定点管理、统一基金管理的"六统一"要求。同时,还就理顺管理体制和提升服务效能提出了具体的要求。②

党的十九大报告中进一步提出了"完善统一的城乡居民基本医疗保险制度和大病保险制度"的要求。到2019年5月,已有24个省份完成城乡居民医保制度整合工作。为进一步推动此项工作,《国家医疗保障局 财政部关于做好2019年城乡居民基本医疗保障工作的通知》中进一步提出,要"全面建立统一的城乡居民医保制度",要求城镇居民基本医疗保险和新型农村合作医疗制度尚未完全整合统一的地区,要按照党中央、国务院部署要求,于2019年底前实现两项制度并轨运行,向统一的城乡居民医保制度过渡;还要求各地要聚焦城乡居民医疗保

---

① 《国务院办公厅关于全面实施城乡居民大病保险的意见》,《中华人民共和国国务院公报》2015年第23期。

② 《国务院关于整合城乡居民基本医疗保险制度的意见》,《中华人民共和国国务院公报》2016年第3期。

障发展不协调不充分问题，结合医疗保障相关职能整合，在确保“六统一”的基础上，统一经办服务和信息系统，进一步提高运行质量和效率，确保统一的城乡居民医保制度全面建立，实现制度更加完善、保障更加公平、基金更可持续、管理更加规范、服务更加高效的基本目标。到 2018 年底，参加城乡居民基本医疗保障的人数已达 102777.8 万人，2019 年底为 102482.7 万人，2020 年为 1010676.0 万人，[①]已实现了城乡居民医保制度的整合。

三、生育保险法规与政策的主要内容

1994 年 12 月，劳动部颁布了《企业职工生育保险试行办法》，对生育保险的主要内容作了原则规定。[②]《社会保险法》第六章也对生育保险的相关内容进行了规定，提升了立法的层次和水平。2019 年 3 月，国务院办公厅发布了《国务院公办厅关于全面推进生育保险和职工基本医疗保险合并实施的意见》，要求遵循保留险种、保障待遇、统一管理、降低成本的总体思路，推进两项保险合并实施，实现参保同步登记、基金合并运行、征缴管理一致、监督管理统一、经办服务一体化。[③] 2018 年 12 月修正的《社会保险法》，第 64 条修改为“除基本医疗保险基金与生育保险基金合并建账及核算外，其他各项社会保险基金按照社会保险险种分别建账，分账核算。社会保险基金执行国家统一的会计制度”。第 66 条修改为“除基本医疗保险基金与生育保险基金预算合并编制外，其他社会保险基金预算按照社会保险项目分别编制”。

（一）生育保险费筹集

《社会保险法》第 53 条规定，职工应参加生育保险，由用人单位按照国家规定缴纳生育保险费，职工个人不缴纳生育保险费。《国务院办公厅关于全面推进生育保险和职工基本医疗保险合并实施的意见》进一步具体规定，生育保险基金并入职工基本医疗保险基金，统一征缴，统筹层次一致。按照用人单位参加生育保险和职工基本医疗保险的缴费比例之和确定新的用人单位职工基本医疗保险费率，个人不缴纳生育保险费。同时，根据职工基本医疗保险基金支出情况和生育待遇的需求，按收支平衡的原则，建立费率确定和调整机制。

---

① 数据来源：《中国统计年鉴 2023》。

② 《企业职工生育保险试行办法》，《中国劳动科学》1995 年第 3 期。

③ 《国务院办公厅关于全面推进生育保险和职工基本医疗保险合并实施的意见》，《中华人民共和国国务院公报》2019 年第 10 期。

(二)生育保险待遇

《社会保险法》第54条规定,用人单位已缴纳生育保险费的,其职工享受生育保险待遇;职工未就业配偶按国家规定享受生育医疗费用待遇。生育保险待遇包括生育医疗费用和生育津贴,所需资金从职工基本医疗保险基金中支付。

生育医疗费用包括女职工生育的检查费、接生费、手术费、住院费和药费等,生育津贴按照职工所在用人单位上年度职工月平均工资计发。

四、失业保险法规与政策的主要内容

我国失业保险法规与政策的内容主要来源于《失业保险条例》①、《社会保险法》②等。

(一)参保范围

《社会保险法》第44条规定,职工应参加失业保险,由用人单位和职工按国家规定共同缴纳失业保险费。《失业保险条例》进一步明确指出,城镇企业事业单位、城镇企业事业单位职工依照本条例的规定,缴纳失业保险费。城镇企业事业单位失业人员依照本条例的规定,享受失业保险待遇。其中,城镇企业是指国有企业、城镇集体企业、外商投资企业、城镇私营企业以及其他城镇企业。由此可见,从劳动关系上看,无论受雇的企业所有制类型如何,雇员及用人单位都是法定参保人,个体工商户等自雇人员无须参加失业保险。

(二)失业保险基金

《失业保险条例》对失业保险基金的构成、缴费标准以及主要支出内容进行了规定。

从构成上看,失业保险基金主要来源于:①城镇企业事业单位及其职工缴纳的失业保险费;②失业保险基金的利息;③财政补贴;④依法纳入失业保险基金的其他资金。从缴费标准上看,城镇企业事业单位按本单位工资总额的2%缴纳失业保险费,城镇企业事业单位职工按本人工资的1%缴纳失业保险费。城镇企业事业单位招用的农民合同制工人本人不缴纳失业保险费。

从支出内容上看,失业保险基金的支出主要包括:①失业保险金;②领取失业保险金期间的医疗补助金;③领取失业保险金期间死亡的失业人员的丧葬补

---

① 《失业保险条例》,《中华人民共和国国务院公报》1999年第3期。

② 《全国人民代表大会常务委员会关于修改〈中华人民共和国社会保险法〉的决定》,《中华人民共和国全国人民代表大会常务委员会公报》2019年第1期。

助金和其供养的配偶、直系亲属的抚恤金；④领取失业保险金期间接受职业培训、职业介绍的补贴，补贴的办法和标准由省、自治区、直辖市人民政府规定；⑤国务院规定或者批准的与失业保险有关的其他费用。

《社会保险法》明确要求，失业保险基金逐步实现省级统筹。省、自治区可建立失业保险调剂金。失业保险调剂金以统筹地区依法应征收的失业保险费为基数，按照省、自治区人民政府规定的比例筹集。统筹地区的失业保险基金不敷使用时，由失业保险调剂金调剂、地方财政补贴。失业保险基金实行收支两条线管理，由财政部门依法进行监督。

（三）失业保险待遇

有关失业保险待遇的规定，主要包括领取和停止领取待遇的条件、失业保险待遇的水平、与其他社会保险待遇之间的关系以及办理程序等。

在领取和停止领取失业保险待遇方面，根据《社会保险法》第45条的规定，失业人员领取失业保险金应符合以下条件：①失业前用人单位和本人已经缴纳失业保险费满一年；②非因本人意愿中断就业；③已经进行失业登记，并有求职要求。以上三个条件必须同时符合才可领取失业保险金。

根据《社会保险法》第51条的规定，失业人员在领取失业保险金期间有下列情形之一的，停止领取失业保险金，同时停止享受其他失业保险待遇。这些情形包括：①重新就业的；②应征服兵役的；③移居境外的；④享受基本养老保险待遇的；⑤无正当理由，拒不接受当地人民政府指定部门或者机构介绍的适当工作或者提供的培训的。

在失业保险金的领取时间方面，《社会保险法》第46条规定了领取失业保险金的期限与累计缴费年限之间的关系：失业人员失业前用人单位和本人累计缴费满1年、不足5年的，领取失业保险金的期限最长为12个月；累计缴费满5年、不足10年的，领取失业保险金的期限最长为18个月；累计缴费10年以上的，领取失业保险金的期限最长为24个月。重新就业后，再次失业的，缴费时间重新计算，领取失业保险金的期限与前次失业应领取而尚未领取的失业保险金的期限合并计算，最长不超过24个月。

在失业保险金的标准以及失业保险待遇与其他社会保险待遇的关系方面，《社会保险法》第47条规定，失业保险金的标准由省、自治区、直辖市人民政府确定，不得低于城市居民最低生活保障标准。除了失业保险金之外，失业人员及其遗属还依法享受基本医疗保险待遇、一次性丧葬补助金和抚恤金的待遇。具体而言,《社会保险法》第48条规定,失业人员在领取失业保险金期间,参加职工基本医疗保险,享受基本医疗保险待遇。失业人员应当缴纳的基本医疗保险费从失业保险基金中支付,个人不缴纳基本医疗保险费。《社会保险法》第49条规定,失业人员在领取失业保险金期间死亡的,参照当地对在职职工死亡的规定,向其遗属发给一次性丧葬补助金和抚恤金,所需资金从失业保险基金中支付。个人死亡同时符合领取基本养老保险丧葬补助金、工伤保险丧葬补助金和失业保险丧葬补助金条件的,其遗属只能选择领取其中的一项。

《社会保险法》第50条规定了享受失业保险待遇的程序:用人单位应及时为失业人员出具终止或者解除劳动关系的证明,并将失业人员的名单自终止或者解除劳动关系之日起15日内告知社会保险经办机构。失业人员应持本单位为其出具的终止或者解除劳动关系的证明,及时到指定的公共就业服务机构办理失业登记。失业人员凭失业登记证明和个人身份证明,到社会保险经办机构办理领取失业保险金的手续。失业保险金领取期限自办理失业登记之日起计算。

五、工伤保险法规与政策的主要内容

我国工伤保险法规与政策的内容主要来源于《工伤保险条例》①、《社会保险法》②等。

(一)参保范围

《社会保险法》第33条规定,职工应参加工伤保险,由用人单位缴纳工伤保险费,职工个人不缴纳工伤保险费。《工伤保险条例》进一步规定,中华人民共和国境内的企业、事业单位、社会团体、民办非企业单位、基金会、律师事务所、会计师事务所等组织和有雇工的个体工商户应当依照本条例规定参加工伤保险。工伤保险制度遵循“无过错雇主责任”原则,具体体现为:①雇员个人不缴纳工伤保险费,雇主承担所有的缴费责任;②无论职工是否有过错,只要在工作时间、工作地点、因为工作原因受到事故伤害或者患职业病,都应被认定为工伤。

(二)工伤保险基金

工伤保险基金由用人单位缴纳的工伤保险费、工伤保险基金的利息和依法纳入工伤保险基金的其他资金构成。工伤保险费根据以支定收、收支平衡的原

---

① 《工伤保险条例》,人民出版社2010年,第10—33页。

② 《全国人民代表大会常务委员会关于修改〈中华人民共和国社会保险法〉的决定》,《中华人民共和国全国人民代表大会常务委员会公报》2019年第1期。

则,确定费率。

《社会保险法》第35条规定,用人单位应按本单位职工工资总额,根据社会保险经办机构确定的费率缴纳工伤保险费。但是,与其他社会保险制度的缴费率相对稳定和一致不同,工伤保险制度实行差别费率和浮动费率制度。《社会保险法》第34条规定,国家根据不同行业的工伤风险程度确定行业的差别费率,并根据使用工伤保险基金、工伤发生率等情况在每个行业内确定费率档次。社会保险经办机构根据用人单位使用工伤保险基金、工伤发生率和所属行业费率档次等情况,确定用人单位缴费费率。也就是说,不同行业因为发生工伤的风险不同,工伤保险费率也有所不同,即差别费率;不同企业会因为上一年度工伤发生率不同而适用不同的缴费率,即浮动费率。

(三)工伤认定与劳动能力鉴定

《工伤保险条例》对认定工伤、视同工伤以及不得认定工伤的情形进行了详细的规定。职工应被认定为工伤的情形包括:①在工作时间和工作场所内,因工作原因受到事故伤害的;②工作时间前后在工作场所内,从事与工作有关的预备性或者收尾性工作受到事故伤害的;③在工作时间和工作场所内,因履行工作职责受到暴力等意外伤害的;④患职业病的;⑤因工外出期间,由于工作原因受到伤害或者发生事故下落不明的;⑥在上下班途中,受到非本人主要责任的交通事故或者城市轨道交通、客运轮渡、火车事故伤害的;⑦法律、行政法规规定应当认定为工伤的其他情形。

视同工伤的情形包括:①在工作时间和工作岗位,突发疾病死亡或者在48小时之内经抢救无效死亡的;②在抢险救灾等维护国家利益、公共利益活动中受到伤害的;③职工原在军队服役,因战、因公负伤致残,已取得革命伤残军人证,到用人单位后旧伤复发的。

不得认定为工伤或者视同工伤的情况包括:①故意犯罪的;②醉酒或者吸毒的;③自残或者自杀的;④法律、行政法规规定的其他情形。

职工发生工伤,经治疗伤情相对稳定后存在残疾、影响劳动能力的,应当进行劳动能力鉴定。劳动能力鉴定是指劳动功能障碍程度和生活自理障碍程度的等级鉴定。劳动功能障碍分为十个伤残等级,最重的为一级,最轻的为十级。生活自理障碍分为三个等级:生活完全不能自理、生活大部分不能自理和生活部分不能自理。《工伤保险条例》对劳动能力鉴定的程序和内容也作出了详细的规定。

（四）工伤保险待遇

《社会保险法》第36条规定，职工因工作原因受到事故伤害或者患职业病，且经工伤认定的，享受工伤保险待遇；其中，经劳动能力鉴定丧失劳动能力的，享受伤残待遇。在职工因工伤发生的费用中，从工伤保险基金中支付的包括：①治疗工伤的医疗费用和康复费用；②住院伙食补助费；③到统筹地区以外就医的交通食宿费；④安装配置伤残辅助器具所需费用；⑤生活不能自理的，经劳动能力鉴定委员会确认的生活护理费；⑥一次性伤残补助金和一至四级伤残职工按月领取的伤残津贴；⑦终止或者解除劳动合同时，应当享受的一次性医疗补助金；⑧因工死亡的，其遗属领取的丧葬补助金、供养亲属抚恤金和因工死亡补助金；⑨劳动能力鉴定费。

在因工伤发生的费用中，由用人单位支付的包括：①治疗工伤期间的工资福利；②五级、六级伤残职工按月领取的伤残津贴；③终止或者解除劳动合同时，应当享受的一次性伤残就业补助金。

2017年7月，人力资源和社会保障部发布了《人力资源社会保障部关于工伤保险待遇调整和确定机制的指导意见》，对伤残津贴、供养亲属抚恤金、生活护理费、住院伙食补助费等待遇的确定和调整机制给出了具体指导意见。

《社会保险法》第40条规定，工伤职工符合领取基本养老金条件的，停发伤残津贴，享受基本养老保险待遇。基本养老保险待遇低于伤残津贴的，从工伤保险基金中补足差额。

此外，工伤保险基金还存在两种先行支付后再追偿的情况：①职工所在用人单位未依法缴纳工伤保险费，发生工伤事故的，由用人单位支付工伤保险待遇。用人单位不支付的，从工伤保险基金中先行支付。②由于第三人的原因造成工伤，第三人不支付工伤医疗费用或者无法确定第三人的，由工伤保险基金先行支付。

工伤保险职工停止享受工伤保险待遇的情况则包括：①丧失享受待遇条件的；②拒不接受劳动能力鉴定的；③拒绝治疗的。

最后，需要特别说明的两点是：①工伤保险的待遇内容和水平会根据伤残等级以及生活自理障碍等级不同而有所差别，《工伤保险条例》第五章对工伤保险待遇进行了详细规定，尤其是对用人单位和工伤保险基金各自的支出责任进行了调整与完善。②工伤保险基金不仅可以用于支付工伤保险待遇、劳动能力鉴定，工伤预防的宣传、培训等费用，法律、法规规定的用于工伤保险的其他费用也可从工伤保险基金中支付。

六、社会保险管理法规与政策的主要内容

《社会保险法》对社会保险管理的内容和流程进行了规范，包括社会保险基金、社会保险费征缴、社会保险经办与社会保险监督。

（一）社会保险基金与征缴

1. 社会保险基金

社会保险基金是各项社会保险制度所形成的基金的总称，包括基本养老保险基金、基本医疗保险基金、工伤保险基金、失业保险基金和生育保险基金。各项社会保险基金按照社会保险险种分别建账，分账核算，执行国家统一的会计制度。不同类型社会保险基金的统筹层次有所不同，基本养老保险基金逐步实行全国统筹，其他社会保险基金则逐步实行省级统筹。

社会保险基金通过预算实现收支平衡。2010 年 1 月，国务院下发了《国务院关于试行社会保险基金预算的意见》，对社会保险基金预算的主要内容和编制方法进行了规定。①

《社会保险法》第 69 条规定，社会保险基金在保证安全的前提下，按国务院规定投资运营实现保值增值。社会保险基金不得违规投资运营，不得用于平衡其他政府预算，不得用于兴建、改建办公场所和支付人员经费、运行费用、管理费用，或者违反法律、法规规定挪作其他用途。2015 年 8 月，国务院发布了《基本养老保险基金投资管理办法》，对养老保险基金的投资管理体制、投资领域以及监督管理等问题作出了明确规定。②

除了各项社会保险基金之外，2000 年，我国设立了全国社会保障基金，作为战略储备金，用于社会保障支出的补充和调剂。全国社会保障基金由全国社会保障基金管理运营机构负责管理运营，在保证安全的前提下实现保值增值。2001 年 12 月，财政部、劳动和社会保障部制定了《全国社会保障基金投资管理暂行办法》，对全国社会保障基金的投资管理模式、投资渠道以及风险防控等内容进行了规定。③ 2016 年 3 月，国务院颁布了《全国社会保障基金条例》，对全国社

① 《国务院关于试行社会保险基金预算的意见》，《青海政报》2010 年第 1 期。

② 《基本养老保险基金投资管理办法》，《中国劳动保障报》2015 年 8 月 25 日。

③ 《全国社会保障基金投资管理暂行办法》，《中华人民共和国财政部文告》2002 年第 1 期。

会保障基金的管理运营、基金监督以及法律责任等进行了明确规定。①

2. 社会保险费征缴

社会保险费是社会保险基金的重要来源。1999 年 1 月，国务院颁布了《社会保险费征缴暂行条例》。②《社会保险法》第七章对社会保险费征缴也进行了专章规定，明确了社会保险费征缴的流程和相关主体的法律责任。2018 年，国家机构改革方案明确规定，社会保险费由税务部门统一征缴。

在用人单位的社会保险登记方面，《社会保险法》第 57 条规定，用人单位应当自成立之日起 30 日内凭营业执照、登记证书或者单位印章，向当地社会保险经办机构申请办理社会保险登记。社会保险经办机构应当自收到申请之日起 15 日内予以审核，发给社会保险登记证件。用人单位的社会保险登记事项发生变更或者用人单位依法终止的，应当自变更或者终止之日起 30 日内，到社会保险经办机构办理变更或者注销社会保险登记。

在劳动者个人的社会保险登记方面，《社会保险法》第 58 条明确规定，用人单位应当自用工之日起 30 日内，为其职工向社会保险经办机构申请办理社会保险登记。未办理社会保险登记的，由社会保险经办机构核定其应缴纳的社会保险费。自愿参加社会保险的无雇工的个体工商户、未在用人单位参加社会保险的非全日制从业人员，以及其他灵活就业人员，应向社会保险经办机构申请办理社会保险登记。

我国的社会保险费征缴方面，《社会保险法》第 60 条规定，用人单位应当自行申报、按时足额缴纳社会保险费，非因不可抗力等法定事由不得缓缴、减免。职工应缴纳的社会保险费由用人单位代扣代缴，用人单位应按月将缴纳社会保险费的明细情况告知本人。如果用人单位未按规定申报应缴纳的社会保险费数额的，则按该单位上月缴费额的 110%确定应缴纳数额；缴费单位补办申报手续后，由社会保险费征收机构按照规定结算。无雇工的个体工商户、未在用人单位参加社会保险的非全日制从业人员以及其他灵活就业人员，可直接向社会保险费征收机构缴纳社会保险费。

社会保险缴费的基数分为用人单位的缴费基数和劳动者个人的缴费基数。其中，用人单位的缴费基数是工资总额。受雇劳动者的缴费基数一般为上个月

---

① 《全国社会保障基金条例》，《中华人民共和国国务院公报》2016 年第 10 期。

② 《社会保险费征缴暂行条例》，《中华人民共和国国务院公报》1999 年第 4 期。

实际工资收入,包括工资、奖金、津贴、补贴等收入。同时,职工月平均工资低于当地职工平均工资60%的,按60%计算缴费工资基数;超过当地职工平均工资300%的部分不计入缴费工资基数。城镇个体工商户和灵活就业人员的缴费基数应当为其上个月的实际收入,如果实际收入无法计算的,可以当地上年度在岗职工平均工资作为缴费基数。

2019年4月,国务院办公厅印发了《降低社会保险费率综合方案》,除了降低职工基本养老保险单位缴费费率之外,还调整了社保缴费基数的计算口径。①

《社会保险法》还对用人单位的法律责任进行了明确,其中第84条规定,用人单位不办理社会保险登记的,由社会保险行政部门责令限期改正;逾期不改正的,对用人单位处应缴社会保险费数额1倍以上3倍以下的罚款,对其直接负责的主管人员和其他直接责任人员处500元以上3000元以下的罚款。第86条规定,用人单位未按时足额缴纳社会保险费的,由社会保险费征收机构责令限期缴纳或者补足,并自欠缴之日起,按日加收万分之五的滞纳金;逾期仍不缴纳的,由有关行政部门处欠缴数额1倍以上3倍以下的罚款。

(二)社会保险经办与监督

1. 社会保险经办

根据管办分开的原则,我国设立了专门的社会保险经办机构,其主要职能就是具体经办社会保险的参保登记、稽核、待遇核定与发放以及数据统计等业务。《社会保险法》第74条对社会保险经办机构的职能以及权利义务进行了较为详细的规定,主要包括:①社会保险经办机构通过业务经办、统计、调查获取社会保险工作所需的数据,有关单位和个人应及时、如实提供;②社会保险经办机构应当及时为用人单位建立档案,完整、准确地记录参加社会保险的人员、缴费等社会保险数据,妥善保管登记、申报的原始凭证和支付结算的会计凭证;③社会保险经办机构应及时、完整、准确地记录参加社会保险的个人缴费和用人单位为其缴费,以及享受社会保险待遇等个人权益记录,定期将个人权益记录单免费寄送本人;④用人单位和个人可免费向社会保险经办机构查询、核对其缴费和享受社会保险待遇记录,要求社会保险经办机构提供社会保险咨询等相关服务。

《社会保险法》第87条和第90条明确了包括社会保险经办机构在内的各类型社会保险服务机构的法律责任。其中,第87条规定,社会保险经办机构以及

---

① 《国务院办公厅关于印发降低社会保险费率综合方案的通知》,《中华人民共和国国务院公报》2019年第11期。

医疗机构、药品经营单位等社会保险服务机构,以欺诈、伪造证明材料或者其他手段骗取社会保险基金支出的,由社会保险行政部门责令退回骗取的社会保险金,处骗取金额2倍以上5倍以下的罚款;属于社会保险服务机构的,解除服务协议;直接负责的主管人员和其他直接责任人员有执业资格的,依法吊销其执业资格。第90条规定,社会保险费征收机构擅自更改社会保险费缴费基数、费率,导致少收或者多收社会保险费的,由有关行政部门责令其追缴应缴纳的社会保险费或者退还不应当缴纳的社会保险费;对直接负责的主管人员和其他直接责任人员依法给予处分。

《社会保险法》第89条和第92条明确了社会保险经办机构工作人员的法律责任。其中,第89条规定,社会保险经办机构及其工作人员有下列行为之一的,由社会保险行政部门责令改正;给社会保险基金、用人单位或者个人造成损失的,依法承担赔偿责任;对直接负责的主管人员和其他直接责任人员依法给予处分:①未履行社会保险法定职责的;②未将社会保险基金存入财政专户的;③克扣或者拒不按时支付社会保险待遇的;④丢失或者篡改缴费记录、享受社会保险待遇记录等社会保险数据、个人权益记录的;⑤有违反社会保险法律、法规的其他行为的。第92条规定,社会保险行政部门和其他有关行政部门、社会保险经办机构、社会保险费征收机构及其工作人员泄露用人单位和个人信息的,对直接负责的主管人员和其他直接责任人员依法给予处分;给用人单位或者个人造成损失的,应承担赔偿责任。

2. 社会保险监督

社会保险监督是确保社会保险制度顺利运行,保障社会保险基金安全的重要措施。

《社会保险法》第十章对社会保险监督的相关内容和方式作出了明确规定。总体来说,社会保险监督包括立法机构的监督、政府行政部门的监督、社会保险行政部门的监督、社会保险监督委员会的监督等。

在立法机构的监督方面,《社会保险法》第76条规定,各级人民代表大会常委会听取和审议本级人民政府对社会保险基金的收支、管理、投资运营以及监督检查情况的专项工作报告,组织对本法实施情况的执法检查等,依法行使监督职权。

在政府行政部门的监督方面,《社会保险法》第77条和第78条分别要求:县级以上人民政府社会保险行政部门应加强对用人单位和个人遵守社会保险法律、法规情况的监督检查;财政部门、审计机关按照各自职责,对社会保险基金的收支、管理和投资运营情况实施监督。

社会保险行政部门是社会保险监督的最重要责任主体,《社会保险法》第 79 条规定了社会保险基金行政监督的主要内容和手段:社会保险行政部门对社会保险基金的收支、管理和投资运营情况进行监督检查,发现存在问题的,应提出整改建议,依法作出处理决定或者向有关行政部门提出处理建议。社会保险基金检查结果应当定期向社会公布。

在实施社会保险基金监督时,社会保险行政部门可采取的手段包括:①查阅、记录、复制与社会保险基金收支、管理和投资运营相关的资料,对可能被转移、隐匿或者灭失的资料予以封存;②询问与调查事项有关的单位和个人,要求其对与调查事项有关的问题作出说明、提供有关证明材料;③对隐匿、转移、侵占、挪用社会保险基金的行为予以制止并责令改正。

在社会保险监督委员会的成立方式、结构与工作内容方面,《社会保险法》第 80 条规定:①统筹地区人民政府成立由用人单位代表、参保人员代表,以及工会代表、专家等组成的社会保险监督委员会,掌握、分析社会保险基金的收支、管理和投资运营情况,对社会保险工作提出咨询意见和建议,实施社会监督。②社会保险经办机构应定期向社会保险监督委员会汇报社会保险基金的收支、管理和投资运营情况。社会保险监督委员会可聘请会计师事务所对社会保险基金的收支、管理和投资运营情况进行年度审计和专项审计。审计结果应向社会公开。③社会保险监督委员会发现社会保险基金收支、管理和投资运营中存在问题的,有权提出改正建议;对社会保险经办机构及其工作人员的违法行为,有权向有关部门提出依法处理建议。

对社会保险权利的监督,是维护相关组织和个人社会保险权利的最后一道防线,也是司法监督的重要内容。《社会保险法》第 82 条规定,任何组织或者个人有权对违反社会保险法律、法规的行为进行举报、投诉。第 83 条规定:①用人单位或者个人认为社会保险费征收机构的行为侵害自己合法权益的,可依法申请行政复议或者提起行政诉讼。②用人单位或者个人对社会保险经办机构不依法办理社会保险登记、核定社会保险费、支付社会保险待遇、办理社会保险转移接续手续,或者有侵害其他社会保险权益的行为,可依法申请行政复议或者提起行政诉讼。③个人与所在用人单位发生社会保险争议的,可依法申请调解、仲裁,提起诉讼。用人单位侵害个人社会保险权益的,个人也可要求社会保险行政部门或者社会保险费征收机构依法处理。

七、军人保险法规与政策的主要内容

我国军人保险法规与政策的内容主要来源于《军人保险法》。

(一)军人保险的主要内容

1. 军人伤亡保险

军人的伤亡保险待遇分为死亡保险金和残疾保险金。《军人保险法》第7条规定,军人因战、因公死亡的,按照认定的死亡性质和相应的保险金标准,给付军人死亡保险金。《军人保险法》第8条规定,军人因战、因公、因病致残的,按照评定的残疾等级和相应的保险金标准,给付军人残疾保险金。军人伤亡保险所需资金由国家承担,个人不缴纳保险费用。

军人因下列情形之一死亡或者致残的,不享受军人保险待遇。这些情形包括:①故意犯罪的;②醉酒或者吸毒的;③自残或者自杀的;④法律、行政法规和军事法规规定的其他情形。

此外,《军人保险法》第11条规定,已经评定残疾等级的因战、因公致残的军人退出现役参加工作后旧伤复发的,依法享受相应的工伤待遇。

2. 退役养老保险

退役养老保险制度实质上是对退出现役的军人在参加其他类型养老保险制度时的一次性缴费补贴制度。军人退出现役参加基本养老保险的,国家给予退役养老保险补助。军人退役养老保险补助标准,由中国共产党中央军事委员会后勤保障部会同国务院有关部门,按照国家规定的基本养老保险缴费标准、军人工资水平等因素拟定,报国务院、中央军事委员会批准。

军人退出现役后,应根据退役后的职业身份,分别参加职工基本养老保险、城乡居民基本养老保险。其中,军人退出现役后参加职工基本养老保险的,由军队后勤(联勤)机关财务部门将军人退役养老保险关系和相应资金转入地方社会保险经办机构,地方社会保险经办机构办理相应的转移接续手续。军人服现役年限与入伍前和退出现役后参加职工基本养老保险的缴费年限合并计算。

3. 退役医疗保险

退役医疗保险是为了维护军人退役之后的医疗保障待遇,确保其能够与各项基本医疗保险制度衔接而建立的一种积累式的制度。军人在服役期间享受公费医疗制度,同时缴纳退役医疗保险费,在退出现役之后,积累的医疗保险费就转入相应的基本医疗保险制度,从而确保退役军人的医疗保障权利和待遇水平。

《军人保险法》第20条规定,参加军人退役医疗保险的军官、文职干部和士官应缴纳军人退役医疗保险费,国家按个人缴纳的军人退役医疗保险费的同等数额给予补助。义务兵和供给制学员不缴纳军人退役医疗保险费,国家按规定的标准给予军人退役医疗保险补助。

军人退出现役后,可参加各项基本医疗保险制度。其中,军人退出现役后参加职工基本医疗保险的,由军队后勤(联勤)机关财务部门将军人退役医疗保险关系和相应资金转入地方社会保险经办机构,地方社会保险经办机构办理相应的转移接续手续。军人服现役年限视同职工基本医疗保险缴费年限,与入伍前和退出现役后参加职工基本医疗保险的缴费年限合并计算。

4. 随军未就业的军人配偶保险

随军未就业的军人配偶保险是为了维护随军未就业军人配偶的社会保险权利,解除军人的后顾之忧的一种专门制度安排。

《军人保险法》第25条规定,国家为随军未就业的军人配偶建立养老保险、医疗保险等。随军未就业的军人配偶参加保险,应缴纳养老保险费和医疗保险费,国家给予相应的补助。2003年12月,国务院办公厅、中央军委办公厅印发了《中国人民解放军军人配偶随军未就业期间社会保险暂行办法》,其中规定,军人所在单位后勤机关按照缴费基数11%的规模,为未就业随军配偶建立养老保险个人账户,所需资金由个人和国家共同负担,其中,个人按6%的比例缴费,国家按5%的比例给予个人账户补贴。缴费基数参照上年度全国城镇职工月平均工资60%的比例确定。军人所在单位后勤机关为未就业随军配偶建立医疗保险个人账户,医疗保险个人账户资金由个人和国家共同负担。未就业随军配偶按照本人基本生活补贴标准全额1%的比例缴费,国家按照其缴纳的同等数额给予个人账户补贴。

在社会保险关系的接续方面,《军人保险法》第27条规定,随军未就业的军人配偶实现就业或者军人退出现役时,由军队后勤(联勤)机关财务部门将其养老保险、医疗保险关系和相应资金转入地方社会保险经办机构,地方社会保险经办机构办理相应的转移接续手续。军人配偶在随军未就业期间的养老保险、医疗保险缴费年限与其在地方参加职工基本养老保险、职工基本医疗保险的缴费年限合并计算。2015年9月,人力资源社会保障部等发布《关于军人退役基本养老保险关系转移接续有关问题的通知》,对军人退役基本养老保险关系转移接续的有关问题进行了明确。①

随军未就业的军人配偶达到国家规定的退休年龄时，按国家有关规定确定退休地，由军队后勤（联勤）机关财务部门将其养老保险关系和相应资金转入退休地社会保险经办机构，享受相应的基本养老保险待遇。其中，退休地的确定应参照《城镇企业职工基本养老保险关系转移接续暂行办法》和《城乡养老保险制度衔接暂行办法》中的相关规定。

为了鼓励、支持并为随军未就业的军人配偶创造条件，《军人保险法》第29条明确规定，地方人民政府和有关部门应为随军未就业的军人配偶提供就业指导、培训等方面的服务。随军未就业的军人配偶无正当理由拒不接受当地人民政府就业安置，或者无正当理由拒不接受当地人民政府指定部门、机构介绍的适当工作、提供的就业培训的，停止给予保险缴费补助。

除了以上几项军人保险制度之外，军人保险法在附则中还规定，军人退出现役后参加失业保险的，其服现役年限视同失业保险缴费年限，与入伍前和退出现役后参加失业保险的缴费年限合并计算。

（二）军人保险的管理

1. 军人保险基金

军人保险基金是军人保险制度的重要物质基础，《军人保险法》第六章对军人保险基金的构成、来源、征收方式和管理制度进行了明确规定：①在构成方面，军人保险基金包括军人伤亡保险基金、军人退役养老保险基金、军人退役医疗保险基金和随军未就业的军人配偶保险基金。各项军人保险基金按照军人保险险种分别建账，分账核算，执行军队的会计制度。②在资金来源方面，军人保险基金由个人缴费、中央财政负担的军人保险资金以及利息收入等资金构成。军人应缴纳的保险费，由其所在单位代扣代缴。随军未就业的军人配偶应缴纳的保险费，由军人所在单位代扣代缴。中央财政负担的军人保险资金，由国务院财政部门纳入年度国防费预算。③在基金管理方面，军人保险基金按照国家和军队的预算管理制度，实行预算、决算管理。军人保险基金实行专户存储，由中国人民解放军总后勤部军人保险基金管理机构集中管理。军人保险基金应当专款专用，按照规定的项目、范围和标准支出，任何单位和个人不得贪污、侵占、挪用，不得变更支出项目、扩大支出范围或者改变支出标准。

---

① 《一图看清军人退役养老保险关系转移接续》，中华人民共和国人力资源和社会保障部官网，2016年11月17日。

2. 军人保险的经办与监督

军队后勤(联勤)机关财务部门和地方社会保险经办机构,是军人保险制度中的两个主要责任主体。其中,军队后勤(联勤)机关财务部门的主要职责包括:①应按时足额支付军人保险金;②及时办理军人保险和社会保险关系转移接续手续;③应为军人及随军未就业的军人配偶建立保险档案,及时、完整、准确地记录其个人缴费和国家补助,以及享受军人保险待遇等个人权益记录,并定期将个人权益记录单送达本人;④为军人及随军未就业的军人配偶提供军人保险和社会保险咨询等相关服务。

地方社会保险经办机构的主要职责包括:①及时办理军人保险和社会保险关系转移接续手续;②为军人及随军未就业的军人配偶提供军人保险和社会保险咨询等相关服务。

有关军人保险制度的监督,主要包括以下几种方式:①中国人民解放军总后勤部财务部门和中国人民解放军审计机关按照各自职责,对军人保险基金的收支和管理情况实施监督;②军队后勤(联勤)机关、地方社会保险行政部门,应对单位和个人遵守本法的情况进行监督检查;③任何单位或者个人有权对违反本法规定的行为进行举报、投诉。①

第三节　社会保险法规与政策运行中存在的主要问题

我国社会保险法规与政策经过多年的努力,已取得很大成绩,对提升人民群众的福利水平发挥了重要作用,但它在运行中仍然存在一些问题。

一、公平性仍需进一步提升

《宪法》规定,"中华人民共和国公民在法律面前一律平等";"中华人民共和国公民在年老、疾病或者丧失劳动能力的情况下,有从国家和社会获得物质帮助的权利。国家发展为公民享受这些权利所需要的社会保险、社会救济和医疗卫生事业。"因而,每个公民都有平等地享有社会保险的权利。然而,当前我国社会

① 全国社会工作者职业水平考试教材编委会编写:《社会工作法规与政策》,中国社会出版社 2023 年,第 393—411 页。

保险法规与政策运行中存在明显的非公平性。

(一)各类人员所属的社会保险法规与政策的体系不同

当前,我国社会保险法规与政策的整合度大幅提升,但是各类人员仍属于两类体系中,一类属职工社会保险体系,另一类属城乡居民社会保险体系,而非全国统一的社会保险体系。与此同时,同一体系内,有的有其他政策补充,而有的则没有。如机关事业单位职工的养老保险有职业年金补充,以确保退休人员待遇不致过低,而城镇居民养老保险则没有。

(二)各类人员社会保险的待遇显失公平

尽管当前已建立覆盖全民的养老保险制度体系,但在"职工+居民"两大制度平台并行的制度背景下,不同人群间的养老待遇悬殊。2019 年,职工养老保险平均替代率为 55.63%,其中,机关事业单位职工拥有职业年金作为补充养老保险,养老金替代率更胜企业职工一筹。而城乡居民基本养老保险平均替代率仅为 6.32%。此外,养老待遇地域差异也较大,按职工居民总和替代率计算,2019 年,北京和西藏的替代率差距高达 57.12%,加大了养老保险体系的不公平。

(三)不同制度的运行规则并不一致。

例如,职工个人账户部分资金委托全国社保基金理事会投资,取得了较好的投资回报,近年为 7%左右。而居民保险个人账户资金大多沉淀在地方,部分资金未能得到妥善运营,各地居民保险个人账户记账利率一般在 2%—4%之间,造成了极大的不公平。同时,账户的分割影响可携带性,从而阻碍了正常的职业流动和区域流动。①

(四)有些人仍在社会保险体系之外

每个劳动者都应享有法律赋予的社会保险的权利,但有些劳动者仍未享有该项权利或者享有权利不完整。例如,2022 年,我国有劳动力 76863 万人,但参加工伤保险的人数仅 29116.6 万人,这表明 62.12%的劳动力没有工伤保险;同年,参加失业保险的人数仅 23806.6 万人,这表明 69.03%的劳动力没有失业保险。2022 年,中国人口为 141175 万人,参加基本医疗保险的人数为 134592.5 万人,6582.5 万人没有基本医疗保险,占比为 4.66%。②

此外,有些药品纳入医保报销范畴后,固然有利于患者,但也有不少宝贵的

---

① 张宁、李旷奇:《养老保险实质公平:基本内涵、障碍瓶颈与实现路径》,《湖南师范大学社会科学学报》2022 年第 5 期。

② 《中国统计年鉴 2023》。

医保资金最终流入药企老板、经销商的腰包。2023 年 10 月,胡润研究院发布的 2023 年胡润百富榜显示,10 位生物医药行业人士榜上有名。上榜企业的总财富高达 23.5 万亿元。①

二、社会保险法规与政策的福利水平有待提高

到 2020 年,中国已经全面建成了小康社会,改变了 2000 年的低水平、不全面、发展很不平衡的小康状态,GDP 总量达 14.69 万亿美元,约为美国的 70%,人均 GDP 达到 10358.26 美元,比 2000 年增长了 3.72 倍(按 2015 年不变美元价格计算)②。2021 年,中国的人均国民总收入增至 1.24 万美元,按世界银行 2020 年的标准,已接近高收入国家的门槛(12696 美元)。③ 然而,我国社会保险法规与政策保障水平仍较低,在很多方面可以体现出来。

(一)从居民基本养老保险看,保障水平低

2020—2022 年,城乡居民实际领取基本养老保险待遇的人均分别为 174.00 元/月、190.94 元/月、204.69 元/月,分别占同期全国居民人均每月消费支出的 9.84%、9.51%、10.01%。④ 城乡居民的基本养老金很难支撑日常消费。

(二)从生育保险看,待遇水平低

2019 年,生育保险基金支出 792.07 亿元,出生人口 1465 万人,人均生育保险支出 5406.62 元。⑤ 2022 年,出生人口是 956 万人,生育保险支出 951.4 亿元,人均生育保险支出 9951.88 元。2023 年,生育保险基金待遇支出 1069.10 亿元,出生人口 902 万人,⑥人均生育保险基金待遇支出 11852.55 元。另一方面,生育成本包括显性成本和隐性成本。显性成本指的是大家通常所说的生育孩子和抚养孩子的直接费用。其中,生育孩子的费用指的是从决定要孩子开始一直到孩子出生期间的所有花费,包括孕前的身体调理、孕中的营养摄入、贯穿整个孕期

---

① 《胡润中国百富榜公布:医药健康领域 10 人上榜》,健康界网,2023 年 10 月 27 日。

② 数据来源:世界银行网站数据库。

③ 顾阳:《我们离"高收入国家"还有多远》,《经济日报》2022 年 3 月 4 日。

④ 根据《中国统计年鉴 2023》相关数据计算所得。

⑤ 《2019 年医疗保障事业发展统计快报》和《中华人民共和国 2019 年国民经济和社会发展统计公报》。

⑥ 《2022 年全国医疗保障事业发展统计公报》、《中华人民共和国 2022 年国民经济和社会发展统计公报》、《2023 年医疗保障事业发展统计快报》和《中华人民共和国 2023 年国民经济和社会发展统计公报》。

的身体检查以及生育过程的手术和住院费用等;抚养孩子的费用指的是孩子出生之后的衣食住行以及教育和医疗等方面的费用。隐性成本指的是在生育孩子和抚养孩子的过程中无直接支出的成本,主要包括:(1)女性怀孕生产期间用于产检、哺乳的时间花费;(2)女性怀孕、生产和哺乳期间的身材影响、疼痛和危险性;(3)照顾孩子的时间成本,包括喂养、教育、生病期间的照料、上学期间的接送、课后的辅导、周末和假期的陪伴以及医疗的时间成本等;(4)夫妻休闲娱乐、社会交往和学习时间的减少,尤其是女性休闲娱乐和社交时间的减少;(5)女性的职业影响,能力落后、无法投入精力和男性进行职场竞争、被替代、被辞职以及难返职场等;(6)可能面临更多的家庭纠纷等。① 概括来说,相比于各种生育成本,当前的生育保险基金支出仍然很少,待遇水平很低,对提升生育率的积极影响微乎其微。

(三)从基本医疗保险看,报销比例不高

基本医疗保险报销比例不同,从以下方面可以看出:(1)从基本医疗保险基金的支出情况来看,2020 年,支出占收入的比例为 84.65%,2021 年为 83.70%,2022 年为 79.55%,三年平均为 82.63%。相比之下,生育保险基金支出占收入的比例,2016 年至 2018 年②分别为 101.67%、115.71%、97.57%,平均为 104.98%。工伤保险基金支出占收入的比例,2020—2022 年分别为 168.68%、104.02%、97.34%,平均为 123.35%。失业保险基金支出占收入的比例,2020—2022 年分别为 221.01%、102.77%、126.42%,平均为 150.07%。基本养老保险基金支出占收入的比例,2020—2022 年分别为 111.03%、91.49%、91.51%,平均为 98.01%。可见,同期基本医疗保险基金支出占收入的平均比例分别比生育保险的、工伤保险的、失业保险的、基本养老保险的少 22.35%、40.72%、67.44%、15.38%,基本医疗保险报销的比例明显低较多。《社会保险法》第 65 条规定,社会保险基金通过预算实现收支平衡。基本医疗保险报销比例不高,每年却有许多基金结余,截至 2022 年已结余 42639.9 亿元,占当年收入的 137.89%。(2)医保基金支出占卫生总费用来看,2022 年,职工医保基金(含生育保险)和居民医保基金合计支出 24597.24 亿元,仅占当年卫生总费用的 28.83%。③ 由此也可看出,医保支出占比不高。(3)2022 年 10 月有资料显示,我国职工和城乡居民基本医疗保险政

① 段继红等:《生育成本对二孩生育意愿的影响》,《当代财经》2020 年第 1 期。
② 2018 年之后,《中国统计年鉴》没有相关统计数据。
③ 数据来源:《中国统计年鉴 2023》。

策范围内住院费用基金支付比例分别稳定在80%左右和70%左右。[①] 概括来说，基本医疗保险的报销比例仍有较大提升空间，看病贵问题仍然明显存在。所以，2020年9月，习近平总书记在湖南考察时曾强调"要聚焦解决'看病难、看病贵'问题"[②]。

（四）从失业保险来看，保障水平过低

中国对失业保险金规定，即在不低于城市低保标准而又不高于当地最低工资标准的基础上，由各地区制定不同的失业保险金发放标准，主要以当地最低工资标准和当地城市低保标准为参照，按一定比率进行计发。[③] 从上海来看，2023年6月，上海市人力资源和社会保障局发布的通知显示，上海对符合领取失业保险金条件的失业人员，按下列标准计发失业保险金：（1）第1—12个月领取失业保险金的失业人员，失业保险金发放标准为2175元/月；（2）第13—24个月领取失业保险金的失业人员，失业保险金发放标准为1740元/月；（3）延长领取失业保险金的失业人员，失业保险金发放标准为1510元/月。[④] 2022年，上海居民人均消费支出为46045.4元。其中，食品烟酒支出12653.0元。[⑤] 可见，上海失业者第一年领取的失业保险金为26100元，只有上海居民人均消费支出的56.68%。其中，食品烟酒支出约占失业保险金总数的48.48%。如果仅靠失业保险金，上海失业者的生活很困难。上海作为中国的发达城市，失业保险的保障水平尚且不高，更勿论其他地区。

---

① 李宣璋：《医改这十年：建成覆盖13.6亿人的全球最大保障网络》，《每日经济新闻》2022年10月14日。

② 《在推动高质量发展上闯出新路子 谱写新时代中国特色社会主义湖南新篇章》，《人民日报》2020年9月19日。

③ 梁书毓、薛惠元：《费率降低背景下失业保险保障水平的确定》，《西北人口》2016年第1期。

④ 《上海市人力资源和社会保障局关于调整本市失业保险金支付标准的通知》，上海市资源和社会保障局网。

⑤ 数据来源：《中国统计年鉴2023》。

主要参考文献

(一)著作类

安晨光、明连成主编:《当代中国监察制度》,中国民主法制出版社 1997 年。

白钢:《城市基层权力重组》,中国社会科学出版社 2006 年。

毕可生、李晨主编:《老年学基础》,甘肃人民出版社 1991 年。

毕汝刚、郭祖超编撰:《公共卫生》,商务印书馆 1954 年。

蔡畅:《党的总路线照耀着我国妇女彻底解放的道路》,中国妇女杂志社 1960 年。

蔡鸿源主编:《民国法规集成》(第 42 册),黄山书社 1998 年。

常崇煊主编、《当代中国》丛书编辑部编辑:《当代中国的计划生育事业》,当代中国出版社 1992 年。

常金仓:《周代礼俗研究》,黑龙江人民出版社 2004 年。

陈莉选注:《礼记(精选本)》,高等教育出版社 2008 年。

陈明光主编:《中国卫生法规史料选编(1912—1949.9)》,上海医科大学出版社 1996 年。

陈蒲清点校:《论衡》,岳麓书社 2006 年。

陈戍国点校:《周礼·仪礼·礼记》(第 2 版),岳麓书社 2006 年。

陈晓芬译注:《论语》,中华书局 2016 年。

陈心德等编著:《养老保险:政策与实务》,北京大学出版社 2008 年。

陈旭麓主编,蒋世弟、吴振棣编写:《中国近代史》,高等教育出版社 1988 年。

崔高维校点:《周礼》,辽宁教育出版社 1997 年。

崔乃夫主编:《当代中国的民政》(下),当代中国出版社 1994 年。

《邓小平文选》(第二卷)(第 2 版),人民出版社 1994 年。

邓大松丛书主编、丁康著:《社会保险法制建设研究》,武汉大学出版社 2003 年。

董家遵著、卞思才整理:《中国古代婚姻史研究》,广东人民出版社 1995 年。

段伟:《禳灾与减灾:秦汉社会自然灾害应对制度的形成》,复旦大学出版社 2008 年。

[德]恩格斯著,中共中央马克思、恩格斯、列宁、斯大林著作编译局译:《家庭、私有制和国家的起源》,人民出版社 1972 年。

冯绍霆:《周礼:远古的理想》,上海古籍出版社 1997 年。

风笑天主编:《中国独生子女:从"小皇帝"到新公民》,知识出版社 2003 年。

傅以渐:《易经通注》,中华书局 1985 年。

高伟鑫等主编:《社会主义卫生经济学》,山东人民出版社 1990 年。

葛炳瑶主编:《社区矫正导论》,浙江大学出版社 2009 年。

顾鸣塘、顾鉴塘编著:《中国历代婚姻与家庭》,中共中央党校出版社 1991 年。

关怀、林嘉主编:《劳动法》(第 4 版),中国人民大学出版社 2012 年。

关怀主编:《劳动法》(第 3 版),中国人民大学出版社 2008 年。

全国社会工作者职业水平教育教材编写组编写:《社会工作法规与政策》,中国社会出版社 2010 年。

关信平主编:《社会工作政策法规》,中国社会出版社 2015 年。

关信平主编、中国社会工作教育协会组编:《社会政策概论》(第 3 版),高等教育出版社 2014 年。

郭捷主编:《劳动法与社会保障法》,中国政法大学出版社 2012 年。

郭齐勇主编:《儒家文化研究:礼学研究专号》,生活 · 读书 · 新知三联书店 2010 年。

郭庆松等:《人才发展:突出问题及对策研究》,人民出版社 2018 年。

韩芳主编:《农村社会工作概论》,知识产权出版社 2017 年。

韩明汉:《中国社会学史》,天津人民出版社 1987 年。

洪如林主编:《人口科学》,高等教育出版社 2003 年。

胡德华、陈玮主编:《各国妇女儿童权益的宪法保障》,中国民主法制出版社

1991 年。

胡宜:《送医下乡:现代中国的疾病政治》,社会科学文献出版社 2011 年。

胡务编著:《社会救助概论》,北京大学出版社 2010 年。

[英]赫·乔·韦尔斯:《世界史纲——生物和人类的简明史》,人民出版社 1982 年。

贾康、刘尚希主编:《公共财政与公共危机》,中国财政经济出版社 2004 年。

贾岩主编:《怎样做老龄工作》,档案出版社 1990 年。

江必新选编:《依法行政常用法律法规》,人民出版社 2004 年。

蒋奇主编:《社区建设与管理》,北京大学出版社 2008 年。

焦金波编著:《社会工作理论和方法》,中国矿业大学出版社 2008 年。

靳德行主编:《中华人民共和国史》,河南大学出版社 1989 年。

中共中央文献研究室编,冷溶、汪作玲主编:《邓小平年谱(1975—1997)》(上),中央文献出版社 2004 年。

李冬妮主编:《社会工作政策法规》,中央广播电视大学出版社 2008 年。

李健等主编:《工伤保险条例释义与应用》,人民出版社 2011 年。

李立清:《新型农村合作医疗制度》,人民出版社 2009 年。

[唐]李隆基注:《孝经》,上海古籍出版社 2014 年。

李山译注:《管子》,中华书局 2009 年。

李婷婷:《社会治理视域下的人民调解》,人民出版社 2014 年。

李薇菡主编:《婚姻家庭学》,华南理工大学出版社 2007 年。

李学信主编:《社区卫生服务导论》,东南大学出版社 2002 年。

李迎生:《为了亿万农民的生存安全——中国农村社会保障体系研究》,安徽人民出版社 2006 年。

廖益光主编:《社会救助概论》,北京大学出版社 2009 年。

刘翠霄编著:《各国残疾人权益保障比较研究》,中国社会科学出版社 1994 年。

刘春茂主编:《中国民法学·财产继承》,中国人民公安大学出版社 1990 年。

刘国光主编:《中国十个五年计划研究报告》,人民出版社 2006 年。

刘建宏主编:《中国禁毒法律通览》(下册),人民出版社 2014 年。

刘苓玲:《老年社会保障制度变迁与路径选择》,首都经济贸易大学出版社 2009 年。

刘梦:《社会工作与性别研究》,中国社会科学出版社 2013 年。

刘明逵编:《中国工人阶级历史状况》,中共中央党校出版社 1985 年。

中共中央文献编辑委员会编:《刘少奇选集》(下卷),人民出版社 1981 年。

刘岳等主编:《中国人口分析与区域特征》,海洋出版社 1991 年。

鲁全:《中国社会保障管理体制研究》,人民出版社 2022 年。

罗洪铁主编:《中国共产党青年人才思想及实践研究》,人民出版社 2016 年。

罗平飞主编:《安置管理》,中国社会出版社 1996 年。

罗平汉主编:《治国理政这五年——十八大以来中国新巨变》,人民出版社 2017 年。

[美]洛伊斯·A. 考尔斯著、刘梦、王献蜜译:《医疗社会工作》,中国人民大学出版社 2011 年。

马洪路主编、中国社会工作教育协会组编:《残障社会工作》,高等教育出版社 2007 年。

中共中央马克思恩格斯列宁斯大林著作编译局编译:《马克思恩格斯选集》(第四卷)(第 3 版),人民出版社 2012 年。

[英]马林诺夫斯基著、原江译:《原始社会的犯罪与习俗》(修订译本),法律出版社 2007 年。

马模贞主编、国家禁毒委员会办公室组织编写:《中国禁毒史资料》,天津人民出版社 1998 年。

《毛泽东选集》(第 1 卷)(第 2 版),人民出版社 1991 年。

《毛泽东选集》(第 3 卷),人民出版社 1991 年。

《毛泽东选集》(第 4 卷)(第 2 版),人民出版社 1991 年。

《毛泽东选集》(第 5 卷),人民出版社 1977 年。

孟令君:《中国民间组织管理概论》,中国言实出版社 2001 年。

孟昭华等:《民政辞典》,群众出版社 1989 年。

民政部政策研究室编:《中国农村社会保障》,中国社会出版社 1997 年。

[美]摩尔根:《古代社会》,商务印书馆 1983 年。

倪所安主编、上海嘉定区地方志办公室编:《嘉定县简志》,方志出版社 2008 年。

聂洪辉:《中部地区新生代农民工返乡置业研究》,人民出版社 2019 年。

彭海红:《基层群众自治制度建设》,北京时代华文书局 2020 年。

彭秀良:《守望与开新:近代中国的社会工作》,河北教育出版社 2010 年。

彭秀良、郝文忠主编:《民国时期社会法规汇编》,河北教育出版社 2014 年。

浦增元主编:《中国基层群众性自治组织》,上海社会科学院出版社 1989 年。

中华全国妇女联合会妇女运动历史研究室编:《中国妇女运动历史资料汇编》(第 2 册),中国妇女出版社 1986 年。

全国社会工作者职业水平考试教材编委会编写:《社会工作法规与政策》,中国社会出版社 2023 年。

阮凤英主编:《社会保障通论》,山东大学出版社 2004 年。

上海社会科学院社会学研究所:《社会学简明辞典》,甘肃人民出版社 1984 年。

史凤仪:《中国古代婚姻与家庭》,湖北人民出版社 1987 年。

[西汉]司马迁著,甘宏伟、江俊伟注:《史记(评注译)》,崇文书局 2010 年。

宋洁编著:《易经》,北京出版社 2004 年。

宋杰、宋晓冬编著:《彩票入门》,山东人民出版社 2012 年。

苏智良:《中国毒品史》,上海人民出版社 1997 年。

孙桂华主编:《社区建设》,中国劳动社会保障出版社 2006 年。

孙沐寒:《中国计划生育史稿》,北方妇女儿童出版社 1987 年。

孙培青主编:《中国教育史》(第 3 版),华东师范大学出版社 2009 年。

孙树菡主编:《社会保险学》,中国人民大学出版社 2008 年。

谭琳主编:《2013—2015 年:中国性别平等与妇女发展报告》,社会科学文献出版社 2016 年。

唐娅辉:《中国妇女百年奋斗史》,湖南师范大学出版社 1999 年。

汤兆云:《我国人口生育政策制定和调整》,经济日报出版社 2018 年。

田雪原主编:《中国老年人口社会》,中国经济出版社 1991 年。

佟新:《人口社会学》(第 4 版),北京大学出版社 2010 年。

退役军人事务部退役军人培训中心编:《退役军人工作简明读本》,人民出版社 2023 年。

汪玢玲:《中国婚姻史》,上海人民出版社 2001 年。

王超、齐飞编著:《中国社会救助概论》,中国矿业大学出版社 2007 年。

王德祥、徐炳:《〈中华人民共和国宪法〉注释》,群众出版社 1984 年。

王巨禄主编:《中国市场经济法律实务知识全书》(下),人民出版社 1994 年。

王利器主编:《史记注译》,三秦出版社 1988 年。

王明美、程宇航主编:《社区建设:中国和江西的实践》,江西人民出版社 2008 年。

王牧:《新犯罪学》(第 2 版),高等教育出版社 2010 年。

王齐彦主编:《中国城乡社会救助体系建设研究》,人民出版社 2009 年。

王全兴主编:《劳动法学》,人民法院出版社 2005 年。

王思斌主编:《社会工作导论》,高等教育出版社 2004 年。

王思斌主编:《社会工作导论》(第 2 版),高等教育出版社 2013 年。

王思斌主编:《社会工作概论》,高等教育出版社 1999 年。

王思斌主编:《社会工作概论》(第 3 版),高等教育出版社 2014 年。

王维国、李娜:《基层群众自治状况研究——以北京为例》,人民日报出版社 2011 年。

王晓林等编著:《体育产业与区域经济发展研究》,哈尔滨地图出版社 2008 年。

王章华:《城乡居民基本养老保险机制研究》,人民出版社 2022 年。

魏平雄等主编:《市场经济条件下犯罪与对策》,群众出版社 1995 年。

魏平雄主编、国务院军队转业干部安置工作小组办公室编写:《治安管理法学》,中国劳动出版社 1990 年。

魏太星等主编:《现代老年学》,河南医科大学出版社 2001 年。

伍国有:《中华人民共和国史(1977—1991)》,人民出版社 2010 年。

吴怀友主编:《如何做好调查研究》,国家行政学院出版社 2023 年。

吴永科主编:《继承权法律制度研究》,群众出版社 2007 年。

吴玉贵、华飞主编:《四库全书精品文存》,团结出版社 1997 年。

吴忠泽、陈金罗主编:《社团管理工作》,中国社会出版社 1996 年。

《习近平著作选读》(第一卷),人民出版社 2023 年。

《习近平著作选读》(第二卷),人民出版社 2023 年。

夏廉博等编著:《老年学与老年病》,知识出版社 1982 年。

夏庭松:《民间组织管理概论》,中国社会出版社 2001 年。

肖华平、周利生主编:《新时代 新思想 新征程》,红旗出版社 2019 年。

肖乾利:《社区矫正理论与实务研究》(第 3 卷),法律出版社 2021 年。

肖体平、郑宗秀主编:《卫生经济学》,河南人民出版社 1991 年。

新华月报编:《新中国 70 年大事记:1949. 10. 1—2019. 10. 1》,人民出版社 2020 年。

邢铁:《家产继承史论》,云南大学出版社 2000 年。

熊必俊、郑亚丽编著:《老年学与老龄问题》,科学技术文献出版社 1989 年。

熊贵彬:《后劳教时代社会工作融入下的社区矫正——北京调查与思考》,中国社会出版社 2017 年。

徐百齐:《中华民国法规大全》,商务印书馆 1936 年。

徐波主编:《劳动和社会保障法学》,厦门大学出版社 2012 年。

许涤新主编:《当代中国的人口》,中国社会科学出版社 1988 年。

徐勇、陈伟东等:《中国城市社区自治》,武汉出版社 2002 年。

薛素珍、柳林:《儿童社会学》,山东人民出版社 1985 年。

薛英群:《居延汉简通论》,甘肃教育出版社 1991 年。

阎爱民:《凑聚之道:古代的家族与社会群体》,天津古籍出版社 2012 年。

颜鹏飞等主编:《中国保险史志(1805—1949)》,上海社会科学院出版社 1989 年。

言心哲:《现代社会事业》,河北教育出版社 2012 年。

仰和芝:《女性农民工迁移婚姻风险》,社会科学文献出版社 2024 年。

杨坚点校:《吕氏春秋 · 淮南子》(第 2 版),岳麓书社 2006 年。

杨立雄:《社会救助研究》,经济日报出版社 2008 年。

杨善华编著:《家庭社会学》,高等教育出版社 2006 年。

杨树山、戴洪祥:《中国节日风俗欣赏》,河北科学技术出版社 1992 年。

杨燕绥编著:《社会保险法》,中国人民大学出版社 2000 年。

杨宜勇等:《全面建成小康社会奋斗史》,人民出版社 2020 年。

杨子慧编著:《计划生育在中国》,辽宁人民出版社 1987 年。

叶金国、吕洁:《社会转型视阈下农村家庭养老研究》,河北人民出版社 2017 年。

易富贤:《大国空巢——走入歧途的中国计划生育》,中国发展出版社 2013 年。

应急管理部编写组:《深入学习贯彻习近平关于应急管理的重要论述》,人民出版社 2023 年。

于夯译注:《诗经》,山西古籍出版社 1999 年。

余新忠等:《瘟疫下的社会拯救——中国近世重大疫情与社会反应研究》,中国书店 2004 年。

袁文全:《社会保障体系覆盖城乡居民的理论与实践》,重庆大学出版社 2012 年。

张伯生等:《工伤与失业保险:政策与实务》,北京大学出版社 2008 年。

张传伟:《我国社区矫正制度的趋向》,中国检察出版社 2006 年。

张纯元主编:《中国老年人口研究》,北京大学出版社 1991 年。

张建平:《中国农村合作医疗制度研究》,中国农业出版社 2006 年。

张李玺等:《中国家庭暴力研究》,中国社会科学出版社 2004 年。

章亮明、钟刚主编:《社会保障法》,中国政法大学出版社 2007 年。

张敏杰:《中国古代的婚姻与家庭》,浙江人民出版社 2004 年。

张仁玺:《秦汉家庭研究》,中国社会出版社 2002 年。

张涛:《中国古代婚姻》,山东教育出版社 1990 年。

张伟兵:《城市农民工养老保险政策研究》,山西人民出版社 2011 年。

张文霞、朱冬亮主编:《家庭社会工作》,社会科学文献出版社 2005 年。

李迎生等:《残疾人社会保障理论与实践研究》,华夏出版社 2008 年。

张勇:《中国就业制度变迁与公共政策选择》,江西科学技术出版社 2007 年。

张宗林等主编:《信访与法治》,人民出版社 2014 年。

赵景峰:《中国劳动就业研究》,西北大学出版社 2002 年。

赵文林、谢淑君:《中国人口史》,人民出版社 1988 年。

赵万里:《科学的社会建构》,天津人民出版社 2002 年。

郑功成:《中国社会保障 30 年》,人民出版社 2008 年。

中共中央党史和文献研究院编:《毛泽东年谱》(第 6 卷),中央文献出版社 2023 年。

中共中央党史和文献研究院编:《全面建成小康社会重要文献选编》(上),人民出版社、新华出版社 2022 年。

中共中央党史和文献研究院编:《十九大以来重要文献选编》(上),中央文献出版社 2019 年。

中共中央党史研究室:《中国共产党历史大事记:1921 年 7 月—2011 年 6 月》,人民出版社 2011 年。

中共中央党史研究室:《中国共产党历史大事记(1919.5—1990.12)》,人民出版社 1991 年。

《中共中央关于构建社会主义和谐社会若干重大问题的决定》,人民出版社 2006 年。

中共中央文献研究室编:《建国以来重要文献选编》(第 1、2、3 册),中央文献出版社 1992 年。

中共中央文献研究室编:《建国以来重要文献选编》(第 9 册),中央文献出版社 1994 年。

中共中央文献研究室编:《建国以来重要文献选编》(第 11 册),中央文献出版社 1995 年。

中共中央文献研究室编:《建国以来重要文献选编》(第 15、17 册),中央文献出版社 1997 年。

中共中央文献研究室编:《毛泽东年谱(1949—1976)》(第 3、4 卷),中央文献出版社 2013 年。

中共中央文献研究室编:《毛泽东思想年编(1921—1975)》,中央文献出版社 2011 年。

中共中央文献研究室编:《毛泽东文集》(第 6 卷),人民出版社 1999 年。

中共中央文献研究室编:《三中全会以来重要文献选编》(上),人民出版社 1982 年。

中共中央文献研究室编:《十二大以来重要文献选编》(下),人民出版社 1988 年。

中共中央文献研究室编:《十三大以来重要文献选编》(上),人民出版社 1991 年。

中共中央文献研究室编:《十四大以来重要文献选编》(上),人民出版社 1996 年。

中共中央文献研究室编:《十四大以来重要文献选编》(中),人民出版社 1997 年。

中共中央文献研究室编:《十四大以来重要文献选编》(下),人民出版社 1999 年。

中共中央文献研究室编:《十五大以来重要文献选编》(上),人民出版社 2000 年。

中共中央文献研究室编:《十五大以来重要文献选编》(中),人民出版社

2001 年。

中共中央文献研究室编:《十五大以来重要文献选编》(下),人民出版社 2003 年。

中共中央文献研究室编:《十六大以来重要文献选编》(中),中央文献出版社 2006 年。

中共中央文献研究室编:《十六大以来重要文献选编》(下),中央文献出版社 2011 年。

中共中央文献研究室编:《十七大以来重要文献选编》(上),中央文献出版社 2009 年。

中共中央文献研究室编:《十八大以来重要文献选编》(上),中央文献出版社 2014 年。

中共中央文献研究室编:《十八大以来重要文献选编》(中),中央文献出版社 2016 年。

中共中央文献研究室等编:《新时期农业和农村工作重要文献选编》,中央文献出版社 1992 年。

中共中央文献研究室、中央档案馆编:《建党以来重要文献选编(1921—1949)》(第 26 册),中央文献出版社 2011 年。

中共中央组织部老干部局编:《老干部工作文件选编》,党建读物出版社 2008 年。

中国社会科学院人口研究中心、《中国人口年鉴》编辑部编:《中国人口年鉴(1985)》,中国社会科学出版社 1986 年。

中华全国妇女联合会:《毛泽东、周恩来、刘少奇、朱德论妇女解放》,人民出版社 1988 年。

周福林:《我国留守家庭研究》,中国农业大学出版社 2006 年。

周敬青等:《党的制度创新与执行成效研究》,人民出版社 2014 年。

周利民等:《新婚姻法学》,北京大学出版社 2004 年。

周立主编:《公共卫生事业管理》,重庆大学出版社 2003 年。

周鹏鹏译:《易经》,北京联合出版社公司 2015 年。

周琼:《清前期重大自然灾害与救灾机制研究》,科学出版社 2021 年。

朱东武、朱眉华主编:《家庭社会工作》,高等教育出版社 2011 年。

朱眉华、文军主编:《社会工作实务手册》,社会科学文献出版社 2006 年。

朱绍侯等主编:《中国古代史》(上、下册),福建人民出版社2000年。

(二)论文类

敖琴、彭坚:《论马克思哲学的现实概念》,《武汉大学学报(哲学社会科学版)》2021年第1期。

柏晶伟:《中国医疗改革违背了卫生事业发展基本规律》,《医院领导决策参考》2005年第12期。

陈家琪等:《特色化是实现社会工作本土化的主要路径》,《社会工作》2013年第1期。

程恩富、孙绍勇:《中国共产党在百年奋斗中推进制度创新的成就和经验》,《海派经济学》2022年第1期。

程胜利:《助力学校课后服务与家庭教育,社会工作大有可为》,《中国社会工作》2021年第34期。

戴海东、蒯正明:《社会组织参与社会治理过程中存在的问题与对策——基于对温州社会组织的调查分析》,《科学社会主义》2014年第2期。

戴木才、彭隆辉:《论中国共产党执政伦理建设的首要问题》,《伦理学研究》2021年第4期。

丁堡骏、姚志才:《论价值规律的历史性》,《马克思主义与现实》2023年第1期。

丁国峰:《"七出三不去"制度的历史源流及其影响》,《理论建设》2012年第1期。

丁煌、赵敏萱:《应急状态下政府运行保障管理碎片化问题研究》,《中国机关后勤》2024年第1期。

董媛:《社区矫正领域执法规范化问题》,《法制博览》2023年第25期。

段继红等:《生育成本对二孩生育意愿的影响》,《当代财经》2020年第1期。

法志:《"狼牙山五壮士"英雄形象不容抹黑》,《山东农机化》2023年第5期。

凡勇昆、邬志辉:《我国中小学课业负担问题的反思》,《现代教育管理》2012年第6期。

冯仕政:《国家政权建设与新中国信访制度的形成及演变》,《社会学研究》2012年第4期。

冯添:《新时代十年我国就业工作取得显著成效——国务院关于就业工作情况的报告提请审议》,《中国人大》2023年第2期。

冯小林:《以新文科思维培养复合应用型社会工作专业人才》,《高教学刊》2023年第29期。

高莉娟:《中国式现代化与全过程人民民主》,《中国领导科学》2023年第1期。

高永建:《中国历代社会救助政策之研究》,《首都经济贸易大学学报》2000年第4期。

龚剑飞、付高生:《马克思主义中国化时代化新的飞跃:生成逻辑、丰富内涵与重大意义》,《江海学刊》2022年第6期。

巩天啸、金永花:《提升我国全民安全应急意识的重要性、问题与建议》,《科技中国》2023年第8期。

顾宝昌等:《中国总和生育率为何如此低?——推延和补偿的博弈》,《人口与经济》2020年1期。

顾东辉:《在预防和减少犯罪工作中再启社会工作新征程》,《中国社会工作》2024年第3期。

顾磊等:《我国灵活就业的功能定位、存在问题与对策建议》,《河北金融》2023年第2期。

郭文佳:《论宋代军人的优抚保障政策及影响》,《河南大学学报(社会科学版)》2006年第3期。

韩克庆:《中国社会救助制度的改革与发展》,《教学与研究》2015年第2期。

何立波:《建国初期的禁娼运动》,《检察风云》2009年第11期。

何齐宗、夏梦雪:《改革开放以来我国女性教育研究的历程、进展与前瞻》,《中国成人教育》2024年第4期。

胡克实:《培养社会主义的新人》,《江苏教育》1954年第5期。

胡琳琳、胡鞍钢:《从不公平到更加公平的卫生发展:中国城乡疾病模式差距分析与建议》,《管理世界》2003年第1期。

黄丽:《城乡居民基本养老保险保障水平评估与反思》,《人口与经济》2015年第5期。

黄蓓:《国务院联防联控机制召开发布会 指出中西医结合成为疫情防控救治的亮点》,《中医药管理杂志》2020年第6期。

黄庆林:《国民政府时期的公医制度》,《南都学坛(人文社会科学学报)》2005年第1期。

黄晓春、周黎安:《政府治理机制转型与社会组织发展》,《中国社会科学》2017 年第 11 期。

黄晓燕、张恒茜:《基于制度比较基础上的中国儿童福利政策转向》,《社会工作与管理》2019 年第 4 期。

黄宇:《社会工作人才队伍建设的几点思考和建议——以成都市社会工作人才队伍建设工作为例》,《中国集体经济》2020 年第 18 期。

季凯文、罗璐薏:《绿色金融促进工业企业绿色转型的作用机理》,《金融教育研究》2022 年第 2 期。

贾志科、罗志华:《新时代社会组织治理:面临的问题与路径选择》,《学术交流》2020 年第 3 期。

贾志冰:《新时代人民调解工作面临的问题及对策研究》,《边缘法学论坛》2019 年第 2 期。

靳强:《唐代的自然灾害若干问题研究》,武汉大学博士学位论文 2013 年。

江国平等:《中国沙特大学生价值观与志愿服务意愿比较研究》,《中国志愿服务研究》2021 年第 3 期。

江红英:《国民政府与抗战时期的军人优抚》,《抗日战争研究》2012 年第 1 期

江锡富:《也谈中国计划生育与人口老龄化的相互关系》,《西北人口》1997 年第 4 期。

蒋国河、刘莉:《从脱贫攻坚到乡村振兴:乡村治理的经验传承与衔接转变》,《福建师范大学学报》(哲学社会科学版)2022 年第 4 期。

姜新生、杜晓娜:《军人优抚制度存在的问题及解决思路》,《军事经济研究》2010 年第 6 期。

姜祖桢、宋秋英:《新时期强制隔离戒毒工作成效、难点问题与改革对策》,《犯罪与改造研究》2023 年第 3 期。

焦培民:《汉代医疗保障制度初探》,《宝鸡文理学院学报(社会科学版)》2010 年第 2 期。

君懿:《宋代如何应对瘟疫》,《百科知识》2020 年第 10 期。

孔凡锦、张黎:《社区戒毒康复工作:现状、问题与路径》,《广西警察学院学报》2020 年第 2 期。

兰洋:《新时代社会组织党建工作存在的问题及其破解》,《中州学刊》2022

年第 6 期。

李爱华、姜旭艳:《我国慈善组织会计信息披露的问题及对策》,《沈阳大学学报(社会科学版)》2014 年第 5 期。

李春根、王悦:《以社会救助的高质量发展扎实推进共同富裕》,《西北大学学报(哲学社会科学版)》2023 年第 4 期。

李春华、李文燕:《治安管理处罚与刑罚协调研究》,《中国人民公安大学学报(社会科学版)》2009 年第 2 期。

李春雷等:《我国被拐卖儿童救助保护现状及完善对策研究》,《中国人民公安大学学报(社会科学版)》2013 年第 6 期。

李定开:《略谈中国古代家庭中的儿童教育》,《西南师范学院学报(人文社会科学版)》1983 年第 3 期。

李光琳等:《疾病预防控制:保护人类健康最经济有效的基础之策》,《中国农村卫生事业管理》2023 年第 11 期。

李浩:《社区矫正撤销缓刑问题研究》,《社区矫正理论与实践》2022 年第 2 期。

李华瑞:《论宋代的自然灾害与荒政》,《首都师范大学学报(社会科学版)》2013 年第 2 期。

李建斌、李寒:《制度成本理论视角下的"低成本城镇化"探析》,《江西社会科学》2013 年第 8 期。

黎龙:《新时代我国青年志愿服务存在的问题及对策》,《公关世界》2021 年第 17 期。

李琦:《20 世纪 50 年代中共领导人的人口控制思想探析》,《中共党史研究》2009 年第 11 期。

李晴:《治安管理处罚的现实困境与制度反思》,《中国人民公安大学学报(社会科学版)》2021 年第 3 期。

李巍、孙乃纪:《治理转型期社会组织内部领导方略探究》,《学术交流》2015 年第 10 期。

李新军:《论南京国民政府时期工伤保险立法(1927—1937 年)》,《河北经贸大学学报(综合版)》2011 年第 3 期。

李延海:《中国古代军事人才思想考察》,《军事历史研究》1988 年第 1 期。

李正兴:《建党百年科学社会主义在中国发展的历史进程及经验启示》,《社会主义研究》2022 年第 1 期。

梁书毓、薛惠元:《费率降低背景下失业保险保障水平的确定》,《西北人口》2016 年第 1 期。

林兴龙:《论汉代优恤儿童的相关问题》,《云南农业大学学报(社会科学版)》2010 年第 4 期。

刘爱民:《建国以来军人优抚制度回顾》,《前沿》2012 年第 4 期。

刘畅、袁易卿等:《中国社会工作动态调查(CSWLS2019):设计、实施与样本描述》,《华东理工大学学报(社会科学版)》2020 年第 1 期。

刘国秋等:《医疗保障扶贫政策视域下贫困老年人健康的影响因素研究》,《老区建设》2024 年第 3 期。

刘甲坤、王恒杰:《如何有效缓解社会工作者过度劳动》,《人力资源》2024 年第 4 期。

刘强:《我国社区矫正顶层设计中存在的主要问题及解决对策》,《辽宁师范大学学报(社会科学版)》2022 年第 2 期。

刘仁营、李海莉:《中国共产党历史自信的科学内涵及其时代价值——学习习近平关于历史自信的重要论述》,《社会主义研究》2024 年第 1 期。

刘胜利等:《退役军人就业安置问题研究综述》,《中国人事科学》2023 年第 11 期。

刘晓:《元代收养制度研究》,《中国史研究》2000 年第 3 期。

刘小强、王锋:《关于 60 年来我国专业制度的反思》,《高等工程教育研究》2010 年第 1 期。

刘晔:《当代青年拟态消费异化及其治理》,《江西社会科学》2024 年第 1 期。

刘玉兰、彭华民:《儿童抗逆力:一项关于流动儿童社会工作实务的探讨》,《华东理工大学学报(社会科学版)》2012 年第 3 期。

刘玉堂:《论唐代的“义绝”制度及其法律后果》,《中南民族大学学报(人文社会科学版)》2005 年第 6 期。

刘铮等:《对控制我国人口增长的五点建议》,《人口研究》1980 年第 3 期;

刘振杰:《中国慈善事业发展研究:一种社会运行视角》,《中国机构改革与管理》2015 年第 1 期。

龙章平:《〈信访条例〉和〈信访工作条例〉一样吗?——略谈新闻报道中的法律常识》,《城市党报研究》2022 年第 3 期。

骆江玲、杨明:《农业现代化的概念再解析》,《农业考古》2011 年第 3 期。

罗婧:《他山之石,却难攻玉?——再探“第三方”改造困境的源头》,《社会学研究》2019 年第 5 期。

罗爽:《〈家庭教育促进法〉实施机制的基本构造及其系统构建研究》,《教育学术月刊》2024 年第 1 期。

毛明华、陈赟畅:《从社工人才大量流失看社会工作发展——基于当前社工毕业生流向的思考》,《社会工作下半月(理论)》2007 年第 8 期。

米靖安:《禁毒教育工作面临的主要问题及对策分析》,《法制博览》2018 年第 14 期。

米蕾·革命别克:《社区应急演练存在问题与对策研究》,《现代职业安全》2023 年第 6 期。

牟海侠、张强:《退伍军人就业安置的社会政策构建》,《佳木斯教育学院学报》2010 年第 4 期。

倪咸林:《十八大以来的社会组织治理:政策演化与内在逻辑》,《当代世界与社会主义》2017 年第 5 期。

欧阳静、王骏:《基层治理中的“干部干、群众看”》,《江西师范大学学报(哲学社会科学版)》2024 年第 1 期。

潘剑锋、刘峰:《论先秦时期我国养老敬老体系的初步成型》,《求索》2010 年第 5 期。

秦印龙:《我国社区矫正的若干问题与对策》,《法制博览》2021 年第 32 期。

《侵害烈士黄继光、董存瑞名誉权案宣判》,《人民法治》2019 年第 23 期。

裘指挥等:《从救助走向福利:我国儿童权利保护法律与政策的价值变迁》,《学前教育研究》2015 年第 9 期。

曲洪波、高秀宁:《历史虚无主义诋毁英模人物现象分析——以对雷锋及雷锋精神抹黑为例》,《湖南行政学院学报》2018 年第 4 期。

全国妇联课题组:《全国农村留守儿童 城乡流动儿童状况研究报告》,《中国妇运》2013 年第 6 期。

《人口研究》编辑部:《对成年独生子女意外伤亡家庭问题的深层思考》,《人口研究》,2004 年第 1 期。

任同芹:《论晚清新军的优抚制度》,《北京科技大学学报(社会科学版)》2003 年第 3 期。

邵晓秋:《中国新型政党制度话语权提升:影响因素、内在逻辑与实践向度》,《江西师范大学学报(哲学社会科学版)》2023 年第 5 期。

史新杰等:《数字乡村建设与农村人口高质量发展——基于收入结构视角》,《江西社会科学》2024 年第 4 期。

沈长云、李晶:《春秋官制与〈周礼〉比较研究——〈周礼〉成书年代再探讨》,《历史研究》2004 年第 6 期。

石耘:《"为了六十一个阶级弟兄"背后的故事》,《文史精华》2009 年第 11 期。

司绍寒:《试论〈社区矫正法〉的意义与不足》,《犯罪与改造研究》2020 年第 8 期。

宋健:《中国"失独"家庭的养老问题与对策》,《探索与争鸣》2016 年第 1 期。

宋涛等:《论当前疾病预防控制体系面临的主要问题》,《卫生软科学》2020 年第 2 期。

宋志强:《解读:民政事业发展第十一个五年规划》,《中国民政》2007 年第 1 期。

隋东升:《中国优抚制度的建立和发展》,《军事历史》1995 年第 3 期。

孙明霞:《论唐代的社会优抚政策》,《山东省农业管理干部学院学报》2007 年第 5 期。

孙永欣、郭军:《职业病防治工作存在的问题和对策》,《中国当代医药》2016 年第 3 期。

谭日辉:《社会组织发展的深层困境及其对策研究》,《湖南师范大学社会科学学报》2014 年第 1 期。

汤舒俊、沈晨:《"差序格局"何以成为经典概念:回顾与反思》,《中国农村研究》2020 年第 2 期。

汤毅平:《民国前期的劳动立法》,《求索》2004 年第 5 期。

唐斌:《中国社会工作职业化研究:现状、特点及反思》,《学习与实践》2014 年第 10 期。

唐元:《先秦时期文献记载的瘟疫认知与管理应对举措》,《防灾科技学院学报》2021 年第 2 期。

田鹏颖:《论毛泽东对"第二个结合"的理论贡献》,《世界社会主义研究》2024 年第 2 期。

王炳照:《论“学而优则仕”》,《北京师范大学学报》1980 年第 2 期。

王广彬:《中国社会保障法制史论》,中国政法大学博士学位论文 2000 年。

王红梅:《社区建设与管理中存在的问题及对策》,《大连海事大学学报(社会科学版)》2015 年第 3 期。

汪惠玉、刘琴琴:《我国慈善组织会计信息披露问题与对策研究》,《审计与理财》2020 年第 6 期。

王慧、周光:《如何填补中国的养老金缺口?》,《银行家》2016 年第 1 期。

王健等:《武汉市中、西医治疗新型冠状病毒肺炎的成本收益比较分析》,《中西医结合研究》2020 年第 3 期。

王俊华:《我国社区矫正的发展及面临的问题》,《河南司法警官职业学院学报》2011 年第 3 期。

王军洋:《退役安置改革与退役军人事务机构的职能运作研究》,《复旦政治学评论》2023 年第 1 期。

王伶鑫:《我国女性就业人口结构变迁与收入性别差异研究》,《中国物价》2023 年第 11 期。

王名:《走向公民社会——我国社会组织发展的历史及趋势》,《吉林大学社会科学学报》2009 年第 3 期。

王瑞山:《试论我国强制隔离戒毒制度的完善》《华东师范大学学报(哲学社会科学版)》2015 年第 3 期。

王小军、刘小峰:《隐性阶梯如何破围乡镇“科级天花板”效应——基于赣北源乡领导班子换届的观察》,《中国农村研究》2022 年第 2 期。

王卫平:《明清时期残疾人社会保障研究》,《江海学刊》2004 年第 3 期。

夏燕燕、王伟业、王伟:《农村社区建设中的公众参与研究》,《山西农业大学学报(社会科学版)》2015 年第 8 期。

王文涛:《春秋战国时期优抚思想管见》,《史学月刊》2002 年第 10 期。

王文涛:《汉简所见西汉优抚措施》,《齐鲁学刊》2010 年第 1 期。

王霞:《劳动报酬在国民收入中的比重》,《中国统计》2009 年第 12 期。

王新宇:《民国时期婚姻法近代化研究》,中国政法大学博士学位论文 2005 年。

王阳亮:《自主与嵌入:社会组织参与治理的角色和逻辑》,《学术交流》2019 年第 2 期。

王钰鑫:《中国共产党人精神谱系的出场形态、力量构成、赓续路径》,《马克思主义研究》2023年第6期。

王员、罗奇清:《〈红色中华〉与马克思主义大众化研究论纲》,《江西师范大学学报(哲学社会科学版)》2018年第4期。

王子今:《秦汉"生子不举"现象和弃婴故事》,《史学月刊》2007年第8期。

王子今、周苏平:《汉代儿童的游艺生活》,《中国史研究》1999年第3期。

卫小将、黄雨晴:《乡村振兴背景下农村社会工作人才队伍建设研究》,《中共中央党校(国家行政学院)学报》2022年第1期。

吴成军:《民国时期戒毒政策研究》,《民国档案》2004年第2期。

吴定良:《近二十年来丹阳县城市儿童体质发育的增进》,《复旦学报(自然科学)》1957年第1期。

吴汉圣:《基层强则国家强 基层安则天下安》,《求是》2024年第10期。

吴瑾菁、付妍妍:《论习近平文化思想的人民立场》,《江西师范大学学报(哲学社会科学版)》2024年第1期。

《"侮辱邱少云烈士案"宣判》,《中国民政》2016年第19期。

吴益中:《秦什伍连坐制度初探》,《北京师院学报(社会科学版)》1988年第2期。

吴宗宪:《论中国社区矫正的继承与创新》,《法治论丛》2008年第1期。

吴宗宪:《社区矫正立法的奠基之作和拾漏补缺思考》,《温州大学学报(社会科学版)》2020年第4期。

习近平:《构建起强大的公共卫生体系 为维护人民健康提供有力保障》,《求是》2020年第18期。

谢雪:《基层信访工作的困境及其成因分析》,《焦作师范高等专科学校学报》2010年第1期。

熊彤:《新中国成立初期的革命烈士褒扬抚恤工作——以〈人民日报〉为中心的考察》,《当代中国史研究》2020年第2期。

熊宪光:《"纵横"流为谋士说》,《西南师范大学学报(人文社会科学版)》2003年第2期。

徐道稳:《社会工作者职业认同和离职倾向研究——基于对深圳市社会工作者的调查》,《人文杂志》2017年第6期。

许红缨、董宇:《江西留守妇女问题的调查与分析》,《老区建设》2011年第

6 期。

许三春:《清以来的乡村医疗制度》,南开大学博士学位论文 2012 年。

许祥云、王佳佳:《不良社会思潮冲击下青年学生的思想偏差与应对》,《教育探索》2023 年第 5 期。

徐云鹏:《土地革命战争时期红军的优抚制度》,《军事历史》1995 年第 1 期。

薛海平等:《“双减”背景下儿童校外生活状况报告:校外培训》,《中国校外教育》2023 年第 6 期。

薛文东:《当前养老金待遇存在的三大差别》,《中国社会保障》2006 年第 11 期。

阎锐:《行政处罚罚款设定普遍化研究》,《行政法学研究》2005 年第 2 期。

鄢勇兵:《职业水平考试对社会工作专业人才队伍建设的影响分析》,《社会工作》2013 年第 3 期。

严文波、戚中美:《论新时代解决社会主要矛盾与实现共同富裕的内在一致性》,《江西师范大学学报(哲学社会科学版)》2023 年第 4 期。

杨国安:《“天高皇帝远”? 古代基层社会如何治理》,《人民论坛》2020 年第 3 期。

杨菊华:《人口高质量发展与积极老龄化关系研究》,《江西师范大学学报(哲学社会科学版)》2024 年第 2 期。

杨树明、郭晓霞:《近代农村复兴视域下的农村人才培养及其镜鉴》《江西师范大学学报(哲学社会科学版)》2023 年第 6 期。

杨团、张时飞:《当前我国农村五保供养制度的困境与出路》,《江苏社会科学》2004 年第 3 期。

杨秀清:《敦煌石窟壁画中的古代儿童生活研究》(一),《敦煌学辑刊》2013 年第 1 期。

杨秀清:《敦煌石窟壁画中的古代儿童生活研究》(二),《敦煌学辑刊》2013 年第 2 期。

易外庚、方芳、程秀敏:《重大疫情防控中社区治理有效性观察与思考》,《江西社会科学》2020 年第 3 期。

银平均、黄文琳:《农村留守老人问题研究的现状及其趋势》,《江西社会科学》2011 年第 2 期。

殷向杰、许尧:《我国志愿服务发展的困境、成因及完善思路》,《道德与文明》2014 年第 2 期。

尹利民、黄雪琴:《党政统合调度会的县域协同治理实践策略与制度保障》,《南昌大学学报(人文社会科学版)》2023 年第 6 期。

尹忠海、陈颖洁:《乡镇(街道)社工站的发展类型与融合路径——基于新公共管理视野的反思》,《社会工作》2023 年第 1 期。

尤琳、史亚博:《调适与统合:新时代农村基层党组织组织力提升的政治逻辑》,《中国农村研究》2023 年第 1 期。

于金富:《中国现阶段劳动关系的问题、成因及对策》,《中外企业家》2011 年第 14 期。

于书金:《省委书记一封信的由来——辽宁省民办教育工资拖欠问题解决前后》,《瞭望周刊》1989 年第 15 期。

袁小平、吕佳琪:《社会情绪能力、媒介使用与"Z 世代"青年社会参与》,《青年发展论坛》2023 年第 5 期。

岳颂华、张志鹏:《专业社会工作者工作压力与工作满意度分析》,《南京工程学院学报(社会科学版)》2023 年第 2 期。

曾长秋:《论湘鄂赣苏区的奋斗实践及革命精神》,《老区建设》2024 年第 1 期。

曾素梅、张翠颖:《破解社会工作继续教育困境的策略》,《中国社会工作》2023 年第 33 期。

曾雪兰:《战"疫":新中国 70 年防疫史回顾、经验与信心》,《思想政治课研究》2020 年第 5 期。

张德元:《中国农村医疗卫生事业发展历程回顾与分析》,《卫生经济研究》2005 年第 1 期。

张宏卿:《安源模式:中共早期产业支部创建与发展的历史实践(1921—1925)》,《江西师范大学学报(哲学社会科学版)》2023 年第 6 期。

张荆:《〈社区矫正法〉的立法意义与执法难点》,《犯罪研究》2020 年第 4 期。

张宁、李旷奇:《养老保险实质公平:基本内涵、障碍瓶颈与实现路径》,《湖南师范大学社会科学学报》2022 年第 5 期。

张彭发:《当前信访工作中亟待破解的五个问题》,《信访与社会矛盾问题研究》2013 年第 5 期。

张伟等:《提高劳动报酬在初次分配中比重的途径研究》,《经济经纬》2013

年第1期。

张为民:《汉代官吏的优抚制度》,《山东师大学报(人文社会科学版)》2001年第4期。

张薇:《浅析社区戒毒、社区康复现状》,《中国药物滥用防治杂志》2015年第3期。

张晓霞:《我国传统社会的老年救济制度及其现代意义》,《江西社会科学》2016年第8期。

张修成:《1978年以来中国信访工作研究——以山东威海为个案》,中共中央党校博士学位论文2007年。

张彦、李春根:《我国养老保险基本替代水平研究》,《江西财经大学学报》2015年第5期。

张勇:《我国六十年城市社区建设历程、脉络与启示》,《深圳大学学报(人文社会科学版)》2012年第3期。

赵福江:《早发现早预防:校园欺凌衍生的干预防线与实证研究》,《教育学术月刊》2024年第2期。

郑功成:《中国慈善事业发展:成效、问题与制度完善》,《中共中央党校(国家行政学院)学报》2020年第6期。

周利生、周婕:《试论中国共产党科学对待马克思主义的三重逻辑》,《江西师范大学学报(哲学社会科学版)》2024年第2期。

周楠等:《中国儿童青少年手机使用与手机成瘾行为及相关因素分析》,《中国学校卫生》2022年第8期。

周琴、陈梨花等:《看人说话:亲属称谓中如何构建关系——基于赣北某村庄的调查》,《江西师范大学学报(哲学社会科学版)》2020年第5期。

周云:《民国时期的中国医疗保障探研》,《武汉科技大学学报(社会科学版)》2011年第1期。

祝黄河:《建党百年科学社会主义在中国谱写辉煌篇章》,《马克思主义研究》2021年第4期。

朱志峰:《慈善法制的当下问题与完善路径》,《社会科学战线》2022年第9期。

附录:社会工作师《社会工作法规与政策》考试大纲

一、我国社会工作法规与政策的特点与内容

(一)社会工作法规与政策的特点

1. 法规的种类与制定过程
2. 社会政策与社会政策运行

(二)社会工作法规与政策的主要内容

1. 我国有关社会建设的一般性法规与政策
2. 我国促进和规范社会工作发展的法规与政策
3. 我国在社会工作主要业务领域中的相关法规与政策

(三)社会工作法规与政策和社会工作实践的关系

1. 社会工作法规与政策对社会工作实践的作用
2. 社会工作实践对社会工作法规与政策的作用

二、我国社会工作专业人才队伍建设的政策依据与保障

(一)加强社会工作专业人才队伍建设的政策

1. 加强社会工作专业教育培训的要求
2. 推动社会工作专业岗位开发和专业人才使用的要求
3. 推进社会工作专业人才评价和激励工作的要求

(二)社会工作专业人才队伍建设中长期规划

1. 社会工作专业人才队伍建设的战略目标

2. 社会工作专业人才队伍建设的主要任务
3. 社会工作专业人才队伍建设的体制机制与政策目标
4. 社会工作专业人才队伍建设的重点工程

（三）政府购买社会工作服务的政策

1. 政府购买社会工作服务的主体、对象及范围
2. 政府购买社会工作服务的程序与监督管理

（四）推进民办社会工作服务机构发展的政策

1. 加快推进民办社会工作服务机构发展的主要目标
2. 完善民办社会工作服务机构管理制度的措施
3. 加强民办社会工作服务机构能力建设的要求
4. 发挥社会工作行业组织功能与作用的要求
5. 建立健全民办社会工作服务机构支持保障体系的要求

三、我国社会救助法规与政策

（一）社会救助法规与政策的一般规定

1. 社会救助的总体要求
2. 社会救助类型和社会力量参与社会救助的规定
3. 社会救助的监督管理
4. 社会救助中的法律责任

（二）各类社会救助的法规与政策

1. 最低生活保障法规与政策
2. 特困人员供养法规与政策
3. 受灾人员救助法规与政策
4. 医疗救助法规与政策
5. 教育救助法规与政策
6. 住房救助法规与政策
7. 就业救助法规与政策
8. 临时救助法规与政策
9. 法律援助法规与政策

四、我国特定人群权益保护法规与政策

(一)老年人权益保护的法规与政策

1. 老年人权益保护的主要内容

2. 老年人权益保护中的法律责任

(二)妇女权益保护的法规与政策

1. 妇女权益的主要内容

2. 妇女权益保护中的法律责任

(三)未成年人权益保护的法规与政策

1. 未成年人权益的主要内容

2. 保障未成年人权益的方法

3. 未成年人不良行为和犯罪的预防与矫治

4. 孤儿和流浪未成年人的保护与安置

(四)残疾人权益保护的法规与政策

1. 残疾人权益的主要内容

2. 残疾人权益保障中的法律责任

五、我国婚姻家庭法规与政策

(一)婚姻家庭关系法规与政策

1. 婚姻缔结的法律规定

2. 家庭成员间的权利和义务

3. 婚姻解除的条件、程序与法律后果

4. 婚姻违法行为的法律责任及对受害人的救助措施

(二)收养关系法规与政策

1. 收养关系成立的条件和程序

2. 收养关系的法律效力

3. 收养解除的条件与程序

4. 收养解除的法律效力

(三)财产继承法规与政策

1. 继承的种类及法律关系

2. 继承权丧失、接受和放弃的法律规定

3. 法定继承的范围和顺序
4. 遗嘱继承的法律规定
5. 遗赠和遗赠扶养协议的法律规定
6. 遗产处理的法律规定

六、我国人民调解、信访工作和突发事件应对的法规与政策

(一)人民调解法规与政策
1. 人民调解的原则
2. 当事人在调解中的权利和义务
3. 人民调解的程序
4. 调解协议的内容、效力及确认
(二)信访工作法规与政策
1. 信访工作的机构和渠道
2. 信访事项的提出、受理、办理和督办
3. 信访的法律责任
4. 信访制度改革
(三)突发事件应对的法规与政策
1. 突发事件的分级
2. 突发事件应急管理体制与原则
3. 突发事件应对的过程与方法
4. 突发事件应对的法律责任

七、我国社区矫正、禁毒和治安管理法规与政策

(一)社区矫正法规与政策
1. 社区矫正的适用范围、职责分工和保障制度
2. 社区矫正适用前调查评估、交付接收及宣告
3. 社区矫正的主要任务
4. 未成年人社区矫正
5. 进一步推进和健全社区矫正的政策措施
(二)禁毒法规与政策
1. 禁毒工作的总体要求

2. 禁毒宣传教育
3. 毒品管制
4. 吸毒成瘾认定及其检测程序规定
5. 戒毒措施
6. 禁毒的法律责任

(三)治安管理处罚法规与政策

1. 治安管理处罚的种类和适用
2. 治安管理处罚程序
3. 治安管理执法监督

八、我国烈士褒扬与优抚安置法规与政策

(一)烈士褒扬法规与政策

1. 烈士评定
2. 烈士褒扬金和烈士遗属抚恤优待

(二)军人抚恤优待法规与政策

1. 抚恤优待对象的认定
2. 死亡抚恤的具体规定
3. 残疾抚恤的具体规定
4. 优待的具体内容
5. 依照、参照军人抚恤执行的其他情形

(三)退役士兵安置法规与政策

1. 退役士兵安置基本原则
2. 退役士兵移交和接收
3. 退役士兵安置主要方式

(四)军队离退休干部安置法规与政策

1. 军队干部离休、退休的条件和待遇
2. 军队干部退休安置办法
3. 军休干部服务管理

九、我国城乡基层群众自治和社区建设法规与政策

(一)城市社区居民自治法规与政策

1. 居民委员会的性质、组织设置和主要职能
2. 居民自治的基本内容
3. 居民委员会与基层人民政府以及相关组织的关系

(二)农村村民自治法规与政策

1. 村民委员会的性质、结构和主要职能
2. 村民委员会选举
3. 村民(代表)会议和民主管理、民主监督
4. 村民委员会与基层人民政府以及相关组织的关系

(三)城乡社区建设法规与政策

1. 社区建设的基本原则
2. 社区建设的主要任务
3. 社区建设的运行机制

(四)城乡社区服务法规与政策

1. 社区服务的基本原则
2. 社区公共服务
3. 社区社会工作服务和志愿服务
4. 社区便民商业性服务

十、我国慈善事业与志愿服务法规与政策

(一)慈善事业法规与政策

1. 慈善组织
2. 慈善募捐与慈善捐赠
3. 慈善信托与慈善财产
4. 信息公开
5. 慈善事业促进措施

(二)志愿服务法规与政策

1. 志愿服务组织和志愿者的权利与义务
2. 志愿服务活动管理的规定

3. 志愿服务发展的促进措施

十一、我国社会组织法规与政策

（一）社会团体管理法规与政策

1. 社会团体成立登记

2. 社会团体的管理

3. 社会团体的终止

（二）社会服务机构（民办非企业单位）管理法规与政策

1. 社会服务机构（民办非企业单位）成立登记

2. 社会服务机构（民办非企业单位）的管理

3. 社会服务机构（民办非企业单位）的终止

（三）基金会管理法规与政策

1. 基金会的设立

2. 基金会的治理结构

3. 基金会的管理

4. 基金会的终止

（四）社区社会组织管理法规与政策

1. 社区社会组织的发展重点

2. 社区社会组织的培育措施

3. 增强社区社会组织的服务功能

4. 对社区社会组织的管理服务

十二、我国劳动就业法规与政策

（一）促进就业的法规与政策

1. 促进就业的原则及政策支持

2. 就业服务与就业援助

（二）劳动合同的规定

1. 劳动合同的订立

2. 劳动合同的履行和变更

3. 劳动合同的解除和终止

4. 集体合同、劳务派遣和非全日制用工的规定

(三)工资、工作时间和休息休假的规定

1. 工资分配、支付与最低工资保障制度

2. 工作时间和休息休假的规定

(四)劳动保护与职业培训的规定

1. 劳动保护的规定

2. 职业培训的规定

(五)劳动保障监察和劳动争议处理

1. 劳动保障监察的规定

2. 劳动争议处理的规定

(六)集体协商的法规与政策

1. 集体协商的原则和内容

2. 集体协商的代表和程序

3. 集体合同的规定

4. 集体协商争议的协调处理

十三、我国健康、人口与计划生育法规与政策

(一)我国健康政策的总体框架

1. 促进健康服务业发展的总体政策框架

2. 开展居民健康素养提升行动

3. 实施健康中国战略

4. 2020 年的卫生与健康事业发展目标

(二)公共卫生法规与政策

1. 公共卫生体系建设

2. 疾病预防体制建设

3. 突发公共卫生事件的应对机制建设

(三)医疗服务体制法规与政策

1. 城市医疗服务体制建设

2. 农村医疗服务体制建设

(四)城市社区卫生服务法规与政策

1. 社区卫生服务机构需要具备的条件

2. 社区卫生服务机构的服务对象

3. 社区卫生服务机构的服务内容
4. 社区卫生服务的筹资与补偿机制
(五)人口与计划生育法规与政策
1. 人口与计划生育法规与政策的一般规定
2. 流动人口计划生育的管理办法
十四、我国社会保险法规与政策
(一)养老保险法规与政策
1. 城镇职工养老保险制度的法规与政策
2. 城乡居民养老保险制度的法规与政策
(二)医疗保险和生育保险法规与政策
1. 城镇职工医疗保险制度的法规与政策
2. 城乡居民医疗保险制度的法规与政策
3. 生育保险制度的法规与政策
(三)失业保险和工伤保险法规与政策
1. 失业保险制度的法规与政策
2. 工伤保险制度的法规与政策
(四)社会保险管理法规与政策
1. 社会保险基金与征缴
2. 社会保险经办与监督
(五)军人保险法规与政策
1. 军人保险的主要内容
2. 军人保险的管理①

---

① 全国社会工作者职业水平考试教材编委会编写:《社会工作法规与政策》,中国社会出版社 2023 年,第 414—420 页。

后　记

推动马克思主义中国化与实现中国式现代化，需要社会治理创新，作为社会治理的重要手段，社会工作的重要功能应得到充分发挥，迫切需要加强相关方面的总结与研究。

2016 年底，我们完成了一项江西省高校教改课题："《社会政策与法规》教学内容改革与探索研究"（编号：JXJG-14-2-7）。经一年多的修改后，我们将教改课题成果编撰形成一本教材——《社会政策与法规》（江西人民出版社 2018 年 12 月版）。该书的出版，既给我校的社会工作专业本科教学及社会工作专业硕士生人才培养提供了重要的参考资料，对国内一些社会工作、社会政策研究同仁有参考价值，也可供一些报考社会工作师的社会工作者作为复习资料。

初版教材出版后的六年来，我国不断深入的改革与发展实践推动着社会工作实践日新月异，客观上要求我们对教材进行修订，更新、优化教材内容。与此同时，我们的修订版教材也早在 2020 年即被列入我校规划教材项目之中，希望适应我校社会工作专业（国家级一流本科建设专业）与社会工作专业硕士生人才培养的需要。当然，修订版教材能够问世，尤其要感谢编者所在的学院——江西师范大学马克思主义学院（2019 年入选第三批全国重点马克思主义学院）提供的研究平台，即江西省哲学社会科学重点研究基地"社会发展与创新研究中心"、江西师范大学马克思主义学院"中国式现代化理论研究团队"，假如没有学院的支持，本书很难问世。

本书能够再版，必须感谢江西师范大学马克思主义学院书记肖华平教授、院长吴怀友教授、执行院长尤琳教授，方旺春副书记，副院长严文波教授、彭坚教授、王钰鑫教授等学院领导，为我们的科研工作提供了良好的外部环境；感谢江西师范大学马克思主义学院的祝黄河教授、吴瑾菁教授、刘仁营教授、王章华教授、彭薇教授、李正兴教授、蒋贤斌教授、邓庆平教授、江晓萍副教授、赖华林副教授、毛韵副教授、覃杏花副教授、曹开华副教授、吴红英副教授、胡传顺副教授、杨树明博士、蒋婷燕博士、孟斌博士等领导或同事，给我们的鼓励、关心与支持，以及为我们提供的诸多帮助；感谢江西师范大学政法学院社会学系主任李建斌教授、副主任周琴教授、冯小林教授、王小军教授、李立文教授、黄天娥博士、林欢欢博士、刘小锋副教授等，他们的热情鼓励与大力支持，为我们的教材编撰工作注入了很大动力；感谢马克思主义学院办公室刘艳主任、罗进副主任，以及刘明、李婧、朱同秀、李珊珊、赵青等学院同事为我们的研究提供了大量周到细致的行政服务。

特别要感谢海南大学马克思主义学院李贵邦博士，江西人民出版社李陶生、干强编辑等，他们为书稿的审核、编辑、校对付出了大量艰辛细致的劳动，没有他们的帮助与支持，本书很难在较短的时间内问世。

由于水平有限，编撰时间限制，我们的教材中不可避免地有一些不足、缺陷，甚至错讹之处，敬请广大读者批评、指正。

江西师范大学马克思主义学院　张水华　查明辉
2024 年 7 月 8 日于江西南昌